엑셀 바이블

EXCEL

실무에 최적화된 엑셀 사용서

최준선 지음

BIBLE

모든 버전
사용 가능

2010 2013 2016 2019 2021 Microsoft 365

지은이 최준선

마이크로소프트의 엑셀 MVP로 엑셀 강의 및 기업 업무 컨설팅과 집필 활동을 활발히 하고 있습니다. 엑셀 유튜브 채널 〈엑셀 마스터(www.youtube.com/c/엑셀마스터)〉를 운영하고 있으며, 네이버 엑셀 대표 카페인 〈엑셀..하루에 하나씩(cafe.naver.com/excelmaster)〉에서 체계적인 교육 프로그램인 '엑셀 마스터 과정'을 진행하고 있습니다. 주요 저서로는 《엑셀 매크로&VBA 업무 공략집》, 《엑셀 데이터 분석 바이블》, 《엑셀 함수&수식 바이블》, 《엑셀 업무 공략집》, 《엑셀 매크로&VBA 바이블》, 《엑셀 바이블》, 《엑셀 2016 함수&수식 바이블》, 《엑셀 피벗&파워 쿼리 바이블》, 《엑셀 2016 매크로&VBA 바이블》, 《엑셀 2016 바이블》, 《엑셀 2013 바이블》, 《회사에서 바로 통하는 엑셀 실무 데이터 분석》, 《회사에서 바로 통하는 엑셀 2010 함수 이해&활용》 등이 있습니다.

엑셀 바이블 – 모든 버전 사용 가능

초판 1쇄 발행 2022년 08월 31일

지은이 최준선 / **펴낸이** 김태헌
펴낸곳 한빛미디어(주) / **주소** 서울특별시 서대문구 연희로2길 62 한빛미디어(주) IT출판사업부
전화 02-325-5544 / **팩스** 02-336-7124
등록 1999년 6월 24일 제25100-2017-000058호 / **ISBN** ISBN 979-11-6921-016-4 13000

총괄 전정아 / **책임편집** 배윤미 / **기획** 박지수 / **교정** 윤신원
디자인 표지 박정화 내지 박정우 / **전산편집** 김보경
영업 김형진, 김진불, 조유미 / **마케팅** 박상용, 송경석, 한종진, 이행은, 고광일, 성화정 / **제작** 박성우, 김정우

이 책에 대한 의견이나 오탈자 및 잘못된 내용에 대한 수정 정보는 한빛미디어(주)의 홈페이지나 아래 이메일로 알려주십시오.
잘못된 책은 구입하신 서점에서 교환해 드립니다. 책값은 뒤표지에 표시되어 있습니다.
한빛미디어 홈페이지 www.hanbit.co.kr / 이메일 ask@hanbit.co.kr / 자료실 www.hanbit.co.kr/src/11016

지금 하지 않으면 할 수 없는 일이 있습니다.
책으로 펴내고 싶은 아이디어나 원고를 메일(writer@hanbit.co.kr)로 보내주세요.
한빛미디어(주)는 여러분의 소중한 경험과 지식을 기다리고 있습니다.

엑셀과 업무

엑셀은 현재 대부분의 업무에서 애용되며 전 세계에서 가장 사랑받는 프로그램입니다. 엑셀에는 대다수 사용자의 업무를 지원하기 위한 다양한 기능이 포함되어 있어 효율적으로 잘 활용한다면 업무 시간을 큰 폭으로 단축할 수 있습니다.

다만 대부분의 사용자는 몇 개의 단축키나 함수, 또는 기본적인 기능 정도만 사용하므로 엑셀의 기능을 5% 정도만 활용하는 실정입니다. 최근 기업이 오피스 대신 구글 스프레드시트와 같은 무료 프로그램으로 업무하도록 유도하는 이유도 엑셀을 단순하게 사용하는 경우가 많기 때문입니다.

구글 스프레드시트도 좋은 프로그램이며 엑셀 대비 좋은 점이 분명 존재합니다. 하지만 아직 엑셀에 비해 아쉬운 부분이 있는 것이 사실입니다. 단순하게 활용하기 때문에 단순한 업무만 진행하게 되는 현상은 정보의 비대칭으로 이어질 수 있다고 봅니다.

최근에 다양한 매장을 방문해보면 로봇이나 무인기기가 활용되는 것을 볼 수 있습니다. 이제 이런 모습이 어색하지 않고 편리하다고 느끼는 세상에 살고 있습니다. 세상은 느리게 변화하는 것 같지만 우리의 생각보다 더 빠르게 변화하고 있습니다.

엑셀을 주로 업무에 활용하는 사용자도 현실에 맞게 변화할 필요가 있습니다. 단순하고 반복적인 계산 작업만 하고 있다면 자신의 업무를 돌아보고 더 생산적인 결과를 만들어낼 수 있도록 업무를 변화해야 합니다. 그러기 위해서는 엑셀과 같은 업무용 도구를 더 잘 이해하고 활용할 수 있어야 합니다.

책이 꼭 필요할까?

엑셀이 2010, 2013, 2016, 2019, 2021 버전으로 변화하고 Microsoft 365라는 새로운 구독형 버전으로도 만들어진 것은 어떤 의미가 있을까요? 사실 대부분의 사용자는 엑셀 버전이 업그레이드되는 부분에 큰 관심이 없습니다.

항상 같은 기능만 사용하면 엑셀 내부적으로는 큰 변화가 없는 것처럼 보일 수 있습니다. 그러나 버전이 업데이트되면서 많은 기능이 추가되고, Microsoft 365 버전의 경우는 빠르면 주마다 새로운 기능이 적용되기도 합니다. 엑셀은 많은 데이터를 보다 효율적으로 요약하고 분석해 데이터를 잘 이해하고 설명할 수 있도록 변화하고 있습니다. 로봇과 A.I 등 새로운 기술이 도입되는 4차 산업혁명 시기에도 엑셀이 살아남을 수 있는 이유는 여기에 있다고 봅니다. 《엑셀 바이블》은 엑셀이 업데이트될 때마다 이런 변화에 맞춰 사용자가 필요한 기능을 빠르게 습득할 수 있도록 개정하고 있습니다.

유튜브나 인터넷상에서도 새롭고 흥미로운 엑셀 활용 방법이 많이 공유되지만, 그런 지식을 습득하려면 먼저 기초를 제대로 다져야 합니다. 공부를 하는 많은 사용자에게 항상 책(또는 강의)으로 중심을 잡고 나서, 다양한 매체의 정보를 습득하라고 권하는 이유입니다.

이 책은 어떻게 공부해야 하나요?

이 책에는 저자가 현업에서 고민했던 다양한 문제와 〈엑셀..하루에 하나씩〉 커뮤니티를 운영하면서 알게 된 많은 사람이 고민했던 문제의 해결 방법을 담았습니다.

책 분량은 1,096페이지에 달합니다. 그러니 서두르지 말고 꾸준하게 학습하는 것이 좋습니다. 처음에는 2주, 늦어도 한 달 안에 이 책에 있는 내용을 빠르게 훑어보는 것을 권합니다. 이때 정독보다는 속독으로 읽되, 현재 하고 있는 업무에 적용 가능한 부분이나 좀 더 깊이 있게 공부해야 할 부분은 별도로 체크하며 읽습니다. 그 후에는 체크한 부분을 다시 보면서 제대로 이해될 때까지 공부하는 방법을 추천합니다.

책에서 잘 이해가 되지 않거나 궁금한 점은 어떻게 해야 하나요?

책에 아무리 많은 정보를 담고 싶어도 지면은 한계가 있고 책의 예제와 사용자의 데이터에는 차이가 있으므로 독학 중에는 여러 문제를 겪을 수 있습니다. 저자는 이런 문제를 함께 해결하기 위해 2004년부터 〈엑셀..하루에 하나씩(https://cafe.naver.com/excelmaster)〉 카페와 2022년부터 유튜브 채널 〈엑셀 마스터(https://www.youtube.com/c/엑셀마스터)〉를 운영하고 있습니다.

엑셀..하루에 하나씩(https://cafe.naver.com/excelmaster)

엑셀 마스터(https://www.youtube.com/c/엑셀마스터)

업무나 학습 중에 주변의 도움을 얻을 수 있다면 다행이지만, 그렇지 않다면 저자가 운영하는 커뮤니티를 방문하는 것을 권합니다. 다른 독자와 함께 공부하면서 잘 이해되지 않는 부분, 막히는 문제는 언제든 조언을 구할 수 있습니다.

또한 유튜브 채널도 구독해 자주 묻는 질문의 해결 방법을 저자의 명쾌한 설명으로 빠르게 습득할 수 있습니다. 특히 여러 문제 상황에 대한 다양한 해결 방법을 공유하고 있으므로 책만으로 전달하지 못하는 다양한 엑셀 활용 방법도 추가로 습득할 수 있습니다.

마지막으로 카페에서는 독학으로 어려움을 겪는 분들을 위한 주말 강의를 운영하고 있습니다. 엑셀의 방대한 기능은 한번에 모두 습득하기 어렵습니다. 대부분의 엑셀 교육 과정들이 엑셀의 기술(Skill)을 배우는데 초점이 맞춰져 있다면, 카페에서 진행되는 과정은 현재 하고 있는 업무의 문제는 무엇인지 알아보고, 이를 해결하기 위한 엑셀 활용 방법을 습득할 수 있도록 설계되어 있습니다. 엑셀을 제대로 학습하려는 사용자를 위한 3단계 마스터 과정인 '엑셀 마스터' 과정을 포함한 파워 쿼리, 파워 피벗, 엑셀 사용자를 위한 액세스 활용 과정 등 세부 주제별 강의가 다양하게 운영되고 있습니다.

감사의 인사

이 책을 믿고 선택해준 독자들에게 진심을 담아 감사의 인사를 전합니다. 업무와 필요한 지식을 습득해나갈 수 있도록 이 책이 큰 도움이 되길 바랍니다. 또한 책이 발간되기까지 많은 수고를 아끼지 않은 담당 편집자 박지수 대리와 배윤미 팀장을 포함한 한빛미디어 출판사 관계자 분들에게도 고생하셨다는 인사를 남깁니다.

책을 집필했던 시간이 늘어나면서 아이들도 자라 이제 큰 딸이 대학생이 되었습니다. 아직 늦둥이 두 아이가 초등학생이지만 이 책과 함께 건강하게 잘 성장해주길 바라며, 언젠가 이 책을 통해 엑셀 활용에 도움을 얻을 수 있길 바랍니다.

2022년 8월

최준선

14 / 01

함수의 선택과
인수 구성에 대한 팁

예제 파일 없음

──◀ **SECTION**

엑셀의 수식과 함수 등을 다룰 때 꼭 알고 있어야 할 기능을 모아 352개의 Section으로 구성했습니다. 관련 기능에 대한 자세한 설명과 활용 방법을 소개합니다.

셀에서 함수 선택과 풍선 도움말 보는 방법

빈 셀에 등호(=)를 입력하고 함수 이름을 입력하면 함수 목록이 표시됩니다. 함수 목록에서 아래 방향키를 눌러 함수를 선택할 수 있고, 함수에 대한 풍선 도움말도 화면에서 확인할 수 있습니다.

──◀ **TIP**

이론 설명이나 실습 중 헷갈리기 쉬운 부분을 정리합니다. 참고하면 유용한 정보, 알고 넘어가면 좋을 참고 사항을 소개합니다.

함수 목록에서 RANK 함수를 선택하고 Tab을 누르면 해당 함수가 셀에 입력되면서 해당 함수의 인수가 풍선 도움말로 나타납니다.

> **TIP** 인수는 함수가 계산을 위해 사용자로부터 전달받아야 하는 값을 의미합니다.

RANK 함수를 선택하면 세 개의 인수 이름이 풍선 도움말로 나타납니다. 세 개의 인수는 각각 number, ref, [order]인데, 대괄호([ ])로 묶여져 있는 인수는 생략할 수 있으므로 number, ref 인수만 구성해도 됩니다. 이러한 영어 인수는 다른 함수에서도 사용되므로 반드시 읽어 해당 인수의 사용 방법에 익숙해지길 권합니다.

> 🔍 **더 알아보기**   함수를 모를 경우에는 어떻게 해야 할까? ◀ ─ ─ ─ ─ ─ ─ ─
>
> 사용해야 할 함수를 모른다면 함수 마법사를 이용해 원하는 함수가 제공되는지 찾아볼 수 있습니다. 수식 입력줄 왼쪽의 [함수 삽입☒]을 클릭하면 [함수 마법사] 대화상자가 표시됩니다. 검색란에 원하는 키워드를 입력하고 [검색]을 클릭합니다.

── **더 알아보기**

따라 하기 과정에 사용된 수식을 이해하는 추가 설명뿐 아니라 엑셀을 학습할 때 꼭 알아야 할 관련 지식을 해당 부분에서 바로 확인할 수 있도록 정리했습니다. 특히 '수식 이해하기'에서는 실습에 사용한 함수의 구조 및 사용 방법을 자세히 설명합니다.

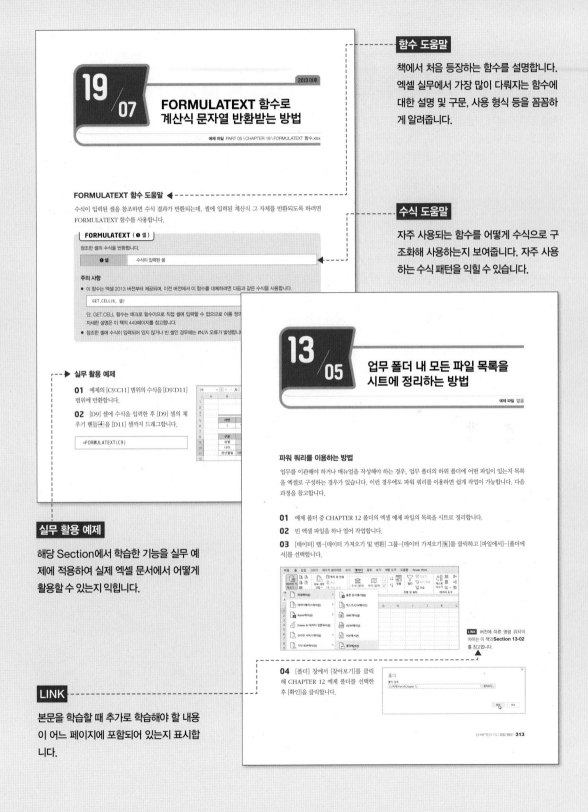

19/07

2013 이후

FORMULATEXT 함수로 계산식 문자열 반환받는 방법

예제 파일 PART 05 \ CHAPTER 19 \ FORMULATEXT 함수.xlsx

FORMULATEXT 함수 도움말 ◀

수식이 입력된 셀을 참조하면 수식 결과가 반환되는데, 셀에 입력된 계산식 그 자체를 반환되도록 하려면 FORMULATEXT 함수를 사용합니다.

FORMULATEXT (❶ 셀)

참조한 셀의 수식을 반환합니다.

❶ 셀	수식이 입력된 셀	◀

주의 사항

● 이 함수는 엑셀 2013 버전부터 제공되며, 이전 버전에서 이 함수를 대체하려면 다음과 같은 수식을 사용합니다.

```
GET.CELL(6, 셀)
```

단, GET.CELL 함수는 매크로 함수이므로 직접 셀에 입력할 수 없으므로 이름 정의
자세한 설명은 이 책의 449페이지를 참고합니다.

● 참조한 셀에 수식이 입력되어 있지 않거나 빈 셀인 경우에는 #N/A 오류가 발생합니다.

▶ 실무 활용 예제

01 예제의 [C9:C11] 범위의 수식을 [D9:D11] 범위에 반환합니다.

02 [D9] 셀에 수식을 입력한 후 [D9] 셀의 채우기 핸들┼을 [D11] 셀까지 드래그합니다.

```
=FORMULATEXT(C9)
```

13/05

업무 폴더 내 모든 파일 목록을 시트에 정리하는 방법

예제 파일 없음

파워 쿼리를 이용하는 방법

업무를 이관해야 하거나 매뉴얼을 작성해야 하는 경우, 업무 폴더의 하위 폴더에 어떤 파일이 있는지 목록을 엑셀로 구성하는 경우가 있습니다. 이런 경우에도 파워 쿼리를 이용하면 쉽게 작업이 가능합니다. 다음 과정을 참고합니다.

01 예제 폴더 중 CHAPTER 12 폴더의 엑셀 예제 파일의 목록을 시트로 정리합니다.

02 빈 엑셀 파일을 하나 열어 작업합니다.

03 [데이터] 탭—[데이터 가져오기 및 변환] 그룹—[데이터 가져오기⬇]를 클릭하고 [파일에서]—[폴더에서]를 선택합니다.

LINK 버전에 따른 명령 위치의 차이는 이 책의 **Section 13-02**를 참고합니다.

04 [폴더] 창에서 [찾아보기]를 클릭해 CHAPTER 12 예제 폴더를 선택한 후 [확인]을 클릭합니다.

최준선 저자의 유튜브&카페 120% 활용하기

책을 읽다가 생기는 궁금한 점, 실습을 진행하며 막히는 부분은 저자의 카페 〈엑셀.. 하루에 하나씩〉과 유튜브 채널 〈엑셀 마스터〉를 통해 궁금증을 해결하고 막히는 부분에 대한 설명을 얻을 수 있습니다. 카페와 유튜브 채널을 활용하여 도서에 담긴 내용 이상으로 학습하면서 여러분의 엑셀 실력을 더욱 향상시킬 수 있습니다.

1 〈엑셀.. 하루에 하나씩〉 카페
(https://cafe.naver.com/excelmaster)

《엑셀 바이블》로 학습하며 도서와 관련된 내용의 질의응답은 물론 엑셀을 사용해 작업하며 발생한 문제, 기능과 함수의 궁금한 점 등을 카페의 질의응답 게시판에서 해결할 수 있습니다. 책 내용 외의 다양한 강의와 엑셀 사용에 유용한 팁, 최신 버전 엑셀의 업데이트 정보, 최신 함수/기능에 대한 정보도 더욱 빨리 확인할 수 있어 업무에 활용하는 데 큰 도움이 될 것입니다.

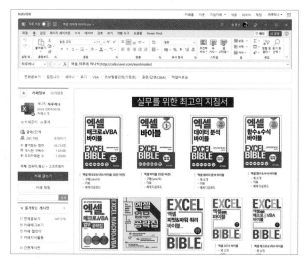

2 〈엑셀 마스터 유튜브 채널〉
(https://www.youtube.com/c/엑셀마스터)

《엑셀 바이블》과 관련된 각종 엑셀 꿀팁은 물론, 다양한 엑셀 기능, 매크로와 VBA, 파워 쿼리, 함수식에 관한 강의 정보를 확인할 수 있습니다. 수시로 업데이트되는 강의 영상을 시청하면서 엑셀을 학습하고 배운 내용을 업무에 사용해보세요! 채널 구독 후에는 더욱 다양한 정보를 얻을 수 있습니다. 채널 화면에서 [재생목록]을 클릭하여 강의 커리큘럼을 확인하고 필요한 내용을 학습합니다.

• 유튜브 검색에 **엑셀 마스터** 채널로 검색해 접속할 수도 있습니다.

예제 파일 다운로드

《엑셀 바이블》 실습 예제 다운로드하기

이 책에 사용된 모든 실습 및 완성 예제 파일은 한빛출판네트워크 홈페이지(www.hanbit.co.kr)에서 다운로드할 수 있습니다. 예제 파일은 따라 하기를 진행할 때마다 사용되므로 컴퓨터에 복사해두고 활용합니다. 더 빠르게 다운로드하려면 자료실 www.hanbit.co.kr/src/11016로 접속합니다.

1 한빛출판네트워크 홈페이지(www.hanbit.co.kr)로 접속합니다. 로그인 후 화면 오른쪽 아래에서 [자료실] 버튼을 클릭합니다.

- 이 책에 사용된 예제의 저작권은 저자에게 있습니다. 저자의 허락 없이 영리적 이용을 금하며 파일의 배포, 재판매 및 유료 콘텐츠의 예제로 사용할 시 법적 제재를 받을 수 있습니다.

2 자료실 도서 검색란에 도서명을 입력하고, 찾는 도서의 제목 부분을 클릭합니다.

3 선택한 도서 정보가 표시되면 오른쪽에 있는 다운로드 아이콘을 클릭합니다.

다운로드한 예제 파일은 일반적으로 [다운로드] 폴더에 저장되며, 사용하는 웹브라우저 설정에 따라 다를 수 있습니다.

CONTENTS

CHAPTER **04** 보기/창

PART
02

데이터 입력, 편집

CHAPTER **05** 입력과 셀 병합

CONTENTS

PART 03 서식 설정

CHAPTER 10 셀 서식

CHAPTER 11 조건부 서식

PART
04

표 관리

CHAPTER **12** **엑셀 표**

PART
05

수식

CONTENTS

CHAPTER 20   집계/통계 함수

CONTENTS

PART
06

데이터

CHAPTER 23 정렬

CHAPTER 24 필터와 중복 제거

CHAPTER 25 유효성 검사

CONTENTS

CHAPTER 28 가상 분석, 예측 시트, 그룹

PART 07 개체

PART 08 시각화

CHAPTER 32 차트

PART
09

인쇄

CONTENTS

CHAPTER 35 인쇄

PART 10

매크로

CHAPTER 36 매크로

CHAPTER 37　매크로 활용 팁

CHAPTER 38　이벤트

엑셀 프로그램 이해

명령
인터페이스

엑셀 프로그램은 다양한 기능을 가지고 있으며 다양한 명령 아이콘을 리본 메
뉴라는 명령 인터페이스로 제공하고 있습니다. 해당 인터페이스 엑셀의 다양
한 명령을 어떻게 실행시켜야 하는지 알려 주는 중요한 도구이므로 엑셀을 사
용하려는 사용자라면 반드시 이해해야 합니다.

오피스 제품 선택과
엑셀 2021 버전에서 추가된 기능

예제 파일 없음

오피스 2021 버전과 Microsoft(office) 365 버전의 차이

2022년 8월 기준 최신 버전의 오피스 제품을 구입할 때 Microsoft 365나 오피스 2021 버전 중 하나를 선택할 수 있습니다. 두 제품에는 다음과 같은 차이가 있으므로 참고하여 여러분에게 맞는 것으로 구매합니다.

오피스 2021 제품 : 영구 볼륨 라이선스 제품

2016, 2019, 2021과 같이 이름에 연도를 사용하는 제품은 '영구 볼륨 라이선스 제품'으로 한 번 구입 후 영구적인 소유권을 가질 수 있습니다. 버그나 새로운 보안 이슈에 대한 업데이트는 가능하나 다음 버전에 새로 추가된 기능과 함수에 대한 업데이트는 제공되지 않습니다.

Microsoft(office) 365 제품 : 구독 서비스 제품

Microsoft 365 제품은 클라우드로 작동하는 사용자 기반 구독 서비스로 매월(또는 매년) 계약을 갱신해야 사용할 수 있습니다. 대신 지속적인 기능 업데이트가 가능하여 영구 볼륨 라이선스 제품보다 향상된 기능과 새로운 함수를 빠르게 사용할 수 있습니다.

오피스 2021 버전과 Microsoft(office) 365 버전의 선택

마이크로소프트는 2~3년마다 한 번씩 대규모 업데이트를 통해 제품을 판매하는 정책을 시행했었습니다. 하지만 이런 정책에서 탈피해 즉각적인 업데이트를 통한 새로운 기능/함수를 바로 제공하기 위해 노력했고, 이런 시도는 Microsoft 365 제품을 통해 구현되었습니다.

다만 주기적이고 빠른 업데이트 때문에 다른 프로그램이나 추가 기능 또는 보안 프로그램과 호환되지 않는 문제가 발생할 수 있습니다. 따라서 좀 더 안정적인 환경에서 작업이 필요하다면 오피스 2021과 같은 제품이 필요합니다. 오피스 2021은 오피스 2019 출시 이후 Microsoft 365 제품을 통해 개선된 기능과 새로운 함수를 모아 제품화한 것입니다.

때문에 Microsoft 365 제품은 신규 기능을 빠르게 사용해보길 원하는 개인 사용자에게 적합하고, 오피스 2021 제품은 새로운 기능보다는 호환성과 안정성이 더 중요한 기업 사용자에게 적합합니다.

제품 버전과 빌드 확인 방법

오피스 프로그램은 Microsoft 365, 오피스 2021과 같은 제품명과 업데이트를 구분하는 버전, 빌드 정보를 같이 제공합니다. Microsoft 365 제품의 경우도 월별 업데이트를 하는 경우가 대부분이지만, 목적에 따라 분기/반기별 업데이트를 받을 수 있습니다. 자신의 제품에서 특정 기능이 동작하는지 확인하려면 세부 버전과 빌드 정보를 확인할 필요가 있습니다. 다음 과정을 참고합니다.

01 [파일] 탭-[계정]을 클릭합니다.

02 백스테이지 뷰 화면에서 제품 정보, Excel 버전과 관련한 부분을 확인합니다.

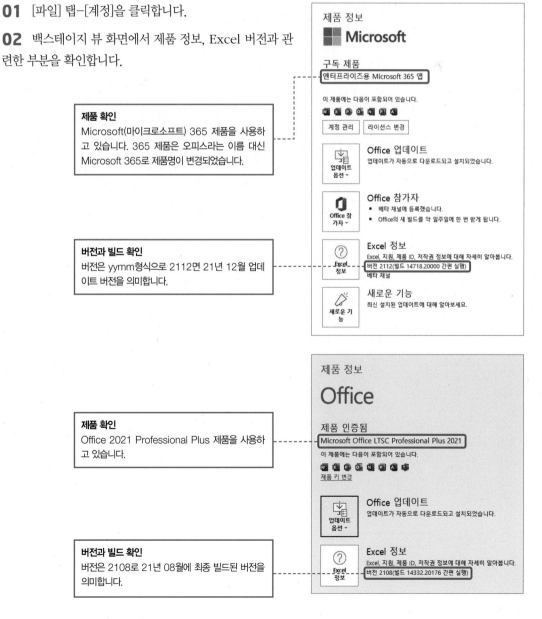

제품 확인
Microsoft(마이크로소프트) 365 제품을 사용하고 있습니다. 365 제품은 오피스라는 이름 대신 Microsoft 365로 제품명이 변경되었습니다.

버전과 빌드 확인
버전은 yymm형식으로 2112면 21년 12월 업데이트 버전을 의미합니다.

제품 확인
Office 2021 Professional Plus 제품을 사용하고 있습니다.

버전과 빌드 확인
버전은 2108로 21년 08월에 최종 빌드된 버전을 의미합니다.

앞의 설명에서 확인한 것처럼 Microsoft 365와 오피스 2021은 제품명이고 업데이트 시기에 따라 내부 버전(빌드)이 달라집니다. 마이크로소프트는 제품과 버전을 이렇게 따로 구분하지만 이 책에서는 보편적인 구분 방법인 Microsoft 365와 오피스 2021을 기준으로 버전을 구분해 표기하겠습니다.

엑셀 2021 버전에서 새로 지원되는 기능

엑셀 2021 버전이 2019 버전에 비해 가장 크게 달라진 점 중 하나는 함수를 사용하는 수식 부분입니다. 내부 계산 엔진의 변경으로 여러 계산 함수의 처리 속도가 더 빨라졌으며, 배열을 활용하는 함수의 지원을 통해 함수 활용도가 대폭 상승하였습니다.

일반 사용자가 자주 사용하는 기능에서는 다음과 같은 기능이 추가되었습니다.

- SUMIF, COUNTIF, AVERAGEIF 함수와 같은 조건을 만족하는 계산 작업의 처리 속도가 개선되었습니다.

- 하나의 수식에서 여러 개의 값을 반환할 수 있으며, 이렇게 반환된 값 집합을 동적 배열이라고 합니다. 이런 동적 배열을 지원하는 다음과 같은 새로운 함수가 제공됩니다. 엑셀 2019 이전 버전까지 지원되던 배열 수식과는 다르며, Ctrl + Shift + Enter 대신 Enter 로만 수식을 입력합니다. 동적 배열을 반환하는 수식을 [A1] 셀에 입력했다면 동적 배열 전체 범위를 =A1#과 같은 참조 수식으로 참조할 수 있습니다.

함수	책 위치
FILTER	567페이지
UNIQUE	576페이지
SORT	567페이지
SEQUENCE	481페이지
XLOOKUP	556페이지
XMATCH	556페이지

- 다중 시트 숨기기(숨기기 취소)
  한 번에 여러 시트를 동시에 선택해 [숨기기] 및 [숨기기 취소] 명령을 활용할 수 있습니다.

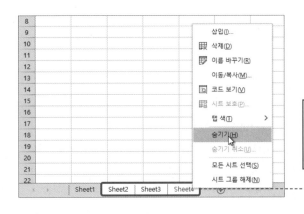

① 첫 번째 시트 탭을 선택
② Ctrl 이나 Shift 를 이용해 나머지 시트 탭을 클릭
③ 마우스 오른쪽 버튼 클릭
④ [숨기기] 선택

● [숨기기 취소] 대화상자에서도 [Ctrl]이나 [Shift]로 숨기기 취소할 시트를 모두 선택하고 [확인]을 클릭합니다.

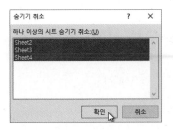

● 통합 문서에 대한 통계가 지원됩니다.

[검토] 탭-[언어 교정] 그룹-[통합 문서 통계▦]를 클릭하면 현재 파일의 정보가 다음과 같은 대화상자에 표시됩니다.

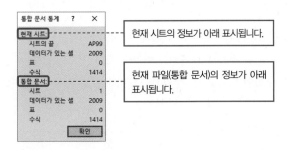

현재 시트의 정보가 아래 표시됩니다.

현재 파일(통합 문서)의 정보가 아래 표시됩니다.

● 색상을 선택할 때 16진수 색상 값을 입력해 사용할 수 있습니다.

새로 적용된 리본 인터페이스 이해하기

예제 파일 없음

최신 Microsoft 365 버전의 리본 메뉴 변화

Microsoft 365버전은 21년 11월 업데이트에서 윈도우 11과 유사한 인터페이스로 바뀌었습니다. 엑셀 2019 버전도 업데이트를 통해 해당 인터페이스가 적용될 것으로 보이지만 아직 정확한 정보는 없습니다. Microsoft 365 버전의 리본 메뉴는 2111빌드(빌드 확인 방법은 이 책의 031페이지를 참고)부터는 다음과 같이 표시됩니다.

가장 먼저 확인할 수 있는 특징은 윈도우 11 테마와 유사하게 창과 대화상자의 모서리가 둥글둥글해졌습니다. 제목 표시줄도 몇 가지 변화가 있습니다. ❶ [저장🖫] 명령이 제목 표시줄에 표시되며, 파일명도 가운데가 아니라 왼쪽에 정렬되어 표시됩니다.

또 처음 설치하거나, 빠른 실행 도구 모음에 새로운 명령을 등록하지 않았던 업데이트한 사용자의 경우는 빠른 실행 도구 모음이 바로 표시되지 않으며, ❷ 빠른 실행 도구 모음에 표시되던 [실행 취소🔄], [다시 실행🔄] 명령이 [홈] 탭 첫 번째에 위치한 [실행 취소] 그룹에 위치합니다.

빠른 실행 도구 모음의 표시 및 위치

빠른 실행 도구 모음을 사용하려면 [저장🖫] 위치에서 마우스 오른쪽 버튼을 클릭하고 [빠른 실행 도구 모음 표시]를 선택합니다.

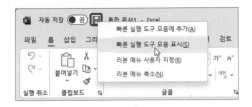

[저장] 명령 두 개 표시되는 문제 해결

빠른 실행 도구 모음을 표시하면 [제목 표시줄]에 두 개의 [저장 ⊞] 명령이 나타날 수 있습니다.

제목 표시줄에 표시되는 [자동 저장] 명령은 제거할 수 없으므로 빠른 실행 도구 모음에서 [저장] 명령이 표시되지 않도록 합니다. 빠른 실행 도구 모음의 [저장 ⊞] 명령을 마우스 오른쪽 버튼으로 클릭하고 [빠른 실행 도구 모음에서 제거]를 선택합니다.

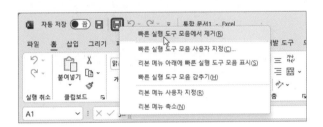

빠른 실행 도구 모음 위치 변경

새로 바뀐 리본 메뉴 인터페이스에서는 빠른 실행 도구 모음의 위치를 리본 메뉴 아래로 옮기는 것이 좋습니다. 빠른 실행 도구 모음에서 마우스 오른쪽 버튼을 클릭한 후 [리본 메뉴 아래에 빠른 실행 도구 모음 표시]를 선택합니다.

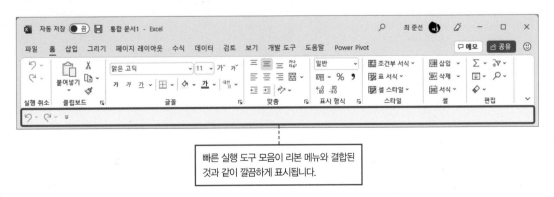

빠른 실행 도구 모음이 리본 메뉴와 결합된 것과 같이 깔끔하게 표시됩니다.

빠른 실행 도구 모음의 레이블 삭제

사용자 환경에 따라서 빠른 실행 도구 모음의 명령 이름이 아이콘과 함께 표시될 수 있습니다.

명령 이름을 없애려면 빠른 실행 도구 모음에서 마우스 오른쪽 버튼을 클릭한 후 [명령 레이블 숨기기]를
선택합니다.

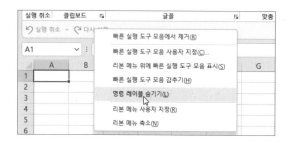

빠른 실행 도구 모음에
자주 사용하는 명령 등록 방법

예제 파일 없음

빠른 실행 도구 모음에는 자주 사용하는 명령을 등록해놓고 사용할 수 있습니다. 명령을 등록하는 방법은 사용자 지정을 이용하거나, 리본 메뉴에서 등록할 명령의 아이콘을 마우스 오른쪽 버튼으로 클릭해 등록하는 방법, [Excel 옵션] 대화상자를 이용하는 방법 등이 있습니다. 다음 내용을 참고합니다.

사용자 지정 메뉴 사용해 추가

빠른 실행 도구 모음 우측의 [빠른 실행 도구 모음 사용자 지정 ▼]을 클릭하면 등록 가능한 명령 메뉴가 표시됩니다. 여기에서 원하는 명령을 클릭하면 빠른 실행 도구 모음에 명령을 추가할 수 있습니다.

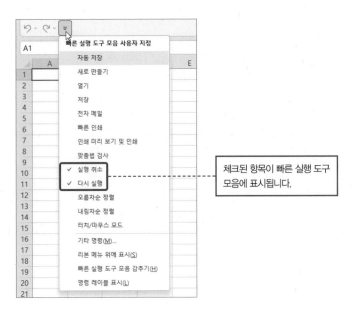

체크된 항목이 빠른 실행 도구
모음에 표시됩니다.

리본 메뉴에서 빠른 실행 도구 모음에 추가

리본 메뉴의 모든 명령은 빠른 실행 도구 모음에 빠르게 추가하는 것이 가능합니다. 빠른 실행 도구 모음에 추가할 명령을 마우스 오른쪽 버튼으로 클릭한 후 [빠른 실행 도구 모음에 추가]를 선택합니다.

이 방법이 가장 쉽기 때문에 리본 메뉴의 각 탭을 하나씩 살펴보면서 자주 사용하는 명령을 등록하면 됩니다.

[EXCEL 옵션] 대화상자 사용

자주 사용하는 명령이라도 리본 메뉴에 표시되지 않는 경우도 있습니다. 이런 명령을 빠른 실행 도구 모음에 등록하려면 [Excel 옵션] 대화상자를 이용합니다. 다음 과정을 참고합니다.

01 빠른 실행 도구 모음 우측의 [빠른 실행 도구 모음 사용자 지정 ▾]을 클릭합니다.

02 단축 메뉴에서 [기타 명령]을 선택합니다.

03 [명령 선택]을 [리본 메뉴에 없는 명령]으로 선택하고 화면 설명을 참고해 원하는 명령을 빠른 실행 도구 모음에 등록합니다.

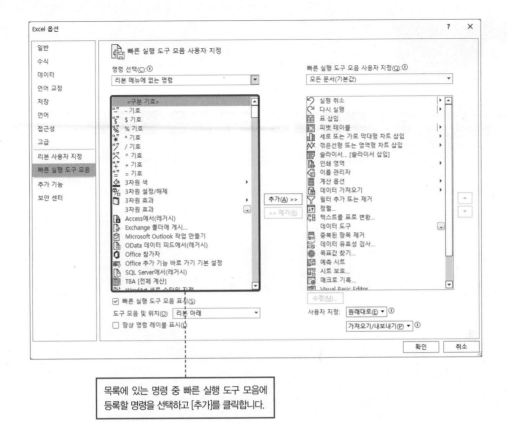

목록에 있는 명령 중 빠른 실행 도구 모음에
등록할 명령을 선택하고 [추가]를 클릭합니다.

TIP 리본 메뉴에는 없지만 엑셀에서 자주 활용하는 명령

리본 메뉴에 표시되지 않는 명령 중 자주 활용되는 명령은 다음과 같습니다.

• 카메라
• 피벗 테이블/피벗 차트 마법사
• 위 첨자
• 아래 첨자
• 취소선
• 레코드 관리
• 전자 메일로 [전자 메일로 보내기]
• 전자 메일

빠른 실행 도구 모음 활용 팁

예제 파일 없음

리본 메뉴 축소

리본 메뉴는 엑셀에서 실행 가능한 명령 아이콘을 크게 표시해 엑셀의 사용성을 높여주지만, 화면 상단의 공간을 많이 차지하는 단점도 있습니다. 이때 빠른 실행 도구 모음을 주로 활용한다면 리본 메뉴는 축소하고 작업하는 것이 편리할 수도 있습니다.

아래 그림은 리본 메뉴가 축소된 상태에서 빠른 실행 도구 모음만 표시한 화면입니다.

리본 메뉴를 위와 같이 접어 사용하려면 다음 방법 중 하나를 사용합니다.

01 Ctrl + F1 를 누릅니다.

02 리본 메뉴의 아무 탭이나 더블클릭합니다.

03 리본 메뉴 우측 하단의 [리본 메뉴 표시 옵션☑]을 클릭하고 [탭만 표시]를 선택합니다.

빠른 실행 도구 모음의 명령 아이콘 순서 변경

빠른 실행 도구 모음은 등록된 순서대로 명령 아이콘을 표시하고 자동으로 정렬하는 기능은 없습니다. 원하는 순서로 명령 아이콘을 표시하려면 [Excel 옵션] 대화상자를 이용합니다. 다음 과정을 참고합니다.

01 빠른 실행 도구 모음 우측의 [빠른 실행 도구 모음 사용자 지정▼]을 클릭합니다.

02 단축 메뉴에서 [기타 명령]을 선택합니다.

03 오른쪽 [빠른 실행 도구 모음 사용자 지정] 목록에서 정렬할 명령을 선택하고 오른쪽에 있는 [위로 이동▲] 또는 [아래로 이동▼]을 클릭해 위치를 조정합니다.

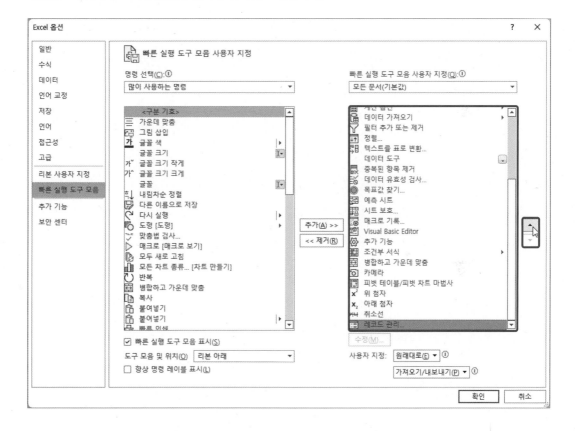

04 모든 작업이 끝나면 [확인]을 클릭합니다.

빠른 실행 도구 모음에 등록된 명령의 단축키

빠른 실행 도구 모음에 명령 아이콘이 등록되면 Alt+숫자 조합의 단축키가 할당됩니다. 엑셀 창에서 Alt를 누르면 빠른 실행 도구 모음에 풍선 도움말로 각 명령의 단축키가 표시됩니다.

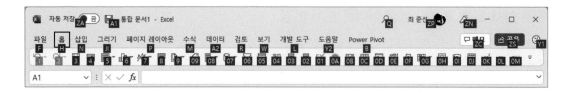

빠른 실행 도구 모음에 등록된 순서로 0~9까지의 숫자가 Alt 키와 할당되며, 그 이후에는 09~01까지 그 다음은 0A~0Z까지 단축키가 할당됩니다. 그러므로 자주 사용하는 명령은 가급적 왼쪽([Excel 옵션] 대화 상자 목록에서는 위)에 위치시키는 것이 좋습니다.

편집한 빠른 실행 도구 모음을 다른 PC에서 사용하는 방법

예제 파일 없음

요즘은 여러 대의 PC를 사용하는 경우가 많습니다. 한 PC에서 빠른 실행 도구 모음을 입맛에 맞게 수정했다면 다른 PC에서도 동일한 설정을 사용하고 싶을 수 있습니다. 다음 방법을 참고합니다.

현재 PC의 리본 메뉴 설정 저장하기

01 빠른 실행 도구 모음 우측의 [빠른 실행 도구 모음 사용자 지정▼]을 클릭합니다.

02 단축 메뉴에서 [기타 명령]을 클릭합니다.

03 [Excel 옵션] 대화상자 우측 하단의 [가져오기/내보내기]를 클릭합니다.

04 [모든 사용자 지정 항목 내보내기]를 선택합니다.

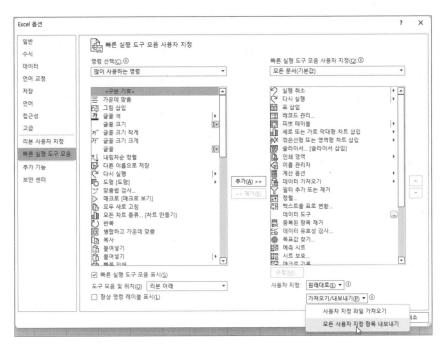

05 [파일 저장] 대화상자가 나타나면 원하는 경로를 선택하고 [파일 이름]을 수정한 후 [저장]을 클릭해 파일로 저장합니다.

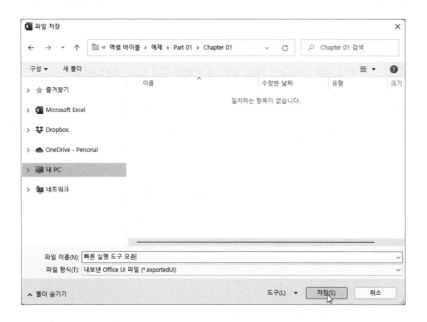

리본 메뉴 변경하기

내보내기 작업으로 저장된 리본 메뉴 설정 파일을 메일, 웹하드, USB 등으로 옮겨 원하는 PC에서 **01-02** 과정을 진행합니다. 단, [가져오기/내보내기] 명령에서 [사용자 지정 파일 가져오기]를 클릭한 후 저장된 파일을 선택하고 [열기]를 클릭합니다.

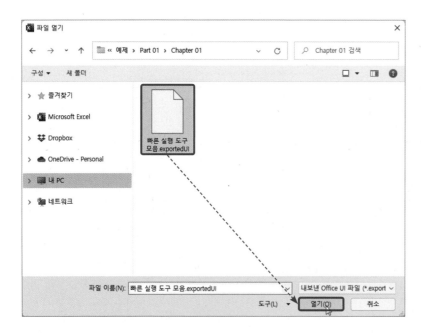

엑셀 파일

엑셀은 포함한 모든 프로그램은 데이터를 파일 단위로 관리합니다. 엑셀의 경우도 파일을 관리할 수 있는 다양한 기능이 제공되므로 이런 원리를 잘 이해한다면 엑셀 데이터를 효율적으로 사용할 수 있습니다.

02 / 01 엑셀 실행 시 빈 통합 문서가 바로 나타나게 하기

예제 파일 없음

엑셀 시작 화면 이해하기

엑셀 Microsoft 365 또는 2021 버전을 실행하면 다음과 같은 시작 화면이 나타납니다.

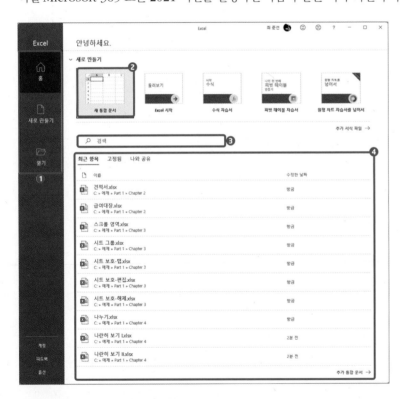

❶ **탐색 바** : 엑셀에서 [홈], [새로 만들기], [열기] 명령을 사용할 수 있습니다.

❷ **새 통합 문서** : 빈 통합 문서를 하나 생성합니다.

❸ **검색** : 엑셀 2016, 2019 버전에서는 온라인 서식을 검색할 수 있었는데, 엑셀 2021, Microsoft 365 버전에서는 최근에 열었던 파일을 검색할 수 있습니다.

❹ **최근 항목** : 최근에 열어본 파일 10개가 목록에 표시됩니다.

빈 통합 문서로 바로 시작하기

엑셀의 시작 화면은 유용하지만 사용자에 따라서는 빈 통합 문서가 바로 열리길 원할 수 있습니다. 이 경우라면 다음과 같은 방법을 참고합니다.

01 [파일] 탭-[옵션]을 클릭합니다.

02 [Excel 옵션] 대화상자가 표시되면 [일반]을 클릭합니다.

03 [시작 옵션] 그룹-[이 응용 프로그램을 시작할 때 시작 화면 표시]의 체크를 해제합니다.

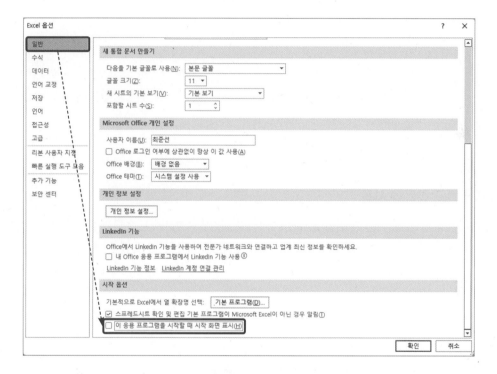

04 [확인]을 클릭해 [Excel 옵션] 대화상자를 닫습니다.

05 엑셀을 종료하고 다시 실행하면 빈 통합 문서가 바로 열립니다.

02 / 02

최근 항목 활용해 최근에 작업한 파일을 빠르게 여는 방법

예제 파일 PART 01 \ CHAPTER 02 \ 견적서.xlsx

엑셀은 매일 같은 파일을 열어 작업하는 경우가 많습니다. 엑셀에는 [최근 항목] 기능을 이용해 최근에 열었던 파일을 표시해주고 이를 통해 작업을 빠르게 이어나갈 수 있도록 돕고 있습니다.

시작 화면에서 최근 항목을 사용

엑셀을 실행하면 [시작 화면]에 [최근 항목]이 표시됩니다. 다만 버전별로 위치에는 조금씩 다를 수 있습니다. 가장 최신 버전인 엑셀 2021, Microsoft 365 버전은 백스테이지 뷰 오른쪽 화면에 [최근 항목]이 표시됩니다.

이전 엑셀 2019, 2016 버전에서는 다음과 같이 왼쪽에 [최근 항목]이 표시되었습니다.

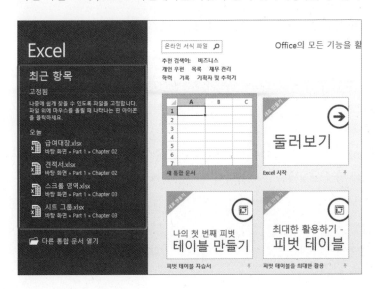

최근 항목 설정 이해

최근 항목은 최대 50개(엑셀 2016 버전까지는 기본 설정값이 25개)까지 최근에 열었던 파일이 순서대로 표시되며, 그 이상 파일을 열면 가장 늦게 열었던 파일부터 목록에서 삭제됩니다. 그러므로 자주 사용할 파일이라면 [최근 항목]에 고정하는 것이 좋습니다.

최근 항목에 자주 사용하는 파일 고정

[최근 항목] 리스트에 표시된 파일 중 하나로 마우스 포인터를 위치시키면 해당 파일의 행 색상이 반전되면서 오른쪽 끝에 핀 모양의 [이 항목을 목록에 고정]이 나타납니다.

[이 항목을 목록에 고정]을 클릭하면 클릭한 파일이 [최근 항목] 리스트의 최상단에 표시되고, 핀 모양 아이콘 이 오른쪽에 고정 표시됩니다.

이렇게 하면 해당 파일이 [최근 항목]에 항상 고정되고 다시 클릭해 해제할 때까지 [최근 항목] 리스트에 계속 고정됩니다.

[열기] 백스테이지에서 최근 항목 사용

[파일] 탭–[열기]를 클릭하면 아래와 같이 [최근 항목] 리스트를 확인할 수 있습니다. 시작 화면과 동일한 구성으로 표시됩니다.

[최근 항목]에 파일을 더 이상 표시하지 않고 싶다면 원하는 파일을 마우스 오른쪽 버튼으로 클릭한 후 단축 메뉴에서 [목록에서 제거]를 선택합니다.

참고로 단축 메뉴의 [고정되지 않은 항목 지우기]를 선택하면 핀 모양 아이콘이 표시되지 않는 모든 파일이 최근 항목 리스트에서 한번에 삭제됩니다.

최근 항목에 표시되는 파일 개수 변경

최근 항목에 표시되는 기본 파일 개수는 50개(엑셀 2010 버전은 24개, 엑셀 2013, 2016 버전은 25개)입니다. 원하는 개수로 변경하려면 다음과 같은 방법을 참고합니다.

01 [파일] 탭-[옵션]을 클릭합니다.

02 [Excel 옵션] 대화상자가 표시되면 [고급] 항목을 클릭합니다.

03 [표시] 그룹-[표시할 최근 통합 문서 수]의 옵션 개수를 조정한 후 [확인]을 클릭합니다.

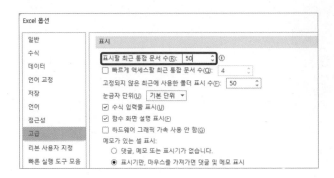

파일 복사본 만들어 작업하기

파일을 열어 작업할 때 원본은 그대로 두고 동일한 파일에 몇 가지 수정 작업을 해보고 싶다면 파일을 복사본으로 열어 작업할 수 있습니다. [최근 항목]의 파일 중 하나를 마우스 오른쪽 버튼으로 클릭한 후 [복사본 열기]를 선택합니다. 파일을 열면 원본은 그대로 있고 복사본 파일이 열립니다.

윈도우 작업 표시줄의 최근 항목 사용

윈도우 자체 기능으로 [작업 표시줄]에 엑셀을 등록한 후 마우스 오른쪽 버튼을 클릭해 [최근 항목]을 이용할 수 있습니다. 단, [작업 표시줄]의 [최근 항목]은 엑셀 프로그램의 [최근 항목]과 동기화되지 않는 별개의 기능입니다.

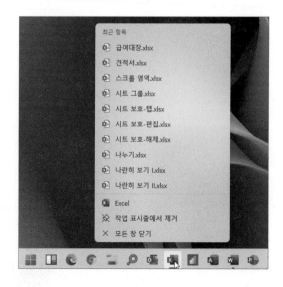

02/03 파일을 다른 사람과 공유해 작업하는 방법

예제 파일 PART 01 \ CHAPTER 02 \ 견적서.xlsx

OneDrive란?

OneDrive는 마이크로소프트에서 지원하는 클라우드 저장 서비스(웹 하드와 유사한 서비스)로 OneDrive에 엑셀 파일을 저장하고 다른 사람과 공유해 작업할 수 있습니다. 참고로 엑셀 2010 버전까지는 [파일] 탭–[검토] 그룹–[통합 문서 공유] 기능을 사용했습니다.

윈도우 8 이후 버전에서는 OneDrive가 기본으로 설치되며, 윈도우 7 이전 버전에서는 다운로드해 설치할 수 있습니다. 오피스 사용자는 오피스 2016 버전부터 기본적으로 해당 서비스가 설치되며 마이크로소프트 계정만 생성하면 사용할 수 있습니다.

OneDrive 계정 확인

OneDrive 계정이 존재하는지 확인하려면 [파일] 탭–[계정]을 클릭하고 [연결된 서비스] 부분을 확인합니다.

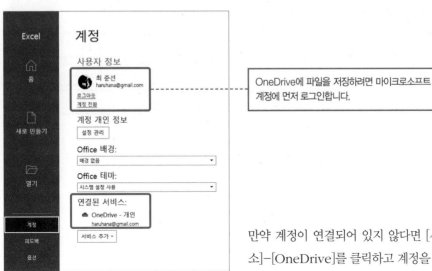

OneDrive에 파일을 저장하려면 마이크로소프트 계정에 먼저 로그인합니다.

만약 계정이 연결되어 있지 않다면 [서비스 추가]–[저장소]–[OneDrive]를 클릭하고 계정을 등록합니다.

OneDrive를 이용한 파일 공유

OneDrive를 이용해 파일을 공유하려면 계정을 생성한 후 로그인해야 합니다. 엑셀 파일을 공유하려면 OneDrive에 파일을 저장합니다. OneDrive에 파일을 저장하는 방법은 두 가지입니다. 엑셀 창 [제목 표시줄]에 표시되는 [자동 저장] 기능을 이용하거나, 우측 상단의 [공유]를 클릭합니다.

[자동 저장]이나 [공유]를 클릭하면 다음과 같은 [공유] 창이 표시됩니다. 파일을 공유할 계정을 클릭합니다.

공유하려는 계정을 클릭합니다. ----

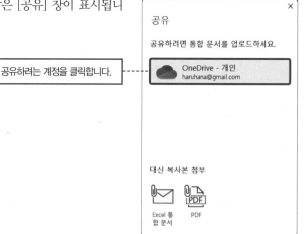

그러면 OneDrive 내 [문서] 폴더에 파일이 바로 저장됩니다. [공유]를 클릭한 경우 바로 [링크 보내기] 창이 표시됩니다. [자동 저장]을 클릭한 경우에는 [공유]를 한 번 더 클릭해야 합니다.

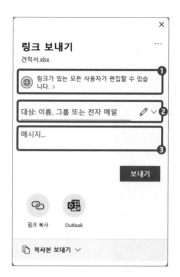

[링크 보내기] 창을 사용하는 방법은 다음과 같습니다.

❶ 편집 옵션 설정 : 클릭하면 [링크 설정] 창이 열립니다.

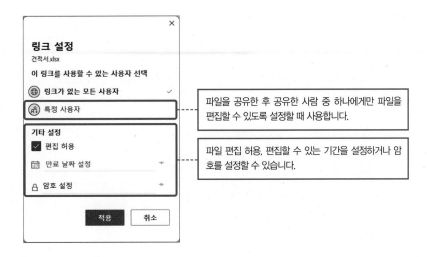

파일을 공유한 후 공유한 사람 중 하나에게만 파일을 편집할 수 있도록 설정할 때 사용합니다.

파일 편집 허용, 편집할 수 있는 기간을 설정하거나 암호를 설정할 수 있습니다.

❷ 공유 대상자 설정 : 파일을 공유할 사용자를 선택할 수 있으며 오른쪽 연필 모양의 아이콘📝을 클릭하면 오른쪽과 같은 옵션 중 하나를 선택할 수 있습니다.

❸ 메시지 작성 : 파일을 공유할 사용자에게 전달할 내용을 작성합니다.

아래와 같이 작성하고 [보내기]를 클릭하면 OneDrive 내 파일을 해당 사용자와 공유할 수 있습니다.

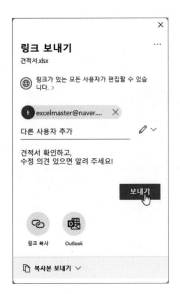

공유된 파일 편집

공유된 파일은 공유 대상자에게 이메일로 링크가 전달됩니다.

01 소유자로부터 편집할 파일을 공유 받은 사용자는 다음과 같은 메일을 받게 됩니다. 메일 내용을 확인하고 [OneDrive에서 보기] 혹은 [열기]를 클릭합니다.

02 기본 웹 브라우저를 통해 Excel Online 서비스에 연결됩니다.

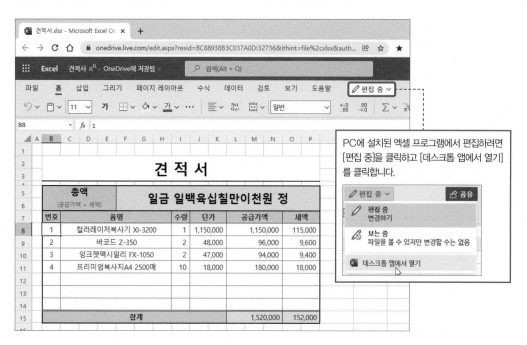

파일 링크 생성/전송

파일을 함께 작업할 사용자가 많다면 개별적으로 파일을 공유하는 대신 공유된 파일의 링크를 생성해 전달하는 것이 편리합니다. 공유된 파일 우측 상단의 [공유]를 클릭합니다. [링크 보내기] 창 좌측 하단의 [링크 복사]를 클릭합니다. 그러면 파일 링크가 자동으로 생성됩니다. [복사]를 클릭한 후 공유할 사람에게 해당 링크를 전달하면 됩니다.

02/04 저장하지 않고 닫은 파일을 복원하는 방법

예제 파일 없음

자동 저장 기능 옵션 설정

파일을 닫을 때 실수로 저장하지 않고 닫아서 데이터를 날린 적이 있다면 엑셀의 자동 저장 기능을 이용하는 것이 좋습니다. 이 기능을 사용하면 저장하지 않고 닫은 파일을 마지막 자동 저장 위치로 복원할 수 있습니다. 엑셀 2010 버전부터는 자동 저장 기능으로 저장된 파일을 버전별로 관리해줍니다.

01 [파일] 탭-[옵션] 메뉴를 클릭합니다.

02 [Excel 옵션] 대화상자가 표시되면 [저장] 항목을 클릭합니다.

03 [통합 문서 저장] 그룹 내 [자동 복구 정보 저장 간격] 옵션과 [저장하지 않고 닫는 경우 마지막으로 자동 복구된 버전 유지] 옵션이 다음과 같이 설정되어 있는지 확인합니다.

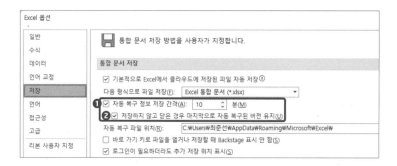

❶ **자동 복구 정보 저장 간격** : 엑셀 기본값으로 설정되며 간격은 10분입니다. 수정이 잦은 파일의 경우에 이 간격을 줄이면 파일을 더 자주 저장해 손실을 최소화할 수 있습니다.

❷ **저장하지 않고 닫은 경우 마지막으로 자동 복구된 버전 유지** : 해당 옵션은 엑셀 2010 버전부터 제공되는 옵션으로 반드시 체크되어 있어야 저장하지 않고 닫은 파일을 마지막으로 저장한 위치로 복구할 수 있습니다.

저장하지 않고 닫은 파일 복원

파일을 저장하지 않고 닫은 경우에는 다음 순서로 작업하여 저장하지 않고 닫은 파일을 복구할 수 있습니다.

01 저장하지 않고 닫은 파일을 다시 엽니다.

02 [파일] 탭-[정보] 메뉴를 클릭합니다.

03 [통합 문서 관리]에 '자동 저장'된 파일이 나타납니다. 가장 최근에 저장된 파일을 선택해 클릭합니다.

04 엑셀 창으로 화면이 전환되면서 수식 입력줄 상단에 [저장되지 않은 복구된 파일] 메시지 줄이 나타납니다. [복원]을 클릭합니다.

05 다음과 같은 메시지가 표시됩니다. [확인]을 클릭하면 마지막으로 자동 저장된 파일로 복구됩니다.

이 과정에서도 데이터가 손실될 수 있으므로 중요한 파일이라면 OneDrive 등의 클라우드 서비스에 파일을 저장하고 항상 자동 저장되도록 설정하는 것이 좋습니다.

02 / 05

파일이 손상되는 원인과
문제 해결 방법 이해하기

예제 파일 없음

파일의 문제는 왜 발생할까?

엑셀 파일을 계속 사용하다 보면 여러 가지 이유로 파일에 쓰레기 데이터가 누적됩니다. 이 경우 파일에 문제가 생기게 되므로 중요한 파일이라면 주기적으로 파일 내 쓰레기 데이터를 삭제할 필요가 있습니다. 쓰레기 데이터는 주로 시트를 복사해 재작업하는 경우에 쌓이게 됩니다. 이 문제에 대해서는 이 책의 079, 1086페이지에서 자세하게 설명합니다.

XLStyles Tool 앱 다운로드

파일 내 쓰레기 데이터를 삭제하려면 별도의 외부 프로그램을 사용하는 것이 편리합니다. 소개하려는 XLStyles Tool은 파일 내 쓰레기 데이터(셀 서식, 이름 오류 등)를 삭제해줍니다. 사용자의 윈도우 버전에 따라 다운로드할 수 있는 위치가 다르므로 아래의 설명을 참고합니다.

윈도우 7 이전 버전

윈도우 7 이전 버전을 사용 중이라면 아래 주소에서 개발자가 배포한 유틸리티를 다운로드해 사용합니다.

```
https://onedrive.live.com/?authkey=%21AArEUjrx0NkTCUM&id=53E1D37F76F69444%21526&cid=53E1D37F76F69444
```

윈도우 8 이후 버전

윈도우 8.x 이후 운영체제를 사용하고 있다면 Microsoft Store에서 XLStylesTool 앱을 다운로드합니다. 아래 링크는 Microsoft Store 내의 XLStyles Tool 앱의 다운로드 링크입니다.

```
https://www.microsoft.com/ko-kr/p/xlstylestool/9wzdncrfjptg
```

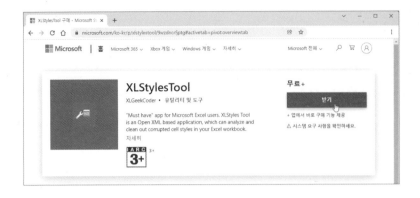

이 앱은 파일을 사용하다 보면 누적되는 불필요한 셀 스타일을 제거해 '셀 서식이 너무 많습니다'와 같은 에러 메시지가 나타나는 현상을 해결할 수 있습니다. 물론 파일의 손상된 정도가 심하다면 완전한 복구는 어려울 수 있습니다.

XLStyles Tool 앱 사용 방법

XLStyles Tool 앱을 실행하고 다음 과정을 참고해 작업을 진행합니다.

01 XLStyles Tool 창에서 우측 하단의 [Get File]을 클릭합니다.

02 [열기] 대화상자가 표시되면 복구할 엑셀 파일을 선택하고 [Scan Selected File]을 클릭합니다.

03 파일 상태를 확인하고 [Process File]을 클릭해 파일에 발생할 수 있는 문제를 해결할 수 있습니다.

파일을 암호로 보호하기

예제 파일 PART 01 \ CHAPTER 02 \ 급여대장.xlsx

파일 암호 설정

파일을 다른 사람으로부터 보호해야 한다면 파일에 열기, 쓰기 암호를 각각 설정할 수 있습니다.

01 암호로 설정할 파일을 열거나 없으면 예제 파일을 엽니다.

02 F12를 눌러 [다른 이름으로 저장] 대화상자를 호출합니다.

03 대화상자에서 [저장] 왼쪽의 [도구]를 클릭하고 [일반 옵션] 메뉴를 선택합니다.

04 [일반 옵션] 대화상자가 표시되면 [열기 암호]와 [쓰기 암호]를 입력하고 [확인]을 클릭합니다.

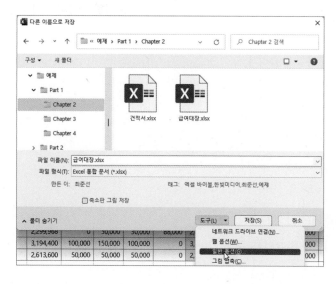

TIP 파일을 읽기 전용으로만 열 수 있게 설정하는 방법

[열기 암호]를 생략하고 [쓰기 암호]만 설정하면 파일을 열 수 있지만 수정할 수는 없게 만들어줍니다.

05 [암호 확인] 대화상자가 나타나면 **04**에서 설정한 암호를 다시 입력하고 [확인]을 클릭합니다.

06 [다른 이름으로 저장] 대화상자에서 [저장]을 클릭해 파일을 저장합니다.

암호가 설정된 파일 열기

암호가 설정된 파일을 열면 [암호] 대화상자가 표시됩니다. 설정된 암호를 입력하고 [확인]을 클릭합니다.

만약 [쓰기 암호]도 설정했다면 아래 대화상자가 추가로 표시됩니다. 암호를 입력하거나 [읽기 전용]을 클릭해 파일을 열 수 있습니다.

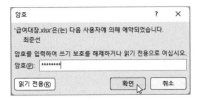

암호를 잊었을 때 해결 방법

파일 열기 암호를 잊었다면 정상적인 방법으로 파일을 열 수 없습니다. 그나마 기대할 수 있는 방법이 암호 해제 프로그램을 사용하는 것입니다. 대부분의 암호 해제 프로그램은 암호를 매칭하는 방법을 사용하므로 복잡한 암호를 영어+숫자+특수 문자 등을 혼합하여 사용했다면 암호 해제에 많은 시간이 걸립니다.

구글 등의 검색 사이트에서 'Excel Password Remove' 등의 키워드로 검색해보면 여러 가지 프로그램을 찾아볼 수 있습니다. 다만 유료 프로그램이 많고 암호 해제에 시간이 오래 걸리는 경우가 많으므로 처음부터 암호를 잃어버리지 않게 잘 관리하는 것이 가장 좋습니다.

파일에 설정된 암호 삭제

설정된 파일 암호를 삭제하려면 파일을 다시 저장해야 합니다.

01 [파일] 탭-[다른 이름으로 저장]을 클릭하거나 F12 를 누릅니다.

02 [다른 이름으로 저장] 대화상자가 나타나면 하단의 [도구]-[일반 옵션]을 클릭합니다.

03 [일반 옵션] 대화상자에 입력된 암호를 모두 삭제하고 [확인]을 클릭합니다.

04 [다른 이름으로 저장] 대화상자에서 [저장]을 눌러 파일을 다시 저장합니다.

시트

통합 문서는 기본적으로 한 개의 시트만 제공되지만 시트를 하나만 사용하는 사용자는 없다고 봐도 무방합니다. 시트는 다양한 표 데이터를 유형에 맞게 관리하기 위한 것으로 세로로 긴 종이를 연상하면 정확합니다. 이런 시트에는 사용자가 다양한 표나 차트를 구성할 수 있으므로 시트를 목적에 맞게 구분해 사용할 수 있어야 합니다.

시트를 빠르게 이동하는 방법

예제 파일 PART 01 \ CHAPTER 03 \ 시트 이동.xlsx

하나의 통합 문서에 시트가 많으면 원하는 시트로 이동하는 것이 쉽지 않습니다. 엑셀에서는 원하는 시트로 이동하는 방법을 다양하게 지원하므로 시트가 많은 엑셀 파일을 사용한다면 시트 이동 방법을 잘 이해할 필요가 있습니다.

시트 이동 단축키 이용

시트 이동 관련 단축키는 두 개만 할당되어 있으며 단축키는 다음과 같습니다.

단축키	설명
Ctrl + PageDown	현재 시트의 오른쪽 시트로 이동합니다.
Ctrl + PageUp	현재 시트의 왼쪽 시트로 이동합니다.

예제를 열면 아래와 같은 화면을 확인할 수 있습니다. 이 예제에는 [1월]~[12월] 시트와 [종합실적] 시트까지 총 13개의 시트가 존재합니다.

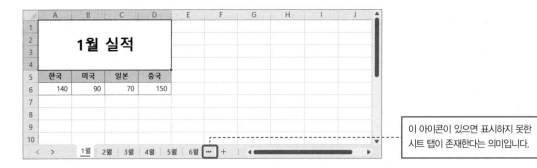

이 아이콘이 있으면 표시하지 못한 시트 탭이 존재한다는 의미입니다.

예제를 열고 [1월] 시트에서 Ctrl + PageDown 을 계속해서 누르면 순서대로 [2월], [3월], …, [종합실적] 시트로 이동하며, 반대로 Ctrl + PageUp 를 누르면 현재 시트의 왼쪽 시트로 이동합니다.

시트 탭 영역 이용

시트 탭 영역에는 다른 시트로 빠르게 이동할 수 있는 아이콘과 시트 목록을 표시해주는 [활성화] 대화상자가 숨겨져 있습니다.

시트 이동 아이콘

시트 이동 아이콘은 화면에 표시되지 않는 시트 탭이 있는 경우에만 활성화됩니다. 아래 같이 오른쪽 방향 아이콘만 활성화되면 오른쪽 방향으로 더 표시할 탭이 존재한다는 의미입니다.

오른쪽 끝으로 이동하면 왼쪽 방향 아이콘만 활성화됩니다.

시트 이동 아이콘에서 오른쪽 화살표 > 는 Ctrl + PageDown 과 달리 오른쪽에 가려진 시트 목록을 화면에 표시해줍니다. 왼쪽 화살표 < 는 Ctrl + PageUp 과 달리 왼쪽에 가려진 시트 목록을 화면에 표시해줍니다.

이 아이콘은 Ctrl 과 함께 누르면 동작에 변화가 생기는데, 만약 Ctrl 을 누른 상태에서 오른쪽 화살표 > 를 클릭하면 마지막 시트 탭 목록을 화면에 표시해줍니다.

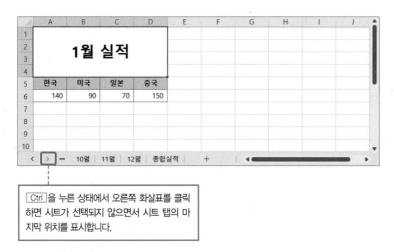

Ctrl 을 누른 상태에서 오른쪽 화살표를 클릭하면 시트가 선택되지 않으면서 시트 탭의 마지막 위치를 표시합니다.

Ctrl 을 누른 채 왼쪽 화살표 < 를 클릭하면 첫 번째 시트 탭 목록이 화면에 표시됩니다.

[활성화] 대화상자 이용

시트 이동 아이콘이 표시되는 영역에서 마우스 오른쪽 버튼을 클릭하면 [활성화] 대화상자가 표시됩니다. 이동할 시트를 더블클릭하거나 선택한 후 [확인]을 클릭하면 해당 시트로 바로 이동합니다.

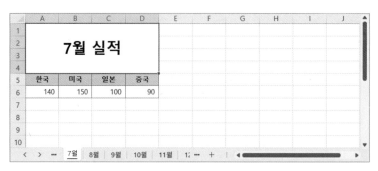

이름 상자 이용

이동하려는 시트 이름을 알고 있다면 이름 상자를 이용할 수 있습니다. 이름 상자에 다음과 같은 규칙으로 입력하면 원하는 시트로 바로 이동합니다.

시트명!A1

다음 화면은 이름 상자를 이용해 [10월] 시트로 이동하는 명령어 입력 방법의 예시입니다.

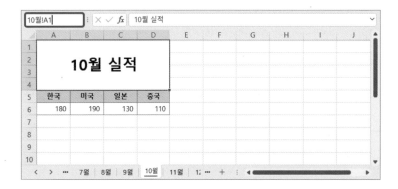

목차 시트 이용

모든 시트로 이동할 수 있는 목차 시트를 만들어두면 편하게 원하는 시트로 이동 가능합니다. 다만 엑셀에서는 이런 기능을 지원하지 않으므로 매크로를 활용해야 합니다. 이 방법에 대해서는 이 책의 857페이지에 자세하게 설명해두었습니다.

2013 이후

시트 이동을 돕는
Sheet Explorer 추가 기능

예제 파일 PART 01 \ CHAPTER 03 \ Sheet_Explorer.xlsx

엑셀에는 다양한 추가 기능이 제공됩니다. 그중에 시트 이동을 편리하게 돕는 Sheet Explorer 추가 기능에 대해 소개합니다.

Sheet Explorer 설치

다음 과정을 참고해 추가 기능을 설치합니다.

01 [삽입] 탭-[추가 기능] 그룹-[추가 기능 가져오기 ⊞]를 클릭합니다.

02 [Office 추가 기능] 창의 검색란에 **Sheet Explorer**를 입력하고 Enter를 누릅니다.

03 검색된 추가 기능 중에서 [Sheet Explorer]의 [추가]를 클릭합니다.

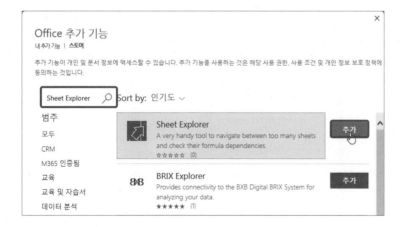

CHAPTER 03 | 시트 / **069**

04 이용 약관 창이 나타나면 내용을 확인한 후
[위의 사용 약관에 모두 동의합니다]에 체크하고
[계속]을 클릭합니다.

05 [홈] 탭 가장 오른쪽에 [Excely] 그룹-[Sheet Explorer] 명령이 등록됩니다.

Sheet Explorer 사용 방법

시트 이동을 하려면 [홈] 탭-[Excely] 그룹-[Sheet Explorer]를 클릭합니다. 그러면 시트 오른쪽에 다음
과 같은 [Sheet Explorer] 작업 창이 나타납니다.

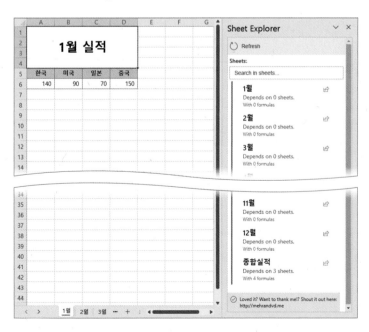

작업 창에서 시트명을 클릭하면 바로 해당 시트로 이동하며, 상단의 검색란에서 원하는 시트명으로 검색해 찾을 수도 있습니다.

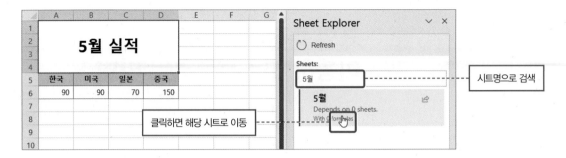

TIP 검색란에 입력된 시트명을 지우면 다시 전체 시트가 표시됩니다.

시트에 수식이 사용된 경우 해당 정보가 시트 이름 아래에 'With x formulas' 식으로 표시되며, 참조되고 있는 시트가 있다면 'Depends on x sheets'와 같은 방식으로 표시됩니다. 이때 시트명 우측의 바로 가기 아이콘을 클릭하면 하단에 참조하고 있는 시트가 바로 표시됩니다.

TIP 예제의 경우 3차원 참조를 사용해 참조되고 있는 시트가 잘못 표시되지만 일반적인 경우에는 제대로 표시됩니다. 3차원 참조에 대해서는 이 책의 697페이지를 참고합니다.

표의 특정 위치로 빠르게 이동하거나 선택하는 방법

예제 파일 PART 01 \ CHAPTER 03 \ 이동, 선택 단축키.xlsx

원하는 위치로 이동하는 단축키

특정 셀로 이동할 때는 마우스보다 단축키를 이용하는 것이 더 빠릅니다.

단축키	설명
Ctrl + Home	[A1] 셀로 이동합니다.
Home	현재 행의 A열로 이동합니다.
Ctrl + End	시트에서 마지막 사용된 셀로 이동합니다.
Ctrl + ↑	선택된 셀에서 위 방향으로, 데이터가 입력된 마지막 셀로 이동합니다.
Ctrl + ↓	선택된 셀에서 아래 방향으로, 데이터가 입력된 마지막 셀로 이동합니다.
Ctrl + ←	선택된 셀에서 왼쪽 방향으로, 데이터가 입력된 마지막 셀로 이동합니다.
Ctrl + →	선택된 셀에서 오른쪽 방향으로, 데이터가 입력된 마지막 셀로 이동합니다.

범위 선택 단축키

단축키	설명
Ctrl + A	현재 셀에서 상하좌우 연속된 데이터 범위를 선택합니다.
Shift + 방향키	현재 위치에서 방향키에 해당하는 위치로 한 열 혹은 한 행씩 범위를 확장합니다.
Ctrl + Shift + 방향키	현재 위치에서 해당 방향의 연속된 마지막 데이터 입력 위치까지 선택합니다.

범위 선택 취소 2019 이후

엑셀 2019 버전부터 지원되는 기능으로 범위가 선택된 후 Ctrl 을 누르고 선택된 셀(또는 범위)를 클릭하면 범위 선택이 취소됩니다. 다시 Ctrl 을 누른 상태에서 취소된 셀(또는 범위)을 클릭하면 범위가 다시 선택됩니다.

실무 활용 예제

시트 내 이동 및 셀 선택 단축키의 역할을 제대로 이해하기 위해서 예제를 열고 다음 작업을 순서대로 진행합니다.

01 [A2] 셀에서 Ctrl + ↓ 를 누르면 [A11] 셀로 이동합니다.

02 [A11] 셀에서 Ctrl + → 를 누르면 [F11] 셀로 이동합니다.

03 [F11] 셀에서 Home 을 누르면 [A11] 셀로 이동합니다.

04 [A11] 셀에서 Ctrl + Home 을 누르면 [A1] 셀로 이동합니다.

05 [A1] 셀에서 Ctrl + A 를 누르면 [A1:F11] 범위(전체 표 범위)가 선택됩니다.

	A	B	C	D	E	F	G
1	품번	분류	품명	공급업체	단가	재고량	
2	1	문서세단기	오피스 Z-05C	SPC ㈜	111,200	39	
3	2	복사용지	복사지A4 5000매	SPC ㈜	24,800	17	
4	3	복합기	무한레이저복합기 L800C	가양무역 ㈜	568,800	13	
5	4	팩스	잉크젯팩시밀리 FX-2000	가양무역 ㈜	80,600	53	
6	5	바코드스캐너	바코드 BCD-200 Plus	경남교역 ㈜	91,000	-	
7	6	복합기	무한잉크젯복합기 AP-5500W	경남교역 ㈜	169,000	120	
8	7	복합기	레이저복합기 L350	경남교역 ㈜	244,200	15	
9	8	출퇴근기록기	지문인식 FPIN-2000F	경남교역 ㈜	145,400	6	
10	9	복사용지	복사지A4 5000매	경남교역 ㈜	29,400	29	
11	10	제본기	링제본기 ST-100	고려텍 ㈜	140,600	31	
12							

06 [A1:F11] 범위가 선택된 상태에서 Ctrl + Shift + ← 를 누르면 [A1:A11] 범위가 선택됩니다.

	A	B	C	D	E	F	G
1	품번	분류	품명	공급업체	단가	재고량	
2	1	문서세단기	오피스 Z-05C	SPC ㈜	111,200	39	
3	2	복사용지	복사지A4 5000매	SPC ㈜	24,800	17	
4	3	복합기	무한레이저복합기 L800C	가양무역 ㈜	568,800	13	
5	4	팩스	잉크젯팩시밀리 FX-2000	가양무역 ㈜	80,600	53	
6	5	바코드스캐너	바코드 BCD-200 Plus	경남교역 ㈜	91,000		
7	6	복합기	무한잉크젯복합기 AP-5500W	경남교역 ㈜	169,000	120	
8	7	복합기	레이저복합기 L350	경남교역 ㈜	244,200	15	
9	8	출퇴근기록기	지문인식 FPIN-2000F	경남교역 ㈜	145,400	6	
10	9	복사용지	복사지A4 5000매	경남교역 ㈜	29,400	29	
11	10	제본기	링제본기 ST-100	고려텍 ㈜	140,600	31	
12							

07 [A1:A11] 범위가 선택된 상태에서 Ctrl 을 누르고 [A5], [A10] 셀을 클릭하면 해당 셀의 선택이 취소됩니다.

	A	B	C	D	E	F	G
1	품번	분류	품명	공급업체	단가	재고량	
2	1	문서세단기	오피스 Z-05C	SPC ㈜	111,200	39	
3	2	복사용지	복사지A4 5000매	SPC ㈜	24,800	17	
4	3	복합기	무한레이저복합기 L800C	가양무역 ㈜	568,800	13	
5	4	팩스	잉크젯팩시밀리 FX-2000	가양무역 ㈜	80,600	53	
6	5	바코드스캐너	바코드 BCD-200 Plus	경남교역 ㈜	91,000	-	
7	6	복합기	무한잉크젯복합기 AP-5500W	경남교역 ㈜	169,000	120	
8	7	복합기	레이저복합기 L350	경남교역 ㈜	244,200	15	
9	8	출퇴근기록기	지문인식 FPIN-2000F	경남교역 ㈜	145,400	6	
10	9	복사용지	복사지A4 5000매	경남교역 ㈜	29,400	29	
11	10	제본기	링제본기 ST-100	고려텍 ㈜	140,600	31	
12							

03/04 시트의 마지막 셀 확인하고 재설정하는 방법

예제 파일 PART 01 \ CHAPTER 03 \ 마지막 셀.xlsx

시트의 사용 범위 이해하기

시트는 열과 행으로 구분되어 있는 큰 종이와 같습니다. 사용자는 시트의 모든 영역을 사용하지 않고 다양한 위치에 데이터를 입력했다가 지우는 동작을 반복하기 때문에 당연히 데이터가 입력된 범위만 사용한다고 생각할 수 있습니다. 그러나 엑셀은 데이터가 지워진 범위도 사용 중이라고 착각하는 경우가 있으므로 주의가 필요합니다.

시트 안의 마지막 셀이 잘못 인식될 때 발생할 수 있는 문제

첫째, 파일 사이즈가 불필요하게 커질 수 있습니다.

둘째, 수식을 재계산할 때 대상 범위가 넓어져 수식 계산 속도가 떨어질 수 있습니다.

셋째, 문서를 인쇄할 때 아무 데이터도 없는 영역이 인쇄되어 나올 수 있습니다.

잘못 인식된 영역 확인하고 삭제하기

시트의 아무 셀이나 선택하고 Ctrl + End 를 누르면 시트 내 마지막 셀이 선택됩니다. 이 위치가 데이터가 입력된 마지막 위치인지 확인합니다.

01 예제를 열고 Ctrl + End 를 눌렀을 때 화면처럼 [G17] 셀로 이동하면 마지막 셀로 잘못 인식된 영역이 존재한다는 것을 의미합니다.

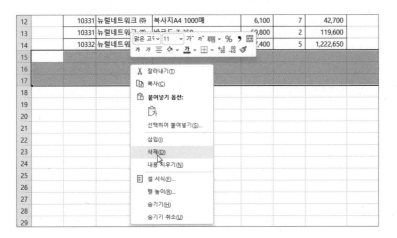

	A	B	C	D	E	F	G	H
1								
2				**판매 대장**				
3								
5		거래번호	고객	제품	단가	수량	판매	
6		10329	네트워크통상 ㈜	RF OA-300	48,400	10	484,000	
7		10329	네트워크통상 ㈜	오피스 Z-01	49,100	7	343,700	
8		10329	동행상사 ㈜	열제본기 TB-8200	177,800	10	1,689,100	
9		10330	동행상사 ㈜	RF OA-200	34,700	1	34,700	
10		10330	동행상사 ㈜	지문인식 FPIN-1000+	116,300	3	348,900	
11		10331	뉴럴네트워크 ㈜	프리미엄복사지A4 2500매	20,500	5	102,500	
12		10331	뉴럴네트워크 ㈜	복사지A4 1000매	6,100	7	42,700	
13		10331	뉴럴네트워크 ㈜	바코드 Z-350	59,800	2	119,600	
14		10332	뉴럴네트워크 ㈜	레이저복합기 L350	257,400	5	1,222,650	
15								
16								
17								
18								

사용자 입장에서는 [G14] 셀이 데이터가 입력된 마지막 셀입니다.

02 화면에서 [A15:G17] 범위가 잘못 인식되고 있는 영역이므로 삭제합니다. 간편하게 [15:17] 행을 선택하고 마우스 오른쪽 버튼을 클릭한 후 [삭제]를 선택합니다.

03 삭제한 후에는 파일을 저장한 후 닫고 다시 열어 작업합니다. 빠른 실행 도구 모음의 [저장🖫]을 클릭해 파일을 저장한 후 닫습니다. 파일을 다시 엽니다.

04 Ctrl + End 를 눌렀을 때 [G14] 셀이 선택되면 제대로 작업된 것입니다.

여러 시트를 동시에 편집하기

예제 파일 PART 01 \ CHAPTER 03 \ 시트 그룹.xlsx

시트를 그룹으로 선택

동일한 형식을 가진 시트를 여러 개 선택하면 시트는 그룹으로 묶이게 되며, 이 상태에서 그룹으로 묶인 시트 중 아무 곳에서 작업하면 그룹으로 묶인 시트에 작업 내용이 모두 동일하게 적용됩니다.

시트를 그룹으로 선택하려면 왼쪽 방향의 첫 번째 시트 탭을 클릭하고 Shift 를 누른 후 오른쪽에 있는 마지막 시트 탭을 클릭합니다. 그러면 선택된 모든 시트 탭이 흰색으로 변경되며, 파일의 제목 표시줄에는 '그룹'(엑셀 2019 버전까지는 [관리]라고 대괄호로 묶어서 표시)이라는 표시가 나타납니다.

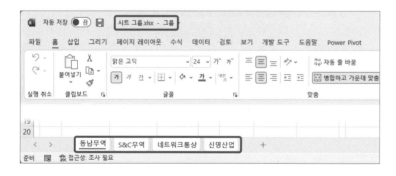

참고로 떨어진 시트를 그룹으로 선택하려면 Shift 대신 Ctrl 을 누릅니다. 만약 모든 시트를 그룹으로 선택하려면 아무 시트 탭에서 마우스 오른쪽 버튼을 클릭한 후 단축 메뉴에서 [모든 시트 선택]을 선택합니다.

그룹으로 묶인 시트를 동시에 편집

그룹으로 선택된 시트 중 아무 시트나 선택해 작업하면 모든 시트에 동일하게 적용됩니다. 예를 들어 열을 삽입하거나 복사, 붙여넣기, 배경색, 글꼴 등을 변경하면 그룹으로 선택된 모든 시트의 같은 위치에 동일하게 작업 내용이 적용됩니다.

사례 1 : 그룹으로 묶인 시트 편집

그룹으로 시트를 선택하고 아무 시트에서 데이터를 편집하면 모든 시트에서 동일하게 적용됩니다. 예를 들어 예제에 삽입된 모든 시트의 견적서 내용을 초기화하려면 시트가 그룹으로 선택된 상태에서 [B8:G14] 범위를 선택하고 Delete 를 눌러 값을 지웁니다.

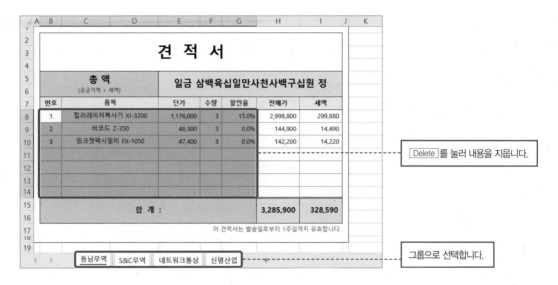

사례 2 : 그룹으로 묶인 시트 복사/이동

엑셀의 시트를 다른 파일로 이동하거나 복사할 수 있습니다. 여러 개의 시트를 한 번에 작업할 수 있는데, 그룹으로 선택한 시트를 선택하고 작업하면 그룹으로 묶인 시트를 한 번에 이동하거나 복사할 수 있습니다.

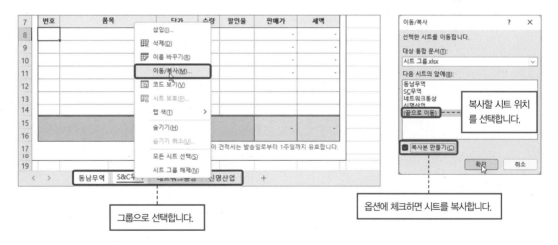

LINK 시트를 복사하는 좀 더 자세한 설명은 **Section 03-06**(079페이지)를 참고합니다.

사례 3 : 그룹으로 묶인 시트를 동시에 삭제

시트를 그룹으로 선택한 후 시트 탭에서 마우스 오른쪽 버튼을 클릭하고 단축 메뉴에서 [삭제] 메뉴를 클릭하면 그룹으로 묶인 전체 시트를 삭제할 수 있습니다.

그룹 해제

그룹으로 선택된 시트를 해제하려면 다음 방법 중 하나를 선택합니다.

첫째, Shift 를 누른 상태에서 그룹으로 선택된 시트 탭 중 하나를 클릭합니다.

둘째, 그룹으로 묶인 시트 탭에서 마우스 오른쪽 버튼을 클릭한 후 [시트 그룹 해제] 메뉴를 클릭합니다.

셋째, 그룹으로 선택되지 않은 시트가 있다면 선택합니다.

넷째, 새로운 시트를 삽입합니다.

03/06 시트를 복사해 사용하는 몇 가지 방법

예제 파일 PART 01 \ CHAPTER 03 \ 시트 복사.xlsx

같은 파일 내로 시트 복사

동일한 시트를 하나 더 만들고 싶다면 간단하게 복사할 시트 탭에서 Ctrl을 누른 채 다른 쪽으로 드래그해 복사합니다.

Ctrl을 누르고 시트 탭을 오른쪽(또는 왼쪽)으로 드래그하면 마우스 포인터가 🗈 모양으로 바뀝니다. 이때 마우스 버튼에서 손을 떼면 시트가 복사됩니다.

시트가 복사되면 기존 시트 이름 뒤에 (2), (3)과 같은 번호가 붙습니다. 이름을 변경하려면 시트 탭을 더블클릭한 후 원하는 이름으로 변경해줍니다.

참고로 Ctrl이 눌려 있지 않은 상태라면 시트 탭이 드래그한 위치로 옮겨집니다. 참고로 이 방법을 사용하면 셀 스타일과 정의된 이름이 함께 복사되므로 파일을 손상시킬 가능성이 큽니다. 이 방법을 자주 사용한다면 이 책의 061페이지의 내용을 참고해 일정 간격으로 파일 내 복사된 셀 스타일과 이름을 삭제하는 것이 좋습니다.

시트 생성하고 데이터 복사

시트 자체를 복사하는 방법은 권장하지 않습니다. 시트를 복사할 때 셀에 적용된 서식(스타일)과 해당 시트에 정의된 이름까지 함께 복사되기 때문입니다. 이런 특징 때문에 엑셀 파일이 손상되는 경우가 많으므로 시트를 복사할 경우에는 다음 방법을 참고해 작업하는 것을 권합니다.

01 시트 탭의 [새 시트[+]]를 클릭해 빈 시트를 하나 삽입합니다.

02 복사하려는 시트로 이동합니다. 열 주소와 행 주소가 교차하는 위치에서 [모두 선택[▢]]을 클릭해 시트 전체를 선택하고 복사합니다.

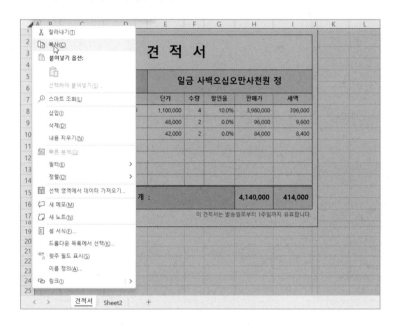

03 **01**에서 새로 삽입한 시트를 선택하고 [A1] 셀에서 붙여넣기([Ctrl]+[V])합니다.

04 시트 탭의 이름을 변경합니다.

이런 방법이 시트 탭을 복사하는 방법보다 불편하다면 이 책의 **Section 02-05**(061페이지)에서 소개한 XLStyles Tools 앱을 사용해 정기적으로 파일의 문제를 제거하고 복구하는 것을 권합니다.

다른 파일로 시트 복사

다른 파일로 시트를 복사하려면 리본 메뉴를 이용합니다. 다음 과정을 참고합니다.

01 예제와 시트를 복사할 파일을 모두 엽니다. 참고로 새 파일로 복사하려면 원본 파일만 엽니다.

02 복사할 시트에서 [홈] 탭–[셀] 그룹–[서식📷]을 클릭하고 [시트 이동/복사]를 선택합니다. 또는 시트 탭에서 마우스 오른쪽 버튼을 클릭하고 [이동/복사] 메뉴를 클릭해도 됩니다.

03 [이동/복사] 대화상자의 [대상 통합 문서]에서 시트를 복사할 파일 또는 [(새 통합 문서)]를 선택합니다.

04 [복사본 만들기] 옵션에 체크하고 [확인]을 클릭합니다.

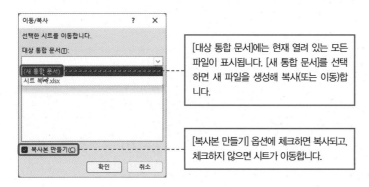

[대상 통합 문서]에는 현재 열려 있는 모든 파일이 표시됩니다. [새 통합 문서]를 선택하면 새 파일을 생성해 복사(또는 이동)합니다.

[복사본 만들기] 옵션에 체크하면 복사되고, 체크하지 않으면 시트가 이동합니다.

특정 시트를 새 파일(엑셀 파일, PDF)로 저장하기

예제 파일 없음

시트를 별도의 엑셀 파일로 저장

특정 시트만 별도의 파일로 저장하려면 새 통합 문서에 시트 복사 후 해당 파일을 저장하면 됩니다. 시트를 복사하는 방법은 **Section 03-06**(079페이지)을 참고합니다.

시트를 PDF 파일로 저장

PDF 파일로 저장하려면 다음 과정을 참고합니다.

01 파일로 저장할 시트를 선택합니다.

02 [파일] 탭-[내보내기]를 클릭합니다.

03 [PDF/XPS 문서 만들기]-[PDF/XPS 만들기]를 클릭합니다.

04 [PDF 또는 XPS로 게시] 대화상자가 열리면 하단의 [옵션]을 클릭합니다.

05 [옵션] 대화상자에서 [게시 대상] 그룹 내 [선택한 시트] 옵션을 선택하고 [확인]을 클릭합니다.

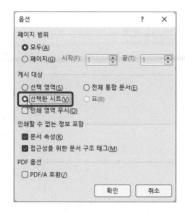

03/08 작업 시트를 E-Mail로 발송하기

예제 파일 PART 01 \ CHAPTER 03 \ 일정표.xlsx

빠른 실행 도구 모음에 전자 메일로 보내기 명령 추가

시트를 이메일로 발송해주는 [전자 메일로 보내기] 명령은 리본 메뉴에서 제공되지 않으므로 빠른 실행 도구 모음에 명령을 추가해 사용하는 것을 권합니다. [전자 메일로 보내기] 명령은 [리본 메뉴에 없는 명령] 카테고리에 있으므로 빠른 실행 도구 모음에 명령을 추가해 사용합니다. 추가하는 방법은 이 책의 038페이지와 아래 그림을 참고합니다.

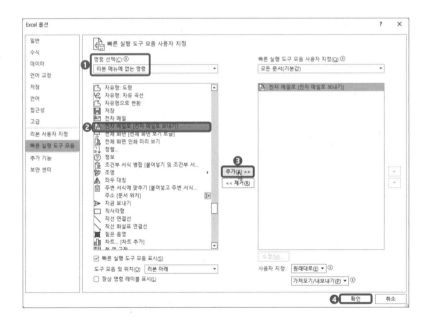

시트를 메일로 발송

01 메일로 발송할 시트를 선택합니다.

02 빠른 실행 도구 모음에 있는 [전자 메일로 보내기 📧]를 클릭합니다.

03 [전자 메일] 대화상자가 나타나면 [메시지 본문으로 현재 시트 보내기]를 선택하고 [확인]을 클릭합니다.

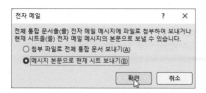

04 리본 메뉴 바로 아래에 메일 발송 영역이 추가됩니다.

05 [받는 사람]에서 메일을 받을 사람의 E-mail 주소를 입력합니다. [제목]에 간단한 메일 제목을 입력한 후 [현재 시트 보내기]를 클릭합니다.

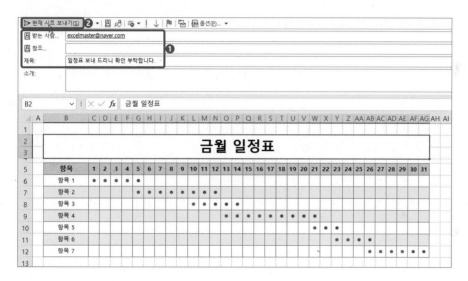

06 현재 시트가 HTML 서식으로 변경된 후 메일 본문에 삽입되어 발송됩니다.

TIP 아웃룩 설정

이 방법은 아웃룩을 사용해 메일을 발송하므로 아웃룩에 메일 계정이 설정되어 있어야 합니다. 참고로 다른 이메일 클라이언트 프로그램은 지원하지 않습니다.

시트 이름을 변경할 수 없게
보호하기

예제 파일 없음

통합 문서 보호

시트 탭의 이름을 변경하지 못하도록 하려면 엑셀의 통합 문서 보호 기능을 이용합니다. 아래 과정을 참고해 설정합니다.

01 [검토] 탭-[보호] 그룹-[통합 문서 보호📖]를 클릭합니다.

02 [구조 및 창 보호] 대화상자가 나타나면 [구조]에 체크하고 보호 암호를 입력한 후 [확인]을 클릭합니다.

03 [암호 확인] 대화상자가 다시 나타나면 **02** 과정에서 입력한 암호를 한 번 더 입력하고 [확인]을 클릭합니다.

04 이렇게 보호한 후 시트 이름을 수정하려고 하면 다음과 같은 경고 메시지가 표시됩니다.

통합 문서 문서를 보호하면 제한되는 시트 기능

통합 문서를 보호하면 다음과 같은 기능이 제한됩니다.

- 새로운 시트를 삽입할 수 없습니다.
- 기존 시트를 삭제할 수 없습니다.
- 기존 시트의 이름을 변경할 수 없습니다.
- 기존 시트를 복사/이동할 수 없습니다.
- 기존 시트를 숨기거나 숨기기 취소할 수 없습니다.

통합 문서 보호 해제

보호를 해제하려면 [검토] 탭-[보호] 그룹-[통합 문서 보호⬚]를 다시 클릭하고 지정해놓은 암호를 입력합니다.

시트 숨기기/표시하기

예제 파일 없음

시트 숨기기

시트를 숨기려면 숨기려는 시트를 선택하고 시트 탭에서 마우스 오른쪽 버튼을 클릭한 후 [숨기기]를 선택합니다. 여러 시트를 그룹으로 선택하고 [숨기기] 명령을 사용할 수도 있습니다.

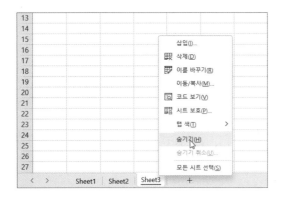

숨겨진 시트 표시하기

숨긴 시트를 다시 표시하려면 시트 탭에서 마우스 오른쪽 버튼을 클릭한 후 [숨기기 취소]를 클릭합니다. [숨기기 취소] 대화상자가 나타나면 숨겨진 시트를 선택하고 [확인]을 클릭합니다.

TIP 숨겨진 시트가 있는지 확인하는 방법

시트 탭에서 마우스 오른쪽 버튼을 클릭했을 때 단축 메뉴에서 [숨기기 취소]가 활성화된 상태면 숨겨진 시트가 있다는 의미입니다.

참고로 엑셀 2021 버전과 Microsoft 365 버전은 동시에 여러 개의 시트를 숨기고 취소하는 것이 가능합니다.

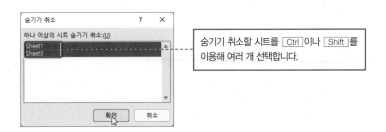

참고로 엑셀 Microsoft 365 버전에서 이 기능은 내부 버전 2011 빌드에서 업데이트되었습니다. 지원되지 않는 Microsoft 365 버전이라면 [파일] 탭-[계정]을 클릭한 후 [업데이트 옵션]-[지금 업데이트]를 클릭하여 최신 버전으로 업데이트합니다.

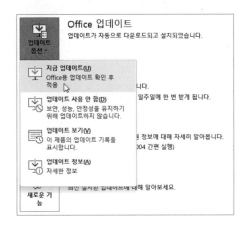

안전하게 시트 숨기기

보안이 중요한 시트라면 [숨기기 취소] 명령으로 숨긴 시트가 표시되는 것을 원하지 않는 경우도 있습니다. 이런 경우에는 다음 과정을 참고해 시트를 숨기면 됩니다.

리본 메뉴에 [개발 도구] 탭 표시

이번 작업을 위해서는 리본 메뉴에 [개발 도구] 탭이 표시되어 있어야 합니다. [개발 도구] 탭이 표시되지 않는다면 이 책의 1011페이지 내용을 참고해 [개발 도구] 탭을 표시합니다.

시트 안전하게 숨기기

01 숨길 시트가 활성화된 상태(엑셀 시트에서 작업 중인 상태)에서 [개발 도구] 탭–[컨트롤] 그룹–[속성
圖]을 클릭합니다.

02 [속성] 창의 [Visible] 속성을 **[xlSheetVeryHidden]**으로 선택한 후 창을 닫습니다.

03 숨겨진 시트가 안전한지 확인합니다. 시트 탭에서 마우스 오른쪽 버튼을 클릭하면 [숨기기 취소] 명
령이 비활성화되어 선택할 수 없습니다.

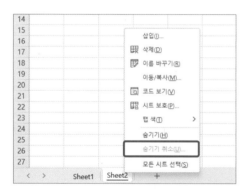

안전하게 숨겨진 시트를 다시 표시하기

01 [개발 도구] 탭–[코드] 그룹–[Visual Basic]을 클릭하거나 Alt + F11 를 누릅니다.

02 VB 편집기 창이 열리면 ❶ 프로젝트 탐색기 창에서 숨긴 시트를 선택합니다.

03 ❷ [속성] 창의 [Visible] 속성을 **[xlSheetVisible]**로 선택한 후 창을 닫습니다.

속성 창 표시하기
속성 창이 표시되지 않는다면 [보기] 탭-[속성 창]을
클릭하거나 F4 를 누르면 됩니다.

04 VB 편집기 창을 닫으면 숨겨진 시트가 다시 표시됩니다.

다른 사람이 값을 수정하지 못하게 시트 보호하기

예제 파일 없음

시트 보호

01 보호할 시트에서 [검토] 탭-[변경 내용] 그룹-[시트 보호📠]를 클릭합니다.

02 [시트 보호] 대화상자가 나타나면 [시트 보호 해제 암호]에 원하는 암호를 입력한 후 [확인]을 클릭합니다.

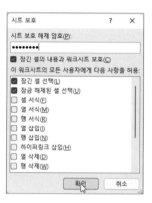

🔍 더 알아보기   시트에서 허용할 내용 옵션 이해

시트 보호 대화상자의 [워크시트에서 허용할 내용] 항목에는 다음과 같은 옵션이 존재합니다.

옵션	설명	기본값
잠긴 셀 선택	[셀 서식] 대화상자의 [보호] 탭에 [잠김]이 체크된 셀을 선택할 수 있습니다.	선택
잠금 해제된 셀 선택	[셀 서식] 대화상자의 [보호] 탭에 [잠김]이 체크 해제된 셀을 선택할 수 있습니다.	선택
셀 서식	셀 서식과 조건부 서식의 옵션을 변경할 수 있습니다.	
열 서식	열 너비 변경 및 열 숨기기 명령을 사용할 수 있습니다.	
행 서식	행 높이 변경 및 행 숨기기 명령을 사용할 수 있습니다.	
열 삽입	새로운 열을 삽입할 수 있습니다.	
행 삽입	새로운 행을 삽입할 수 있습니다.	
하이퍼링크 삽입	잠금 해제된 셀에 하이퍼링크를 설정할 수 있습니다.	

옵션	설명	기본값
열 삭제	모든 셀에서 잠금 해제된 열을 삭제할 수 있습니다.	
행 삭제	모든 셀에서 잠금 해제된 행을 삭제할 수 있습니다.	
정렬	잠금 해제된 셀이 포함된 범위를 정렬할 수 있습니다.	
자동 필터 사용	자동 필터가 적용된 표에서 필터 기능을 사용할 수 있습니다. (시트 보호되기 전 자동 필터가 적용된 경우)	
피벗 테이블 보고서 사용	피벗 테이블 보고서 기능을 이용할 수 있습니다.	
개체 편집	잠금 해제된 그림, 차트, 도형, 컨트롤 등을 수정할 수 있습니다. 매크로가 연결된 버튼 컨트롤을 클릭해 매크로를 실행할 수 있습니다.	
시나리오 편집	시나리오 기능을 사용할 수 있습니다.	

[시트 보호] 대화상자를 보면 [잠긴 셀 선택]과 [잠금 해제된 셀 선택] 옵션만 선택되어 있습니다. 이 의미는 시트를 보호해도 모든 셀은 선택할 수 있다는 의미입니다. [시트 보호] 대화상자에서 체크되어 있지 않은 옵션은 허용되지 않습니다. 그러므로 필요한 옵션이 있다면 체크한 후 시트를 보호하면 됩니다. 보호된 시트에서도 설정을 변경하는 것이 가능합니다.

03 [암호 확인] 대화상자가 나타나면 앞서 입력한 암호를 다시 입력하고 [확인]을 클릭합니다.

04 셀의 값을 수정하거나 새로 입력하면 다음과 같은 경고 메시지가 표시됩니다.

시트 보호 해제

01 암호로 보호된 시트에서 [검토] 탭–[변경 내용] 그룹–[시트 보호 해제 📠]를 클릭합니다.

02 [시트 보호 해제] 대화상자에서 설정한 암호를 입력하고 [확인]을 클릭합니다.

TIP 시트 보호는 암호 해제 프로그램을 사용하면 비교적 쉽게 해제됩니다. 그러므로 절대적으로 보안이 필요한 파일이라면 시트 보호보다는 파일 열기/쓰기 암호를 설정해 사용하는 것이 좋습니다. 파일 열기/쓰기 암호를 설정하려면 이 책의 063페이지를 참고합니다.

03 / 12 시트 보호 암호를 잃어버렸을 때 암호 해제 방법

예제 파일 PART 01 \ CHAPTER 03 \ 시트 보호−해제.xlsx

시트를 보호하면 암호는 엑셀 파일에 저장됩니다. 엑셀 파일은 2007 버전부터 기본적으로 XML 문서 형태로 저장되므로 XML 문서의 구조만 이해할 수 있다면 시트 보호 설정을 해제할 수 있습니다. 다음 과정을 참고합니다.

01 시트 보호 암호를 해제할 파일을 닫습니다. 파일이 없다면 예제 파일을 사용합니다.

02 윈도우 탐색기에서 암호를 해제할 엑셀 파일을 선택합니다.

03 F2 를 눌러 파일 이름 뒤에 **.zip**을 입력하고 Enter 를 눌러 이름을 변경합니다. 경고 메시지가 나타나면 [예]를 클릭합니다.

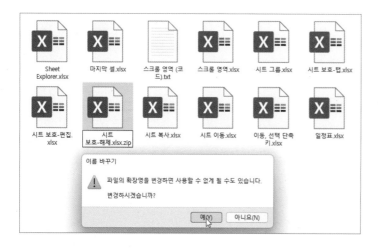

04 압축된 파일을 더블클릭하고 [xl] 폴더를 더블클릭합니다.

05 계속해서 [worksheets] 폴더를 더블클릭합니다.

06 암호를 해제할 시트의 xml 파일을 바탕화면으로 드래그합니다.

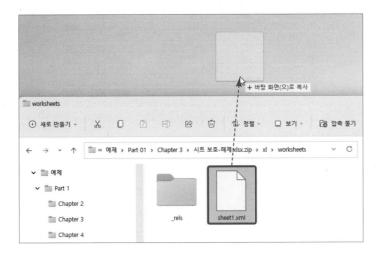

07 바탕화면에 복사한 xml 파일은 메모장 등의 텍스트 편집기 프로그램을 이용해 엽니다.

sheet1.xml - 메모장
파일(F) 편집(E) 포맷(O) 보기(V) 도움말(H)
<?xml version="1.0" encoding="UTF-8" standalone="yes"?>
<worksheet xmlns="http://schemas.openxmlformats.org/spreadsheetml/2006/main"
xmlns:r="http://schemas.openxmlformats.org/officeDocument/2006/relationships"
xmlns:mc="http://schemas.openxmlformats.org/markup-compatibility/2006"
mc:Ignorable="x14ac xr xr2 xr3"
xmlns:x14ac="http://schemas.microsoft.com/office/spreadsheetml/2009/9/ac"
xmlns:xr="http://schemas.microsoft.com/office/spreadsheetml/2014/revision"
xmlns:xr2="http://schemas.microsoft.com/office/spreadsheetml/2015/revision2"
xmlns:xr3="http://schemas.microsoft.com/office/spreadsheetml/2016/revision3"
xr:uid="{00000000-0001-0000-0000-000000000000}"><dimension
ref="A1"/><sheetViews><sheetView tabSelected="1"
workbookViewId="0"/></sheetViews><sheetFormatPr defaultRowHeight="16.5"
x14ac:dyDescent="0.3"/><sheetData/><sheetProtection algorithmName="SHA-512"
hashValue="NhbhEp0dkfRnZWzaxhLJJZIMLOqPKCVG3YKvBEeS8Vn7W3TqWUEfDP
+RdEH2eZXWsNOQfBrwgDDZhSWYy5ezeg=" saltValue="fZookQ2f3w5e3giW/CpQYg=="
spinCount="100000" sheet="1" objects="1" scenarios="1"/><phoneticPr fontId="1"
type="noConversion"/><pageMargins left="0.7" right="0.7" top="0.75" bottom="0.75"
header="0.3" footer="0.3"/><pageSetup paperSize="9" orientation="portrait"
r:id="rId1"/></worksheet>

줄 1, 열 1   100%   Windows (CRLF)   UTF-8

TIP 자동 줄 바꿈

화면과 같이 xml 코드가 보이지 않으면 메모장에서는 [서식]-[자동 줄 바꿈] 메뉴를 클릭합니다.

08 `Ctrl`+`F`를 눌러 **<sheetProtection** 태그를 찾습니다. 아래 그림에 해당하는 태그 부분을 드래그해 선택합니다.

sheet1.xml - 메모장
파일(F) 편집(E) 포맷(O) 보기(V) 도움말(H)
<?xml version="1.0" encoding="UTF-8" standalone="yes"?>
<worksheet xmlns="http://schemas.openxmlformats.org/spreadsheetml/2006/main"
xmlns:r="http://schemas.openxmlformats.org/officeDocument/2006/relationships"
xmlns:mc="http://schemas.openxmlformats.org/markup-compatibility/2006"
mc:Ignorable="x14ac xr xr2 xr3"
xmlns:x14ac="http://schemas.microsoft.com/office/spreadsheetml/2009/9/ac"
xmlns:xr="http://schemas.microsoft.com/office/spreadsheetml/2014/revision"
xmlns:xr2="http://schemas.microsoft.com/office/spreadsheetml/2015/revision2"
xmlns:xr3="http://schemas.microsoft.com/office/spreadsheetml/2016/revision3"
xr:uid="{00000000-0001-0000-0000-000000000000}"><dimension
ref="A1"/><sheetViews><sheetView tabSelected="1"
workbookViewId="0"/></sheetViews><sheetFormatPr defaultRowHeight="16.5"
x14ac:dyDescent="0.3"/><sheetData/><sheetProtection algorithmName="SHA-512"
hashValue="NhbhEp0dkfRnZWzaxhLJJZIMLOqPKCVG3YKvBEeS8Vn7W3TqWUEfDP
+RdEH2eZXWsNOQfBrwgDDZhSWYy5ezeg=" saltValue="fZookQ2f3w5e3giW/CpQYg=="
spinCount="100000" sheet="1" objects="1" scenarios="1"/><phoneticPr fontId="1"
type="noConversion"/><pageMargins left="0.7" right="0.7" top="0.75" bottom="0.75"
header="0.3" footer="0.3"/><pageSetup paperSize="9" orientation="portrait"
r:id="rId1"/></worksheet>

줄 2, 열 1012   100%   Windows (CRLF)   UTF-8

09 `Delete`를 눌러 해당 태그 부분을 삭제한 후 파일을 저장하고 창을 닫습니다.

10 바탕화면의 xml 파일을 다시 압축 폴더로 복사합니다.

11 압축 파일이 수정된 부분을 반영해 다시 압축됩니다.

12 윈도우 탐색기에서 압축 파일의 이름에서 **.zip** 부분을 삭제하면 다시 엑셀 파일로 변환됩니다.

13 엑셀 파일을 열면 암호가 해제되어 있습니다.

원하는 범위는 수정할 수 있게 시트 보호하기

예제 파일 PART 01 \ CHAPTER 03 \ 시트 보호−편집.xlsx

편집 가능한 범위 설정

시트 보호를 하기 전에 범위 편집 허용 기능을 이용해 편집할 범위를 등록하고 시트를 보호합니다.

01 예제에서 [D6:D14], [F6:G14] 범위는 편집할 수 있게 시트를 보호합니다.

	A	B	C	D	E	F	G	H
1								
2					직 원 명 부			
3								
5		사번	이름	직위	입사일	핸드폰	차량번호	
6		1	박지훈	부장	2008-05-14	010-7212-1234	20파 5168	
7		2	유준혁	차장	2012-10-17	010-5321-4225	28사 6337	
8		3	이서연	과장	2017-05-01	010-4102-8345	01하 3434	
9		4	김민준	대리	2021-04-01	010-6844-2313	04카 7049	
10		5	최서현	주임	2020-05-03	010-3594-5034	17다 2422	
11		6	박현우	주임	2019-10-17	010-9155-2242	02자 3441	
12		7	정시우	사원	2021-01-02	010-7237-1123	13가 3207	
13		8	이은서	사원	2021-03-05	010-4115-1352	10가 2708	
14		9	오서윤	사원	2020-11-15	010-7253-9721	06아 3022	
15								

02 [검토] 탭−[보호] 그룹−[범위 편집 허용 📝]을 클릭합니다.

03 [범위 편집 허용] 대화상자가 나타나면 [새로 만들기]를 클릭합니다.

04 [새 범위] 대화상자가 나타나면 [제목]과 [셀 참조]에 다음과 같이 입력하고 [확인]을 클릭합니다.

- **[제목] : 편집허용**
- **[셀 참조] : =D6:D14, F6:G14**

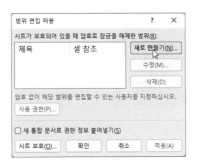 

TIP [범위 암호] 옵션은?

범위 암호 옵션을 설정하면 등록된 범위를 수정할 때 암호를 입력해야 합니다. 시트 보호는 해제하지 않고 특정 범위의 수정 작업을 권한이 있는 사용자로만 제한하려면 [범위 암호]를 설정합니다.

05 [범위 편집 허용] 대화상자에서 [시트 보호]를 클릭해 시트를 보호합니다.

06 [D6:D14], [F6:G14] 범위 내 셀은 편집할 수 있지만 다른 셀은 편집할 수 없습니다.

편집할 범위의 셀 보호 설정 해제

[범위 편집 허용] 명령을 사용하지 않고 셀 서식을 이용해 동일한 효과를 얻을 수 있습니다.

01 시트 보호를 해제하려면 [검토] 탭-[보호] 그룹-[시트 보호 해제📖]를 클릭합니다.

02 편집을 허용할 범위(예제에서는 [D6:D14], [F6:G14] 범위)를 선택합니다.

03 Ctrl + 1 를 눌러 [셀 서식] 대화상자를 호출합니다.

04 [셀 서식] 대화상자의 [보호] 탭을 선택하고 [잠금]을 체크 해제한 후 [확인]을 클릭합니다.

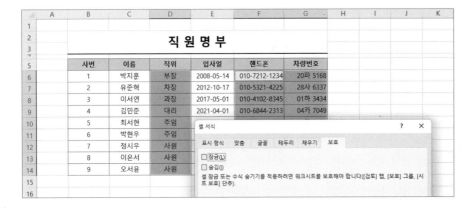

05 [검토] 탭-[보호] 그룹-[시트 보호📖]를 클릭해 다시 시트를 보호하면 [범위 편집 허용] 기능을 이용할 때와 동일하게 [D6:D14], [F6:G14] 범위만 수정할 수 있습니다.

CHAPTER
04

보기/창

엑셀 데이터는 여러 시트나 파일에 분산해 관리하기 때문에 한 화면에서 필요한 모든 데이터를 확인할 수 없는 경우가 대부분입니다. 이런 이유로 엑셀은 한 화면에서 다양한 정보를 확인할 수 있는 다양한 기능을 제공합니다. 이런 기능들은 모든 엑셀 사용자에게 중요한 부분이므로 이번 CHAPTER를 통해 어떤 기능을 활용할 수 있는지 잘 이해해야 합니다.

여러 시트를 한 화면에 비교하면서 작업하는 방법

예제 파일 PART 01 \ CHAPTER 04 \ 새 창.xlsx

여러 시트를 한 화면에 보면서 작업하려면 [새 창] 기능을 이용합니다.

01 예제 파일에는 [전년], [금년] 이렇게 두 개의 시트가 제공됩니다. 두 시트를 한 화면에서 보면서 작업하려면 [새 창] 기능을 이용합니다.

	사원	1사분기	2사분기	3사분기	4사분기	합계
		금년 실적				
	박지훈	14,248	21,269	50,375	59,657	145,549
	유준혁	31,732	31,484	47,784	27,263	138,263
	이서연	5,468	19,978	10,190	65,150	100,787
	김민준	10,802	19,110	34,713	30,687	95,312
	최서현	12,075	8,603	19,546	60,469	100,693
	박현우	25,433	3,415	24,090	78,373	131,311
	정시우	10,248	9,458	31,676	61,477	112,859
	이은서	10,522	34,925	63,982	46,731	156,159
	오서윤	33,145	31,053	40,696	25,491	130,385

02 [보기] 탭-[창] 그룹-[새 창]을 클릭합니다. 동일한 파일의 새 창이 추가로 열립니다.

TIP 엑셀 2013 이후 버전부터는 파일 별로 엑셀 창이 열립니다.

03 두 창을 보기 좋게 정렬하기 위해서 [보기] 탭-[창] 그룹-[모두 정렬]을 클릭합니다. [창 정렬] 대화상자에서 [세로]를 선택하고 [확인]을 클릭합니다.

정렬 옵션은 다음 네 가지로 다음과 같이 창을 표시해 줍니다.

정렬 옵션	창 정렬 형태	정렬 옵션	창 정렬 형태
바둑판식		가로	
세로		계단식	

04 왼쪽 창에서 다른 시트([전년] 시트)를 선택하면 아래 화면과 같이 두 개의 서로 다른 시트를 동시에 보면서 작업할 수 있습니다.

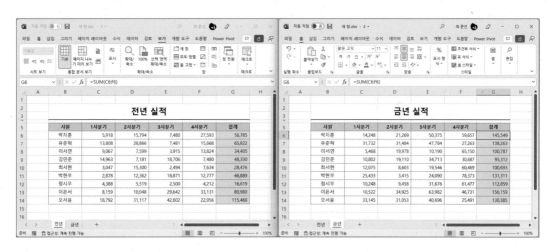

위 화면의 제목 표시줄을 보면 **새 창.xlsx – 1**과 **새 창.xlsx – 2**로 둘 모두 **새 창.xlsx** 파일을 여러 창에 나눠 표시한 것입니다.

TIP 엑셀 2019 이전 버전에서는 제목 표시줄에 [새 창.xlsx:1], [새 창.xlsx:2]와 같이 표시됩니다.

두 창에서 수정한 사항은 모두 **새 창.xlsx** 파일에 같이 적용되고, 두 창 중 하나를 닫으면 새 창 기능이 해제됩니다.

0이 표시되지 않도록 설정된 시트에서 새 창 기능을 사용할 때 문제 해결 방법

예제 파일 PART 01 \ CHAPTER 04 \ 새 창-0 값.xlsx, 새 창-0 값 (코드).txt

시트 내 0 값 표시하지 않기

표에 0이 많이 입력되었다면 시트를 깔끔하게 볼 수 있도록 0을 표시하지 않도록 설정하는 옵션이 있습니다. 0을 화면에 표시하지 않으려면 다음 과정을 참고합니다.

01 예제 엑셀 파일을 열고 데이터를 확인합니다.

02 옵션을 변경하기 위해 [파일] 탭-[옵션]을 클릭합니다.

03 [Excel 옵션] 대화상자 내 [고급]을 선택합니다.

04 [이 워크시트의 표시 옵션] 그룹 내 [0 값이 있는 셀에 0 표시]의 체크를 해제합니다.

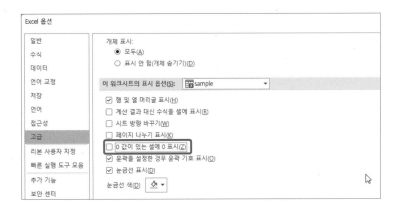

05 [확인]을 클릭해 [Excel 옵션] 대화상자를 닫습니다.

06 표에 0이 더 이상 표시되지 않습니다.

날짜 \ 이름	1	2	3	4	5	6	7	8	9	10	11	12	13	14	15	⊠
	16	17	18	19	20	21	22	23	24	25	26	27	28	29	30	31
박연호		8.0	4.0			5.5	8.0	8.0							4.0	
	8.0	8.0							6.0	6.0					8.0	8.0
김경호		5.0	5.0			8.0	8.0					5.0	6.0			
	6.0	6.0	6.0						8.0	8.0						
김수환		8.0	8.0			8.0	8.0	6.0	6.0			8.0	8.0	8.0		
				6.0	6.0				8.0	8.0						8.0
이상준		4.0	4.0	4.0			8.0	8.0					6.0	6.0		
	6.0	6.0				8.0	8.0	8.0				5.0	6.0	6.0		

새 창을 열어 작업할 때 문제 해결

0이 표시되지 않도록 설정된 시트를 새 창으로 열어 비교 작업하면 0이 다시 표시됩니다. 다음 과정을 참고합니다.

문제 확인

01 0이 표시되지 않도록 설정된 시트에서 [보기] 탭-[창] 그룹-[새 창 🗔]을 클릭합니다.

02 [모두 정렬]을 클릭해 창을 정렬해보면 새로 열린 창에는 0이 다시 표시됩니다.

문제 해결

매크로를 이용해 문제를 해결합니다.

01 새 창으로 열린 창을 닫고 Alt + F11 를 눌러 VB 편집기 창을 엽니다.

02 왼쪽 상단 첫 번째 창(프로젝트 창)에서 [현재_통합_문서]를 더블클릭합니다.

03 제공된 예제 중 **새 창-0 값 (코드).txt** 파일을 열고 코드를 복사한 후 다음 위치에 붙여 넣습니다.

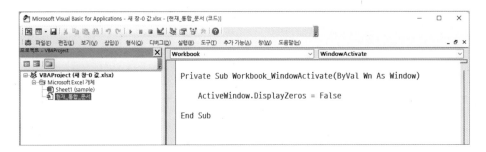

04 VB 편집기 창을 닫습니다.

05 F12 를 눌러 [파일 형식]을 [Excel 매크로 사용 통합 문서] 형식으로 설정한 후 저장합니다.

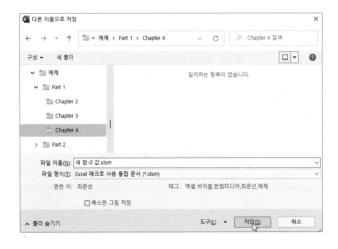

06 저장된 파일을 열고 새 창을 다시 열어 확인해보면 더 이상 0 값이 표시되지 않습니다.

TIP 매크로 기능이 포함된 파일을 닫고 다시 열 때 [보안 경고] 메시지 줄이 표시됩니다. 이때 [콘텐츠 사용]을 클릭해야 매크로 기능이 정상 동작합니다. 이런 부분은 이 책의 1014페이지를 참고합니다.

04/03 한 시트의 여러 범위를 한 화면에서 비교하며 작업하기

예제 파일 PART 01 \ CHAPTER 04 \ 나누기.xlsx

한 시트가 크고 복잡할 때 떨어진 범위를 한 화면에서 보면서 작업하고 싶은 경우가 있습니다. 이런 경우에는 나누기 기능을 이용해 창을 구분해 작업할 수 있습니다.

01 예제를 열면 가로로 긴 표를 확인할 수 있습니다. 창이 작아 전체 표를 확인할 수 없으므로, E열까지 고정해놓고 오른쪽 영역만 스크롤할 수 있도록 설정합니다.

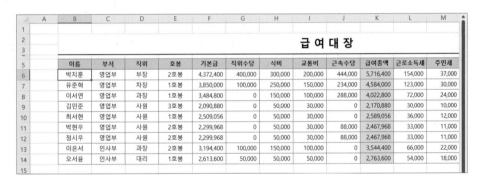

02 [F6] 셀을 선택하고 [보기] 탭-[창] 그룹-[나누기⊞]를 클릭합니다.

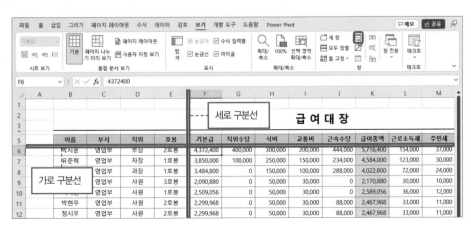

나누기 구분선은 선택된 셀의 왼쪽과 상단 테두리를 중심으로 표시됩니다. 그러므로 나누기 구분선을 표시하기 전에 구분할 열과 행을 정확하게 결정하고 작업하는 것이 좋습니다. 만약 잘못된 위치를 선택한 경우라면 구분선이 원하는 위치에 표시되도록 구분선을 마우스로 드래그해 위치를 조정할 수 있습니다. 참고로, 이번과 같이 열만 구분해도 되는 경우에는 F열을 선택하고 [나누기] 명령을 클릭하면 가로 구분선 없이 세로 구분선만 나타나도록 할 수 있습니다.

03 불필요한 가로 구분선은 마우스로 더블클릭해 삭제합니다.

04 세로 구분선 오른쪽의 가로 스크롤 막대를 오른쪽으로 옮겨 표를 한 화면에서 확인할 수 있도록 합니다.

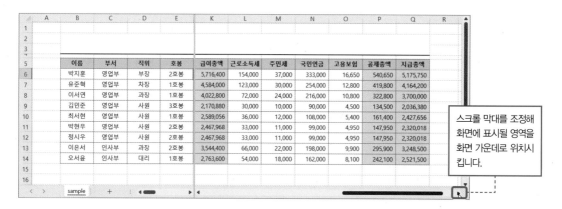

스크롤 막대를 조정해 화면에 표시될 영역을 화면 가운데로 위치시킵니다.

TIP **구분선이 유용하다면 [그룹] 기능도 사용해보세요!**

엑셀은 여러 위치를 확인하면서 작업할 수 있는 [그룹]이라는 유용한 기능도 제공하고 있습니다. [그룹] 기능을 이용하는 방법은 이 책의 802페이지를 참고해주세요!

표의 특정 행(또는 열)을 고정해서 보기

예제 파일 PART 01 \ CHAPTER 04 \ 틀 고정.xlsx

틀 고정 설정

시트를 스크롤할 때 제목 행이나 열이 고정되어 있는 것을 선호한다면 틀 고정 기능을 이용합니다. 다음 과정을 참고합니다.

01 예제의 표는 세로로 긴 표입니다. 스크롤해도 제목과 5행의 머리글이 계속해서 표시될 수 있도록 틀 고정 기능을 설정합니다.

02 6행을 선택하고 [보기] 탭-[창] 그룹-[틀 고정▣]을 클릭한 후 [틀 고정]을 선택합니다.

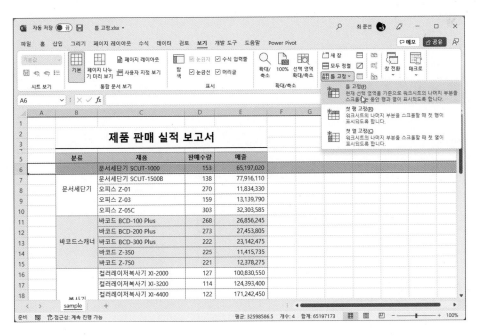

TIP 틀 고정은 선택된 셀(또는 범위)의 상단과 왼쪽 테두리 영역을 고정합니다. 그러므로 이번과 같이 행만 고정할 때는 행 전체를 선택하는 것이 좋습니다.

03 그러면 5행과 6행 사이에 구분선이 표시됩니다. 이제 표를 아래로 스크롤하면 [1:5] 행은 고정된 상태로 변하지 않는 것을 확인할 수 있습니다.

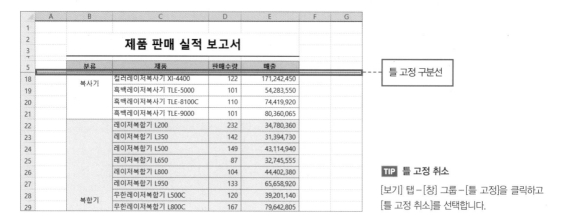

틀 고정 구분선

TIP 틀 고정 취소

[보기] 탭-[창] 그룹-[틀 고정]을 클릭하고
[틀 고정 취소]를 선택합니다.

틀 고정 가로(또는 세로) 구분선 중 하나만 해제하는 방법

행이나 열을 선택하지 않고 셀을 선택한 상태에서 틀 고정을 적용하면 왼쪽 테두리와 상단 테두리에 모두 틀 고정 구분선이 나타납니다. 둘 중 하나를 취소하려고 해도 틀 고정은 [나누기] 명령과 달리 구분선을 취소할 수 있는 기능을 제공하지 않습니다. 따라서 틀 고정 후 구분선을 하나 취소하려면 바로 [나누기] 명령을 이용해 나누기 기능을 추가로 적용한 후 나누기 구분선을 더블클릭해 취소하고 다시 [틀 고정] 명령을 실행합니다. 예를 들어 [C6] 셀에서 [틀 고정] 후 B열과 C열 사이에 적용된 틀 고정 구분선을 해제하는 방법은 다음을 참고합니다.

	A	B	C	D	E	F
1						
2			제품 판매 실적 보고서			
3						
5		분류	제품	판매수량	매출	
6			문서세단기 SCUT-1000	153	65,197,020	
7			문서세단기 SCUT-1500B	138	77,916,110	
8		문서세단기	오피스 Z-01	270	11,834,330	
9			오피스 Z-03	159	13,139,790	
10			오피스 Z-05C	303	32,303,585	

[C6] 셀에서 [틀 고정] 명령을 실행하면 왼쪽과 상단에 틀 고정 구분선이 표시됩니다.

01 [C6] 셀 위치에서 [보기] 탭-[창] 그룹-[나누기▦]를 클릭합니다.

02 틀 고정 구분선이 나누기 구분선으로 변경됩니다. B열과 C열 사이의 나누기 구분선을 더블클릭해 해제합니다.

03 다시 [보기] 탭-[창] 그룹-[틀 고정▦]을 클릭하고 [틀 고정]을 선택합니다.

04/05 두 파일을 동시 스크롤하면서 비교 작업하기

예제 파일 PART 01 \ CHAPTER 04 \ 나란히 보기 I.xlsx, 나란히 보기 II.xlsx

유사한 파일 두 개를 동시에 스크롤하면서 같은 위치의 값을 비교해야 하는 경우가 있습니다. 이런 경우에는 [나란히 보기] 기능을 이용하면 편리합니다.

01 예제를 모두 연 후 [보기] 탭-[창] 그룹-[나란히 보기圓]를 클릭합니다. 그러면 아래 화면과 같이 두 개의 파일 창이 전체 화면에 정렬되어 표시됩니다.

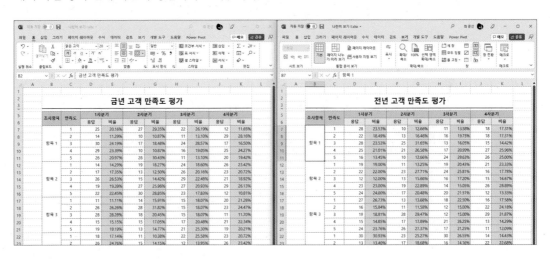

02 방향키를 누르거나 마우스 휠 버튼을 스크롤해 아래쪽으로 이동하면 다른 파일 창 역시 같이 스크롤되면서 같은 위치를 화면에 표시합니다.

TIP 나란히 보기 취소

나란히 보기를 취소하려면 [보기] 탭-[창] 그룹-[나란히 보기圓] 명령을 다시 클릭해 해제합니다.

데이터 입력, 편집

입력과 셀 병합

셀에 데이터를 입력하는 작업은 필수적이지만 여러모로 불편한 점이 많습니다. 그렇기 때문에 데이터를 입력하는 다양한 방법에 대해 알아두는 것은 필수입니다. 특히 엑셀 사용자들에게 애증의 기능인 병합은 보기 좋은 문서를 만들 때 필수적이지만, 불편한 부분이 존재하는 것도 사실입니다. 이런 장단점을 잘 이해해야 업무 시간 단축에 도움이 될 수 있습니다.

05 / 01 엑셀의 데이터 형식 이해하기

예제 파일 PART 02 \ CHAPTER 05 \ 데이터 형식.xlsx

엑셀의 데이터 형식

엑셀이 워드나 파워포인트와 달리 계산을 할 수 있는 이유는 사용자가 입력(계산)한 값(데이터)을 몇 가지 형식으로 구분하기 때문입니다. 엑셀의 데이터 형식은 다음과 같습니다.

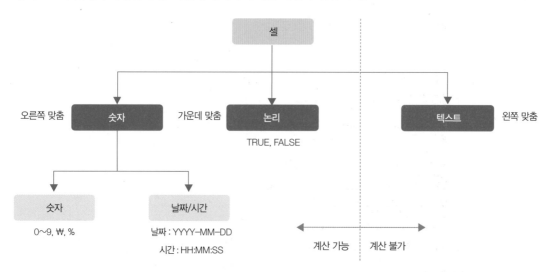

위 다이어그램의 데이터 형식은 각각 다음과 같은 값을 가집니다.

데이터 형식	설명	정렬
숫자	0~9, ₩, $, %	오른쪽
날짜/시간	날짜 값 형식 : YYYY–MM–DD 시간 값 형식 : HH:MM:SS	
논리	TRUE, FALSE	가운데
텍스트	전체 문자	왼쪽

데이터 형식을 구분해보기 위해 예제를 열고 [B6:G6] 범위 내에 임의의 데이터를 입력합니다.

	A	B	C	D	E	F	G	H
1								
2				직 원 명 부				
3								
5		사번	이름	급여	입사일	근무시작시간	퇴사여부	
6		XL-2021	최준선	3,000,000	2022-01-01	9:00 AM	FALSE	
7								

위 화면에서 [B6], [C6] 셀의 값은 셀 왼쪽에 표시되므로 텍스트 값입니다. [D6] 셀의 값은 숫자이므로 셀 오른쪽에 표시됩니다. 마찬가지로 [E6], [F6] 셀의 값은 날짜/시간 형식으로 셀 오른쪽에 표시됩니다. [G6] 셀의 값을 논릿값이며 셀 가운데에 맞춰 표시됩니다. 데이터 형식은 엑셀 프로그램에서 결정하며 사용자가 판단하는 것이 아닙니다.

셀 맞춤

데이터 형식을 구분할 때는 셀에 표시되는 데이터 위치로 파악하는 것이 쉽습니다. 단, 셀에 표시되는 데이터 위치는 사용자가 임의로 변경할 수 있기 때문에 주의가 필요합니다.

예를 들어 [B6:G6] 범위를 선택하고 [홈] 탭–[맞춤] 그룹–[가운데 맞춤⬚]을 클릭하면 셀에 입력된 모든 값이 가운데에 표시됩니다.

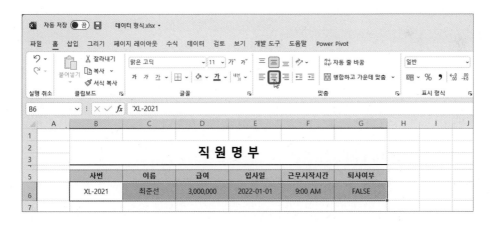

가운데 맞춤이 되었다고 모두 논릿값으로 바뀐 것은 아닙니다. [가운데 맞춤⬚]을 보면 전과 달리 진한 색으로 표시됩니다. 이는 선택 범위에 해당 명령이 적용되었다는 뜻으로 다시 클릭해 맞춤 설정을 해제할 수 있습니다. 사용자가 설정한 맞춤 설정을 해제하면 엑셀이 인식한 데이터 형식에 맞게 데이터가 표시됩니다.

셀에 데이터를
여러 줄로 입력하기

예제 파일 PART 02 \ CHAPTER 05 \ 줄 바꿈.xlsx

Alt + Enter 로 줄 바꾸기

이 방법은 사용자가 **원하는 위치에서 줄을 바꾸고 싶을 때 사용**하면 유용합니다. 셀에 값을 입력할 때 행을 나눌 위치에서 Alt + Enter 를 누르고 계속해서 입력합니다. 예제를 열고 [B3] 셀에 그림과 같이 Alt + Enter 를 누르며 텍스트를 입력합니다.

04750/서울시 성동구 고산자로270/성동구청

	A	B	C	D
1				
2		ALT+ENTER 키로 줄 바꿈	텍스트 줄 바꿈	
3		04750 서울시 성동구 고산자로270 성동구청		
4				

TIP 줄을 바꾼 후 셀의 행 높이 때문에 전체 값이 표시되지 않으면 행 구분선을 더블클릭합니다.

[자동 줄 바꿈]을 이용해 줄 바꾸기

열 너비에 맞춰 자동으로 줄을 바꾸고 싶다면 [자동 줄 바꿈] 명령을 사용합니다. 셀에 값을 입력한 후 [홈] 탭-[맞춤] 그룹-[자동 줄 바꿈]을 클릭합니다. [자동 줄 바꿈]을 클릭하고 열 너비를 조정하면 줄 바꿈 위치가 달라집니다.

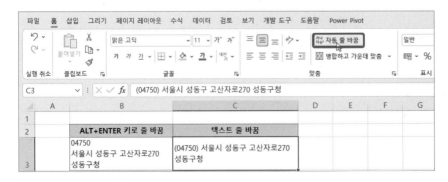

여러 줄로 입력된 데이터를 여러 열로 나눠 입력하는 방법

예제 파일 PART 02 \ CHAPTER 05 \ 줄 바꿈-해제.xlsx

셀에 여러 줄로 입력된 데이터가 존재할 때 이를 여러 열로 나눠 입력하고 싶은 경우가 있습니다. 이때 [텍스트 나누기] 기능을 이용하면 손쉽게 원하는 결과를 얻을 수 있습니다. 다음 과정을 참고합니다.

01 예제를 열고 B열의 데이터를 오른쪽 C~F 열에 나눠 입력하겠습니다.

	A	B	C	D	E	F	G
1							
2		주소	우편번호	주소	전화번호	구청	
3		03153 서울시 종로구 삼봉로43 (수송동) 02-2148-1114 종로구청					
4		04558 서울시 중구 창경궁로 17 (예관동) 02-3396-4114 중구청					
5		04390 서울시 용산구 녹사평대로150 (이태원동) 02-2199-6114 용산구청					
6		04750 서울시 성동구 고산자로270 02-2286-5114 성동구청					
7							

TIP B열의 데이터는 Alt + Enter 를 이용해 줄을 구분해 입력되어 있습니다.

02 [텍스트 나누기]를 이용하기 위해 B열의 데이터를 C열에 붙여 넣겠습니다.

TIP [텍스트 나누기] 명령은 데이터가 입력된 셀부터 오른쪽 방향으로 데이터를 나눠 주므로 B열의 주소를 C~F열에 나누려면 데이터를 먼저 복사 후 붙여 넣는 것이 좋습니다.

03 [B3:B6] 범위를 선택하고 복사(Ctrl + C)한 후 [C3] 셀을 선택하고 Ctrl + V 로 붙여 넣습니다.

04 [데이터] 탭-[텍스트 도구] 그룹-[텍스트 나누기]를 클릭합니다.

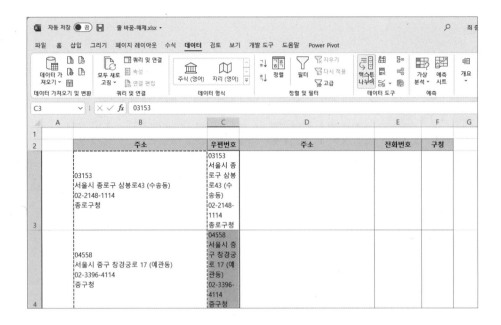

05 [텍스트 마법사–1단계] 대화상자에서는 바로 [다음]을 클릭합니다.

06 [텍스트 마법사–2단계] 대화상자에서 [탭]은 체크 해제하고 [기타]에 체크합니다.

07 [기타]의 입력란에 커서를 위치시키고 Ctrl+J를 누른 후 [다음]을 클릭합니다.

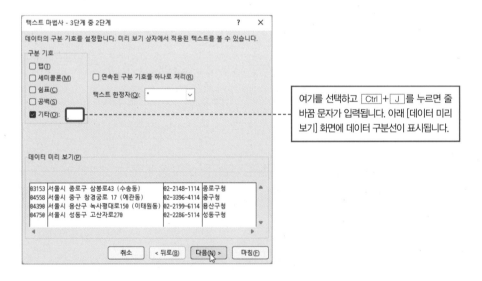

여기를 선택하고 Ctrl + J 를 누르면 줄 바꿈 문자가 입력됩니다. 아래 [데이터 미리 보기] 화면에 데이터 구분선이 표시됩니다.

08 [텍스트 마법사–3단계] 대화상자의 [데이터 미리 보기]에서 첫 번째 열을 선택하고 [열 데이터 서식] 에서 [텍스트]를 선택합니다. [마침]을 클릭합니다.

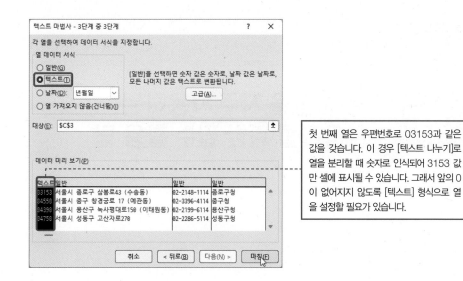

첫 번째 열은 우편번호로 03153과 같은 값을 갖습니다. 이 경우 [텍스트 나누기]로 열을 분리할 때 숫자로 인식되어 3153 값만 셀에 표시될 수 있습니다. 그래서 앞의 0이 없어지지 않도록 [텍스트] 형식으로 열을 설정할 필요가 있습니다.

09 경고 메시지가 나타나면 [확인]을 클릭합니다.

10 이렇게 하면 데이터가 열 단위로 구분됩니다. 텍스트 나누기 작업 후 행 높이만 맞추면 다음과 같은 깔끔한 결과를 얻을 수 있습니다.

05 / 04 셀 병합을 자주 사용하는 사용자를 위한 필수 활용 팁

예제 파일 PART 02 \ CHAPTER 05 \ 병합하고 가운데 맞춤.xlsx

병합하고 가운데 맞춤

셀은 열과 행에 종속되므로 하나의 열(또는 행)에 서로 다른 너비나 높이를 갖는 셀을 사용할 수 없습니다. 이런 단점을 해결할 수 있는 것이 [병합하고 가운데 맞춤] 기능입니다.

01 예제를 열고 다음 양식을 병합 기능을 이용해 깔끔하게 정리하겠습니다.

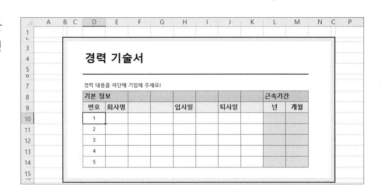

02 [D4] 셀에 입력된 제목을 [D4:M5] 범위의 가운데에 오도록 병합 기능을 이용합니다.

03 [D4:M5] 범위를 선택하고 [홈] 탭-[맞춤] 그룹-[병합하고 가운데 맞춤圙]을 클릭합니다.

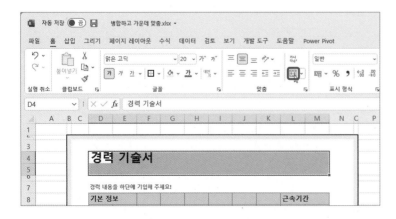

04 [D4:M5] 범위가 하나의 셀처럼 합쳐집니다.

05 [D8:K8] 범위와 [L8:M8] 범위도 각각 선택하고 병합하면 다음과 같은 결과가 반환됩니다.

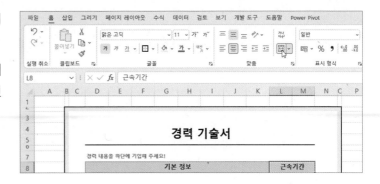

전체 병합

[병합하고 가운데 맞춤] 기능은 유용하지만 한 번에 하나의 병합 셀을 만들 때만 유용합니다. 예제의 [E9:K14] 범위는 여러 행에 걸쳐 세 개 또는 두 개의 셀을 병합해야 하지만 앞선 방법으로는 손이 너무 많이 갑니다. 이때는 [전체 병합] 기능을 이용해 몇 개의 셀이 포함된 행 범위를 빠르게 병합할 수 있습니다.

01 **회사명**이 입력된 [E9:G14] 범위를 세 개의 셀씩 병합합니다.

02 [E9:G14] 범위를 선택하고 [홈] 탭-[맞춤] 그룹-[병합하고 가운데 맞춤▦]의 아래 화살표▾를 클릭한 후 [전체 병합]을 선택합니다.

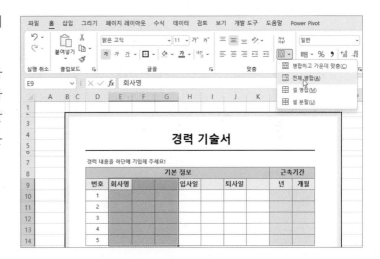

03 그러면 범위에서 각 셀이 행 단위로 하나씩 병합된 결과가 반환됩니다.

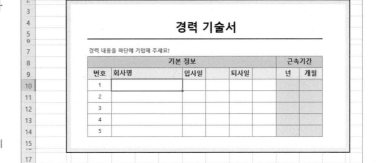

TIP 병합은 제대로 됐지만 셀 가운데에 데이터가 표시되진 않습니다.

서식 복사

[전체 병합]도 유용하지만 [병합하고 가운데 맞춤]은 [서식 복사] 명령으로도 적용 가능합니다. [서식 복사]는 동일한 개수의 셀을 병합하려고 할 때 유용하게 사용할 수 있습니다.

01 [H9:I14] 범위를 선택하고 [홈] 탭-[맞춤] 그룹-[병합하고 가운데 맞춤🔲]의 아래 화살표 ◦를 클릭한 후 [전체 병합]을 선택해 셀을 병합합니다.

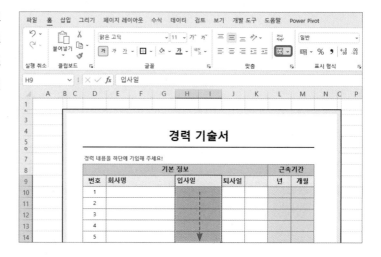

02 이어서 [홈] 탭-[클립보드] 그룹-[서식 복사🖌]를 클릭합니다.

03 [J9:K14] 범위를 선택해 복사한 서식을 적용합니다.

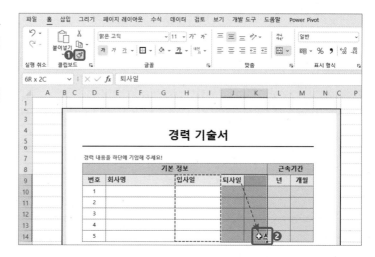

04 그러면 다음과 같은 결과를 얻을 수 있습니다.

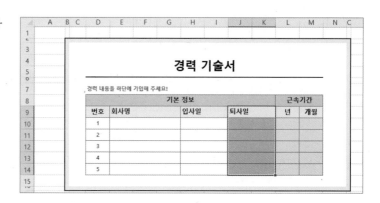

셀 병합을 하지 않고 여러 범위의 가운데에 데이터 표시하기

예제 파일 PART 02 \ CHAPTER 05 \ 선택 영역 가운데.xlsx

병합을 사용하면 표를 보기 좋게 만들 수 있지만 아쉽게도 엑셀의 여러 기능에 여러 제약이 있습니다. 그러 므로 여러 셀의 가운데에 값을 표시할 목적이라면 셀을 병합하지 않고 셀 서식 중 [선택 영역의 가운데로] 옵션을 사용하는 것이 좋습니다. 다음 과정을 참고합니다.

01 예제를 열고 [sample1] 시트의 [D8:K8] 범위 내 셀 값을 병합 없이 가운데에 표시하겠습니다.

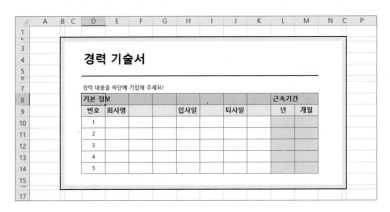

02 [D8:K8] 범위를 선택하고 ⌈Ctrl⌋+⌈1⌋를 눌러 [셀 서식] 대화상자를 호출합니다.

TIP 마우스 오른쪽 버튼을 클릭하고 [셀 서식]을 선택해도 됩니다.

03 [맞춤] 탭을 선택하고 [텍스트 맞춤] 그룹–[가로] 옵션을 [선택 영역의 가운데로]로 선택한 후 [확인] 을 클릭합니다.

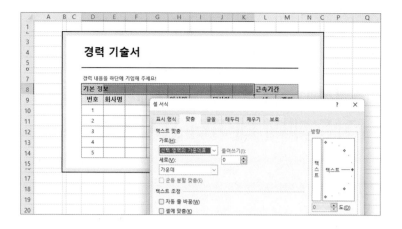

04 그러면 다음과 같은 효과를 얻을 수 있습니다.

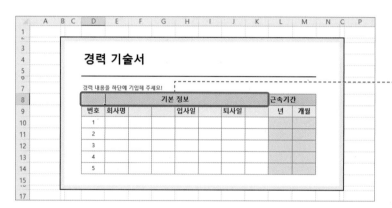

병합된 것 같아 보이지만 [D8] 셀을 클릭해보면 개별 셀이 선택됩니다. [D8:K8] 범위 내 아무 셀이나 클릭해도 셀이 각각 선택됩니다.

05 [선택 영역의 가운데로] 옵션은 [가로] 방향 범위의 가운데에 데이터를 표시하므로 여러 행으로 이루어진 범위의 가운데에는 표시할 수는 없습니다.

06 [D4:M5] 범위(두 개의 행 범위)를 선택하고 [셀 서식] 대화상자를 호출한 후 [가로]를 [선택 영역의 가운데로]로 적용하면 다음과 같은 결과를 얻습니다.

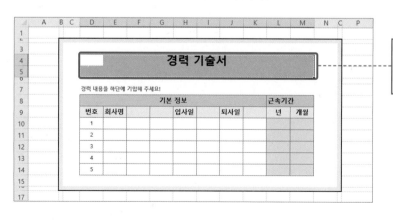

제목이 선택 범위의 가운데 표시되는 것은 가로 방향만 해당되며 세로 방향의 가운데로 표시되지 않습니다.

셀 병합을 해제하고 빈 셀에
상단 셀의 값으로 채우는 방법

예제 파일 PART 02 \ CHAPTER 05 \ 병합-해제.xlsx

병합된 셀을 해제하고 빈 셀을 상단 셀의 값으로 모두 채워야 한다면 다음과 같은 방법을 사용합니다.

1단계 : 병합 해제

예제 파일의 표에는 [B:D] 열에 병합된 셀이 포함된 것을 확인할 수 있습니다.

거래번호	고객	분류	제품	단가	수량	판매
			판 매 대 장			
10706	S&C무역 ㈜	복사기	…	…	…	…
		바코드스캐너	…	…	…	…
		팩스	…	…	…	…
10707	드림씨푸드 ㈜	복사용지	…	…	…	…
		바코드스캐너	…	…	…	…
10708	자이언트무역 ㈜	복사용지	…	…	…	…
		바코드스캐너	…	…	…	…
			…	…	…	…
10709	진왕통상 ㈜	복합기	…	…	…	…
		복합기	…	…	…	…
		복사용지	…	…	…	…
10710	삼양트레이드 ㈜	복합기	…	…	…	…
			…	…	…	…
		복사용지	…	…	…	…

병합을 해제하려면 [B6:D19] 범위를 선택하고 리본 메뉴의 [홈] 탭-[맞춤] 그룹-[병합하고 가운데 맞춤 ▦]을 클릭합니다.

2단계 : 빈 셀 선택

병합이 해제된 빈 셀만 선택해 수식으로 빈 셀에 값을 채워 넣습니다. 그러기 위해 우선 빈 셀을 빠르게 선택해야 합니다. 여러 열에서 빈 셀만 빠르게 선택하려면 [이동] 기능을 이용하는 것이 좋습니다. 다음 과정을 참고합니다.

01 [B6:D19] 범위를 선택합니다.

02 [홈] 탭-[편집] 그룹-[찾기 및 선택 🔍]을 클릭하고 하위 메뉴에서 [이동 옵션]을 선택합니다.

TIP 이 방법은 F5 를 누르고 [이동] 대화상자에서 [옵션]을 클릭하는 작업으로 대체할 수 있습니다.

03 [이동 옵션] 대화상자에서 [빈 셀]을 선택하고 [확인]을 클릭합니다.

3단계 : Ctrl + Enter 로 수식 복사

빈 셀이 선택된 상태에서 값을 입력하거나 수식을 작성한 후 Ctrl + Enter 를 누르면 빈 셀 모두에 수식이 복사됩니다. 이 방법을 이용해 빈 셀에 값을 빠르게 채울 수 있습니다.

01 빈 셀이 모두 선택된 상태에서 등호(=)를 입력하고 바로 위의 셀을 참조합니다.

02 ⌜Ctrl⌟+⌜Enter⌟로 수식을 입력하면 모든 셀에 값이 채워집니다.

	A	B	C	D	E	F	G	H	I
			B7	∨ : × ✓ ƒx	=B6				
1									
2					**판 매 대 장**				
3									
5		거래번호	고객	분류	제품	단가	수량	판매	
6		10706	S&C무역 ㈜	복사기	…	…	…	…	
7		10706	S&C무역 ㈜	바코드스캐너	…	…	…	…	
8		10706	S&C무역 ㈜	팩스	…	…	…	…	
9		10707	드림씨푸드 ㈜	복사용지	…	…	…	…	
10		10707	드림씨푸드 ㈜	바코드스캐너	…	…	…	…	
11		10708	자이언트무역 ㈜	복사용지	…	…	…	…	
12		10708	자이언트무역 ㈜	바코드스캐너	…	…	…	…	
13		10708	자이언트무역 ㈜	바코드스캐너	…	…	…	…	
14		10709	진왕통상 ㈜	복합기	…	…	…	…	
15		10709	진왕통상 ㈜	복합기	…	…	…	…	
16		10709	진왕통상 ㈜	복사용지	…	…	…	…	
17		10710	삼양트레이드 ㈜	복합기	…	…	…	…	
18		10710	삼양트레이드 ㈜	복합기	…	…	…	…	
19		10710	삼양트레이드 ㈜	복사용지	…	…	…	…	
20									

🔍 **더 알아보기** 　　**원리 이해**

엑셀은 수식을 복사하게 되면 기본적으로 참조 위치가 변경되도록 설계되어 있습니다. 따라서 빈 셀마다 서로 다른 값이 참조되는 것입니다. 이 부분을 제대로 이해하려면 엑셀의 참조 방식을 제대로 학습할 필요가 있습니다. 참조는 이 책의 344페이지에서 자세하게 설명하니 해당 부분을 학습하는 것을 권합니다.

🔍 **더 알아보기** 　　**수식을 값으로 변환**

빈 셀에 값은 모두 채워졌지만 정확하게 얘기하면 빈 셀에 수식이 입력되어 매번 위의 있는 셀 값을 참조하게 됩니다. 이런 작업은 한 번 값을 채우면 다시 변경할 일이 없기 때문에 수식보다는 값으로 변환하는 것이 좋습니다. 엑셀에서 수식을 값으로 변환하려면 [선택하여 붙여넣기]를 이용합니다. 이 방법은 이 책의 183페이지에 자세하게 설명되어 있으니 참고합니다.

[실행 취소]와 [다시 실행]을 이용한 작업 이해하기

예제 파일 없음

[실행 취소]와 [다시 실행] 명령 위치

이 책의 034페이지에서 설명한 바와 같이 엑셀 2021, Microsoft 365 버전의 경우 [빠른 실행] 도구 모음이 기본적으로 숨겨지도록 설정되어 [실행 취소]와 [다시 실행] 명령 위치도 각 버전별로 달라졌습니다.

엑셀 2019 이전 버전까지는 [빠른 실행] 도구 모음에 표시되며 엑셀의 제목 표시줄 좌측에 위치합니다.

엑셀 2021, Microsoft 365 버전은 [홈] 탭 첫 번째 그룹인 [실행 취소] 그룹에 명령이 위치합니다.

실행 취소([Ctrl] + [Z])

[실행 취소]는 매크로 또는 여러 단계가 한 번에 진행되는 기능(예를 들면 [고급 필터]) 작업을 제외한 대부분의 작업을 단계별로 기억하며 [실행 취소②]를 클릭하면 한 단계씩 바로 전에 실행한 작업을 취소할 수 있습니다. 엑셀 2007 이후 버전부터는 사용자의 작업을 100단계까지 기억합니다. 파일을 저장해도 닫지만 않는다면 저장 전으로도 실행 취소할 수 있습니다.

01 빈 통합 문서의 [B2:B6] 범위에 순서대로 1~5를 입력합니다.

02 [B2:B6] 범위를 복사(Ctrl+C)하고 [D2] 셀을 클릭한 후 붙여 넣습니다(Ctrl+V).

03 [실행 취소 ⟲▾]의 아래 화살표 ▾를 클릭하면 작업한 내역이 목록에 표시됩니다.

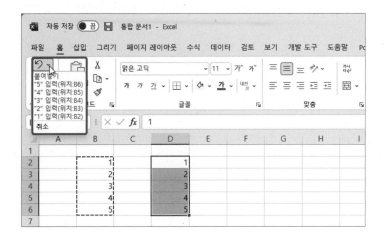

04 Ctrl+Z를 누르거나 실행 취소 목록 내 [붙여넣기]를 클릭하면 **02**과정의 작업이 취소됩니다.

05 [실행 취소]는 파일을 저장해도 이전 작업을 그대로 보존합니다.

06 제목 표시줄의 [저장 🖫]을 클릭해 파일을 저장합니다.

07 [실행 취소 ⟲▾]의 아래 화살표 ▾를 클릭합니다.

파일이 저장되었습니다.

TIP 파일을 저장해도 이전 작업 내용이 그대로 보존됩니다.

다시 실행(Ctrl+Y)

실행 취소한 작업을 다시 복원하고 싶을 때 [다시 실행]을
사용할 수 있습니다. Ctrl+Y, F4를 누르거나 [다시
실행 ⟳]을 클릭해 실행 취소된 작업을 되돌려 결과를 다
시 얻을 수 있습니다.

반복 실행(F4)

방금 했던 동작을 다시 반복해서 실행하려면 [반복 실행]을 사용합니다. 이 기능은 리본 메뉴에 표시되지 않으므로 보통 단축키로 실행합니다. [반복 실행] 단축키는 [다시 실행]과 동일한 F4 또는 Ctrl + Y 를 사용합니다. 그러면 바로 직전 명령을 한 번 더 실행합니다.

[다시 실행]과 [반복 실행]은 언뜻 생각하면 동일한 명령 같을 수 있습니다. 하지만 [다시 실행]은 [실행 취소]한 명령을 다시 실행하는 명령이고, [반복 실행]은 직전에 실행한 명령을 반복해서 실행하는 명령입니다.

[반복 실행]은 단축키가 지원되지 않는 [병합]과 같은 명령을 실행하거나 단축키가 복잡한 행(또는 열) 삽입, 삭제 등의 작업에서 많이 사용됩니다.

예를 들어 몇 개의 셀을 선택하고 [병합하고 가운데 맞춤圖]을 실행한 후 다른 범위를 선택하고 F4 를 누르면 선택 범위가 바로 병합되는 것을 확인할 수 있습니다.

숫자와 날짜/시간 데이터

엑셀은 입력(또는 계산)된 데이터의 형식을 구분해 계산할 수 있는 데이터와 계산하지 못하는 데이터를 구분합니다. 이런 차이를 이해하고 엑셀을 활용하는 것은 굉장히 중요합니다. 특히 엑셀에서 계산에 자주 사용되는 숫자와 날짜/시간 데이터의 입력 방법과 형식 변환 방법을 모른다면 엑셀의 초보자 단계를 벗어나는 것이 쉽지 않습니다.

십억, 백억과 같은 큰 숫자를 쉽게 입력하는 방법

예제 파일 PART 02 \ CHAPTER 06 \ 큰 단위 숫자.xlsx

지수 표현식 이용해 입력

지수 표현식은 10의 제곱으로 숫자를 표시하는 방법입니다. 예를 들어 1억은 10의 8승(제곱)은 지수 표현식으로 나타내면 1E+8로 표시되며, 이러한 지수 표현식으로 데이터를 입력할 수도 있습니다.

입력	원 단위로 입력	지수 표현식으로 입력
1억	100,000,000	1E+8
10억	1,000,000,000	10E+8 또는 1E+9
100억	10,000,000,000	100E+8 또는 1E+10

01 예제를 열고 [C3:C7] 범위에 순서대로 **1E+8**, **12E+8**, **123E+8**, **1234E+8**, **12345E+8**을 입력합니다.

02 [홈] 탭-[표시 형식] 그룹-[쉼표 스타일 ⁊]을 클릭하면 입력된 숫자를 확인할 수 있습니다.

	A	B	C
1			
2		입력	지수
3		1억	1.00E+08
4		12억	1.20E+09
5		123억	1.23E+10
6		1234억	1.23E+11
7		1조 2345억	1.23E+12
8			

	A	B	C
1			
2		입력	지수
3		1억	100,000,000
4		12억	1,200,000,000
5		123억	12,300,000,000
6		1234억	123,400,000,000
7		1조 2345억	1,234,500,000,000
8			

고정 소수점 기능 이용해 입력

항상 큰 단위의 숫자나 소수점 이하 값을 주로 입력한다면 [고정 소수점] 옵션을 설정하여 쉽게 작업할 수 있습니다.

소수점 자동 삽입 옵션 설정

소수점 삽입 옵션을 먼저 변경해야 합니다. 다음 과정을 참고합니다.

01 [파일] 탭-[옵션]을 클릭합니다.

02 [Excel 옵션] 대화상자가 나타나면 [고급]을 선택하고 [편집 옵션] 항목의 [소수점 자동 삽입]에 체크합니다.

03 표를 참고해 [소수점 위치]에 원하는 값을 입력하고 [확인]을 클릭합니다. 예를 들어 항상 억 단위로 금액을 입력하는 경우가 많다면 [소수점 위치]의 값은 −8입니다.

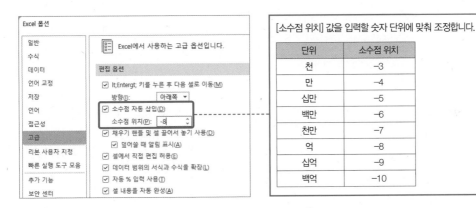

[소수점 위치] 값을 입력할 숫자 단위에 맞춰 조정합니다.

단위	소수점 위치
천	−3
만	−4
십만	−5
백만	−6
천만	−7
억	−8
십억	−9
백억	−10

04 [D3:D7] 범위에 순서대로 **1**, **12**, **123**, **1234**, **12345**를 입력하면 오른쪽과 같은 결과를 얻을 수 있습니다.

	A	B	C	D	E
1					
2		입력	지수	고정 소수점	
3		1억	100,000,000	100000000	
4		12억	1,200,000,000	1200000000	
5		123억	12,300,000,000	12300000000	
6		1234억	123,400,000,000	1.234E+11	
7		1조 2345억	1,234,500,000,000	1.2345E+12	
8					

소수점 자동 삽입 옵션 해제

[고정 소수점] 기능은 한 번 설정하면 다른 모든 파일에도 동일하게 적용되며 상태 표시줄에 [고정 소수점] 표시가 나타납니다.

따라서 더 이상 사용하지 않으려면 [Excel 옵션] 대화상자의 [소수점 자동 삽입]을 체크 해제합니다.

16자리 이상 숫자 입력하기

예제 파일 PART 02 \ CHAPTER 06 \ 15자리 초과 숫자.xlsx

엑셀의 숫자 정밀도 제한

엑셀은 최대 15자리까지의 숫자만 정확하게 인식할 수 있도록 설계되어 있습니다. 15자리는 최대 999조이므로 적은 숫자가 아닙니다만, 16자리 이상의 숫자를 사용하려면 주의해야 합니다.

카드 번호 입력

엑셀에서 16자리 이상의 숫자는 많이 사용하지 않지만, 카드 번호와 같은 4자리 숫자가 네 번 연속되는 총 16자리의 숫자를 하이픈(-) 없이 입력(예를 들어 **1234567812345678**)하면 마지막 번호(8)가 항상 0으로 바뀝니다.

엑셀의 숫자 정밀도 때문에 카드 번호와 같은 데이터를 입력할 때는 하이픈(-)을 사용해 입력하거나 띄어쓰기로 값을 구분해야 합니다.

하이픈(-)이나 공백 문자(" ")가 중간에 입력되면 이 값은 텍스트 형식으로 인식되어 숫자 정밀도의 제한을 받지 않습니다. 그냥 숫자를 16자리 이상 입력하려면 작은따옴표(')를 먼저 입력한 후 숫자를 입력합니다. 데이터를 입력하기 전에 작은따옴표(')를 먼저 입력하면, 이후 데이터는 무조건 텍스트 형식으로 인식합니다.

TIP 셀 좌측 상단의 표시되는 녹색 삼각형 아이콘

이 아이콘은 오류 표식이라고 합니다. 오류 표식이 표시되는 이유와 해결 방법은 이 책의 378페이지에서 자세하게 설명합니다.

숫자 앞에 0을 표시하는 몇 가지 방법

예제 파일 PART 02 \ CHAPTER 06 \ 직원명부.xlsx

숫자는 0으로 시작할 수 없다

간혹 숫자를 입력할 때 앞에 0을 표시해야 하는 경우가 있습니다. 단, 01, 001은 모두 1이므로 001과 같이 입력해도 셀에는 모두 1로 저장됩니다.

0을 표시해야 한다면?

숫자 데이터를 그대로 사용하려면 셀 서식 이용

가장 권장하는 방법으로 셀 서식을 사용해 숫자 앞에 0이 표시되도록 합니다.

01 예제 파일을 열고 [B6:B14] 범위를 선택합니다.

02 Ctrl + 1 을 눌러 [셀 서식] 대화상자를 불러옵니다.

03 [표시 형식] 탭을 선택하고 [범주] 항목에서 [사용자 지정]을 선택합니다.

04 [형식]에 0을 원하는 자릿수만큼 입력합니다. 예를 들어 세 자리 숫자로 표시하려면 0을 3회 입력합니다.

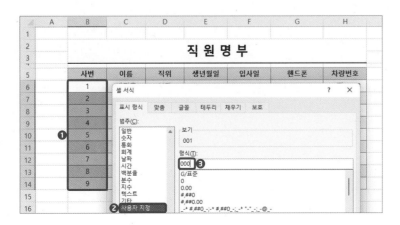

05 [확인]을 클릭해 대화상자를 닫습니다.

숫자가 아니어도 상관 없다면 텍스트형 숫자로 입력

숫자를 입력할 때 작은따옴표(')를 먼저 입력하면 이후 입력되는 값은 무조건 텍스트 형식으로 저장됩니다.

참고로 맨 앞에 입력된 작은따옴표는 셀에 표시되지 않으며 오른쪽에 입력한 데이터를 텍스트 형식으로 인식하는 지정자 역할을 합니다.

작은따옴표(')를 사용할 때 '오류 표식'은 왜 나타날까?

숫자 데이터를 입력할 때 작은따옴표를 먼저 입력하면 셀 좌측 상단에 오류 표식▣이 나타납니다. 이것은 작은따옴표를 먼저 입력하면 숫자가 숫자 데이터로 인식되지 못하고 텍스트 데이터로 인식되기 때문입니다.

오류 표식은 몇 가지 사용자의 입력 작업에 문제가 생길 수 있는 상황을 전달하기 위한 것으로 실제 오류(에러)가 발생한 것은 아닙니다. 이런 오류 표식이 나타나는 것이 불편하다면 이 책의 379페이지를 참고해 삭제합니다.

왜 날짜나 시간을 입력하면 숫자가 표시될까?

예제 파일 PART 02 \ CHAPTER 06 \ 날짜와 시간.xlsx

엑셀에서 날짜와 시간을 관리하는 방법

엑셀에서 날짜는 '날짜 일련번호'라고 부릅니다. 날짜를 계산하는 방법은 생각보다 복잡하므로, 엑셀은 1900/1/1부터 9999/12/31까지의 날짜를 미리 계산해놓고 숫자(=날짜 일련번호)와 1:1로 매칭해놓았습니다. 정확하게는 1900/1/1을 1로 매칭해놓고, 하루가 지날 때마다 1씩 증가하는 방법으로 날짜를 인식합니다. 아래 다이어그램을 참고합니다.

엑셀에서 1은 '1900년 1월 1일' 또는 '하루'를 의미하기 때문에 시간은 1(하루)을 24(시간)로 나눈 소수 값으로 관리합니다. 예를 들어 오후 12시는 정확하게 하루의 절반이므로 12/24로 나눈 값(0.5)이 됩니다.

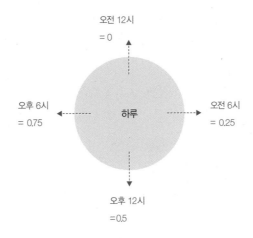

그러므로 날짜와 시간은 기본적으로 숫자 값입니다. 엑셀은 사용자가 입력한 날짜 형식(yyyy-mm-dd)의 값과 시간 형식(hh:mm:ss)의 값을 자동으로 날짜 일련번호와 시간으로 변환해줍니다. 단, yyyy.mm.dd와 같은 형식으로 입력한 데이터는 날짜 데이터로 인식하지 못하므로 주의가 필요합니다.

날짜와 시간 데이터의 이해

01 예제 파일을 열면 [C3] 셀에는 45,000이, [C4] 셀에는 0.5가 입력되어 있습니다. 이 값은 숫자이면서 동시에 날짜/시간 데이터 값이기도 합니다.

02 [C3] 셀의 값을 날짜로 표시합니다. [C3] 셀이 선택된 상태에서 [홈] 탭-[표시 형식] 그룹-[표시 형식]에서 [간단한 날짜]를 선택합니다.

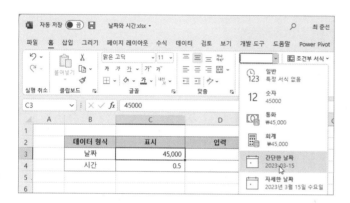

03 같은 방법으로 [C4] 셀을 선택하고 [홈] 탭-[표시 형식] 그룹-[표시 형식]에서 [시간]을 선택합니다.

	A	B	C	D	E
1					
2		데이터 형식	표시	입력	
3		날짜	2023-03-15		
4		시간	오후 12:00:00		
5					

04 [D3:D4] 범위에 각각 다음과 같은 값을 입력합니다.

- **[D3] 셀 : 2023.03.15**
- **[D4] 셀 : 오후 12:00:00**

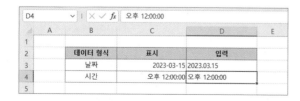

TIP [D3:D4] 범위에 입력된 값이 왼쪽 정렬로 표시되며 모두 텍스트 형식으로 인식됩니다. 날짜는 연월일을 구분하는 구분 기호(.)를 잘못 입력했으며, 시간은 오전/오후 문자는 인식하지 못합니다. AM/PM 기호를 시간 데이터 뒤에 입력해야 합니다.

05 올바른 데이터로 인식되도록 [D3:D4] 범위의 값을 다음과 같이 수정합니다.

- **[D3]** 셀 : 2023-03-15
- **[D4]** 셀 : 12:00 PM

🔍 **더 알아보기**　　**날짜/시간 데이터 표시 형식 단축키**

숫자로 표시되는 날짜 일련번호와 소수 값을 날짜와 시간 형식으로 변환할 때 다음 단축키를 사용합니다.

단축키	동작	표시 형식
Ctrl + Shift + #	날짜 일련번호를 날짜 형식으로 변환	yyyy-mm-dd
Ctrl + Shift + @	소수 값을 시간 형식으로 변환	hh:mm am/pm

1-1 또는 1/4와 같이 입력하면 왜 날짜로 인식될까?

예제 파일 PART 02 \ CHAPTER 06 \ 분수.xlsx

엑셀이 날짜 데이터를 인식하는 방법

엑셀은 하이픈(-)이나 슬래시(/)를 숫자와 함께 입력하면 날짜를 입력했다고 인식합니다. 이 두 문자가 날짜 데이터를 구분하는 구분 기호로 사용되기 때문입니다. 그러므로 하이픈(-)이나 슬래시(/)를 숫자와 함께 입력하려는 경우에는 입력 방법에 주의할 필요가 있습니다.

하이픈이 포함된 데이터 입력 방법

1-1과 같은 값을 입력하고 싶다면 작은따옴표(')를 먼저 입력하고 **1-1**을 입력합니다. 예제를 열고 [B4] 셀에 다음과 같이 입력합니다.

```
'1-1
```

B4	⌄ : × ✓ fx	'1-1					
	A	B	C	D	E	F	G	H
1								
2			번호 스타일			분수		
3		입력 1	입력 2	변환	입력 1	입력 2	변환	
4		1-1						
5								

날짜로 변환된 데이터를 하이픈 값으로 변환하는 방법

이미 날짜로 변환됐다면 수식을 사용해 원래 하이픈이 포함된 값으로 변경할 수 있습니다. [C4] 셀에 **1-1**을 입력하고 [D4] 셀에 다음 수식을 입력합니다.

```
=TEXT(C4, "m-d")
```

	A	B	C	D	E	F	G	H
				D4 =TEXT(C4, "m-d")				
1								
2			번호 스타일			분수		
3		입력 1	입력 2	변환	입력 1	입력 2	변환	
4		1-1	01월 01일	1-1				
5								

TIP [C4] 셀에 **1-1**을 입력하면 날짜로 인식되며 기본 표시 형식은 mm월 dd일입니다.

분수를 입력하는 방법

분수를 입력하려면 대분수 방식으로 입력합니다. 즉, 1/4을 입력하고 싶다면 앞에 0을 하나 붙여 입력합니다. [E4] 셀에 다음과 같이 입력합니다.

```
0 1/4
```

	A	B	C	D	E	F	G	H
				E4 0.25				
1								
2			번호 스타일			분수		
3		입력 1	입력 2	변환	입력 1	입력 2	변환	
4		1-1	01월 01일	1-1	1/4			
5								

TIP 분수로 데이터가 입력되면 수식 입력줄에서 확인할 수 있듯 0.25와 같은 숫자가 셀에 저장됩니다.

날짜로 입력된 데이터를 분수로 변환하는 방법

마찬가지로 날짜로 변환된 경우라면 수식을 사용해 원하는 값을 얻을 수 있습니다. [F4] 셀에 **1/4**을 입력하고 [G4] 셀에 다음 수식을 입력합니다.

```
=VALUE("0 " & TEXT(F4, "m/d"))
```

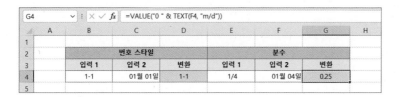

	A	B	C	D	E	F	G	H
				G4 =VALUE("0 " & TEXT(F4, "m/d"))				
1								
2			번호 스타일			분수		
3		입력 1	입력 2	변환	입력 1	입력 2	변환	
4		1-1	01월 01일	1-1	1/4	01월 04일	0.25	
5								

TIP 0.25를 분수로 표시하려면 [홈] 탭 – [표시 형식] 그룹 – [표시 형식]에서 [분수]를 선택하면 됩니다.

텍스트형 숫자를 올바른 숫자로 변환하기

예제 파일 PART 02 \ CHAPTER 06 \ 숫자 변환.xlsx

텍스트형 숫자란?

SUM 함수로 가지고 있는 데이터의 합계를 구할 때 0이 반환된다면 데이터가 숫자가 아니라 텍스트 형식일 가능성이 높습니다. 숫자가 텍스트 형식이라면 다음 두 가지 중 하나로 입력되었을 것입니다.

구분	설명	예
텍스트	숫자로 인식할 수 없는 문자가 함께 사용된 경우	100만원
텍스트형 숫자	숫자로 인식될 수 있는 문자만 사용됐지만 데이터 형식이 텍스트인 경우	'1,000,000

텍스트로 구분되는 데이터라면 '만원'과 같은 문자열을 [바꾸기] 기능(Ctrl + H)으로 지우면 숫자로 변환할 수 있습니다. 하지만 '텍스트형 숫자'는 바꾸기로 지울 수 없기 때문에 다른 방법을 사용합니다.

텍스트형 숫자를 숫자로 변환

예제 파일을 열면 매출 집계표가 나타납니다. 같은 수식이 들어 있음에도 [C10] 셀은 제대로 계산됐지만 [D10]과 [E10] 셀은 계산되지 않습니다.

D10	∨ : × ✓ fx	=SUM(D6:D9)			
	A	B	C	D	E	F

매출 집계표

분기	A 사	B 사	
1사분기	283,982,000	373,084,000	373,084,000
2사분기	313,990,000	460,646,000	460,646,000
3사분기	477,510,000	221,544,000	221,544,000
4사분기	443,436,000	336,323,000	336,323,000
합계	1,518,918,000	-	-

TIP [D6:E9] 범위를 지정하고 [홈] 탭 – [맞춤] 그룹 – [오른쪽 맞춤 ▤]을 클릭해 맞춤을 해제해봅니다.

텍스트 나누기 기능 이용

입력된 데이터를 해당 위치에서 바로 변환하려면 [텍스트 나누기] 기능을 이용합니다.

01 [D6:D9] 범위를 선택하고 [데이터] 탭–[데이터 도구] 그룹–[텍스트 나누기⎡]를 클릭합니다.

02 [텍스트 마법사] 대화상자가 나타나면 [마침]을 클릭합니다.

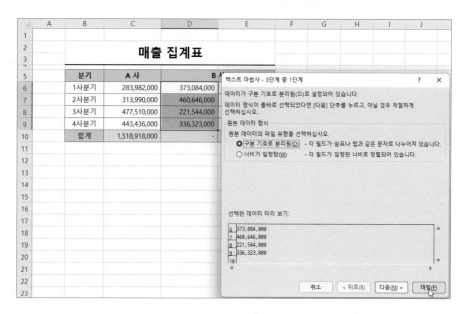

> **TIP** [텍스트 나누기] 기능을 이용하면 데이터가 새로 입력되는 효과를 얻을 수 있습니다.

03 이렇게 하면 [D6:D9] 범위의 값이 숫자로 변환되어 [D10] 셀에 계산된 결과가 표시됩니다.

숫자 연산을 이용

만약 수식을 사용할 때 데이터 형식을 변환하려면 마이너스 기호(–)를 두 번 붙이는 연산을 사용합니다.

01 아무 빈 셀(예를 들어 [G5] 셀)에 **1**을 입력하고 Ctrl+C를 눌러 복사합니다.

02 텍스트형 숫자가 입력된 [E6:E9] 범위를 선택하고 [홈] 탭–[클립보드] 그룹–[붙여넣기⎡]를 클릭하고 [선택하여 붙여넣기]를 선택합니다.

> **TIP** [선택하여 붙여넣기]의 단축키는 Ctrl+Alt+V 입니다.

03 [선택하여 붙여넣기] 대화상자가 나타나면 [값]과 [곱하기]를 각각 선택하고 [확인]을 클릭합니다.

04 [E10] 셀에도 계산된 결과가 표시됩니다.

외국어, 특수 문자, 자동 고침

엑셀은 다양한 외국어와 특수 문자 입력도 지원합니다. 특히 오피스 제품은 모두에 적용되는 자동 고침은 셀에 입력된 데이터가 특정 조합에 해당할 경우 자동으로 특수 문자로 변환해줍니다. 외국어 입력이 필요하거나 다양한 특수 문자를 입력해야 한다면 이번 CHAPTER를 통해 해당 방법에 대해 학습할 수 있습니다.

07/01 한자를 손쉽게 입력하기

예제 파일 PART 02 \ CHAPTER 07 \ 한자 변환.xlsx

한자 로 입력

이 방법은 단어를 입력하면서 바로 한자로 변환하려는 경우 유용하며, 한글 입력 후 한자 를 누르면 한자 선택 목록이 표시되고 여기에서 원하는 한자를 선택하면 한자를 바로 입력할 수 있습니다.

[한글/한자 변환] 기능

여러 범위에 입력된 한글을 한자로 동시에 변환하려는 경우에 유용합니다.

01 한자로 변환할 한글이 입력될 범위를 선택합니다.

02 [검토] 탭-[언어] 그룹-[한글/한자 변환]을 클릭합니다.

03 [한글/한자 변환] 대화상자가 나타나면 입력된 한글에 맞는 한자를 선택하고 [변환]을 클릭합니다.

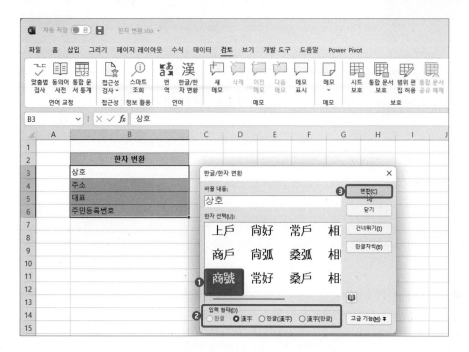

- ❶ **한자 선택** : 리스트에서 변환하려는 한자를 선택합니다.
- ❷ **입력 형태** : 선택한 방법으로 한자를 입력합니다. [한글(漢字)]을 선택하면 입력된 한글 뒤 괄호 안에 한자가 입력됩니다.
- ❸ **변환** : [변환]을 클릭하면 변환 작업이 이루어지며 자동으로 다음 단어를 찾습니다.

04 [B3] 셀의 변환이 끝나면 [B4], [B5], [B6] 셀도 차례대로 변환되므로 계속 진행합니다.

05 모든 단어가 한글에서 한자로 변환됩니다.

07 / 02 번역 기능을 이용해 원하는 언어로 번역하기

예제 파일 PART 02 \ CHAPTER 07 \ 번역.xlsx

번역 품질

엑셀 2019 버전부터 [번역] 기능을 사용할 수 있습니다. 이 기능을 이용하면 다양한 언어로 엑셀 내 데이터를 번역할 수 있습니다. 다만 번역기의 품질을 완전하게 신뢰할 수 없기 때문에 되도록이면 참고용으로만 사용하는 것을 권합니다. 사용 방법은 다음을 참고합니다.

01 번역할 단어 또는 문장이 입력된 셀을 선택합니다.

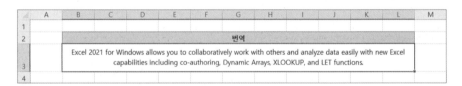

02 [검토] 탭-[언어] 그룹-[번역🇦]을 클릭합니다.

03 [지능형 서비스 사용 여부] 창이 표시되면 [켜기]를 클릭합니다.

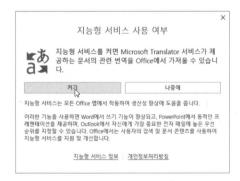

TIP [지능형 서비스 사용 여부] 창은 번역 기능을 처음 사용할 때 한 번 표시되고 이후에는 표시되지 않습니다.

04 [번역기] 작업 창이 열리고 번역된 결과가 표시됩니다.

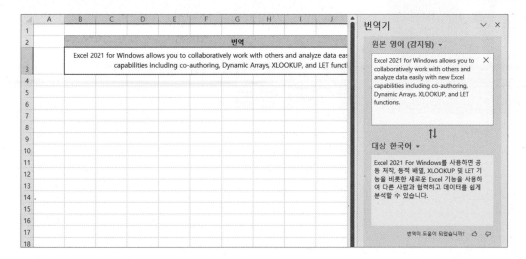

TIP 번역 품질은 지속적인 업그레이드를 통해 변경될 수 있습니다.

여타 번역기의 품질

구글 번역이나 파파고로 동일한 문장을 번역하면 다음과 같습니다. 먼저 구글의 번역 결과입니다.

아래는 파파고의 번역 결과입니다.

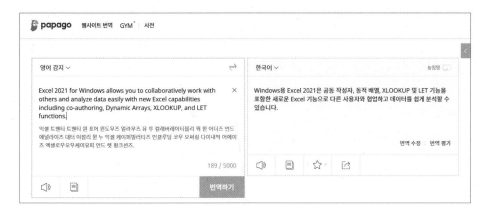

07 / 03 특수 문자 빠르게 입력하는 몇 가지 방법

예제 파일 없음

[기호] 기능 이용

엑셀에는 다양한 특수 문자를 입력할 수 있도록 돕는 [기호] 기능이 제공됩니다. 사용 방법은 [삽입] 탭-[기호] 그룹-[기호 Ω]를 클릭합니다.

[기호] 대화상자가 나타나면 [글꼴]을 [Wingdings]으로 변경합니다. 원하는 특수 문자를 선택하고 [삽입]을 클릭합니다.

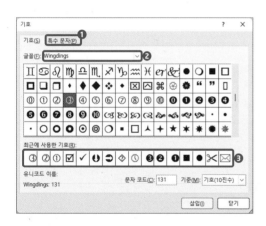

❶ **[특수 문자] 탭** : 저작권(ⓒ), 상표(™) 등의 특수 문자를 입력할 수 있습니다.

❷ **글꼴** : Webdings, Wingdings, Wingdings 2, Wingdings 3과 같은 글꼴을 선택하면 다양한 특수 문자를 입력할 수 있습니다.

❸ **최근에 사용한 기호** : 최근에 사용한 특수 문자가 표시되어 자주 사용하는 특수 문자를 빠르게 선택할 수 있습니다.

윈도우 10 버전부터 적용된 Win + . 단축키 사용

윈도우 10 이후 버전의 운영체제를 사용하는 사용자를 위한 방법으로 Win + . 을 누르면 다음과 같은 대화상자가 표시됩니다.

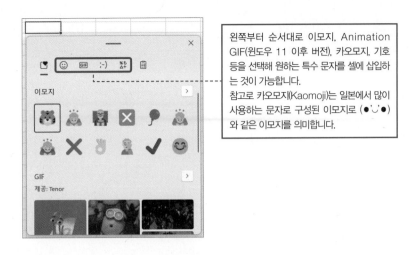

왼쪽부터 순서대로 이모지, Animation GIF(윈도우 11 이후 버전), 카오모지, 기호 등을 선택해 원하는 특수 문자를 셀에 삽입하는 것이 가능합니다.
참고로 카오모지(Kaomoji)는 일본에서 많이 사용하는 문자로 구성된 이모지로 (●‿●)와 같은 이모지를 의미합니다.

상단 아이콘 중에서 기호 아이콘을 클릭하면 다음과 같은 특수 문자를 쉽게 선택해 넣을 수 있습니다.

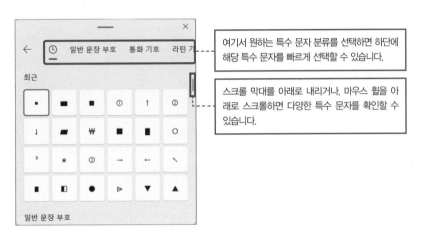

여기서 원하는 특수 문자 분류를 선택하면 하단에 해당 특수 문자를 빠르게 선택할 수 있습니다.

스크롤 막대를 아래로 내리거나, 마우스 휠을 아래로 스크롤하면 다양한 특수 문자를 확인할 수 있습니다.

한글 자음에 연결된 특수 문자 목록 사용

윈도우에서 자체 제공하는 특수 문자 입력 기능은 대부분의 윈도우 호환 프로그램에서 사용할 수 있습니다. 한글 자음 하나를 입력하고 한자를 누르면 특수 문자표가 나타납니다. Tab 을 누르면 전체 목록이 나타납니다.

다음은 한글 자음 ㅁ을 입력하고 한자를 누른 후 Tab 을 누른 화면입니다.

다음은 각 자음과 연결되어 있는 특수 문자 표입니다.

한글 자음	설명	특수 문자표
ㄱ	문장 부호	1 ^ … ~ ¿ / 2 ! ‾ ˇ ： / 3 ' ″ ˘ / 4 , ｜ ‐ ˚ / 5 . ― • / 6 / ` ‖ / 7 : \ ， / 8 ; ～ · / 9 ? ¨ ´ ¡
ㄲ	라틴어	1 Æ Ŧ ŀ / 2 Đ Ŋ ł / 3 Ħ æ ø / 4 IJ đ œ / 5 Ŀ ð ß / 6 Ł ħ þ / 7 Ø ı ŧ / 8 Œ ij ŋ / 9 Þ ĸ ŉ
ㄴ	괄호	1 " 〟 ﹄ / 2 (〞 「 / 3) 〔 」 / 4 [〕 〖 / 5] 〈 〗 / 6 { 〉 / 7 } 《 / 8 ' 》 / 9 ' 「
ㄷ	수학 기호	1 + ≤ ∂ ∵ ∪ ∮ / 2 - ≥ ∇ ∫ ∩ ∑ / 3 < ∞ ≡ ∬ ∧ ∏ / 4 = ∴ ≒ ∭ ∨ / 5 > ♂ ≪ ∋ ¬ / 6 ± ♀ ≫ ⊆ ⇒ / 7 × ∠ √ ⊇ ⇔ / 8 ÷ ⊥ ∾ ⊂ ∀ / 9 ≠ ⌒ ∝ ⊃ ∃
ㄸ	일본어 (히라가나)	1 あ お こ ぜ づ の ぷ む ら をん / 2 あ か ご そ て は へ め り ん / 3 い が さ ぞ で ば べ も る / 4 い き ざ た と ぱ べ や れ / 5 う ぎ し だ ど ひ ぼ や ろ / 6 う く じ ち な び ぽ ゆ わ / 7 え ぐ す ぢ に ぴ ま ゆ わ / 8 え け ず っ ぬ ふ み よ ゐ / 9 お げ せ つ ね ぶ み よ ゑ
ㄹ	단위	1 $ £ ℓ ㎛ ㎍ ps MV ㎽ ㏀ ㎦ Bq / 2 % ¥ ㎘ ㎜ ㎎ ns pA kW ㏁ sr Gy / 3 ₩ ¤ cc ㎝ ㎏ ㎲ nA MW pF Pa Sv / 4 F ℉ ㎟ ㎞ kt ms ㎂ Hz nF ㎪ ㎧ / 5 ' ‰ ㎠ ㎤ pV mA ㎑ μF ㎬ / 6 " € ㎡ ㎤ ㎉ nV kA ㎒ ㏖ ㎬ / 7 ℃ ㎕ ㎢ ㎥ dB μV pW ㎓ cd Wb / 8 Å ㎖ fm ㎦ ㎧ mV nW ㎔ rad lm / 9 ¢ ㎗ nm ha ㎨ kV μW Ω ㎭ lx

한글 자음	설명	특수 문자표
ㅁ	그림 문자	1 #　●　▼　▷　◆　▦　‡　♬　® 2 &　◎　→　▶　■　▨　↕　ª　° 3 *　◇　←　△　◐　☻　↗　㈜　° 4 @　◆　↑　♠　◑　☎　↙　№　㉦ 5 §　□　↓　♡　▥　☏　↘　㎝ 6 ※　■　↔　♥　▤　☞　↖　™ 7 ☆　△　＝　♣　▩　☜　♭　㎜ 8 ★　▲　◁　♣　▨　¶　♪　㎞ 9 ○　▽　◀　☉　▧　†　♪　TEL 《
ㅂ	연결선	1 ─　┴　┬　├　└　┤　┴　┼ 2 │　┼　┤　┬　└　┤　┴　┼ 3 ┌　┬　─　┤　┬　├　┼　┼ 4 ┐　┼　┴　├　├　├　┼　┼ 5 ┘　┤　├　┼　├　├　┼　┼ 6 ┤　┴　┬　┐　├　┬　┬　┼ 7 ├　┘　┴　┐　├　┬　┬　┼ 8 ┬　┴　┴　┘　├　┴　┼ 9 ┤　├　┼　┘　┤　┴　┼ 《
ㅃ	일본어 (가타가나)	1 ァ　オ　コ　ゼ　ツ　ノ　ブ　ム　ラ　ヲ 2 ア　カ　ゴ　ソ　テ　ハ　ヘ　メ　リ　ン 3 ィ　ガ　サ　ゾ　デ　バ　ベ　モ　ル　ヴ 4 イ　キ　ザ　タ　ト　パ　ペ　ャ　レ　カ 5 ゥ　ギ　シ　ダ　ド　ヒ　ホ　ヤ　ロ　ケ 6 ウ　ク　ジ　チ　ナ　ビ　ボ　ュ　ッ 7 ェ　グ　ス　ヂ　ニ　ピ　ポ　ユ　ワ 8 エ　ケ　ズ　ッ　ヌ　フ　マ　ヨ　ヰ 9 ォ　ゲ　セ　ツ　ネ　ブ　ミ　ヨ　ヱ 《
ㅅ	원, 괄호문자 (한글)	1 ㉠　㉥　㉮　㉵　㉿　㉾　㊅ 2 ㉡　㉦　㉯　㉶　㉠　㉯　㉾ 3 ㉢　㉧　㉰　㉷　㉡　㉰ 4 ㉣　㉨　㉱　㉸　㉢　㉱ 5 ㉤　㉩　㉲　㉹　㉣　㉲ 6 ㉥　㉪　㉳　㉺　㉤　㉳ 7 ㉦　㉫　㉴　㉻　㉥　㉴ 8 ㉧　㉬　㉵　㉼　㉦　㉵ 9 ㉨　㉭　㉶　㉽　㉧ 《
ㅆ	러시아어	1 А　И　С　Ъ　г　л　ф　э 2 Б　Й　Т　Ы　д　м　х　ю 3 В　К　У　Ь　е　н　ц　я 4 Г　Л　Ф　Э　ё　о　ч 5 Д　М　Х　Ю　ж　п　ш 6 Е　Н　Ц　Я　з　р　щ 7 Ё　О　Ч　а　и　с　ъ 8 Ж　П　Ш　б　й　т　ы 9 З　Р　Щ　в　к　у　ь 《
ㅇ	원, 괄호문자 (알파벳, 숫자)	1 ⓐ　ⓙ　ⓢ　②　⑪　(e)　(n)　(w)　(6)　⑮ 2 ⓑ　ⓚ　ⓣ　③　⑫　(f)　(o)　(x)　(7) 3 ⓒ　ⓛ　ⓤ　④　⑬　(g)　(p)　(y)　(8) 4 ⓓ　ⓜ　ⓥ　⑤　⑭　(h)　(q)　(z)　(9) 5 ⓔ　ⓝ　ⓦ　⑥　⑮　(i)　(r)　(1)　⑽ 6 ⓕ　ⓞ　ⓧ　⑦　(a)　(j)　(s)　(2)　⑾ 7 ⓖ　ⓟ　ⓨ　⑧　(b)　(k)　(t)　(3)　⑿ 8 ⓗ　ⓠ　ⓩ　⑨　(c)　(l)　(u)　(4)　⒀ 9 ⓘ　ⓡ　①　⑩　(d)　(m)　(v)　(5)　⒁ 《

한글 자음	설명	특수 문자표

ㅈ — 숫자 (숫자, 로마자)

1	0	9	ix	Ⅷ
2	1	i	x	Ⅸ
3	2	ii	Ⅰ	Ⅹ
4	3	iii	Ⅱ	
5	4	iv	Ⅲ	
6	5	v	Ⅳ	
7	6	vi	Ⅴ	
8	7	vii	Ⅵ	
9	8	viii	Ⅶ	

ㅊ — 숫자 (분수, 첨자)

1	½	$_1$
2	⅓	$_2$
3	⅔	$_3$
4	¼	$_4$
5	¾	^{n}
6	⅛	^{1}
7	⅜	^{2}
8	⅝	^{3}
9	⅞	^{4}

ㅋ — 한글

1	ㄱ	ㄺ	ㅄ	ㅌ	ㅕ	ㅖ
2	ㄲ	ㄻ	ㅆ	ㅍ	ㅖ	ㅟ
3	ㄳ	ㄼ	ㅅ	ㅎ	ㅗ	ㅠ
4	ㄴ	ㄽ	ㅆ	ㅏ	ㅘ	ㅡ
5	ㄵ	ㄾ	ㅇ	ㅐ	ㅙ	ㅢ
6	ㄶ	ㄿ	ㅈ	ㅑ	ㅚ	ㅣ
7	ㄷ	ㅀ	ㅉ	ㅒ	ㅛ	
8	ㄸ	ㅁ	ㅊ	ㅓ	ㅜ	
9	ㄹ	ㅂ	ㅋ	ㅔ	ㅝ	

ㅌ — 한글 (옛문자)

1	ㅤ	ㅤ	ㅤ	ㅇㅇ	ㅤ
2	ㅤ	ㅤ	ㅤ	ㅿ	ㅤ
3	ㅤ	ㅤ	ㅤ	ㅿㅇ	ㅤ
4	ㅿ	ㅤ	ㅤ	ㅿㅿ	ㅤ
5	ㅤ	ㅤ	ㅤ	푱	·
6	ㅤ	ㅤ	ㅤ	ㆅ	·ㅣ
7	ㅤ	ㅤ	ㅤ	ㆆ	ㅤ
8	ㅿ	ㅤ	ㅤ	ㅿ	ㅤ
9	ㆆ	ㅤ	ㅿ	ㅤ	ㅤ

ㅍ — 알파벳

1	A	J	S	b	k	t
2	B	K	T	c	l	u
3	C	L	U	d	m	v
4	D	M	V	e	n	w
5	E	N	W	f	o	x
6	F	O	X	g	p	y
7	G	P	Y	h	q	z
8	H	Q	Z	i	r	
9	I	R	a	j	s	

ㅎ — 그리스어

1	Α	Κ	Τ	δ	ν	χ
2	Β	Λ	Υ	ε	ξ	ψ
3	Γ	Μ	Φ	ζ	ο	ω
4	Δ	Ν	Χ	η	π	
5	Ε	Ξ	Ψ	θ	ρ	
6	Ζ	Ο	Ω	ι	σ	
7	Η	Π	α	κ	τ	
8	Θ	Ρ	β	λ	υ	
9	Ι	Σ	γ	μ	φ	

유로, 엔 등의 통화 기호 쉽게 입력하기

예제 파일 없음

한글 자음인 'ㄹ'을 입력하고 [한자] 누르기

통화 기호를 입력하려는 경우에 자음인 **ㄹ**을 먼저 입력하고 [한자]를 누르면 유로(€) ,엔(¥) 등의 통화 기호를 쉽게 입력할 수 있습니다. 한글 'ㄹ'에 연결된 특수 문자 목록을 확인하려면 이 책의 150페이지를 참고합니다.

자주 사용하는 통화 기호를 자동 고침 기능을 이용해 빠르게 입력하기

한글 자음을 이용하는 방법을 불편하다고 할 수는 없지만 여러 번의 작업을 통해서만 원하는 기호를 입력할 수 있으므로, 자주 사용하는 통화 기호라면 [자동 고침]을 이용하는 것이 편리합니다. 다음 과정을 참고합니다.

01 빈 엑셀 파일을 열고 [B2] 셀에 **(e)**를 입력하고 [Enter]를 누르면 유로 통화 기호로 변환됩니다.

B2		:	× ✓ *fx*	€	
◢	A	B	C	D	E
1					
2		€			
3					

TIP (e)를 입력하면 자동으로 €가 나타나는 것은 자동 고침 기능이 적용되었기 때문입니다.

02 자동 고침 기능의 동작 방법을 이해하기 위해 [파일] 탭-[옵션]을 클릭합니다.

03 [Excel 옵션] 대화상자가 나타나면 [언어 교정]을 클릭하고 [자동 고침 옵션]을 클릭합니다.

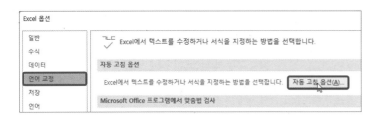

04 [자동 고침] 대화상자가 나타나면 [자동 고침] 탭의 하위 목록에서 '(e)'에 해당하는 값을 찾아봅니다. 결과가 €로 반환되도록 등록되어 있는 것을 확인할 수 있습니다.

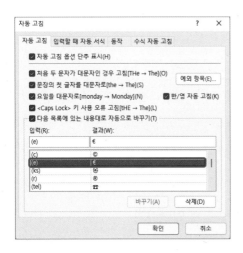

05 엔화는 자동 고침 기능 목록에 없으므로 추가해보겠습니다. [입력]에 **(y)**을, [결과]에 **¥**을 입력한 후 [추가]를 클릭합니다.

🔍 **더 알아보기**   **[결과]에 특수 문자 쉽게 입력하기**

'¥' 특수 문자는 한글 자음 'ㄹ'에 연결되어 있으므로, [결과]에 ㄹ을 입력하고 한자 를 누른 후 선택합니다.

06 [확인]을 클릭해 [자동 고침] 대화상자를 닫습니다.

07 빈 셀에 **(y)**를 입력하고 Enter 를 누르면 자동 고침 기능에 의해 '¥'으로 변환됩니다.

이처럼 자주 사용하는 특수 문자를 자동 고침 목록에 등록해두면 빠르게 특수 문자를 입력할 수 있습니다. 다만 이렇게 등록된 특수 문자는 현재 설정한 PC에서만 사용할 수 있습니다. 다른 PC에서도 같은 작업을 하려면 동기화가 필요합니다.

LINK 더 자세한 정보를 얻으려면 157페이지의 '자동 고침 목록을 다른 PC와 동기화하기'를 참고하세요.

07 / 05 자동 고침 기능 끄기

예제 파일 없음

[자동 고침] 기능

[자동 고침] 기능은 사용자가 입력한 문자열을 자동으로 지정된 특수 문자로 대체해주거나 한글을 영어로, 또는 영어를 한글로 자동 변환해줍니다. 이 기능은 오피스를 설치한 후 사용자가 직접 설정을 해제하지 않는 한 기본으로 적용됩니다. 매우 편리한 기능이지만 사용자가 입력한 문자열을 자동으로 다른 값으로 변경하므로 불편할 수 있습니다. 예를 들어 엑셀의 확장자 중 하나인 **xlsm**을 입력했을 때 '티느'라는 한글로, **(c)**를 입력했을 때 ©로 자동 변경되기도 합니다.

[자동 고침] 기능 해제

[자동 고침] 기능을 사용하지 않으려면 다음 과정을 참고합니다.

01 [파일] 탭-[옵션]을 클릭합니다.

02 [Excel 옵션] 대화상자에서 [언어 교정]을 선택하고 [자동 고침 옵션]을 클릭합니다.

03 [자동 고침] 대화상자에서 다음 옵션 항목을 필요에 따라 체크 해제하고 [확인]을 클릭합니다.

❶ **[한/영 자동 고침]** : 이 옵션을 체크 해제하면 한글이나 영어가 자동으로 변경되지 않습니다.

❷ **[다음 목록에 있는 내용대로 자동으로 바꾸기]** : 이 옵션을 체크 해제하면 (c)를 입력해도 특수 문자인 ©로 변경되지 않습니다.

07 / 06 현재 PC의 자동 고침 목록을 다른 PC와 동기화하기

예제 파일 PART 02 \ CHAPTER 07 \ 자동 고침 목록 동기화.xlsx

[자동 고침] 기능 내 목록은 현재 PC에서만 적용되므로 다른 PC에서 동일한 목록을 사용하려면 매크로를 사용해야 합니다. 이번 예제에는 해당 매크로가 포함되어 있으므로 아래 과정을 참고해 작업합니다.

01 자동 고침 목록에 새로운 항목을 추가한 PC에서 예제 파일을 엽니다.

02 수식 입력줄 상단에 보안 경고 메시지가 표시되면 [콘텐츠 사용]을 클릭합니다.

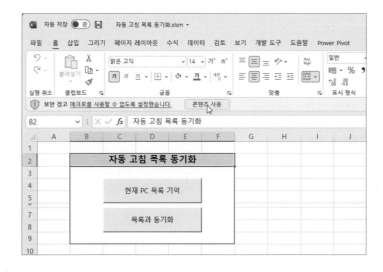

03 이 파일에는 자동 고침 목록을 동기화할 수 있는 매크로가 개발되어 있습니다. [현재 PC 목록 기억]을 클릭합니다.

04 [자동고침목록] 시트가 생성되며, 현재 PC의 전체 자동 고침 목록이 [A:B] 열에 반환됩니다.

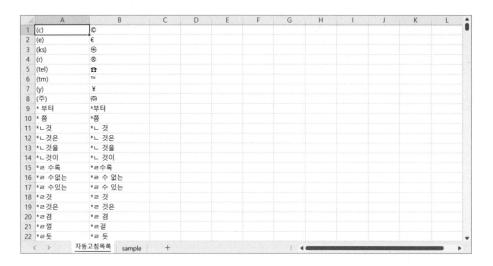

05 이 파일을 저장한 후 동기화할 PC에 전송합니다.

06 동기화할 PC에서 **01** 과정을 참고해 파일을 열고 [목록과 동기화]를 클릭합니다.

07 다음과 같은 안내 메시지가 표시되며 [자동고침목록] 시트가 삭제됩니다.

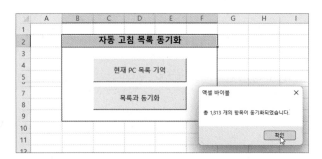

TIP 이 방법으로 한 PC의 자동 고침 목록을 여러 PC에서 동작하게 할 수 있습니다. 참고로 이 파일의 매크로를 수정해 사용하려면 VBA (Visual Basic for Applications) 언어를 배워야 하므로, 매크로에 대해 보다 자세하게 학습하려는 독자라면 《엑셀 매크로&VBA 바이블》(한 빛미디어)을 참고합니다.

16~99 사이의 원문자 숫자 사용 방법

예제 파일 PART 02 \ CHAPTER 07 \ cnfree_tt.zip, 원 문자.xlsx

기본 제공되는 숫자 원문자 사용

엑셀에서는 ①~⑮ 사이의 숫자 원문자를 기본으로 지원합니다.

[기호] 대화상자 이용

기본으로 제공되는 숫자 원문자는 [기호] 대화상자로 입력합니다. 다음 과정을 참고합니다.

01 [삽입] 탭-[기호] 그룹-[기호 Ω]를 클릭합니다.

02 [기호] 대화상자가 표시되면 [하위 집합]에서 [괄호 영숫자]를 선택하고 원하는 원번호를 선택한 후 [삽입]을 클릭합니다.

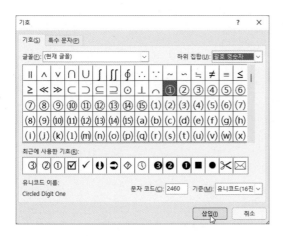

한글 자음 'ㅇ'에 연결된 특수 문자

한글 자음 'ㅇ'에는 다양한 원문자가 사용될 수 있도록 연결되어 있습니다. 자세한 원문자 목록은 이 책의 149페이지를 참고합니다.

CombiNumerals 글꼴 설치

숫자 16 이상의 원문자를 사용하고 싶을 때 CombiNumerals 글꼴을 설치해 사용합니다.

01 예제 파일 폴더의 **cnfree_tt.zip** 파일을 압축 해제합니다.

TIP CombiNumerals 글꼴은 무료이므로 개인 사용자는 자유롭게 이용할 수 있습니다.

02 두 개의 글꼴 파일을 윈도우 하위 폴더인 [Fonts] 폴더(C:\Windows\Fonts)에 복사합니다.

CombiNumerals 글꼴로 원문자 입력하기

01 엑셀이 실행된 상태라면 프로그램을 종료하고 다시 실행합니다.

02 원문자 입력 셀을 선택하고 [홈] 탭-[글꼴] 그룹-[글꼴 상자]에서 [CombiNumerals]를 선택합니다.

03 16을 원문자로 입력하려면 **1**을 입력하고 [Shift]를 누른 상태에서 **6**을 입력합니다.

04 검은색 원문자를 입력하려면 [홈] 탭-[글꼴] 그룹-[굵게 **가**]를 클릭합니다.

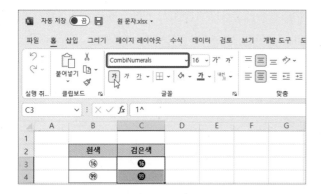

🔍 **더 알아보기**   **CombiNemerals 글꼴을 사용할 때 원문자 입력 방법**

아래 표를 참고합니다.

참고	방법
한 자리 원문자	영문자 q, w, e, r, t, y, u, i, o를 각각 입력합니다.
두 자리 원문자	첫 번째 자리 숫자는 그냥 입력하고 두 번째 숫자는 [Shift]를 누르고 입력합니다.

자동 채우기,
빠른 채우기

엑셀에는 전통적으로 데이터(및 수식) 입력 작업에 유용한 자동 채우기 기능
이 제공되어 많은 사용자의 사랑을 받고 있습니다. 다만 자동 채우기는 숫자
데이터에 특화되어 있고, 텍스트를 포함한 다양한 데이터 입력에 유용한 빠른
채우기 기능이 2013 버전에 추가되었습니다. 두 기능의 장단점을 잘 이해하
면 엑셀을 더욱 편리하게 사용할 수 있습니다.

자동 채우기 기능 완벽 가이드

예제 파일 PART 02 \ CHAPTER 08 \ 자동 채우기.xlsx

자동 채우기 기능의 이해

자동 채우기는 사용자의 입력 패턴을 분석해 자동으로 나머지 값을 채워주는 기능으로, 채우기 핸들을 원하는 위치까지 드래그해 값을 채울 수 있습니다. 자동 채우기는 일련번호를 입력할 때 자주 사용하며 화면과 같이 [B3], [B4] 셀에 각각 **1**, **2**를 입력하고 [B3:B4] 범위를 선택한 후 채우기 핸들을 드래그하면 자동으로 나머지 값을 입력해줍니다.

자동 채우기 기능은 입력 패턴을 인식할 수 있어야 하므로 주로 숫자나 날짜/시간 데이터에서 사용합니다. 다음은 자동 채우기 기능을 이용해 입력할 수 있는 다양한 패턴을 몇 가지 소개합니다.

입력 값	자동 채우기로 얻을 수 있는 결과
1,2,3	4, 5, 6, …
9:00	10:00, 11:00, 12:00, …
1월	2월, 3월, 4월, …
1월, 4월	7월, 10월, 1월, …
월	화, 수, 목, …
2022-01-01, 2022-03-01	2022-05-01, 2022-07-01, 2022-09-01, …
제품1	제품2, 제품3, 제품4, …

자동 채우기는 숫자를 어떻게 증가시킬까?

자동 채우기는 회귀 분석의 '선형 추세' 방법을 이용해 값을 채워줍니다. 이런 선형 추세 방식으로 미래를 예측할 때 FORECAST 함수를 사용할 수 있습니다. 자동 채우기는 FORECAST 함수와 동일한 결과를 반환합니다. 이해를 돕기 위해 다음 작업을 진행합니다.

01 예제를 열고 [D13] 셀을 선택하면 FORECAST 함수를 사용한 수식을 확인할 수 있습니다.

```
=FORECAST(B13, $C$6:$C$12, $B$6:$B$12)
```

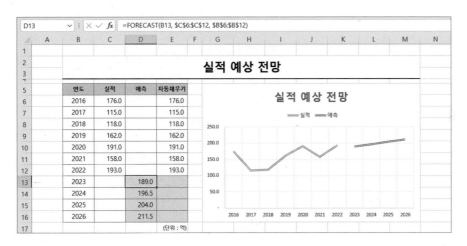

TIP FORECAST 함수는 엑셀 2016 버전부터 FORECAST.LINEAR 함수로 대체됩니다. 그러므로 엑셀 2016 이후 버전 사용자는 FORECAST.LINEAR 함수를, 엑셀 2013 버전을 포함한 이전 버전 사용자와의 호환성을 위해서라면 FORECAST 함수를 사용합니다.

02 [E6:E12] 범위의 값을 자동 채우기로 [E13:E16] 범위에 채웁니다. [E6:E12] 범위를 선택하고 채우기 핸들을 [E16] 셀까지 드래그하면 FORECAST 함수로 얻은 결과와 동일한 결과를 얻을 수 있습니다.

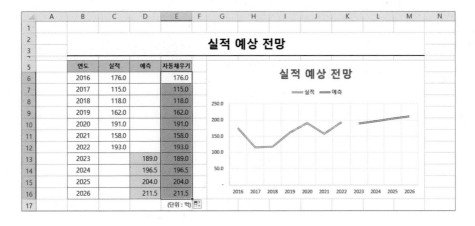

이것으로 자동 채우기가 FORECAST 함수처럼 회귀 분석의 선형 추세 방식을 사용한다는 것을 이해할 수 있습니다.

텍스트 형식의 데이터를 자동 채우기로 입력

텍스트 형식의 데이터는 사용자의 입력 패턴을 인식할 수 없기 때문에 자동 채우기 기능을 이용해도 동일한 내용이 복사만 됩니다. 다만 [사용자 지정 목록]에 원하는 텍스트 값을 저장해놓으면 복사되지 않고 목록 내 값을 하나씩 채워줍니다. 사용자 지정 목록을 사용하는 방법은 다음 과정을 참고합니다.

01 [파일] 탭-[옵션]을 클릭합니다.

02 [Excel 옵션] 대화상자가 나타나면 [고급]을 선택한 후 [일반] 그룹 내 [사용자 지정 목록 편집]을 클릭합니다.

TIP 엑셀 2007 버전에는 [사용자 지정 목록 편집]이 [Excel 옵션] 대화상자의 [기본 설정]에 있습니다.

03 [사용자 지정 목록] 대화상자가 나타나면 [사용자 지정 목록]에 등록된 텍스트 목록을 확인합니다.

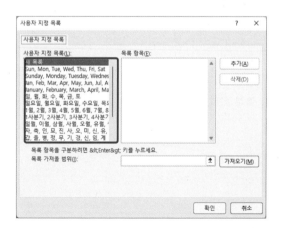

TIP 텍스트 형식의 데이터는 이 목록에 있는 항목들만 자동 채우기 기능으로 채워 넣을 수 있습니다.

04 [사용자 지정 목록]에 새로운 항목을 추가할 수 있습니다. 오른쪽 [목록 항목]에 원하는 항목을 `Enter`로 구분하여 입력한 후 [추가]를 클릭하면 [사용자 지정 목록]에 추가할 수 있습니다.

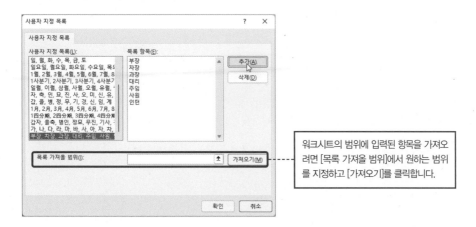

워크시트의 범위에 입력된 항목을 가져오려면 [목록 가져올 범위]에서 원하는 범위를 지정하고 [가져오기]를 클릭합니다.

05 빈 셀에 사용자 지정 목록 내 값을 하나 입력하고 자동 채우기를 실행하면 나머지 값을 돌려받을 수 있습니다. 예를 들어 임의의 셀에 **월**을 입력하고 채우기 핸들 █을 드래그하면 '화, 수, 목, …'과 같은 값을 반환받습니다.

자동 채우기 기능 단축키

자동 채우기 기능을 단축키로 제어하려면 다음의 단축키를 사용합니다.

단축키	설명
`Ctrl`+`D`	범위 선택하고 행 방향(아래쪽)으로 자동 채우기
`Ctrl`+`R`	범위 선택하고 열 방향(오른쪽)으로 자동 채우기

단, 이 단축키는 첫 번째 셀의 값만 복사해주므로 데이터 자동 채우기보다는 수식을 복사하려는 경우에 유용합니다.

자동 채우기 핸들이 표시되지 않는 문제 해결 방법

채우기 핸들 █이 표시되지 않는다면 아래 과정을 참고해 문제를 해결합니다.

01 [파일] 탭-[옵션]을 클릭합니다.

02 [Excel 옵션] 대화상자가 나타나면 [고급]을 선택합니다.

03 [편집 옵션]에서 [채우기 핸들 및 셀 끌어서 놓기 사용]에 체크가 해제되어 있으면 다시 체크한 후 [확인]을 클릭합니다.

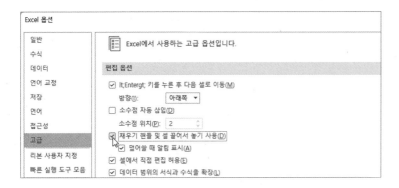

빠른 채우기로 셀 값 분리하거나 연결하기

예제 파일 PART 02 \ CHAPTER 08 \ 빠른 채우기−분리,연결.xlsx

빠른 채우기 기능([Ctrl]+[E])의 이해

빠른 채우기는 자동 채우기와 유사하지만 사용자의 입력 패턴을 분석해 나머지 값을 자동으로 채워줍니다. 빠른 채우기는 엑셀 2013 이후 버전에서 사용 가능하며, 자동 채우기가 주로 숫자와 날짜/시간 데이터를 다루는데 최적화되어 있다면 빠른 채우기는 텍스트 데이터의 패턴을 엑셀이 자동으로 파악해 결과를 반환합니다.

빠른 채우기는 입력된 값이 둘 이상일 때 왼쪽과 오른쪽 데이터에서 찾아 입력된 값의 패턴을 분석해 나머지 입력 값을 미리 보기 화면에 표시해줍니다. 이 상태에서 [Enter]를 눌러 나머지 셀에 미리 보기 화면의 값을 입력할 수 있습니다.

빠른 채우기를 사용해 셀 값 편집 사례

빠른 채우기는 다양한 사례에서 활용할 수 있는 만큼 사례를 통해 동작 원리를 이해할 필요가 있습니다.

사례 1 : 주소에서 시/도명 잘라내기

01 예제를 열고 [사례1] 시트를 보면 화면과 같은 데이터를 확인할 수 있습니다.

고객	주소	시도
금화트레이드 ㈜	경상북도 상주시 경상대로 2560-3	
보람무역 ㈜	서울특별시 서초구 서초대로 142	
한정교역 ㈜	부산광역시 부산진구 가야대로510번길 24	
동남무역 ㈜	인천광역시 연수구 학나래로6번길 62	
나래백화점 ㈜	경기도 광명시 철산로30번길 15	
드림씨푸드 ㈜	서울특별시 서대문구 모래내로13길 25	
칠성무역 ㈜	서울특별시 영등포구 영등포로2길 7	
네트워크통상 ㈜	강원도 원주시 학성길 67	
길가온교역 ㈜	서울특별시 용산구 원효로90길 11	

사례1 사례2 사례3 사례4 +

02 C열의 주소에서 시도명만 분리하기 위해 [D3] 셀에 첫 번째 시도명(경상북도)을 입력합니다.

03 [D4] 셀에 두 번째 시도명(서울특별시)을 입력하면 미리 보기 목록에 입력할 값이 모두 표시됩니다.

	A	B	C	D	E
1					
2		고객	주소	시도	
3		금화트레이드 ㈜	경상북도 상주시 경상대로 2560-3	경상북도	
4		보람무역 ㈜	서울특별시 서초구 서초대로 142	서울특별시	
5		한정교역 ㈜	부산광역시 부산진구 가야대로510번길 24	부산광역시	
6		동남무역 ㈜	인천광역시 연수구 학나래로6번길 62	인천광역시	
7		나래백화점 ㈜	경기도 광명시 철산로30번길 15	경기도	
8		드림씨푸드 ㈜	서울특별시 서대문구 모래내로13길 25	서울특별시	
9		칠성무역 ㈜	서울특별시 영등포구 영등포로2길 7	서울특별시	
10		네트워크통상 ㈜	강원도 원주시 학성길 67	강원도	
11		길가온교역 ㈜	서울특별시 용산구 원효로90길 11	서울특별시	
12					

TIP 미리 보기 목록이 표시되지 않으면 [D4] 셀의 값을 다 입력한 후 [D6] 셀에서 [데이터] 탭–[데이터 도구] 그룹–[빠른 채우기] 또는 Ctrl +E 단축키를 누릅니다.

🔍 **더 알아보기**　　**하위 버전 사용자를 위한 수식 팁**

엑셀 2010 이전 버전을 사용한다면 [D3] 셀에 다음 수식을 사용합니다.

```
=LEFT(C3, FIND(" ", C3)-1)
```

---

04 미리 보기 목록의 결과를 셀에 입력하려면 Enter 를 누릅니다.

TIP 미리 보기 목록의 결과를 사용하지 않으려면 ESC 를 누릅니다.

사례 2 : 전화번호에서 지역번호 잘라내기

화면과 같은 전화번호에서 지역번호만 잘라내고 싶은 경우에도 빠른 채우기를 사용할 수 있습니다. [사례 2] 시트의 [D3] 셀에 작은따옴표(')를 먼저 입력하고 **051**을 입력합니다. [D4] 셀에 작은따옴표(')를 입력하고 **02**를 입력하면 미리 보기 목록이 표시됩니다.

D4		: × ✓ fx	'02			
	A	B	C	D	E	F
1						
2		고객	전화번호	지역번호		
3		금화트레이드 ㈜	(051)541-5123	051		
4		보람무역 ㈜	(02)497-4896	'02		
5		한정교역 ㈜	(070)7851-2933	070		
6		동남무역 ㈜	(02)934-5897	02		
7		나래백화점 ㈜	(031)856-9859	031		
8		드림씨푸드 ㈜	(031)2110-2138	031		
9		칠성무역 ㈜	(031)839-3243	031		
10		네트워크통상 ㈜	(032)425-5093	032		
11		길가온교역 ㈜	(031)415-9932	031		
12						
13						

〈 〉　사례1　**사례2**　사례3　사례4　＋

TIP 051은 숫자이므로 입력하면 51만 셀에 저장됩니다. 그러므로 앞에 0이 반드시 입력되어야 한다면 작은따옴표 (')를 먼저 입력해 데이터를 텍스트 형식으로 저장해야 합니다.

🔍 **더 알아보기**   하위 버전 사용자를 위한 수식 팁

엑셀 2010 이전 버전을 사용한다면 [D3] 셀에 다음 수식을 사용합니다.

```
=MID(C3, 2, FIND(")", C3)-2)
```

사례 3 : 서로 다른 데이터를 각각의 열로 분리

서로 다른 데이터가 하나의 셀에 함께 입력되어 있는 경우 빠른 채우기를 이용해 이를 여러 열로 분리할 수 있습니다. 아래 화면은 예제의 [사례3] 시트에 빠른 채우기를 이용해 B열의 제품명에서 제품분류와 모델명을 구분해 입력하는 과정을 보여줍니다.

	A	B	C	D	E
1					
2		제품명	분류	모델명	
3		문서세단기 SCUT-1000	문서세단기	SCUT-1000	
4		잉크젯복합기 AP-3200	잉크젯복합기	AP-3200	
5		잉크젯팩시밀리 FX-1000	잉크젯팩시밀리	FX-1000	
6		무한잉크젯복합기 AP-5500	무한잉크젯복합기	AP-5500	
7		잉크젯팩시밀리 FX-2000	잉크젯팩시밀리	FX-2000	
8		레이저복합기 L500	레이저복합기	L500	
9		와이어제본기 WC-5100	와이어제본기	WC-5100	
10		흑백레이저복사기 TLE-5000	흑백레이저복사기	TLE-5000	
11		열제본기 TB-8200	열제본기	TB-8200	
12		바코드 BCD-100+	바코드	BCD-100+	
13		링제본기 ST-200	링제본기	ST-200	
14					
15					

　＜　＞　　사례1　사례2　사례3　사례4　＋

🔍 **더 알아보기**   하위 버전 사용자를 위한 수식 팁

엑셀 2010 이전 버전을 사용한다면 각 셀에 다음 수식을 입력하고 복사해 사용합니다.

```
[C3] 셀 : =LEFT(B3, FIND(" ", B3)-1)
[D3] 셀 : =MID(B3, FIND(" ", B3)+1, 100)
```

사례 4 : 셀 값을 구분 기호로 연결하기

셀 값을 분리하지 않고 여러 셀 값을 하나로 연결할 때도 빠른 채우기를 사용할 수 있습니다. 다음 화면은 [사례4] 시트에서 C열과 D열의 값을 E열에 쉼표(,) 구분 기호로 구분해 입력하는 방법을 보여줍니다.

	A	B	C	D	E	F
1						
2		이름	희망1	희망2	요약	
3		박지훈	동대문구	성북구	동대문구, 성북구	
4		유준혁	강동구	송파구	강동구, 송파구	
5		이서연	중구	종로구	중구, 종로구	
6		김민준	구로구	금천구	구로구, 금천구	
7		최서현	금천구	동작구	금천구, 동작구	
8		박현우	서초구	강남구	서초구, 강남구	
9		정시우	강남구	송파구	강남구, 송파구	
10		이은서	영등포구	마포구	영등포구, 마포구	
11		오서윤	은평구	서대문구	은평구, 서대문구	
12						
13						

< > 사례1 | 사례2 | 사례3 | 사례4 | +

🔍 더 알아보기   **하위 버전 사용자를 위한 수식 팁**

엑셀 2010 이전 버전을 사용한다면 [E3] 셀에 다음 수식을 사용합니다.

```
=C3 & ", " & D3
```

빠른 채우기로 값 수정하기

예제 파일 PART 02 \ CHAPTER 08 \ 빠른 채우기-수정.xlsx

TIP 이번 Section을 학습하기 전 Section 08-02를 먼저 학습하는 것이 좋습니다.

빠른 채우기를 사용한 셀 값 편집 사례

빠른 채우기 기능은 다양한 데이터 편집 시에도 유용하게 사용될 수 있습니다. 여기에서는 데이터를 수정하거나 원하지 않는 부분을 삭제하는 방법에 대해 알아보겠습니다.

사례 1 : 이메일 주소 중 메일 서버 수정

이메일 주소의 서버 도메인 주소를 한 번에 변경해야 하는 경우에 빠른 채우기를 사용할 수 있습니다. 다음 화면은 예제의 [사례1] 시트의 이메일 주소에서 메일 서버 주소를 'excel.com'에서 'outlook.com'으로 변경하는 방법을 보여줍니다.

	A	B	C	D	E
1					
2		이름	이메일	도메인 변경	
3		박지훈	james.park@excel.com	james.park@outlook.com	
4		유준혁	andrew.yu@excel.com	andrew.yu@outlook.com	
5		이서연	linda.lee@excel.com	linda.lee@outlook.com	
6		김민준	robert.kim@excel.com	robert.kim@outlook.com	
7		최서현	olivia.choi@excel.com	olivia.choi@outlook.com	
8		박현우	william.park@excel.com	william.park@outlook.com	
9		정시우	nicolas.jung@excel.com	nicolas.jung@outlook.com	
10		이은서	jennifer.lee@excel.com	jennifer.lee@outlook.com	
11		오서윤	sophia.oh@excel.com	sophia.oh@outlook.com	
12					
13					

사례1　사례2　+

TIP 바꾸기([Ctrl]+[H]) 기능을 이용해서도 이메일 주소를 변경할 수 있지만 하이퍼링크로 연결된 주소까지 변경되지는 않습니다. 하지만 빠른 채우기는 입력을 변경된 패턴에 맞춰 고쳐주는 역할을 하므로 이와 같이 값을 고치고 하이퍼링크 주소도 함께 변경해야 하는 경우에 유용합니다.

🔍 더 알아보기   하위 버전 사용자를 위한 수식 팁

엑셀 2010 이전 버전을 사용한다면 [D3] 셀에 다음 수식을 사용합니다.

```
=HYPERLINK(LEFT(C3, FIND("@", C3)) & "outlook.com")

또는

=HYPERLINK(SUBSTITUTE(C3, "excel", "outlook"))
```

사례 2 : 괄호 안의 문자열 지우기

특정 문자 안에 쓰여진 문자열 부분과 같이 특정 패턴을 갖고 있는 데이터를 지우는 작업에도 빠른 채우기를 사용할 수 있습니다. 다음 화면은 [사례2] 시트의 B열 계정에서 괄호 안의 영어는 삭제하고 한글만 입력하는 방법을 표시해줍니다.

	A	B	C	D
1				
2		계정	한글 계정	
3		청약자본금(Capital Stock Subscribed)	청약자본금	
4		불입자본금	불입자본금	
5		감가계정, 상각계정(Depreciation Account)	감가계정, 상각계정	
6		자본변동표	자본변동표	
7		전기이월 이익잉여금(Surplus at Beginning of the Period)	전기이월 이익잉여금	
8				
9				

사례1 사례2 +

🔍 더 알아보기   하위 버전 사용자를 위한 팁

엑셀 2010 이전 버전을 사용한다면 [B3:B7] 범위를 선택하고 Ctrl + H 를 눌러 [바꾸기] 기능을 호출합니다. 다음과 같이 구성하고 [모두 바꾸기]를 클릭합니다.

● 찾을 내용 : (*)

[바꿀 내용]에 아무 내용도 적지 않으면 [찾을 내용]을 찾아 지우므로 빠른 채우기 기능을 이용하는 것과 동일한 결과를 얻을 수 있습니다.

빠른 채우기로
입력 방법 변경하기

예제 파일 PART 02 \ CHAPTER 08 \ 빠른 채우기-변환.xlsx

TIP 이번 **Section**을 학습하기 전 **Section 08-02**를 먼저 학습하는 것이 좋습니다.

빠른 채우기를 활용한 데이터 변환

빠른 채우기는 잘못 입력된 데이터를 원하는 형식으로 변환하는 용도로도 사용할 수 있습니다. 엑셀에는 다양한 데이터가 사용되며, 숫자나 날짜/시간 등의 잘못된 데이터로는 계산을 바르게 할 수 없어 문제를 발생시키므로 데이터를 올바로 변환하는 방법을 이해하고 있으면 좋습니다.

빠른 채우기를 사용한 셀 값 편집 사례

아래 사례를 통해 다양한 데이터 변환 작업에 빠른 채우기를 활용해보세요!

사례 1 : 텍스트형 숫자를 숫자로 변환

엑셀에는 숫자로 인식될 수 있는 데이터가 텍스트 형식으로 인식되는 경우가 있습니다. 예를 들면 작은따옴표(')가 먼저 입력된 데이터의 경우입니다. 이런 데이터를 숫자로 변환할 때도 빠른 채우기를 사용할 수 있습니다.

다음 화면의 [사례1] 시트에서 C열의 텍스트 형식 숫자를 숫자 데이터로 변환하는 과정을 표시해줍니다. [D3], [D4] 셀에 C열의 근무 시간을 숫자로 입력하면 미리 보기 화면이 표시되며 Enter 를 누르면 데이터 형식이 변환됩니다.

	A	B	C	D	E
1					
2		이름	월 근무 시간	숫자 변환	
3		박지훈	215.5	215.5	
4		유준혁	182.82	182.82	
5		이서연	200.42	200.42	
6		김민준	212.8	212.8	
7		최서현	192.95	192.95	
8		박현우	225.8	225.8	
9		정시우	240.4	240.4	
10		이은서	220.43	220.43	
11		오서윤	199.23	199.23	
12					
13					

〈　〉　사례1　사례2　＋

TIP 변환 작업을 할 때 빠른 채우기의 미리 보기 화면이 표시되지 않으면 [D5] 셀에서 Ctrl + E (빠른 채우기 단축키)를 누릅니다.

사례 2 : 잘못 입력된 날짜 변환하기

잘못된 구분 문자나 구분 문자 없이 입력된 날짜를 날짜 형식으로 변환하는 작업에도 빠른 채우기를 사용할 수 있습니다.

다음 화면은 [사례2] 시트에서 C열의 입사일 데이터를 빠른 채우기를 이용해 변환하는 과정을 표시합니다. 이런 날짜 형식 변환의 경우 미리 보기 목록이 잘 표시되지 않으므로, [D3], [D4] 셀에 왼쪽 셀의 입사일을 날짜 형식(yyyy-mm-dd)으로 입력한 후 [D5] 셀에서 Ctrl + E 를 눌러 완성합니다.

	A	B	C	D	E	F	G
1							
2		이름	입사일	입사일변환	입사일	입사일변환	
3		박지훈	2009.05.14	2009-05-14	20090514		
4		유준혁	2013.10.17	2013-10-17	20131017		
5		이서연	2018.05.01	2018-05-01	20180501		
6		김민준	2022.04.01	2022-04-01	20220401		
7		최서현	2021.05.03	2021-05-03	20210503		
8		박현우	2020.10.17	2020-10-17	20201017		
9		정시우	2022.01.02	2022-01-02	20220102		
10		이은서	2022.03.05	2022-03-05	20220305		
11		오서윤	2021.11.15	2021-11-15	20211115		
12							
13							

사례1   사례2   +

TIP F열의 날짜 형식은 직접 입력하고 변환해보세요!

08 / 05 빠른 채우기가 동작하지 않을 때 해결 방법

예제 파일 PART 02 \ CHAPTER 08 \ 빠른 채우기-에러.xlsx

병합 셀에서 빠른 채우기 에러 발생(작동 불가)

병합된 셀이 포함된 표에서는 빠른 채우기가 동작하지 않으므로 병합을 해제하고 작업합니다.

01 예제를 열면 [B3:B4], [C3:C4], [B7:B8], [C7:C8] 범위에 병합된 셀을 확인할 수 있습니다.

02 [D5] 셀에서 Ctrl + E 를 누르면 다음과 같은 경고 메시지가 표시됩니다. [확인]을 클릭합니다.

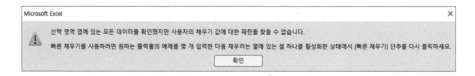

03 [D3:D11] 범위를 선택하고 [홈] 탭-[맞춤] 그룹-[병합하고 가운데 맞춤圈]을 클릭해 병합을 모두 해제합니다.

> **TIP** 병합 해제는 값을 입력할 범위에 한정합니다.
>
> B열과 C열에도 각각 [B3:B4], [C3:C4], [B7:B8], [C7:C8] 병합 셀이 존재합니다. 데이터 범위의 병합은 해제할 필요가 없지만, 값을 입력하는 곳(D열)의 병합은 반드시 해제해야 합니다. 이것은 빠른 채우기가 입력된 값의 패턴을 분석하기 때문입니다.

04 [D5] 셀을 선택하고 Ctrl + E 를 누르면 동일한 편집 결과를 얻을 수 있습니다.

	A	B	C	D	E	F
1						
2		이름	연락처	편집		
3		박지훈	010-7212-1234	(010) 7212-1234		
4						
5		유준혁	010-4102-8345	(010) 4102-8345		
6		이서연	010-6844-2313	(010) 6844-2313		
7		김민준	010-3594-5034	(010) 3594-5034		
8						
9		최서현	010-7237-1123	(010) 7237-1123		
10		박현우	010-4115-1352	(010) 4115-1352		
11		정시우	010-7253-9721	(010) 7253-9721		
12						

미리 보기 목록이 표시되지 않을 때 문제 해결 방법

빠른 채우기 명령은 직접 실행하지 않고도 몇 개의 값만 입력하면 미리 보기 목록에 입력할 값을 표시해줍니다. 만약 이런 미리 보기 목록이 아예 표시되지 않는다면 [Excel 옵션] 대화상자에서 빠른 채우기 관련 옵션이 해제되었을 가능성이 높습니다. 다음 과정을 참고합니다.

01 [파일] 탭-[옵션] 메뉴를 클릭합니다.

02 [Excel 옵션] 대화상자가 표시되면 [고급]을 선택합니다.

03 [편집 옵션] 그룹의 [빠른 자동 채우기] 옵션이 체크 해제되어 있다면 다시 체크하고 [확인]을 클릭합니다.

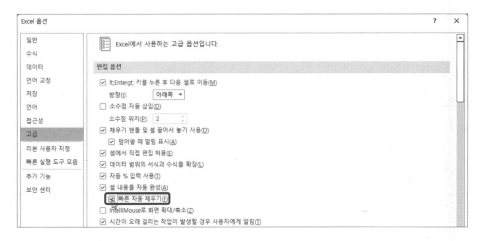

복사, 붙여넣기

엑셀에서 다른 셀의 데이터를 사용하는 두 가지 방법이 있습니다. 하나는 '참조'로 =A1과 같은 수식을 이용하며, 셀의 데이터만 사용할 수 있고 서식은 참조되지 않습니다. 다른 하나는 복사/붙여넣기로 원본 셀과 동일한 셀을 만드는 작업이므로 셀의 데이터뿐만 아니라 서식도 복사됩니다. 또한 [선택하여 붙여넣기]를 이용해 원본 셀의 일부만 복제하는 것도 가능합니다.

복사하여 붙여넣기

예제 파일 없음

복사, 붙여넣기 단축키

복사, 붙여넣기 작업의 명령과 단축키는 다음과 같습니다.

리본 메뉴	단축키	설명
[홈] 탭-[클립보드] 그룹	[Ctrl] + [V]	붙여넣기 명령으로 복사한 셀(또는 개체)을 선택한 위치에 붙여 넣습니다.
	[Ctrl] + [X]	잘라내기 명령으로 선택한 셀(또는 개체)을 복사한 후 삭제합니다.
	[Ctrl] + [C]	복사하기 명령으로 선택한 셀(또는 개체)을 복사합니다.
		서식 복사 명령으로 선택한 셀의 서식을 복사합니다.

복사, 붙여넣기 작업

01 빈 엑셀 파일을 하나 열고 [B2] 셀에 **마이크로소프트**를 입력합니다.

02 [B2] 셀을 선택하고 [홈] 탭-[클립보드] 그룹-[복사]를 클릭하거나 [Ctrl] + [C]를 누릅니다.

B2	∨ : × ✓ fx	마이크로소프트		
	A	B	C	D	E
1					
2		마이크로소프트			
3					
4					

TIP 셀을 선택하고 복사하면 복사된 셀 테두리가 점선으로 깜빡입니다. 이 상태를 복사 모드라고 하며, 이때 다른 곳에 붙여넣기 작업을 할 수 있습니다. 복사 모드를 취소하려면 [Esc]를 누릅니다.

03 [B4] 셀을 선택하고 [홈] 탭-[클립보드] 그룹-[붙여넣기] 또는 Ctrl + V를 누릅니다.

B4		∨ : ✕ ✓ fx	마이크로소프트		
▲	A	B	C	D	E
1					
2		마이크로소프트			
3					
4		마이크로소프트			
5			🗐 (Ctrl) ▾		
6					

TIP 엑셀은 복사한 데이터를 붙여 넣어도 복사 모드는 계속 유지됩니다. 한 번만 복사하려면 Ctrl + V 대신 Enter를 눌러 붙여 넣을 수 있습니다. Enter를 사용하면 데이터가 붙여 넣어진 뒤 복사 모드가 해제됩니다.

붙여넣기 명령의 옵션 이해하기

붙여 넣은 셀 우측 하단의 붙여넣기 옵션🗐(Ctrl)▾을 클릭하면 다음과 같은 옵션 항목을 확인할 수 있습니다.

아이콘	동작 명령	설명
🗐	모두	복사한 값이나 숫자, 셀 서식을 모두 붙여 넣습니다.
🗐	수식	복사한 수식만 붙여 넣습니다.
🗐	수식 및 숫자 서식	복사한 수식과 숫자 서식만 붙여 넣습니다.
🗐	원본 서식 유지	원본에 적용된 테마를 사용해 값과 셀 서식을 붙여 넣습니다.
🗐	테두리 없음	복사한 셀 테두리 서식을 제외한 나머지를 붙여 넣습니다.
🗐	원본 열 너비 유지	복사한 셀의 열 너비를 유지한 채 붙여 넣습니다.
🗐	바꾸기	복사한 범위의 행, 열을 바꿔 붙여 넣습니다.
🗐	값	복사한 값만 붙여 넣습니다.
🗐	값 및 숫자 서식	복사한 값 및 숫자 서식을 붙여 넣습니다.
🗐	값 및 원본 서식	복사한 값 및 셀 서식을 붙여 넣습니다.
🗐	서식	복사한 숫자 서식 및 셀 서식을 붙여 넣습니다.
🗐	연결하여 붙여넣기	복사한 범위와 연결되도록 참조 수식으로 붙여 넣습니다.
🗐	그림	복사한 범위를 그림으로 붙여 넣습니다.
🗐	연결된 그림	복사한 범위를 참조 수식을 이용해 그림으로 붙여 넣습니다.

TIP 엑셀 2007 버전에서는 아이콘 대신 텍스트로 이루어진 메뉴가 표시됩니다.

셀 일부 문자(열)만 복사

셀 값 전체가 아니라 셀에 입력된 문자열 중 일부만 복사할 수 있습니다. 다음 과정을 참고합니다.

01 [B2] 셀에서 F2 를 누르거나 더블클릭해 셀을 편집 모드로 변경합니다.

02 셀에 입력된 값 중 **마이크로** 부분만 드래그해 선택합니다.

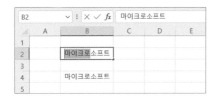

03 [홈] 탭-[클립보드] 그룹-[복사 🗔]를 클릭하거나 Ctrl + C 를 누릅니다.

04 [D2] 셀을 선택하고 [홈] 탭-[클립보드] 그룹-[붙여넣기 🗐]를 클릭합니다.

🔍 **더 알아보기**   **붙여넣기 옵션 이해하기**

셀 값의 일부만 복사했을 때는 붙여넣기 옵션 🗐 (Ctrl)·에서 해당 부분만 복사하는 방법이 나타납니다.

아이콘	명령	설명
🗐	텍스트만 유지	복사한 텍스트 값만 붙여 넣습니다.
	텍스트 마법사 사용	사용하면 특정 조건에 맞춰 열을 구분해 붙여 넣습니다. **LINK** 더 자세한 내용은 115페이지의 설명을 참고하세요.

선택하여 붙여넣기

예제 파일 없음

[선택하여 붙여넣기] 사용 방법

[선택하여 붙여넣기]는 복사한 셀의 일부(데이터, 서식 등)만 복사하거나, 복사한 데이터와 연산 또는 행/열 바꿈 등의 특별한 복사 작업을 지원하는 기능입니다. 선택하여 붙여넣기를 사용하려면 먼저 [복사 📋] 명령을 사용해 특정 데이터를 클립보드로 복사해놓은 상태여야 합니다. 클립보드에 데이터가 복사된 상태에서 Ctrl + Alt + V 또는 [홈] 탭-[클립보드] 그룹-[붙여넣기 📋]의 메뉴명을 클릭하고 [선택하여 붙여넣기]를 선택합니다.

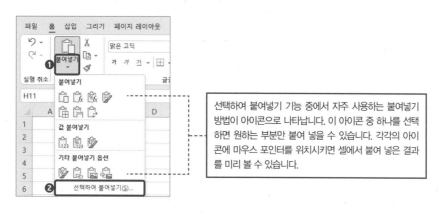

선택하여 붙여넣기 기능 중에서 자주 사용하는 붙여넣기 방법이 아이콘으로 나타납니다. 이 아이콘 중 하나를 선택하면 원하는 부분만 붙여 넣을 수 있습니다. 각각의 아이콘에 마우스 포인터를 위치시키면 셀에서 붙여 넣은 결과를 미리 볼 수 있습니다.

[선택하여 붙여넣기] 대화상자가 나타납니다. 크게 [붙여넣기]와 [연산] 그룹으로 나뉘며 하단 두 개의 옵션에 체크하여 추가 옵션을 적용할 수 있습니다.

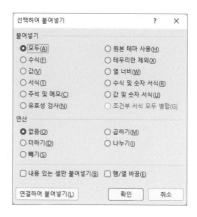

[선택하여 붙여넣기]를 잘 활용하려면 대화상자의 옵션을 잘 알고 있어야 합니다.

구분	항목	설명
붙여넣기	모두	값과 서식을 모두 붙여 넣습니다.
	수식	복사한 셀의 수식만 붙여 넣습니다.
	값	복사한 셀의 값만 붙여 넣습니다.
	서식	복사한 셀의 서식만 붙여 넣습니다.
	메모	복사한 셀의 메모만 붙여 넣습니다.
	유효성 검사	복사한 셀의 유효성 검사만 붙여 넣습니다.
	원본 테마 사용	복사한 셀의 원본 테마를 사용하여 붙여 넣습니다.
	테두리만 제외	복사한 셀의 테두리 설정을 제외한 나머지 값을 붙여 넣습니다.
	열 너비	복사한 셀의 열 너비를 유지한 채 붙여 넣습니다.
	수식 및 숫자 서식	복사한 셀의 수식과 숫자 서식만 붙여 넣습니다.
	값 및 숫자 서식	복사한 셀의 값과 숫자 서식만 붙여 넣습니다.
연산	없음	복사한 값을 그대로 붙여 넣습니다.
	더하기	복사한 값을 붙여 넣을 범위에 모두 더합니다.
	빼기	복사한 값을 붙여 넣을 범위에 모두 뺍니다.
	곱하기	복사한 값을 붙여 넣을 범위에 모두 곱합니다.
	나누기	복사한 값을 붙여 넣을 범위에 모두 나눕니다.
옵션	내용 있는 셀만 붙여넣기	복사한 범위의 값이 있는 셀만 붙여 넣습니다.
	행/열 바꿈	복사한 데이터의 행/열을 바꿔 붙여 넣습니다.
	연결하여 붙여넣기	복사한 범위를 참조하는 수식으로 붙여 넣습니다.

위 대화상자의 옵션 중 [붙여넣기]와 [옵션] 그룹 내의 명령은 [붙여넣기 🖷]를 클릭한 후 명령 아이콘을 선택하는 방법으로 실행할 수 있지만, [연산] 그룹 내 사칙연산은 [선택하여 붙여넣기] 대화상자 안에서만 선택/실행할 수 있습니다.

LINK 선택하여 붙여넣기를 사용하는 다양한 사례는 Section 09-03~09-08까지 제공됩니다.

수식을 값으로 변환하는 두 가지 방법

예제 파일 PART 02 \ CHAPTER 09 \ 선택하여 붙여넣기-수식.xlsx

셀에 수식을 많이 넣어 사용하면 참조한 셀의 값이 바뀔 때마다 수식이 재계산되어 엑셀의 작동 속도가 느려집니다. 따라서 한 번 계산한 후 계산 결과가 바뀌지 않는 경우 수식을 고정된 값으로 변환하는 것이 좋습니다.

선택하여 붙여넣기를 활용하는 방법

01 예제의 F열의 수식을 이용해 성별을 구한 것입니다. 수식을 값으로 변환합니다.

| F3 | fx | =IF(MOD(MID(E3,8,1), 2)=1, "남", "여") |

	A	B	C	D	E	F	G	H
1								
2		사번	이름	직위	주민등록번호	성별	생년월일	
3		1	박지훈	부장	810219-1234567	남	1981-02-19	
4		2	유준혁	차장	880304-1234567	남	1988-03-04	
5		3	이서연	과장	901208-2134567	여	1990-12-08	
6		4	김민준	대리	930830-1234567	남	1993-08-30	
7		5	최서현	주임	960919-2134567	여	1996-09-19	
8		6	박현우	주임	940702-1234567	남	1994-07-02	
9		7	정지우	사원	980529-1234567	남	1998-05-29	
10		8	이은서	사원	000109-4134567	여	2000-01-09	
11		9	오서윤	사원	990127-2134567	여	1999-01-27	
12								

TIP 예제의 성별(F열), 생년월일(G열)은 E열의 주민등록번호를 참고해 계산됩니다.

02 [F3:F11] 범위를 선택하고 [홈] 탭–[클립보드] 그룹–[복사 🗐]를 클릭합니다.

03 [홈] 탭-[클립보드] 그룹-[붙여넣기 📋]의 메뉴명을 클릭한 후 [값 붙여넣기] 항목의 [값 📋]을 클릭합니다.

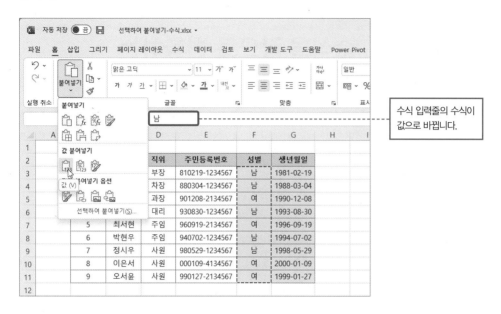

마우스 오른쪽 버튼으로 드래그앤드롭하는 방법

선택하여 붙여넣기를 하려면 여러 번 명령을 클릭해야 합니다. 마우스 오른쪽 버튼에 할당된 기능을 사용하면 좀 더 간결하게 원하는 결과를 얻을 수 있습니다.

01 이번 방법은 복사 모드(복사한 범위가 깜빡이는 상태)인 경우에는 동작하지 않습니다. Esc 를 눌러 복사 모드를 해제합니다.

02 [G3:G11] 범위를 선택하고 선택된 테두리 위치로 마우스 포인터를 옮기면 마우스 포인터가 십자 모양으로 바뀝니다.

	A	B	C	D	E	F	G	H
1								
2		사번	이름	직위	주민등록번호	성별	생년월일	
3		1	박지훈	부장	810219-1234567	남	1981-02-19	
4		2	유준혁	차장	880304-1234567	남	1988-03-04	
5		3	이서연	과장	901208-2134567	여	1990-12-08	
6		4	김민준	대리	930830-1234567	남	1993-08-30	
7		5	최서현	주임	960919-1234567	여	1996-09-19	
8		6	박현우	주임	940702-1234567	남	1994-07-02	
9		7	정시우	사원	980529-1234567	남	1998-05-29	
10		8	이은서	사원	000109-4134567	여	2000-01-09	
11		9	오서윤	사원	990127-2134567	여	1999-01-27	
12								

수식 입력줄: G3, =--TEXT(LEFT(E3, 6), "00-00-00")

03 이때 마우스 오른쪽 버튼을 클릭해 오른쪽 열(H) 방향으로 드래그했다가 다시 원래 범위(G3:G11)에 드롭합니다.

04 단축 메뉴가 나타나면 [값으로 여기에 복사]를 클릭합니다. 그러면 수식이 값으로 변환됩니다.

	A	B	C	D	E	F	G	H	I	J
1										
2		사번	이름	직위	주민등록번호	성별	생년월일			
3		1	박지훈	부장	810219-1234567	남	1981-02-19			
4		2	유준혁	차장	880304-1234567	남	1988-03	여기로 이동(M)		
5		3	이서연	과장	901208-2134567	여	1990-12	여기에 복사(C)		
6		4	김민준	대리	930830-1234567	남	1993-08	값으로 여기에 복사(V)		
7		5	최서현	주임	960919-2134567	여	1996-09	서식으로 여기에 복사(F)		
8		6	박현우	주임	940702-1234567	남	1994-07	여기에 연결(L)		
9		7	정시우	사원	980529-1234567	남	1998-05	여기에 하이퍼링크 만들기(H)		
10		8	이은서	사원	000109-4134567	여	2000-01	아래쪽으로 이동하고 복사(S)		
11		9	오서윤	사원	990127-2134567	여	1999-01	오른쪽으로 이동하고 복사(T)		
12								아래쪽으로 이동하고 옮기기(D)		
13								오른쪽으로 이동하고 옮기기(R)		
14										
15								취소(A)		
16										

09/04 금액 단위를 천, 만, 백만, 억 단위로 변경하기

예제 파일 PART 02 \ CHAPTER 09 \ 선택하여 붙여넣기-단위변환.xlsx

[선택하여 붙여넣기]의 연산 기능을 이용하면 금액의 단위를 손쉽게 변환할 수 있습니다. 엑셀에서 금액 단위를 변환할 때 사용할 수 있는 방법 중에서 가장 유연한 방식을 제공합니다.

01 예제 파일 내 숫자의 단위를 원에서 만으로 조정합니다.

02 [E2] 셀에 변환할 단위 값을 입력하고 Ctrl + C 를 눌러 해당 셀을 복사합니다.

· **변환할 단위 값 : 10000**

03 [C6:C11] 범위를 선택하고 Ctrl + Alt + V 또는 [홈] 탭-[클립보드] 그룹-[붙여넣기 📋]의 메뉴명을 클릭하고 [선택하여 붙여넣기]를 클릭합니다.

04 [선택하여 붙여넣기] 대화상자가 나타나면 [값]과 [나누기]를 각각 선택하고 [확인]을 클릭합니다. 단위가 변환되면 [E2] 셀을 선택하고 Delete 를 눌러 필요 없어진 값을 지웁니다.

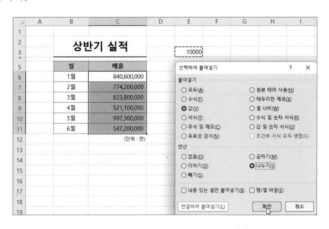

🔍 **더 알아보기** **[선택하여 붙여넣기] 대화상자 이해하기**

[선택하여 붙여넣기] 대화상자에서 [값]과 [나누기]를 선택하면 복사한 값(예제에서는 [E2] 셀)을, 붙여 넣을 범위(예제에서는 [C6:C11] 범위)에서 나누라는 의미입니다. 이렇게 하면 붙여 넣을 범위의 단위가 복사한 값 단위로 조정되는 효과를 얻을 수 있습니다. 거꾸로 만 원 단위를 원 단위로 변경하려면 [값]과 [곱하기]를 선택해야 합니다.

표의 행/열을 바꿔 복사하는 두 가지 방법

예제 파일 PART 02 \ CHAPTER 09 \ 선택하여 붙여넣기-행.열 바꿈.xlsx

가로 방향의 표를 세로 방향으로 또는 그 반대로 변환해야 하는 경우가 있습니다. 이런 경우에는 [선택하여 붙여넣기] 기능의 옵션 중 [행/열 바꿈]을 이용하거나 TRANSPOSE 함수를 사용하면 됩니다.

선택하여 붙여넣기를 활용하는 방법

행, 열 바꿈(바꾸기) 옵션은 표의 열 머리글과 행 머리글의 위치를 옮겨 표시해주므로 표의 구조를 바꿔야 하는 경우에 유용하게 사용할 수 있습니다. 다음 과정을 참고합니다.

01 예제 파일의 표에서 부서를 열 방향으로, 분기를 행 방향으로 바꿔 표시합니다.

02 [B5:F7] 범위를 선택하고 [홈] 탭-[클립보드] 그룹-[복사 📋]를 클릭하거나 Ctrl + C 를 누릅니다.

03 [B9] 셀을 선택하고 [홈] 탭-[클립보드] 그룹-[붙여넣기 📋]의 메뉴명을 클릭하고 [행/열 바꿈 📋]을 선택합니다.

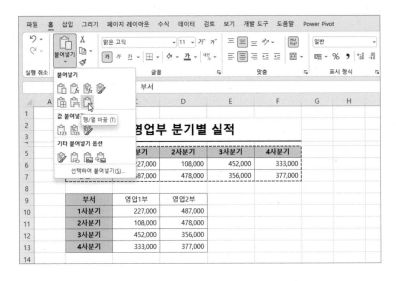

TRANSPOSE 함수를 이용하는 방법

[선택하여 붙여넣기] 대화상자를 이용하는 방법은 쉽지만 원본 표가 변경된다고 해서 복사한 표의 값이 함께 바뀌진 않습니다. 참조를 통해 원본 표의 내용이 바뀔 때 행/열을 바꾼 표의 내용도 함께 바뀌길 원한다면 TRANSPOSE 함수를 사용하는 것이 좋습니다. 다음 과정을 참고합니다.

01 [B9:D13] 범위를 선택하고 ⌨Delete 를 눌러 데이터를 지웁니다.

02 [B9] 셀에 다음 수식을 입력합니다.

```
=TRANSPOSE(B5:F7)
```

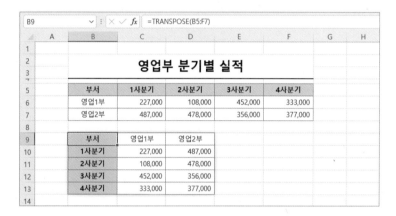

TIP 엑셀 2019 이전 버전은 [B9:D13] 범위를 선택하고 수식을 입력한 후 ⌨Ctrl + ⌨Shift + ⌨Enter 로 수식을 입력해야 합니다.

🔍 **더 알아보기**　**TRANSPOSE 함수를 사용할 때 단점**

TRANSPOSE 함수는 배열을 이용해 행/열을 변환해주는 함수로 엑셀 Microsoft 365 또는 2021 버전에서 좀 더 효율적으로 사용할 수 있습니다. 엑셀 2019 이전 버전에서는 값이 출력될 범위를 미리 선택하고 ⌨Ctrl + ⌨Shift + ⌨Enter 를 눌러 수식을 입력해야 하는 등 불편한 부분이 많기 때문입니다.
또한 TRANSPOSE 함수를 사용하면 표의 데이터 표시 방향을 바꿔주지만 표 서식(배경색, 테두리 설정 등)은 가져오지 못합니다. 그러므로 이런 점을 유의해 사용합니다.

원본 표의 수정 사항을 계속 반영하도록 복사하는 방법

예제 파일 PART 02 \ CHAPTER 09 \ 선택하여 붙여넣기–연결.xlsx

복사/붙여넣기는 값만 복사한다고 생각할 수 있지만 값을 복사하지 않고 값이 저장된 셀을 참조하는 방법으로도 붙여 넣을 수 있습니다. [선택하여 붙여넣기]의 옵션 중 [연결]이란 표현이 들어가면 값 대신 참조 방식으로 붙여 넣어진다고 볼 수 있습니다.

01 예제를 열고 [7:10] 행의 부서별 목표를 [15:18] 행으로 통합합니다.

02 먼저 영업1부의 목표인 [C7:C10] 범위를 선택하고 복사(Ctrl + C)합니다.

03 [C15] 셀을 선택하고 [홈] 탭–[클립보드] 그룹–[붙여넣기 📋]의 메뉴명을 클릭하고 [연결하여 붙여넣기 📋]를 선택합니다.

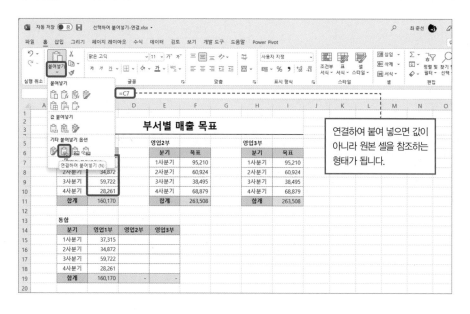

04 마찬가지로 [F7:F10]과 [I7:I10] 범위도 각각 선택하고 [D15:D18]과 [E15:E18] 범위에 복사합니다.

05 [7:10] 행의 부서별 목표를 수정하면 하단의 표에도 수정된 결과가 반영됩니다.

09/07 그림 복사와 그림 붙여넣기 (카메라 기능)

예제 파일 PART 02 \ CHAPTER 09 \ 선택하여 붙여넣기-그림.xlsx

복사 후 그림으로 붙여 넣는 방법

열 너비가 다른 표를 같은 위치에 표시하려면 병합이나 그림으로 복사해 사용하는 방법이 가장 좋습니다.
그림은 병합을 사용할 수 없는 표에서 간단하게 사용할 수 있습니다.

01 예제 파일의 [L4:N8] 범위에 있는 결재란을 [G4:H8] 범위에 그림으로 복사합니다.

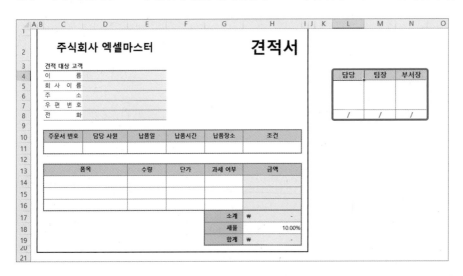

02 [L4:N8] 범위를 선택하고 [홈] 탭-[클립보드] 그룹-[복사 ⬚]를 클릭해 복사합니다.

03 [G4] 셀을 선택하고 [홈] 탭-[클립보드] 그룹-[붙여넣기 ⬚]의 메뉴명을 클릭하고 [그림 ⬚]을 클릭합
니다.

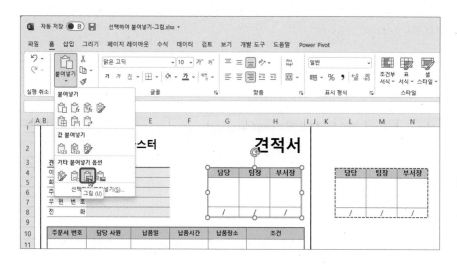

TIP 붙여 넣은 그림의 위치를 미세하게 조정하려면 그림을 선택한 상태에서 키보드 방향키를 이용합니다.

그림으로 복사한 후 붙여 넣는 방법

그림으로 먼저 복사하고 붙여 넣을 수 있는데, 이 방법은 복사할 그림의 상세 옵션을 설정해 작업할 때 사용합니다.

01 [L4:N8] 범위의 결재란을 선택합니다.

02 [홈] 탭-[클립보드] 그룹-[복사 🗐]의 아래 화살표 ▼를 클릭하고 [그림으로 복사]를 선택합니다.

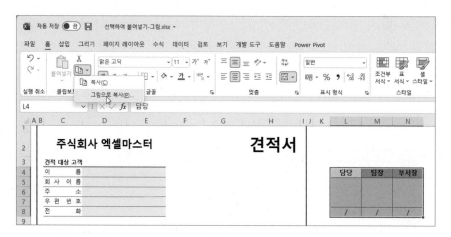

03 [그림 복사] 대화상자가 나타나면 설명을 참고해 옵션을 변경한 후 [확인]을 클릭합니다.

[그림 복사]를 잘 활용하려면 다음 옵션을 잘 알고 있어야 합니다.

그룹	옵션	설명
모양	화면에 표시된 대로	기본값으로 화면에 표시된 모양과 최대한 비슷하게 복사합니다.
	미리 보기에 표시된 대로	인쇄된 모양과 최대한 비슷하게 복사합니다.
형식	그림	기본값으로 선과 색상의 값으로 이미지를 표현하는 벡터 방식을 이용합니다. 그림을 복사하거나 확대/축소해도 비트맵 방식에 비해 그림의 질이 떨어지지 않습니다.
	비트맵	점으로 이미지를 표현하는 비트맵 방식을 이용합니다. 벡터 방식보다 사실적인 이미지 표현이 가능하지만 확대/축소했을 때는 그림의 질이 떨어질 수 있습니다.

구체적인 설정값을 알지 못한다면 기본값(화면에 표시된 대로, 그림)을 유지하는 것이 좋습니다. [선택하여 붙여넣기]의 [그림] 옵션은 이 대화상자의 기본값을 사용해 붙여 넣습니다.

04 [G4] 셀을 선택하고 [홈] 탭-[클립보드] 그룹-[붙여넣기 🔳]를 클릭합니다.

[카메라] 기능 위치

인터넷에서 그림 복사 작업에 대한 검색 결과에 엑셀의 [카메라] 기능에 대해 다루는 경우도 있습니다. [카메라] 명령은 엑셀 2003 버전까지 지원했으나, 현재는 버그로 인해 잘 사용하지 않는 레거시 기능으로 리본 메뉴에 표시되지 않습니다. [카메라] 기능은 빠른 실행 도구 모음에 등록해놓고 사용할 수 있지만, 가급적 [그림 복사] 명령을 사용하는 것을 권합니다.

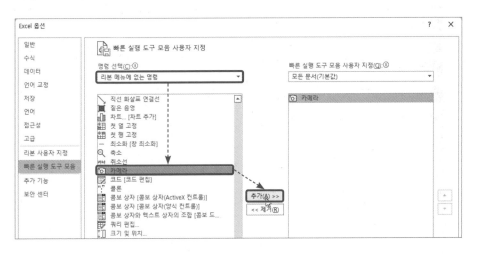

LINK 빠른 실행 도구 모음에 명령을 등록하는 방법은 이 책의 038페이지를 참고합니다.

그림 연결하여 붙여넣기

예제 파일 PART 02 \ CHAPTER 09 \ 선택하여 붙여넣기-그림 연결.xlsx

그림으로 복사하면 원본 표의 수정 사항이 반영되지 않습니다. 원본 표의 수정 사항을 바로 그림에 반영하려면 [그림 연결하여 붙여넣기]를 사용합니다.

01 예제 파일의 결재란을 그림으로 붙여 넣으면서 원본 표와 연결합니다.

02 [L4:N8] 범위를 선택하고 [홈] 탭-[클립보드] 그룹-[복사]를 클릭합니다.

03 [G4] 셀을 선택하고 [홈] 탭-[클립보드] 그룹-[붙여넣기 📋]의 메뉴명을 클릭하고 [연결된 그림 📋]을 선택해 붙여 넣습니다.

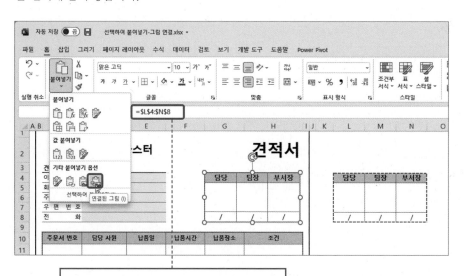

수식 입력줄에 **=$L$4:$N$8** 수식이 나타납니다. 붙여 넣은 그림과 [L4:N8] 범위가 연결되어 있다는 표시입니다.

04 [N4] 셀의 값을 변경합니다. 견적서에 붙여 넣은 그림의 직위도 부서장에서 사장으로 변경됩니다.

· **[N4] 셀 : 사장**

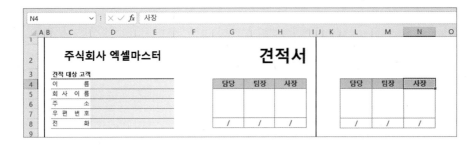

그림 연결 해제

그림으로 연결해 붙여 넣은 후 더 이상 연결되지 않게 하려면 원본 범위와 연결을 끊을 수 있습니다. 연결된 그림을 선택하고 수식 입력줄에 표시되는 수식을 Delete 로 삭제한 후 Enter 를 누릅니다.

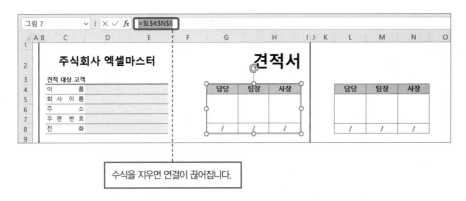

수식을 지우면 연결이 끊어집니다.

표의 행 높이와 열 너비까지 복사하기

예제 파일 PART 02 \ CHAPTER 09 \ 선택하여 붙여넣기-열 너비.xlsx

같은 시트의 다른 위치로 복사

같은 시트 내 다른 위치로 표를 복사하고 싶다면 [선택하여 붙여넣기] 옵션 중 [원본 열 너비 유지⬚] 옵션을 사용하면 됩니다. 이 경우 열 너비만 맞출 수 있고 행 높이는 수동으로 조정해야 합니다. 다음 과정을 참고합니다.

01 예제 파일의 [A1:I23] 범위를 선택하고 복사(Ctrl+C)합니다.

02 [K1] 셀을 선택하고 Ctrl+V를 눌러 붙여 넣습니다.

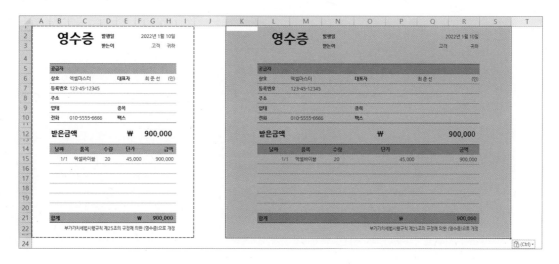

03 열 너비를 맞추려면 붙여 넣은 범위 우측 하단의 [붙여 넣기 옵션🔒(Ctrl)-]을 클릭하고 [원본 열 너비 유지🖺]를 클릭합니다.

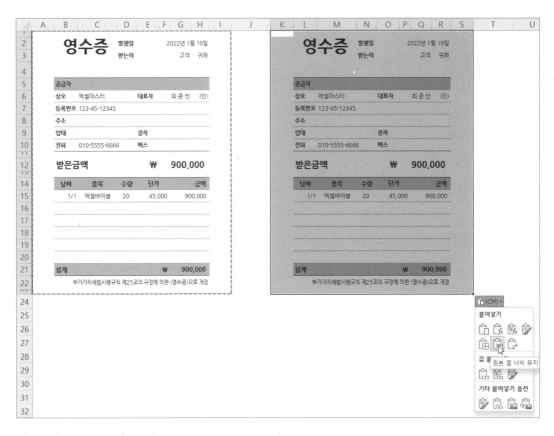

TIP [홈] 탭–[클립보드] 그룹–[붙여넣기🖺]의 메뉴명을 클릭하고 [원본 열 너비 유지🖺]를 선택해도 됩니다.

다른 시트로 복사

다른 시트로 표를 복사할 경우에는 시트 전체를 복사, 붙여 넣는 방법을 사용하면 표의 열 너비와 행 높이를 모두 맞출 수 있습니다.

01 시트 탭 우측의 [새 시트＋]를 클릭해 빈 시트를 하나 삽입합니다.

02 [sample] 시트로 이동한 후 시트 전체 범위를 선택하기 위해 [모두 선택◼]을 클릭하고 [홈] 탭–[클립보드] 그룹–[복사🖺]를 클릭합니다.

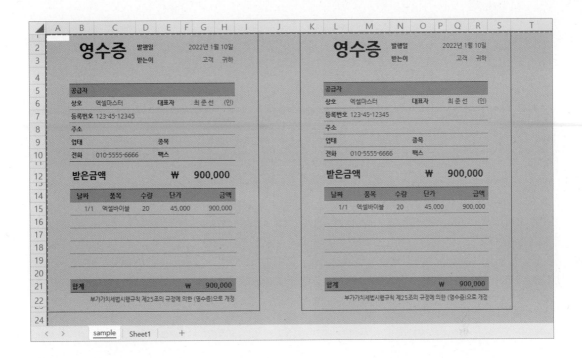

03 삽입한 시트(Sheet1)의 [A1] 셀을 선택하고 Ctrl + V 를 눌러 붙여 넣으면 열 너비와 행 높이가 모두 맞춰 복사되는 것을 확인할 수 있습니다.

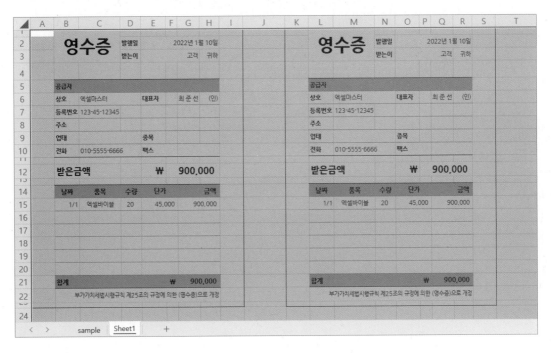

TIP 워크시트의 눈금선을 숨기려면 [보기] 탭 – [표시] 그룹 – [눈금선]의 체크를 해제합니다.

PART

03

서식 설정

EXCEL BIBLE

셀 서식

셀에 저장된 데이터를 사용자가 원하는 모양으로 바꿔 표시할 수 있습니다. 이런 기능을 표시 형식이라고 하며, 셀에 적용할 수 있는 셀 서식의 하위 기능입니다. 엑셀은 셀에 다양한 효과를 적용할 수 있는 방법을 지원하므로 문서를 꾸미는 것에 관심이 많다면 이런 기능에 대해 잘 이해할 필요가 있습니다.

10 / 01

셀에 저장된 데이터 확인 방법

예제 파일 PART 03 \ CHAPTER 10 \ 표시 형식.xlsx

표시 형식이란?

엑셀은 표시 형식을 통해 셀 값을 원하는 형식으로 표시할 수 있습니다. 따라서 셀에 저장된 값과 표시되는 값에는 차이가 발생할 수 있습니다. 예를 들어 **6.5**를 셀에 입력하고 쉼표 스타일(,)을 적용하면 화면에는 7 로 표시됩니다.

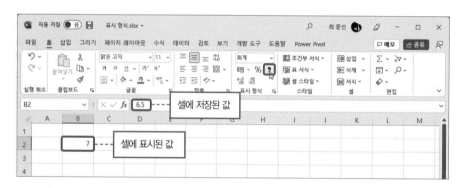

셀에 저장된 값은 일반적으로 수식 입력줄을 통해 확인할 수 있지만, 수식으로 계산된 날짜 혹은 시간 데이터 값은 표시 형식 때문에 셀에 저장된 값을 정확히 확인하기 어렵습니다.

셀에 저장된 값 확인 방법

셀에 저장된 값을 정확하게 확인하려면 [홈] 탭–[표시 형식] 그룹–[표시 형식]에서 [일반]을 선택하면 됩니다. [일반]은 셀에 적용된 표시 형식을 제거하는 역할을 합니다.

01 예제 파일의 표를 통해 셀에 저장된 데이터를 확인해보겠습니다.

	사번	이름	직위	주민등록번호	나이	입사일
				직원 명부		
6	E-001	박지훈	부장	820219-1234567	41세	2015년 5월
7	E-002	유준혁	차장	890304-1234567	34세	2014년 10월
8	E-003	이서연	과장	911208-2134567	32세	2019년 5월
9	E-004	김민준	대리	940830-1234567	29세	2021년 4월
10	E-005	최서현	주임	970919-2134567	26세	2020년 5월
11	E-006	박현우	주임	950702-1234567	28세	2019년 10월
12	E-007	정시우	사원	990529-1234567	24세	2021년 1월
13	E-008	이은서	사원	010109-4134567	22세	2021년 3월
14	E-009	오서윤	사원	000127-4134567	23세	2020년 11월

02 [B6:G14] 범위를 선택하고 [홈] 탭-[표시 형식] 그룹-[표시 형식]에서 [일반]을 선택합니다.

	사번	이름	직위	주민등록번호	나이	입사일
				직원 명부		
6	1	박지훈	부장	820219-1234567	41	42138
7	2	유준혁	차장	890304-1234567	34	41929
8	3	이서연	과장	911208-2134567	32	43586
9	4	김민준	대리	940830-1234567	29	44287
10	5	최서현	주임	970919-2134567	26	43954
11	6	박현우	주임	950702-1234567	28	43755
12	7	정시우	사원	990529-1234567	24	44198
13	8	이은서	사원	010109-4134567	22	44260
14	9	오서윤	사원	000127-4134567	23	44150

TIP [일반] 표시 형식은 단축키 Ctrl + Shift + ~ 를 눌러도 됩니다.

TIP 01 화면과 비교해보면 셀에 저장된 값과 표시된 값이 다를 수 있다는 것을 확인할 수 있습니다.

03 입사일 열(G열)은 다시 날짜로 표시합니다. [G6:G14] 범위를 선택하고 [홈] 탭-[표시 형식] 그룹-[표시 형식]에서 [간단한 날짜] 형식을 선택합니다.

TIP [간단한 날짜] 표시 형식은 단축키 Ctrl + Shift + # 를 눌러도 됩니다.

04 입사일 열(G열)에 저장된 숫자는 날짜 일련번호로 표시 형식에 의해 날짜로 보여지게 됩니다. 표시 형식은 서식 코드를 이용해 저장된 값을 화면에 다르게 표시합니다. 서식 코드를 확인하려면 [셀 서식] 대화상자를 확인해야 합니다.

05 [G6:G14] 범위가 선택된 상태에서 Ctrl + 1 를 눌러 [셀 서식] 대화상자를 호출합니다.

06 [셀 서식] 대화상자가 표시되면 [범주] 리스트에서 [사용자 지정]을 선택합니다. [형식]을 보면 **yyyy-mm-dd** 코드가 입력된 것을 확인할 수 있습니다.

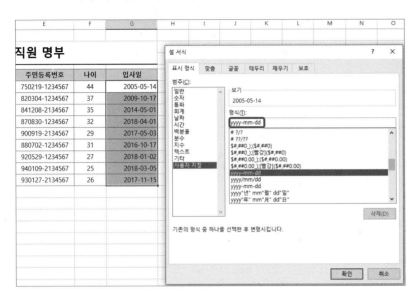

TIP [셀 서식] 대화상자에서 확인할 수 있는 yyyy-mm-dd는 서식 코드로, 서식 코드는 화면에 데이터를 표시하는 표시 형식을 지정합니다. 서식 코드에 대한 자세한 설명은 이 책의 203페이지를 참고합니다.

서식 코드 이해와 활용

예제 파일 PART 03 \ CHAPTER 10 \ 서식 코드.xlsx

서식 코드

서식 코드는 [표시 형식]에서 데이터를 어떻게 표시해야 하는지 결정하는 코드 값으로 엑셀에서 다양하게 활용됩니다. 특히 엑셀 함수 중에서는 서식 코드를 이용해 데이터를 변환할 때 사용할 수 있는 TEXT 함수가 제공됩니다. 엑셀에서 사용할 수 있는 서식 코드는 아래 표를 참고합니다.

데이터 형식	서식 코드	설명
숫자	#	숫자 한 자리 또는 입력된 숫자 전체를 의미합니다. '#' 서식 코드를 셀에 입력된 숫자의 자릿수보다 더 많이 입력해도 입력된 숫자 자릿수만큼만 숫자를 표시합니다.
	0	숫자 한 자리 또는 입력된 숫자 전체를 의미합니다. '0' 서식 코드를 셀에 입력된 숫자 자릿수보다 더 많이 입력한 경우에는 자릿수가 맞지 않는 큰 단위 자리에 숫자 '0'이 표시됩니다. 예를 들어 **1**을 입력하고 서식 코드를 **000**으로 지정하면 셀에는 001로 표시됩니다.
	?	숫자 한 자리 또는 입력된 숫자 전체를 의미합니다. '?' 서식 코드를 셀에 입력된 숫자 자릿수보다 더 많이 입력한 경우에는 자릿수가 맞지 않는 큰 단위 자리에 공백 문자가 표시됩니다. 예를 들어 **1**을 입력하고 서식 코드를 **???**로 지정하면 셀 값은 ' 1'로 표시됩니다.
	–	마이너스 기호를 표시합니다.
	,	천 단위 구분 기호(음수 값)를 표시합니다.
	.	소수점 기호를 표시합니다.
	%	숫자를 백분율로 표시합니다.
	₩, $	통화 기호를 표시합니다.
날짜/시간	yyyy	네 자리 연도를 표시합니다. 두 자리 연도를 표시하려면 'yy' 서식 코드를 사용합니다.
	mm	두 자리 월을 표시합니다.
	dd	두 자리 일을 표시합니다.
	ddd	영어 약어 요일(Mon~Sun)을 표시합니다.
	aaa	한글 요일(월~일)을 표시합니다.
	hh	두 자리 시간을 표시합니다.
	mm	두 자리 분을 표시합니다. 'm'은 월과 분을 표시하는 코드로 사용되는데 'h', 's' 등과 같은 시간을 표시하는 서식 코드와 함께 사용되면 분이 표시됩니다.
	ss	두 자리 초를 표시합니다.
	AM/PM	12시간제로 표시합니다.
텍스트	@	텍스트 값을 그대로 표시합니다.
	*	서식 코드 '*' 뒤에 따라오는 문자를 셀 크기에 맞게 반복해서 표시합니다.

서식 코드 활용 방법

서식 코드를 이용해 원하는 방법으로 셀 값을 표시하는 방법은 다음을 참고합니다.

01 예제 파일을 열고 다양한 데이터 형식의 서식 코드를 사용해 원하는 결과를 표시합니다.

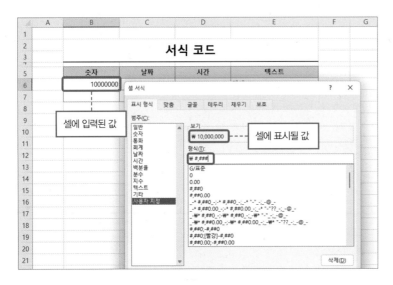

02 숫자 서식 코드를 사용하기 위해 [B6] 셀을 선택하고 Ctrl + 1 을 눌러 [셀 서식] 대화상자를 호출합니다.

03 [셀 서식] 대화상자의 [표시 형식] 탭-[범주] 항목-[사용자 지정]을 선택합니다.

04 [형식]에 아래 서식 코드를 입력하고 [확인]을 클릭합니다.

• [형식] : ₩ #,###

다양한 응용 사례

사례 1 : 숫자의 단위를 천, 백만 단위로 변경합니다.

[B6] 셀을 선택한 후 [셀 서식] 대화상자에서 다음 서식 코드를 입력하고 결과를 확인합니다.

서식 코드	설명	결과
#,###,	'원' 단위를 '천' 단위로 표시합니다.	10,000
#,###,,	'원' 단위를 '백만' 단위로 표시합니다.	10

사례 2 : 통화 기호를 셀 왼쪽에, 숫자는 오른쪽에 표시합니다.

[B6] 셀을 선택한 후 [셀 서식] 대화상자에서 다음 서식 코드를 입력해 결과를 확인합니다.

서식 코드	설명	결과
₩* #,###	'원' 통화 기호는 셀 왼쪽에 숫자는 오른쪽에 천 단위 구분 기호(,)와 함께 표시합니다.	₩ 10,000,000

사례 3 : 소수점 이하 자리에 표시되는 숫자 위치를 고정합니다.

[B6] 셀을 선택한 후 [셀 서식] 대화상자에서 다음 서식 코드를 입력해 결과를 확인합니다.

서식 코드	설명	결과
#,###.000	숫자를 소수점 이하 셋째 자리까지 표시합니다.	12,345.000

사례 4 : 날짜를 월/일 형식으로 변경합니다.

[C6] 셀을 선택한 후 [셀 서식] 대화상자에서 다음 서식 코드를 입력해 결과를 확인합니다.

서식 코드	설명	결과
m/d	날짜를 월/일 형식으로 표시합니다.	1/1

사례 5 : 시간을 다양한 형식으로 표시합니다.

[D6] 셀을 선택한 후 [셀 서식] 대화상자에서 다음 서식 코드를 입력해 결과를 확인합니다.

서식 코드	설명	결과
m:s.000	분과 초를 기준으로 시간을 1/1000초까지 표시합니다.	52:39.158
h:mm AM/PM	시간을 12시간제로 표시합니다.	10:52 AM

사례 6 : 동일한 문자열을 두 번 연속해 표시합니다.

[E6] 셀을 선택한 후 [셀 서식] 대화상자에서 다음 서식 코드를 입력해 결과를 확인합니다.

서식 코드	설명	결과
@@	셀에 입력된 값을 두 번 연속으로 표시합니다.	엑셀엑셀
"마이크로소프트 "@	셀에 입력되지 않은 "마이크로소프트 " 문자열을 앞에 표시합니다.	마이크로소프트 엑셀

TEXT 함수

셀 서식은 화면에 표시되는 결과만 다르게 표시하는데, TEXT 함수는 실제 값을 다른 형식으로 변환할 수 있습니다.

TEXT (❶ 값, ❷ 서식 코드)

서식 코드를 이용하여 값을 지정된 변환한 후 반환합니다.

❶ 값	변환하려는 값 또는 값이 저장된 셀
❷ 서식 코드	변환할 형태를 지정한 서식 코드로 큰따옴표(")로 묶어 사용합니다.

사용 설명

- [서식 코드] 인수는 [셀 서식] 대화상자의 [형식]에 사용되는 코드와 동일합니다.
- TEXT 함수에서 반환하는 값은 모두 텍스트 형식입니다.

간단한 테스트를 위해 [C7] 셀을 선택하고 다음 수식을 입력합니다.

```
=TEXT(C6, "yyyy-mm-dd")
```

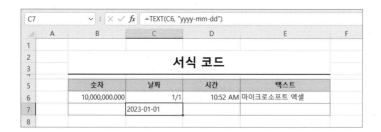

[C6] 셀과 [C7] 셀의 값이 같을까요? 다릅니다. [C6:C7] 범위를 선택해서 [표시 형식]을 [일반]으로 변경하면 [C6] 셀은 '날짜 일련번호'로 변경되지만 [C7] 셀의 값은 변하지 않습니다.

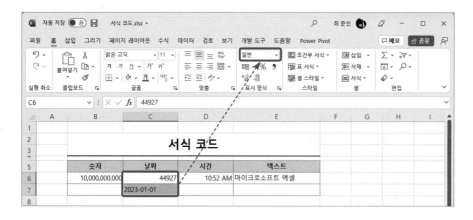

금액을 한글 또는 한자로 표시하기

예제 파일 PART 03 \ CHAPTER 10 \ 견적서.xlsx

셀 서식을 이용해 한글/한자 표시

01 예제의 총액([F5] 병합 셀)을 한글 또는 한자로 표시합니다.

02 [F5] 병합 셀을 선택하고 Ctrl + 1 을 눌러 [셀 서식] 대화상자를 호출합니다.

03 [표시 형식] 탭-[범주]-[기타]를 선택합니다.

04 [형식]에서 [숫자(한글)]을 선택한 후 [확인]을 클릭합니다.

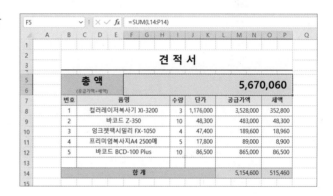

TIP 숫자를 한자로 표시하고 싶다면 [형식]에서 [숫자(한자-갖은자)]를 선택합니다. 이 형식을 선택하면 금액이 '伍百六拾七萬六拾'로 표시됩니다.

표시되는 한글 앞뒤에 필요한 문자열 추가

숫자를 한글로 표시한 경우 '일금'이나 '원 정' 등의 문자열을 앞뒤로 표시하고 싶다면 다음 과정을 참고합니다.

01 앞 페이지의 **02-03** 과정을 진행한 후 [형식]에서 [숫자(한글)]을 선택합니다.

02 [범주]에서 [사용자 지정]을 선택하고 [형식]에서 (**[DBNum4][$-ko-KR]G/표준**)을 확인합니다.

03 서식 코드를 "**일금 "[DBNum4][$-ko-KR]G/표준"원 정**"과 같이 수정하고 [확인]을 클릭합니다.

TIP 엑셀 2010 이전 버전 사용자는 다음과 같은 서식 코드를 입력합니다. "**일금 "[DBNum4]G/표준"원 정**"

04 [F5] 병합 셀의 총액이 **03**에서 설정한 서식 코드에 맞춰 표시됩니다.

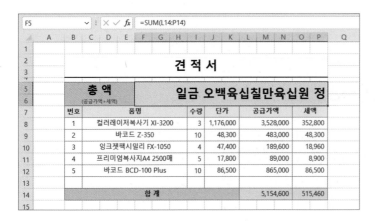

양수, 음수, 0을 구분하는 사용자 지정 숫자 서식

예제 파일 PART 03 \ CHAPTER 10 \ 사용자 지정.xlsx

사용자 지정 숫자 서식 구문

사용자 지정 숫자 서식은 셀에 입력된 데이터를 조건에 맞춰 서식 코드를 다르게 적용할 수 있는 기능으로 두 가지 문법이 있습니다. 첫 번째 문법은 양수와 음수, 0 그리고 텍스트를 구분해 표시 형식을 설정할 수 있으며 구문은 다음과 같습니다.

> **양수 서식 ; 음수 서식 ; 0 서식 ; 텍스트 서식**
>
> * 세미콜론(;)으로 구분된 코드 부분을 코드 섹션이라고 합니다.
> * 코드 섹션의 서식 코드는 생략할 수 있으며, 이 경우 해당 값을 화면에 표시하지 않습니다.

두 개의 코드 섹션만 사용하면 첫 번째 코드 섹션은 양수와 숫자 0에 적용되며 두 번째 코드 섹션은 음수에 적용됩니다.

> 양수, 0 서식 ; 음수 서식

[사용자 지정 숫자 서식]은 [셀 서식] 대화상자의 [사용자 지정]을 선택한 후 오른쪽에 위치한 [형식]에 직접 입력해 사용할 수 있습니다. 두 번째 문법은 이 책의 214페이지에서 확인할 수 있습니다.

사용자 지정 숫자 서식을 활용한 서식 적용 방법

01 예제의 [B6:F16] 범위에 사용자 지정 숫자 서식을 적용하는 작업을 진행합니다.

제품	1사분기	2사분기	3사분기	4사분기
문서세단기 SCUT-1500B	0	1476000	2865000	0
와이어제본기 WC-5500	116000	762000	120000	660000
레이저복합기 L350	26000	140000	594000	762000
잉크젯팩시밀리 FX-1000	483000	0	313000	292000
지문인식 FPIN-2000F	350000	154000	159000	730000
링제본기 ST-100	82000	561000	888000	0
링제본기 ST-200X	124000	185000	136000	396000
복사지A4 2500매	384000	58000	440000	490000
바코드 Z-750	0	800000	133000	234000
도트 TIC-10A	0	189000	453000	206000
도트 TIC-1A	-108000	-252000	-107000	-214000

제품 판매 실적표

02 [B6:F16] 범위를 선택한 후 Ctrl + 1 을 눌러 [셀 서식] 대화상자를 호출합니다.

03 [표시 형식] 탭-[범주] 항목에서 [사용자 지정]을 선택합니다.

04 [형식]에 다음과 같은 서식 코드를 입력한 후 [확인]을 클릭합니다.

· **[형식] : #,### ; -#,### ; "x" ; * @**

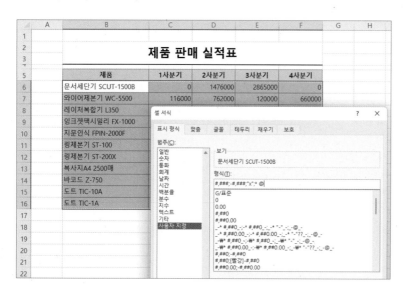

🔍 **더 알아보기**   #,### ; -#,### ; "x" ; * @ 사용자 지정 숫자 서식 코드 이해하기

세미콜론(;)으로 구분된 서식 코드가 각각 양수, 음수, 0, 텍스트 값에 적용될 서식입니다.

- 양수, 음수는 천 단위 구분 기호(,)를 표시하도록 설정합니다.
  만약 음수를 빨간색으로 표시하고 싶다면 두 번째 섹션의 -#,###을 [빨강]-#,###으로 변경합니다.
- 0을 x로 표시합니다.
- 텍스트는 * 서식 코드 뒤에 공백 문자를 하나 넣어 셀 크기에 맞게 공백 문자를 반복하도록 설정합니다. 뒤에 나오는 @는 텍스트 값 전체를 의미하므로 이렇게 하면 셀을 오른쪽으로 맞춘 결과와 동일한 효과를 얻을 수 있습니다.

05 표시 형식이 변경되면 표가 화면과 같이 바뀝니다.

	A	B	C	D	E	F	G
1							
2			제품 판매 실적표				
3							
5		제품	1사분기	2사분기	3사분기	4사분기	
6		문서세단기 SCUT-1500B	x	1,476,000	2,865,000	x	
7		와이어제본기 WC-5500	116,000	762,000	120,000	660,000	
8		레이저복합기 L350	26,000	140,000	594,000	762,000	
9		잉크젯팩시밀리 FX-1000	483,000	x	313,000	292,000	
10		지문인식 FPIN-2000F	350,000	154,000	159,000	730,000	
11		링제본기 ST-100	82,000	561,000	888,000	x	
12		링제본기 ST-200X	124,000	185,000	136,000	396,000	
13		복사지A4 2500매	384,000	58,000	440,000	490,000	
14		바코드 Z-750	x	800,000	133,000	234,000	
15		도트 TIC-10A	x	189,000	453,000	206,000	
16		도트 TIC-1A	-108,000	-252,000	-107,000	-214,000	
17							

다양한 활용 사례

사례 1 : 선택 범위 내 0 값은 빈 셀로 표시합니다.

0 값만 화면에 표시하고 싶지 않은 경우에도 사용자 지정 숫자 서식을 이용할 수 있습니다. 사용자 지정 숫자 서식을 다음과 같이 변경합니다.

사용자 지정 숫자 서식	설명
#,### ; [빨강]-#,### ; ; @	세 번째 코드 섹션은 아무런 서식 코드를 입력하지 않았으므로 0이 셀에 표시되지 않습니다.

표시 형식을 변경하면 표가 다음과 같이 변경됩니다.

	A	B	C	D	E	F	G
1							
2			제품 판매 실적표				
3							
5		제품	1사분기	2사분기	3사분기	4사분기	
6		문서세단기 SCUT-1500B		1,476,000	2,865,000		
7		와이어제본기 WC-5500	116,000	762,000	120,000	660,000	
8		레이저복합기 L350	26,000	140,000	594,000	762,000	
9		잉크젯팩시밀리 FX-1000	483,000		313,000	292,000	
10		지문인식 FPIN-2000F	350,000	154,000	159,000	730,000	
11		링제본기 ST-100	82,000	561,000	888,000		
12		링제본기 ST-200X	124,000	185,000	136,000	396,000	
13		복사지A4 2500매	384,000	58,000	440,000	490,000	
14		바코드 Z-750		800,000	133,000	234,000	
15		도트 TIC-10A		189,000	453,000	206,000	
16		도트 TIC-1A	-108,000	-252,000	-107,000	-214,000	
17							

음수 값의 경우 글꼴 색이 빨간색으로 변경됩니다. 참고로 글꼴 색만 가능하며, 셀 채우기 색을 변경할 수는 없습니다.

0 값만 숨기려면 엑셀 옵션을 변경하는 방법을 사용할 수 있습니다. 다음 과정을 참고합니다.

01 [파일] 탭-[옵션]을 클릭합니다.

02 [Excel 옵션] 대화상자의 [고급] 항목을 선택합니다.

03 [이 워크시트의 표시 옵션] 그룹에서 [0 값이 있는 셀에 0 표시]의 체크를 해제하고 [확인]을 클릭합니다.

사례 2 : 선택 범위를 모두 빈 셀로 표시합니다.

모든 데이터를 표시하지 않는 용도로도 사용자 지정 숫자 서식을 이용할 수 있습니다. 사용자 지정 숫자 서식을 다음과 같이 변경합니다.

사용자 지정 숫자 서식	설명
;;;;	모든 데이터를 표시하지 않음

표시 형식을 변경하면 표가 다음과 같이 변경됩니다.

화면에 데이터는 표시되지 않지만 [수식 입력줄]을 확인해보면 저장된 데이터를 확인할 수 있습니다.

사용자가 직접 설정한 조건에 따라 표시 형식 다르게 적용하는 방법

예제 파일 PART 03 \ CHAPTER 10 \ 사용자 지정 II.xlsx

사용자 지정 숫자 서식 구문

사용자 지정 숫자 서식중에서 사용자가 직접 원하는 조건을 설정할 수 있는 구문은 다음과 같습니다.

[조건 1] 숫자 서식 1 ; [조건 2] 숫자 서식 2 ; 숫자 서식 3

- 세미콜론(;)을 사용해 코드 섹션별로 조건에 맞는 값에 서식 코드를 지정할 수 있습니다.
- 조건은 대괄호([ ]) 안에 입력합니다.
- 조건은 비교 연산자와 값을 사용해 설정합니다. 예를 들어 100보다 큰 값은 [>100]과 같이 구성합니다.
- 마지막 코드 섹션에 적용된 숫자 서식 3은 조건 1, 2를 모두 만족하지 않는 값에 적용됩니다.
- 조건 1은 조건 2에 우선 적용됩니다. 예를 들어 조건 1과 조건 2를 모두 만족하는 경우에는 조건 1에서 지정한 서식이 적용됩니다.

조건을 하나만 판단해 두 개의 서로 다른 서식만 적용하려면 다음과 같이 구성할 수 있습니다.

[조건] 숫자 서식 1 ; 숫자 서식 2

사용자 지정 숫자 서식을 활용한 서식 적용 방법

01 예제의 [C7:H16] 범위에 백분율과 숫자 서식을 데이터에 맞게 적용합니다.

02 [C7:H16] 범위를 선택한 후 `Ctrl`+`1`을 눌러 [셀 서식] 대화상자를 호출합니다.

03 [표시 형식] 탭-[범주] 항목에서 [사용자 지정]을 선택합니다.

04 [형식]에 다음과 같은 서식 코드를 입력한 후 [확인]을 클릭합니다.

· **[형식] : [<=10]0.0% ; #,###**

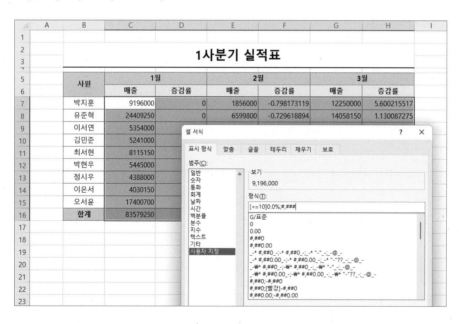

🔍 **더 알아보기**　　**[<=10]0.0% ; #,### 사용자 지정 숫자 서식 코드 이해하기**

[H7] 셀을 보면 560% 정도의 증가를 보인 셀이 있기 때문에 백분율은 10(=1000%)이하인 경우에만 적용하고, 아닌 경우는 천 단위 구분 기호(#,###)만 표시하도록 설정한 것입니다.

05 표시 형식이 변경되면 표가 화면과 같이 바뀝니다.

	1월		2월		3월	
사원	매출	증감률	매출	증감률	매출	증감률
박지훈	9,196,000	0.0%	1,856,000	-79.8%	12,250,000	560.0%
유준혁	24,409,250	0.0%	6,599,800	-73.0%	14,058,150	113.0%
이서연	5,354,000	0.0%	4,622,200	-13.7%	4,558,900	-1.4%
김민준	5,241,000	0.0%	12,707,600	142.5%	7,816,500	-38.5%
최서현	8,115,150	0.0%	3,597,500	-55.7%	3,409,400	-5.2%
박현우	5,445,000	0.0%	7,174,350	31.8%	14,519,600	102.4%
정시우	4,388,000	0.0%	1,457,250	-66.8%	8,791,000	503.3%
이은서	4,030,150	0.0%	9,295,000	130.6%	5,356,000	-42.4%
오서윤	17,400,700	0.0%	19,882,950	14.3%	11,471,000	-42.3%
합계	83,579,250	0.0%	67,192,650	-19.6%	82,230,550	22.4%

다양한 활용 사례

사례 1 : 조건을 이용해 0 값 표시하지 않기

이전 조건에서 0을 표시하고 싶지 않다면 사용자 지정 조건을 다음과 같이 수정합니다.

• [형식] : [=0]#; [<=10] 0.0%; #,###

	1월		2월		3월	
사원	매출	증감률	매출	증감률	매출	증감률
박지훈	9,196,000		1,856,000	-79.8%	12,250,000	560.0%
유준혁	24,409,250		6,599,800	-73.0%	14,058,150	113.0%
이서연	5,354,000		4,622,200	-13.7%	4,558,900	-1.4%
김민준	5,241,000		12,707,600	142.5%	7,816,500	-38.5%
최서현	8,115,150		3,597,500	-55.7%	3,409,400	-5.2%
박현우	5,445,000		7,174,350	31.8%	14,519,600	102.4%
정시우	4,388,000		1,457,250	-66.8%	8,791,000	503.3%
이은서	4,030,150		9,295,000	130.6%	5,356,000	-42.4%
오서윤	17,400,700		19,882,950	14.3%	11,471,000	-42.3%
합계	83,579,250		67,192,650	-19.6%	82,230,550	22.4%

사례 2 : 만 단위 구분 기호를 표시하기

C, E, G열의 숫자를 '원' 단위에서 '만' 단위로 변경하고 싶다면 [C7:H16] 범위를 선택하고 표시 형식을 다음과 같이 변경합니다.

• [형식] : [>=100000000]#","####","####;[>=10000]#","####;0.0%

	A	B	C	D	E	F	G	H	I
1									
2					1사분기 실적표				
3									
5		사원	1월		2월		3월		
6			매출	증감률	매출	증감률	매출	증감률	
7		박지훈	919,6000	0.0%	185,6000	-79.8%	1225,0000	560.0%	
8		유준혁	2440,9250	0.0%	659,9800	-73.0%	1405,8150	113.0%	
9		이서연	535,4000	0.0%	462,2200	-13.7%	455,8900	-1.4%	
10		김민준	524,1000	0.0%	1270,7600	142.5%	781,6500	-38.5%	
11		최서현	811,5150	0.0%	359,7500	-55.7%	340,9400	-5.2%	
12		박현우	544,5000	0.0%	717,4350	31.8%	1451,9600	102.4%	
13		정시우	438,8000	0.0%	145,7250	-66.8%	879,1000	503.3%	
14		이은서	403,0150	0.0%	929,5000	130.6%	535,6000	-42.4%	
15		오서윤	1740,0700	0.0%	1988,2950	14.3%	1147,1000	-42.3%	
16		합계	8357,9250	0.0%	6719,2650	-19.6%	8223,0550	22.4%	
17									

TIP 사용자 지정 서식의 마지막 코드 섹션인 0.0% 부분은 숫자가 10000 미만인 경우에 모두 적용됩니다. 그러므로 10000 미만인 값 중에서 백분율로 표시되면 안 되는 값이 존재한다면 마지막 코드 섹션을 제외하고 사용합니다. 단, 이 경우 [C7:C15], [E7:E15], [G7:G15] 범위에만 사용자 지정 숫자 서식을 적용해야 합니다.

한글(또는 한자)로 요일을 표시하는 방법

예제 파일 PART 03 \ CHAPTER 10 \ 한글, 한자 요일.xlsx

요일 서식 코드

엑셀에서 인식할 수 있는 날짜 데이터는 요일 정보까지 모두 가지고 있습니다. 그러므로 셀 서식을 이용해 요일을 간단하게 표시할 수 있고, 날짜 데이터에서 요일을 표시하고 싶을 때 사용할 수 있는 서식 코드도 제공합니다. 다음을 참고합니다.

날짜 서식 코드	설명
ddd	약식 영어 요일(Mon~Sun)을 표시하며, Monday와 같은 단어 전체 표기는 dddd 코드를 사용합니다.
aaa	한글 요일(월~일)을 표시합니다.

여기에 한자로 요일을 표시하려면 다음과 같은 국가 코드를 함께 적용해야 합니다.

국가 서식 코드	설명
[$-ja-JP]	일본 국가 코드로 엑셀 2013 이후 버전에서 사용할 수 있습니다.
[$-411]	일본 국가 코드로 모든 버전에서 사용할 수 있습니다.
[$-ko-KR]	한국 국가 코드로 엑셀 2013 이후 버전에서 사용할 수 있습니다.
[$-412]	한국 국가 코드로 모든 버전에서 사용할 수 있습니다.

일본 국가 코드에 날짜 서식 코드 중 ddd를 함께 사용하면 한자 요일을 표시할 수 있습니다.

날짜 서식 코드	설명
[$-ja-JP]ddd	한자 요일(月~日)을 표시하며, ja는 Japanese의 약어로 일본어를 의미하며, JP는 Japan로 일본을 의미합니다. 참고로 月曜日과 같은 방식으로 요일을 반환받으려면 [$-ja-JP]dddd와 같은 서식 코드를 사용합니다.

서식 코드 활용해 요일 표시하기

01 예제의 등록일(C열)에 해당하는 요일을 [D:E] 열에 표시합니다.

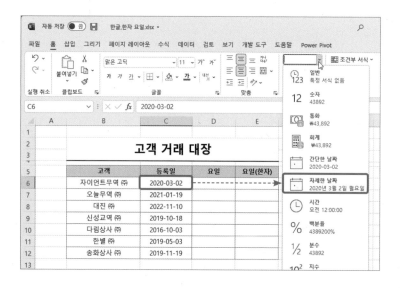

02 날짜 데이터는 요일 정보를 [표시 형식]에서 확인이 가능합니다.

03 [C6] 셀이 선택된 상태에서 [홈] 탭-[표시 형식] 그룹-[표시 형식]을 클릭하면 [자세한 날짜] 표시 형식에 해당 날짜의 요일이 표시되는 것을 확인할 수 있습니다.

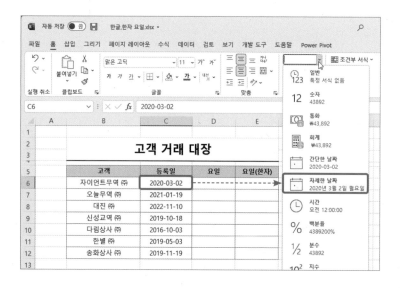

04 요일을 표시하기 위해 [C6:C12] 범위를 선택하고 복사(Ctrl + C)합니다.

05 [D6:E12] 범위를 선택하고 Ctrl + V 로 붙여 넣습니다.

TIP C열의 날짜 데이터가 변경될 수 있다면, 복사-붙여 넣기 보다는 =C6과 같은 수식으로 참조하는 것이 좋습니다.

06 한글 요일을 표시하기 위해 [D6:D12] 범위를 선택하고 Ctrl + 1 을 눌러 [셀 서식] 대화상자를 호출합니다.

07 [셀 서식] 대화상자의 [범주] 항목에서 **[사용자 지정]**을 선택하고 [형식]에 서식 코드 **aaa**를 입력한 후 [확인]을 클릭합니다.

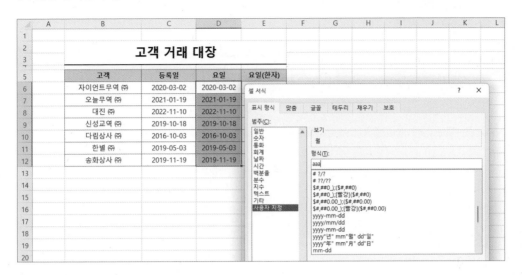

TIP 이 결과를 수식으로 얻으려면 [D6] 셀에 **=TEXT(C6, "aaa")** 수식을 입력하고 아래 방향으로 복사합니다.

08 한자 요일을 표시하기 위해 [E6:E12] 범위를 선택합니다.

09 [Ctrl]+[1]을 눌러 [셀 서식] 대화상자를 호출한 후 **07** 과정을 참고해 [형식]에 서식 코드 **[$-ja-JP] ddd**를 입력합니다.

10 그러면 다음과 같은 결과를 얻을 수 있습니다.

	E6			fx	2020-03-02	
	A	B	C	D	E	F
1						
2			고객 거래 대장			
3						
5		고객	등록일	요일	요일(한자)	
6		자이언트무역 ㈜	2020-03-02	월	月	
7		오늘무역 ㈜	2021-01-19	화	火	
8		대진 ㈜	2022-11-10	목	木	
9		신성교역 ㈜	2019-10-18	금	金	
10		다림상사 ㈜	2016-10-03	월	月	
11		한별 ㈜	2019-05-03	금	金	
12		송화상사 ㈜	2019-11-19	화	火	
13						

셀에 저장된 데이터는 C열에서 복사해 온 날짜 데이터지만 표시 형식을 이용해 요일로 표시한 결과입니다.

TIP 이 결과를 수식으로 얻으려면 [E6] 셀에 수식 **=TEXT(C6, "[$-ja-JP]ddd")**를 입력하고 아래로 복사합니다.

위 첨자와 아래 첨자, 취소선 입력하기

예제 파일 없음

첨자와 취소선의 이해

첨자(添字)는 제곱근이나 변수 등을 표시하기 위해 일부 문자를 다른 문자의 위(X^2)나 아래(X_2)에 덧붙이는 것이고, 취소선은 텍스트 중앙을 가로 긋는 직선입니다. 엑셀에서도 셀 서식 기능을 이용하여 셀에 입력된 문자열 전체 또는 일부분에 첨자와 취소선을 표시할 수 있습니다.

첨자와 취소선 단축키

위 첨자, 아래 첨자를 설정하는 방법은 단축키가 지원되지 않습니다. 취소선만 단축키가 제공됩니다.

단축키	동작 설명
Ctrl + 5	한 번 누를 때마다 취소선을 설정하고 해제하는 동작을 순환합니다.

위 첨자, 아래 첨자는 단축키가 제공되지 않으므로 필요하다면 빠른 실행 도구 모음에 추가하는 방법으로 단축키를 설정해 작업할 수 있습니다. 빠른 실행 도구 모음에 명령을 추가하고 단축키로 실행하는 방법은 이 책의 040페이지를 참고합니다.

참고로 위 첨자, 아래 첨자 명령은 [리본 메뉴에 없는 명령] 목록에서 찾아 추가할 수 있습니다.

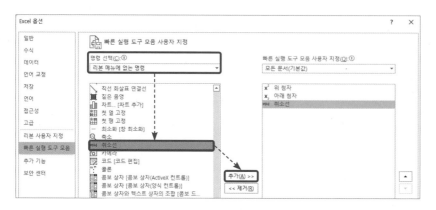

첨자와 취소선 설정 방법

01 엑셀을 실행하고 [B2:B4] 범위에 **X2**를 각각 입력합니다.

02 [B2] 셀을 선택하고 F2 를 눌러 편집 모드로 변환합니다.

03 숫자 '2' 부분만 선택하고 Ctrl + 1 을 눌러 [셀 서식] 대화상자를 호출합니다.

04 [셀 서식] 대화상자에서 [위 첨자]에 체크한 후 [확인]을 클릭합니다.

05 [B3] 셀의 숫자 '2' 부분만 선택하고 Ctrl + 1 을 눌러 [셀 서식] 대화상자를 호출합니다.

06 [셀 서식] 대화상자가 나타나면 [아래 첨자]에 체크한 후 [확인]을 클릭합니다.

07 [B4] 셀의 숫자 '2' 부분만 선택하고 Ctrl + 1 을 눌러 [셀 서식] 대화상자를 호출합니다.

08 [셀 서식] 대화상자가 나타나면 [취소선]에 체크한 후 [확인]을 클릭합니다.

10 / 08 눈금선을 가로 또는 세로 방향으로만 표시하기

예제 파일 PART 03 \ CHAPTER 10 \ 눈금선.xlsx

눈금선 없애기

예제 파일을 열고 가로 시트를 선택합니다. 눈금선을 가로(또는 세로) 방향으로만 표시하려면 먼저 기본 눈금선을 표시하지 않아야 합니다. [보기] 탭-[표시] 그룹에서 [눈금선]의 체크를 해제합니다.

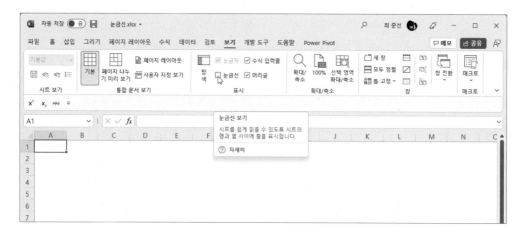

눈금선을 한 방향으로만 표시하기

눈금선을 한 방향으로 표시하려면 셀 테두리 설정을 변경하는 방법을 사용합니다. 다음 과정을 참고합니다.

01 전체 셀을 선택하기 위해 [모두 선택████]을 클릭한 후 Ctrl + 1 을 눌러 [셀 서식] 대화상자를 호출합니다.

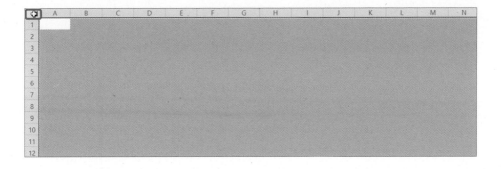

02 [셀 서식] 대화상자에서 [테두리] 탭을 선택합니다.

03 [색]을 클릭하고 색상표의 1열 3행에 위치한 [흰색, 배경 1, 15% 더 어둡게]를 선택합니다.

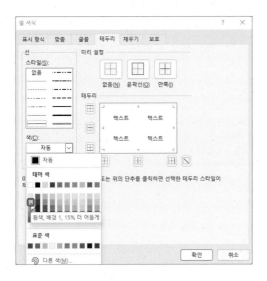

04 가로 방향 눈금선이 표시되도록 설정합니다.

05 [테두리] 그룹의 가로 방향 테두리 세 가지를 모두 클릭한 후 [확인]을 클릭합니다.

06 가로 방향 눈금선만 표시된 듯한 효과를 얻을 수 있습니다.

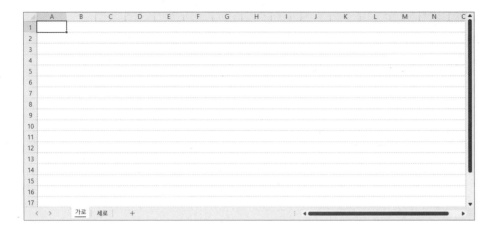

참고로 테두리 설정에서 세로 방향 테두리 세 가지를 클릭하면 세로 방향 눈금선만 표시되도록 할 수 있습니다.

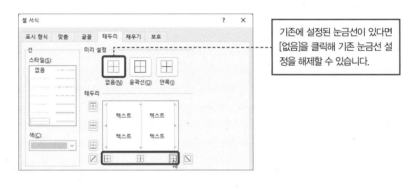

기존에 설정된 눈금선이 있다면 [없음]을 클릭해 기존 눈금선 설정을 해제할 수 있습니다.

조건부 서식

셀 서식은 사용자가 직접 원하는 대상 범위를 선택하고 서식을 적용해야 하지만, 데이터에 따라 셀 서식이 자동으로 변경되는 것을 원한다면 조건부 서식을 이용해야 합니다. 조건부 서식은 이름 그대로 조건을 적용하고, 데이터의 변화에 따라 서식이 다르게 적용되도록 하는 기능입니다. 그러므로 조건부 서식을 이용할 경우에는 데이터가 자주 변경되는 표, 수식(또는 피벗) 등 집계된 숫자가 변화하는 표에 적용하는 것이 좋습니다.

조건부 서식으로 수식 에러 감추기

예제 파일 PART 03 \ CHAPTER 11 \ 수식 에러.xlsx

조건부 서식을 이용하면 원하지 않는 데이터를 화면에 표시되지 않도록 할 수 있습니다. 특히 수식 에러가 발생한 경우 이를 숨기고 싶을 때 조건부 서식을 이용하면 편리합니다. 다음 과정을 참고합니다.

01 예제의 E열은 증감률 계산식이 입력되어 있습니다. #DIV/0! 에러가 발생한 셀에 에러가 표시되지 않도록 조건부 서식을 적용합니다.

	E6			✕ ✓ ƒx	=ROUND((D6-C6)/C6, 3)	
	A	B	C	D	E	F
1						
2			**영업 사원 실적표**			
3						
5		영업사원	전월	금월	증감률	
6		박지훈	8,026,000	7,560,000	-5.8%	
7		유준혁		2,419,600	#DIV/0!	
8		이서연	1,298,000	3,575,000	175.4%	
9		김민준	3,555,800	4,489,350	26.3%	
10		최서현		3,597,500	#DIV/0!	
11		박현우	5,445,000	6,691,350	22.9%	
12		합계	52,840,200	44,649,600	-15.5%	
13						

TIP 수식 에러는 언제 발생할 지 모르기 때문에 조건부 서식을 적용하면 이후에 발생할 에러에 대해서도 걱정할 필요가 없습니다.

02 [E6:E12] 범위를 선택하고 [홈] 탭-[스타일] 그룹-[조건부 서식▥]을 클릭합니다.

03 [셀 강조 규칙]을 선택합니다.

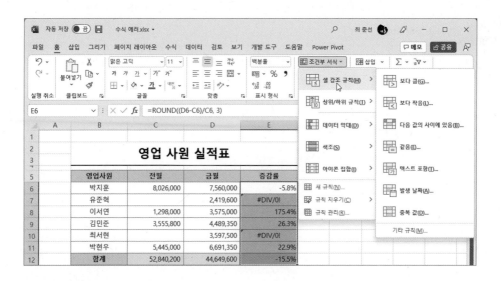

🔍 더 알아보기 [셀 강조 규칙] 이해

셀 데이터가 특정 조건에 해당할 때 원하는 서식을 적용할 수 있으며 다음과 같은 조건을 사용할 수 있습니다.

조건	설명
보다 큼	셀 값이 지정한 값보다 클 때 서식 적용
보다 작음	셀 값이 지정한 값보다 작을 때 서식 적용
다음 값의 사이에 있음	셀 값이 특정 값 사이에 속해 있을 때 서식 적용
같음	셀 값이 특정 값과 같을 때 서식 적용
텍스트 포함	셀 값에 특정 문자(열)이 포함되어 있을 때 서식 적용
발생 날짜	셀 값이 특정 날짜에 해당할 때 서식 적용
중복 값	셀 값이 선택된 범위에서 중복일 때 서식 적용
기타 규칙	위에서 적용하지 못한 조건을 직접 입력해 서식 적용

이런 조건은 다양하게 활용해봐야 어떤 결과를 얻을 수 있는지 확인할 수 있습니다. 갖고 있는 데이터에서 위 조건을 하나씩 적용해보는 것을 권합니다.

04 수식 에러는 #으로 시작되므로 [텍스트 포함]을 선택해 서식을 적용할 수 있는지 확인합니다.

05 [텍스트 포함]을 선택하고 [텍스트 포함] 대화상자의 왼쪽 [참조]에 **#**을 입력합니다.

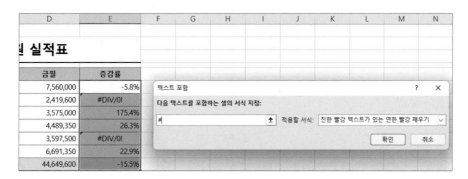

06 이해를 돕기 위해 왼쪽 [참조]의 값을 숫자 **1**로 변경합니다.

07 [취소]를 클릭하고 [텍스트 포함] 대화상자를 닫습니다.

08 다른 조건이 있는지 확인하기 위해 [홈] 탭-[스타일] 그룹-[조건부 서식▦]을 클릭하고 [셀 강조 규칙]-[기타 규칙]을 선택합니다.

09 [새 서식 규칙] 대화상자의 [규칙 설명 편집] 그룹에서 [셀 값]을 [오류]로 선택합니다.

TIP '오류'는 '수식 에러'를 의미합니다.

10 원하는 서식을 적용하기 위해 [서식]을 클릭합니다.

11 [셀 서식] 대화상자가 나타나면 [글꼴] 탭을 선택합니다.

12 [색]을 클릭하고 색상표에서 [흰색, 배경1]을 선택하고 [확인]을 클릭합니다.

TIP 글꼴 색을 배경 색과 동일한 색으로 적용합니다. 이렇게 하면 화면에 에러가 표시되지 않습니다.

13 [새 서식 규칙] 대화상자도 [확인]을 클릭해 닫으면 수식 에러가 화면에 표시되지 않습니다.

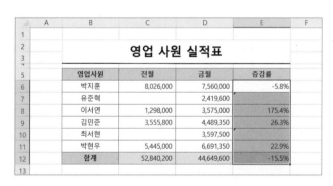

영업사원	전월	금월	증감률
박지훈	8,026,000	7,560,000	-5.8%
유준혁		2,419,600	
이서연	1,298,000	3,575,000	175.4%
김민준	3,555,800	4,489,350	26.3%
최서현		3,597,500	
박현우	5,445,000	6,691,350	22.9%
합계	52,840,200	44,649,600	-15.5%

TIP 함수를 사용해 에러를 표시하지 않으려면 IFERROR 함수를 사용합니다. 이 책의 386페이지를 참고합니다.

11 / 02 가로 막대를 이용해 숫자 비교하는 방법

예제 파일 PART 03 \ CHAPTER 11 \ 데이터 막대.xlsx

데이터 막대 설정

조건부 서식에는 엑셀 2007 버전부터 [데이터 막대], [색조], [아이콘 집합]이라는 새로운 효과가 추가되었습니다. 이 중 [데이터 막대]는 숫자의 크기를 가로 막대 그래프로 표시해주기때문에 숫자가 많이 입력(또는 계산)된 표에서 데이터를 이해하기 쉽게 표시해줄 수 있습니다. 다음 과정을 참고합니다.

01 예제 파일을 열면 다음과 같은 집계 표를 확인할 수 있습니다.

지점	Q1	Q2	Q3	Q4	연 매출	YoY
가양점	280	270	285	288	1,123	22.6%
성수점	1,290	1,110	1,215	1,134	4,749	3.5%
수서점	760	680	710	770	2,920	32.4%
신도림점	180	240	200	280	900	-25.4%
용산점	1,300	1,440	1,410	1,550	5,700	-12.8%
자양점	240	255	360	465	1,320	18.8%

지점 실적

TIP 숫자가 많은 표는 이해하기도 쉽지 않고 주목해서 보아야 할 곳을 알기도 어렵습니다.

02 연 매출이 집계된 G열의 숫자에 데이터 막대를 표시합니다.

03 [G6:G11] 범위를 선택하고 [홈] 탭-[스타일] 그룹-[조건부 서식▦]을 클릭합니다.

04 하위 메뉴에서 [데이터 막대] 그룹 내 원하는 스타일을 하나 선택합니다.

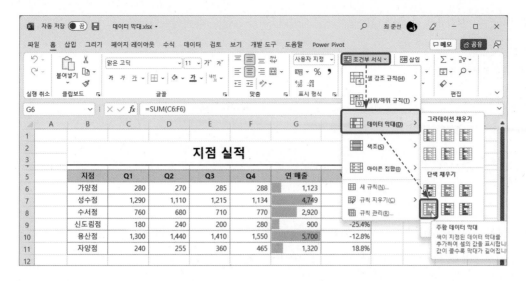

TIP [데이터 막대]의 스타일에 마우스 포인터를 위치시키면 화면에 미리 보기 효과가 적용됩니다.

데이터 막대의 색을 원하는 색으로 변경

[데이터 막대]는 기본 제공되는 스타일 외에 사용자가 직접 원하는 색상으로 설정하는 것이 가능합니다. 다음 과정을 참고합니다.

01 데이터 막대 효과가 적용된 [G6:G11] 범위를 선택합니다.

02 [홈] 탭-[스타일] 그룹-[조건부 서식📊]을 클릭하고 [규칙 관리📋]를 선택합니다.

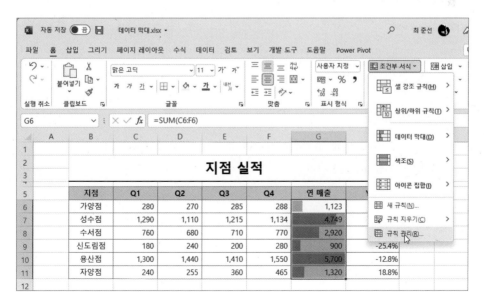

03 [조건부 서식 규칙 관리자] 대화상자가 표시되면 [규칙 편집]을 클릭합니다.

04 [서식 규칙 편집] 대화상자에서 [색] 옵션의 아래 화살표☑를 클릭하고 원하는 색상을 선택합니다.

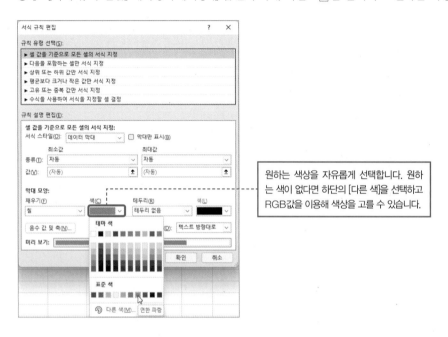

> 원하는 색상을 자유롭게 선택합니다. 원하는 색이 없다면 하단의 [다른 색]을 선택하고 RGB값을 이용해 색상을 고를 수 있습니다.

음수가 포함된 데이터 막대 설정

음수가 포함된 데이터 범위에 [데이터 막대] 효과를 적용하면 축이 표시되고 축의 위치와 음수 막대의 색상도 변경할 수 있습니다. 다음 과정을 참고합니다.

01 예제의 [H6:H11] 범위에 다음 그림을 참고해 [데이터 막대] 효과를 적용합니다.

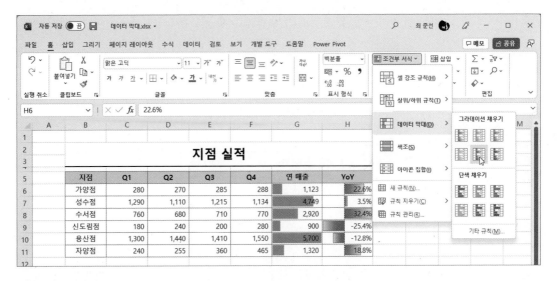

TIP 선택한 범위의 데이터에 음수가 포함되면 셀 안에 X축이 표시되고 좌/우에 가로 막대가 표시됩니다.

02 음수 데이터를 가진 셀의 음수를 표시하는 데이터 막대는 항상 **빨간색**으로 표시됩니다.

03 축 위치와 음수 데이터 막대의 색상을 변경합니다.

04 [H6:H11] 범위가 선택된 상태에서 [홈] 탭-[스타일] 그룹-[조건부 서식圖]을 클릭하고 [규칙 관리]를 선택합니다.

05 [조건부 서식 규칙 관리자] 대화상자가 표시되면 [규칙 편집]을 클릭합니다.

06 [서식 규칙 편집] 대화상자가 표시되면 좌측 하단의 [음수 값 및 축]을 클릭합니다.

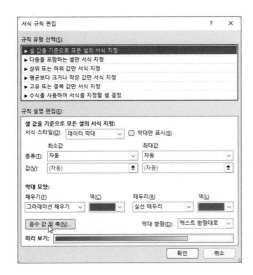

07 화면의 설명을 참고해 원하는 방법으로 옵션을 변경하고 [확인]을 클릭합니다.

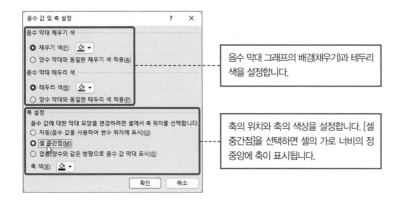

음수 막대 그래프의 배경(채우기)과 테두리 색을 설정합니다.

축의 위치와 축의 색상을 설정합니다. [셀 중간점]을 선택하면 셀의 가로 너비의 정 중앙에 축이 표시됩니다.

08 [서식 규칙 편집] 대화상자와 [조건부 서식 규칙 관리자] 대화상자 모두 [확인]을 클릭해 닫습니다.

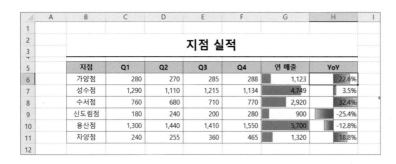

지점 실적

지점	Q1	Q2	Q3	Q4	연 매출	YoY
가양점	280	270	285	288	1,123	22.6%
성수점	1,290	1,110	1,215	1,134	4,749	3.5%
수서점	760	680	710	770	2,920	32.4%
신도림점	180	240	200	280	900	-25.4%
용산점	1,300	1,440	1,410	1,550	5,700	-12.8%
자양점	240	255	360	465	1,320	18.8%

11 / 03

복잡하게 나열된 숫자를 깔끔하게 시각화하는 방법

예제 파일 PART 03 \ CHAPTER 11 \ 색조.xlsx

상위/하위 조건

조건부 서식에는 [셀 강조 규칙]이외에 [상위/하위 규칙]이 제공됩니다. 이를 이용하면 숫자가 많은 표를 깔끔하게 시각화해서 필요한 숫자를 정확하게 파악하는 것이 가능합니다. 다음 과정을 참고합니다.

01 예제의 표에는 각 영업사원의 월별 판매 실적이 입력되어 있습니다.

담당	1월	2월	3월	4월	5월	6월	7월	8월	9월	10월	11월	12월
박지훈	410	104	550	430	372	494	482	394	641	1,594	221	223
유준혁	887	291	614	686	490	1,119	701	734	742	738	205	306
이서연	244	206	239	246	393	632	161	246	363	560	64	173
김민준	232	646	216	518	213	508	848	430	1,200	609	238	117
최서현	377	150	188	451	274	251	344	276	345	10	247	123
박현우	226	261	612	227	232	49	513	473	498	1,216	155	98
정시우	294	98	93	280	222	107	311	297	454	341	8	165
이은서	266	474	309	566	681	746	1,146	1,321	771	778	508	286
오서윤	769	699	672	965	736	938	1,399	1,240	737	862	322	209

표에 제목은 **영업사원 월 실적**

TIP 표에 숫자가 너무 많아 어떤 기준을 적용하고 분석해야 하는지 알기 어렵습니다.

02 상위 20% 실적에 원하는 서식을 적용해 정리해보겠습니다.

03 [C6:N14] 범위를 선택하고 [홈] 탭-[스타일] 그룹-[조건부 서식▦]을 클릭합니다.

04 [상위/하위 규칙]-[상위 10%]를 선택합니다.

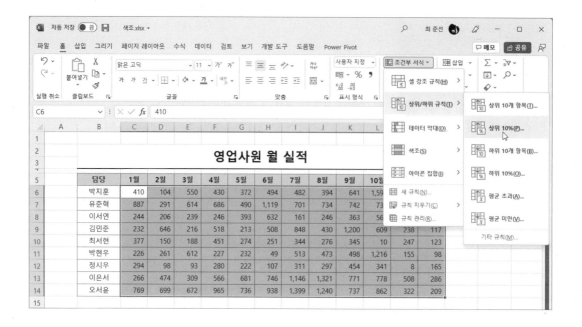

🔍 더 알아보기   [상위/하위 규칙] 이해

상위/하위 규칙은 숫자 데이터에만 적용 가능하며, 선택 범위 내 숫자가 전체 데이터에서 상위(또는 하위) n(개 또는 %)에 해당할 때 원하는 서식이 표시되도록 설정할 수 있습니다.

조건	설명
상위 10개 항목	셀 값이 전체 범위에서 상위 n번째 이내일 때 서식 적용 참고로 메뉴에는 10개라고 고정된 숫자가 나오지만, 설정 대화상자에서 숫자는 변경이 가능합니다.
상위 10%	셀 값이 전체 범위에서 상위 n% 이내일 때 서식 적용
하위 10개 항목	셀 값이 전체 범위에서 하위 n번째 이내일 때 서식 적용
하위 10%	셀 값이 전체 범위에서 하위 n% 이내일 때 서식 적용
평균 초과	셀 값이 전체 데이터의 평균을 초과할 때 서식 적용
평균 미만	셀 값이 전체 데이터의 평균 미만일 때 서식 적용
기타 규칙	위에서 적용하지 못한 조건을 직접 선택해 서식 적용

이런 조건은 다양하게 활용해 봐야 어떤 결과를 얻을 수 있는지 확인할 수 있습니다. 갖고 있는 데이터에서 위 조건을 하나씩 적용해보는 것을 권합니다.

05 [상위 10%] 대화상자의 첫 번째 옵션의 숫자를 **20**으로 변경합니다.

06 오른쪽 [적용할 서식] 옵션에서 다양한 기본 스타일을 선택할 수 있습니다. [진한 빨강 텍스트가 있는 연한 빨강 채우기]를 선택하고 [확인]을 클릭합니다.

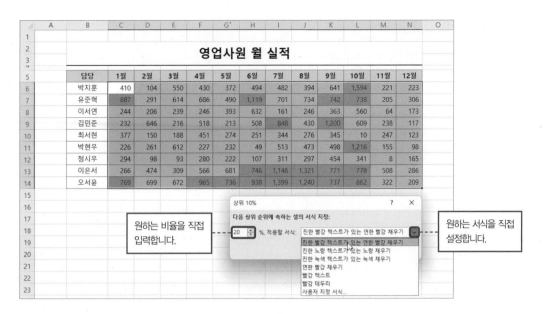

TIP 서식 옵션 중 [사용자 지정 서식···]을 선택하면 [셀 서식] 대화상자가 표시되며 원하는 서식으로 선택/적용하는 것이 가능합니다.

07 하위 20%에는 다른 서식이 나타나도록 설정합니다.

08 **03-04** 과정을 반복해 [하위 10%] 조건을 선택하고 아래 화면과 같이 설정합니다.

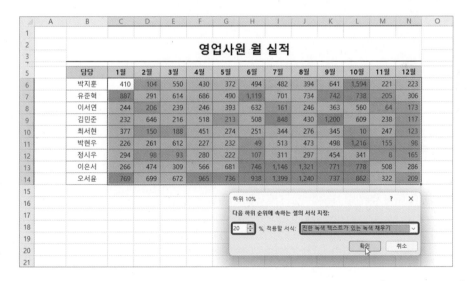

이렇게 원하는 숫자 데이터 범위에 다양한 시각 효과를 첨부하면 데이터를 보다 직관적으로 이해할 수 있습니다.

평균 초과/평균 미만 조건

상위 10%, 하위 10% 조건부 서식은 사용자가 직접 숫자 범위를 설정할 수 있다는 점에서는 편하지만 모든 데이터를 상위/하위 조건으로 구분하는 것은 아닙니다. 전체 데이터가 평균을 초과했는지 혹은 평균 미만인지 확인하려면 [상위/하위 규칙]에서 [평균 초과], [평균 미만] 조건을 설정합니다.

01 조건부 서식이 적용된 범위에 다른 조건부 서식을 적용하려면 기존 조건부 서식을 지워야 합니다.

02 [홈] 탭-[스타일] 그룹-[조건부 서식▦]을 클릭합니다.

03 하위 메뉴에서 [규칙 지우기]-[시트 전체에서 규칙 지우기]를 선택합니다.

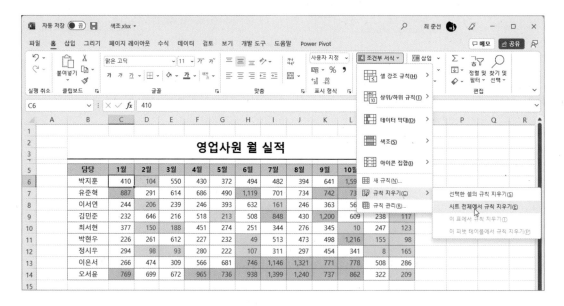

🔍 **더 알아보기**   **조건부 서식 지우기**

조건부 서식은 동일한 셀에 다른 조건으로 중첩 설정이 가능합니다. 그렇기 때문에 기존 서식 말고 다른 서식을 적용하려면 기존 서식을 지우고 작업해야 합니다. [규칙 지우기]의 하위 메뉴에는 다음과 같은 메뉴가 제공됩니다.

조건	설명
선택한 셀의 규칙 지우기	선택된 범위에 적용된 조건부 서식을 모두 지웁니다.
시트 전체에서 규칙 지우기	현재 시트에 적용된 조건부 서식을 모두 지웁니다.
이 표에서 규칙 지우기	현재 셀 위치가 포함된 엑셀 표에 적용된 조건부 서식을 모두 지웁니다. 엑셀 표에 관한 내용은 268페이지를 참고합니다.
이 피벗 테이블에서 규칙 지우기	현재 셀 위치가 포함된 피벗 테이블에 적용된 조건부 서식을 모두 지웁니다. 피벗 테이블 보고서에 대한 내용은 706페이지를 참고합니다.

---

04 [C6:N14] 범위를 선택하고 조건부 서식의 [상위/하위 규칙]에서 [평균 초과]와 [평균 미만]을 각각 선택해 원하는 서식을 적용합니다.

담당	1월	2월	3월	4월	5월	6월	7월	8월	9월	10월	11월	12월
박지훈	410	104	550	430	372	494	482	394	641	1,594	221	223
유준혁	887	291	614	686	490	1,119	701	734	742	738	205	306
이서연	244	206	239	246	393	632	161	246	363	560	64	173
김민준	232	646	216	518	213	508	848	430	1,200	609	238	117
최서현	377	150	188	451	274	251	344	276	345	10	247	123
박현우	226	261	612	227	232	49	513	473	498	1,216	155	98
정시우	294	98	93	280	222	107	311	297	454	341	8	165
이은서	266	474	309	566	681	746	1,146	1,321	771	778	508	286
오서윤	769	699	672	965	736	938	1,399	1,240	737	862	322	209

색조 효과

[상위/하위 규칙]은 직관적이며 필요한 정보를 파악하기는 쉽지만 조건을 만족하는 값의 개별적인 우위는 확인할 수 없습니다. [색조]는 [상위/하위 규칙]과 유사하지만 숫자들의 높고 낮음을 보다 분명하게 확인할 수 있는 장점을 가지고 있습니다.

01 기존에 적용된 조건부 서식은 238페이지를 참고해 지웁니다.

02 [C6:N14] 범위를 선택하고 [홈] 탭-[스타일] 그룹-[조건부 서식圖]을 클릭합니다.

03 [색조]에서 원하는 스타일을 선택해 적용합니다.

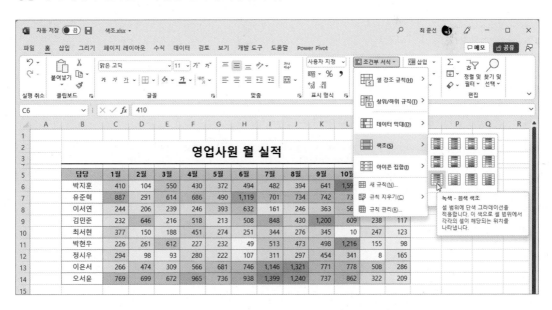

TIP [녹색-흰색 색조]를 선택하면 숫자가 클수록 녹색이 진하게, 숫자가 작을수록 녹색이 연하게 표시됩니다.

11/04 증가/감소를 아이콘으로 구분해 표시하는 방법

예제 파일 PART 03 \ CHAPTER 11 \ 아이콘 집합.xlsx

조건부 서식을 이용해 증감 표시

조건부 서식의 아이콘 집합을 이용해 증감률의 상승, 보합, 하락을 아이콘으로 표시할 수 있습니다. 다음 과정을 참고합니다.

01 [E7:E10] 범위의 증감률에 상승, 보합, 하락을 의미하는 아이콘을 표시합니다.

법인	판매량		증감률
	전월	금월	
일본	241	221	-8.45%
미국	303	448	47.95%
한국	182	182	0.00%
중국	236	542	130.01%

법인별 실적 비교

02 [E7:E10] 범위를 선택합니다.

03 [홈] 탭-[스타일] 그룹-[조건부 서식圖]을 클릭합니다.

04 [아이콘 집합]-[삼각형 3개 ▲ ▬ ▼]를 선택하면 [E7:E10] 범위에 아이콘이 표시됩니다.

TIP 선택된 범위에 적용된 아이콘을 보면 아이콘이 잘못 적용된 것처럼 보입니다.

05　아이콘 집합이 양수, 0, 음수에 맞게 표시되도록 규칙을 변경합니다.

06　[E7:E10] 범위를 선택하고 [홈] 탭-[스타일] 그룹-[조건부 서식▦]을 클릭합니다.

07　[규칙 관리]를 선택해 [조건부 서식 규칙 관리자] 대화상자를 호출합니다.

08　적용된 서식을 선택하고 [규칙 편집]을 클릭합니다.

09　[서식 규칙 편집] 대화상자가 표시되면 [규칙 설명 편집] 그룹 내 옵션을 다음과 같이 변경합니다.

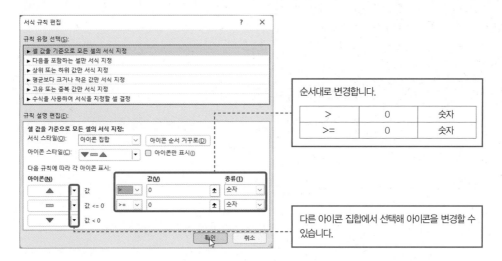

순서대로 변경합니다.

>	0	숫자
>=	0	숫자

다른 아이콘 집합에서 선택해 아이콘을 변경할 수 있습니다.

🔍 더 알아보기　아이콘 집합의 표시 방법

옵션을 수정하기 전 아이콘 집합의 설정은 다음과 같습니다.

>=	67	백분율
>=	33	백분율

이것은 [E7:E10] 범위 내 숫자 값의 비율을 구해 상위 67% 이상이 되는 경우에는 첫 번째 아이콘을, 33~66%는 두 번째 아이콘을, 0~32%는 세 번째 아이콘을 표시한다는 의미입니다. 이것으로 아이콘 집합이 표시할 수 있는 아이콘 개수에 맞게 데이터를 n등분 해서 아이콘을 표시한다는 것을 이해할 수 있습니다.

이번에 변경한 설정은 다음과 같습니다.

>	0	숫자
>=	0	숫자

위 설정은 숫자 0보다 큰 경우(양수, 증가된 값)에는 첫 번째 아이콘, 숫자 0인 경우(앞에서 0을 초과하는 경우를 이미 지정했으므로 >=0의 조건은 =0인 조건과 같습니다.)에는 두 번째 아이콘, 나머지(음수, 감소된 값) 값은 세 번째 아이콘을 표시하도록 변경한 것입니다.

10 [확인]을 클릭해 [서식 규칙 편집] 대화상자와 [조건부 서식 규칙 관리자] 대화상자를 닫습니다.

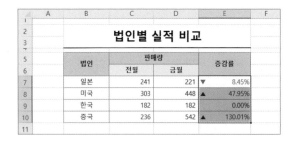

	법인	판매량		증감률
		전월	금월	
	일본	241	221 ▼	-8.45%
	미국	303	448 ▲	47.95%
	한국	182	182 ▭	0.00%
	중국	236	542 ▲	130.01%

셀 서식의 사용자 지정 숫자 서식을 이용해 증감 표시

셀 서식의 사용자 지정 숫자 서식 중 조건을 사용할 수 있는 구문을 사용하면 증감률을 원하는 아이콘으로 표시하는 것이 가능합니다. [E7:E10] 범위에 적용할 수 있는 사용자 지정 숫자 서식은 다음과 같습니다.

[파랑]"▲"* 0.00%;[빨강]"▼"* -0.00%;0.00%

이번 예제에 위 사용자 지정 숫자 서식을 적용하면 다음과 같은 결과를 얻을 수 있습니다.

	법인	판매량		증감률
		전월	금월	
	일본	241	221	▼ 8.45%
	미국	303	448	▲ 47.95%
	한국	182	182	0.00%
	중국	236	542	▲ 130.01%

LINK 사용자 지정 숫자 서식을 적용하는 방법은 이 책의 209페이지를 참고합니다.

LINK ▲, ▼ 등의 특수 문자를 입력하는 방법은 이 책의 148페이지를 참고합니다.

11 / 05 특정 조건에 맞는 행 데이터에 원하는 서식 적용하기

예제 파일 PART 03 \ CHAPTER 11 \ 행 서식.xlsx

수식 조건 설정

조건부 서식은 제공되는 조건 외에도 사용자가 필요한 조건을 직접 수식으로 설정할 수 있습니다. 다만 수식은 반드시 논릿값(TRUE, FALSE)이 반환되어야 합니다. 수식 조건은 선택된 범위의 첫 번째 셀에 적용되고, 나머지 셀에는 수식이 복사됩니다.

01 예제의 [C2] 셀에서 직위를 선택하면 해당 행 데이터에 원하는 서식이 표시되도록 설정합니다.

	A	B	C	D	E	F	G	H
1								
2		직위선택						
3			부장					
			차장					
4		사번	과장	직위	입사일	근속년수	핸드폰	
			대리					
5		1	주임	부장	2009-05-14	13년 5개월	010-7212-1234	
6		2	사원	차장	2013-10-17	9년 0개월	010-5321-4225	
7		3	이서연	과장	2018-05-01	4년 5개월	010-4102-8345	
8		4	김민준	대리	2022-04-01	0년 6개월	010-6844-2313	
9		5	최서현	주임	2021-05-03	1년 5개월	010-3594-5034	
10		6	박현우	주임	2020-10-17	2년 0개월	010-9155-2242	
11		7	정시우	사원	2022-01-02	0년 9개월	010-7237-1123	
12		8	이은서	사원	2022-03-05	0년 6개월	010-4115-1352	
13		9	오서윤	사원	2021-11-15	0년 11개월	010-7253-9721	
14								

TIP [C2] 셀에는 유효성 검사의 [목록] 기능이 설정되어 있습니다.

LINK 유효성 검사의 [목록] 기능에 대한 내용은 이 책의 666페이지를 참고합니다.

02 조건부 서식이 적용될 표 전체 범위(B5:G13)를 선택합니다.

03 [홈] 탭-[스타일] 그룹-[조건부 서식 📖]을 클릭한 후 [새 규칙]을 선택합니다.

04 [새 서식 규칙] 대화상자가 나타나면 [규칙 유형 선택] 항목에서 [수식을 사용하여 서식을 지정할 셀 결정]을 선택합니다.

05 [규칙 설명 편집]에 다음 수식을 입력한 후 [서식]을 클릭합니다.

- **[규칙 설명 편집]** : =$D5=$C$2

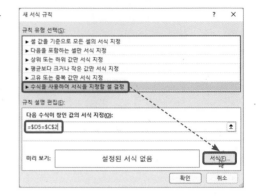

TIP 수식 조건으로 데이터 막대, 색조, 아이콘 집합은 설정할 수 없습니다.

🔍 **더 알아보기**   **=$D5=$C$2 수식 이해하기**

이 조건은 언뜻 보면 어려워 보이지만, 간단하게 생각하면 다음과 같은 조건입니다.

> =$D5=직위

이 수식 조건은 [B5] 셀에 적용되며 나머지 셀은 수식 조건이 복사됩니다. D열에 직위가 입력되어 있으므로 수식을 복사해도 D열의 주소는 변경되어서는 안 되고, 행 주소(5)는 변경될 수 있어야 합니다. 직위는 [C2] 셀에서 선택하도록 되어 있으므로 [C2]셀은 절대 참조 방식으로 참조되어야 합니다.

---

06 [셀 서식] 대화상자가 나타나면 해당 행에 적용할 서식을 선택합니다.

07 셀 배경색을 변경하려면 [채우기] 탭을 선택해 원하는 배경색을 선택하고 [확인]을 클릭합니다.

08 [새 서식 규칙] 대화상자도 [확인]을 클릭해 닫습니다.

09 이제 [C2] 셀에서 원하는 직위를 선택하면 선택한 직위가 표시된 행 데이터 위치의 배경색이 변경됩니다.

	A	B	C	D	E	F	G	H
1								
2		직위선택	대리					
3								
4		사번	이름	직위	입사일	근속년수	핸드폰	
5		1	박지훈	부장	2009-05-14	13년 5개월	010-7212-1234	
6		2	유준혁	차장	2013-10-17	9년 0개월	010-5321-4225	
7		3	이서연	과장	2018-05-01	4년 5개월	010-4102-8345	
8		4	김민준	대리	2022-04-01	0년 6개월	010-6844-2313	
9		5	최서현	주임	2021-05-03	1년 5개월	010-3594-5034	
10		6	박현우	주임	2020-10-17	2년 0개월	010-9155-2242	
11		7	정시우	사원	2022-01-02	0년 9개월	010-7237-1123	
12		8	이은서	사원	2022-03-05	0년 7개월	010-4115-1352	
13		9	오서윤	사원	2021-11-15	0년 11개월	010-7253-9721	
14								

11/06 표의 행 단위로 교차 서식 적용하는 방법

예제 파일 PART 03 \ CHAPTER 11 \ 행 서식-n번째.xlsx

표를 작성한 후 가독성을 높이기 위해 일정 간격으로 행 서식을 지정하고 싶은 경우가 있습니다. 이런 경우 하나씩 일일이 서식을 지정하면 불편하므로 조건부 서식을 이용하는 것이 편리합니다.

01 예제의 표에서 n번째 행에 원하는 서식을 지정합니다.

	사번	이름	직위	주민등록번호	입사일	차량번호
			직 원 명 부			
	사번	이름	직위	주민등록번호	입사일	차량번호
	1	박지훈	부장	820219-1234567	2008-05-14	80 파 5168
	2	유준혁	차장	890304-1234567	2012-10-17	328 사 6337
	3	이서연	과장	911208-2134567	2017-05-01	10 나 3434
	4	김민준	대리	940830-1234567	2021-04-01	254 카 7049
	5	최서현	주임	970919-2134567	2020-05-03	452 다 2422
	6	박현우	주임	950702-1234567	2019-10-17	246 자 3441
	7	정시우	사원	990529-1234567	2021-01-02	120 가 3207
	8	이은서	사원	010109-4134567	2021-03-05	325 가 2708
	9	오서윤	사원	000127-4134567	2020-11-15	215 아 3022

02 조건부 서식을 설정하기 위해 [B6:G14] 범위를 선택합니다.

03 [홈] 탭-[스타일] 그룹-[조건부 서식▦]을 클릭하고 [새 규칙]을 선택합니다.

04 [새 서식 규칙] 대화상자의 [규칙 유형 선택] 항목에서 [수식을 사용하여 서식을 지정할 셀 결정]을 선택합니다.

05 [규칙 설명 편집]에 다음과 같은 조건 수식을 입력한 후 [서식]을 클릭합니다.

· **[규칙 설명 편집]** : =MOD(ROW( ), 2)=1

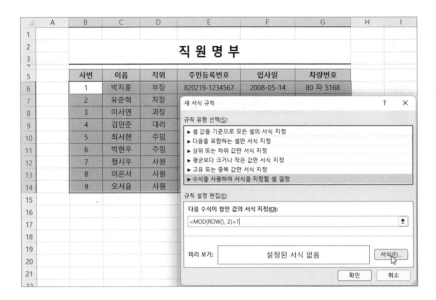

🔍 더 알아보기   수식 조건 이해하기

ROW 함수는 행 번호를 반환하고, MOD 함수는 나눗셈의 나머지 값을 반환합니다. 그러므로 이번 조건은 행 번호를 2로 나눴을 때 나머지 값이 1인 경우에 해당합니다. 즉, 홀수 행에 적용할 수 있는 조건입니다.

만약 2행에 한 번씩 서식을 적용할 것이 아니라 3행에 한 번씩 적용하려면 MOD 함수의 두 번째 인수를 2에서 3으로 변경합니다. 6, 7, 8, …행을 3으로 나누면 0, 1, 2가 반환되므로 비교할 값을 0이나 2로 변경합니다. 설명을 읽기보다 한 번 수식을 변경해 결과가 어떻게 바뀌는지 확인해보세요!

이번 조건에 한정해서 홀수 여부를 확인하는 ISODD 함수를 사용하면 좀 더 조건을 간단하게 만들 수 있습니다.

```
=ISODD(ROW())
```

만약 위 조건을 짝수 행에 적용하려면 ISODD 함수를 ISEVEN 함수로 변경합니다.

---

06 [셀 서식] 대화상자가 나타나면 [채우기] 탭을 선택합니다.

07 행 서식을 적용할 색을 하나 선택하고 [확인]을 클릭합니다.

08 [새 서식 규칙] 대화상자도 [확인]을 클릭해 종료합니다. 다음 결과를 얻을 수 있습니다.

자동 필터가 적용된 표에 일정 간격으로 서식 지정하기

예제 파일 PART 03 \ CHAPTER 11 \ 행 서식−필터.xlsx

01 표에는 **Section 11-11**에서 설명한 수식 조건이 설정되어 있습니다.

TIP 수식 조건은 **=MOD(ROW(), 3)=2**로 행 번호를 3으로 나눴을 때 2가 나오는 행(8, 11, 14, …)에 원하는 배경색이 적용되도록 설정되어 있습니다.

02 자동 필터 조건이 적용되지 않을 때는 3행 간격으로 행 서식이 제대로 설정됩니다.

03 [D5] 셀의 지역에서 '서울'만 화면에 표시되도록 하면 행 서식이 뒤죽박죽 섞여 보기가 좋지 않습니다.

	A	B	C	D	E	F
1						
2			고객 관리 대장			
3						
5		회사명	담당자	지역	사업자등록번호	
6		스타백화점 ㈜	한석규	서울	005-62-08515	
7		뉴럴네트워크 ㈜	황영순	서울	002-22-08595	
8		상아통상 ㈜	조자룡	서울	004-37-02912	
9		대림인터내셔널 ㈜	구재석	인천	001-92-08443	
10		동오무역 ㈜	최영희	대전	002-50-08958	
11		진왕통상 ㈜	손미선	서울	005-04-08209	
30		칠성무역 ㈜	성현아	서울	004-62-05051	
31		네트워크통상 ㈜	이혜준	경기	001-80-03804	
32		길가온교역 ㈜	정영순	서울	005-46-08783	
33		고려무역 ㈜	오민수	경기	005-47-09256	
34		갤럭시통상 ㈜	김혜린	서울	002-20-06369	

	A	B	C	D	E	F
1						
2			고객 관리 대장			
3						
5		회사명	담당자	지역	사업자등록번호	
6		스타백화점 ㈜	한석규	서울	005-62-08515	
7		뉴럴네트워크 ㈜	황영순	서울	002-22-08595	
8		상아통상 ㈜	조자룡	서울	004-37-02912	
11		진왕통상 ㈜	손미선	서울	005-04-08209	
12		의리상사 ㈜	장선희	서울	002-23-05954	
14		반디상사 ㈜	문익한	서울	006-79-01788	
30		칠성무역 ㈜	성현아	서울	004-62-05051	
32		길가온교역 ㈜	정영순	서울	005-46-08783	
34		갤럭시통상 ㈜	김혜린	서울	002-20-06369	
35						
36						

LINK 자동 필터에 대해서는 이 책의 섹션 **Section 24-01~24-10**(604~626페이지) 부분을 참고합니다.

04 [데이터] 탭−[정렬 및 필터] 그룹−[지우기 🔽]를 클릭해 필터 조건을 해제합니다.

05 조건부 서식이 설정된 [B6:E34] 범위를 선택합니다.

06 [홈] 탭−[스타일] 그룹−[조건부 서식 🔳]을 클릭한 후 [규칙 관리]를 선택합니다.

07 [조건부 서식 규칙 관리자] 대화상자가 나타나면 [규칙 편집]을 클릭합니다.

08 [서식 규칙 편집] 대화상자가 나타나면 [규칙 설명 편집]에 수식 조건을 다음과 같이 변경한 후 [확인]을 클릭합니다.

- [규칙 설명 편집] : =MOD(AGGREGATE(3, 5, $B$6:$B6), 3)=0

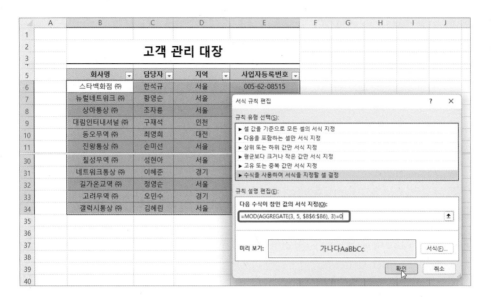

🔍 **더 알아보기**　　**수식 조건 이해하기**

수정된 수식은 기존 ROW 함수를 AGGREGATE 함수로 대체합니다. AGGREGATE 함수는 엑셀 2010 버전부터 사용할 수 있는 함수로 자동 필터에 대응할 수 있는 함수입니다.

LINK AGGREGATE 함수에 대한 설명은 이 책의 475페이지를 참고합니다.

AGGREGATE 함수의 첫 번째 인수가 3이면 COUNTA 함수와 동일한 방법으로 집계합니다. 그러므로 [$B$6:$B6] 범위에서 데이터가 입력된 셀 개수가 몇 개인지를 셉니다. 이때 중요한 것은 참조 방식입니다. [$B$6:$B6]과 같이 참조했으므로 이 수식이 아래쪽으로 복사되면 다음과 같이 참조 위치가 변경됩니다.

```
$B$6:$B6  →  개수는 한 개
$B$6:$B7  →  개수는 두 개
$B$6:$B8  →  개수는 세 개
     ...
$B$6:$B34  →  개수는 29개
```

또한 AGGREGATE 함수의 두 번째 인수를 5로 지정했으므로 화면에 보이는 셀만 계산합니다. 따라서 화면에 보이는 행 데이터만 세어 1, 2, 3,…과 같은 일련번호로 반환합니다. 이 값을 MOD 함수를 사용해 3으로 나눈 나머지 값(1, 2, 0, …) 중에서 0 위치, 즉 세 번째, 여섯 번째, 아홉 번째, … 위치의 행에 지정된 서식이 적용되도록 해줍니다.

AGGREGATE 함수는 2010 버전부터 사용할 수 있는 함수이므로 2007 이전 버전 사용자는 다음 수식을 사용합니다.

```
=MOD(SUBTOTAL(103, $B$6:$B6), 3)=0
```

09 [조건부 서식 규칙 관리자] 대화상자도 [확인]을 클릭해 닫습니다.

10 이제 자동 필터 조건을 적용해도 3행에 한 번씩 지정된 서식이 제대로 나타납니다.

	A	B	C	D	E	F
1						
2			고객 관리 대장			
3						
5		회사명	담당자	지역	사업자등록번호	
6		스타백화점 ㈜	한석규	서울	005-62-08515	
7		뉴럴네트워크 ㈜	황영순	서울	002-22-08595	
8		상아통상 ㈜	조자룡	서울	004-37-02912	
11		진왕통상 ㈜	손미선	서울	005-04-08209	
12		의리상사 ㈜	장선희	서울	002-23-05954	
14		반디상사 ㈜	문익한	서울	006-79-01788	
17		신화백화점 ㈜	박광준	서울	005-09-08192	
19		누리 ㈜	강태준	서울	002-27-06132	
20		사선무역 ㈜	천용만	서울	004-04-08004	
22		새별 ㈜	강민수	서울	005-02-06171	
23		삼양트레이드 ㈜	주진국	서울	003-35-03968	
26		한정교역 ㈜	손미순	서울	006-11-01561	
28		나래백화점 ㈜	강판석	서울	003-26-09292	
30		칠성무역 ㈜	성현아	서울	004-62-05051	
32		길가온교역 ㈜	정영순	서울	005-46-08783	
34		갤럭시통상 ㈜	김혜린	서울	002-20-06369	
35						
36						

필터가 적용되어 있어도 3행 간격으로 행 서식이 정확하게 적용됩니다.

11/08 중복 데이터 표시하기

예제 파일 PART 03 \ CHAPTER 11 \ 중복 표시.xlsx

단일 중복 조건

엑셀에서 중복 데이터를 가장 쉽게 확인할 수 있는 방법이 바로 조건부 서식에서 제공하는 [중복] 조건을 사용하는 것입니다. 이 방법은 하나의 열이나 여러 열을 선택하고 범위 내에서 똑같은 값만 중복으로 표시해줍니다. 다음 과정을 참고합니다.

01 예제 파일의 표에서 D열의 중복 전화번호를 찾아 표시합니다.

02 전화번호가 입력된 [D6:D15] 범위를 선택합니다.

03 [홈] 탭-[스타일] 그룹-[조건부 서식圖]을 클릭합니다.

04 [셀 강조 규칙]-[중복 값]을 선택합니다.

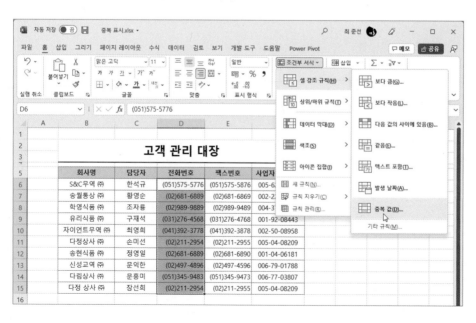

05 [중복 값] 대화상자가 나타나면 바로 중복 데이터를 확인할 수 있습니다.

	A	B	C	D	E	F	G	H	I
1									
2			**고객 관리 대장**						
3									
4									
5		회사명	담당자	전화번호	팩스번호	사업자등록번호			
6		S&C무역 ㈜	한석규	(051)575-5776					
7		송월통상 ㈜	황영순	(02)681-6889					
8		학영식품 ㈜	조자룡	(02)989-9889					
9		유리식품 ㈜	구재석	(031)276-4568					
10		자이언트무역 ㈜	최영희	(041)392-3778					
11		다정상사	손미선	(02)211-2954					
12		송현식품 ㈜	정영일	(02)681-6889	(02)681-6890	001-04-06181			
13		신성교역	문익한	(02)497-4896	(02)497-4596	006-79-01788			
14		다림상사 ㈜	문흥미	(051)345-9483	(051)345-9473	006-77-03807			
15		다정 상사 ㈜	장선희	(02)211-2954	(02)211-2955	005-04-08209			
16									

중복 값 대화상자:
다음 값을 포함하는 셀의 서식 지정:
중복 ▾ 적용할 서식: 진한 빨강 텍스트가 있는 연한 빨강 채우기 ▾
[확인] [취소]

> 중복 데이터가 없다면 [중복 값] 대화상자가 표시될 때 선택한 범위에 아무런 변화가 없습니다.

TIP [D7], [D12] 셀의 전화번호가 서로 중복이고 [D11], [D15] 셀의 전화번호가 서로 중복입니다.

다중 중복 조건

조건부 서식의 [중복] 조건은 하나의 조건만 허용하지만, 여러 개의 데이터가 모두 같은 경우에 중복을 표시하고 싶다면 수식 조건을 사용해야 합니다. 이번 예제에서는 전화번호(D열)와 사업자등록번호(F열)가 같은 경우에만 중복이라고 가정합니다. 다음 과정을 참고합니다.

01 먼저 적용된 조건부 서식은 다음 방법을 참고해 삭제합니다.

---
❶ [D6:D15] 범위를 선택합니다.
❷ [홈] 탭-[스타일] 그룹-[조건부 서식▦]을 클릭합니다.
❸ [규칙 지우기]-[선택한 셀의 규칙 지우기] 메뉴를 선택합니다.

---

02 [B6:F15] 범위를 선택하고 [홈] 탭-[스타일] 그룹-[조건부 서식▦]을 클릭합니다.

03 하위 메뉴에서 [새 규칙]을 선택합니다.

04 [규칙 유형 선택]에서 [수식을 사용하여 서식을 지정할 셀 결정]을 선택합니다.

05 하단에 다음 수식을 입력하고 [서식]을 클릭합니다.

```
=COUNTIFS($D$6:$D$15, $D6, $F$6:$F$15, $F6)>1
```

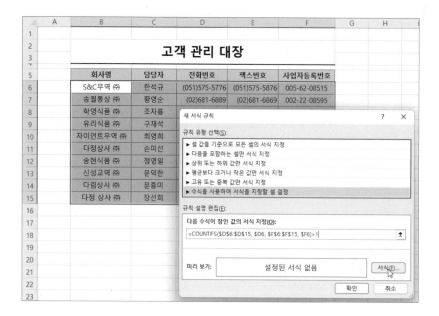

🔍 **더 알아보기**   **수식 이해하기**

중복은 동일한 값이 있는지 확인하는 것이고, 전화번호와 사업자등록번호가 동일한 중복 조건을 확인하려면 해당 조건에 맞는 데 이터가 얼마나 있는지 세어 2 이상의 값이 나오는 것을 체크하면 됩니다.

이번 수식은 COUNTIFS 함수를 사용해 D열의 범위(D6:D15)에서 [D6] 셀의 값과 같고, F열의 범위(F6:F15)에서 [F6] 셀의 값이 같은 조건이 몇 개가 있는지 세어 1을 초과(=2, 2 이상)하는 경우에 원하는 서식이 표시되도록 한 것입니다. COUNTIFS 함수에 대한 자세한 설명은 이 책의 439페이지를 참고합니다.

06 [셀 서식] 대화상자에서 [채우기] 탭을 선택하고 원하는 색을 선택합니다.

07 [셀 서식] 대화상자와 [새 서식 규칙] 대화상자 모두 [확인]을 클릭해 닫습니다.

08 그러면 다음과 같은 결과를 확인할 수 있습니다.

11 / 09 두 표를 크로스 체크하는 방법

예제 파일 PART 03 \ CHAPTER 11 \ 표 비교.xlsx

조건부 서식을 이용한 방법

두 표를 크로스 체크할 때 두 표에 모두 존재하는 데이터나 어느 한쪽에만 존재하는 데이터를 확인해야 하는 경우가 있습니다. 이런 경우에는 [조건부 서식]의 [중복] 조건을 사용하는 것이 쉽습니다. 다음 과정을 참고합니다.

01 예제의 표에는 최근 2년 동안의 거래했던 고객과 실적이 정리되어 있습니다.

	A	B	C	D	E	F	G	H	I
1									
2				거래처 매출표					
3									
5		고객	2021년	체크		고객	2022년	체크	
6		상아통상 ㈜	8,874,060			신화백화점 ㈜	15,258,775		
7		동경무역 ㈜	8,780,995			뉴럴네트워크 ㈜	11,111,560		
8		나래백화점 ㈜	8,482,900			진주 ㈜	7,822,750		
9		반디상사 ㈜	7,534,715			소리상사 ㈜	7,560,065		
10		길가온교역 ㈜	6,604,525			동광 ㈜	7,396,530		
11		스타백화점 ㈜	6,419,475			미래백화점 ㈜	7,151,645		
12		한정교역 ㈜	6,231,865			상아통상 ㈜	6,933,990		
13		소리상사 ㈜	4,252,710			한정교역 ㈜	6,366,350		
14		뉴럴네트워크 ㈜	3,781,050			사선무역 ㈜	5,889,850		
15		동오무역 ㈜	2,866,500			동오무역 ㈜	5,693,860		
16		사선무역 ㈜	1,784,350			스타백화점 ㈜	3,107,070		
17		진주 ㈜	1,054,300			길가온교역 ㈜	3,105,690		
18						반디상사 ㈜	2,335,765		
19									

02 위 표에서 두 해 동안 모두 거래가 있던 고객 명단을 표시합니다.

03 [B6:B17] 범위를 선택하고 Ctrl 을 누른 상태에서 [F6:F18] 범위를 선택합니다.

04 [홈] 탭-[스타일] 그룹-[조건부 서식▦]을 클릭합니다.

05 하위 메뉴에서 [셀 강조 규칙]-[중복 값]을 선택합니다.

06 [중복 값] 대화상자가 열리면 다음과 같은 결과가 화면에 바로 표시됩니다.

07 [확인]을 클릭해 두 해 동안 거래했던 업체를 표시합니다.

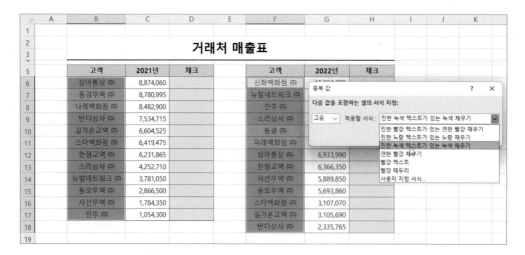

08 이번에는 한쪽 표에만 존재하는 고객 명단을 표시합니다.

TIP 왼쪽 표에만 서식이 표시되면 2021년에 거래를 했지만 2022년에는 거래가 없던 것입니다. 2022년에만 색상이 표시되면 신규 거래처 라는 것을 의미합니다.

09 동일한 방법을 사용하므로 **04-06**과정을 다시 참고해 동일하게 작업합니다.

10 [중복 값] 대화상자의 첫 번째 옵션을 [고유]로 선택하고 [적용할 서식]에서 원하는 스타일을 선택합니다.

수식을 이용한 방법

조건부 서식은 편리하지만 같은 시트 내에 위치한 데이터만 확인할 수 있습니다. 다른 시트에 존재하는 데이터와 비교하려면 엑셀 함수를 이용해 원하는 결과를 반환받을 수 있습니다. 다음 과정을 참고합니다.

01 왼쪽 표를 오른쪽 표와 비교하려면 [D6] 셀에 다음 수식을 입력하고 [D6] 셀의 채우기 핸들⊞을 [D17] 셀까지 드래그해 수식을 복사합니다.

```
=COUNTIF($F$6:$F$18, B6)
```

	A	B	C	D	E	F	G	H	I
1									
2				**거래처 매출표**					
3									
5		고객	2021년	체크		고객	2022년	체크	
6		상아통상 ㈜	8,874,060	1		신화백화점 ㈜	15,258,775		
7		동경무역 ㈜	8,780,995	-		뉴럴네트워크 ㈜	11,111,560		
8		나래백화점 ㈜	8,482,900	-		진주 ㈜	7,822,750		
9		반디상사 ㈜	7,534,715	1		소리상사 ㈜	7,560,065		
10		길가온교역 ㈜	6,604,525	1		동광 ㈜	7,396,530		
11		스타백화점 ㈜	6,419,475	1		미래백화점 ㈜	7,151,645		
12		한정교역 ㈜	6,231,865	1		상아통상 ㈜	6,933,990		
13		소리상사 ㈜	4,252,710	1		한정교역 ㈜	6,366,350		
14		뉴럴네트워크 ㈜	3,781,050	1		사선무역 ㈜	5,889,850		
15		동오무역 ㈜	2,866,500	1		동오무역 ㈜	5,693,860		
16		사선무역 ㈜	1,784,350	1		스타백화점 ㈜	3,107,070		
17		진주 ㈜	1,054,300	1		길가온교역 ㈜	3,105,690		
18						반디상사 ㈜	2,335,765		
19									

🔍 **더 알아보기** | **수식 이해하기**

COUNTIF 함수는 지정한 범위에서 조건에 맞는 셀의 개수를 셀 때 사용하는 함수입니다. 이번과 같이 사용하면 올해 거래처 (F6:F18) 명단에 전년도 거래처(B6)를 세어 개수를 반환합니다. 개수를 세어 0이 나오면 올해 거래처에는 없는 것으로 거래가 중단된 업체를 의미합니다. 반대로 1(이상)이 나오면 거래 중인 업체를 의미합니다. COUNTIF 함수에 대해서는 이 책의 433페이지에 자세하게 설명합니다.

02 이해하기 쉬운 결과로 변경하기 위해 [D6] 셀의 수식에 IF 함수를 추가해 다음과 같이 변경하고 수식을 [D17] 셀까지 수식을 복사합니다.

```
=IF(COUNTIF($F$6:$F$18, B6)=0, "거래 중단", "거래중")
```

| D6 | | ✓ | ƒx | =IF(COUNTIF($F$6:$F$18, B6)=0, "거래 중단", "거래중") |

	A	B	C	D	E	F	G	H	I
1									
2				**거래처 매출표**					
3									
5		고객	2021년	체크		고객	2022년	체크	
6		상아통상 ㈜	8,874,060	거래중		신화백화점 ㈜	15,258,775		
7		동경무역 ㈜	8,780,995	거래 중단		뉴럴네트워크 ㈜	11,111,560		
8		나래백화점 ㈜	8,482,900	거래 중단		진주 ㈜	7,822,750		
9		반디상사 ㈜	7,534,715	거래중		소리상사 ㈜	7,560,065		
10		길가온교역 ㈜	6,604,525	거래중		동광 ㈜	7,396,530		
11		스타백화점 ㈜	6,419,475	거래중		미래백화점 ㈜	7,151,645		
12		한정교역 ㈜	6,231,865	거래중		상아통상 ㈜	6,933,990		
13		소리상사 ㈜	4,252,710	거래중		한정교역 ㈜	6,366,350		
14		뉴럴네트워크 ㈜	3,781,050	거래중		사선무역 ㈜	5,889,850		
15		동오무역 ㈜	2,866,500	거래중		동오무역 ㈜	5,693,860		
16		사선무역 ㈜	1,784,350	거래중		스타백화점 ㈜	3,107,070		
17		진주 ㈜	1,054,300	거래중		길가온교역 ㈜	3,105,690		
18						반디상사 ㈜	2,335,765		
19									

03 H열에도 동일한 방법으로 신규 거래처를 표시할 수 있습니다.

04 [H6] 셀에 다음 수식을 입력하고 [H18] 셀까지 수식을 복사해 결과를 확인합니다.

```
=IF(COUNTIF($B$6:$B$17, F6)=0, "신규", "")
```

11 / 10 만년 달력을 조건부 서식으로 완성하기

예제 파일 PART 03 \ CHAPTER 11 \ 만년 달력.xlsx

양식 이해

만년 달력 서식은 만들기 어려울 것 같아도 달력의 구조 상 첫 번째 날만 계산할 수 있으면 나머지 날짜는 비교적 쉽게 만들 수 있습니다. 예제를 열면 다음과 같은 만년 달력을 확인할 수 있습니다.

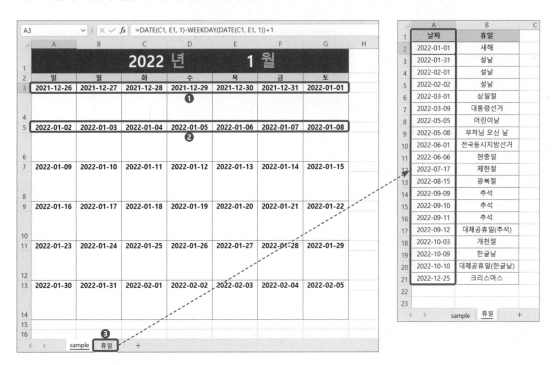

❶ **달력의 첫 번째 주의 날짜 :** [C1], [E1] 셀의 연, 월을 가지고 [A3] 셀에만 날짜가 계산되도록 입력되어 있으며, 이 수식은 이 책의 507페이지에 자세하게 설명되어 있습니다. 나머지 셀은 왼쪽 날짜에 +1을 연산해 구하도록 입력되어 있습니다. 참고로 [C1], [E1] 셀의 연, 월 값을 변경하면 만년 달력의 날짜가 자동으로 변합니다.

❷ **달력의 두 번째 주의 날짜 :** 첫 번째 주 날짜에 +7을 연산해 구했으며, 세 번째 이후 주도 모두 같은 방법으로 계산되어 있습니다.

❸ **[휴일] 시트 :** 만년 달력에 표시할 휴일 날짜를 기록해 놓은 시트로 [날짜]와 [휴일] 두 개의 열로 구성했습니다.

달력 내 날짜는 일만 표시

만년 달력 내 날짜는 일만 표시되는 것이 깔끔합니다. 날짜에서 일만 표시되도록 하는 것은 [셀 서식]의 표시 형식을 이용하는 것이 가장 쉽습니다. 다음 과정을 참고합니다.

01 만년 달력에서 날짜 범위만 선택합니다.

02 [A3:G14] 범위를 선택하고 [홈] 탭-[편집] 그룹-[찾기 및 선택 🔎]을 클릭합니다.

03 하위 메뉴에서 [수식]을 선택합니다.

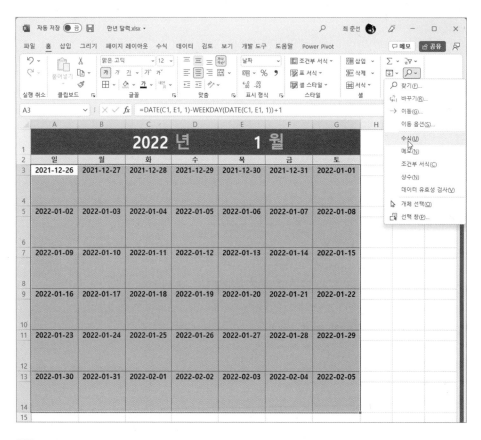

TIP [찾기 및 선택]의 하위 메뉴에서 제공되는 [수식] 옵션은 엑셀 이동 기능을 이용한 것입니다.

04 수식으로 계산된 날짜 데이터의 값 범위만 제대로 선택됩니다.

05 Ctrl + 1 을 눌러 [셀 서식] 대화상자를 열고 [표시 형식] 탭의 [범주] 리스트에서 [사용자 지정]을 선택합니다.

06 [형식]에 서식 코드 **d**를 입력하고 [확인]을 클릭합니다.

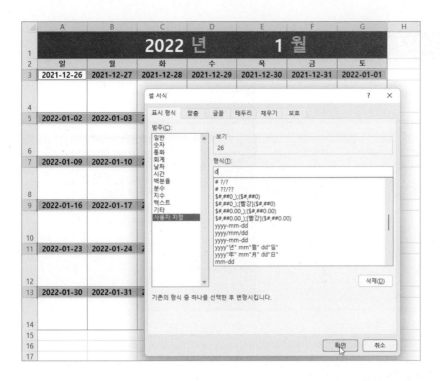

07 그러면 화면과 같이 달력의 날짜가 일만 표시되는 것을 확인할 수 있습니다.

	일	월	화	수	목	금	토
	26	27	28	29	30	31	1
	2	3	4	5	6	7	8
	9	10	11	12	13	14	15
	16	17	18	19	20	21	22
	23	24	25	26	27	28	29
	30	31	1	2	3	4	5

08 토요일 열과 일요일 열의 날짜에 각각 파란색과 빨간색으로 글꼴색을 변경하면 좀 더 그럴 듯한 결과를 얻을 수 있습니다.

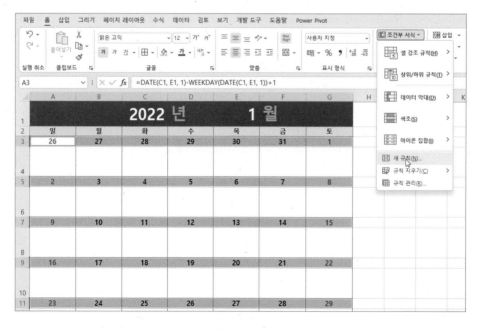

범위를 각각 선택하고 글꼴색을 일요일은 빨간색, 토요일은 파란색으로 변경합니다.

이번 달 날짜 외에는 흐리게 표시

만년 달력 내에는 이번 달 말고도 이전 달이나 다음 달의 날짜도 함께 표시됩니다. 이 날짜들은 흐릿하게 표시되도록 조건부 서식을 이용해 설정합니다. 다음 과정을 참고합니다.

01 258페이지를 참고해 만년 달력에서 날짜가 입력된 범위만 선택합니다.

02 [홈] 탭-[스타일] 그룹-[조건부 서식▦]을 클릭하고 [새 규칙]을 선택합니다.

TIP 날짜의 월을 비교하는 조건을 추가해야 하므로 수식 조건을 사용합니다.

03 [새 서식 규칙] 대화상자가 열리면 [규칙 유형 선택]에서 [수식을 사용하여 서식을 지정할 셀 결정]을 선택하고 아래 수식으로 조건을 입력한 후 [확인]을 클릭합니다.

```
=MONTH(A3)<>$E$1
```

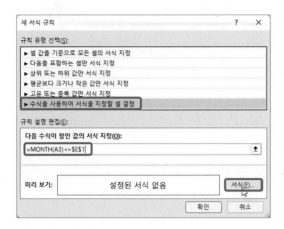

🔍 **더 알아보기**　　**수식 이해하기**

날짜를 흐리게 표시해야 할 조건은 이번 달이 아닌 날짜이므로, 날짜 데이터([A3] 셀은 선택된 범위의 첫 번째 셀)에서 월을 반환하는 MONTH 함수를 사용한 후 반환 값을 [E1] 셀(만년 달력에서 월이 입력된 셀)의 값과 다른지 비교한 것입니다. 이 조건이 다르다면 월이 다른 날짜라는 의미입니다.

04 [셀 서식] 대화상자가 열리면 [글꼴] 탭을 선택하고 [색] 옵션에서 화면을 참고해 회색 글꼴색을 적용합니다.

05 [셀 서식] 대화상자와 [새 서식 규칙] 대화상자 모두 [확인]을 클릭해 닫습니다.

	A	B	C	D	E	F	G	H
1			2022 년		1 월			
2	일	월	화	수	목	금	토	
3	26	27	28	29	30	31	1	
4								
5	2	3	4	5	6	7	8	
6								
7	9	10	11	12	13	14	15	
8								
9	16	17	18	19	20	21	22	
10								
11	23	24	25	26	27	28	29	
12								
13	30	31	1	2	3	4	5	
14								
15								

[E1] 셀의 월과 다른 월의 날짜는 만년 달력에서 적용한 글꼴 색으로 변경이 됩니다.
일요일(A열)과 토요일(G열)에 적용된 셀 색상보다 조건부 서식이 우선해 적용됩니다.

06 [E1] 셀의 값을 **2**로 수정해 2022년 2월의 날짜가 제대로 달력에 표시되는지 확인합니다.

	A	B	C	D	E	F	G	H
1			2022 년		2 월			
2	일	월	화	수	목	금	토	
3	30	31	1	2	3	4	5	
4								
5	6	7	8	9	10	11	12	
6								
7	13	14	15	16	17	18	19	
8								
9	20	21	22	23	24	25	26	
10								
11	27	28	1	2	3	4	5	
12								
13	6	7	8	9	10	11	12	
14								
15								

휴일을 달력에 표시

[휴일] 시트에 정리해 놓은 날짜도 만년 달력에 표시합니다. 이런 부분도 데이터를 상호 매칭해 봐야 하는 것이므로 조건부 서식을 이용해 처리합니다. 다음 과정을 참고합니다.

01 258페이지를 참고해 만년 달력에서 날짜가 입력된 범위만 선택합니다.

02 [홈] 탭-[스타일] 그룹-[조건부 서식▦]을 클릭하고 [새 규칙]을 선택합니다.

03 [새 서식 규칙] 대화상자가 열리면 [규칙 유형 선택]에서 [수식을 사용하여 서식을 지정할 셀 결정]을 선택하고 하단의 조건에 다음 수식을 입력한 후 [확인]을 클릭합니다.

```
=COUNTIF(휴일!$A$2:$A$21, A3)=1
```

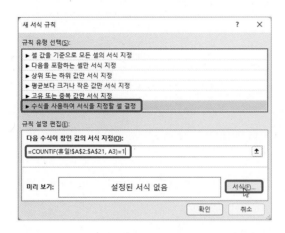

04 [셀 서식] 대화상자가 표시되면 [채우기] 탭을 선택하고 [배경색]에서 원하는 셀 배경색을 하나 선택합니다.

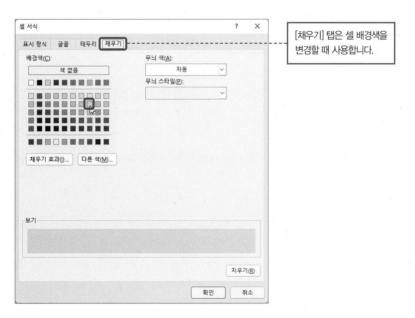

[채우기] 탭은 셀 배경색을 변경할 때 사용합니다.

05 [셀 서식] 대화상자와 [새 서식 규칙] 대화상자 모두 [확인]을 클릭해 닫습니다.

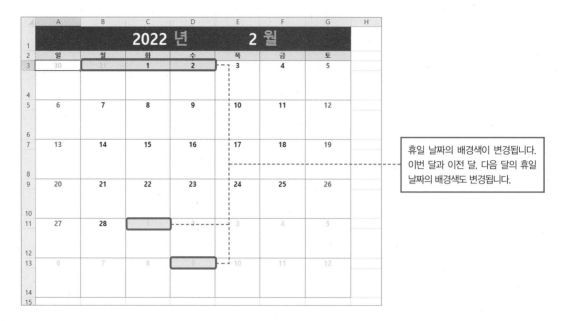

휴일 날짜의 배경색이 변경됩니다. 이번 달과 이전 달, 다음 달의 휴일 날짜의 배경색도 변경됩니다.

06 휴일이 이번 달의 것만 표시되도록 변경하겠습니다.

07 [홈] 탭-[스타일] 그룹-[조건부 서식圖]을 클릭하고 [규칙 관리]를 선택합니다.

08 [조건부 서식 규칙 관리자] 대화상자가 표시되면 [서식 규칙 표시]에서 [현재 워크시트]를 선택합니다.

TIP 셀 선택 위치에 따라 적용된 조건부 서식이 표시되지 않을 수 있습니다. 이때 [현재 워크시트]를 선택하면 현재 시트에 적용된 모든 조건부 서식을 확인할 수 있습니다.

09 조건부 서식의 우선 순위를 조정하기 위해, 휴일 날짜의 배경색을 지정하는 조건을 선택하고 [아래로 이동☑]을 클릭합니다.

TIP 먼저 설정한 조건부 서식이 아래에, 나중에 설정한 조건부 서식이 위에 표시됩니다. 또한 이 순서는 조건부 서식이 적용되는 순서를 의미합니다.

10 순서를 조정한 후 첫 번째 조건의 우측에 표시된 [True일 경우 중지]에 체크합니다.

TIP 이 옵션은 첫 번째 조건을 만족하면 아래 조건이 적용되지 않도록 합니다. 이렇게 되면 월이 다른 경우는 글꼴 색만 변경되며 휴일에 적용될 조건부 서식이 적용되지 않습니다.

11 [조건부 서식 규칙 관리자] 대화상자의 [확인]을 클릭해 대화상자를 닫습니다.

12 그러면 이번 달의 휴일 날짜에만 배경색이 변경됩니다.

13 [E1]셀의 월을 [3]으로 변경해 만년 달력이 정상적으로 동작하는지 확인합니다.

표 관리

엑셀 표

엑셀 표는 표에 저장된 데이터를 사용자가 더 쉽게 관리하고 분석할 수 있도록 지원하는 기능입니다. 엑셀 표로 등록된 표 하단와 우측에 새로운 데이터를 추가하면 표 범위가 자동으로 확장되며, 표의 머리글을 이용해 데이터 범위를 참조할 수 있도록 해줍니다. 엑셀 표는 업무를 보다 편리하게 진행할 수 있는 유용한 기능이므로 엑셀 사용자라면 반드시 알아야 할 기능 중 하나입니다.

엑셀 표 등록(변환) 방법

예제 파일 PART 04 \ CHAPTER 12 \ 엑셀 표.xlsx

표 등록

표를 엑셀 표로 등록(변환)하는 방법은 간단합니다. 다만 엑셀 표를 활용할 때 장점도 있지만, 주의해야 할 점도 있으므로 해당 사항을 정확하게 이해하고 활용하는 것이 필요합니다.

엑셀 표 활용 장점

엑셀 표를 활용할 때의 장점은 다음과 같습니다.

첫째, 표 하단과 우측에 새로 입력된 데이터를 엑셀 표 데이터로 자동 인식합니다.

LINK Section 12-02를 참고합니다.

둘째, 첫 번째 셀에 입력된 수식을 전체 열 범위로 자동 복사합니다.

LINK Section 12-05를 참고합니다.

셋째, 셀 주소 대신 머리글을 이용해 데이터 범위를 참조합니다.

LINK Section 12-06~12-08을 참고합니다.

엑셀 표 사용 시 주의할 점

표를 등록할 경우에는 다음 사항을 주의합니다.

첫째, 표의 구조가 테이블 구조여야 합니다. 테이블 구조란 표의 첫 번째 행에 각 열의 제목이 입력되어 있고, 두 번째 행부터 데이터가 입력되는 표를 의미합니다.

둘째, 표의 첫 번째 행이 동일한 제목을 갖는다면 두 번째 열부터 제목 뒤에 2, 3, 4, …와 같은 제목으로 변경됩니다.

셋째, 표에 병합이 설정된 경우에는 모두 해제됩니다.

엑셀 표 등록 방법

표를 등록하는 방법은 다음 과정을 참고합니다.

01 예제 파일의 표를 엑셀 표로 등록합니다.

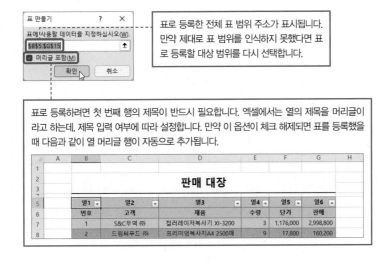

첫 번째 행에 제목이 입력되어 있습니다.

두 번째 행부터 데이터가 입력되어 있습니다.

02 엑셀 표로 등록하기 위해 표 내부의 셀 중 하나(예를 들어 [B6] 셀)를 선택합니다.

03 [삽입] 탭-[표] 그룹-[표圖]를 클릭합니다.

04 [표 만들기] 대화상자가 열리면 다음 설명을 참고해 설정하고 [확인]을 클릭합니다.

표로 등록한 전체 표 범위 주소가 표시됩니다. 만약 제대로 표 범위를 인식하지 못했다면 표로 등록할 대상 범위를 다시 선택합니다.

표로 등록하려면 첫 번째 행의 제목이 반드시 필요합니다. 엑셀에서는 열의 제목을 머리글이라고 하는데, 제목 입력 여부에 따라 설정합니다. 만약 이 옵션이 체크 해제되면 표를 등록했을 때 다음과 같이 열 머리글 행이 자동으로 추가됩니다.

05 표가 엑셀 표로 등록됩니다.

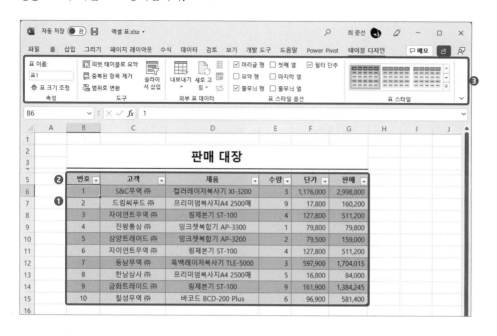

🔍 **더 알아보기**　　**표가 엑셀 표로 등록되었을 때 바뀌는 부분**

❶ 표에 표 스타일이 적용됩니다. 표 스타일은 [테이블 디자인] 탭(엑셀 2019 이전 버전에서는 [표 도구]-[디자인] 탭) 탭-[표 스타일] 그룹에서 변경할 수 있습니다. 변경 방법은 **Section 12-03**을 참고합니다.

❷ 표에 자동 필터가 적용됩니다.

❸ 표 범위 내 셀을 하나 선택하면 엑셀 표에서만 사용할 수 있는 [테이블 디자인] 탭이 리본 메뉴에 표시됩니다. 이렇게 특정 기능을 이용할 때 표시되는 탭을 확장 탭이라고 합니다.

표 등록 해제

표 등록을 해제하려면 다음 과정을 참고합니다.

01 엑셀 표로 등록된 범위 내 셀을 하나 선택합니다.

02 [테이블 디자인] 탭-[도구] 그룹-[범위로 변환 🔄]을 클릭합니다.

03 표를 정상 범위로 변환할지 묻는 메시지 대화상자가 나타나면 [예]를 클릭합니다.

TIP 표를 정상 범위로 변경해도 표 스타일은 함께 제거되지 않으므로 수동으로 변경해야 합니다.

12 / 02 엑셀 표 범위 자동 확장 이해하기

예제 파일 PART 04 \ CHAPTER 12 \ 엑셀 표-확장.xlsx

엑셀 표는 추가된 데이터를 어떻게 인식할까?

엑셀 표로 등록하면 **표 하단과 우측 열에 추가된 데이터는 표에 데이터를 추가하는 것으로 인식해 표 범위가 자동으로 확장**됩니다. 이런 특징을 잘 활용하면 업무를 자동화하기 쉬우므로 표 범위가 어떻게 확장되는지 정확하게 이해하는 것이 중요합니다.

01 예제 파일을 열면 화면과 같은 표를 확인할 수 있습니다.

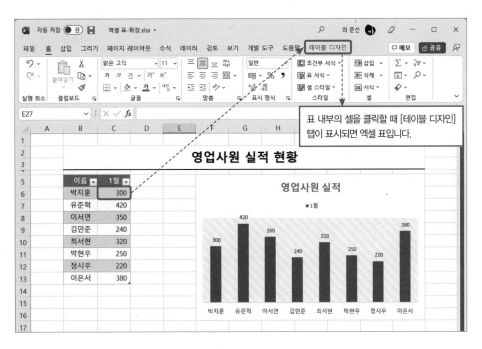

표 내부의 셀을 클릭할 때 [테이블 디자인] 탭이 표시되면 엑셀 표입니다.

TIP 오른쪽 차트는 [B5:C13] 범위의 엑셀 표를 원본으로 생성한 것입니다.

02 [B14:C14] 범위에 임의의 데이터를 자유롭게 입력합니다. 표 범위가 자동으로 확장됩니다.

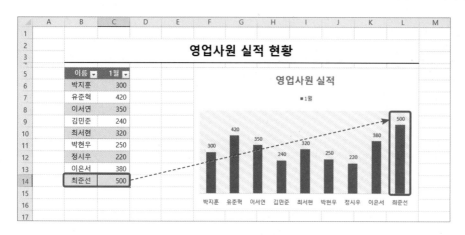

TIP 표 하단에 새로 입력된 데이터를 자동 인식합니다. 표와 연결된 차트에도 데이터가 추가됩니다.

03 [D5:D14] 범위에 2월 데이터를 추가하면 차트에 추가된 데이터가 표시됩니다.

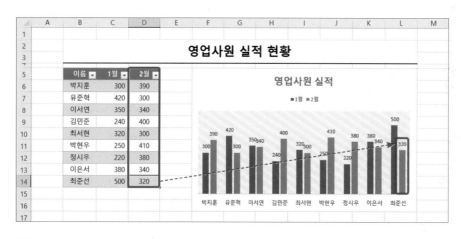

TIP 표 우측에 새로 입력된 데이터를 자동 인식합니다.

표 범위가 자동 확장되지 않을 때 해결 방법

표 하단이나 우측 열에 데이터를 추가해도 표가 확장되지 않으면 아래 방법을 참고해 해결합니다.

01 [파일] 탭-[옵션]을 클릭합니다.

02 [Excel 옵션] 대화상자가 표시되면 [언어 교정]의 [자동 고침 옵션]을 클릭합니다.

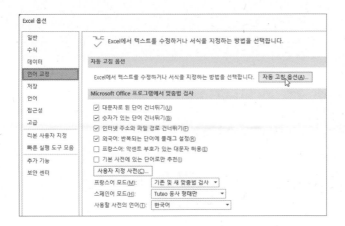

03 [자동 고침] 대화상자에서 [입력할 때 자동 서식] 탭을 선택합니다.

04 [표에 새 행 및 열 포함]에 체크한 후 [확인]을 클릭합니다.

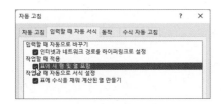

05 [Excel 옵션] 대화상자도 [확인]을 클릭해 닫습니다.

06 엑셀 표에 데이터를 입력해 표 범위가 자동으로 확장되는지 확인합니다.

엑셀 표 스타일을 깔끔하게 유지하기

예제 파일 PART 04 \ CHAPTER 12 \ 엑셀 표-스타일.xlsx

엑셀 표 스타일 사용하지 않기

엑셀 표로 등록하면 기본 표 스타일이 자동 적용됩니다. 이때 사용자가 기존에 적용한 셀 서식과 겹치기 때문에 표 스타일이 깔끔하게 적용되지 않을 수 있습니다. 엑셀 표 스타일이 적용되지 않도록 하려면 다음 과정을 참고합니다.

01 예제를 열고 엑셀 표 범위 내 셀을 하나 클릭합니다.

02 [테이블 디자인] 탭-[표 스타일] 그룹 내 표 스타일 갤러리의 자세히▽를 클릭합니다.

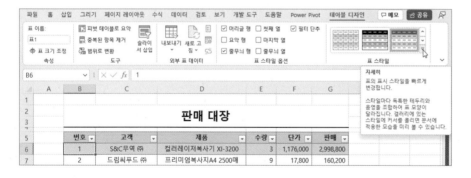

03 [표 스타일] 갤러리에서 좌측 상단 첫 번째 스타일인 [없음]을 선택하면 엑셀 표 스타일이 제거됩니다.

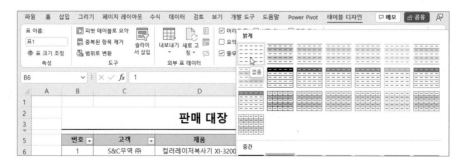

엑셀 표 스타일 깔끔하게 적용하기

기존 표에 적용된 서식을 지우고 엑셀 표 스타일만 표시하려면 다음 과정을 참고합니다.

TIP 이전 작업을 따라 했다면 실행 취소(Ctrl + Z) 단축키를 여러 번 눌러 작업을 취소하고 다시 작업하세요!

01 엑셀 표 전체 범위인 [B5:G15] 범위를 선택합니다.

02 [홈] 탭-[스타일] 그룹-[셀 스타일 📝]을 클릭하고 [표준]을 클릭합니다.

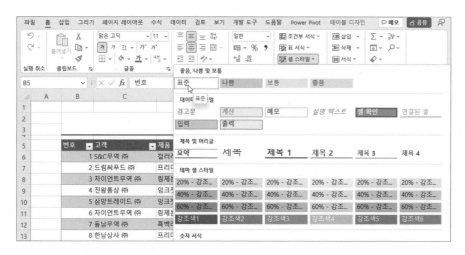

03 사용자 서식은 모두 삭제되며 엑셀 표 스타일만 표시됩니다.

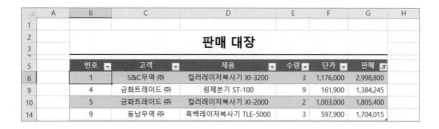

[표준] 셀 스타일을 적용하면 천 단위 구분 기호 등의 표시 형식이나 셀 가운데 맞춤 등의 모든 서식이 제거되므로 다시 설정해야 합니다.

엑셀 표에 슬라이서 적용하기

예제 파일 PART 04 \ CHAPTER 12 \ 엑셀 표-슬라이서.xlsx

엑셀 표와 자동 필터

엑셀 표로 등록한 표에는 자동 필터가 적용됩니다. 자동 필터는 원하는 데이터를 화면에 표시하는 데 사용하지만 어떤 조건이 걸려 있는지 시각적으로 확인하기가 어렵습니다.

자동 필터는 조건이 어느 열에 걸려 있는지 확인할 수 있지만 조건이 설정된 항목은 필터 단추⊡를 클릭해야 확인할 수 있습니다.

슬라이서를 이용해 원하는 데이터 표시

엑셀 2013 버전부터는 피벗 테이블에서만 사용할 수 있던 슬라이서 기능을 엑셀 표에서 사용할 수 있습니다.

01 예제 파일을 열고 슬라이서 창을 이용해 원하는 데이터만 화면에 표시합니다.

02 엑셀 표 내부의 셀(예를 들어 [B6] 셀)을 하나 선택합니다.

03 [테이블 디자인] 탭-[도구] 그룹-[슬라이서 삽입▦]을 클릭합니다.

TIP 슬라이서 명령 실행하기

[삽입] 탭-[필터] 그룹-[슬라이서▦]를 클릭해도 됩니다.

04 [슬라이서 삽입] 대화상자가 열리면 [고객]에 체크하고 [확인]을 클릭합니다.

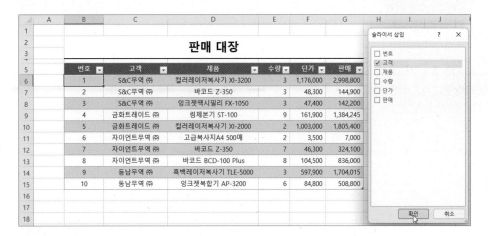

TIP [슬라이서 삽입] 대화상자에 표시되는 항목은 모두 표의 열 머리글입니다.

05 [고객] 슬라이서 창에서 [금화트레이드 ㈜]를 선택하면 해당하는 고객 데이터만 엑셀 표에 표시됩니다.

LINK 슬라이서 기능을 제대로 이해하기

엑셀 표의 슬라이서는 기본적으로 피벗 테이블에서 활용하는 방법과 동일합니다. 그러므로 슬라이서 창을 다루는 방법에 대해서는 이 책의 751 페이지에서 자세하게 설명하고 있으니 해당 부분을 참고합니다.

12 / 05 엑셀 표의 계산된 열 활용

예제 파일 PART 04 \ CHAPTER 12 \ 계산된 열.xlsx

계산된 열이란?

엑셀 표에서 수식으로 계산해 추가한 열을 '계산된 열'이라고 합니다. 계산된 열은 첫 번째 셀에 수식을 입력하면 열 전체에 수식이 복사되며, 새로운 데이터가 입력되면 계산된 열의 수식은 자동으로 계산됩니다. 그러므로 많은 수식 계산이 필요한 표는 엑셀 표로 등록해 사용하면 편리합니다.

계산된 열 만들기

01 예제 파일의 G열에 E열과 F열의 숫자를 곱한 [판매] 열을 계산된 열로 추가합니다.

번호	고객	제품	수량	단가
10248	S&C무역 ㈜	컬러레이저복사기 XI-3200	3	1,176,000
10248	S&C무역 ㈜	바코드 Z-350	3	48,300
10248	S&C무역 ㈜	잉크젯팩시밀리 FX-1050	3	47,400
10249	금화트레이드 ㈜	링제본기 ST-100	9	161,900

02 [G5] 셀에 열 제목으로 **판매**를 입력하면 엑셀 표가 오른쪽으로 확장됩니다.

03 [G6] 셀에 **=E6*F6** 수식을 입력하고 Enter 를 누르면 전체 열에 수식이 자동으로 복사됩니다.

G6 · =E6*F6

판매 대장

번호	고객	제품	수량	단가	판매
10248	S&C무역 ㈜	컬러레이저복사기 XI-3200	3	1,176,000	3528000
10248	S&C무역 ㈜	바코드 Z-350	3	48,300	144900
10248	S&C무역 ㈜	잉크젯팩시밀리 FX-1050	3	47,400	142200
10249	금화트레이드 ㈜	링제본기 ST-100	9	161,900	1457100
10249	금화트레이드 ㈜	컬러레이저복사기 XI-2000	2	1,003,000	2006000
10250	자이언트무역 ㈜	고급복사지A4 500매	2	3,500	7000
10250	자이언트무역 ㈜	바코드 Z-350	7	46,300	324100
10250	자이언트무역 ㈜	바코드 BCD-100 Plus	8	104,500	836000

만약 **03** 과정에서 마우스로 셀을 클릭해 참조하면 다음과 같은 수식이 작성됩니다.

=[@수량]*[@단가]

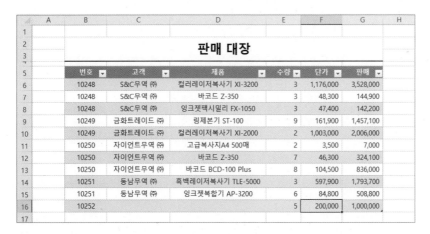

이 구문은 엑셀 2010 버전부터 지원되는 것으로, 엑셀 2007 버전에서는 조금 다르게 표시됩니다.

[@단가]와 같은 참조 방법은 엑셀 표에서만 사용할 수 있고, 이를 구조적 참조 구문이라고 합니다.

LINK 구조적 참조에 대해서는 이 책의 280페이지에서 자세하게 설명하고 있습니다.

04 천 단위 구분 기호를 삽입하기 위해 [G6:G15] 범위를 선택합니다.

05 [홈] 탭-[표시 형식] 그룹-[쉼표 스타일[,]]을 클릭합니다.

06 새 데이터를 추가해 수식이 자동으로 복사되는지 확인합니다.

07 [B16] 셀에 **10252**, [E16] 셀에 **5**, [F16] 셀에 **200000**을 입력하고 [G16] 셀의 결과를 확인합니다.

A	B	C	D	E	F	G	H
			판매 대장				
	번호	고객	제품	수량	단가	판매	
	10248	S&C무역 ㈜	컬러레이저복사기 XI-3200	3	1,176,000	3,528,000	
	10248	S&C무역 ㈜	바코드 Z-350	3	48,300	144,900	
	10248	S&C무역 ㈜	잉크젯팩시밀리 FX-1050	3	47,400	142,200	
	10249	금화트레이드 ㈜	링제본기 ST-100	9	161,900	1,457,100	
	10249	금화트레이드 ㈜	컬러레이저복사기 XI-2000	2	1,003,000	2,006,000	
	10250	자이언트무역 ㈜	고급복사지A4 500매	2	3,500	7,000	
	10250	자이언트무역 ㈜	바코드 Z-350	7	46,300	324,100	
	10250	자이언트무역 ㈜	바코드 BCD-100 Plus	8	104,500	836,000	
	10251	동남무역 ㈜	흑백레이저복사기 TLE-5000	3	597,900	1,793,700	
	10251	동남무역 ㈜	잉크젯복합기 AP-3200	6	84,800	508,800	
	10252			5	200,000	1,000,000	

TIP 엑셀 표의 확장과 계산된 열의 수식 복사

앞에서도 언급했듯이 엑셀 표는 하단과 우측에 새 데이터를 입력하면 자동으로 엑셀 표 범위가 확장됩니다. 이때 계산된 열은 수식을 자동으로 복사하기 때문에 따로 복사할 필요가 없습니다.

엑셀 표의 구조적 참조를 활용한 범위 참조 방법

예제 파일 PART 04 \ CHAPTER 12 \ 구조적 참조.xlsx

구조적 참조란?

엑셀 표로 등록된 셀(또는 범위)을 참조할 때 사용되는 방법으로 셀 주소 대신 표 이름과 열 머리글을 사용합니다. 이런 방법을 구조적 참조라고 하며, 구조적 참조를 이용하면 수식을 보다 쉽게 이해할 수 있습니다. 단, 이런 구조적 참조를 수식에 이용하려면 열 머리글을 짧게(간략히) 유지하는 것이 좋습니다.

엑셀 표 내부에서 다른 열 참조

엑셀 표로 등록된 표에서 다른 열을 참조하고 싶을 때는 다음과 같은 구문을 사용할 수 있습니다.

구문	설명
[열 머리글]	해당 열 머리글을 사용하는 데이터 범위를 참조합니다.
[@열 머리글]	해당 열 머리글을 사용하는 데이터 범위에서 같은 행에 있는 셀 하나를 참조합니다. 이 구문은 엑셀 2010 이후 버전부터 사용할 수 있습니다.

01 예제 파일을 열고 엑셀 표로 등록된 견적서의 공급가액과 부가세, 총액을 계산합니다.

	A	B	C	D	E	F	G	H
1								
2			**총액** (공급가액+부가세)					
3								
4		번호	제품	수량	단가	공급가액	부가세	
5		1	컬러레이저복사기 XI-3200	3	1,176,000			
6		2	바코드 Z-350	3	48,300			
7		3	잉크젯팩시밀리 FX-1050	3	47,400			
8		4	링제본기 ST-100	9	161,900			
9		5	바코드 BCD-100 Plus	8	104,500			
10								

TIP 엑셀 표로 등록한 후 [데이터] 탭−[정렬 및 필터] 그룹−[필터 ▽]를 클릭하면 엑셀 표의 자동 필터를 해제할 수 있습니다.

02 공급가액을 계산하기 위해 [F5] 셀을 선택합니다.

03 수량 열을 참조해야 하므로 등호(=)와 대괄호 시작 문자([)를 입력하면 머리글 목록이 표시됩니다.

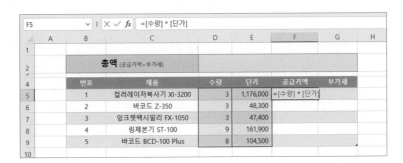

04 목록에서 [수량]을 방향키로 선택하고 Tab 을 눌러 입력한 후 대괄호 끝 문자(])를 입력합니다.

TIP 열 머리글 목록에서 Tab 을 눌러 입력하면 오타 없이 머리글을 입력할 수 있습니다.

05 곱셈 연산자(*)를 입력하고 같은 방법으로 [단가](E열)를 참조한 후 Enter 를 눌러 수식을 입력합니다.

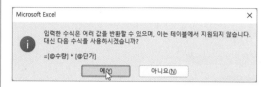

더 알아보기 ｜ 엑셀 마이크로스프트 365, 2021 버전에서 나타나는 메시지

엑셀 2019 이전 버전까지는 **05** 과정에서 수식을 입력할 때 아무 문제가 없지만, 엑셀 2021 버전과 엑셀 Microsoft 365 버전에서는 다음과 같은 메시지가 표시됩니다. [예]를 클릭하면 수식이 입력됩니다.

다만 수식은 다음과 같이 변경됩니다.

> =[@수량] * [@단가]

F5	✕ ✓ *fx*	=[@수량] * [@단가]					
	A	B	C	D	E	F	G	H
1								
2			**총액** (공급가액+부가세)					
4		번호	제품	수량	단가	공급가액	부가세	
5		1	컬러레이저복사기 XI-3200	3	1,176,000	3,528,000		
6		2	바코드 Z-350	3	48,300	144,900		
7		3	잉크젯팩시밀리 FX-1050	3	47,400	142,200		

이런 부분은 엑셀 Microsoft 365 버전과 엑셀 2021 버전부터 지원되는 동적 배열 때문으로 엑셀 2019 이하 버전과 수식을 계산하는 방법에 차이가 있기 때문입니다. 결과는 버전에 관계없이 동일합니다.

[수량]과 [@수량]은 참조 범위가 다릅니다. [수량]은 수량 열의 모든 데이터 범위(E5:E9)를 참조하지만, [@수량]은 수식을 입력하는 셀과 같은 행의 셀 하나만 의미하므로 [F5] 셀에서는 [D5] 셀을 의미합니다. [F5] 셀을 더블클릭하면 다음 화면을 확인할 수 있습니다.

	A	B	C	D	E	F	G	H
1								
2			**총액** (공급가액+부가세)					
4		번호	제품	수량	단가	공급가액	부가세	
5		1	컬러레이저복사기 XI-3200	3	1,176,000	=[@수량] * [@단가]		
6		2	바코드 Z-350	3	48,300	144,900		
7		3	잉크젯팩시밀리 FX-1050	3	47,400	142,200		
8		4	링제본기 ST-100	9	161,900	1,457,100		
9		5	바코드 BCD-100 Plus	8	104,500	836,000		
10								

TIP 엑셀 2019 이전 버전 사용자는 직접 수식을 변경해 확인합니다.

즉, 최신 버전(엑셀 Microsoft 365, 2021 버전)에서는 범위를 계산하는 방법이 달라지게 되면서 구조적 참조 구문을 좀 더 정확하게 사용하도록 유도하는 것이므로 크게 신경 쓰지 않아도 됩니다.

최신 버전에서 지원하는 동적 배열에 대해서는 이 책의 032페이지에서 설명합니다.

06 부가세를 계산하기 위해 [G5] 셀을 선택합니다. 참고로 부가세는 공급가액의 10%로 계산합니다.

07 [G5] 셀에 등호(=)를 입력하고 [F5] 셀을 클릭합니다. 이어서 곱셈 연산자(*)와 **10%**를 입력하고 Enter 를 눌러 수식을 입력합니다.

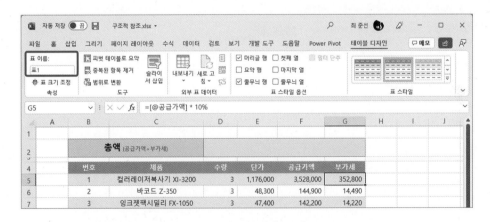

표 외부에서 엑셀 표 범위 참조

표 외부에서 엑셀 표 범위를 참조할 때는 표 이름을 추가로 사용합니다. 엑셀 표로 등록된 표는 순서대로 표1, 표2, …와 같은 이름이 부여됩니다. 표 이름은 [테이블 디자인] 탭 가장 왼쪽의 [속성] 그룹–[표 이름] 에서 확인할 수 있습니다.

표 이름을 사용하는 구조적 참조 구문은 다음과 같습니다.

구문	설명
표 이름	해당 표 이름을 사용하는 데이터 범위 전체를 참조합니다.
표 이름[열 머리글]	해당 표의 특정 열 데이터 범위를 참조합니다.

표 이름을 사용하는 구조적 참조 구문을 사용하는 방법은 다음 과정을 참고합니다.

01 [B6] 셀을 선택하고 [테이블 디자인] 탭을 클릭합니다.

02 [속성] 그룹–[표 이름]을 **상세내역**으로 수정하고 Enter 를 누릅니다.

TIP 엑셀 표 이름은 한글이나 영어로 시작해야 하며 띄어쓰기나 특수 문자의 사용이 제한됩니다.

03 총액을 계산하기 위해 [D2:G2] 병합 셀을 선택합니다.

04 등호(=)를 입력하고 **SUM**을 입력한 후 **상세내역** 표 이름을 입력합니다. 대괄호 시작 문자([)를 입력하면 표의 머리글이 목록에 표시됩니다.

> =SUM(상세내역[

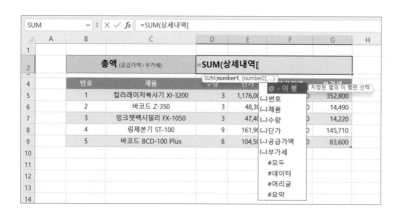

TIP 마우스로 직접 참조할 범위를 드래그해 참조해도 구조적 참조 구문이 작성됩니다.

05 [공급가액] 열 머리글을 선택하고 Tab 을 눌러 입력한 후 대괄호 끝 문자(])를 입력합니다.

06 쉼표(,)를 입력하고 두 번째 부가세 열을 같은 방법으로 참조한 후 Enter 를 눌러 수식을 입력합니다.

> =SUM(상세내역[공급가액], 상세내역[부가세])

| D2 | | | f_x | =SUM(상세내역[공급가액], 상세내역[부가세]) | | | | |

	A	B	C	D	E	F	G	H
1								
2			**총액** (공급가역 + 부가세)				6,719,020	
4		번호	제품	수량	단가	공급가액	부가세	
5		1	컬러레이저복사기 XI-3200	3	1,176,000	3,528,000	352,800	
6		2	바코드 Z-350	3	48,300	144,900	14,490	
7		3	잉크젯팩시밀리 FX-1050	3	47,400	142,200	14,220	
8		4	링제본기 ST-100	9	161,900	1,457,100	145,710	
9		5	바코드 BCD-100 Plus	8	104,500	836,000	83,600	
10								

TIP 이때 드래그해 범위를 참조하면 **=SUM(상세내역[[공급가액]:[부가세]])**와 같은 수식이 완성됩니다.

07 표의 [B10:E10] 범위에 새로운 데이터를 추가해 총액이 자동 합산되는지 확인해봅니다.

🔍 **더 알아보기** | **구조적 참조를 사용하는 것과 열 전체 범위(F:F)를 참조하는 수식은 어떤 차이가 있을까?**

일반적으로 **=SUM(F:F)**와 같이 열 전체를 참조하는 수식도 자주 사용합니다. 이 수식과 **06** 과정에서 구조적 참조 구문을 작성한 수식은 동일한 결과를 반환합니다. 다만 **=SUM(F:F)**와 같은 수식이 어떻게 동작하는지 이해할 필요가 있습니다.

=SUM(F:F) 수식은 F열 전체 범위를 참조하는데 엑셀 2007 이후 버전이라면 [F1:F1048576] 범위를 참조하는 것과 같습니다. 하지만 [F1:F1048576] 범위에 데이터가 모두 입력되어 있지 않을 것이므로 엑셀은 데이터가 입력된 범위(예제에서 [F5:F9] 범위)를 찾아 해당 범위 내의 숫자 데이터 합계를 구해줍니다.

이렇게 열 전체를 참조하는 방법은 쉽게 입력할 수 있어 효율적인 것 같아 보입니다. 하지만 눈에 보이지 않는 범위를 엑셀에서 사용 중이라고 잘못 인식하는 경우가 종종 있어 계산에 사용되지 않아도 되는 셀이 계산되어 파일의 계산 속도를 떨어뜨리는 원인이 됩니다. 그러므로 효율적으로 엑셀을 사용하고 싶다면 표를 엑셀 표로 등록한 후 구조적 참조 구문을 사용해 데이터가 있는 범위를 특정해 계산하는 방법을 사용하는 것이 좋습니다.

다양한 구조적 참조 구문 이용하기

예제 파일 PART 04 \ CHAPTER 12 \ 구조적 참조-구문.xlsx

엑셀 표 영역 이해하기

엑셀 표는 크게 다음과 같은 세 개의 영역으로 나누어 이해할 수 있으며, 각 영역을 참조하는 구조적 참조 구문을 사용해 수식에 활용할 수 있습니다.

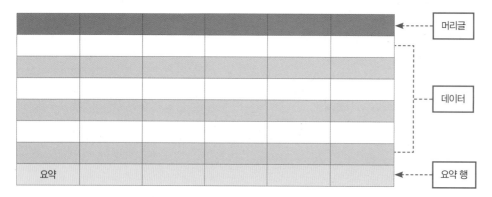

구조적 참조 구문

먼저 기본 구문으로 표 이름과 열 머리글을 이용해 데이터 범위를 참조하는 방법입니다.

구문	설명
[열 머리글]	표 내부에서 다른 열 데이터 범위를 참조합니다.
[@열 머리글]	[열 머리글] 구문과는 달리 열 머리글의 열에서 같은 행에 있는 셀 하나를 참조합니다. @를 사용하는 구문은 엑셀 2010 버전부터 제공하므로 이전 버전에서는 **표 이름[[#이 행], [열 머리글]]** 구문을 사용합니다.
표 이름[열 머리글]	표 외부에서 열 데이터 범위를 참조합니다.

기타 범위를 참조할 때는 다음과 같은 구문을 사용합니다.

구문	설명
표 이름	표의 데이터 범위만 참조합니다.
표 이름[#모두]	표의 열 머리글과 데이터, 요약 행 범위를 모두 포함하는 전체 범위를 참조합니다.
표 이름[#머리글]	표의 머리글 범위를 참조합니다.
표 이름[[#머리글], [열 머리글]]	표의 머리글 중에서 열 머리글에 해당하는 셀을 참조합니다.
표 이름[#데이터]	표의 데이터 범위만 참조하는데, **표 이름** 구문을 사용하는 것과 동일합니다.
표 이름[#요약]	표의 요약 행 범위를 참조합니다.
표 이름[[#요약], [열 머리글]]	표의 요약 행 중에서 열 머리글에 해당하는 셀을 참조합니다.
[열 머리글]:[열 머리글]	열 머리글 위치에서 다음 번 열 머리글 위치의 데이터 범위를 모두 참조합니다.
[@열 머리글]:[@열 머리글]	**[열 머리글]:[열 머리글]** 구문에서 참조한 데이터 범위에서 같은 행의 데이터 범위만 참조합니다.

TIP [#머리글], [#요약], [#모두], [#데이터] 구문은 표 내부나 외부에서나 항상 표 이름과 함께 사용해야 합니다.

구조적 구문 사용하는 다양한 참조 방식

01 예제 파일을 열어 엑셀 표의 구조적 참조 구문을 다양하게 활용해보겠습니다.

02 [테이블 디자인] 탭-[속성] 그룹-[표 이름]에서 표 이름이 **계약대장**임을 확인합니다.

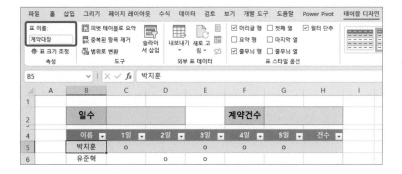

03 [테이블 디자인] 탭-[표 스타일 옵션] 그룹-[요약 행]에 체크해 요약 행을 추가합니다.

04 요약 행이 추가되면 [C10] 셀을 선택하고 아래 요약 단추 ▼를 클릭한 후 [개수]를 선택합니다.

05 [C10] 셀의 채우기 핸들➕을 [H10] 셀까지 드래그해 수식을 복사합니다.

C10			⌄	:	✕ ✓ *fx*	=SUBTOTAL(103,[1일])	

	A	B	C	D	E	F	G	H	I
1									
2		일수				계약건수			
4		이름 ▼	1일 ▼	2일 ▼	3일 ▼	4일 ▼	5일 ▼	건수 ▼	
5		박지훈	o		o	o	o		
6		유준혁		o	o				
7		이서연	o		o	o			
8		김민준	o	o			o		
9		최서현			o		o		
10		요약	3	2	4	2	3	0	
11									

TIP 구조적 참조는 행 주소는 고정하고 열 주소만 변경되는 A$1과 같은 혼합 참조 방식으로 참조합니다.

06 H열의 직원별 계약건수를 집계합니다. [H5] 셀을 선택하고 다음 수식을 입력합니다.

=COUNTA([@1일]:[@5일])

🔍 **더 알아보기**　**수식 조건 이해하기**

1일부터 5일까지 범위에서 문자가 입력된 개수를 세기 위해 COUNTA 함수를 사용합니다. COUNTA 함수에 사용된 구조적 참조 구문은 [@1일]:[@5일]로 [C5:G5] 범위를 가리킵니다. 이 수식을 바로 입력하지 않고 마우스로 [C5:G5] 범위를 드래그해 선택하면 엑셀 버전에 따라 다음과 같은 구문이 반환될 수 있습니다.

=COUNTA(계약대장[@[1일]:[5일]])

엑셀 2007 버전이라면 @ 구문을 사용할 수 없기 때문에 =COUNTA(계약대장[[#이 행], [1일]:[5일]])와 같은 수식이 반환됩니다.

07 계약된 전체 건수를 구하기 위해 [H10] 셀을 선택하고 요약 단추▼를 클릭한 후 [합계]를 선택합니다.

	A	B	C	D	E	F	G	H	I
1									
2		일수				계약건수			
4		이름 ▼	1일 ▼	2일 ▼	3일 ▼	4일 ▼	5일 ▼	건수 ▼	
5		박지훈	o		o	o	o	4	
6		유준혁		o	o			2	
7		이서연	o		o	o		3	
8		김민준	o	o			o	3	
9		최서현			o		o	2	
10		요약	3	2	4	2	3	5	▼
11								없음	
12								평균	
13								개수	
14								숫자 개수	
15								최대	
16								최소	

합계
표본 표준 편차
표본 분산
함수 추가...

08 계약 일수를 계산합니다. [C2:D2] 병합 셀에 다음 수식을 입력합니다.

```
=COUNTA(계약대장[#머리글])-2
```

🔍 **더 알아보기**　　**수식 조건 이해하기**

계약일수는 [C:G] 열까지이며, 앞으로 계속해서 일자가 추가될 수 있습니다. 그러므로 엑셀 표의 머리글 범위에서 '이름' 열(첫 번째)과 '건수' 열(마지막)을 제외한 개수를 세야만 정확한 결과를 얻을 수 있습니다. 따라서 머리글 범위를 구조적 참조 구문으로 참조한 후 두 개의 열을 빼는 수식을 사용했습니다.

09 계약건수는 요약 행의 값을 참조합니다. [G2:H2] 병합 셀에 다음 수식을 입력합니다.

```
=계약대장[[#요약],[건수]]
```

🔍 **더 알아보기**　　**구조적 참조 구문 쉽게 작성하는 방법**

구조적 참조 구문을 작성하기 어렵다면 마우스를 이용합니다. 참조하고 싶은 엑셀 표 범위를 드래그하면 구조적 참조 구문이 자동으로 참조됩니다.

12 / 08

수식을 오른쪽 방향으로 복사할 때 구조적 참조의 문제 해결 방법

예제 파일 PART 04 \ CHAPTER 12 \ 구조적 참조-절대.xlsx

구조적 참조의 참조 방식 이해하기

구조적 참조 구문에서 열을 참조하는 [열 머리글] 구문은 기본적으로 행 위치만 고정되는 혼합 참조 방식으로 참조됩니다. 즉, [제품] 열이 [A1:A10] 범위일 때 참조 방식은 A$1:A$10과 같으므로 구조적 참조로 참조한 수식을 열 방향(오른쪽)으로 복사하면 참조하는 열이 변경됩니다.

열 방향으로 복사할 때 참조 위치가 변경되지 않도록 하는 방법

01 예제 파일을 열고 왼쪽의 엑셀 표 범위를 참조해 오른쪽 표에 요약합니다.

TIP 왼쪽 엑셀 표의 이름은 '입출고대장'으로, [테이블 디자인] 탭-[속성] 그룹-[표 이름]에서 확인할 수 있습니다.

02 제품별로 이월된 수량을 집계하기 위해 [G6] 셀을 선택합니다.

03 다음 수식을 입력하고 [G6] 셀의 채우기 핸들 을 드래그해 [G9] 셀까지 복사합니다.

=SUMIFS(입출고[수량], 입출고[제품], $F6, 입출고[구분], G$5)

G6		:	× ✓ *fx*	=SUMIFS(입출고[수량], 입출고[제품], $F6, 입출고[구분], G$5)					
	A	B	C	D	E	F	G	H	I	J
1										
2		입출고 대장					재고 계산			
3										
5		제품	수량	구분		제품	이월	입고	출고	
6		컬러레이저복사기 XI-3200	31	이월		컬러레이저복사기 XI-3200	31			
7		와이어제본기 WC-5100	42	이월		와이어제본기 WC-5100	42			
8		지문인식 FPIN-1000+	62	이월		지문인식 FPIN-1000+	62			
9		바코드 BCD-200 Plus	40	입고		바코드 BCD-200 Plus	0			
10		바코드 BCD-200 Plus	24	출고						
11		컬러레이저복사기 XI-3200	28	출고						
12		컬러레이저복사기 XI-3200	50	입고						
13		와이어제본기 WC-5100	16	출고						
14		와이어제본기 WC-5100	30	입고						

이번 수식은 입출고 표에서 [제품] 열의 값이 [F6] 셀과 같고, [구분] 열의 값이 [G5] 셀의 값과 동일한 경우에 [수량] 열의 합계를 반환해줍니다. 수식을 아래로 복사할 경우에 문제없이 이월된 수량이 모두 구해진 것을 확인할 수 있습니다. SUMIFS 함수에 대한 자세한 설명은 이 책의 446페이지를 참고합니다.

04 열 방향(오른쪽)으로 수식을 복사해도 정확한 결과를 반환하는지 확인합니다.

05 [G6:G9] 범위가 선택된 상태에서 채우기 핸들 ⊞을 I열까지 드래그해 수식을 복사합니다.

06 복사된 수식을 확인하기 위해 [I6] 셀을 선택하고 수식 입력줄을 확인합니다.

=SUMIFS(입출고[제품], 입출고[구분], $F6, 입출고[수량], I$5)

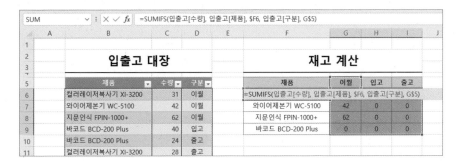

구조적 참조 구문은 행 주소만 고정하는 방식입니다. 수식을 열 방향(오른쪽)으로 복사하면 [I6] 셀에서 확인할 수 있는 것처럼 참조 위치가 변경됩니다. 따라서 열 방향으로 수식을 복사할 때는 자동 채우기 기능을 사용할 수 없습니다.

07 [G6:I9] 범위(수식을 복사할 전체 범위)를 선택하고 F2 를 눌러 수식 편집 모드로 변경합니다.

08 이 상태에서 Ctrl + Enter 를 눌러 수식을 복사합니다.

TIP Ctrl + Enter 는 수식을 선택한 범위로 복사할 때 사용하는 단축키입니다.

09 전체 수식 결과가 제대로 반환됩니다.

| G6 | ✓ : × ✓ *fx* | =SUMIFS(입출고[수량], 입출고[제품], $F6, 입출고[구분], G$5) |

	A	B	C	D	E	F	G	H	I	J
1										
2		**입출고 대장**				**재고 계산**				
3										
5		제품 ▾	수량▾	구분▾		제품	이월	입고	출고	
6		컬러레이저복사기 XI-3200	31	이월		컬러레이저복사기 XI-3200	31	50	28	
7		와이어제본기 WC-5100	42	이월		와이어제본기 WC-5100	42	30	16	
8		지문인식 FPIN-1000+	62	이월		지문인식 FPIN-1000+	62	50	52	
9		바코드 BCD-200 Plus	40	입고		바코드 BCD-200 Plus	0	40	24	
10		바코드 BCD-200 Plus	24	출고						
11		컬러레이저복사기 XI-3200	28	출고						
12		컬러레이저복사기 XI-3200	50	입고						
13		와이어제본기 WC-5100	16	출고						
14		와이어제본기 WC-5100	30	입고						
15		지문인식 FPIN-1000+	52	출고						
16		지문인식 FPIN-1000+	50	입고						
17										

CHAPTER

13

파워 쿼리

쿼리라는 이름이 엑셀 사용자들에게는 생소하겠지만, 데이터베이스 사용자에게는 매우 친숙한 이름입니다. 엑셀이 쉽게 인식된 원인도, 복잡해진 원인도 모두 사용자가 표를 자유롭게 만들 수 있도록 했기 때문입니다. 따라서 엑셀의 여러 기능을 제대로 사용하려면 표의 문제를 개선할 수 있는 방법을 알아야 합니다. 마이크로소프트에서 엑셀 2010 버전부터 설치해야만 사용할 수 있던 파워 쿼리를 엑셀 2016 버전부터 리본 메뉴 [데이터] 탭에 내장한 것도 이런 이유 때문입니다. 파워 쿼리는 함수 그 이상으로 데이터를 자주 다루는 엑셀 사용자에게 강력한 도구가 될 수 있습니다.

엑셀 2010, 2013 버전 사용자를 위한 파워 쿼리 설치 가이드

예제 파일 없음

엑셀 2016 이상 사용자

엑셀 2016 이후 버전 사용자라면 [데이터] 탭에서 [데이터 가져오기 및 변환] 그룹 내의 명령을 사용합니다. 다음은 엑셀 2019 이후 버전을 사용하는 사용자 화면입니다.

다음은 엑셀 2016 버전 사용자의 화면입니다.

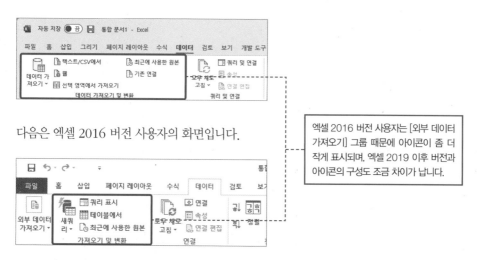

> 엑셀 2016 버전 사용자는 [외부 데이터 가져오기] 그룹 때문에 아이콘이 좀 더 작게 표시되며, 엑셀 2019 이후 버전과 아이콘의 구성도 조금 차이가 납니다.

엑셀 2010, 2013 버전 사용자

엑셀 2010 버전이나 엑셀 2013 버전을 사용하는 사용자라면 파워 쿼리 추가 기능을 다운로드하고 설치해야 합니다. 다만 설치하려면 사용자는 다음 조건을 만족해야 합니다.

첫째, 윈도우 7 이후 버전의 운영체제와 Internet Explorer 9 이상을 사용 중이어야 합니다.

둘째, 오피스 버전은 다음을 만족해야 합니다.

버전	제품 종류
오피스 2010	Professional Plus 이상
오피스 2013	모든 제품

엑셀 2010 버전 사용자가 자신이 사용 중인 제품 종류와 버전을 확인하려면 [파일] 탭-[도움말]을 클릭하고 우측 창에서 다음 부분을 확인합니다.

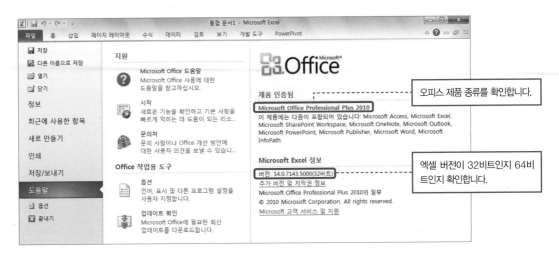

엑셀 2013 버전 사용자라면 [파일] 탭-[계정]을 클릭한 후 우측의 [Excel 정보]를 클릭하고 다음 위치를 확인합니다.

파워 쿼리 추가 기능은 정기적으로 업데이트됩니다. 업데이트 주기가 짧으므로 아래 방법을 참고해 다운로드하고 설치하는 것을 권장합니다.

01 크롬 등의 웹 브라우저를 이용해 다음 사이트에 접속합니다.

https://www.microsoft.com/ko-kr/download/details.aspx?id=39379

02 사이트에 접속하면 다음 화면이 표시됩니다. [다운로드]를 클릭해 계속 진행합니다.

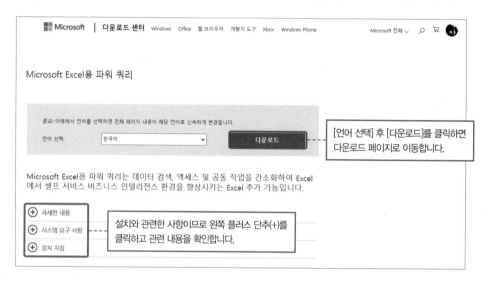

03 사용 중인 엑셀 프로그램에 맞는 32-bit 또는 64-bit 설치 파일에 체크하고 [다음]을 클릭해 파워 쿼리를 다운로드합니다.

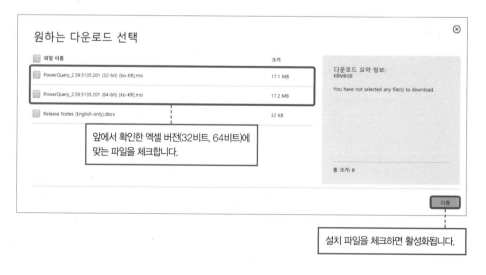

04 엑셀을 종료하고 윈도우 탐색기에서 다운로드한 설치 파일을 더블클릭해 설치합니다.

05 설치가 끝나고 엑셀 프로그램을 실행하면 리본 메뉴에 다음과 같은 탭이 나타납니다.

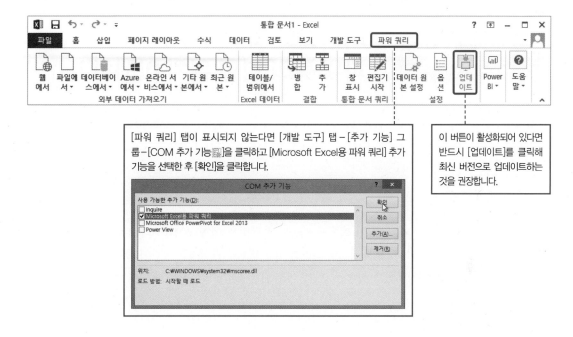

[파워 쿼리] 탭이 표시되지 않는다면 [개발 도구] 탭 – [추가 기능] 그룹–[COM 추가 기능圖]을 클릭하고 [Microsoft Excel용 파워 쿼리] 추가 기능을 선택한 후 [확인]을 클릭합니다.

이 버튼이 활성화되어 있다면 반드시 [업데이트]를 클릭해 최신 버전으로 업데이트하는 것을 권장합니다.

13
/02

버전별로 차이가 나는
파워 쿼리 명령 위치 이해하기

예제 파일 없음

엑셀 2010, 2013 버전의 [파워 쿼리] 탭에서 제공되던 명령은 엑셀 2016 이후 버전에서는 [데이터] 탭-[데이터 가져오기 및 변환] 그룹 내에서만 제공됩니다. 명령을 표시하던 공간이 줄어들었기 때문에 필연적으로 명령의 위치가 변경되었으며, 엑셀 2016 이후 버전에서도 역시 미미한 차이가 존재합니다.

엑셀 2010, 2013 버전의 [파워 쿼리] 탭

엑셀 2010, 2013 버전에서는 별도의 [파워 쿼리] 탭이 제공되므로 파워 쿼리를 동작시키는 명령들이 [파워 쿼리] 탭에 골고루 분배되어 있습니다.

❶ **외부 데이터 가져오기** : 외부 파일의 데이터를 쿼리로 편집할 때 사용할 명령을 제공합니다.

❷ **테이블에서** : 현재 파일의 표를 쿼리로 생성할 때 사용합니다.

❸ **결합** : 여러 표를 하나의 표로 합칠 때 사용할 명령을 제공합니다.

❹ **창 표시** : 파일 내 쿼리 목록을 표시하는 [쿼리] 작업 창을 표시합니다.

❺ **편집기 시작** : 쿼리 편집기 창을 열고 파일 내 쿼리를 관리할 수 있습니다.

❻ **설정** : 쿼리의 원본 데이터를 변경하거나 몇 가지 옵션을 변경합니다.

엑셀 2016 이후 버전의 파워 쿼리

엑셀 2016 이후 버전은 [데이터] 탭의 [가져오기 및 변환] 그룹 내 명령이 제공되므로 많은 명령이 하위 메뉴에 숨겨져 있습니다. 참고로 엑셀 2016 이후 버전에서도 명령의 위치에 차이가 있으므로 아래 그림을 보면서 명령 위치를 파악해두길 바랍니다. 다음은 엑셀 2016 버전에서의 파워 쿼리 명령 위치입니다.

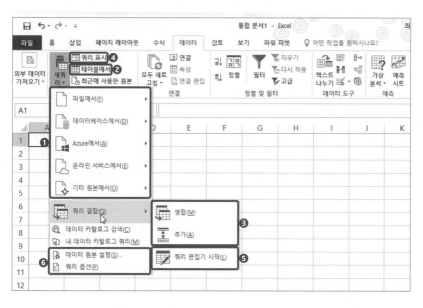

다음은 엑셀 2021, Microsoft 365 버전에서의 파워 쿼리 명령 위치입니다. 엑셀 2016 버전에서 변경된 부분에 대한 설명은 다음을 참고합니다.

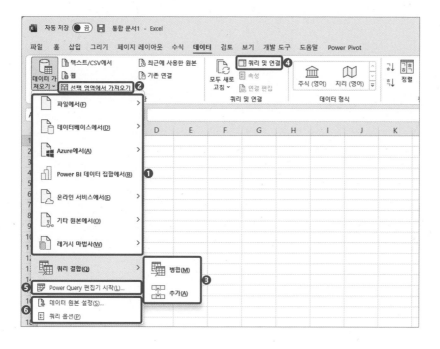

❶ **외부 데이터 가져오기** : 엑셀 2010, 2013 버전에서 [파워 쿼리] 탭─[외부 데이터 가져오기] 그룹 내 명령이, 상위 버전에서는 [데이터] 탭─[데이터 가져오기 및 변환] 그룹─[데이터 가져오기](엑셀 2016 버전에서는 [새 쿼리]) 하위 메뉴에서 제공됩니다. 또한 엑셀 2016 버전의 [웹에서] 명령은 [새 쿼리]─[기타 원본에서]─[웹]에서 사용할 수 있습니다. 다만 엑셀 2019 버전부터는 [데이터 가져오기 및 변환] 그룹 내 [웹] 명령으로 제공됩니다.

❷ **선택 영역에서 가져오기** : 현재 파일 내 표를 파워 쿼리 편집기로 전송할 때 사용하는 명령입니다. 엑셀 2016 버전에서는 [데이블에서], 엑셀 2019 버전에서는 [테이블/범위에서]였다가 현재 이름으로 변경되었습니다.

❸ **쿼리 결합** : 엑셀 2010, 2013 버전의 [파워 쿼리] 탭─[결합] 그룹 내 명령은 [데이터] 탭─[데이터 가져오기 및 변환] 그룹─[새쿼리] 하위 메뉴 중 [쿼리 결합] 하위 메뉴에서 제공됩니다.

❹ **쿼리 및 연결** : 엑셀 2010, 2013 버전의 [창 표시] 명령은 엑셀 2016 버전에서 [쿼리 표시] 명령으로, 엑셀 2019 버전에서 [쿼리 및 연결] 명령으로 명령 이름과 위치가 조금씩 변경됩니다.

❺ **파워 쿼리 편집기 시작** : 엑셀 2010, 2013 버전의 [파워 쿼리] 탭─[통합 문서 쿼리] 그룹─[편집기 시작] 명령은 [데이터] 탭─[가져오기 및 변환] 그룹─[새 쿼리] 하위 메뉴 중 [쿼리 결합]─[쿼리 편집기 시작] 메뉴에서 제공됩니다. 다만 엑셀 2019 버전에서는 [데이터 가져오기] 하위 메뉴 중 [파워 쿼리 편집기 시작] 명령으로 변경되었습니다.

❻ **설정** : 엑셀 2010, 2013 버전의 [파워 쿼리] 탭─[설정] 그룹 내 명령은 [데이터] 탭─[데이터 가져오기 및 변환] 그룹─[데이터 가져오기] 하위 메뉴에 제공됩니다.

전체적으로 이전 버전에 비해 엑셀 2016 이후 버전에서는 명령을 실행하는 단계가 늘어났으며, 명령 위치와 명령 이름이 조금씩 바뀌었습니다. 그러므로 하위 버전에서 파워 쿼리를 사용했던 사용자라면 변경 내용을 잘 이해할 필요가 있습니다.

가로 방향으로 나열된 데이터를 세로 방향으로 변경하기

예제 파일 PART 04 \ CHAPTER 13 \ 열 피벗 해제.xlsx

데이터 이해

가로 방향으로 데이터가 입력된 표는 데이터를 집계하기가 쉽지 않으므로 세로 방향으로 나열하고 싶은 경우가 있습니다. 아래 표는 A/S 접수 현황이 일별로 정리되어 있는데 일별 데이터가 오른쪽으로 정리되어 있어 함수나 피벗을 사용해 주간, 월별 A/S 현황 등을 집계하기가 쉽지 않습니다.

품명	2022-02-03	2022-02-04	2022-02-07	2022-02-08	2022-02-09	2022-02-10	2022-02-11	2022-02-14	2022-02-15	2022-02-16
레이저복합기 L350	1	-	4	7	2	-	1	-	9	9
무한레이저복합기 L800C	6	3	8	2	10	-	8	6	5	10
흑백레이저복사기 TLE-9000	7	4	10	10	4	6	-	3	1	8
컬러레이저복사기 XI-4400	6	3	5	6	5	3	4	3	-	5
오피스 Z-05C	1	3	8	9	1	4	-	6	5	3
문서세단기 SCUT-1500B	3	1	2	8	7	3	2	2	3	-
잉크젯팩시밀리 FX-2000	2	8	2	1	10	7	1	8	10	2
와이어제본기 WC-5500	7	1	8	5	-	-	8	1	5	7

A/S 접수 현황

이런 표를 다음과 같은 표로 만들고 싶다고 가정합니다.

품명	날짜	A/S 요청건
레이저복합기 L350	2022-02-03	1
레이저복합기 L350	2022-02-07	4
레이저복합기 L350	2022-02-08	7
...	...	...

이런 식의 표 변환은 수식을 이용해서 할 수 있지만 쉽지는 않습니다. 하지만 파워 쿼리에서는 이런 식의 표 변환을 간단한 명령 하나로 진행할 수 있습니다.

파워 쿼리를 이용한 표 변환

파워 쿼리를 이용해 표를 변환하려면 다음 과정을 참고해 작업합니다.

01 파워 쿼리를 이용하려면 먼저 표를 엑셀 표로 등록해야 합니다. [삽입] 탭-[표] 그룹-[표⊞]를 클릭해 예제 파일의 표를 엑셀 표로 등록합니다.

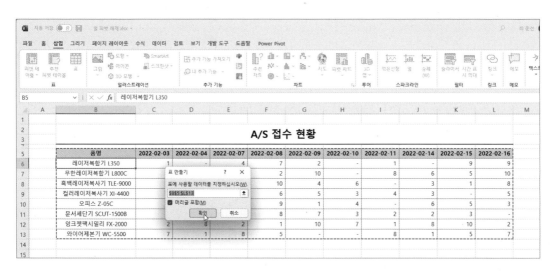

02 파워 쿼리를 이용하기 위해 표를 파워 쿼리 편집기 창으로 전송해야 합니다.

03 [데이터] 탭-[데이터 가져오기 및 변환] 그룹-[선택 영역에서 가져오기⊞]를 클릭합니다.

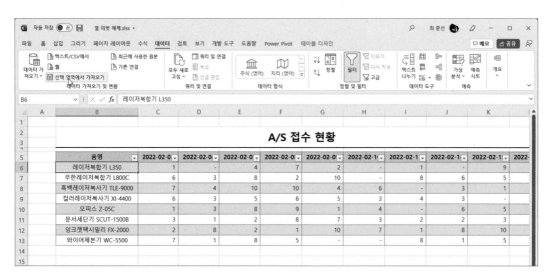

04 Power Query 편집기 창이 열리면서 엑셀 데이터가 그대로 화면에 표시됩니다.

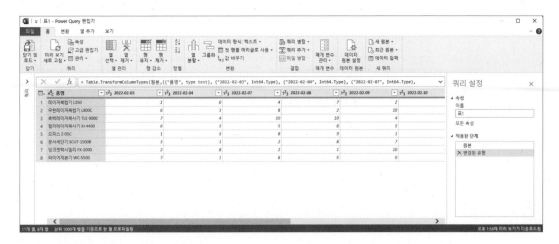

05 [품명] 열이 선택된 상태에서 [변환] 탭–[열] 그룹–[열 피벗 해제🖫] 아래 화살표▾를 클릭한 후 [다른 열 피벗 해제]를 선택합니다.

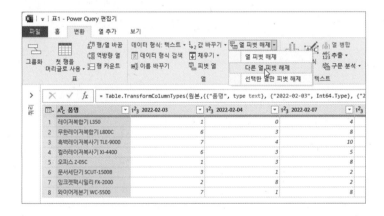

06 그러면 표가 다음과 같이 변환됩니다.

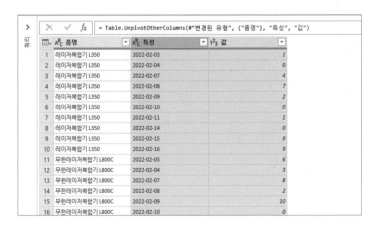

07 머리글을 변경합니다. 머리글 영역의 [특성]과 [값] 머리글을 더블클릭한 후 각각 **날짜**와 **A/S 요청건**으로 수정합니다.

08 [날짜] 열의 데이터 형식을 날짜 형식으로 변경해보겠습니다.

TIP 원본 표의 머리글로 사용된 데이터는 모두 텍스트 형식으로 인식되므로 날짜나 숫자와 같은 데이터는 값에 맞는 데이터 형식으로 변환해야 엑셀에서 계산하는데 문제가 없습니다.

09 [날짜] 열 좌측의 형식 아이콘 을 클릭하면 데이터 형식을 변경할 수 있습니다. 목록에서 [날짜]를 선택합니다.

10 변환된 표를 엑셀로 내보내 사용합니다.

11 [홈] 탭-[닫기] 그룹-[닫기 및 로드]의 메뉴를 클릭하고 [닫기 및 다음으로 로드]를 선택합니다.

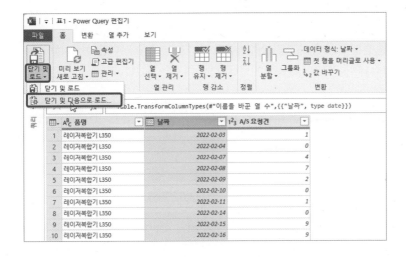

12 [데이터 가져오기] 대화상자가 열리면 기본값을 유지하고 [확인]을 클릭합니다.

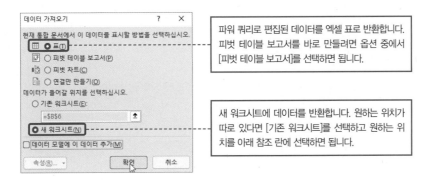

파워 쿼리로 편집된 데이터를 엑셀 표로 반환합니다.
피벗 테이블 보고서를 바로 만들려면 옵션 중에서
[피벗 테이블 보고서]를 선택하면 됩니다.

새 워크시트에 데이터를 반환합니다. 원하는 위치가
따로 있다면 [기존 워크시트]를 선택하고 원하는 위
치를 아래 참조 란에 선택하면 됩니다.

13 그러면 새 워크시트에 다음과 같이 엑셀 표로 변환된 데이터가 반환됩니다.

원본 데이터 추가 후 [새로 고침]

파워 쿼리를 이용해 표를 변환하면 원본 표와 파워 쿼리에서 반환된 표가 연동됩니다. 다만 수식처럼 바로 고쳐지지는 않고 피벗 테이블처럼 [새로 고침]을 실행해야 합니다. 다음 과정을 참고합니다.

01 [sample] 시트의 [M5] 셀에 임의의 새로운 날짜(**2022-02-17**)를 입력하고 [M6] 셀에 **10**을 입력합니다.

	품명	2022-02-03	2022-02-04	2022-02-16	2022-02-17
	레이저복합기 L350	1	-	9	10
	무한레이저복합기 L800C	6	3	10	
	흑백레이저복사기 TLE-9000	7	4	8	
	컬러레이저복사기 XI-4400	6	3	5	
	오피스 Z-05C	1	3	3	
	문서세단기 SCUT-1500B	3	1	-	
	잉크챗팩시밀리 FX-2000	2	8	2	
	와이어제본기 WC-5500	7	1	7	

TIP D열과 L열 사이에 표시된 구분선은 [나누기] 기능으로 표시된 것으로 사용 방법은 이 책의 108페이지를 참고합니다.

02 [표1] 시트로 이동한 후 표 내부에서 임의의 셀을 마우스 오른쪽 버튼으로 클릭하고 [새로 고침]을 선택합니다.

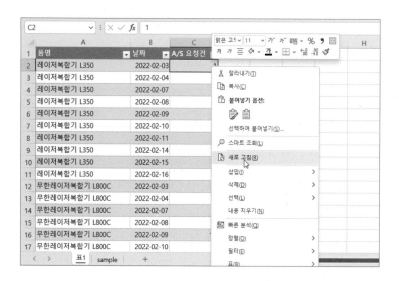

03 그러면 12행에 2월 17일 데이터가 추가된 것을 확인할 수 있습니다.

	A	B	C	D	E	F	G	H
1	품명 ▼	날짜 ▼	A/S 요청건 ▼					
2	레이저복합기 L350	2022-02-03	1					
3	레이저복합기 L350	2022-02-04	0					
4	레이저복합기 L350	2022-02-07	4					
5	레이저복합기 L350	2022-02-08	7					
6	레이저복합기 L350	2022-02-09	2					
7	레이저복합기 L350	2022-02-10	0					
8	레이저복합기 L350	2022-02-11	1					
9	레이저복합기 L350	2022-02-14	0					
10	레이저복합기 L350	2022-02-15	9					
11	레이저복합기 L350	2022-02-16	9					
12	레이저복합기 L350	2022-02-17	10					
13	무한레이저복합기 L800C	2022-02-03	6					
14	무한레이저복합기 L800C	2022-02-04	3					
15	무한레이저복합기 L800C	2022-02-07	8					
16	무한레이저복합기 L800C	2022-02-08	2					
17	무한레이저복합기 L800C	2022-02-09	10					

‹ › 표1 sample +

구분 문자로 구분해 입력한 데이터를 분리하기

예제 파일 PART 04 \ CHAPTER 13 \ 열 분할.xlsx

데이터 확인

[C6:C13] 범위에 쉼표(,)로 구분해 입력된 데이터를 확인할 수 있습니다. 현재 표로는 어떤 지역을 많이 신청했는지 데이터를 요약하기가 쉽지 않습니다.

	이름	세미나 지역
	박지훈	서울,인천,대구
	유준혁	서울,제주
	이서연	인천,대전
	김민준	부산,구미,대구
	최서현	서울,대구,구미,부산
	박현우	서울,인천
	정시우	원주,강릉
	이은서	서울

세미나 지역 선정

파워 쿼리를 이용한 표 변환

한 셀에 쉼표(,) 등의 구분 문자로 데이터를 구분하면 엑셀의 기능을 이용하기 어렵습니다. 이런 경우 각각의 지역이 별도의 셀에 따로 기록되도록 만들어야 합니다. 이런 작업 역시 파워 쿼리를 이용하는 것이 좋습니다. 다음 과정을 참고합니다.

01 표를 파워 쿼리 창으로 전송하기 위해 표 내부의 셀(예를 들어 [B6] 셀)을 하나 선택합니다.

02 [데이터] 탭-[데이터 가져오기 및 변환] 그룹-[테이블/범위에서 ▦]를 클릭합니다.

TIP 엑셀 2016 버전을 포함한 이전 버전에서는 메뉴 이름이 [테이블에서]로 표시됩니다.

03 [표 만들기] 대화상자가 표시되면 [확인]을 클릭해 표를 등록합니다.

> **TIP** 표가 엑셀 표로 등록되어 있다면 이 과정이 생략됩니다.

04 표로 등록되면 바로 [파워 쿼리 편집기] 창에 데이터가 전송됩니다.

05 [세미나 지역] 열을 선택하고 [홈] 탭-[변환] 그룹-[열 분할 ▥]을 클릭하고 [구분 기호 기준]을 선택합니다.

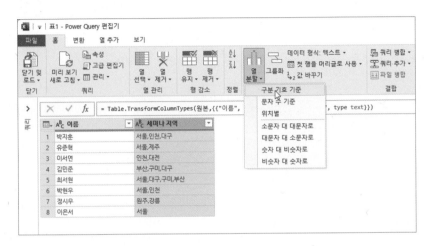

06 [구분 기호에 따라 열 분할] 창이 열리면 아래를 참고해 설정하고 [확인]을 클릭합니다.

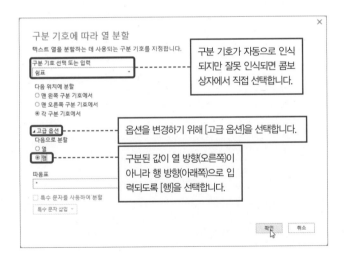

07 [세미나 지역] 열이 모두 구분되면서 여러 행에 나눠 입력됩니다.

08 엑셀로 편집된 데이터를 전송하기 위해 [홈] 탭–[닫기]–[닫기 및 로드]의 메뉴명을 클릭하고 [닫기 및 다음으로 로드]를 선택합니다.

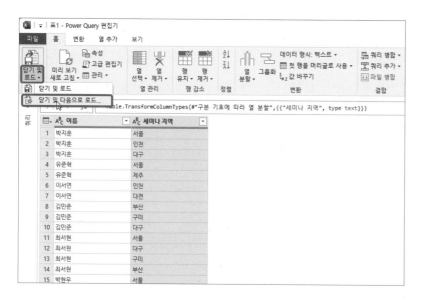

09 [데이터 가져오기] 대화상자가 표시되면 [피벗 테이블 보고서] 항목을 선택합니다.

10 피벗 테이블 보고서를 기존 표의 오른쪽에 구성하기 위해 [기존 워크시트]를 선택하고 [E5] 셀을 클릭한 후 [확인]을 클릭합니다.

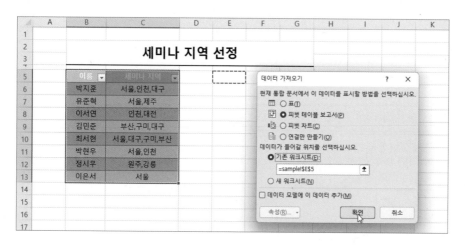

피벗 테이블 구성 및 데이터 연결 확인

피벗 테이블 보고서를 구성하는 방법은 이 책의 710페이지에서 좀 더 자세하게 학습할 수 있습니다. 이번 결과를 얻기 위한 부분은 다음 과정을 참고합니다.

01 [피벗 테이블 필드] 작업 창에서 [세미나 지역] 필드는 [행] 영역에, [이름] 필드는 [값] 영역에 각각 추가합니다.

02 [F6] 셀을 선택하고 [데이터] 탭–[정렬 및 필터] 그룹–[내림차순 정렬 [흭]]을 클릭합니다.

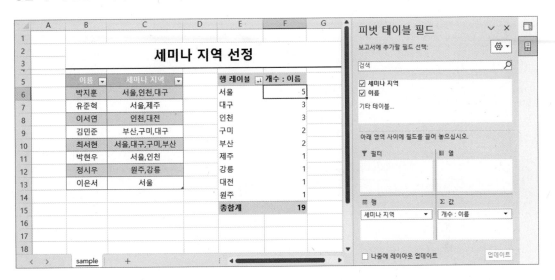

TIP 지역별로 선호도가 높은 지역을 바로 확인할 수 있습니다.

03 비율을 확인하고 싶다면 [피벗 테이블 필드] 작업 창에서 [이름] 필드를 [값] 영역에 한 번 더 추가합니다.

04 [G5] 셀을 선택하고 마우스 오른쪽 버튼을 클릭한 후 [값 표시 형식]–[열 합계 비율]을 선택해 전체대비 비율을 표시합니다.

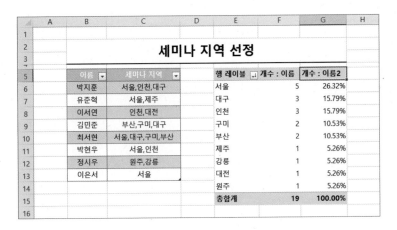

TIP [값 표시 형식]을 사용하는 방법은 이 책의 738페이지를 참고합니다.

05 원본 데이터를 추가한 후 피벗 테이블에 결과가 반영되는지 확인합니다.

06 [B14:C14] 범위에 자신의 이름과 원하는 지역을 각각 입력합니다.

07 [데이터] 탭-[쿼리 및 연결] 그룹-[모두 새로 고침⟳]을 클릭합니다.

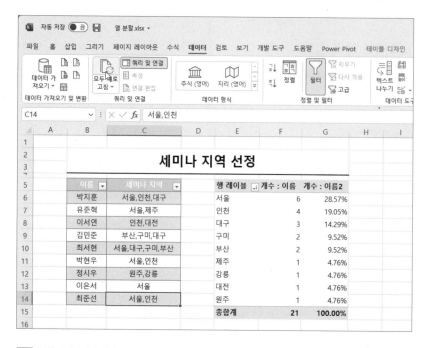

TIP 피벗 테이블이 추가된 데이터를 포함해 집계됩니다.

13 / 05 업무 폴더 내 모든 파일 목록을 시트에 정리하는 방법

예제 파일 없음

파워 쿼리를 이용하는 방법

업무를 이관해야 하거나 매뉴얼을 작성해야 하는 경우, 업무 폴더의 하위 폴더에 어떤 파일이 있는지 목록을 엑셀로 구성하는 경우가 있습니다. 이런 경우에도 파워 쿼리를 이용하면 쉽게 작업이 가능합니다. 다음 과정을 참고합니다.

01 예제 폴더 중 CHAPTER 12 폴더의 엑셀 예제 파일의 목록을 시트로 정리합니다.

02 빈 엑셀 파일을 하나 열어 작업합니다.

03 [데이터] 탭-[데이터 가져오기 및 변환] 그룹-[데이터 가져오기 📑]를 클릭하고 [파일에서]-[폴더에서]를 선택합니다.

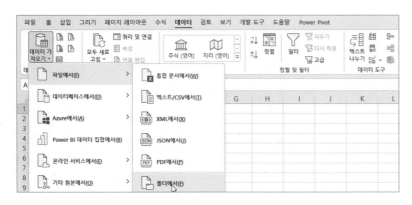

LINK 버전에 따른 명령 위치의 차이는 이 책의 **Section 13-02**를 참고합니다.

04 [폴더] 창에서 [찾아보기]를 클릭해 CHAPTER 12 예제 폴더를 선택한 후 [확인]을 클릭합니다.

폴더	
폴더 경로	
C:\예제\Part 4\Chapter 12	찾아보기...

확인   취소

05 선택한 폴더의 파일 목록이 모두 미리 보기 화면에 표시됩니다.

06 불필요한 열을 제거하고 엑셀 파일 목록만 가져오기 위해 [데이터 변환]을 클릭합니다.

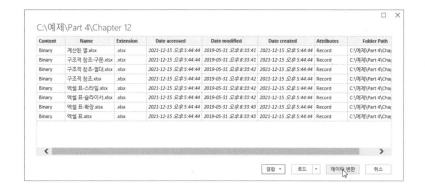

07 파일 목록만 가져오기 위해 [Name] 열을 제외한 나머지 열은 모두 삭제합니다.

08 [Name] 열을 선택하고 [홈] 탭–[열 관리] 그룹–[열 제거 ⚒]의 메뉴명을 클릭하고 [다른 열 제거]를 선택합니다.

09 파일 목록을 반환합니다. [홈] 탭–[닫기] 그룹–[닫기 및 로드 🗐]를 클릭합니다.

10 바로 엑셀 워크시트에 목록이 반환됩니다.

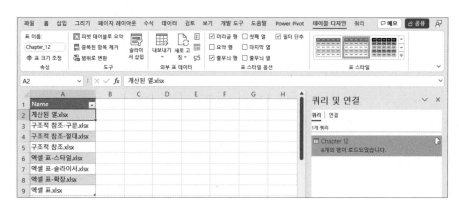

> **TIP** 해당 폴더에 파일을 xlsx 파일과 다른 파일 형식을 추가한 후 [표 도구]–[디자인] 탭–[외부 표 데이터] 그룹–[새로 고침 🗈]을 클릭해 엑셀 표에 어떤 결과가 반환되는지 확인해보세요!

명령 프롬프트를 사용하는 방법

다음 과정을 참고합니다.

01 Win + R 을 눌러 [실행] 창을 호출합니다.

02 [열기] 입력란에 **cmd** 명령어를 입력하고 Enter 를 누릅니다.

03 [명령 프롬프트] 창이 열리면 원하는 드라이브로 이동하는 명령어를 입력하고 Enter 를 누릅니다.

TIP 예를 들어 D드라이브로 이동하려면 **D:** 을 입력하고 Enter 를 누릅니다.

04 CD 명령을 이용해 원하는 폴더로 이동합니다.

TIP 예를 들어 Data 폴더로 이동하려면 **CD Data** 명령어를 입력합니다.

05 원하는 폴더에서 **Dir /b | clip** 명령어를 입력합니다.

TIP clip 명령은 윈도우 7 이상의 운영체제에서만 사용할 수 있습니다.

06 엑셀 워크시트에서 원하는 위치를 선택하고 [붙여넣기]를 실행하면 파일 목록을 얻을 수 있습니다.

13 / 06 폴더 내 엑셀 파일을 하나로 합쳐 분석하기

예제 파일 PART 04 \ CHAPTER 13 \ 폴더\ 7월 판매대장.xlsx, 8월 판매대장.xlsx, 9월 판매대장.xlsx

폴더 내 엑셀 파일 확인

유사한 양식의 데이터가 여러 파일에 나누어져 있을 때 이를 하나로 합쳐 분석하고 싶다면 파워 쿼리를 이용해 표를 하나로 합친 후 피벗 테이블을 이용하는 것이 좋습니다. 먼저 예제 데이터를 참고합니다.

01 윈도우 탐색기에서 CHAPTER 13 예제 폴더 내 [폴더] 하위 폴더를 열면 다음과 같이 세 개의 파일을 확인할 수 있습니다.

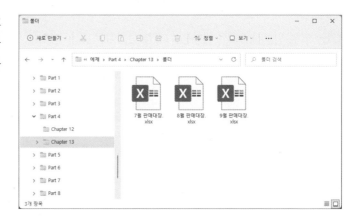

02 **7월 판매대장.xlsx** 파일을 열어보면 다음과 같은 데이터를 확인할 수 있습니다.

	A	B	C	D	E	F	G	H	I	J	K
1	거래번호	고객	담당	주문일	분류	제품	단가	수량	할인율	판매	
2	10233	진주백화점 ㈜	이서연	2022-07-03	복합기	무한잉크젯복합기 AP-5500W	151,900	3	0%	455,700	
3	10233	진주백화점 ㈜	이서연	2022-07-03	제본기	열제본기 TB-8200	149,000	5	0%	745,000	
4	10233	진주백화점 ㈜	이서연	2022-07-03	팩스	잉크젯팩시밀리 FX-2000	72,700	9	0%	654,300	
5	10234	가림상사 ㈜	정시우	2022-07-03	복사기	컬러레이저복사기 XI-2000	824,500	2	5%	1,566,550	
6	10234	가림상사 ㈜	정시우	2022-07-03	복사기	흑백레이저복사기 TLE-9000	932,400	4	15%	3,170,160	
7	10234	가림상사 ㈜	정시우	2022-07-03	복사용지	복사지A4 500매	3,200	4	5%	12,160	
8	10235	영재교역 ㈜	오서윤	2022-07-03	복합기	무한레이저복합기 L800C	448,300	2	5%	851,770	
9	10235	영재교역 ㈜	오서윤	2022-07-03	복사용지	복사지A4 500매	3,200	4	5%	12,160	
10	10235	영재교역 ㈜	오서윤	2022-07-03	문서세단기	문서세단기 SCUT-1000	461,000	2	0%	922,000	
11	10236	길가온교역 ㈜	박현우	2022-07-04	복사용지	복사지A4 500매	3,000	9	5%	25,650	
12	10236	길가온교역 ㈜	박현우	2022-07-04	복사기	흑백레이저복사기 TLE-9000	896,500	2	5%	1,703,350	
13	10237	진왕통상 ㈜	유준혁	2022-07-04	문서세단기	문서세단기 SCUT-1500B	616,900	5	15%	2,621,825	
14	10237	진왕통상 ㈜	유준혁	2022-07-04	복사용지	고급복사지A4 2500매	17,100	4	5%	64,980	
15	10237	진왕통상 ㈜	유준혁	2022-07-04	복사용지	고급복사지A4 2500매	15,700	8	5%	119,320	

예제 파일을 열어 보면 각각의 예제 파일은 모두 하나의 시트만 가지고 있습니다. 또한 모든 파일에 동일한 구성의 표를 가지고 있는 것을 확인할 수 있습니다. 파일을 모두 확인하고 모두 닫습니다.

폴더내 파일을 하나로 합치기

파워 쿼리를 이용해 폴더 내 파일을 하나로 합치려면 다음 과정을 참고합니다.

01 빈 엑셀 파일을 하나 열어 작업합니다.

02 [데이터] 탭-[데이터 가져오기 및 변환] 그룹-[데이터 가져오기▦]를 클릭하고 [파일에서]-[폴더에서]를 선택합니다.

> **TIP** 버전에 따른 명령 위치의 차이는 이 책의 **Section 13-02**를 참고합니다.

03 [폴더] 창에서 [찾아보기]를 클릭해 예제 폴더 내 [폴더] 하위 폴더를 선택한 후 [열기]를 클릭합니다.

> **TIP** [폴더] 창은 엑셀 2019 이전 버전에서만 표시됩니다. 엑셀 Microsoft 365, 2021 버전은 바로 [찾아보기] 대화상자가 표시됩니다.

04 선택한 폴더 내 파일이 미리 보기 화면에 표시됩니다. [데이터 변환]을 클릭합니다.

> **TIP** 엑셀 2019 이전 버전에서는 [데이터 변환]이 [편집]으로 표시됩니다.

05 Power Query 편집기 창이 열리면 [Content] 열을 제외한 나머지 열을 모두 제거하겠습니다.

> **TIP** [Content] 열에 해당 엑셀 파일의 표 데이터가 저장되어 있습니다.

06 [Content] 열을 선택하고 [홈] 탭–[열 관리] 그룹–[열 제거 ⊠]의 메뉴명을 클릭한 후 [다른 열 제거]를 선택합니다.

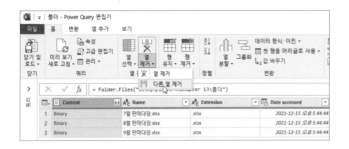

07 [Content] 열에서 표 데이터를 반환하도록 열을 추가하겠습니다.

08 [열 추가] 탭–[일반] 그룹–[사용자 지정 열 ▦]을 클릭합니다.

09 [사용자 지정 열] 창이 열리면 다음과 같이 설정하고 [확인]을 클릭합니다.

· **[새 열 이름] : 테이블**
· **[사용자 지정 열 수식] : =Excel.Workbook([Content], true)**

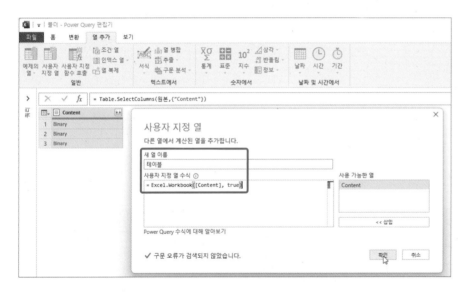

🔍 **더 알아보기**　　**파워 쿼리 수식 이해**

파워 쿼리에서는 M Code라고 불리는 자체 함수를 제공하며 이를 이용해 원하는 결과를 반환받을 수 있습니다. Binary 값을 갖는 [Content] 열에서 개별 파일의 표 정보를 얻으려면 파워 쿼리 함수 중 Excel.Workbook 함수를 사용해야 합니다.

참고로 파워 쿼리는 엑셀과 달리 대/소문자를 정확하게 구분하므로 대/소문자를 주의해 입력합니다. Excel.Workbook 함수는 두 개의 인수를 사용합니다. 첫 번째 인수는 Binary 값을 갖는 필드를 전달해주면 되고, 두 번째 인수는 표를 합칠 때 머리글을 인식해 합칠지 여부를 결정합니다.

즉, 열의 위치는 달라도 머리글이 동일할 때 같은 열이라고 인식시키려면 두 번째 인수를 **true**로 설정하면 됩니다. 만약 머리글과 무관하게 열의 순서대로 합치길 원한다면 두 번째 인수를 생략하면 됩니다.

10 테이블 열이 생성되면 [Content] 열은 삭제합니다.

11 [Content] 열을 선택하고 [홈] 탭-[열 관리] 그룹-[열 제거⊠]를 클릭합니다.

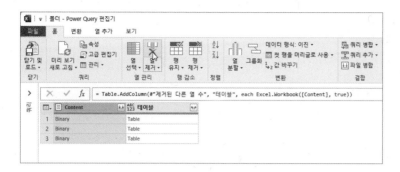

12 [테이블] 열 머리글 우측의 [확장⬇⬆]을 클릭합니다. [원래 열 이름을 접두사로 사용]의 체크를 해제하고 [확인]을 클릭합니다.

13 그러면 파일의 표 정보가 반환됩니다.

TIP 표는 시트, 엑셀 표, 이름 정의 된 범위를 인식해 반환합니다.

14 Table 값을 갖는 [Data] 열에 표 데이터가 저장되어 있습니다. 해당 열만 남기고 다른 열은 모두 제거합니다.

15 [Data] 열만 선택하고 [홈] 탭-[열 관리] 그룹-[열 제거⊠]의 메뉴명을 클릭한 후 [다른 열 제거]를 선택합니다.

16 [Data] 열의 [확장👯]을 클릭하고 [확인]을 클릭합니다.

TIP [원래 열 이름을 접두사로 사용]은 체크되어 있다면 체크 해제합니다.

TIP 09 과정에서 작성한 수식에서 Excel.Workbook 함수의 두 번째 인수를 TRUE로 설정하면 목록에서 머리글이 제대로 표시됩니다. 아니면 Column1, Column2와 같은 머리글만 표시됩니다.

17 그러면 모든 파일 내 데이터가 하나로 합쳐집니다.

18 각 열의 데이터 형식을 변경합니다.

19 [거래번호] 열 머리글 왼쪽의 형식 아이콘 **ABC**을 클릭하고 [10진수]를 선택합니다.

TIP **거래번호** 열은 숫자가 입력되어 있으므로 [10진수]를 선택합니다.

20 다른 열도 순서대로 선택하고 데이터 형식을 변경합니다.

- **[고객] 열 : 텍스트**
- **[담당] 열 : 텍스트**
- **[주문일] 열 : 날짜**
- **[분류] 열 : 텍스트**
- **[제품] 열 : 텍스트**
- **[단가] 열 : 10진수**
- **[수량] 열 : 10진수**
- **[할인율] 열 : 백분율**
- **[판매] 열 : 10진수**

21 합친 데이터를 엑셀로 반환합니다. [홈] 탭-[닫기] 그룹-[닫기 및 로드 📥]의 메뉴명을 클릭하고 [닫기 및 다음으로 로드]를 선택합니다.

22 [데이터 가져오기] 대화상자에서 [피벗 테이블 보고서]를 선택하고 [확인]을 클릭합니다.

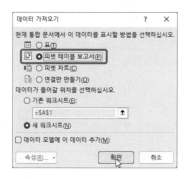

23 [피벗 테이블 필드] 작업 창에서 [주문일]과 [판매] 필드에 체크하면 다음과 같이 월별 매출을 모두 확인할 수 있습니다.

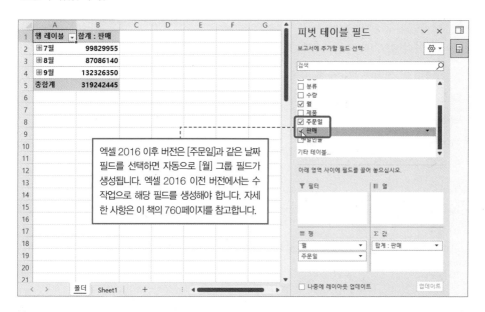

> 엑셀 2016 이후 버전은 [주문일]과 같은 날짜 필드를 선택하면 자동으로 [월] 그룹 필드가 생성됩니다. 엑셀 2016 이전 버전에서는 수작업으로 해당 필드를 생성해야 합니다. 자세한 사항은 이 책의 760페이지를 참고합니다.

TIP 폴더 내 7, 8, 9월 파일의 실적이 하나로 합쳐진 것을 확인할 수 있습니다. 나중에 10월 파일이 폴더에 추가되고 피벗 테이블 보고서를 새로 고치면 10월 실적도 바로 분석할 수 있습니다.

13 / 07 한 파일의 여러 시트를 하나로 합쳐 분석하기

예제 파일 PART 04 \ CHAPTER 13 \ 3사분기 판매대장.xlsx

엑셀 파일 구조 확인하기

예제를 열면 하나의 파일에 세 개의 시트가 존재하는 것을 확인할 수 있습니다.

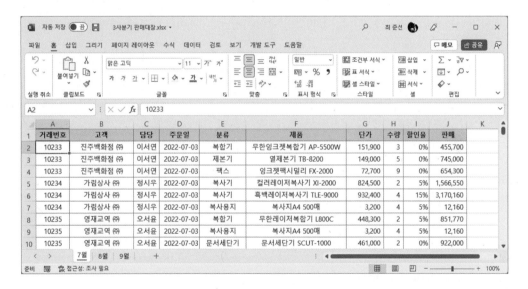

파일 내 시트를 하나로 합치는 방법은 기본적으로 **Section 13-06**의 폴더 내 파일을 읽어들여 작업하는 방법과 동일합니다.

파일 내 시트 하나로 합치기

파일 내 시트를 하나로 합칠 때 파워 쿼리의 [폴더에서] 기능을 사용합니다. 다음 과정을 참고합니다.

01 빈 엑셀 파일을 하나 열어 작업합니다.

02 [데이터] 탭-[데이터 가져오기 및 변환] 그룹-[데이터 가져오기🖺]를 클릭하고 [파일에서]-[폴더에서]를 클릭합니다.

LINK 버전에 따른 명령 위치의 차이는 이 책의 **Section 13-02**를 참고합니다.

03 [폴더] 창에서 [찾아보기]를 클릭해 예제 폴더 내 [파일] 하위 폴더를 선택한 후 [확인]을 클릭합니다.

TIP [폴더] 창은 2019 이전 버전에서 표시되며, 엑셀 Microsoft 365, 2021 버전은 바로 [찾아보기] 대화상자가 표시됩니다.

04 선택한 폴더의 파일 목록이 모두 미리 보기 화면에 표시됩니다. [데이터 변환]을 클릭합니다.

05 Power Query 편집기 창이 열리면 목록 내 파일을 확인합니다.

TIP 이때 합칠 데이터를 가지고 있는 파일 하나만 있지 않다면 [Name] 열에서 합치려는 파일만 체크하고 나머지는 체크 해제해야 합니다.

06 [Content] 열을 선택하고 [홈] 탭-[열 관리] 그룹-[열 제거✖]의 메뉴명을 클릭한 후 [다른 열 제거]를 선택합니다.

07 [Content] 열을 이용해 각 파일의 표 정보를 읽어올 수 있습니다.

08 [열 추가] 탭-[일반] 그룹-[사용자 지정 열🖩]을 클릭합니다.

09 [사용자 지정 열] 창이 열리면 다음과 같이 설정하고 [확인]을 클릭합니다.

- [새 열 이름] : 테이블
- [사용자 지정 열 수식] : =Excel.Workbook([Content], true)

10 [테이블] 열이 추가되면 [Content] 열을 삭제하고 [테이블] 열의 [확장]을 클릭해 가져올 수 있는 표 정보를 반환받습니다.

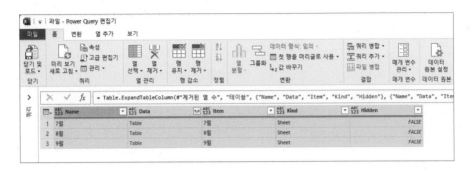

TIP 이 작업은 Section 13-06의 **10–13** 과정을 참고합니다.

11 이후 과정은 Section 13-06의 **14** 이후 과정과 완벽하게 동일하니 해당 부분을 참고해 작업합니다.

13/08 웹 사이트 환율 데이터 엑셀로 가져오는 방법

예제 파일 없음

파워 쿼리에서 인식할 수 있는 웹 사이트

파워 쿼리는 웹 페이지의 〈table〉 태그로 구성된 표 단위 데이터를 인식해 엑셀로 가져와 사용할 수 있도록 지원합니다. 이러한 방식은 모든 웹 사이트의 데이터를 가져올 수 있는 것은 아니라는 것을 의미하며, 구체적으로는 JavaScript와 같은 언어로 구성되어 반환되는 데이터 또는 보안이 강화된 웹 사이트의 경우에는 데이터를 가져오기 어려울 수 있습니다.

네이버 환율 데이터에서 필요한 환율 데이터 가져오는 사례

네이버는 다른 금융권 사이트에 비해서는 보안 정책 자체가 강화되어 있지 않아 상대적으로 파워 쿼리를 이용해 데이터를 가져오기 쉽습니다. 환율 데이터를 엑셀로 가져오는 방법은 아래 과정을 참고합니다.

01 웹 브라우저를 실행하고 다음 주소를 입력해 해당 페이지에 접속합니다.

https://finance.naver.com/marketindex/exchangeList.naver

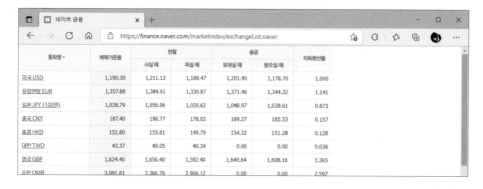

통화명 ▾	매매기준율	현찰		송금		미화환산율
		사실 때	파실 때	보내실 때	받으실 때	
미국 USD	1,190.30	1,211.13	1,169.47	1,201.90	1,178.70	1.000
유럽연합 EUR	1,357.89	1,384.91	1,330.87	1,371.46	1,344.32	1.141
일본 JPY (100엔)	1,038.79	1,056.96	1,020.62	1,048.97	1,028.61	0.873
중국 CNY	187.40	196.77	178.03	189.27	185.53	0.157
홍콩 HKD	152.80	155.81	149.79	154.32	151.28	0.128
대만 TWD	43.37	49.05	40.34	0.00	0.00	0.036
영국 GBP	1,624.40	1,656.40	1,592.40	1,640.64	1,608.16	1.365
오만 OMR	3,091.61	3,366.76	2,906.12	0.00	0.00	2.597

TIP 네이버에서 환율 정보를 제공하는 사이트 주소는 네이버 정책에 따라 변경될 수 있습니다.

02 이 사이트의 환율 정보 중 미국과 중국, 그리고 일본 엔화에 대한 환율 데이터만 엑셀로 가져옵니다.

03 빈 엑셀 파일을 열고 다음 순서로 작업합니다.

04 [데이터] 탭-[데이터 가져오기 및 변환] 그룹-[웹 🖳]을 클릭합니다.

05 [웹에서] 창이 열리면 **01** 과정에서 확인했던 웹 사이트 주소를 입력(또는 복사/붙여넣기)한 후 [확인]을 클릭합니다.

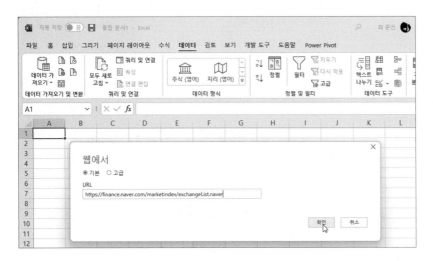

06 [탐색 창] 창이 열리면 왼쪽 [표시 옵션]에서 [환전 고시 환율]을 선택하고 우측 하단의 [데이터 변환]을 클릭합니다.

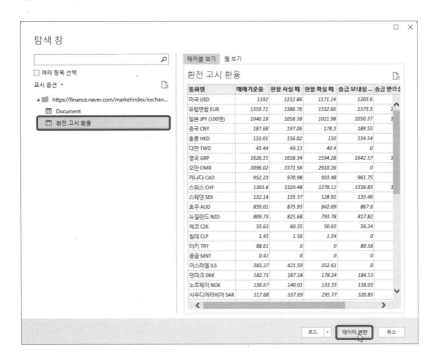

07 Power Query 편집기 창이 표시되면 [통화명] 열의 목록 버튼 ▾을 클릭하고 [(모두 선택)]의 체크를 해제한 후 [미국 USD], [일본 JPY], [중국 CNY] 항목에 각각 체크합니다. [확인]을 클릭합니다.

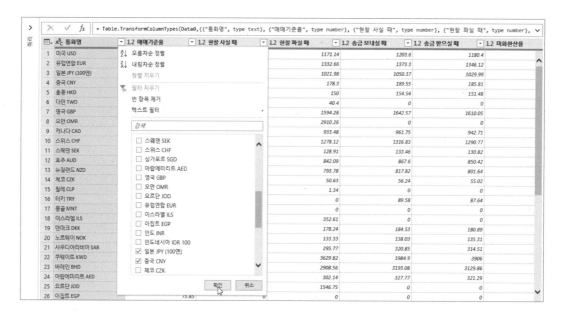

08 엑셀로 웹 데이터를 반환하기 위해 [홈] 탭-[닫기] 그룹-[닫기 및 로드 🔲]의 메뉴명을 클릭하고 [닫기 및 다음으로 로드]를 선택합니다.

09 [데이터 가져오기] 대화상자가 열리면 원하는 옵션을 선택하고 [확인]을 클릭합니다.

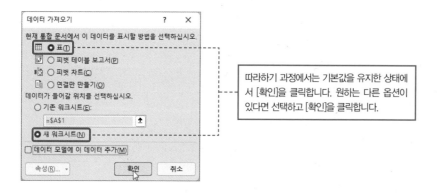

따라하기 과정에서는 기본값을 유지한 상태에서 [확인]을 클릭합니다. 원하는 다른 옵션이 있다면 선택하고 [확인]을 클릭합니다.

10 그러면 새 워크시트에 환율 데이터가 반환됩니다.

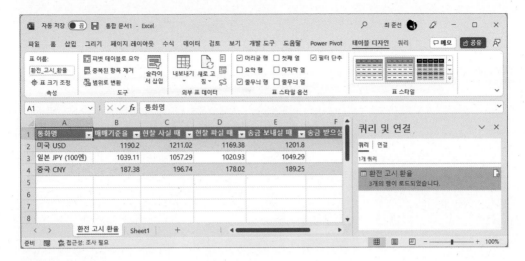

TIP 표시되는 환율 데이터는 네이버 환율 정보로 제공되는 것이므로 [새로 고침]을 실행하면 해당 웹 페이지에서 데이터를 새로 읽어 반환해줍니다.

수식

기본 이해

수식은 셀에 등호(=)로 입력하는 계산식을 의미하는 용어로 엑셀 사용자가 가장 많이 사용하는 기능입니다. 수식을 제대로 활용하기 위해서는 엑셀이 수식을 어떻게 인식하고 작동하는지 이해할 필요가 있습니다. 이번 CHAPTER에서는 수식을 사용하는데 도움이 되는 몇 가지 원리와 기능에 대해 알아보겠습니다.

함수의 선택과 인수 구성에 대한 팁

예제 파일 없음

셀에서 함수 선택과 풍선 도움말 보는 방법

빈 셀에 등호(=)를 입력하고 함수 이름을 입력하면 함수 목록이 표시됩니다. 함수 목록에서 아래 방향키를 눌러 함수를 선택할 수 있고, 함수에 대한 풍선 도움말도 화면에서 확인할 수 있습니다.

함수 목록에서 RANK 함수를 선택하고 Tab 을 누르면 해당 함수가 셀에 입력되면서 해당 함수의 인수가 풍선 도움말로 나타납니다.

TIP 인수는 함수가 계산을 위해 사용자로부터 전달받아야 하는 값을 의미합니다.

RANK 함수를 선택하면 세 개의 인수 이름이 풍선 도움말로 나타납니다. 세 개의 인수는 각각 number, ref, [order]인데, 대괄호([ ])로 묶여져 있는 인수는 생략할 수 있으므로 number, ref 인수만 구성해도 됩니다. 이러한 영어 인수는 다른 함수에서도 사용되므로 반드시 읽어 해당 인수의 사용 방법에 익숙해지길 권합니다.

🔍 **더 알아보기**   **함수를 모를 경우에는 어떻게 해야 할까?**

사용해야 할 함수를 모른다면 함수 마법사를 이용해 원하는 함수가 제공되는지 찾아볼 수 있습니다. 수식 입력줄 왼쪽의 [함수 삽입 *fx*]을 클릭하면 [함수 마법사] 대화상자가 표시됩니다. 검색란에 원하는 키워드를 입력하고 [검색]을 클릭합니다.

[함수 인수] 대화상자 사용 방법

함수 인수에 대한 풍선 도움말만으로 함수 구성이 어렵다면 아래 함수까지만 셀에 입력한 후 Ctrl + A 를 눌러 [함수 인수] 대화상자를 표시합니다.

=RANK(

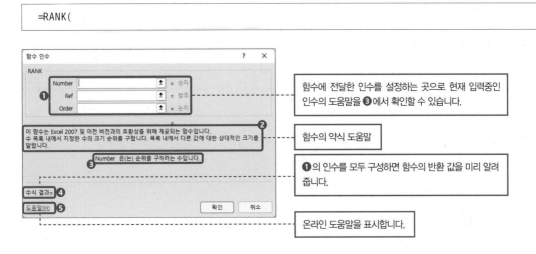

참고로 [함수 인수] 대화상자는 [함수 마법사] 대화상자에서 원하는 함수를 선택하고 [확인]을 클릭했을 때도 바로 표시됩니다.

함수 도움말 사용

[함수 인수] 대화상자에서 좌측 하단의 [도움말] 링크를 클릭하면 [Excel 도움말] 페이지로 연결됩니다. 페이지 하단에서는 함수 사용 방법에 대한 예제도 제공하므로 함수 사용 방법을 배우는 데 많은 도움을 얻을 수 있습니다. 참고로 자주 사용하는 주요 함수의 경우에는 동영상 강의도 함께 제공되므로 처음 사용하는 함수라면 도움말을 항상 확인하는 습관을 들여놓는 것이 좋습니다.

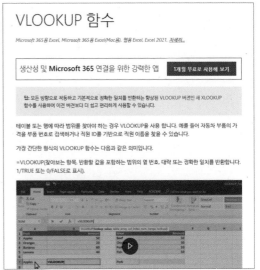

수식 입력줄 활용 팁

예제 파일 PART 05 \ CHAPTER 14 \ 수식 입력줄.xlsx

수식(Formula)과 함수(Function)

수식은 등호(=)로 시작하는 모든 계산식을 의미합니다. 함수는 자주 사용하는 계산식을 쉽게 사용할 수 있도록 만들어 제공된 것으로, 셀에서 사용하는 계산식인 수식에 필요에 따라 함수를 사용합니다. 예를 들어 =SUM(A1:A10)은 SUM 함수를 사용하는 수식입니다.

수식 입력줄은 언제 사용할까?

엑셀 사용자의 대부분이 셀에 바로 수식을 입력하지만 수식이 열 너비보다 길어지면 다른 셀의 값을 다음과 같이 가릴 수 있습니다.

| SUM | | ✕ ✓ fx | =IF(G7>=90, "A", IF(| | | | | | | | |

	A	B	C	D	E	F	G	H	I	J	K	L
1												
2				직 원 평 가 표								
3												
5		사번	이름	평가 점수			평균	등급				
6				E	P	A						
7		1	김민준	55	80	95	=IF(G7>=90, "A", IF(					
8		2	최서현	90	65	85	80.0	IF(logical_test, [value_if_true], [value_if_false])				
9		3	박현우	75	90	80	81.7					

동일한 수식을 수식 입력줄에 입력하면 수식은 셀의 열 너비 이내에서만 표시됩니다.

| SUM | | ✕ ✓ fx | =IF(G7>=90, "A", IF(| | | | | |

	A	B	C	D	E	F	G	I
1					IF(logical_test, [value_if_true], [value_if_false])			
2				직 원 평 가 표				
3								
5		사번	이름	평가 점수			평균	등급
6				E	P	A		
7		1	김민준	55	80	95	76.7	90, "A", IF(
8		2	최서현	90	65	85	80.0	
9		3	박현우	75	90	80	81.7	

긴 수식을 입력할 때 활용 팁

수식 입력줄에 긴 수식을 작성할 때 엑셀의 줄 바꿈 단축키(Alt + Enter)를 텍스트와 동일하게 사용할 수 있다는 것을 모르는 경우가 많습니다. 줄 바꿈 단축키를 사용하면 긴 수식을 여러 줄에 나눠 입력할 수 있어 편리합니다. 다음 과정을 참고합니다.

01 예제를 열고 G열의 평균 점수에 따른 등급을 다음 표에 맞게 작성합니다.

90점 이상	80점대	70점대	60점대	60점 미만
A	B	C	D	F

02 수식을 여러 줄로 입력하기 위해 수식 입력줄을 확장합니다.

03 수식 입력줄 하단 테두리 영역에 마우스 포인터를 이동하면 하얀색 상하 화살표 모양의 포인터 ↕로 변경됩니다.

04 이때 마우스 왼쪽 버튼으로 클릭해 아래로 드래그하면 수식 입력줄 영역이 확장됩니다.

05 [H7] 셀을 선택하고 수식 입력줄에 다음 수식을 입력합니다.

```
=IF(G7>=90, "A",
```

TIP 수식이 완성된 것은 아니니 Enter 를 눌러 입력하지 마세요!

06 Alt + Enter 를 눌러 줄을 바꿉니다. Spacebar 를 연속해서 눌러 다음과 같이 들여쓴 후 나머지 수식을 작성합니다.

```
=IF(G7>=90, "A",
        IF(G7>=80, "B",
```

TIP 수식이 완성된 것은 아니니 Enter 를 눌러 입력하지 마세요!

07 동일한 방법으로 다음과 같은 수식을 완성하고 Enter 를 눌러 수식을 입력합니다.

```
=IF(G7>=90, "A",
        IF(G7>=80, "B",
                IF(G7>=70, "C",
                        IF(G7>=60, "D", "F"))))
```

TIP 수식 입력줄에서 작성된 전체 수식을 빠르게 확인하는 방법

수식 입력줄을 확장하거나 축소하기 위해 매번 마우스를 이용하는 것보다 수식 입력줄을 확장, 축소할 때 사용할 수 있는 Ctrl + Shift + U 단축키를 사용하면 편리합니다. 이 단축키를 처음 누르면 수식 입력줄이 확장되고, 다시 누르면 축소됩니다.

수식 입력줄로 바로 이동하는 단축키 설정하기

엑셀에서는 수식 입력줄로 바로 이동할 수 있는 단축키를 지원하지 않으므로 Excel 옵션을 변경해 작업합니다. 다음 과정을 참고합니다.

01 [파일] 탭-[옵션]을 클릭해 [Excel 옵션] 대화상자를 불러옵니다.

02 [Excel 옵션] 대화상자에서 [고급]을 선택합니다.

03 [편집 옵션] 그룹에서 [셀에서 직접 편집 허용]의 체크를 해제한 후 [확인]을 클릭합니다.

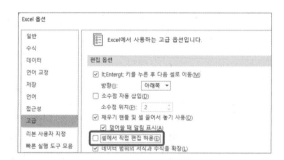

04 설정을 마치면 셀에서 F2 를 눌러 바로 수식 입력줄로 이동합니다.

TIP [셀에서 직접 편집 허용] 옵션을 사용할 때 주의할 점

[셀에서 직접 편집 허용]의 체크를 해제하면 셀 값을 셀에서 직접 입력하거나 수정할 수 없습니다. 항상 수식 입력줄에서만 입력, 수정해야 합니다.

다른 사람이 만든 수식을 쉽게 분석할 수 있는 방법

예제 파일 PART 05 \ CHAPTER 14 \ 수식 계산.xlsx

수식 내 함수를 먼저 이해하자

다른 사람이 만든 수식을 분석하려면 제일 먼저 해야 할 것이 바로 수식 내에 사용된 함수가 어떤 계산 작업을 하고, 어떻게 사용하는 것인지를 분석하는 일입니다. 이 작업을 위해서는 **Section 14-01**에서 설명한 내용을 충분히 이해할 필요가 있습니다.

수식 계산 단계를 확인하자

함수에 대해 이해했다면 [수식 계산] 기능을 이용해 수식이 계산되는 과정을 단계별로 살펴봅니다. [수식 계산] 기능은 수식이 어떤 순서로 계산되는지 해당 과정을 그대로 표시해주므로 편리합니다. 다음 방법을 참고합니다.

01 예제 파일의 [E6:G6] 범위에 같은 수식이 각각 입력되어 있습니다.

- [E6] 셀 : =DATEVALUE(TEXT(LEFT(D6, 6), "00-00-00"))
- [F6] 셀 : =YEAR(TODAY())-YEAR(E6)+1
- [G6] 셀 : =IF(MOD(MID(D6, 8, 1), 2)=1, "남", "여")

	A	B	C	D	E	F	G	H
G6					fx =IF(MOD(MID(D6, 8, 1), 2)=1, "남", "여")			
1								
2				회 원 정 보 입 력				
3								
5		이름	지역	주민등록번호	생년월일	나이	성별	
6		김민준	서울	900219-1234567	1990-02-19	33	남	
7								

02 자세한 계산 과정을 확인하고 싶은 경우 [수식 계산] 기능을 사용합니다.

03 [G6] 셀의 '성별'을 구분하는 수식을 분석합니다.

04 [G6] 셀이 선택된 상태에서 [수식] 탭–[수식 분석] 그룹–[수식 계산⑥]을 클릭합니다.

05 그러면 다음과 같은 [수식 계산] 대화상자가 화면에 표시됩니다.

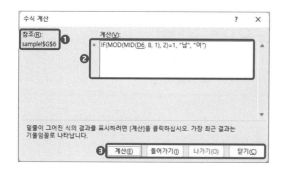

[수식 계산] 대화상자는 수식의 계산 과정을 단계별로 구분해서 표시해줍니다.

❶ **참조** : 수식이 입력된 셀을 표시하고, [들어가기]를 눌렀을 때는 해당 셀 위치까지 표시합니다.

❷ **계산** : 수식과 수식의 계산 과정을 보여줍니다. 전체 수식에서 밑줄로 표시된 부분이 먼저 계산됩니다.

❸ **명령** : 다음과 같은 네 개의 버튼을 사용할 수 있습니다.

　• [계산] : ❷ 위치의 수식에서 밑줄로 표시된 부분을 계산합니다.

　• [들어가기] : ❷ 위치의 수식에서 밑줄로 표시된 부분이 셀 참조인 경우에 사용할 수 있으며, 해당 셀 값을 하단에 표시합니다.

　• [나가기] : [들어가기]를 눌렀을 때 표시한 셀 값을 수식의 참조 수식에 대체합니다.

　• [닫기] : 대화상자를 닫습니다.

06 [계산] 영역의 수식에서 밑줄이 표시된 위치부터 계산할 수 있습니다.

07 밑줄이 표시된 부분이 셀 주소면 [들어가기]를 클릭할 수 있습니다. [들어가기]를 클릭합니다.

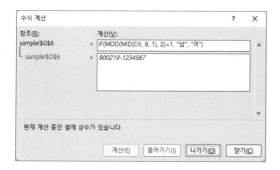

08 [나가기]를 클릭하면 하단의 값이 수식에 직접 표시되면서 밑줄 범위가 확장됩니다.

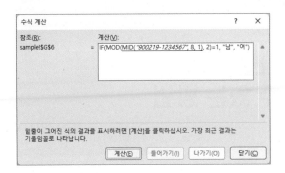

09 이제 [계산]을 몇 번 클릭해 수식의 밑줄 친 부분이 어떻게 계산되는지 확인합니다.

10 모든 계산이 끝나면 [계산]은 [다시 시작]으로 바뀝니다.

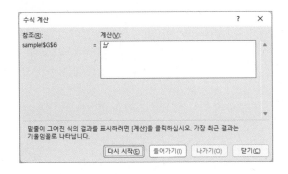

TIP [다시 시작]을 누르면 계산 과정을 처음부터 다시 표시해줍니다.

모든 수식을 빠르게 확인할 수 있는 방법

예제 파일 PART 05 \ CHAPTER 14 \ 수식 모드.xlsx

수식 확인

[수식 표시] 기능은 셀에 수식 결과가 아니라 계산식 자체를 표시하는 기능입니다. 사용 방법은 다음 과정을 참고합니다.

01 예제 화면의 표에서 수식과 값이 입력된 위치를 구분하기 쉽지 않습니다. 수식을 확인하려면 [수식] 탭-[수식 분석] 그룹-[수식 표시 ☑]를 클릭합니다.

> **TIP** [수식 표시] 명령의 단축키는 Ctrl + ~ 입니다. 참고로 ~ 는 키보드의 Tab 상단에 있는 키입니다.

열 너비 조정

[수식 표시] 기능을 이용하면 열 너비가 자동으로 확장됩니다. 따라서 전체 수식을 깔끔하게 표시하려면 열 주소와 행 주소가 만나는 지점의 [모두 선택 ☐]을 클릭하고 전체 범위를 선택한 후 열 구분선을 더블클릭합니다.

분류	매출	비율	순위	누계	누계비율
문서세단기	200390835	=C6/SUM($C$6:$C$13)	=RANK(C6, $C$6:$C$13)	=SUM($C$6:C6)	=F6/$F$13
바코드스캐너	101246535	=C7/SUM($C$6:$C$13)	=RANK(C7, $C$6:$C$13)	=SUM($C$6:C7)	=F7/$F$13
복사기	605529935	=C8/SUM($C$6:$C$13)	=RANK(C8, $C$6:$C$13)	=SUM($C$6:C8)	=F8/$F$13
복사용지	56495675	=C9/SUM($C$6:$C$13)	=RANK(C9, $C$6:$C$13)	=SUM($C$6:C9)	=F9/$F$13

> **TIP** 다시 원래대로 수식의 결괏값이 표시되도록 하려면 Ctrl + ~ 를 누릅니다.

14 / 05 수식이 입력된 그대로 표시되고 계산되지 않을 때 해결 방법

예제 파일 없음

[계산 옵션]의 확인

[수식] 탭-[계산] 그룹에는 [계산 옵션] 명령이 존재합니다. 이 명령의 옵션에 따라 수식의 자동 계산 여부가 결정됩니다.

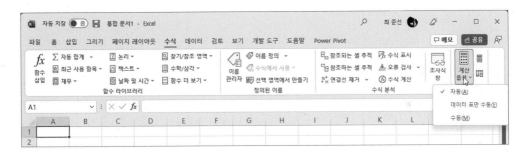

이 옵션이 [수동]으로 선택되면 다음과 같은 증상이 나타납니다.

첫째, 수식에서 참조한 셀 값이 변경되어도 수식은 자동으로 계산되지 않습니다.

둘째, 수식을 복사해도 결과가 변경되지 않고, 처음 계산한 값만 표시됩니다.

[계산 옵션]을 확인하려면 [수식] 탭-[계산] 그룹-[계산 옵션▦]을 클릭합니다. 이런 점이 불편하다면 간단히 F9 를 눌러 계산이 자동으로 되는지 확인해봅니다. 수식이 계산된다면 [계산 옵션]이 변경된 경우이므로 [계산 옵션]을 클릭하고 옵션을 [수동]에서 [자동]으로 변경합니다.

[계산 옵션]을 편리하게 확인하는 방법

다른 사람과 함께 작업하는 파일이거나, 다른 사람이 만든 파일을 자주 사용할 경우 [계산 옵션]을 보다 빠르게 확인하려면 [계산 옵션]을 빠른 실행 도구 모음에 등록해놓고 사용할 것을 권합니다.

LINK 빠른 실행 도구 모음에 명령을 등록하는 방법은 이 책의 038페이지에서 자세하게 설명해두었으니 참고합니다.

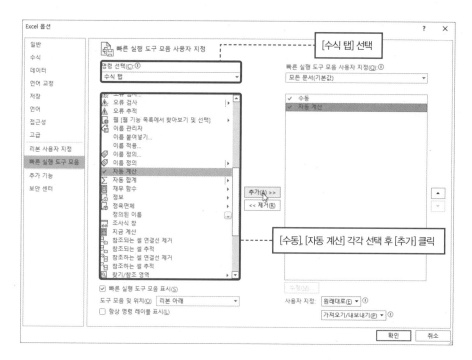

TIP 엑셀 2019 이전 버전에서는 [자동 계산]이 [자동]으로 표시될 수 있습니다.

빠른 실행 도구 모음에서 계산 옵션을 시각적으로 확인할 수 있습니다.

참조

엑셀은 다양한 셀에 원하는 데이터를 입력하고 다른 셀에서는 이를 참조해 사용합니다. 이때 셀 주소를 사용하는데 이런 참조 방식을 'A1' 주소 참조 방식이라고 합니다. 해당 참조 방식으로 참조한 셀은 수식을 복사할 때 참조한 위치가 자동으로 변경되고, 이런 방법을 상대 참조라고 합니다. 사용자가 필요하다면 참조한 셀의 위치가 바뀌지 않도록 할 수 있습니다. 셀을 참조하는 방법은 다양하며 이때 알아야 할 내용은 이번 CHAPTER에서 모두 알아보겠습니다.

다양한 위치의 셀 값을 참조하는 방법

예제 파일 PART 05 \ CHAPTER 15 \ 참조.xlsx

참조할 수 있는 위치 이해

다음 표는 참조 위치에 따른 수식 구성을 보여줍니다.

위치	참조 수식	수식 예
현재 시트	=셀 주소	=A1
다른 시트	=시트명!셀 주소	=Sheet2!A1
다른 파일	=[전체 경로₩파일 명.xlsx]시트명!셀 주소	=[C:₩예제₩Sample.xlsx]Sheet1!A1

시트명에 작은따옴표(')는 언제 표시되나?

다른 시트(또는 파일)를 참조했을 때 시트명이 작은따옴표(')로 묶이는 경우는 다음과 같습니다.

- 시트명에 '부서 급여'와 같이 띄어쓰기가 되어 있는 경우
- 시트명이 '1월'과 같이 숫자로 시작되는 경우

다른 시트를 참조할 때 나타나는 작은 따옴표(')는 엑셀에 의해 자동 작성되므로 사용자는 이런 규칙을 이해하고 있지 않아도 됩니다. 하지만 직접 수식을 입력할 때는 해당 조건에 맞게 참조 수식을 작성할 수 있어야 합니다.

빈 셀을 참조하면?

참조는 다른 위치의 값을 가져와 사용하는 방법으로 만약 참조한 셀이 빈 셀이면 0이 반환됩니다. 즉, 엑셀에서 빈 셀은 0과 같습니다.

참조와 연결

다른 파일의 셀을 참조하는 경우에는 '참조'라고 하지 않고 파일과 파일이 연결된다고 해서 '연결'이란 용어를 사용합니다. 특정 파일에서 연결된 파일은 [데이터] 탭-[쿼리 및 연결] 그룹-[연결 편집 📑]을 클릭해 확인할 수 있습니다.

다른 파일의 셀을 참조할 때 대괄호 안의 파일 경로는 언제 표시되나?

참조한 파일을 닫지 않으면 대괄호 안에 파일 이름만 표시되며, 파일을 닫으면 대괄호 안에 경로가 함께 표시됩니다.

다양한 위치의 값 참조하기

현재 시트의 셀 참조

01 예제 파일의 [sample] 시트 내에서 다른 위치의 셀 값을 참조합니다.

02 [H6] 셀을 클릭하고 등호(=)를 입력합니다.

03 [F13] 셀을 클릭하고 Enter 를 누릅니다.

04 [H6] 셀의 수식 입력줄에 **=F13**이라는 수식이 표시되고 [H6] 셀에 [F13] 셀 값이 나타납니다.

다른 시트의 셀 참조

01 [참조] 시트 탭을 클릭합니다.

02 [C6] 셀을 클릭하고 등호(=)를 입력한 후 시트 탭에서 [sample] 시트를 클릭합니다.

03 [F13] 셀을 클릭하고 Enter 를 누릅니다.

04 [C6] 셀의 수식 입력줄에서는 **=sample!F13**이라는 수식을 확인할 수 있습니다.

다른 파일의 셀 참조

01 다른 파일의 값을 참조해보기 위해 Ctrl + N 을 눌러 빈 통합 문서를 엽니다.

02 [B2] 셀에 등호(=)를 입력하고 Ctrl + Tab 을 눌러 예제 파일을 화면에 표시합니다.

TIP Ctrl + Tab 은 파일 창을 전환하는 단축키입니다.

03 [sample] 워크시트를 선택하고 [F13] 셀을 클릭한 후 Enter 를 눌러 참조합니다.

04 [B2] 셀의 수식 입력줄을 확인하면 **=[참조.xlsx]sample!$F$13** 수식을 확인할 수 있습니다.

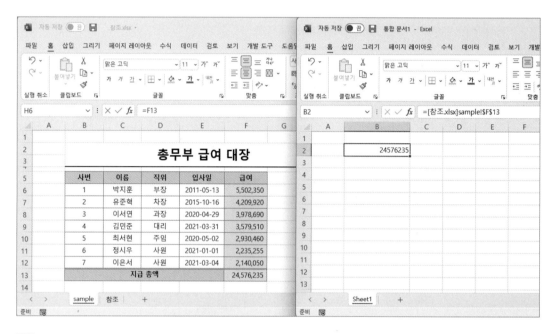

TIP 참조 파일을 닫으면 참조 수식 내 대괄호([])로 묶인 파일명 앞에 파일 경로가 추가됩니다.

15 / 02 수식이 참조하고 있는 셀 위치 확인하기

예제 파일 PART 05 \ CHAPTER 15 \ 참조 위치.xlsx

참조되는 셀 추적 기능

특정 셀에 수식이 입력되어 있고, 수식에서 참조하는 셀이 어디인지 시각적으로 확인하려고 할 때 [참조되는 셀 추적] 기능을 사용할 수 있습니다. 기능 명칭의 '참조되는'은 참조된 셀의 입장에서 사용된 명칭입니다.

같은 시트 내의 셀 추적할 경우

01 예제 파일을 열고 [sample] 시트의 [G5] 셀을 선택합니다.

02 [수식] 탭-[수식 분석] 그룹-[참조되는 셀 추적🖳]을 클릭합니다.

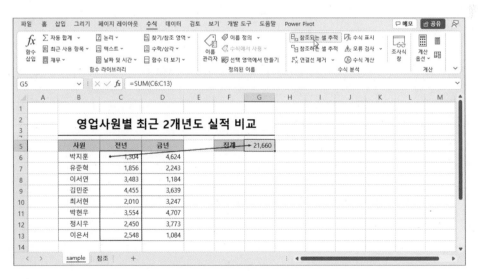

> **TIP** 참조 위치가 파란색 실선 테두리로 표시(예제에서 [G5] 셀)되고 참조 방향이 화살표로 나타납니다.

03 표시된 연결선을 삭제하려면 [수식] 탭-[수식 분석] 그룹-[연결선 제거⬚]를 클릭합니다.

다른 시트 내의 셀을 추적할 경우

01 참조 위치가 다른 시트인 경우에 셀을 추적합니다.

02 시트 탭에서 [참조] 시트를 선택하고 [B6] 셀을 클릭합니다.

03 [B6] 셀에서 [수식] 탭-[수식 분석] 그룹-[참조되는 셀 추적]을 클릭합니다.

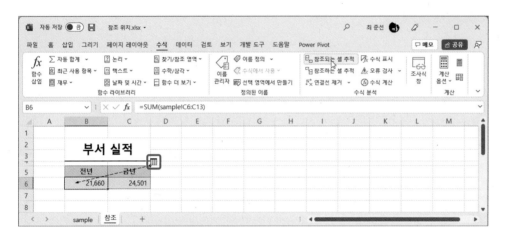

TIP 다른 시트를 참조하고 있는 경우 해당 위치로 연결선을 표시할 수 없어 참조 위치가 아이콘으로만 표시됩니다.

참조하는 셀 추적 기능 활용

반대로 현재 위치의 셀을 참조하는 셀이 어디인지 확인할 수 있습니다. [sample] 시트의 [C6] 셀을 선택하고 [수식] 탭-[수식 분석] 그룹-[참조하는 셀 추적]을 클릭합니다.

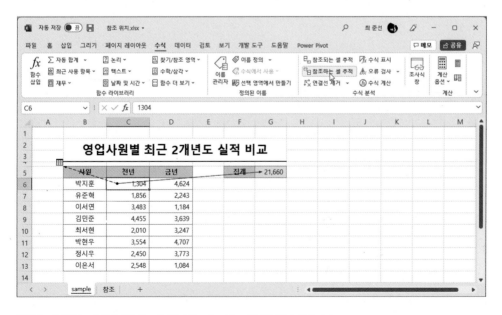

TIP [C6] 셀은 [G5] 셀과 다른 워크시트에서 참조되고 있는 것을 확인할 수 있습니다.

현재 파일에 연결된 파일을 확인하고 수정하는 방법

예제 파일 PART 05 \ CHAPTER 15 \ 파일 연결.xlsx, 대리점 (서울).xlsx, 대리점 (인천).xlsx, 대리점 (부산).xlsx

보안 경고 메시지

수식으로 연결된 파일이 존재하는 경우 파일을 열 때 보안 경고 메시지줄이 표시될 수 있습니다. 예제를 열면 다음과 같은 보안 경고 메시지가 표시됩니다.

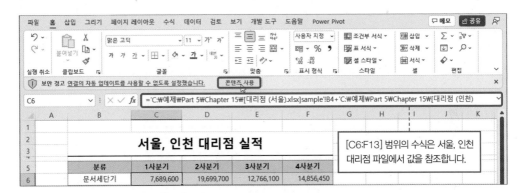

이와 같은 경고 메시지는 이 예제가 다른 파일과 연결되어 있어 해당 파일에 접근해 데이터를 새로 고치기 위한 것입니다. 그러므로 [콘텐츠 사용]을 클릭해 파일을 열어야 합니다.

> **TIP** 보안 경고 메시지와 신뢰할 수 있는 문서
>
> 엑셀 2010 버전부터 보안 경고 메시지줄에서 [콘텐츠 사용]을 클릭하면 이 파일은 신뢰할 수 있는 문서로 구분되어 다음에 파일을 다시 열 때 보안 경고 메시지가 표시되지 않습니다.

연결된 파일 변경

연결된 파일의 경로(또는 파일)가 변경되었다면 이를 수정할 수 있습니다. 다음 과정을 참고합니다.

01 표에 인천 대신 부산 지역 대리점 실적을 집계해야 한다고 가정합니다.

02 [데이터] 탭-[연결] 그룹-[연결 편집 🔄]을 클릭합니다.

03 [연결 편집] 대화상자가 표시되면 [대리점 (인천).xlsx]을 선택하고 [원본 변경]을 클릭합니다.

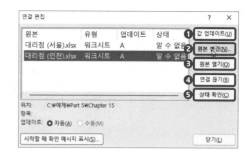

[연결 편집] 대화상자의 다섯 개 버튼은 다음과 같은 작업을 처리합니다.

❶ **값 업데이트** : 연결된 파일의 값을 새로 읽어 현재 파일에 반영합니다.

❷ **원본 변경** : 연결된 파일이 저장된 폴더나 파일 이름이 변경된 경우에 위치를 다시 지정합니다.

❸ **원본 열기** : 연결된 파일을 엽니다.

❹ **연결 끊기** : 연결된 파일과의 연결을 끊습니다. 이 경우 수식이 값으로 변경됩니다.

❺ **상태 확인** : 연결된 파일과의 연결 상태를 확인해 왼쪽 리스트의 [상태] 열 값으로 반환합니다.

04 [원본 변경] 대화상자가 표시되면 예제 폴더로 이동해 [대리점 (부산)] 파일을 선택하고 [확인]을 클릭합니다.

05 [연결 편집] 대화상자도 [닫기]를 눌러 닫습니다.

06 [C6] 셀의 참조 수식이 '인천' 대리점에서 '부산' 대리점으로 변경되는 것을 확인할 수 있습니다.

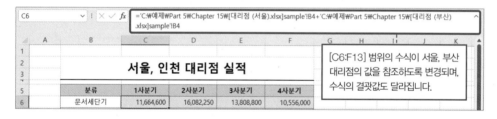

[C6:F13] 범위의 수식이 서울, 부산 대리점의 값을 참조하도록 변경되며, 수식의 결괏값도 달라집니다.

TIP [B2:F3] 병합 셀의 제목을 '서울, 부산 대리점 실적'으로 변경합니다.

연결된 파일 끊어 값으로 변환

연결된 파일과의 연결을 끊으면 해당 파일을 참조하는 수식이 모두 값으로 변환됩니다.

01 [데이터] 탭-[쿼리 및 연결] 그룹-[연결 편집]을 클릭합니다.

02 [연결 편집] 대화상자가 표시되면 연결을 끊을 파일을 선택하고 [연결 끊기]를 클릭합니다.

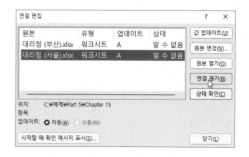

15 / 04 상대 참조, 혼합 참조, 절대 참조

예제 파일 PART 05 \ CHAPTER 15 \ 참조 방식.xlsx

참조 방식의 이해

엑셀에서 수식을 사용하면 필연적으로 수식을 복사해 사용하는 경우가 생깁니다. 이때 수식에서 참조한 셀 (정확하게는 셀 주소)은 기본적으로 자동 변경됩니다. 하지만 상황에 따라서는 복사한 수식에서 참조한 셀 이 변경되지 않도록 할 필요가 있습니다. 이렇게 참조한 셀이 변경되어야 하는지, 아닌지를 결정하는 방식 을 참조 방식이라고 합니다. 이 방식에는 다음과 같은 세 가지 방식이 존재합니다.

상대 참조

상대 참조는 수식을 복사하는 방향의 주소가 변경됩니다. 예를 들어 [A1] 셀을 참조하는 수식을 행 방향(아 래쪽)으로 복사하면 **A2**, **A3**,…과 같이 행 주소가 변경됩니다. 열 방향(오른쪽)으로 복사하면 **B1**, **C1**,… 과 같이 열 주소가 변경됩니다.

절대 참조

절대 참조는 수식을 복사해도 참조한 셀 위치가 변경되지 않습니다. $(절대 참조) 기호를 열과 행 주소 앞 에 입력하거나 F4를 누르면 자동으로 입력됩니다. 이 경우 수식을 복사해도 셀 주소가 변경되지 않습니 다. 예를 들어 [A1] 셀을 참조할 때 **$A$1**과 같이 입력하면 수식을 복사해도 항상 [A1] 셀을 참조합니다.

혼합 참조

혼합 참조는 상대 참조와 절대 참조가 혼합된 방식입니다. 열 주소 또는 행 주소에만 절대 참조 기호($)를 사용해 $ 기호가 사용된 주소 부분만 변경되지 않도록 하는 방식입니다. 예를 들어 [A1] 셀을 참조할 때 **A$1**과 같이 행 주소만 고정하면 행(아래쪽) 방향으로 복사할 때는 셀 주소가 변경되지 않지만 열(오른쪽) 방향으로 복사하면 **B**$1, **C**$1, …과 같이 변경됩니다.

상대 참조

상대 참조 방식을 이해하기 위해 다음 과정을 참고합니다.

01 예제 파일을 열고 [상대 참조] 시트의 G열에 1사분기~4사분기 실적을 집계합니다.

02 [G6] 셀을 선택하고 다음과 같이
수식을 입력합니다.

```
=SUM(C6:F6)
```

04 [G6] 셀의 채우기 핸들 🔳을 행 방향으로 [G13] 셀까지 드래그해서 수식을 복사합니다.

05 복사한 수식이 어떻게 변했는지 확인하기 위해 [G13] 셀을 더블클릭합니다.

참조한 셀들의 행 주소가 변경되어 있습니다.

06 [G6] 셀에서 참조한 셀의 행 주소가 모두 변경된 것을 확인할 수 있습니다.

TIP 이렇게 수식이 복사된 방향(행, 열)의 주소가 변경되는 방식을 상대 참조라고 합니다.

절대 참조

절대 참조 방식을 이해하기 위해 다음 과정을 참고합니다.

01 시트 탭에서 [절대참조] 시트를 클릭해 다음 표를 확인할 수 있습니다.

02 G열의 합계 값에 [H3] 셀의 반품율을 적용한 값을 [H6:H13] 범위에 계산합니다.

03 [H6] 셀을 선택하고 다음과 같이 수식을 입력합니다.

```
=G6*(1-$H$3)
```

H6		✗ ✓ fx	=G6 * (1 - $H$3)				
	A	B	C	D	E	F	G	H

분류별 분기 실적

예상 반품률
5%

분류	1사분기	2사분기	3사분기	4사분기	합계	반품 제외
문서세단기	210	339	349	406	1,304	1,239
바코드스캐너	126	423	642	665	1,856	
복사기	663	694	1,373	753	3,483	
복사용지	777	1,434	1,056	1,188	4,455	
복합기	287	663	701	359	2,010	
제본기	827	890	972	865	3,554	
출퇴근기록기	403	559	814	674	2,450	
팩스	641	645	476	786	2,548	

상대참조 | **절대참조** | 혼합참조 | +

TIP 수식을 행 방향으로 복사해도 [H3] 셀의 위치는 바뀌면 안 되므로 [H3] 셀을 절대 참조 방식으로 참조합니다.

🔍 **더 알아보기** **절대 참조 기호($) 쉽게 입력하기**

셀을 참조할 때 주소를 고정하기 위해 사용하는 절대 참조 기호($)는 직접 입력할 수도 있고, F4를 눌러 변경할 수도 있습니다. F4는 토글키로 참조할 셀 주소를 입력한 후 키를 누를 때마다 다음과 같이 참조 방식을 순환하면서 변경해줍니다.

상대 참조 → 절대 참조 → 혼합 참조(행) → 혼합 참조(열) → 상대 참조

04 [H6] 셀의 채우기 핸들━을 [H13] 셀까지 드래그해 수식을 복사합니다.

05 [H13] 셀을 더블클릭해 참조 위치를 확인합니다.

	A	B	C	D	E	F	G	H	I

분류별 분기 실적

예상 반품률
5%

분류	1사분기	2사분기	3사분기	4사분기	합계	반품 제외
문서세단기	210	339	349	406	1,304	1,239
바코드스캐너	126	423	642	665	1,856	1,763
복사기	663	694	1,373	753	3,483	3,309
복사용지	777	1,434	1,056	1,188	4,455	4,232
복합기	287	663	701	359	2,010	1,910
제본기	827	890	972	865	3,554	3,376
출퇴근기록기	403	559	814	674	2,450	2,328
팩스	641	645	476	786	2,548	=G13 * (1 - $H$3)

TIP [H3] 셀과 같이 수식을 복사해도 셀 주소가 변경되지 않는 방식을 절대 참조라고 합니다.

혼합 참조

혼합 참조 방식은 수식을 두 방향으로 모두 복사할 수 있는 경우에 사용합니다. 다음 과정을 참고합니다.

01 시트 탭에서 [혼합참조] 시트를 클릭합니다.

02 [H7:J14] 범위에는 G열의 합계 값에 [H6:J6] 범위 내 110%, 120%, 130%를 곱한 값을 계산합니다.

TIP 계산할 값 중 합계는 열(G) 범위에 비율은 행(6) 범위에 존재합니다. 이런 식으로 구성된 표는 수식을 행과 열 방향으로 모두 복사해 한번에 계산 작업을 할 수 있습니다.

03 [H7] 셀을 선택하고 다음과 같이 수식을 입력합니다.

```
=$G7*H$6
```

H7	: × ✓ fx =$G7 * H$6									
	A	B	C	D	E	F	G	H	I	J	K

	분류별 분기 실적								
	분류	1사분기	2사분기	3사분기	4사분기	합계	내년 목표 예상치		
							110%	120%	130%
문서세단기	210	339	349	406	1,304	1,434		
바코드스캐너	126	423	642	665	1,856			
복사기	663	694	1,373	753	3,483			
복사용지	777	1,434	1,056	1,188	4,455			
복합기	287	663	701	359	2,010			
제본기	827	890	972	865	3,554			
출퇴근기록기	403	559	814	674	2,450			
팩스	641	645	476	786	2,548			

상대참조　절대참조　혼합참조　+

TIP [G7] 셀은 참조할 합계 값을 갖는 G열 내의 첫 번째 셀이므로 열 주소(G)만 변경되지 않도록 $G7과 같이 참조하고, [H6] 셀은 참조할 데이터가 6행 범위 안에 있으므로 행 주소(6)만 변경되지 않도록 H$6과 같이 참조합니다.

04 [H7] 셀의 채우기 핸들을 [J7] 셀까지 드래그해 수식을 복사합니다.

05 [H7:J7] 범위가 선택된 상태에서 채우기 핸들을 14행까지 드래그해 수식을 복사합니다.

06 [J14] 셀을 더블클릭해 참조 위치를 확인합니다.

	A	B	C	D	E	F	G	H	I	J	K

	분류별 분기 실적								
	분류	1사분기	2사분기	3사분기	4사분기	합계	내년 목표 예상치		
							110%	120%	130%
문서세단기	210	339	349	406	1,304	1,434	1,565	1,695
바코드스캐너	126	423	642	665	1,856	2,042	2,227	2,413
복사기	663	694	1,373	753	3,483	3,831	4,180	4,528
복사용지	777	1,434	1,056	1,188	4,455	4,901	5,346	5,792
복합기	287	663	701	359	2,010	2,211	2,412	2,613
제본기	827	890	972	865	3,554	3,909	4,265	4,620
출퇴근기록기	403	559	814	674	2,450	2,695	2,940	3,185
팩스	641	645	476	786	2,548	2,803	3,058	=$G14 * J$6

TIP 수식을 행 방향과 열 방향으로 모두 복사할 경우에 혼합 참조를 사용하면 한번에 모든 계산 작업을 처리할 수 있습니다.

이름 정의

'A1' 주소 참조 방식은 셀 주소를 사용하므로 해당 셀의 데이터가 어떤 것인지 알 수는 없습니다. 때문에 엑셀에는 셀(또는 범위), 계산에 사용되는 다양한 상수, 긴 수식을 별도의 이름으로 정의해 사용할 수 있습니다. 이러한 이름 정의는 참조할 셀, 범위를 원하는 별칭으로 바꿔주는 역할을 하므로 수식을 좀 더 이해하고 활용하기 쉽도록 도와줍니다.

원하는 이름으로 셀(또는 범위) 참조

예제 파일 PART 05 \ CHAPTER 16 \ 이름 정의.xlsx

이름 정의란?

엑셀은 다른 위치의 셀을 참조할 때 셀 주소를 사용합니다. 하지만 수식에 사용된 셀 주소만으로는 해당 셀에 어떤 데이터가 입력되어 있는지 알 수 없습니다. 이런 점은 수식을 이해하기 어렵게 만드는 주요한 원인이 됩니다. 이름 정의는 참조할 셀(또는 범위)를 부르고 싶은 이름으로 정의해 사용할 수 있는 엑셀 기능입니다.

이름 상자를 이용한 이름 정의 방법

셀(또는 범위)을 이름으로 정의하는 가장 쉬운 방법은 이름 상자를 이용하는 것입니다.

01 예제를 열고 E열의 급여 범위를 이름으로 정의해 사용합니다.

02 [E6:E12] 범위를 선택하고 [이름 상자]에 **급여**를 입력한 후 Enter 를 눌러 이름을 정의합니다.

급여									
	A	B	C	D	E	F	G	H	I	J
1									
2			**영업부 급여대장**					**집계**		
3									
5		사번	이름	직위	급여	성과급		급여총액		
6		1	박민	부장	5,540,000					
7		2	오예찬	차장	4,500,000					
8		3	한세계	과장	3,940,000					
9		4	심겨운	대리	3,300,000					
10		5	조미소	주임	3,020,000					
11		6	김은혜	사원	2,700,000					
12		7	김연두	사원	2,820,000					
13									

03 F열에 급여의 200% 금액을 성과급으로 계산하고 [I5] 셀에 급여 총액을 계산합니다.

04 [F6] 셀을 선택하고 다음 수식을 입력합니다.

```
=급여 * 200%
```

F6	=급여 * 200%

	A	B	C	D	E	F	G	H	I
1									
2			영업부 급여대장					집계	
3									
5		사번	이름	직위	급여	성과급		급여총액	
6		1	박민	부장	5,540,000	11,080,000			
7		2	오예찬	차장	4,500,000	9,000,000			
8		3	한세계	과장	3,940,000	7,880,000			
9		4	심겨운	대리	3,300,000	6,600,000			
10		5	조미소	주임	3,020,000	6,040,000			
11		6	김은혜	사원	2,700,000	5,400,000			
12		7	김연두	사원	2,820,000	5,640,000			

TIP 엑셀 Microsoft 365, 2021 버전은 동적 배열을 지원하므로 수식을 입력하면 [F12] 셀까지 수식이 자동 복사됩니다. 이것은 이름 정의된 '급여'가 [E6:E12] 범위에 해당하므로, 계산된 값도 해당 범위의 셀 개수만큼 일곱 개가 되어 이 값이 한번에 반환되기 때문입니다. 하지만 엑셀 2019 이전 버전은 동적 배열이 지원되지 않으므로, [F6] 셀에 수식을 입력하고 [F6] 셀의 채우기 핸들🔳을 [F12] 셀까지 드래그해 수식을 복사해야 합니다.

05 [I5] 셀에 다음 수식을 입력합니다.

```
=SUM(급여)
```

I5	=SUM(급여)

	A	B	C	D	E	F	G	H	I
1									
2			영업부 급여대장					집계	
3									
5		사번	이름	직위	급여	성과급		급여총액	25,820,000
6		1	박민	부장	5,540,000	11,080,000			
7		2	오예찬	차장	4,500,000	9,000,000			
8		3	한세계	과장	3,940,000	7,880,000			
9		4	심겨운	대리	3,300,000	6,600,000			
10		5	조미소	주임	3,020,000	6,040,000			
11		6	김은혜	사원	2,700,000	5,400,000			
12		7	김연두	사원	2,820,000	5,640,000			

TIP 정의된 이름을 수식에서 사용하면 참조할 데이터가 무엇인지 이해하기 쉽습니다.

🔍 **더 알아보기** **이름 정의된 범위를 빠르게 확인할 수 있는 방법**

이름을 명명할 때 사용하는 [이름 상자]에는 정의한 이름이 모두 저장되어 있습니다. 이름 상자의 목록 버튼☑을 클릭하면 정의된 이름을 확인할 수 있으며, 정의된 이름을 선택하면 해당 이름으로 참조할 수 있는 범위가 바로 선택됩니다.

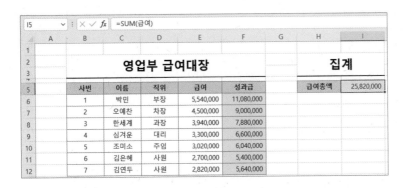

급여	5540000

	A	B	C	D	E	F	G
1							
2			영업부 급여대장				
3							
5		사번	이름	직위	급여	성과급	
6		1	박민	부장	5,540,000	11,080,000	
7		2	오예찬	차장	4,500,000	9,000,000	
8		3	한세계	과장	3,940,000	7,880,000	
9		4	심겨운	대리	3,300,000	6,600,000	
10		5	조미소	주임	3,020,000	6,040,000	
11		6	김은혜	사원	2,700,000	5,400,000	
12		7	김연두	사원	2,820,000	5,640,000	

이름 명명 규칙

이름을 명명할 때 지켜야 할 몇 가지 규칙이 존재합니다. 이 명명 규칙은 엑셀 표나 피벗 테이블, 차트 등에서 이름을 명명할 때도 공통적으로 적용됩니다. 만약 규칙에 벗어난 이름을 사용하려고 하면 다음과 같은 에러 메시지가 나타납니다.

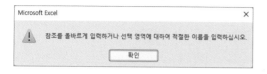

이름을 명명할 때 지켜야 하는 규칙은 다음과 같습니다.

첫째, 이름은 영어 또는 한글로 시작해야 하며, 숫자나 특수 문자를 첫 번째 문자로 사용할 수 없습니다.

2022년매출, **#비고#**와 같은 이름은 사용할 수 없습니다. # 같은 특수 문자는 이름에 사용할 수 없으며, 숫자로 시작하는 이름을 정의하려면 **_2022년매출**과 같이 먼저 밑줄(_)을 입력합니다.

둘째, 영어는 대, 소문자를 구분하지 않습니다.

Sale과 **sale**은 같은 이름으로 인식합니다.

셋째, 이름은 띄어쓰기를 할 수 없습니다.

영업 1부와 같은 이름은 사용할 수 없습니다. 이때는 마침표(.)나 밑줄(_)을 사용해 단어를 구분합니다. 예) **영업.1부** 또는 **영업_1부**

넷째, 이름은 최대 255자까지 사용할 수 있습니다.

이름은 255자까지 사용할 수 있지만 가능하면 이해하기 쉽게 정의할 필요가 있습니다. 부득이한 경우 셋째 규칙을 참고해 두 개 정도의 단어를 마침표나 밑줄로 구분해 정의하는 것이 좋습니다.

다섯째, 셀 주소와 같이 엑셀에서 사용하는 예약된 문자열은 이름으로 사용할 수 없습니다.

A1과 같은 이름을 정의할 수 없습니다. 특히 영문자 세 개 정도가 앞에 나오고 뒤에 숫자가 나오는 **MSD301**과 같은 코드를 이름으로 정의할 때는 셀 주소와 겹치는 경우가 많으니 주의해야 합니다. 참고로 워크시트의 마지막 열 주소는 XFD이며, 마지막 행 주소는 1,048,576입니다.

상대 참조로 이름 정의하기

예제 파일 PART 05 \ CHAPTER 16 \ 이름 정의–상대 참조.xlsx

이름을 정의할 때 기본 참조 방식

이름 상자를 이용해 정의된 이름은 기본적으로 절대 참조 방식을 사용합니다. 만약 상대나 혼합 참조 방식을 사용해 이름을 정의하고 싶다면 [수식] 탭–[정의된 이름] 그룹–[이름 정의] 명령을 참조해 이름을 정의합니다.

LINK 상대 참조, 혼합 참조에 대한 자세한 설명은 이 책의 351페이지를 참고합니다.

상대 참조로 이름 정의

01 예제를 열고 급여의 200%를 보너스로 계산합니다. 단 급여 범위를 이름으로 정의해 처리합니다.

	A	B	C	D	E	F	G	H
1								
2				보너스 지급 대장				
3								
4								
5			영업부			기획실		
6		이름	급여	보너스	이름	급여	보너스	
7		박민	5,540,000		박지훈	6,720,000		
8		오예찬	4,500,000		유준혁	4,120,000		
9		한세계	3,940,000		이서연	2,980,000		
10		심겨운	3,300,000		김민준	2,870,000		
11		조미소	3,020,000		최서현	2,590,000		
12		김은혜	2,700,000					
13		김연두	2,820,000					
14								

TIP 급여가 C열과 F열에 입력되어 있고 각각 셀 개수가 다르므로 상대 참조 방식으로 이름 정의하는 것이 편리합니다.

02 [D7] 셀이 선택된 상태에서 [수식] 탭–[정의된 이름] 그룹–[이름 정의 ⬦]를 클릭합니다.

TIP 상대 참조 방식으로 이름을 정의하려면 이름 상자를 사용할 수 없습니다.

03 [새 이름] 대화상자가 표시되면 다음과 같이 설정하고 [확인]을 클릭합니다.

· [이름] : **왼쪽셀**

· [참조 대상] : **=sample!C7**

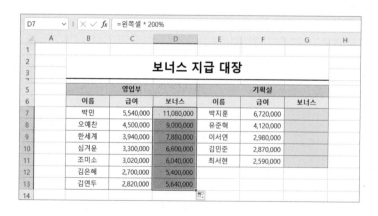

🔍 **더 알아보기**　　**참조 대상을 정확하게 이해하기**

상대 참조로 이름 정의할 경우에는 [이름 정의] 명령을 클릭할 때의 셀(D7) 위치가 중요합니다. 상대 참조로 참조하면 해당 셀을 참조하는 것이 아니라 선택된 셀(D7)의 상대 위치를 항상 참조합니다.

이름을 정의할 때 조심해야 할 점은 A열의 왼쪽 방향 셀은 존재하지 않으므로, 정의된 이름을 A열에서 사용하게 되면 오른쪽 마지막 열 셀이 참조된다는 것입니다. 즉, [A1] 셀에서 '=왼쪽셀'과 같은 수식을 사용하면 [XFD1] 셀을 참조합니다.

---

04 [D7] 셀에 다음 수식을 입력하고 [D7] 셀의 채우기 핸들⊞을 [D13] 셀까지 드래그합니다.

```
=왼쪽셀*200%
```

05 G열도 **04** 과정과 동일한 방법을 사용해 수식을 입력하면 보너스 금액을 계산할 수 있습니다.

TIP [D7] 셀을 복사하고 [G7:G11] 범위를 선택한 후 붙여넣기 작업을 해도 동일한 결과를 얻을 수 있습니다.

계산에 필요한 다양한 숫자를 이름으로 관리하는 방법

예제 파일 PART 05 \ CHAPTER 16 \ 이름 정의-상수.xlsx

계산에 필요한 값을 어떻게 관리할까?

수식을 작성할 때 계산에 필요한 다양한 고정 값이 존재합니다. 이러한 고정 값은 직접 수식에 입력해 계산하면 수정해야 할 일이 있을 때 수식을 일일이 고쳐야 하므로 불편합니다. 따라서 보통 다른 셀에 값을 입력해놓고 해당 셀을 참조하는 방법으로 계산하는 것이 일반적입니다. 하지만 참조하는 셀(값)이 많아지면 셀을 관리하는 것도 복잡해집니다. 그러므로 이런 값들은 이름으로 정의해 사용하면 수식에 대한 이해도도 높이고 이후 수정/관리 시에도 쉽게 해결이 가능합니다.

숫자를 이름으로 정의

숫자를 이름으로 정의하려면 [수식] 탭에서 [이름 정의] 명령을 이용합니다. 다음 과정을 참고합니다.

01 예제 파일을 열고 D열과 G열의 수식에서 사용한 200%를 이름으로 정의해 사용합니다.

D7		✓ : × ✓ fx	=왼쪽셀 * 200%				
	A	B	C	D	E	F	G	H

	이름	급여	보너스	이름	급여	보너스
		영업부			기획실	
	박민	5,540,000	11,080,000	박지훈	6,720,000	13,440,000
	오예찬	4,500,000	9,000,000	유준혁	4,120,000	8,240,000
	한세계	3,940,000	7,880,000	이서연	2,980,000	5,960,000
	심겨운	3,300,000	6,600,000	김민준	2,870,000	5,740,000
	조미소	3,020,000	6,040,000	최서현	2,590,000	5,180,000

보너스 지급 대장

> **TIP** '왼쪽셀' 이름은 Section 16-02에서 정의하는 방법에 대한 설명을 참고합니다.

02 이름을 정의하기 위해 [수식] 탭-[정의된 이름] 그룹-[이름 정의 🏷️]를 클릭합니다.

03 [새 이름] 대화상자가 표시되면 이름과 참조 대상을 입력하고 [확인]을 클릭합니다.

- **[이름] : 보너스지급비율**
- **[참조 대상] : =200%**

04 [D7] 셀의 수식을 다음과 같이 수정하고 [D7] 셀의 채우기 핸들➕을 [D13] 셀까지 드래그합니다.

=왼쪽셀*보너스지급비율

보너스 지급 대장

	영업부			기획실		
이름	급여	보너스	이름	급여	보너스	
박민	5,540,000	11,080,000	박지훈	6,720,000	13,440,000	
오예찬	4,500,000	9,000,000	유준혁	4,120,000	8,240,000	
한세계	3,940,000	7,880,000	이서연	2,980,000	5,960,000	
심겨운	3,300,000	6,600,000	김민준	2,870,000	5,740,000	
조미소	3,020,000	6,040,000	최서현	2,590,000	5,180,000	
김은혜	2,700,000	5,400,000				
김연두	2,820,000	5,640,000				

05 **04**와 같은 방법으로 [G7] 셀의 수식을 동일하게 수정하고 [G11] 셀까지 채우기 핸들➕을 드래그합니다.

정의된 이름 수정

이름을 정의해 사용하면 나중에 해당 숫자를 수정해야 할 경우에도 편리합니다. 다음 과정을 참고합니다.

01 이름 정의된 '보너스지급비율'을 200%에서 250%로 변경합니다.

02 [수식] 탭-[정의된 이름] 그룹-[이름 관리자📋]를 클릭합니다.

03 [이름 관리자] 대화상자가 표시되면 [보너스지급비율] 이름을 선택하고 [참조 대상]의 값을 다음과 같이 수정한 후 Enter 를 눌러 변경합니다. [닫기]를 클릭합니다.

· **[참조 대상] : =250%**

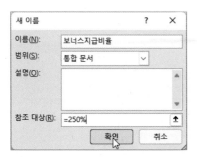

TIP [참조 대상] 값을 변경하고 Enter 를 누르지 않으면 대화상자를 닫을 때 저장 여부를 묻는 대화상자가 표시됩니다. 그때 [예]를 클릭해 저장해도 됩니다.

04 이름의 참조 값이 변경되면 파일 내 모든 수식이 재계산됩니다.

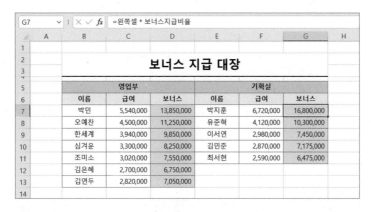

TIP 숫자를 이름으로 등록해 사용하면 추후 모든 변경 작업은 [이름 관리자] 대화상자에서 처리할 수 있습니다.

16 / 04

이름 관리자 활용 팁

예제 파일 PART 05 \ CHAPTER 16 \ 이름 관리자.xlsx

이름 관리자의 이해

이름 관리자는 [수식] 탭-[정의된 이름] 그룹-[이름 관리자 ⌐]를 클릭했을 때 표시되는 대화상자로 파일 내 정의된 이름을 모두 확인하고 신규, 수정, 삭제 등의 관리 작업을 진행할 수 있습니다.

표 이름과 정의된 이름

[이름 관리자] 대화상자에는 정의된 이름과 표 이름이 함께 표시되며, 정의된 이름은 새로 만들기, 수정, 삭제가 자유롭습니다. 다만 표 이름은 삭제하거나 참조 대상을 수정할 수 없습니다.

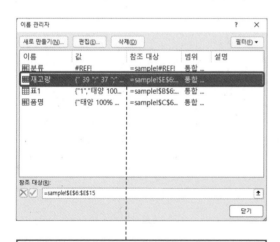

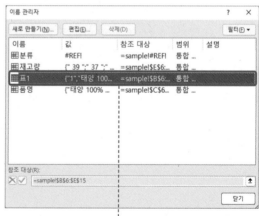

정의된 이름은 왼쪽에 ⊞ 아이콘이 표시되며, 이름을 선택하면 상단의 [편집], [삭제]가 모두 활성화됩니다.

표 이름은 왼쪽에 ⊞ 아이콘이 표시됩니다. 표 이름을 선택하면 상단의 [삭제]가 비활성화됩니다. 또한 [편집]을 클릭해도 다음과 같이 표 이름만 수정할 수 있으며 참조 대상은 수정할 수 없습니다.

새로 만들기

[이름 관리자]에서 [새로 만들기]를 클릭하면 [수식] 탭-[정의된 이름] 그룹-[이름 정의 ]를 클릭했을 때처럼 [새 이름] 대화상자가 표시됩니다.

여기에서 새로운 이름을 정의할 수 있지만 표 이름은 생성할 수 없습니다.

문제가 생긴 이름을 찾아 삭제하기

이름을 정의한 후 이름으로 참조한 대상 셀(또는 범위)이 삭제되면 정의된 이름도 '#REF!' 에러가 발생합니다. #REF! 에러가 발생한 이름은 사용했을 때 계속 동일한 에러만 반환하므로 이름을 삭제하는 것이 좋습니다.

01 예제 파일을 열고 [수식] 탭-[정의된 이름] 그룹-[이름 관리자 ]를 클릭합니다.

02 [이름 관리자] 대화상자가 표시되면 [필터]를 클릭하고 [오류가 있는 이름]을 선택합니다.

03 [값]에 수식 에러가 발생한 이름이 표시되면 이름을 선택하고 [삭제]를 클릭합니다.

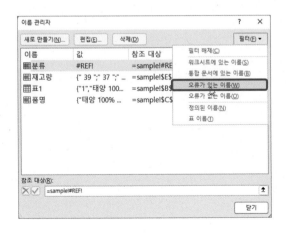
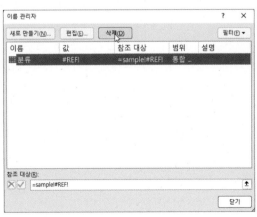

04 삭제 메시지에서 [예]를 클릭하면 오류가 발생한 이름이 모두 삭제됩니다.

05 필터 조건을 해제하기 위해 [필터]를 클릭하고 [필터 해제]를 선택합니다.

06 삭제되고 남은 이름이 화면 같이 표시됩니다.

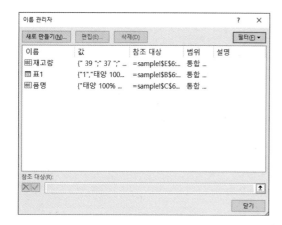

수식 에러

수식을 사용하다 보면 #N/A를 포함한 다양한 에러가 발생합니다. 또한 엑셀 Microsoft 365, 2021 버전에서는 배열 함수의 지원으로 #SPILL!이나 #CALC! 에러가 추가로 발생합니다. 이런 에러들의 원인을 알 수 있다면 문제를 스스로 해결할 수 있는 힘도 기를 수 있습니다.

수식 에러가 발생하는 원인과 해결 방법

예제 파일 PART 05 \ CHAPTER 17 \ 수식 에러.xlsx

수식 에러의 종류

엑셀은 사용자가 작성한 수식을 계산할 수 없는 문제가 발생하면 에러를 반환합니다. 이 에러를 수식 에러(또는 오류)라고 합니다. 엑셀은 총 일곱 가지(##### 제외) 수식 에러를 반환합니다. 엑셀 Microsoft 365, 2021 버전부터 동적 배열과 관련된 두 가지 에러(#SPILL!, #CALC!)가 추가되었습니다. 에러를 #ERROR!로 통일하지 않고 다양한 에러를 반환하는 것은 에러가 발생한 원인별로 구분해 사용자에게 해당 정보를 전달해주기 위한 것입니다.

#DIV/0! 에러

DIV는 나눗셈을 의미하는 Division의 약어입니다. 즉, 수식에서 나누기 연산을 하거나 AVERAGE, QUOTIENT, MOD 함수와 같은 나눗셈 작업을 하는 함수를 사용할 때 발생하는 에러입니다. 정확하게는 나누는 값(피제수)인 분모가 0이 되면 발생합니다.

에러 발생

예제의 [I6] 셀에 **=SUM(F6:F13)/COUNT(C6:C13)** 수식을 입력하면 #DIV/0! 에러가 반환됩니다.

	A	B	C	D	E	F	G	H	I
				수식 에러					
5		사번	이름	직위	입사일	급여		에러	수식
6		1	박지훈	부장	2013-05-12	5,820,000		#DIV/⚠	#DIV/0!
7		2	유준혁	차장	2017-10-15	4,200,000		#N/A	
8		3	이서연	사원	2018-04-30	2,400,000		#NAME?	
9		4	김민준	대리	2022-03-31	3,360,000		#NULL!	
10		5	최서현	사원	2021-05-02	2,580,000		#NUM!	
11		6	박현우	대리	2020-10-16	3,300,000		#VALUE!	
12		7	정시우	사원	2022-01-01	2,700,000		#REF!	
13		8	이은서	사원	2022-03-04	2,400,000		########	

TIP 이번 수식은 평균 급여를 구하기 위해 급여를 인원수로 나누는 수식입니다.

에러 원인

[I6] 셀에서 사용한 COUNT 함수는 범위 내 숫자의 개수를 세어 반환합니다. [C6:C13] 범위는 텍스트 형식의 값이 입력되어 있으므로 COUNT 함수의 결과는 0이 반환되어 수식에서 #DIV/0! 에러가 발행한 것입니다.

해결 방법

이 문제를 해결하려면 다음 두 가지 방법 중 하나를 사용합니다.

첫째, COUNT 함수를 COUNTA 함수로 변경합니다.

둘째, SUM 함수를 COUNT 함수로 나누지 말고 AVERAGE 함수를 사용합니다.

#N/A 에러

VLOOKUP이나 MATCH 함수 등 값을 찾는 동작을 하는 함수를 사용할 때 지정한 범위(또는 셀) 내에 찾는 값이 없으면 발생하는 에러입니다.

에러 발생

예제의 [I7] 셀에 **=VLOOKUP("최준선", C6:F13, 4, FALSE)** 수식을 입력하면 #N/A 에러가 반환됩니다.

I7			✕ ✓ fx	=VLOOKUP("최준선", C6:F13, 4, FALSE)				
⊿	A	B	C	D	E	F	G	H	I

	사번	이름	직위	입사일	급여		에러	수식
				수식 에러				
6	1	박지훈	부장	2013-05-12	5,820,000		#DIV/0!	#DIV/0!
7	2	유준혁	차장	2017-10-15	4,200,000		#N/A⚠	#N/A
8	3	이서연	사원	2018-04-30	2,400,000		#NAME?	
9	4	김민준	대리	2022-03-31	3,360,000		#NULL!	
10	5	최서현	사원	2021-05-02	2,580,000		#NUM!	
11	6	박현우	대리	2020-10-16	3,300,000		#VALUE!	
12	7	정시우	사원	2022-01-01	2,700,000		#REF!	
13	8	이은서	사원	2022-03-04	2,400,000		########	

TIP 이번 수식은 왼쪽 표에서 '최준선'의 급여를 참조해오는 수식입니다.

에러 원인

[I7] 셀에서 사용한 수식은 '최준선'의 급여를 참조하는데, [C6:C13] 범위에는 '최준선'이 존재하지 않으므로 #N/A! 오류가 발생합니다.

해결 방법

이 문제를 해결하려면 다음 두 가지 방법 중 하나를 사용합니다.

첫째, 수식에 입력된 '최준선'을 [C6:C13] 범위에 입력된 값(예 : 박지훈) 중 하나로 변경합니다.

둘째, [C6:C13] 범위 내 **최준선**에 해당하는 값을 입력합니다.

#NAME? 에러

함수 이름을 잘못 입력했거나 인수로 사용한 텍스트 값을 큰따옴표(") 없이 입력했을 때 발생합니다. 정의되지 않은 이름을 사용하려는 경우가 포함됩니다.

에러 발생

예제의 [I8] 셀에 **=SUM(급여)** 수식을 입력하면 #NAME? 에러가 반환됩니다.

사번	이름	직위	입사일	급여		에러	수식
			수식 에러				
1	박지훈	부장	2013-05-12	5,820,000		#DIV/0!	#DIV/0!
2	유준혁	차장	2017-10-15	4,200,000		#N/A	#N/A
3	이서연	사원	2018-04-30	2,400,000		#NAM⚠	#NAME?
4	김민준	대리	2022-03-31	3,360,000		#NULL!	
5	최서현	사원	2021-05-02	2,580,000		#NUM!	
6	박현우	대리	2020-10-16	3,300,000		#VALUE!	
7	정시우	사원	2022-01-01	2,700,000		#REF!	
8	이은서	사원	2022-03-04	2,400,000		########	

TIP 이번 수식은 급여로 이름 정의된 데이터 범위의 합계를 구하는 수식입니다.

에러 원인

수식에서 사용한 '급여'는 정의된 이름이 아니므로 엑셀에서 알 수 없는 이름이란 의미로 #NAME? 에러가 발생합니다.

해결 방법

이 문제를 해결하려면 다음 두 가지 방법 중 하나를 사용합니다.

첫째, **=SUM(F6:F13)**로 수식을 변경합니다.

둘째, [F6:F13] 범위를 '급여'라는 이름으로 정의합니다.

LINK 이름 정의하는 방법은 이 책의 258페이지를 참고합니다.

#NULL! 에러

자주 나타나지 않는 에러로 수식 안에 공백(" ") 참조 연산자가 사용된 경우 지정한 두 범위의 교집합 범위가 존재하지 않으면 발생합니다.

에러 발생

예제의 [I9] 셀에 **=SUM(F6 F11)** 수식을 입력하면 #NULL! 에러가 반환됩니다.

사번	이름	직위	입사일	급여		에러	수식
			수식 에러				
1	박지훈	부장	2013-05-12	5,820,000		#DIV/0!	#DIV/0!
2	유준혁	차장	2017-10-15	4,200,000		#N/A	#N/A
3	이서연	사원	2018-04-30	2,400,000		#NAME?	#NAME?
4	김민준	대리	2022-03-31	3,360,000		#NULL⚠	#NULL!
5	최서현	사원	2021-05-02	2,580,000		#NUM!	
6	박현우	대리	2020-10-16	3,300,000		#VALUE!	
7	정시우	사원	2022-01-01	2,700,000		#REF!	
8	이은서	사원	2022-03-04	2,400,000		########	

> **TIP** 이번 수식은 [F6:F11] 범위의 합계를 구하려는 수식입니다. 단, 범위를 나타내는 콜론(:)을 생략한 경우입니다.

에러 원인

수식에서 띄어쓰기(공백 문자)를 사용할 때 좌우에 참조하는 부분이 있다면 공백 문자를 공백 참조 연산자(" ")로 인식합니다. 공백 참조 연산자는 두 범위의 교집합 범위를 반환하는 연산자입니다. 예를 들어 **=B9:F9 F6:F13**과 같은 수식을 사용하면 두 범위가 겹치는 [F9] 셀의 급여가 참조됩니다.

해결 방법

이 문제를 해결하려면 다음 두 가지 방법 중 하나를 사용합니다.

첫째, 공백 문자를 쉼표(,) 참조 연산자로 변경합니다(예 : **=SUM(F9, F13)**).

둘째, 공백 참조 연산자를 콜론(:) 참조 연산자로 변경합니다(예 : **=SUM(F9:F13)**).

#NUM! 에러

수식의 결괏값이 너무 작거나 커서 계산 결과를 반환하지 못하는 경우에 발생합니다.

에러 발생

예제의 [I10] 셀에 **=F6^(112)** 수식을 입력하면 #NUM! 에러를 반환합니다.

| | | | I10 | | f_x | =F6^(112) | | |

수식 에러

	사번	이름	직위	입사일	급여		에러	수식
	1	박지훈	부장	2013-05-12	5,820,000		#DIV/0!	#DIV/0!
	2	유준혁	차장	2017-10-15	4,200,000		#N/A	#N/A
	3	이서연	사원	2018-04-30	2,400,000		#NAME?	#NAME?
	4	김민준	대리	2022-03-31	3,360,000		#NULL!	#NULL!
	5	최서현	사원	2021-05-02	2,580,000		#NUM⚠	#NUM!
	6	박현우	대리	2020-10-16	3,300,000		#VALUE!	
	7	정시우	사원	2022-01-01	2,700,000		#REF!	
	8	이은서	사원	2022-03-04	2,400,000		########	

TIP 이번 수식은 [F6] 셀 급여의 루트 값을 구하는 수식입니다.

에러 원인

수식 내 112는 1/2의 오타입니다. [F6] 셀 급여의 112 제곱 값을 반환해야 하는데, 계산 결과의 반환 값이 너무 커서 계산이 되지 않습니다.

해결 방법

이 문제를 해결하려면 수식을 **=F6^(1/2)**와 같이 변경해 사용합니다.

#VALUE! 에러

함수의 인수에 잘못된 데이터 형식을 전달했거나 계산할 수 없는 텍스트 형식의 값을 계산하려는 경우, 또는 범위 연산을 하려는 경우에 발생합니다.

에러 발생

예제의 [I11] 셀에 **=F11-D11** 수식을 입력하면 #VALUE! 에러가 반환됩니다.

| | | | I11 | | f_x | =F11-D11 | | |

수식 에러

	사번	이름	직위	입사일	급여		에러	수식
	1	박지훈	부장	2013-05-12	5,820,000		#DIV/0!	#DIV/0!
	2	유준혁	차장	2017-10-15	4,200,000		#N/A	#N/A
	3	이서연	사원	2018-04-30	2,400,000		#NAME?	#NAME?
	4	김민준	대리	2022-03-31	3,360,000		#NULL!	#NULL!
	5	최서현	사원	2021-05-02	2,580,000		#NUM!	#NUM!
	6	박현우	대리	2020-10-16	3,300,000		#VALU⚠	#VALUE!
	7	정시우	사원	2022-01-01	2,700,000		#REF!	
	8	이은서	사원	2022-03-04	2,400,000		########	

에러 원인

마이너스 연산자(−)는 뺄셈 연산을 하는데, [D11] 셀의 값이 텍스트 형식의 데이터이므로 뺄셈 연산을 할 수 없습니다. #VALUE! 에러는 사칙 연산 등의 계산에서 잘못된 데이터 형식을 사용할 때 발생합니다.

해결 방법

이 문제를 해결하려면 수식에 잘못된 데이터 형식이 사용되고 있는지 확인하고 이를 수정합니다.

#REF! 에러

수식에서 참조한 셀이 삭제된 경우에 발생합니다.

에러 발생

다음 과정을 참고해 작업하면 #REF! 에러가 반환됩니다.

01 예제의 [I12] 셀에 **=C12** 수식을 입력합니다.

02 참조한 [C12] 셀을 선택하고 [홈] 탭-[셀] 그룹-[삭제⚏]를 클릭합니다.

	사번	이름	직위	입사일	급여		에러	수식
				수식 에러				
6	1	박지훈	부장	2013-05-12	5,820,000		#DIV/0!	#DIV/0!
7	2	유준혁	차장	2017-10-15	4,200,000		#N/A	#N/A
8	3	이서연	사원	2018-04-30	2,400,000		#NAME?	#NAME?
9	4	김민준	대리	2022-03-31	3,360,000		#NULL!	#NULL!
10	5	최서현	사원	2021-05-02	2,580,000		#NUM!	#NUM!
11	6	박현우	대리	2020-10-16	3,300,000		#VALUE!	#VALUE!
12	7	이은서	사원	2022-01-01	2,700,000		#REF!	#REF!
13	8		사원	2022-03-04	2,400,000		########	

TIP 셀을 삭제할 때 [삭제] 대화상자가 열리면 [셀을 위로 밀기] 옵션을 선택하고 [확인]을 클릭합니다.

에러 원인

엑셀에서 셀 값을 지울 때는 Delete 를 눌러 지우거나 [삭제]를 클릭합니다. Delete 를 누르면 셀 값만 지워지는데, [삭제]를 클릭하면 셀 자체를 없애고 그 자리를 다른 셀로 메꿉니다. 수식에서 참조한 셀이 [삭제]에 의해 제거되면 참조할 위치가 없어지게 되므로 #REF! 에러가 발생합니다.

해결 방법

이 문제를 해결하려면 다음 두 가지 방법 중 하나를 사용합니다.

첫째, [I12] 셀의 수식을 직접 고쳐야 합니다.

둘째, 셀을 참조할 때 INDIRECT 함수를 사용합니다(예 : `=INDIRECT("C12")`).

> **TIP** INDIRECT 함수는 간접 참조 함수로 참조한 셀을 삭제해도 #REF! 에러가 발생하지 않습니다.

에러

엑셀에서 정식 에러로 분류하진 않지만 일반 사용자는 문제로 인식하므로 에러로 분류했습니다. 이 에러는 셀 값을 표시할 수 없을 때 반환되며 다음과 같은 두 가지 원인이 존재합니다.

에러 발생 1

예제에서 F열의 열 너비를 줄이게 되면 ######## 에러가 반환됩니다.

사번	이름	직위	입사일	급여		에러	수식
			수식 에러				
1	박지훈	부장	2013-05-12	####		#DIV/0!	#DIV/0!
2	유준혁	차장	2017-10-15	####		#N/A	#N/A
3	이서연	사원	2018-04-30	####		#NAME?	#NAME?
4	김민준	대리	2022-03-31	####		#NULL!	#NULL!
5	최서현	사원	2021-05-02	####		#NUM!	#NUM!
6	박현우	대리	2020-10-16	####		#VALUE!	#VALUE!
7	이은서	사원	2022-01-01	####		#REF!	#REF!
8		사원	2022-03-04	####		########	

에러 원인 1

열 너비를 줄이는 것은 문제가 되지 않지만 해당 열의 셀에서 값을 표시하기에 열 너비가 충분하지 않으면 셀에 ########가 표시됩니다.

해결 방법 1

이 문제를 해결하려면 F열의 열 너비를 좀 더 크게 조정합니다. F열과 G열의 열 구분선을 더블클릭하면 열 너비가 자동으로 조정되므로 보통 이 방법을 많이 사용합니다.

에러 발생 2

[I13] 셀에 **-1**을 입력하면 ######## 에러가 표시됩니다.

에러 원인 2

−1은 큰 값이 아니기 때문에 열 너비와는 무관합니다. 이때는 [표시 형식]을 확인합니다. [I13] 셀이 선택
된 상태에서 [홈] 탭-[표시 형식] 그룹-[표시 형식]을 확인해 표시 형식이 날짜나 시간으로 설정되어 있는
지 살펴봅니다. 엑셀에서 날짜와 시간은 모두 숫자이며, 음수는 날짜와 시간으로 표시할 수 없습니다.

해결 방법 2

이 문제를 해결하려면 [홈] 탭-[표시 형식] 그룹-[표시 형식]을 [일반]으로 변경합니다.

TIP 엑셀 Microsoft 365, 2021 버전부터 #SPILL!, #CACL! 에러가 추가되었습니다. 동적 배열을 사용한 수식을 사용할 때 반환되는 두 에
러는 이 책의 368페이지에서 자세하게 설명합니다.

17 / 02 파일 내 문제(에러)를 한번에 찾는 방법

예제 파일 PART 05 \ CHAPTER 17 \ 오류 검사.xlsx

파일 내 문제를 어떻게 찾나?

다른 사람이 만든 파일을 받아 작업을 해야 하거나, 작업을 마치고 전체 작업에 문제가 없는지 확인하고 싶을 때 엑셀의 [오류 검사] 기능을 사용하면 파일 내 문제를 빠르게 발견할 수 있습니다. [오류 검사]는 현재 시트 내 에러가 발생했거나 발생할 수 있는 셀 문제를 한번에 찾아 사용자에게 알려주므로 파일에 발생한 문제를 빠르게 찾고 해결할 때 큰 도움이 됩니다. 다만 한 파일에 많은 시트가 있고 이를 모두 확인하고 싶은 경우에는 불편할 수 있으므로 수식이 많이 사용되거나 문제를 확인하고 싶은 시트로만 제한해 사용하면 매우 유용합니다.

오류 검사를 활용하는 방법

01 예제 파일을 열고 [수식] 탭-[수식 분석] 그룹-[오류 검사📊]를 클릭합니다.

02 [B6] 셀이 자동으로 선택되면서 [오류 검사] 대화상자가 나타납니다.

03 [오류 검사] 대화상자의 내용을 확인하고 해결 방법을 선택합니다.

04 [B6] 셀은 텍스트 형식의 숫자이므로 [숫자로 변환]을 클릭하면 해결할 수 있습니다.

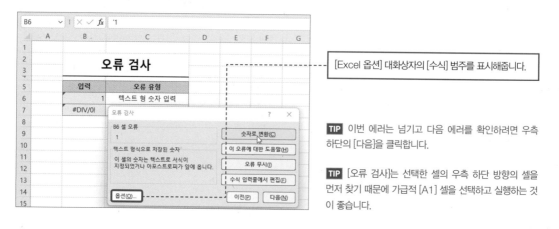

[Excel 옵션] 대화상자의 [수식] 범주를 표시해줍니다.

TIP 이번 에러는 넘기고 다음 에러를 확인하려면 우측 하단의 [다음]을 클릭합니다.

TIP [오류 검사]는 선택한 셀의 우측 하단 방향의 셀을 먼저 찾기 때문에 가급적 [A1] 셀을 선택하고 실행하는 것이 좋습니다.

05 [B7] 셀이 선택되면서 해당 셀의 문제 해결 방법을 선택합니다.

06 문제를 바로 해결할 수 없다면 [수식 입력줄에서 편집]을 클릭해 수식을 직접 수정합니다.

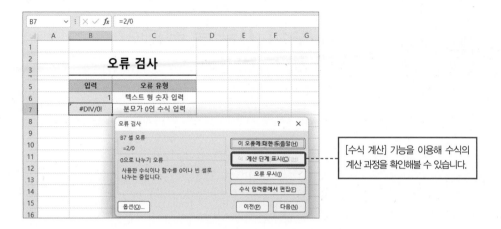

[수식 계산] 기능을 이용해 수식의 계산 과정을 확인해볼 수 있습니다.

07 더 이상 오류가 발생할 셀이 없다면 메시지가 표시되고 종료됩니다.

오류 표식과 오류 추적

사용자가 작성한 수식에 문제의 소지가 있을 때 셀 왼쪽 위에 녹색 삼각형 ⬛ 아이콘이 표시됩니다. 이 아이콘을 오류 표식이라고 합니다. 오류 표식이 나타나는 셀을 선택하면 셀 왼쪽에 [오류 추적 스마트 태그 ⬛]가 나타납니다. 이 태그를 클릭하면 엑셀이 파악한 문제와 해결 방법에 대한 도움을 얻을 수 있습니다.

오류 추적 기능 활용해 에러 해결

예제 파일을 열고 오류 표식 ⬛ 이 있는 [B6] 셀과 [B7] 셀을 각각 선택합니다. [오류 추적 스마트 태그 ⬛]를 클릭하면 다음과 같은 단축 메뉴를 확인할 수 있습니다.

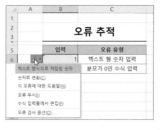

[B6] 셀 선택 화면

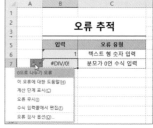

[B7] 셀 선택 화면

위 두 화면에서 표시되는 메뉴의 설명은 다음 표를 참고합니다.

화면	메뉴	설명
왼쪽	텍스트 형식으로 저장된 숫자	오류 발생 원인을 설명합니다.
	숫자로 변환	텍스트 형식의 숫자를 숫자 형식으로 변환합니다.
오른쪽	0으로 나누기 오류	오류 발생 원인을 설명합니다.
	계산 단계 표시	[수식 계산] 대화상자를 불러옵니다.
공통	이 오류에 대한 도움말	오류에 대한 도움말을 표시합니다.
	오류 무시	오류 표식을 숨깁니다.
	수식 입력줄에서 편집	수식 입력줄에서 수식을 편집할 수 있도록 합니다.
	오류 검사 옵션	[Excel 옵션] 대화상자의 [수식] 범주를 표시합니다.

378 / PART 05 | 수식

표에서 살펴본 것처럼 [오류 추적 스마트 태그▲]를 사용하면 오류 발생 원인을 파악할 수 있으며, 오류 해결 명령으로 오류를 수정할 수 있습니다.

오류 검사와 오류 추적 기능의 차이 이해

[오류 추적 스마트 태그▲]는 사용자가 직접 오류 발생 셀을 선택하고 사용해야 합니다. 하지만 오류 검사는 워크시트의 모든 셀에 대해 오류를 검사하고, 오류가 발생한 셀을 하나씩 표시하면서 문제 해결 방법을 제시합니다. 그러므로 오류 추적은 수식을 입력한 직후 오류 표식이 나타나는 것을 확인한 후 사용하는 것이 좋고, 오류 검사는 시트 전체에서 오류가 발생한 부분을 한 번에 찾아 문제를 해결할 때 유용합니다.

오류 표식 숨기기

셀 좌측 상단에 나타나는 오류 표식▮은 셀에 입력한 값 또는 수식이 지정된 규칙을 어긴 경우도 표시됩니다. 오류 표식이 나타나는 것이 불편하다면 옵션을 변경하여 표시되지 않도록 설정할 수 있습니다.

01 [파일] 탭-[옵션]을 클릭합니다.

02 [Excel 옵션] 대화상자에서 [수식]을 선택하면 다음과 같은 옵션을 확인할 수 있습니다.

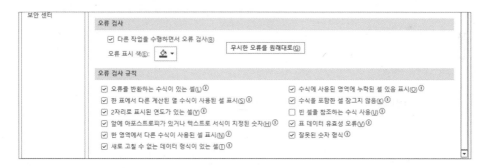

03 오류 표식을 아예 표시하지 않으려면 [오류 검사] 그룹 내 [다른 작업을 수행하면서 오류 검사]의 체크를 해제합니다.

04 특정 상황의 오류 표식만 제외하고 싶다면 [오류 검사 규칙]에서 해당 상황에 맞는 옵션에만 체크를 해제합니다.

> **TIP** 예를 들어 텍스트 형식으로 입력된 숫자가 저장된 셀에 오류 표식을 나타내고 싶지 않다면 [앞에 아포스트로피가 있거나 텍스트로 서식이 지정된 숫자]의 체크를 해제합니다.

05 [확인]을 클릭해 [Excel 옵션] 대화상자를 닫으면 모든 파일에 변경된 옵션이 적용됩니다.

17 / 04 순환 참조 해결 방법

예제 파일 PART 05 \ CHAPTER 17 \ 순환 참조.xlsx

순환 참조란?

순환 참조는 다음과 같은 두 가지 상황 중 하나에서 발생합니다.

첫째, [A1] 셀에 **=SUM(A1:A10)**과 같은 수식이 입력되어 [A1] 셀이 참조되는 경우

둘째, [A1] 셀에 **=B1+1** 수식이, [B1] 셀에는 **=A1+1** 수식이 입력되어 서로 참조되는 경우

즉, 수식을 계산하기 위해 참조가 무한 반복되면 순환 참조가 발생합니다. 주로 논리 오류나 수식을 잘못 입력하는 경우에 발생합니다.

순환 참조 확인 및 문제 해결

순환 참조를 확인하고 문제를 해결하려면 다음 과정을 참고합니다.

01 예제를 열면 다음과 같은 순환 참조 경고 메시지가 표시됩니다. [확인]을 클릭합니다.

02 순환 참조가 발생한 셀 위치를 확인하기 위해 [수식] 탭-[수식 분석] 그룹-[오류 검사 ⚠]의 아래 화살표 를 클릭합니다.

03 하위 메뉴에서 [순환 참조] 메뉴를 확인하면 순환 참조가 발생한 위치를 확인할 수 있습니다.

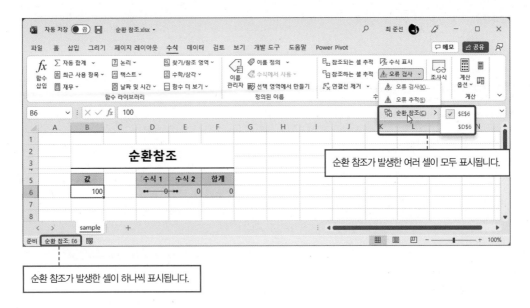

순환 참조가 발생한 여러 셀이 모두 표시됩니다.

순환 참조가 발생한 셀이 하나씩 표시됩니다.

04 [D6] 셀과 [E6] 셀을 확인해보면 다음과 같이 수식에서 서로를 참조하는 걸 확인할 수 있습니다.

- **[D6] 셀** : **=E6+100**
- **[E6] 셀** : **=D6*10%**

05 순환 참조를 해결하기 위해 [D6] 셀의 수식을 **=B6+100**으로 변경합니다.

06 다른 순환 참조가 발생된 셀이 있는지 계속해서 확인합니다.

07 **02-03** 과정을 다시 진행하면 [F6] 셀에도 순환 참조가 발생하는 것을 확인할 수 있습니다.

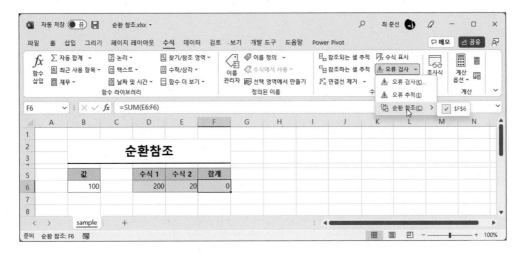

08 [F6] 셀의 수식을 **=SUM(D6:E6)**으로 변경하면 순환 참조를 해결할 수 있습니다.

09 **02-03** 과정을 다시 진행해 [순환 참조] 메뉴가 비활성화되어 있으면 모든 문제를 해결한 것입니다.

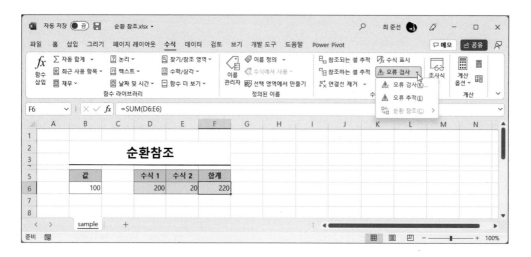

판단 함수

엑셀로 업무를 자동화하려면 전체 데이터에서 원하는 데이터와 원하지 않는 데이터를 구분할 수 있어야 합니다. 보통 이런 작업은 TRUE, FALSE가 반환되는 조건식(논리식)을 작성할 수 있어야 합니다. 이런 식의 데이터 판단을 통해 원하는 결과를 반환하도록 구성된 함수를 이 책에서는 '판단 함수'라고 분류하겠습니다. 판단 함수의 대표적인 함수는 IF, IFERROR 등이 있습니다.

IF 함수를 활용한 데이터 검증 방법

예제 파일 PART 05 \ CHAPTER 18 \ IF 함수.xlsx

IF 함수 도움말

IF 함수는 사용자가 원하는 데이터인지 확인해 원하는 것과 원하지 않는 것을 구분해 처리할 때 사용하는 함수로, 엑셀 함수 중에 가장 많이 사용되는 함수 중 하나입니다.

> **IF** (❶ 조건식, ❷ TRUE일 때 값, ❸ FALSE일 때 값)

IF 함수는 ❶조건식의 결과가 TRUE면 ❷를, 아니면 ❸을 반환합니다.

❶ 조건식	TRUE, FALSE 값을 반환하는 계산식
❷ TRUE일 때 값	조건식의 결과가 TRUE일 때 대체할 값 또는 계산식
❸ FALSE일 때 값	조건식의 결과가 FALSE일 때 대체할 값 또는 계산식

주의 사항

● IF 함수는 한 번에 하나의 조건만 처리 가능합니다. 예를 들어 30대 남자 데이터만 구분해 처리하고 싶다면 '나이'와 '성별'을 구분하는 값이 입력되어 있어야 하며, 조건은 ❶ 나이가 30 이상이고 ❷ 40 미만이어야 하며 ❸ 성별은 '남'이어야 합니다. 이 경우 조건은 세 개가 되므로, IF 함수 안에 IF 함수를 중첩해 다음과 같은 수식이 구성되어야 합니다.

```
=IF(❶나이>=30,
        IF(❷나이<40,
             IF(❸성별="남", "원하는 반환 값", …
```

실무 활용 예제

01 예제의 G열에 계산된 평균 점수가 75점이 넘으면 '통과', 그 외에는 '재시험'을 표시합니다.

번호	이름	직위	점수		평균	통과여부
			엑셀	파워포인트		
1	유준혁	차장	92	76	84.0	
2	이서연	과장	88	73	80.5	
3	김민준	대리	60	75	67.5	
4	최서현	주임	75	88	81.5	
5	박현우	주임	88	80	84.0	
6	이은서	사원	84	65	74.5	
7	오서윤	사원	76	81	78.5	

오피스 사무 능력 평가

02 [H7] 셀에 아래 수식을 입력하고, [H7] 셀의 채우기 핸들 田을 [H13] 셀까지 드래그합니다.

```
=IF(G7>=75, "통과", "재시험")
```

	A	B	C	D	E	F	G	H	I
H7			fx	=IF(G7>=75, "통과", "재시험")					

번호	이름	직위	점수		평균	통과여부
			엑셀	파워포인트		

오피스 사무 능력 평가

번호	이름	직위	엑셀	파워포인트	평균	통과여부
1	유준혁	차장	92	76	84.0	통과
2	이서연	과장	88	73	80.5	통과
3	김민준	대리	60	75	67.5	재시험
4	최서현	주임	75	88	81.5	통과
5	박현우	주임	88	80	84.0	통과
6	이은서	사원	84	65	74.5	재시험
7	오서윤	사원	76	81	78.5	통과

🔍 **더 알아보기**　　**수식에서는 언제 큰따옴표("")를 사용할까?**

수식에서 텍스트, 날짜, 시간 데이터를 그대로 입력해 사용하려는 경우에는 큰따옴표로 해당 값을 묶어줘야 합니다. 만약 현재 수식처럼 값을 반환하지 않고 테스트에 통과한 사람에게 1,000포인트를 지급해야 하는 경우라면 조건은 동일하지만 반환 값이 숫자가 됩니다. 이런 경우 다음과 같은 수식을 사용하며, 1000과 0은 모두 숫자 데이터이므로 큰따옴표로 묶어 입력하지 않습니다.

```
=IF(G7>=75, 1000, 0)
```

03 '재시험' 문구를 표시하지 않고 통과한 사람만 표시하려면 큰따옴표("") 안의 문자열을 지웁니다.

04 [H7] 셀의 수식을 다음과 같이 수정하고 [H13] 셀까지 수식을 복사합니다.

```
=IF(G7>=75, "통과", "")
```

	A	B	C	D	E	F	G	H	I
H7			fx	=IF(G7>=75, "통과", "")					

오피스 사무 능력 평가

번호	이름	직위	엑셀	파워포인트	평균	통과여부
1	유준혁	차장	92	76	84.0	통과
2	이서연	과장	88	73	80.5	통과
3	김민준	대리	60	75	67.5	
4	최서현	주임	75	88	81.5	통과
5	박현우	주임	88	80	84.0	통과
6	이은서	사원	84	65	74.5	
7	오서윤	사원	76	81	78.5	통과

TIP 빈 문자("")는 의미 그대로 비어 있는 문자를 의미합니다. 수식에서 사용된 큰따옴표("")는 셀에서는 표시되지 않으므로 빈 문자("")는 함수의 반환 값으로 셀에 아무 것도 표시되지 않도록 할 때 많이 사용합니다.

IFERROR 함수로 수식 에러를 원하는 값으로 대체하기

예제 파일 PART 05 \ CHAPTER 18 \ IFERROR, ISERROR 함수.xlsx

IFERROR 함수 도움말

IFERROR 함수는 IF 함수만큼은 아니어도 수식 에러가 자주 발생하는 경우 자주 사용하는 함수입니다. 엑셀 2013 버전에서는 #N/A 에러에만 대응하는 IFNA 함수도 추가로 제공됩니다.

IFERROR (❶ 계산식, ❷ 에러가 발생할 때 반환할 값)

특정 계산식에서 에러가 발생하는지 확인해 에러가 발생하면 지정된 값을 반환하고 아니면 계산 결과를 반환합니다.

❶ 계산식	원하는 결과를 반환하는 계산식
❷ 에러가 발생할 때 반환할 값	❶에서 에러가 발생할 때 반환할 값 또는 계산식

ISERROR 함수 도움말

엑셀에서 IS로 시작하는 함수는 뒤의 이름에 해당하는 상황을 판단해 TRUE, FALSE를 반환해줍니다. 제일 많이 사용되는 함수는 ISERROR 함수와 ISNUMBER 함수가 있습니다.

ISERROR (❶ 계산식)

수식에서 에러가 발생했는지 여부를 TRUE, FALSE로 반환합니다.

❶ 계산식	값 또는 계산식

주의 사항

● IFERROR 함수는 엑셀 2007부터 지원되는 함수로 엑셀 2003 이전 버전에서는 사용할 수 없습니다. 하위 버전에서는 IF 함수와 ISERROR 함수를 사용하는 다음 수식으로 변경할 필요가 있습니다.

```
=IF(ISERROR(계산식), 에러가 발생할 때 반환, 계산식)
```

- ISERROR 함수와 같이 비교 연산자로 판단하기 어려운 경우를 대신 확인해 TRUE, FALSE 값을 반환해주는 함수들이 존재합니다. 보통 함수 이름이 IS로 시작해서 IS 계열 함수라고도 하며, 관련 함수는 아래 표에 정리해놓았습니다.

함수	설명
ISBLANK	빈 셀이면 TRUE, 아니면 FALSE
ISERR	#N/A 오류를 제외한 나머지 오류가 발생했다면 TRUE, 아니면 FALSE
ISERROR	오류가 발생하면 TRUE, 아니면 FALSE
ISEVEN	짝수면 TRUE, 아니면 FALSE
ISFORMULA `2013 이후`	수식이면 TRUE, 아니면 FALSE
ISLOGICAL	논릿값이면 TRUE, 아니면 FALSE
ISNA	#N/A 오류가 발생했으면 TRUE, 아니면 FALSE
ISNONTEXT	텍스트 값이 아니면 TRUE, 맞으면 FALSE
ISNUMBER	숫자면 TRUE, 아니면 FALSE
ISODD	홀수면 TRUE, 아니면 FALSE
ISREF	참조면 TRUE, 아니면 FALSE
ISTEXT	텍스트 값이면 TRUE, 아니면 FALSE

실무 활용 예제

수식 에러는 수식을 입력한 직후 발생하지만 나중에 값을 고치는 경우에도 발생합니다. 따라서 수식 에러가 발생할 수 있는 경우에는 미리 IFERROR 함수를 사용해 지정한 값이 반환하도록 처리하면 항상 깔끔한 양식을 유지할 때 도움이 됩니다.

01 예제의 증감률을 구하는 E, H열에 발생한 #DIV/0! 에러를 0%가 표시되도록 수정합니다.

LINK #DIV/0! 에러에 대한 자세한 정보를 확인하려면 이 책의 368페이지를 참고합니다.

02 먼저 [E7:E9] 범위의 증감률 계산식을 수정합니다.

03 [E7] 셀의 수식을 수정하고, [E7] 셀의 채우기 핸들 ⊞을 [E9] 셀까지 드래그해 수식을 복사합니다.

```
=IFERROR((D7-C7)/C7, 0)
```

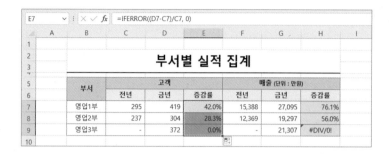

TIP IFERROR 함수를 사용해 증감률 계산식에서 에러가 발생한 경우 0 값으로 대체합니다.

04 이번에는 ISERROR 함수를 사용해 H열의 수식 에러를 0으로 대체합니다.

05 [H7] 셀의 수식을 수정한 후 [H7] 셀의 채우기 핸들 ⊞을 [H9] 셀까지 드래그해 수식을 복사합니다.

```
=IF(ISERROR((G7-F7)/F7), 0, (G7-F7)/F7)
```

🔍 **더 알아보기**   **수식 이해하기**

IF 함수와 ISERROR 함수를 함께 사용하면 수식이 약간 길어지지만, IFERROR 함수를 대신할 수 있습니다. IFERROR 함수는 엑셀 2007 버전부터 사용 가능하므로 하위 버전을 사용하는 사용자와 호환이 필요한 경우라면 이번과 같은 수식을 사용해야 합니다.

IF 함수의 중첩과 IFS 함수

예제 파일 PART 05 \ CHAPTER 18 \ IFS 함수.xlsx

IFS 함수 도움말

IF 함수는 한 번에 하나의 조건만 처리할 수 있기 때문에, 여러 조건을 처리해야 한다면 IF 함수 안에 IF 함수를 중첩해 사용합니다. IF 함수를 중첩해 사용하는 것이 불편하다면 IFS 함수를 사용할 수 있습니다.

> **IFS** (❶ 조건식1, ❷ TRUE일 때 반환1, ❸ 조건식2, ❹ TRUE일 때 반환2, …)

최대 127개의 조건을 확인하고 해당 조건이 TRUE일 때 지정한 값을 반환합니다.

❶ 조건식	TRUE 또는 FALSE를 반환하는 판단식
❷ TRUE일 때 반환	❶ 조건식이 TRUE일 때 반환할 값

주의 사항

● IFS 함수는 엑셀 2019 버전부터 사용할 수 있으며 하위 버전에서는 다음과 같은 IF 함수 중첩을 사용해야 합니다.

```
=IF(조건식1, TRUE일 때 반환1,
        IF(조건식2, TRUE일 때 반환2,
                IF(조건식3, TRUE일 때 반환3, …
```

● IFS 함수는 여러 조건을 처리할 수 있지만 한 번에 하나의 조건을 판단해 조건이 TRUE인 경우 지정된 값을 반환합니다. 따라서 두 조건이 FALSE인 경우에 반환할 값은 다음과 같이 구성합니다.

```
=IFS(조건식1, TRUE일 때 반환1,
    조건식2, TRUE일 때 반환2,
    TRUE, 조건식1과 조건식2가 FALSE일 때 반환)
```

실무 활용 예제

01 예제를 열고 C열의 점수를 오른쪽 표의 조건에
따라 D열에 학점으로 표시합니다.

분류	학점
90점 이상	A
80 ~ 89	B
70 ~ 79	C
60 ~ 69	D
60점 미만	F

02 먼저 IF 함수를 사용해 학점을 반환합니다.

03 [D6] 셀을 선택하고 다음 수식을 입력한 후 [D6] 셀의 채우기 핸들 을 [D12] 셀까지 드래그합니다.

```
=IF(C6>=90, "A", IF(C6>=80, "B", IF(C6>=70, "C", IF(C6>=60, "D", "F"))))
```

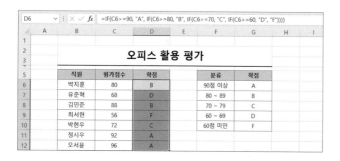

04 이번에는 IFS 함수를 사용해 동일한 학점이 반환되도록 합니다.

05 [D6] 셀의 수식을 다음과 같이 수정하고 [D6] 셀의 채우기 핸들 을 [D12] 셀까지 드래그합니다.

```
=IFS(C6>=90, "A", C6>=80, "B", C6>=70, "C", C6>=60, "D", TRUE, "F")
```

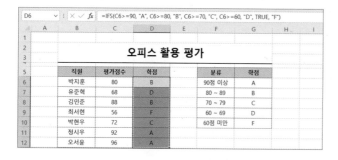

🔍 **더 알아보기** **수식 이해하기**

03 과정과 **05** 과정에서 작성한 수식은 결과가 동일한 수식입니다. 끝에서 두 번째 인수에 사용된 TRUE를 앞의 조건식 방식
으로 변경하면 C6>=0이 됩니다. 이 조건을 굳이 입력할 필요 없이 바로 앞의 조건(60점 이상)에 해당하지 않으면 F 학점이므
로, C6>=0의 결과인 TRUE를 직접 입력한 것입니다. IFS 함수의 조건 인수에 TRUE가 사용되면 IF 함수의 세 번째 인수인
Value_if_false처럼 TRUE가 아닌 경우를 처리하기 위한 것으로 이해하면 됩니다.

18 / 04
AND, OR로 함수로
복잡한 판단을 처리하는 방법

예제 파일 PART 05 \ CHAPTER 18 \ AND, OR 함수.xlsx

AND, OR 함수 도움말

IFS 함수는 한번에 여러 조건을 처리하는 것 같지만 실제로는 하나의 조건을 판단한 결과만 반환합니다. 하지만 실제 업무에서는 동시에 여러 조건을 판단해 처리해야 하는 경우가 많습니다. 이런 경우에는 중첩된 IF 함수 대신 AND, OR 함수를 사용하면 IF 함수를 한 번만 사용할 수 있어 편리합니다.

AND (❶ 조건식1, ❷ 조건식2, ❸ 조건식3, …)

모든 조건이 TRUE일 때만 TRUE를 반환하고, 하나라도 FALSE이면 FALSE를 반환합니다.

❶ 조건식	TRUE, FALSE를 반환하는 판단식

주의 사항

● [조건식] 인수는 최대 255개까지 사용 가능합니다.

● AND 함수를 사용하지 않으면 필연적으로 IF 함수를 중첩 사용해야 합니다. 다음은 조건식 세 개를 모두 만족할 때 원하는 값을 반환하는 IF 함수의 중첩 사용 예입니다.

```
=IF(조건식1,
        IF(조건식2,
             IF(조건식3, "반환 값",
```

위 수식을 조금 간단하게 구성하려면 다음과 같은 수식을 사용할 수 있습니다.

```
=IF(AND(조건식1, 조건식2, 조건식3), "반환 값", …)
```

OR (❶ 조건식1, ❷ 조건식2, ❸ 조건식3, …)

여러 조건 중 하나라도 TRUE가 존재하면 TRUE를 반환하고, 모든 조건이 FALSE인 경우에만 FALSE가 반환됩니다.

주의 사항

● OR 함수를 사용하지 않으려면 IF 함수를 중첩 사용해야 합니다. 다음은 조건식 세 개 중 하나를 만족할 때 원하는 값을 반환하는 IF 함수의 중첩 사용 예입니다.

```
=IF(조건식1, "반환 값",
            IF(조건식2, "반환 값",
                       IF(조건식3, "반환 값", …
```

이런 수식을 조금 간단하게 구성하려면 다음과 같은 수식을 사용할 수 있습니다.

```
=IF(OR(조건식1, 조건식2, 조건식3), "반환 값", …)
```

실무 활용 예제

실무에서는 여러 판단의 결과를 셀에 표시하고 싶은 경우가 많습니다. 이런 경우 IF 함수를 중첩해 사용하면 정확한 결과를 돌려 받는다고 해도 추후 유지/관리가 어려울 수 있습니다. 따라서 항상 AND, OR 함수를 통해 처리해야 할 조건을 먼저 판단하고 IF 함수로 결과를 반환하도록 수식을 구성하는 것이 좋습니다.

01 예제를 열고 제품 재고가 20개 미만인 경우 G열에 '발주'를 표시합니다.

02 [G6] 셀에 아래 수식을 입력한 후 [G6] 셀의 채우기 핸들⊞을 [G15] 셀까지 드래그합니다.

```
=IF(E6<20, "발주", "")
```

품번	품명	단가	재고량	확인	발주
		재 고 조 사			
1	잉크젯복합기 AP-3300	84,000	39		
2	무한잉크젯복합기 AP-3300W	100,000	17		발주
3	잉크젯복합기 AP-5500	133,500	23		
4	레이저복합기 L350	220,000	25		
5	무한레이저복합기 L500C	324,000	5	단종	발주
6	레이저복합기 L800	445,000	120		
7	흑백레이저복사기 TLE-5000	543,500	15		발주
8	흑백레이저복사기 TLE-9000	896,500	26	품절	
9	컬러레이저복사기 XI-3200	1,200,000	25		
10	컬러레이저복사기 XI-4400	1,550,000	31		

03 추가로 제품이 '품절'인 경우에도 '발주'를 표시합니다.

04 [G6] 셀의 수식을 수정하고 채우기 핸들 🔡을 [G15] 셀까지 드래그합니다.

```
=IF(OR(E6<20, F6="품절"), "발주", "")
```

| G6 | ✓ : × ✓ fx | =IF(OR(E6<20, F6="품절"), "발주", "") |

재 고 조 사

품번	품명	단가	재고량	확인	발주
1	잉크젯복합기 AP-3300	84,000	39		
2	무한잉크젯복합기 AP-3300W	100,000	17		발주
3	잉크젯복합기 AP-5500	133,500	23		
4	레이저복합기 L350	220,000	25		
5	무한레이저복합기 L500C	324,000	5	단종	발주
6	레이저복합기 L800	445,000	120		
7	흑백레이저복사기 TLE-5000	543,500	15		발주
8	흑백레이저복사기 TLE-9000	896,500	26	품절	발주
9	컬러레이저복사기 XI-3200	1,200,000	25		
10	컬러레이저복사기 XI-4400	1,550,000	31		

🔍 **더 알아보기**　**수식 이해하기**

이 수식을 이해하기 위해서는 먼저 왜 OR 함수를 사용했는지 생각해야 합니다. '발주'를 표시할 조건이 재고량이 20개 미만이거나 '품절'이어야 하므로, 두 조건은 둘 중 하나만 TRUE여도 되기 때문에 두 조건 중 하나만 만족해도 되는 OR 함수를 사용한 것입니다. 이번 수식을 아래의 [더 알아보기]에서 설명할 수식과 비교해보면 OR 함수를 사용한 수식이 더 이해하기 쉽다는 것을 알 수 있습니다.

🔍 **더 알아보기**　**발주할 조건의 추가**

발주 조건이 20개 미만인 경우라면 상관이 없지만, 재고가 20개 이상이라도 '품절'인 제품을 발주해야 한다면 IF 함수를 사용하는 다음과 같은 수식으로 변경할 수 있습니다.

```
=IF(E6<20, "발주", IF(F6="품절", "발주", ""))
```

이렇게 IF 함수 안에 IF 함수를 중첩하면 수식을 이해하기 어렵습니다.

05 마지막으로 F열의 값이 단종이면 '발주'가 표시되지 않도록 수식을 수정합니다.

06 [G6] 셀의 수식을 수정하고 채우기 핸들 🔡을 [G15] 셀까지 드래그합니다.

```
=IF(OR(AND(E6<20, F6<>"단종"), F6="품절"), "발주", "")
```

G6			f_x	=IF(OR(AND(E6<20, F6<>"단종"), F6="품절"), "발주", "")				
	A	B	C	D	E	F	G	H

		B	C	D	E	F	G
1							
2			**재 고 조 사**				
3							
4							
5		품번	품명	단가	재고량	확인	발주
6		1	잉크젯복합기 AP-3300	84,000	39		
7		2	무한잉크젯복합기 AP-3300W	100,000	17		발주
8		3	잉크젯복합기 AP-5500	133,500	23		
9		4	레이저복합기 L350	220,000	25		
10		5	무한레이저복합기 L500C	324,000	5	단종	
11		6	레이저복합기 L800	445,000	120		
12		7	흑백레이저복사기 TLE-5000	543,500	15		발주
13		8	흑백레이저복사기 TLE-9000	896,500	26	품절	발주
14		9	컬러레이저복사기 XI-3200	1,200,000	25		
15		10	컬러레이저복사기 XI-4400	1,550,000	31		
16							

🔍 더 알아보기   수식 이해하기

조건이 여러 개라면 수식을 작성하는 것보다 조건을 정리하는 것이 중요합니다. 먼저 F열에 있는 '단종'과 '품절'은 한 번에 하나의 값만 입력되고, '단종'일 때는 '발주'를 표시하지 않아야 하며, '품절'일 때는 '발주'를 표시해야 합니다. 이 두 조건을 정리하기 쉽게 '발주'를 표시해야 하는 것으로 바꾸면 '단종'이 아닐 때와 '품절'일 때는 '발주'를 표시합니다.

```
OR(F6<>"단종", F6="품절")
```

그리고 재고량이 20개 미만인 조건은 '품절'인 경우에는 해당하지 않습니다. **04** 과정에서 '품절'이면 무조건 '발주'를 표시하도록 했으므로, 20개 미만 조건은 '품절'과는 무관하지만 '단종'이면 '발주' 표시를 하지 않아야 합니다. 따라서 '단종'이 아니면서 재고량이 20개 미만인 경우가 '발주'를 표시해야 하는 조건입니다.

```
AND(E6<20, F6<>"단종")
```

이 두 가지 조건을 결합한 것이 이번에 작성한 조건식입니다.

18 / 05

CHOOSE 함수로 일련번호를 원하는 값으로 변환하는 방법

예제 파일 PART 05 \ CHAPTER 18 \ CHOOSE 함수.xlsx

CHOOSE 함수 도움말

엑셀에서는 다양한 코드 값(예를 들어 주민등록번호, 품목코드 등)을 사용하며 각 코드 값에는 특정 문자에 의미가 부여된 경우도 있습니다. 특히 일련번호에 따라 반환할 값이 정해져 있는 경우라면 IF 함수를 중첩하는 것보다는 CHOOSE 함수를 사용하는 것이 편리합니다.

CHOOSE (❶ 일련번호, ❷ 1일 때 반환, ❸ 2일 때 반환, …)

1부터 시작하는 일련번호를 원하는 값으로 대체해 반환합니다.

❶ 일련번호	1, 2, 3, …과 같은 일련번호를 반환하는 값 또는 계산식
❷ 1일 때 반환	❶이 1일 때 반환할 값 또는 계산식
❸ 2일 때 반환	❶이 2일 때 반환할 값 또는 계산식

주의 사항

- CHOOSE 함수의 인수는 255개이므로 일련번호가 1~254일 때까지 반환할 값을 지정할 수 있습니다.
- CHOOSE 함수를 사용해야 하는 경우라면, 코드 값 중 일련번호 부분만 얻어야 하므로 LEFT, MID 등 셀의 값에서 원하는 문자를 잘라낼 수 있는 함수와 함께 사용되는 경우가 많습니다.

실무 활용 예제

01 예제에 입력된 주민등록번호를 참고해 성별을 구분합니다.

🔍 더 알아보기   주민등록번호로 성별 확인하기

주민등록번호의 뒷자리 첫 번째 숫자를 보면 다음과 같이 그 사람의 성별을 확인할 수 있습니다.

주민등록번호 뒤 첫 번째 숫자	의미	주민등록번호 뒤 첫 번째 숫자	의미
1	1900년대 출생한 남자	4	2000년대 출생한 여자

주민등록번호 뒤 첫 번째 숫자	의미	주민등록번호 뒤 첫 번째 숫자	의미
2	1900년대 출생한 여자	5	외국인 남자
3	2000년대 출생한 남자	6	외국인 여자

02 주민등록번호 뒷자리 첫 번째 숫자는 1~6까지 나올 수 있으므로, [AG5] 병합 셀에 다음 수식을 입력합니다.

```
=CHOOSE(Z5, "남", "여", "남", "여", "남", "여")
```

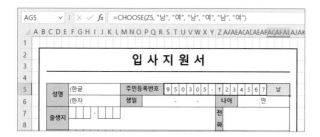

🔍 더 알아보기   수식 이해하기

주민등록번호 뒷자리 번호는 1~6까지 나오므로 CHOOSE 함수를 사용해 성별을 구분할 수 있습니다. 이런 수식은 다양한 방법으로 변형이 가능합니다.

먼저 IF 함수를 사용한다면 다음과 같은 수식을 작성할 수 있습니다.

```
=IF(Z5=1, "남", IF(Z5=2, "여", IF(Z5=3, "남", IF(Z5=4, "여", IF(Z5=5, "남", "여")))))
```

IF 함수를 중첩하는 것이 싫다면 IFS 함수를 사용할 수 있습니다.

```
=IFS(Z5=1, "남", Z5=2, "여", Z5=3, "남", Z5=4, "여", Z5=5, "남", TRUE, "여")
```

AND, OR 함수를 사용한다면 좀 더 간결하게 수식을 표현할 수 있습니다.

```
=IF(OR(Z5=1, Z5=3, Z5=5), "남", "여")
```

물론 홀수/짝수를 구분할 수 있다면 수식이 더 간결해질 수 있습니다. 다음은 홀수 여부를 판정해주는 ISODD 함수를 사용하는 예입니다.

```
=IF(ISODD(Z5), "남", "여")
```

TIP 짝수인지 여부를 판정하고 싶다면 ISODD 함수 대신 ISEVEN 함수를 사용합니다. IS 계열 함수에 대한 설명은 이 책의 387페이지를 참고합니다.

이번 수식은 이렇게 다양한 방법으로 바꿀 수 있지만, 숫자가 1, 2, 3, …과 같은 일련번호로 존재하고 이 값을 하나씩 다른 값으로 대체해야 한다면 CHOOSE 함수는 IF 함수의 훌륭한 대안이 될 수 있습니다.

SWITCH 함수로 반환된 다양한 값을 지정된 값으로 변환하는 방법

예제 파일 PART 05 \ CHAPTER 18 \ SWITCH 함수.xlsx

SWITCH 함수 도움말

CHOOSE 함수는 일련번호가 반환되는 특수한 경우에만 사용할 수 있습니다. 일련번호가 아닌 다른 문자나 계산식의 결과에 따라 원하는 값을 반환하고 싶은 경우에는 SWITCH 함수를 사용합니다.

SWITCH (❶ 계산식, ❷ 결과1, ❸ 반환1, ❹ 결과2, ❺ 반환2, …)

특정 수식에서 반환될 값이 여러 개일 때, 이를 지정한 값으로 변환한 값을 반환합니다.

❶ 계산식	특정 결괏값을 반환하는 계산식
❷ 결과1	❶의 결괏값 중 하나
❸ 반환1	❷를 대체할 반환할 값
❹ 결과2	❶의 결괏값 중 하나 (또는 기본값)
❺ 반환2	❹를 대체할 반환할 값

주의 사항

● SWITCH 함수는 엑셀 2019 버전부터 사용할 수 있으며 하위 버전에서는 IF 함수를 중첩하는 다음 수식으로 대체할 수 있습니다.

```
=IF(계산식=결과1, 반환1
        IF(계산식=결과2, 반환2,
                IF(계산식=결과3, 반환3, …
```

실무 활용 예제

01 예제의 B열에 입력된 품번의 첫 번째 문자는 '분류'를 의미하며, 오른쪽 코드 표를 참고해 분류로 변환합니다.

02 먼저 품번의 첫 번째 문자를 잘라냅니다.

03 [D6] 셀을 선택하고 다음 수식을 입력한 후 [D6] 셀의 채우기 핸들 🔳을 [D12] 셀까지 드래그해 수식을 복사합니다.

```
=LEFT(B6, 1)
```

04 코드를 분류로 변환합니다.

05 [D6] 셀의 수식을 다음과 같이 수정하고, [D6] 셀의 채우기 핸들 🔳을 [D12] 셀까지 드래그해 수식을 복사합니다.

```
=SWITCH(LEFT(B6, 1), "A", "복합기", "B", "복사기", "C", "문서세단기", "D", "제본기", "미분류")
```

🔍 **더 알아보기** 　**수식 이해하기**

SWITCH 함수는 첫 번째 인수의 값이 2, 4, 6, 8번째 인수의 값일 때 각각 3, 5, 7, 9번째 인수의 값을 반환합니다. 마지막 인수의 값(미분류)은 따로 반환할 값이 설정되지 않았으므로 기본값으로 인식되며, 첫 번째 인수의 값이 2, 4, 6, 8번째 인수의 값과 매칭되지 않을 때 반환됩니다.

이번 수식을 IF 함수를 이용해 해결하려면 다음 수식을 사용해야 합니다.

```
=IF(LEFT(B6, 1)="A", "복합기",
   IF(LEFT(B6, 1)="B", "복사기",
   IF(LEFT(B6, 1)="C", "문서세단기",
   IF(LEFT(B6, 1)="D", "제본기", "미분류"))))
```

물론 오른쪽 코드 표에서 직접 값을 참조하는 방법을 사용할 수도 있습니다. 참조하려면 다음 수식을 사용합니다.

```
=IFERROR(INDEX($F$6:$F$9, MATCH(LEFT(B6, 1), $G$6:$G$9, 0)), "미분류")
```

LINK INDEX, MATCH 함수에 대해서는 이 책의 549페이지를 참고합니다.

그러므로 표가 만들어져 있다면 INDEX, MATCH 함수를 사용하는 것이 좋고, 표가 작성되어 있지 않다면 SWITCH 함수를 사용합니다.

편집 함수

자격증이 실무에서 힘을 발휘하지 못하는 이유 중 하나가 바로 전산에서 다운로드한 데이터로 원하는 결과를 쉽게 얻을 수 없는 경우가 많기 때문입니다. 데이터를 얼마나 결과를 얻기 쉽게 편집할 수 있는지가 실무에서는 매우 중요합니다. 엑셀에서 데이터를 고치는 모든 상황에서 쓸 수 있는 함수를 이 책에서는 '편집 함수'로 분류하겠습니다. 편집 함수에서 가장 대표적인 함수는 LEFT, MID, FIND, SUBSTITUTE 함수 등이 있습니다.

19 / 01

셀에 입력된 데이터의 일부만 사용하는 방법

예제 파일 PART 05 \ CHAPTER 19 \ LEFT, MID, RIGHT 함수.xlsx

LEFT, MID, RIGHT 함수 도움말

셀에 입력된 데이터 중 일부를 잘라 사용하려면 엑셀 함수 중 LEFT, MID, RIGHT 함수를 사용할 수 있습니다. LEFT, RIGHT 함수는 사용 방법이 동일하며, MID 함수는 활용도가 높은 함수이므로 잘 기억해 둘 필요가 있습니다.

LEFT (❶ 문자열, ❷ 문자 개수)

문자열의 왼쪽 첫 번째 문자부터 오른쪽 방향으로 지정된 개수의 문자를 잘라 반환합니다.

❶ 문자열	잘라낼 전체 문자열 또는 문자열이 입력된 셀
❷ 문자 개수	문자열의 왼쪽 첫 번째 문자부터 잘라낼 전체 문자 개수입니다.

주의 사항

- [문자 개수]는 생략하면, 문자열의 왼쪽 첫 번째 문자만 반환합니다.
- [문자 개수]는 음수를 사용할 수 없습니다.
- LEFT 함수는 ❶이 숫자여도 반환받는 값은 항상 텍스트 형식입니다.

RIGHT (❶ 문자열, ❷ 문자 개수)

문자열의 오른쪽 끝에서 왼쪽 방향으로 지정된 문자 개수의 문자를 잘라 반환합니다. 사용방법은 LEFT 함수와 동일합니다.

MID (❶ 문자열, ❷ 시작 위치, ❸ 문자 개수)

문자열의 왼쪽 n번째 문자부터 오른쪽 방향으로 지정된 개수를 문자를 잘라 반환합니다.

❶ 문자열	잘라낼 전체 문자열 또는 문자열이 입력된 셀
❷ 시작 위치	잘라낼 첫 번째 문자의 위치(n번째 문자 위치)
❸ 문자 개수	❷위치에서 오른쪽으로 잘라낼 전체 문자 개수

주의 사항

- [문자 개수]는 생략할 수 없습니다.
- [문자 개수]에 오른쪽으로 남은 문자 개수보다 더 큰 숫자를 적으면 끝까지 잘라냅니다.
- MID 함수는 ❶이 숫자여도 반환받는 값은 항상 텍스트 형식입니다.

실무 활용 예제

주민등록번호는 '생년월일-코드'로 구성되어 있어 다양한 개인 정보를 알아낼 수 있습니다. 주민등록번호 중 일부를 숨기거나 나이, 성별 등을 계산하는 작업을 진행합니다.

01 예제 파일에서 개인 정보 보호를 위해 D열의 주민등록번호 뒤 여섯 자리 숫자를 감춥니다.

02 [E6] 셀에 다음 수식을 입력하고 [E6] 셀의 채우기 핸들📲을 [E13] 셀까지 드래그합니다.

```
=LEFT(D6, 8) & "******"
```

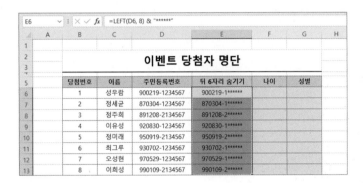

🔍 더 알아보기   수식 이해하기

엑셀에는 데이터의 일부를 숨길 수 있는 기능이 제공되지 않으므로 데이터를 숨기려면 수식을 이용해 원하는 값을 반환할 필요가 있습니다. 이번 수식은 화면에 표시될 부분을 LEFT 함수로 먼저 표시할 부분을 자른 후 숨길 부분을 "******" 문자열과 붙여 반환한 것입니다.

이렇게 반복되는 문자는 REPT함수를 사용하면 좀 더 쉽게 입력할 수 있습니다. "*" 문자를 여섯 번 반복하도록 하려면 **=REPT("*", 6)**으로 수식을 입력할 수 있습니다. 그러면 다음과 같은 수식이 됩니다.

```
=LEFT(D6, 8) & REPT("*", 6)
```

LINK REPT 함수에 대해서는 이 책의 407페이지를 참고합니다.

원하는 결과를 얻었다면 D열은 숨기는 것이 좋습니다. D열을 선택하고 마우스 오른쪽 버튼을 클릭해 [숨기기]를 클릭하면 됩니다. 다만 숨긴 열은 누구나 쉽게 [숨기기 취소]를 이용해 열을 다시 표시할 수 있으므로 숨겨진 열이 표시되지 못하도록 하려면 [시트 보호] 명령을 추가로 사용하는 것이 좋습니다.

[시트 보호] 명령을 이용하는 방법은 이 책의 092페이지를 참고합니다. 단, 이 작업을 하면 나머지 작업 역시 할 수 없으므로 모든 작업이 끝난 다음 적용해야 합니다.

03 이번에는 나이를 구합니다. 나이는 주민등록번호 앞 두 자리의 연도가 필요합니다.

TIP 나이 계산식은 =올해연도 - 출생연도+1 입니다.

04 [F6] 셀에 다음 수식을 입력하고 [F6] 셀의 채우기 핸들➕을 [F13]셀까지 드래그해 수식을 복사합니다.

```
=2022 - ("19" & LEFT(D6, 2)) + 1
```

F6		✕ ✓ fx	=2022-("19" & LEFT(D6, 2))+1			

	A	B	C	D	E	F	G	H
1								
2				이벤트 당첨자 명단				
3								
5		당첨번호	이름	주민등록번호	뒤 6자리 숨기기	나이	성별	
6		1	성우람	900219-1234567	900219-1******	33		
7		2	정세균	870304-1234567	870304-1******	36		
8		3	정주희	891208-2134567	891208-2******	34		
9		4	이유성	920830-1234567	920830-1******	31		
10		5	정미래	950919-2134567	950919-2******	28		
11		6	최그루	930702-1234567	930702-1******	30		
12		7	오성현	970529-1234567	970529-1******	26		
13		8	이희성	990109-2134567	990109-2******	24		
14								

🔍 **더 알아보기**   **수식 이해하기**

이번 수식의 2022는 2022년을 의미하며 올해 연도를 고정해놓은 것입니다. 이것을 항상 올해 연도가 반환되도록 하려면 다음 수식으로 대체합니다.

```
=YEAR(TODAY())
```

그리고 주민등록번호의 앞 두 자리는 출생 연도의 마지막 두 자리입니다. 앞에 "19" 문자열을 붙인 것은 19xx 년도를 만들기 위한 것입니다. 그러므로 주민등록번호로 1900년도 출생자인지 2000년도 출생자인지 알려면 주민등록번호의 뒤 첫 번째 숫자가 1, 2면 1900년대 출생자를, 3, 4면 2000년대 출생자를 의미합니다. 이것도 수식으로 계산해 얻으려면 다음과 같이 입력해야 합니다.

```
=CHOOSE(MID(D6, 8, 1), "19", "19", "20", "20") & LEFT(D6, 2)
```

CHOOSE 함수 대신 IF 함수를 사용하면 다음과 같습니다.

```
=IF(MID(D6, 8, 1)<"3", "19", "20") & LEFT(D6, 2)
```

IF 함수가 더 쉬워 보이지만 데이터가 잘못 입력될 수 있다는 것을 감안하며 좀 더 정확한 계산은 CHOOSE 함수를 사용하는 것이 좋습니다. 위와 같은 계산식을 모두 반영한 나이 계산식은 다음과 같습니다.

```
=YEAR(TODAY())-(CHOOSE(MID(D6, 8, 1), "19", "19", "20", "20") & LEFT(D6, 2))+1
```

복잡한 수식을 작성하기 전에 **04** 과정에서 입력한 수식처럼 단순화한 후 필요한 부분을 대체하는 방법을 사용하는 것이 수식 작성에 익숙하지 사용자에게 추천됩니다.

05 G열의 성별도 주민등록번호 뒤 첫 번째 숫자로 판단합니다. 홀수면 남자, 짝수면 여자입니다.

06 [G6] 셀에 다음 수식을 입력하고 [G6] 셀의 채우기 핸들 🔳을 [G13] 셀까지 드래그해 수식을 복사합니다.

```
=IF(MID(D6, 8, 1)="1", "남", "여")
```

G6		▼	:	× ✓ ƒx	=IF(MID(D6, 8, 1)="1", "남", "여")			
▲	A	B	C	D	E	F	G	H
1								
2				**이벤트 당첨자 명단**				
3								
5		당첨번호	이름	주민등록번호	뒤 6자리 숨기기	나이	성별	
6		1	성우람	900219-1234567	900219-1******	33	남	
7		2	정세균	870304-1234567	870304-1******	36	남	
8		3	정주희	891208-2134567	891208-2******	34	여	
9		4	이유성	920830-1234567	920830-1******	31	남	
10		5	정미래	950919-2134567	950919-2******	28	여	
11		6	최그루	930702-1234567	930702-1******	30	남	
12		7	오성현	970529-1234567	970529-1******	26	남	
13		8	이희성	990109-2134567	990109-2******	24	여	

🔍 **더 알아보기** | **수식 이해하기**

이번 수식은 주민등록번호의 뒤 첫 번째 숫자를 잘라 "1"(텍스트 형식의 문자)이면 "남"을, 아니면 "여"를 반환합니다. 여기서 주민등록번호의 첫 번째 숫자가 홀수면 "남", 짝수면 "여"를 반환하도록 하려면 홀수, 짝수를 구분해주는 함수가 있는지 알아야 합니다.

IS 계열 함수 중에는 홀수인지 판단해주는 ISODD 함수와 짝수인지 판단하는 ISEVEN 함수가 제공됩니다. 이 함수 중 하나를 사용해 조건식을 변경하면 다음 수식으로 변경할 수 있습니다.

```
=IF(ISODD(MID(D6, 8, 1)), "남", "여")
또는
=IF(ISEVEN(MID(D6, 8, 1)), "여", "남")
```

TIP ISODD, ISEVEN 함수에 대한 설명은 이 책의 387페이지를 참고합니다.

또는 2로 나눈 나머지 값이 1이면 홀수, 0이면 짝수인 점을 감안해 나눗셈의 나머지 값을 반환하는 MOD 함수를 사용할 수도 있습니다.

```
=IF(MOD(MID(D6, 8, 1), 2)=1, "남", "여")
또는
=IF(MOD(MID(D6, 8, 1), 2)=0, "여", "남")
```

TIP MOD 함수에 대한 설명은 이 책의 246페이지를 참고합니다.

여기서 논리값인 TRUE, FALSE가 이진수이고 TRUE는 1, FALSE는 0과 같이 처리된다는 것을 안다면 위 수식을 다음과 같이 변경할 수 있습니다.

```
=IF(MOD(MID(D6, 8, 1), 2), "남", "여")
```

이렇게 수식은 다양하게 작성할 수 있으므로 배운 내용을 어떻게 적용할 수 있는지 끊임없이 고민하면 엑셀 실력을 빠르게 향상할 수 있습니다.

19/02 FIND, SEARCH 함수로 구분 문자 좌/우를 분리하는 방법

예제 파일 PART 05 \ CHAPTER 19 \ FIND, SERACH 함수.xlsx

FIND, SEARCH 함수 도움말

LEFT, MID 등의 함수는 셀에 입력된 데이터의 일부를 잘라내 사용할 수 있지만 자릿수가 일정한 경우에만 쉽게 사용이 가능합니다. 자릿수가 일정하지 않은 문자열을 잘라야 한다면 잘라낼 위치가 특정 문자로 구분되어 있어야 하며, 해당 문자가 몇 번째에 위치하고 있는지 알아야 LEFT, MID 등의 함수를 사용해 필요한 부분을 잘라낼 수 있습니다. 셀에 입력된 데이터에서 특정 문자(열)의 위치를 찾고 싶을 때는 FIND, SEARCH 함수를 사용합니다.

FIND (❶ 찾을 문자(열), ❷ 전체 문자열, ❸ 시작 위치)

특정 문자(열)가 전체 문자열 내 몇 번째에 위치하고 있는지 찾아 해당 인덱스 값을 반환합니다.

❶ 찾을 문자(열)	❷에서 찾으려는 문자(열)
❷ 전체 문자열	❶이 포함된 전체 문자열
❸ 시작 위치	❶을 ❷의 몇 번째 위치부터 찾을지 지정하는 옵션으로, 생략하면 처음부터 찾습니다.

주의 사항

● FIND 함수는 영어 대, 소문자를 구분할 수 있습니다. 즉, "A", 와 "a"의 위치를 구분해 찾을 수 있습니다.

SERACH (❶ 찾을 문자(열), ❷ 전체 문자열, ❸ 시작 위치)

SEARCH 함수는 FIND 함수와 동일하게 찾을 문자열을 전체 문자열 내에서 찾아 해당 인덱스 값을 반환합니다.

주의 사항

● SEARCH 함수는 FIND 함수처럼 대, 소문자는 구분할 수 없지만, 와일드카드 문자(*, ?)를 사용해 문자(열)의 위치를 찾을 수 있습니다.

와일드카드 문자	설명
?	어떤 문자열인지 모르지만 자릿수는 알 때 사용합니다. '엑셀'인지 '엑스'인지 잘 모를 때 '엑'으로 시작하고 뒤에 하나의 문자만 나오므로 '엑?'와 같이 찾을 수 있습니다.

와일드카드 문자	설명
*	어떤 문자열인지도 모르고 자릿수도 모를 때 사용합니다. 예를 들면 '마이크로소프트'는 알지만 뒤에 '엑셀'이 나올지 '파워포인트'가 나올지 모르는 경우에 '마이크로소프트*'와 같이 사용합니다.
~	[전체 문자열]에 '?'나 '*' 문자가 포함되어 있고, 해당 문자를 찾아야 할 때 '~?'나 '~*'과 같이 사용해 입력한 '?'나 '*'가 와일드카드 문자가 아니라 일반 문자로 인식될 수 있도록 합니다.

실무 활용 예제

01 예제의 B열에 입력된 주소에서 시도와 세부주소를 나눕니다.

02 시/도에 해당하는 문자 개수가 전부 다르지만 시도와 나머지 주소는 한 칸 띄어쓰기가 되어 있으므로 공백 문자(" ") 위치를 먼저 찾아야 합니다.

03 [C6] 셀에 왼쪽 화면과 같이 입력한 후 [C6] 셀의 채우기 핸들을 [C15] 셀까지 드래그합니다.

```
=FIND(" ", B6)
```

TIP FIND 함수로 공백 문자(" ", 띄어쓰기 위치) 위치를 찾았습니다. FIND 함수는 SEARCH 함수로 변경해도 동일한 결과를 얻을 수 있습니다.

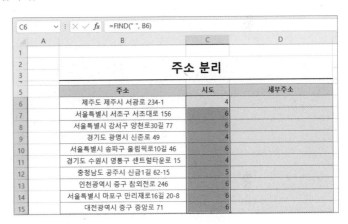

04 시도명은 공백 문자 바로 전까지 잘라내면 됩니다.

05 [C6] 셀의 수식을 다음과 같이 수정하고 [C15] 셀까지 채우기 핸들을 드래그합니다.

```
=LEFT(B6, FIND(" ", B6)-1)
```

FIND 함수로 잘라낼 위치를 찾은 값을 보면 '제주시'의 경우는 4, '서울특별시'는 6입니다. 즉, 시도명은 잘라낼 위치보다 1만큼 작은 위치까지 잘라내면 됩니다. 주소의 첫 번째 문자부터 잘라내야 하므로 LEFT 함수를 사용해 FIND 함수에서 찾은 위치보다 한 개 작은 문자열을 잘라냅니다.

06 주소의 나머지 세부 주소는 공백 위치 다음부터 끝까지 잘라내면 됩니다.

07 [D6] 셀에 다음 수식을 입력하고 [D6] 셀의 채우기 핸들➕을 [D15] 셀까지 드래그합니다.

```
=MID(B6, FIND(" ", B6)+1, 100)
```

	주소	시도	세부주소
	제주도 제주시 서광로 234-1	제주도	제주시 서광로 234-1
	서울특별시 서초구 서초대로 156	서울특별시	서초구 서초대로 156
	서울특별시 강서구 양천로30길 77	서울특별시	강서구 양천로30길 77
	경기도 광명시 신촌로 49	경기도	광명시 신촌로 49
	서울특별시 송파구 올림픽로10길 46	서울특별시	송파구 올림픽로10길 46
	경기도 수원시 영통구 센트럴타운로 15	경기도	수원시 영통구 센트럴타운로 15
	충청남도 공주시 신금1길 62-15	충청남도	공주시 신금1길 62-15
	인천광역시 중구 참외전로 246	인천광역시	중구 참외전로 246
	서울특별시 마포구 만리재로16길 20-8	서울특별시	마포구 만리재로16길 20-8
	대전광역시 중구 중앙로 71	대전광역시	중구 중앙로 71

[B6] 셀의 세부 주소는 '제주시 서광로 234-1'입니다. 처음부터 잘라내는 것은 아니므로 LEFT 함수는 사용할 수 없습니다. 중간부터 잘라내는 것이므로 MID 함수를 사용합니다. **03** 과정에서 잘라낼 위치는 4로 확인했으므로 '제주시…'부터 잘라내려면 1만큼 큰 위치부터 잘라냅니다. 따라서 MID 함수의 두 번째 인수에 FIND 함수 부분을 넣어 **FIND+1**과 같이 구성해 그 다음부터 잘라내도록 한 것입니다.

MID 함수의 마지막 인수인 100은 100개의 문자를 반환하라는 의미가 되는데, 실제 입력된 값이 그렇게 많은 문자는 아니므로, 가지고 있는 모든 문자를 반환합니다. 그러므로 100은 숫자 그대로의 의미로 이해하기 보다는 끝까지 잘라내라는 의미로 이해하는 것이 좋습니다. 이렇게 애매한 값을 입력할 때 엑셀은 10의 제곱에 해당하는 값 중 하나를 권장합니다.

REPT, COLUMN 함수 도움말

세금 계산서와 같은 양식에서는 금액을 단위에 맞춰 한 자씩 기록합니다. 이런 양식에서 수식을 이용해 금액을 단위에 맞게 자동 분배하려면 TEXT 함수를 사용해 자릿수 맞추는 방법과 MID 함수로 한 자씩 잘라 기록하는 방법을 알고 있어야 합니다. TEXT 함수와 MID 함수를 사용할 때 REPT 함수나 COLUMN 함수를 함께 사용하면 더욱 효율적인 수식 작성이 가능합니다.

REPT (❶ 문자, ❷ 반복 횟수)

문자(열)을 지정한 횟수만큼 반복한 값을 반환합니다.

❶ 문자	반복해서 표시하고 싶은 문자(열)
❷ 반복 횟수	문자열을 반복할 횟수

COLUMN (❶ 참조)

참조한 위치의 열 번호를 반환합니다.

❶ 참조	열 번호를 알고 싶은 셀, 생략하면 현재 수식을 입력한 셀의 열 번호를 반환합니다.

주의 사항

- COLUMN 함수와 유사한 함수로 ROW 함수가 있습니다. ROW 함수는 참조된 위치의 행 번호를 반환해주는 함수로 COLUMN 함수와 사용 방법이 동일합니다.

실무 활용 예제

세금 계산서 양식에 맞춰 금액을 지정한 단위에 맞게 자동으로 입력합니다.

01 예제 파일 [G5] 병합 셀에 입력된 금액을 아래 [D9:N9] 범위의 각 단위에 맞게 입력합니다.

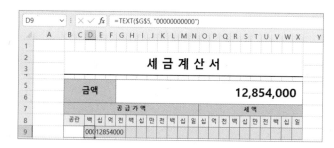

02 [G5] 병합 셀의 금액을 [D9:N9] 범위의 셀 개수에 맞춰 11자리 숫자로 변환합니다.

03 [D9] 셀에 다음 수식을 입력합니다.

```
=TEXT($G$5, "00000000000")
```

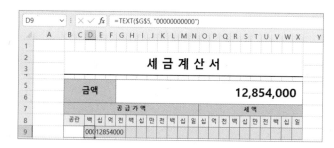

🔍 **더 알아보기**　　**수식 이해하기**

TEXT 함수는 지정된 서식 코드에 맞춰 변환된 값을 반환해주는 함수입니다. 서식 코드에 0이 11번 입력되었으므로 [G5] 셀의 값을 11자리에 맞춰 표시합니다. 자릿수가 맞지 않는 부분은 0으로 채워 반환합니다. 그렇기 때문에 [D9] 셀에 00012854000 이 표시됩니다. 이 값을 한 자리씩 잘라 자릿수가 맞는지 확인합니다.

04 [D9] 셀에 아래 수식을 입력하고 [D9] 셀의 채우기 핸들 을 [N9] 셀까지 드래그합니다.

```
=MID(TEXT($G$5, "00000000000"), COLUMN(A1), 1)
```

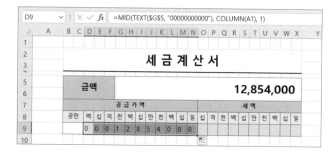

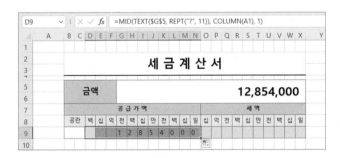

🔍 **더 알아보기**　　**수식 이해하기**

이 수식은 TEXT 함수로 변환된 값을 MID 함수를 사용해 숫자를 하나씩 잘라내 반환합니다. 여러 함수가 중첩되어 있으므로 아래 순서에 따라 단계별로 수식을 이해하는 것이 좋습니다.

❶ TEXT($G$5, "00000000000")

: **03** 과정의 설명을 참고합니다.

❷ MID(❶, COLUMN(A1), 1)

: ❶ 값의 문자를 하나씩 자릅니다. COLUMN 함수는 열 방향(오른쪽)으로 복사할 때 1, 2, 3, …과 같은 일련번호를 반환해주므로 이번 수식은 각 셀에서 다음과 같은 결과를 반환합니다.

[D9] 셀 : MID(❶, 1, 1) → 0
[E9] 셀 : MID(❶, 2, 1) → 0
[F9] 셀 : MID(❶, 3, 1) → 0
[G9] 셀 : MID(❶, 4, 1) → 1
…

이렇게 MID 함수를 이용해 문자열을 하나씩 잘라내고 싶을 때, 수식을 오른쪽으로 복사하는 경우에는 COLUMN 함수를 사용합니다. 또한 수식을 아래쪽으로 복사하는 경우에는 ROW 함수를 사용해 1, 2, 3, …과 같은 시작 위치를 하나씩 조정하는 방법을 사용합니다.

05 억 단위 이상에서 0이 반환되는 문제를 해결합니다.

06 [D9] 셀의 수식을 다음과 같이 수정하고, [D9] 셀의 채우기 핸들 🔲을 [N9] 셀까지 드래그합니다.

```
=MID(TEXT($G$5, REPT("?", 11)), COLUMN(A1), 1)
```

		세 금 계 산 서		

금액　　　　　　　　　　　　　　**12,854,000**

	공 급 가 액										세 액									
공란	백	십	억	천	백	십	만	천	백	십	일	십	억	천	백	십	만	천	백	십	일
			1	2	8	5	4	0	0	0										

TIP 숫자를 보기 좋게 표시하려면 수식을 입력한 후 [홈] 탭-[맞춤] 그룹-[가운데 맞춤 ▤]을 클릭합니다.

🔍 **더 알아보기**　　**수식 이해하기**

이 수식은 **04** 과정의 수식에서 TEXT 함수의 서식 코드 인수 부분만 수정한 것으로 **"00000000000"**를 **REPT("?", 11)**로 변경한 것만 다릅니다. REPT 함수는 문자를 지정한 횟수만큼 반복하므로 **"?"**를 11번 반복하라는 의미가 됩니다. 즉 **"???????????"**와 동일합니다.

그러므로 이번 수식은 서식 코드를 **0**에서 **?**로 변경한 것에 불과합니다. ? 서식 코드는 0과 마찬가지로 숫자를 표현할 때 사용하는데 0 서식 코드와 다른 점은 지정한 자릿수가 다를 경우 앞에 0을 표시하지 않고 공백으로 표시한다는 점이 다릅니다.

0을 ? 서식 코드로 변경한 결과 [D9:F9] 범위에 아무 값도 표시되지 않습니다.

07 세액은 공급가액의 10%이므로 공급가액의 금액에서 한 자리씩 뒤에 표시하면 됩니다.

08 [O9] 셀에 다음 수식을 입력한 후 [O9] 셀의 채우기 핸들⊞을 [X9] 셀까지 드래그합니다.

```
=D9
```

SUBSTITUTE 함수로
잘못 입력된 텍스트 문자(열)
지우고 계산하는 방법

예제 파일 PART 05 \ CHAPTER 19 \ SUBSTITUTE 함수.xlsx

SUBSTITUTE 함수 도움말

셀에 잘못된 데이터가 입력되어 있을 때 이를 고치거나 지울 수 있는 함수가 SUBSTITUTE 함수입니다. 이 함수는 바꾸기(Ctrl+H) 기능을 그대로 함수화한 것으로 사용 방법이 거의 동일합니다.

> **SUBSTITUTE (❶ 문자열, ❷ 찾을 내용, ❸ 바꿀 내용, ❹ N번째 값)**

문자열에 잘못된 부분을 수정하거나 지운 값을 반환합니다.

❶ 문자열	고치려는 값 또는 값이 입력된 셀
❷ 찾을 내용	❶에서 고치려는 문자(열)
❸ 바꿀 내용	❷를 대체할 문자(열)의 인수를 빈 문자("")로 설정하면 ❶에서 ❷를 찾아 삭제합니다.
❹ n번째 값	❷가 ❶에 여러 개 있을 때 몇 번째 문자(열)를 고칠지 설정하는 인수로, 생략하면 모두 고칩니다.

주의 사항

- 이 함수는 바꾸기(Ctrl+H)와 동일하게 동작합니다.
- SUBSTITUTE 함수의 반환 값은 모두 텍스트 형식입니다.

실무 활용 예제

표에 입력된 데이터가 텍스트 형식이고 이를 계산하면 #VALUE! 에러가 발생합니다. 원본 데이터를 수정하지 않고 계산 결과를 얻으려면 수식 내에서 잘못 입력된 데이터 부분을 수정할 필요가 있습니다. 다음 과정을 참고합니다.

01 예제의 단가(D열)와 재고량(E열)을 곱해 F열의 재고 비용을 계산합니다.

02 [F6] 셀에 다음 수식을 입력하면 #VALUE! 오류가 반환됩니다.

```
=D6*E6
```

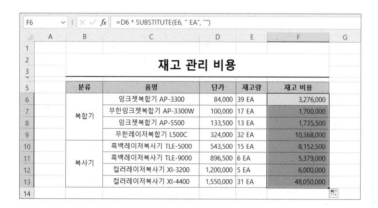

TIP 계산이 제대로 되지 않는 것은 [E6] 셀의 숫자에 단위(EA)가 포함되어 입력되어 있기 때문입니다. 엑셀에서 숫자는 0~9, 통화기호(\, $), 천 단위 구분 기호(,)나 퍼센트(%)로만 입력되어 있어야 합니다.

03 [F6] 셀의 수식을 다음 같이 수정한 후 [F6] 셀의 채우기 핸들🔲을 [F13] 셀까지 드래그합니다.

```
=D6*SUBSTITUTE(E6, " EA", "")
```

분류	품명	단가	재고량	재고 비용
복합기	잉크젯복합기 AP-3300	84,000	39 EA	3,276,000
	무한잉크젯복합기 AP-3300W	100,000	17 EA	1,700,000
	잉크젯복합기 AP-5500	133,500	13 EA	1,735,500
	무한레이저복합기 L500C	324,000	32 EA	10,368,000
복사기	흑백레이저복사기 TLE-5000	543,500	15 EA	8,152,500
	흑백레이저복사기 TLE-9000	896,500	6 EA	5,379,000
	컬러레이저복사기 XI-3200	1,200,000	5 EA	6,000,000
	컬러레이저복사기 XI-4400	1,550,000	31 EA	48,050,000

🔍 **더 알아보기**　　**=D6*SUBSTITUTE(E6, " EA", "") 수식 이해하기**

[E6] 셀의 값이 숫자가 아닌 이유는 숫자 값 뒤에 'EA'라는 단위가 함께 쓰였기 때문입니다. 단위 부분만 SUBSTITUTE 함수로 지우면 단가와 곱셈 연산을 할 수 있습니다. 이번 수식을 작성할 때 주의할 점은 SUBSTITUTE 함수의 두 번째 인수가 "EA"가 아니라 " EA"와 같이 "EA" 앞에 공백 문자(" ")가 하나 추가되어 있어야 한다는 점입니다. [E6] 셀의 값이 '39 EA'이므로 숫자만 남기려면 공백 문자부터 'EA' 단위를 모두 지워야 합니다. 따라서 SUBSTITUTE 함수의 두 번째 인수는 "EA"가 아니라 " EA"와 같이 입력합니다.

텍스트 문자가 포함된 데이터를 숫자로 변환

텍스트 문자가 포함된 데이터는 텍스트 형식의 문자를 제거해야 숫자로 변환됩니다. 다음 과정을 참고합니다.

01 [E6:E13] 범위를 선택하고 Ctrl + H 를 눌러 [찾기 및 바꾸기] 대화상자를 불러옵니다.

02 [찾을 내용]에 ' EA'를 입력하고 [모두 바꾸기]를 클릭합니다.

TIP [찾을 내용]의 'EA' 앞에 반드시 Spacebar 를 눌러 공백 문자를 하나 입력합니다.

🔍 **더 알아보기**   **숫자 데이터 형식은 유지하면서 단위 표시하기**

만약 재고량 뒤에 EA라는 단위가 항상 표시되어야 한다면 [셀 서식] 기능을 이용합니다.

01 [E6:E13] 범위를 선택한 상태에서 Ctrl + 1 을 눌러 [셀 서식] 대화상자를 불러옵니다.
02 [표시 형식] 탭을 선택하고 [범주] 항목에서 [사용자 지정]을 선택합니다.
03 [형식]에 0 "EA"를 입력하고 [확인]을 클릭합니다.

19/05

동일한 구분 문자가 여러 개 사용된 문자열의 각 위치에서 필요한 부분만 잘라내는 방법

예제 파일 PART 05 \ CHAPTER 19 \ FIND, SUBSTITUTE 함수.xlsx

자주 사용하는 수식 패턴

FIND, SEARCH 함수는 [찾는 문자]가 여러 개 있어도 항상 첫 번째 위치를 찾습니다. n번째 위치의 [찾는 문자]를 찾으려면 FIND 함수를 중첩하거나 SUBSTITUTE 함수를 사용해 n번째 [찾는 문자]를 다른 문자로 변경하고 찾아야 합니다. 다음 수식 패턴을 참고합니다.

FIND 함수만 사용하는 수식

=FIND(찾는 문자, 전체 문자열, FIND(찾는 문자, 전체 문자열)+1)

주의 사항

- 이번 수식은 [찾는 문자]의 두 번째 위치를 찾습니다.
- 세 번째, 네 번째 위치를 찾으려면 계속해서 FIND 함수를 중첩해야 하므로 이번 수식은 가급적 두 번째 위치만 찾는 용도로 사용할 때 적합합니다.

FIND와 SUBSTITUTE 함수를 혼용하는 수식

=FIND(바꿀 문자, SUBSTITUTE(문자열, 찾는 문자, 바꿀 문자, n))

주의 사항

- [n] 인수 값이 2이면 찾는 문자의 두 번째 위치를 찾을 수 있습니다.
- 이번 수식은 n인수의 숫자를 조정하면 쉽게 n번째 위치를 FIND 함수로 찾을 수 있어 여러 위치를 모두 찾아야 하는 경우에는 이번 수식이 적합합니다.

실무 활용 예제 1 : FIND 함수 중첩

공백 문자로 구분된 주소에서 시/도, 구/군 정보를 제외한 세부 주소만 잘라내야 한다면 FIND 함수로 첫 번째와 두 번째 공백 문자 위치를 먼저 찾아야 합니다. 다음 과정을 참고합니다.

01 예제 파일의 주소에서 시도, 구군 부분을 제외한 세부 주소를 E열에 분리합니다.

02 첫 번째 공백 문자 위치를 파악합니다.

03 [C7] 셀에 다음 수식을 입력하고 [C7] 셀의 채우기 핸들 ⊞을 [C13] 셀까지 드래그합니다.

```
=FIND(" ", B7)
```

04 두 번째 공백 문자 위치를 파악합니다.

05 [D7] 셀에 다음 수식을 입력하고 [D7] 셀의 채우기 핸들 ⊞을 [D13] 셀까지 드래그합니다.

```
=FIND(" ", B7, C7+1)
```

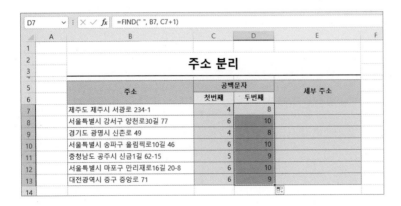

🔍 **더 알아보기**   **수식 이해하기**

[C7] 셀에 입력된 수식은 **=FIND(" ", B7)**으로 [B7] 셀에서 첫 번째 공백 문자 위치를 찾습니다. 이 수식에서는 FIND 함수의 세 번째 인수가 사용되지 않았습니다. FIND 함수의 세 번째 인수는 [찾는 문자]를 [전체 문자열]의 몇 번째 위치부터 찾아야 하는지 설정하는 인수로 생략하면 1, 즉 처음부터 찾게 됩니다. 이렇게 찾은 다음 위치(+1)부터 찾으면 [찾는 문자]의 두 번째 위치를 찾을 수 있습니다.

06 위치를 찾았으므로 세부 주소 부분만 잘라냅니다.

07 [E7] 셀에 다음 수식을 입력하고 [E7] 셀의 채우기 핸들 ⊞을 [E13] 셀까지 드래그해 수식을 복사합니다.

```
=MID(B7, D7+1, 100)
```

이해를 돕기 위해 수식을 각가 나눠 입력했지만 [C7], [D7] 셀의 수식을 [E7] 셀의 수식과 결합하면 다음과 같은 수식이 됩니다.

```
=MID(B7, FIND(" ", B7, FIND(" ", B7)+1)+1, 100)
```

실무 활용 예제 2 : SUBSTITUTE 함수 사용

FIND 함수는 순서대로 공백 문자 위치를 찾을 수 있어 두 번째 정도라면 어렵지 않지만, 세 번째 또는 네 번째 공백 문자 위치를 찾으려면 불편합니다. SUBSTITUTE 함수를 사용하면 원하는 n번째 위치를 비교적 쉽게 찾을 수 있습니다.

01 [C7:E13] 범위를 선택하고 Delete 를 눌러 기존 작업을 취소합니다.

02 SUBSTITUTE 함수를 사용하면 두 번째 공백 문자 위치를 다른 문자로 변경할 수 있습니다.

03 [D7] 셀의 수식을 다음 같이 입력해 결과를 확인합니다.

```
=SUBSTITUTE(B7, " ", "/", 2)
```

	A	B	C	D	E	F
1						
2			주소 분리			
3						
5		주소	공백문자		세부 주소	
6			첫번째	두번째		
7		제주도 제주시 서광로 234-1		제주도 제주시/서광로 234-1		
8		서울특별시 강서구 양천로30길 77				
9		경기도 광명시 신촌로 49				
10		서울특별시 송파구 올림픽로10길 46				
11		충청남도 공주시 신금1길 62-15				
12		서울특별시 마포구 만리재로16길 20-8				
13		대전광역시 중구 중앙로 71				
14						

🔍 더 알아보기　수식 이해하기

이번 수식은 SUBSTITUTE 함수의 네 번째 인수를 이용한 수식으로, 네 번째 인수는 SUBSTITUTE에서 찾으려는 문자(열)가 여러 개 있을 때 몇 번째 문자(열)를 고칠 것인지 지정하는 역할을 합니다. 그러므로 이번 수식은 두 번째 공백 문자(" ")를 슬래시("/")로 고치라는 의미입니다. 물론 반드시 슬래시("/")로 고칠 필요는 없으며, '주소' 열에 사용되지 않은 문자라면 어떤 것도 상관없습니다.

04 SUBSTITUTE 함수로 고친 문자열에서 "/" 문자 위치를 찾습니다.

05 [D7] 셀의 수식을 다음과 같이 입력하고 [D7] 셀의 채우기 핸들﹢을 [D13] 셀까지 드래그합니다.

```
=FIND("/", SUBSTITUTE(B7, " ", "/", 2))
```

D7	✕ ✓ fx	=FIND("/", SUBSTITUTE(B7, " ", "/", 2))			

	A	B	C	D	E	F
1						
2			**주소 분리**			
3						
5		주소	공백문자		세부 주소	
6			첫번째	두번째		
7		제주도 제주시 서광로 234-1		8		
8		서울특별시 강서구 양천로30길 77		10		
9		경기도 광명시 신촌로 49		8		
10		서울특별시 송파구 올림픽로10길 46		10		
11		충청남도 공주시 신금1길 62-15		9		
12		서울특별시 마포구 만리재로16길 20-8		10		
13		대전광역시 중구 중앙로 71		9		
14						

TIP 이 결과는 정확하게 이전 페이지 실무 활용 예제 1에서 실습한 **06** 과정의 결과와 동일합니다.

06 세부 주소를 잘라내는 방법은 이전 페이지의 **08** 과정의 MID 함수 사용 부분과 동일합니다.

```
=MID(B7, D7+1, 100)
```

🔍 **더 알아보기**　　**수식 결합**

D열과 E열의 수식을 결합하면 다음 수식이 됩니다.

```
=MID(B7, FIND("/", SUBSTITUTE(B7, " ", "/", 2))+1, 100)
```

19 / 06 전체 문자열에서 특정 단어가 몇 번 사용됐는지 확인하는 방법

예제 파일 PART 05 \ CHAPTER 19 \ LEN, SUBSTITUTE 함수.xlsx

LEN, SUMPRODUCT 함수 도움말

전체 문자열 내에서 특정 단어가 포함된 경우가 몇 번인지 세야 하는 경우가 있습니다. 이때는 전체 문자열의 문자 개수에서 특정 단어를 모두 지운 후 문자 개수를 빼서 다시 해당 단어의 문자 개수로 나눠 주는 다소 복잡한 계산 과정이 필요합니다. 사실 이 작업은 설명보다는 직접 입력하는 편이 이해하기에 훨씬 간단합니다. 이런 작업에는 문자열의 길이를 반환해주는 LEN 함수가 사용됩니다.

LEN (❶ 문자열)

문자열 내의 문자가 몇 개 있는지 세어 반환합니다.

❶ 문자열	문자를 세려는 값 또는 해당 값이 입력된 셀

주의 사항

● LEN 함수는 문자열 내의 공백 문자(띄어쓰기)도 한 개의 문자로 계산합니다.

전체 문자열이 한 개의 셀에 입력된 경우가 아니라면 SUM이나 SUMPRODUCT 함수가 추가로 필요합니다. SUMPRODUCT 함수에 대한 설명은 다음을 참고합니다.

SUMPRODUCT (❶ 배열1, ❷ 배열2, …)

데이터 범위 내 항목을 서로 곱하고 얻은 결과를 모두 더한 값을 반환해줍니다.

❶ 배열	계산하려는 값을 가진 데이터 범위 또는 집합

주의 사항

● 이 함수는 덧셈을 구하는 SUM 함수와 곱셈을 계산하는 PRODUCT 함수가 결합된 함수입니다.
● 이 함수는 주로 SUM 함수를 사용한 배열 수식을 간편하게 입력할 목적으로 자주 사용됩니다.

수식 패턴

한 개의 셀에 입력된 문자열에서 단어 확인

한 개의 셀에 문자열이 입력된 경우라면 조금은 쉽게 확인이 가능합니다. 다음과 같은 수식 패턴을 사용합니다.

=(LEN(문자열)-LEN(SUBSTITUTE(문자열, 단어, ""))) / LEN(단어)

주의 사항

- 문자열은 전체 텍스트로 하나의 셀에 데이터가 입력되어 있어야 합니다.
- 단어가 문자 한 개일 경우, 위 시식에서 / LEN(단어) 부분이 필요하지 않습니다.

여러 개의 셀에 나눠 입력된 문자열에서 단어 확인

여러 셀에 입력된 문자열에서 특정 단어의 출현 횟수를 알려면 다음과 같은 수식 패턴을 사용합니다.

=(SUM(LEN(문자열 범위))-SUM(LEN(SUBSTITUTE(문자열 범위, 단어, ""))))/ LEN(단어)

주의 사항

- 문자열 범위는 단어가 출현한 횟수를 셀 데이터가 입력된 범위로 예를 들면 [A1:A10] 범위입니다.
- 엑셀 Microsoft 365, 2021 버전은 위 수식을 그대로 입력해도 되며, 엑셀 2019 이전 버전에서는 Ctrl + Shift + Enter 로 입력하거나 SUM 함수를 SUMPRODUCT 함수로 변경해 수식을 작성해야 합니다.

실무 활용 예제

전체 문자열에서 특정 단어의 출현 횟수를 셉니다.

01 예제의 [B5] 병합 셀에 '변화'라는 단어가 몇 번 나오는지 확인합니다.

02 [J5] 병합 셀에 수식을 입력합니다.

=(LEN(B5)-LEN(SUBSTITUTE(B5, "변화", "")))/LEN("변화")

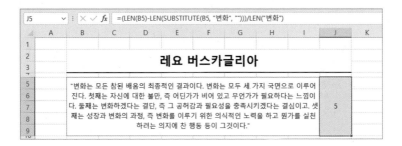

단계별로 수식을 살펴보면 다음과 같습니다.

❶ LEN(B5)

: [B5] 셀의 문자 개수를 셉니다.

❷ LEN(SUBSTITUTE(B5, "변화", ""))

: [B5] 셀에서 세려고 하는 '변화' 단어를 삭제한 후 문자 개수를 셉니다.

❸ ❶-❷

: [B5] 셀의 전체 문자 개수에서 변화를 뺀 문자 개수를 빼면 지워진 문자 개수를 알 수 있습니다.

❹ ❸/LEN("변화")

: '변화'는 두 개의 문자로 구성되어 있으므로 지운 문자 개수를 2로 나누는 수식이고, 이 수식으로 '변화'라는 단어가 몇 번 나왔는지 알 수 있습니다.

03 여러 범위에 입력된 글에서 **변화** 단어의 개수를 확인해보겠습니다.

04 [J11] 병합 셀을 선택하고 수식을 입력합니다.

```
=(SUM(LEN(B11:B15))-SUM(LEN(SUBSTITUTE(B11:B15, "변화", ""))))/LEN("변화")
```

이번 수식은 복잡해 보이지만 기본적으로 **02** 과정의 수식과 유사합니다. 다른 점은 앞에서는 [B5] 병합 셀 하나를 대상으로 했다면, 이번에는 병합되지 않은 [B11:B15] 범위가 대상이 된다는 점이 다릅니다. 이로 인해 [B11], [B12], [B13], [B14], [B15] 셀의 LEN 함수 결과를 모두 더해 처리해야 합니다.

따라서 이번에 사용한 수식은 [B11:B15] 범위 내 문자 개수의 합계를 동적 배열을 이용해 계산합니다. 엑셀 Microsoft 365, 2021 버전 등에서는 문제가 없지만, 엑셀 2019 이전 버전에서는 제대로 된 결과가 반환되지 않을 것입니다. 엑셀 2019 이전 버전에서는 레거시 배열이라는 예전 방식의 배열을 이용해 계산해야 합니다.

단, 레거시 배열은 병합된 셀(J11)에서는 사용할 수 없으므로 SUMPRODUCT 함수를 사용하도록 다음과 같이 변경해야 합니다.

```
=(SUMPRODUCT(LEN(B11:B15))-SUMPRODUCT(LEN(SUBSTITUTE(B11:B15, "변화", ""))))/LEN("변화")
```

동적 배열에 대한 설명은 이 책의 032페이지를 참고합니다.

19 / 07
FORMULATEXT 함수로 계산식 문자열 반환받는 방법

예제 파일 PART 05 \ CHAPTER 19 \ FORMULATEXT 함수.xlsx

FORMULATEXT 함수 도움말

수식이 입력된 셀을 참조하면 수식 결과가 반환되는데, 셀에 입력된 계산식 그 자체를 반환되도록 하려면 FORMULATEXT 함수를 사용합니다.

FORMULATEXT (❶ 셀)

참조한 셀의 수식을 반환합니다.

❶ 셀	수식이 입력된 셀

주의 사항

● 이 함수는 엑셀 2013 버전부터 제공되며, 이전 버전에서 이 함수를 대체하려면 다음과 같은 수식을 사용합니다.

```
GET.CELL(6, 셀)
```

단, GET.CELL 함수는 매크로 함수이므로 직접 셀에 입력할 수 없으므로 이름 정의해 사용합니다. GET.CELL 함수에 대한 자세한 설명은 이 책의 449페이지를 참고합니다.

● 참조한 셀에 수식이 입력되어 있지 않거나 빈 셀인 경우에는 #N/A 오류가 발생합니다.

실무 활용 예제

01 예제의 [C9:C11] 범위의 수식을 [D9:D11] 범위에 반환합니다.

02 [D9] 셀에 수식을 입력한 후 [D9] 셀의 채우기 핸들 을 [D11] 셀까지 드래그합니다.

```
=FORMULATEXT(C9)
```

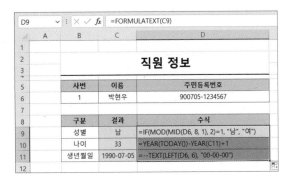

예제 파일 PART 05 \ CHAPTER 19 \ TEXTJOIN 함수.xlsx

CONCAT, TEXTJOIN 함수 도움말

엑셀에서는 여러 셀에 입력된 데이터를 하나로 연결하려면 & 연산자를 주로 사용합니다. 하지만 & 연산자는 한 번에 하나의 데이터만 연결할 수 있으므로 여러 개를 빠르게 연결하고 싶은 경우에는 사용하기 불편합니다. 엑셀 2019 버전부터 여러 범위 내 데이터를 하나로 연결할 수 있는 CONCAT과 TEXTJOIN 함수가 제공됩니다.

CONCAT 함수는 범위 내 데이터를 하나로 연결하고 싶을 때 사용하면 좋습니다.

CONCAT (❶ 값1, ❷ 값2, ⋯)

인수로 전달된 값을 모두 연결해 반환합니다.

❶ 값	서로 연결할 값 또는 값을 갖고 있는 셀(또는 범위)

주의 사항

- 이 함수는 CONCATENATE 함수의 대체 함수로 엑셀 2019 버전부터 사용할 수 있습니다.
- 이 함수는 CONCATENATE 함수와는 달리 [값] 인수에 데이터 범위를 전달할 수 있습니다.

```
=CONCAT(A1:A10)
```

TEXTJOIN 함수는 연결할 때 쉼표(,)와 같은 구분 기호를 사용해 연결할 수 있습니다. 그러므로 CONCAT 함수보다는 TEXTJOIN 함수의 활용도가 훨씬 높습니다.

TEXTJOIN (❶ 구분 문자, ❷ 빈 셀 제외 여부, ❸ 값1, ❹ 값2, ⋯)

인수로 전달된 값을 구분 문자로 연결해 반환합니다.

❶ 구분 문자	값을 연결할 때 사용할 문자로 값과 값 사이에 포함됩니다.

❷ 빈 셀 제외 여부	범위 내 빈 셀이 포함되어 있을 때 빈 셀을 제외할지 여부를 선택하는 옵션	
	옵션	설명
	TRUE	빈 셀을 제외하고 연결합니다.
	FALSE	빈 셀을 포함해 연결합니다.
❸ 값	연결할 값 또는 값을 갖고 있는 셀(또는 범위)	

주의 사항

- 이 함수는 엑셀 2019 버전부터 사용이 가능합니다.
- [값] 인수에 데이터 범위를 전달할 수 있습니다.

수식 패턴

TEXTJOIN 함수를 사용할 때 가장 많이 나타나는 수식 패턴은 다음과 같습니다.

모든 버전에서 사용 가능한 수식

TEXTJOIN 함수는 구분 기호로 값을 연결해주지만 연결된 값의 조건을 설정할 순 없습니다. 하지만 배열 수식을 이용하면 원하는 조건에 맞는 값만 연결해 반환하도록 할 수 있습니다.

배열수식

```
=TEXTJOIN(구분 기호, , IF(조건범위=조건, 연결범위, ""))
```

주의 사항

- 이번 수식은 배열 수식으로 엑셀 Microsoft 365, 2021 이후 버전에서는 Enter 를 눌러 입력해도 되지만 엑셀 2019 이전 버전에서는 반드시 Ctrl + Shift + Enter 로 입력해야 합니다.

엑셀 Microsoft 365, 2021 이상 버전 전용 수식

엑셀 Microsoft 365나 2021 버전에는 FILTER 라는 강력한 배열 함수가 제공되므로 위 수식을 다음과 같이 변경해 사용할 수 있습니다.

배열수식

```
=TEXTJOIN(구분 기호, , FILTER(연결범위, 조건범위=조건))
```

주의 사항

- 엑셀 Microsoft 365, 2021 버전에서만 사용할 수 있으며 Enter 로 수식 입력이 가능합니다.

TIP FITLER 함수에 대한 설명은 이 책의 567페이지를 참고합니다.

실무 활용 예제

전체 데이터에서 필요한 조건만 맞는 데이터를 쉼표(,) 구분 기호 등을 이용해 연결해 표시하고 싶을 때 다음과 같은 방법으로 작업하면 됩니다.

01 예제의 B:D열의 원본 데이터에서 조건에 맞는 값을 오른쪽 G열에 쉼표(,)로 구분해 입력합니다.

02 먼저 사원의 이름만 CONCAT 함수로 연결해봅니다.

03 [G10] 셀을 선택하고 다음 수식을 입력합니다.

```
=CONCAT(B12:B14)
```

TIP [B12:B14] 범위의 이름이 연결은 되지만 이름이 붙어 표시되어 불편합니다.

04 사원의 이름을 쉼표(,)로 구분하기 위해 TEXTJOIN 함수를 사용합니다.

05 [G10] 셀의 수식을 다음과 같이 수정합니다.

```
=TEXTJOIN(",", TRUE, B12:B14)
```

TEXTJOIN 함수를 사용하면 사원의 이름이 쉼표(,)로 구분되어 모두 연결됩니다. TEXTJOIN 함수를 사용할 때 다음 두 가지 사항을 기억하면 좋습니다.

첫째, 구분 기호는 문자열로 입력할 수 있습니다. 만약 쉼표(,) 뒤에 한 칸 띄어쓰기가 되도록 하고 싶다면 이번 수식을 다음과 같이 수정할 수 있습니다.

```
=TEXTJOIN(", ", TRUE, B12:B14)
```

둘째, 연결할 값이 포함된 데이터 범위(B12:B14)에 빈 셀이 있을 때 이를 무시하는 두 번째 인수는 다음과 같이 생략해도 동일한 결과를 얻을 수 있습니다.

```
=TEXTJOIN(", ,, B12:B14)
```

두 수식 모두 입력해 사용 방법을 확인합니다.

06 이름 범위에서 필요한 이름을 얻는 방법에 대해 수식을 입력합니다.

TIP **06–07** 과정은 엑셀 Microsoft 365, 2021 버전 사용자만 따라하며 엑셀 2019 이전 버전 사용자는 책 내용만 확인합니다.

07 [G13] 셀에 다음 수식을 입력합니다.

```
=IF(C6:C14=F6, B6:B14, ""))
```

	A	B	C	D	E	F	G	H
1								
2					원하는 조건의 값 결합			
3								
5		이름	직위	성별		직위	이름	
6		박지훈	부장	남		부장		
7		유준혁	차장	남		차장		
8		이서연	과장	여		과장		
9		김민준	과장	남		대리		
10		최서현	대리	여		사원	정시우,이은서,오서윤	
11		박현우	대리	남				
12		정시우	사원	남		성별	이름	
13		이은서	사원	여		남	박지훈	
14		오서윤	사원	여		여	유준혁	
15								
16							김민준	
17								
18							박현우	
19							정시우	
20								
21								

G13 셀 수식 입력줄: =IF(D6:D14="남", B6:B14, "")

이번 수식은 IF 함수를 사용해 [D6:D14] 범위에서 [F13] 셀의 값(사원)과 같은 경우에 [B6:B14] 범위의 이름을 반환하고, 아니면 빈 문자("")를 반환하도록 되어 있습니다.

IF 함수가 동작되는 방법을 정리하면 다음과 같습니다.

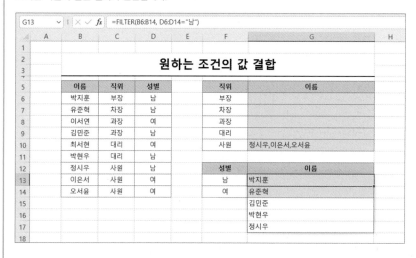

[C6:C14]	=남	
남	TRUE	박지훈
남	TRUE	유준혁
…	…	…
여	FALSE	""
여	FALSE	""

이렇게 반환된 결과를 TEXTJOIN 함수를 사용해 빈 셀(빈 문자)은 무시하고 쉼표로 연결하면 원하는 결과를 얻을 수 있습니다.
이 동작은 엑셀 Microsoft 365, 2021 버전 사용자라면 FILTER 함수를 사용해 다음과 같은 수식을 사용할 수 있습니다.

```
=FILTER(B6:B14, D6:D14="남")
```

그러면 다음과 같은 결과가 반환됩니다.

	이름	직위	성별		직위	이름
	박지훈	부장	남		부장	
	유준혁	차장	남		차장	
	이서연	과장	여		과장	
	김민준	과장	남		대리	
	최서현	대리	여		사원	정시우,이은서,오서윤
	박현우	대리	남			
	정시우	사원	남		성별	이름
	이은서	사원	여		남	박지훈
	오서윤	사원	여		여	유준혁
						김민준
						박현우
						정시우

원하는 조건의 값 결합

G13 =FILTER(B6:B14, D6:D14="남")

화면에서 보듯 FILTER 함수를 사용하면 빈 문자("") 없이 깔끔하게 원하는 결과만 돌려지는 것을 확인할 수 있습니다.

08 이제 제대로 성별이 남인 이름을 쉼표(,)로 연결해 작업합니다.

09 [G13] 셀의 수식을 다음과 같이 수정하고 [G13] 셀의 채우기 핸들➕을 [G14] 셀까지 드래그해 수식을 복사합니다. 엑셀 Microsoft 365, 2021 버전은 Enter 로 입력, 엑셀 2019 이전 버전은 Ctrl + Shift + Enter 로 입력합니다.

```
=TEXTJOIN(", ",, IF($D$6:$D$14=F13, $B$6:$B$14, ""))
```

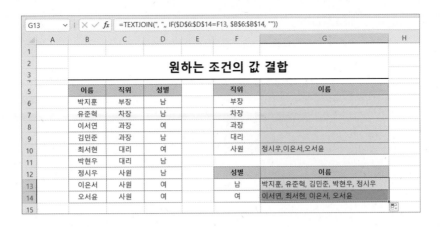

엑셀 Microsoft 365, 2021 버전 사용자라면 FILTER 함수를 사용해 다음과 같은 수식을 사용할 수 있습니다.

```
=TEXTJOIN(", ",, FILTER($B$6:$B$14, $D$6:$D$14=F13))
```

만약 반환된 이름이 가나다라 순으로 정렬되어 표시되길 원한다면 위 수식을 다음과 같이 변경합니다.

```
=TEXTJOIN(", ",, SORT(FILTER($B$6:$B$14, $D$6:$D$14=F13)))
```

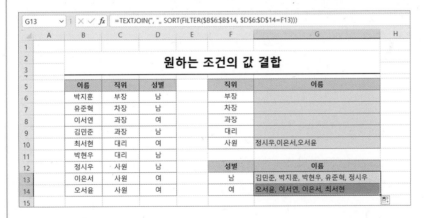

수식을 입력해 결과를 확인한 후 SORT함수에 대한 설명은 이 책의 567페이지를 참고합니다.

10 직위에 맞는 이름도 같은 방법으로 정리합니다.

11 [G6] 셀의 수식을 다음과 같이 입력하고 [G6] 셀의 채우기 핸들🔳을 [G10] 셀까지 드래그해 수식을 복사합니다. 엑셀 Microsoft 365, 2021 버전은 Enter 로 입력, 엑셀 2019 이전 버전은 Ctrl + Shift + Enter 로 입력합니다.

```
=TEXTJOIN(", ",, IF($C$6:$C$14=F6, $B$6:$B$14, ""))
```

| G6 | | ✕ ✓ fx | =TEXTJOIN(", ", IF($C$6:$C$14=F6, $B$6:$B$14, "")) |

	A	B	C	D	E	F	G	H
1								
2				**원하는 조건의 값 결합**				
3								
5		이름	직위	성별		직위	이름	
6		박지훈	부장	남		부장	박지훈	
7		유준혁	차장	남		차장	유준혁	
8		이서연	과장	여		과장	이서연, 김민준	
9		김민준	과장	남		대리	최서현, 박현우	
10		최서현	대리	여		사원	정시우, 이은서, 오서윤	
11		박현우	대리	남				
12		정시우	사원	남		성별	이름	
13		이은서	사원	여		남	박지훈, 유준혁, 김민준, 박현우, 정시우	
14		오서윤	사원	여		여	이서연, 최서현, 이은서, 오서윤	
15								

🔍 **더 알아보기** 　**수식 이해하기**

엑셀 Microsoft 365, 2021 버전 사용자라면 FILTER 함수를 사용해 다음과 같은 수식을 사용할 수 있습니다.

```
=TEXTJOIN(", ",, FILTER($B$6:$B$14, $C$6:$C$14=F6))
```

이름을 정렬해 표시하려면 SORT 함수를 추가로 사용합니다.

```
=TEXTJOIN(", ",, SORT(FILTER($B$6:$B$14, $C$6:$C$14=F6)))
```

SORT 함수에 대한 설명은 이 책의 567페이지를 참고합니다.

집계/통계 함수

엑셀을 포함한 스프레드시트는 초기에는 단순 집계 작업에 초점이 맞춰져 있었습니다. 현재는 통계/분석을 통해 데이터를 설명하는 다양한 기능이 포함되어 있습니다. 우리가 자주 사용하는 SUM, COUNT 함수가 대표적인 집계함수이며, AVERAGE, MAX/MIN 등의 함수가 데이터를 설명할 때 사용되는 대표적인 통계 함수입니다.

텍스트 형식의 숫자 데이터를 숫자로 변환하기

예제 파일 PART 05 \ CHAPTER 20 \ VALUE, NUMBERVALUE 함수.xlsx

VALUE, NUMBERVALUE 함수 도움말

엑셀에는 텍스트형 숫자가 있습니다. 숫자(0~9), 통화 기호(₩, $), 쉼표 스타일(,), 퍼센트(%) 등만 사용하지만 데이터 형식은 텍스트로 구분된 데이터를 의미합니다. 즉, 숫자이지만 숫자가 아닌 데이터를 텍스트형 숫자라고 합니다. 이런 데이터는 계산되지 않으므로 숫자로 변환이 필요합니다. 이럴 때 VALUE, NUMBERVALUE 함수를 사용할 수 있습니다.

VALUE (❶ 텍스트형 숫자)

텍스트형 숫자를 숫자로 변환합니다.

❶ 텍스트형 숫자	숫자로 변환할 텍스트 형식의 값 또는 해당 값이 입력된 셀

주의 사항

● VALUE 함수를 일반 계산식으로 변경하려면 다음과 같이 입력합니다.

```
=--텍스트형 숫자
```

NUMBERVALUE (❶ 텍스트형 숫자, ❷ 소수점 기호, ❸ 천 단위 구분 기호) 2013 이후

텍스트형 숫자를 숫자로 변환합니다.

❶ 텍스트형 숫자	숫자로 변환할 텍스트 형식의 값 또는 해당 값이 입력된 셀
❷ 소수점 기호	❶에 포함된 문자 중 소수점 기호를 지정할 수 있으며, 생략하면 제어판의 국가 설정에 설정된 기호를 사용합니다. 한글 윈도우에서는 마침표(.)가 소수점 기호입니다.
❸ 천 단위 구분 기호	❷에 포함된 문자 중 천 단위 구분 기호를 지정할 수 있으며, 생략하면 제어판의 국가 설정에 따라 설정된 기호를 사용합니다. 한글 윈도우에서는 쉼표(,)가 천 단위 구분 기호입니다.

주의 사항

● NUMBERVALUE 함수가 VALUE 함수보다 뛰어난 점은 텍스트형 숫자에 포함된 공백 문자를 제거해준다는 점입니다.

실무 활용 예제

01 예제의 [B6:B8] 범위 내 텍스트 형식 숫자를 올바른 숫자 형식으로 변환합니다.

🔍 **더 알아보기**   **수식 이해하기**

[B6:B8] 범위에 입력된 데이터는 각각 다음과 같은 특성을 갖습니다.

- [B6] 셀 : 숫자 값 앞에 작은따옴표(')가 입력되어 입력된 숫자가 텍스트로 인식됩니다.
- [B7] 셀 : 숫자 값 사이에 공백 문자(" ")가 입력되어 텍스트 값으로 인식됩니다.
- [B8] 셀 : 천 단위 구분 기호(.)와 소수점 기호(,)가 한글 윈도우의 국가 설정과 다르게 입력되어 있습니다. 이런 입력 방식을 사용하는 국가는 독일로, 해당 국가에서 입력된 숫자 데이터는 한국어 버전 엑셀에서 열면 텍스트 형식으로 인식됩니다.

02 다음 각 셀에 수식을 입력하고 채우기 핸들➕을 이용해 8행까지 드래그합니다.

- [C6] 셀 : =VALUE(B6)
- [D6] 셀 : =NUMBERVALUE(B6, ",", ".")

🔍 **더 알아보기**   **수식 이해하기**

VALUE 함수는 다른 문자가 포함되지 않은 십진수 문자만 입력된 [B6] 셀만 숫자로 변환할 수 있습니다. 그에 반해 NUMBERVALUE 함수는 [B6:B8] 범위 내 모든 값을 숫자로 변환해줍니다. NUMBERVALUE 함수는 숫자에 포함된 공백 문자(" ")는 무시할 수 있고, 천 단위 구분 기호(,)와 소수점 기호(.)를 지정해 변환할 수 있습니다. 따라서 VALUE 함수에 비해 다양한 숫자 변환 작업을 처리할 수 있습니다.

다양한 조건의 개수를 세는 방법

예제 파일 PART 05 \ CHAPTER 20 \ COUNT 계열 함수.xlsx

COUNT 계열 함수 도움말

사용자가 가지고 있는 데이터에서 원하는 조건에 맞는 데이터 개수를 세려면 다음 함수 중 하나를 사용합니다.

COUNT (❶ 값1, ❷ 값2, ❸ 값3, ⋯)

지정된 범위 내 숫자가 입력된 셀의 개수를 세어 반환합니다.

❶ 값	개수를 세려고 하는 값, 또는 값을 갖고 있는 범위

COUNTA (❶ 값1, ❷ 값2, ❸ 값3, ⋯)

지정된 범위 내 빈 셀을 제외한 값이 입력된 모든 셀의 개수를 세어 반환합니다.

주의 사항

- 수식에서 빈 문자("")를 반환한 셀도 COUNTA 함수는 1로 셉니다.
- 눈에는 보이지 않아도 공백 문자(" ")만 입력된 셀도 1로 계산합니다.

COUNTBLANK (❶ 범위)

지정된 범위 내 빈 셀의 개수를 세어 반환합니다.

❶ 범위	개수를 세려고 하는 데이터 범위

주의 사항

- 수식에서 빈 문자("")를 반환한 셀도 COUNTBLANK 함수는 빈 셀로 간주해 1로 셉니다.
- 눈에 보이지 않는 공백 문자(" ")만 입력된 셀도 빈 셀이 아니므로 계산하지 않습니다.

COUNTIF (❶ 범위, ❷ 조건)

범위에서 조건에 맞는 셀의 개수를 세어 반환합니다.

❶ 범위	개수를 세려는 데이터 범위
❷ 조건	조건을 설명하는 문자열로 비교 연산자와 값으로 구성하며, 조건은 큰따옴표(")로 묶어 사용합니다. 예를 들어 10보다 큰 조건은 ">10"과 같이 구성합니다.

주의 사항

● 이 함수의 [조건] 인수를 설정하는 방법에는 크게 세 가지 유형이 있습니다.

사용 예	설명
">=10"	비교 연산자와 비교할 값을 큰따옴표(") 안에 입력합니다.
"10"	비교 연산자 중에서 같다(=)는 생략할 수 있습니다. 왼쪽 예는 "=10"과 같습니다.
">=" & A1	비교할 값을 다른 셀에서 참조하려면 비교 연산자와 셀 참조를 & 연산자로 연결합니다.

실무 활용 예제

01 예제의 [C6:C9] 범위에 오른쪽 표 데이터의 제품수를 집계합니다.

02 먼저 전체 제품수를 셉니다. [C6] 셀에 다음 수식을 입력합니다.

```
=COUNT(E6:E15)
```

🔍 **더 알아보기**   **수식 이해하기**

개수를 세는 작업은 어느 열을 대상으로 하느냐에 따라 사용할 수 있는 함수가 달라집니다. 예를 들어 E열은 숫자이므로 COUNT 함수를 사용했지만, F열을 대상으로 한다면 F열은 텍스트이므로 COUNTA 함수를 사용해야 합니다.

이번 수식은 COUNTIF 함수로도 대체할 수 있는데 E열을 대상으로 하면 다음과 같은 수식으로 대체할 수 있습니다.

```
=COUNTIF(E6:E15, ">0")
```

F열을 대상으로 할 경우에는 다음과 같은 수식으로 대체할 수 있습니다.

```
=COUNTIF(F6:F15, "*")
```

COUNTIF 함수의 두 번째 인수에 사용된 '*'는 와일드카드 문자로 어떤 값이라도 입력된 경우를 의미합니다.

03 [C7] 셀에 판매중(단종과 품절이 되지 않은)인 제품수를 셉니다. 다음 수식을 입력합니다.

```
=COUNTBLANK(I6:I15)
```

| C6 | ✓ fx | =COUNT(E6:E15) |

	A	B	C	D	E	F	G	H	I	J
1										
2					제 품 관 리 현 황					
3										
5		집계 항목	제품수		품번	품명	단가	재고량	단종여부	
6		전체 제품	10		1	잉크젯복합기 AP-3300	84,000	39		
7		판매중인 제품			2	무한잉크젯복합기 AP-3300W	100,000	17		
8		단종 및 품절 개수			3	잉크젯복합기 AP-5500	133,500	13		
9		재고가 있는 제품			4	레이저복합기 L350	220,000	53		
10					5	무한레이저복합기 L500C	324,000	2	단종	
11					6	레이저복합기 L800	445,000	120		
12					7	흑백레이저복사기 TLE-5000	543,500	15		
13					8	흑백레이저복사기 TLE-9000	896,500	-	품절	
14					9	컬러레이저복사기 XI-3200	1,200,000	29	단종	
15					10	컬러레이저복사기 XI-4400	1,550,000	31		

🔍 **더 알아보기**   **수식 이해하기**

판매 중인 제품은 I열에 '단종'이나 '품절'이 적히지 않은 제품입니다. 따라서 [I6:I15] 범위에서 빈 셀의 개수를 세면 되므로 COUNTBLANK 함수를 사용했습니다. 이번 수식을 COUNTIF 함수로 대체하면 다음과 같습니다.

```
=COUNTIF(I6:I15, "=")
```

COUNTIF 함수의 두 번째 인수 "="는 =""의 약식 표현입니다. 즉, '빈 문자("")와 같으면'이라는 의미입니다. 엑셀에서 빈 문자 ("")는 빈 셀과 동일하게 처리하므로 빈 셀을 확인하는 COUNTBLANK 함수와 동일한 결과를 얻을 수 있습니다.
물론 눈에 보이지 않는 문자도 있기 때문에 '단종'이나 '품절'이 아닌 경우의 조건을 사용하려면 COUNTIF 함수로 다음과 같이 세야 합니다.

```
=COUNTIFS(I6:I15, "<>단종", I6:I15, "<>품절")
```

LINK COUNTIFS 함수는 이 책의 433페이지에서 설명합니다.

---

04 단종 및 품절 개수를 셉니다. [C8] 셀에 다음 수식을 입력합니다.

```
=COUNTA(I6:I15)
```

| C8 | ✓ fx | =COUNTA(I6:I15) |

	A	B	C	D	E	F	G	H	I
1									
2					제 품 관 리 현 황				
3									
5		집계 항목	제품수		품번	품명	단가	재고량	단종여부
6		전체 제품	10		1	잉크젯복합기 AP-3300	84,000	39	
7		판매중인 제품	7		2	무한잉크젯복합기 AP-3300W	100,000	17	
8		단종 및 품절 개수	3		3	잉크젯복합기 AP-5500	133,500	13	
9		재고가 있는 제품			4	레이저복합기 L350	220,000	53	
10					5	무한레이저복합기 L500C	324,000	2	단종
11					6	레이저복합기 L800	445,000	120	
12					7	흑백레이저복사기 TLE-5000	543,500	15	
13					8	흑백레이저복사기 TLE-9000	896,500	-	품절
14					9	컬러레이저복사기 XI-3200	1,200,000	29	단종
15					10	컬러레이저복사기 XI-4400	1,550,000	31	

단종이나 품절된 제품수는 [I6:I15] 범위에서 '단종'이나 '품절'이 입력된 셀 개수를 세서 알 수 있습니다. 데이터가 입력된 경우만 세는 작업은 COUNTA 함수를 사용합니다. 물론 이 수식은 다음의 수식으로 대체할 수 있습니다.

```
=COUNTIF(I6:I15, "*")
또는
=COUNTIF(I6:I15, "<>")
```

정확하게 '단종'이나 '품절'이 입력된 경우만 세려면 다음과 같은 수식을 사용합니다.

```
=COUNTIF(I6:I15, "단종") + COUNTIF(I6:I15, "품절")
```

05 마지막으로 재고가 있는 제품수를 셉니다. [C9] 셀에 다음 수식을 입력합니다.

```
=COUNTIF(H6:H15, ">0")
```

	A	B	C	D	E	F	G	H	I	J
C9			=COUNTIF(H6:H15, ">0")							
1										
2					제 품 관 리 현 황					
3										
5		집계 항목	제품수		품번	품명	단가	재고량	단종여부	
6		전체 제품	10		1	잉크젯복합기 AP-3300	84,000	39		
7		판매중인 제품	7		2	무한잉크젯복합기 AP-3300W	100,000	17		
8		단종 및 품절 개수	3		3	잉크젯복합기 AP-5500	133,500	13		
9		재고가 있는 제품	9		4	레이저복합기 L350	220,000	53		
10					5	무한레이저복합기 L500C	324,000	2	단종	
11					6	레이저복합기 L800	445,000	120		
12					7	흑백레이저복사기 TLE-5000	543,500	15		
13					8	흑백레이저복사기 TLE-9000	896,500	-	품절	
14					9	컬러레이저복사기 XI-3200	1,200,000	29	단종	
15					10	컬러레이저복사기 XI-4400	1,550,000	31		
16										

재고는 [H6:H15] 범위에서 확인할 수 있는데, 최소한 한 개 이상의 값이 입력되어야 있어야 합니다. 이런 작업은 COUNT, COUNTA, COUNTBLANK와 같은 함수를 사용할 수 없으므로 COUNTIF 함수를 사용해 0보다 큰 조건에 맞는 셀 개수를 센 것입니다.

고유 개수를 세는 방법

예제 파일 PART 05 \ CHAPTER 20 \ COUNTIF, SUM, UNIQUE 함수.xlsx

엑셀 함수 중에는 고유한 개수를 셀 수 있는 함수가 따로 제공되지 않습니다. 그렇기 때문에 별도의 수식을
작성할 수 있어야 합니다.

자주 사용하는 수식 패턴

고유한 값을 반환받는 수식은 여러 패턴이 존재합니다.

전체 버전에 사용 가능한 수식

가장 흔하게 사용하는 수식 패턴으로 SUM 함수와 COUNTIF 함수를 사용합니다. 배열을 이용한 수식이
므로 엑셀 Microsoft 365, 2021 버전과 2019 이전 버전은 사용 방법에 차이가 있습니다.

=SUM(1/COUNTIF(중복 범위, 중복 범위))

주의 사항

- 엑셀 2019 이하 버전이라면 Ctrl + Shift + Enter 로 입력하거나 SUM 함수를 SUMPRODUCT 함수로 변경합니다.
- [중복 범위]는 [A1:A10] 범위와 같이 중복된 데이터가 존재하는 범위입니다.
- 조건이 여러 개라면 COUNTIF 함수 대신 COUNTIFS 함수를 사용합니다.

  =SUMPRODUCT(1/COUNTIFS(중복 범위1, 중복 범위1, 중복 범위2, 중복 범위2))

Microsoft 365, 2021 버전에서 사용 가능한 수식

엑셀 Microsoft 365, 2021 버전에는 고유한 값을 동적 배열로 반환하는 UNIQUE 함수가 제공되므로,
COUNTA 함수와 UNIQUE 함수를 사용하면 쉽게 고유한 값을 확인할 수 있습니다.

=COUNTA(UNIQUE(중복 범위))

주의 사항

● 엑셀 2019 이전 버전에서는 동작하지 않습니다.

실무 활용 예제

01 예제에서 한달 동안의 거래한 업체 수를 셉니다. [C6] 셀에 다음 수식을 입력합니다.

```
=COUNTA(F6:F58)
```

TIP 동일한 거래업체가 여러 번 거래를 할 수 있으므로, COUNTA 함수로 구한 값에는 중복이 포함됩니다.

C6	=COUNTA(F6:F58)

고유 항목 건수

구분	개수		일	거래업체
전체	53		1일	S&C무역 ㈜
거래업체수			2일	송현식품 ㈜
			3일	미래백화점 ㈜
			3일	세호상사 ㈜
			4일	동오무역 ㈜
			27일	다빈무역 ㈜
			27일	송현식품 ㈜
			28일	신흥유통 ㈜
			29일	소일상사 ㈜
			29일	연세무역 ㈜
			30일	미래백화점 ㈜

02 중복되지 않은 고유한 업체를 세기 위해 [C7] 셀에 다음 수식을 입력합니다.

```
=SUM(1/COUNTIF(F6:F58, F6:F58))
```

C7	=SUM(1/COUNTIF(F6:F58, F6:F58))

고유 항목 건수

구분	개수		일	거래업체
전체	53		1일	S&C무역 ㈜
거래업체수	37		2일	송현식품 ㈜
			3일	미래백화점 ㈜
			3일	세호상사 ㈜
			4일	동오무역 ㈜
			27일	다빈무역 ㈜
			27일	송현식품 ㈜
			28일	신흥유통 ㈜
			29일	소일상사 ㈜
			29일	연세무역 ㈜
			30일	미래백화점 ㈜

TIP 엑셀 Microsoft 365, 2021 버전은 Enter 로 입력하고, 엑셀 2019 이전 버전은 Ctrl + Shift + Enter 로 입력합니다.

이 수식은 다음과 같은 계산 과정을 거쳐 결과를 반환합니다.

❶ COUNTIF(F6:F58, F6:F58)

: 두 번째 인수의 [F6:F58] 범위 내 각 셀의 값을 첫 번째 인수의 [F6:F58] 범위에서 센 값의 배열에 저장합니다.

❷ 1/❶

: ❶에서 반환된 값으로 1을 나누면 배열 내 값이 개수에 따라 {1/1, 1/2, 1/2, …}로 변합니다.

❸ SUM(❷)

: ❷ 값의 합계를 구합니다. 그러면 각 거래업체가 몇 번 존재하든 모두 1/n이 되므로 이 값을 합치면 1이 되어 한 번만 세는 결과를 얻을 수 있습니다.

각 단계에서 계산되는 부분을 도식화하면 다음과 같습니다.

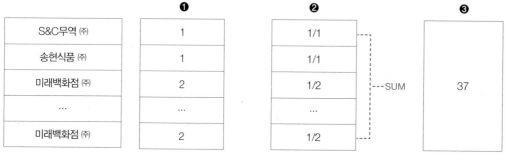

배열을 이용한 수식이므로 엑셀 Microsoft 365, 2021 버전에서는 Enter 로 입력해도 됩니다. 엑셀 2019 이전 버전이라면 Ctrl + Shift + Enter 로 입력하거나, SUM 함수를 SUMPRODUCT 함수로 변경하고 Enter 로 입력해야 합니다.

03 엑셀 Microsoft 365, 2021 버전에서는 고유한 값을 반환해주는 UNIQUE 함수가 제공되므로 고유 개수를 셀 수 있는 다른 수식을 사용할 수 있습니다. [C8] 셀에 다음 수식을 입력합니다.

```
=COUNTA(UNIQUE(F6:F58))
```

구분	개수		일	거래업체
전체	53		1일	S&C무역 ㈜
거래업체수	37		2일	송현식품 ㈜
	37		3일	미래백화점 ㈜
			3일	세호상사 ㈜
			4일	동오무역 ㈜
			27일	다빈무역 ㈜
			27일	송현식품 ㈜
			28일	신흥유통 ㈜
			29일	소일상사 ㈜
			29일	연세무역 ㈜
			30일	미래백화점 ㈜

TIP UNIQUE 함수에 대한 자세한 설명은 이 책의 576페이지를 참고합니다.

COUNTIFS 함수로 다중 조건에 해당하는 개수를 구하는 방법

예제 파일 PART 05 \ CHAPTER 20 \ COUNTIFS 함수.xlsx

COUNTIFS 함수 도움말

함수에서 확인할 조건이 여러 개이면 엑셀에서는 다중 조건이라는 표현을 사용합니다. 개수를 셀 때 다중 조건을 모두 만족하는 개수를 세려면 COUNTIFS 함수를 사용합니다.

COUNTIFS (❶ 범위1, ❷ 조건1, ❸ 범위2, ❹ 조건2, ❺ 범위3, ❻ 조건3, …)

범위 내 조건을 모두 만족하는 셀의 개수를 세어 반환합니다.

❶ 범위	조건을 확인할 범위
❷ 조건	조건 문자열로 비교 연산자와 값으로 구성됩니다. 조건은 큰따옴표(")로 묶어 전달합니다.

주의 사항

- 이 함수는 총 127개의 조건을 설정할 수 있습니다.
- [범위]와 [조건] 인수가 하나씩 짝을 이뤄 조건을 구성하며, 모든 조건을 만족하는 셀의 개수를 세어줍니다.
- 참고로 첫 번째, 두 번째 인수만 사용하면 COUNTIF 함수와 동일한 결과를 얻을 수 있습니다.

```
COUNTIFS(범위1, 조건1) = COUNTIF(범위, 조건)
```

실무 활용 예제

01 예제의 데이터를 가지고 지역별로 소액, 고액 기준에 맞는 판매건수를 셉니다.

TIP 소액, 고액 기준은 [B10] 셀에 입력된 것처럼 판매금액이 50만 원 미만인지, 이상인지로 구분합니다.

02 [C7] 셀을 선택하고 수식을 입력한 후 [C7] 셀의 채우기 핸들⊞을 [C9] 셀까지 드래그합니다.

```
=COUNTIFS($F$6:$F$19, B7, $J$6:$J$19, "<500000")
```

C7 =COUNTIFS($F$6:$F$19, B7, $J$6:$J$19, "<500000")

다중 조건의 건수

지역	판매건수		판매지역	제품	단가	수량	판매
	소액	고액	서울	레이저복합기 L950	618,800	3	1,856,400
서울	3		서울	오피스 Z-05C	107,100	7	749,700
경기	2		서울	문서세단기 SCUT-1500B	640,200	5	3,201,000
인천	-		경기	잉크젯복합기 AP-5500	132,200	5	661,000
* 액수 기준은 50만원			경기	무한잉크젯복합기 AP-5500W	167,400	4	669,600
			경기	잉크젯복합기 AP-4900	109,600	2	219,200

🔍 더 알아보기   수식 이해하기

COUNTIFS 함수는 인수를 두 개씩 짝지어 이해하면 쉽습니다.

❶ $F$6:$F$19=B7

: 조건에 비교 연산자 없이 셀 주소만 나오면 같다(=)는 비교 연산자가 생략된 것입니다. 그러므로 첫 번째 조건은 [F6:F19] 범위의 지역이 [B7] 셀의 값(서울)과 같은 것이 몇 개인지 세는 조건이 됩니다.

❷ $J$6:$J$19<500000

: 이 조건은 [J6:J19] 범위의 금액이 50만 원보다 작은 값을 갖는 셀의 개수를 세는 조건입니다.

COUNTIFS 함수는 모든 조건을 만족해야 하므로 ❶, ❷ 조건을 모두 만족하는 개수를 세어 반환합니다.

03 이번에는 지역별 고액 판매건수를 계산합니다.

04 [D7] 셀에 다음 수식을 입력한 후 [D7] 셀의 채우기 핸들🔳을 [D9] 셀까지 드래그합니다.

```
=COUNTIFS($F$6:$F$19, B7, $J$6:$J$19, ">=500000")
```

D7 =COUNTIFS($F$6:$F$19, B7, $J$6:$J$19, ">=500000")

다중 조건의 건수

지역	판매건수		판매지역	제품	단가	수량	판매
	소액	고액	서울	레이저복합기 L950	618,800	3	1,856,400
서울	3	4	서울	오피스 Z-05C	107,100	7	749,700
경기	2	2	서울	문서세단기 SCUT-1500B	640,200	5	3,201,000
인천	-	3	경기	잉크젯복합기 AP-5500	132,200	5	661,000
* 액수 기준은 50만원			경기	무한잉크젯복합기 AP-5500W	167,400	4	669,600
			경기	잉크젯복합기 AP-4900	109,600	2	219,200
			서울	문서세단기 SCUT-1500B	698,400	3	2,095,200
			경기	도트 TIC-7A	4,100	2	8,200
			인천	컬러레이저복사기 XI-4400	1,798,000	2	3,596,000
			인천	레이저복합기 L800	422,800	3	1,268,400
			인천	흑백레이저복사기 TLE-9000	824,800	1	824,800
			서울	바코드 Z-350	57,300	5	286,500

🔍 더 알아보기   수식 이해하기

이 수식이 **02** 과정의 수식과 다른 점은 네 번째 인수의 값이 '<500000'이 아니라 '>=500000'이라는 점입니다. 따라서 이 수식은 각 지역에서 판매금액이 50만 원 이상인 개수를 세는 수식이 됩니다.

누계를 계산하는 몇 가지 방법

예제 파일 PART 05 \ CHAPTER 20 \ SUM 함수.xlsx

함수 도움말

모든 숫자를 더한 값이 합계이며, 누계는 특정 시점까지의 값을 모두 더한 값입니다. 이 두 가지 계산은 모두 더하기 연산을 통해 구할 수 있으므로 SUM 함수로 처리할 수 있습니다.

SUM (❶ 숫자, ❷ 숫자, ❸ 숫자, …)

숫자 값의 합계를 구해 반환합니다.

❶ 범위	합계를 구하려는 숫자 또는 숫자 값을 갖는 셀(또는 범위)

주의 사항

- 이 함수는 숫자만 더할 수 있으며, 텍스트형 숫자는 더할 수 없습니다.

누계는 다음 계산식으로도 구할 수 있습니다.

> 첫 번째 셀 : =첫 번째 셀
> 두 번째 셀 : =왼쪽 셀 + 상단 셀

주의 사항

- 이 수식은 첫 번째와 두 번째 셀에 서로 다른 수식을 입력해야 합니다.
- 두 번째 셀의 수식을 복사해 사용합니다.
- 첫 번째 셀은 누계를 구할 첫 번째 셀을 의미합니다.

실무 활용 예제

01 예제의 아래 각 셀에 수식을 입력해 판매수량과 매출의 합계를 구합니다.

· [C13] 셀 : =SUM(C7:C12)

· [E13] 셀 : =SUM(E7:E12)

	A	B	C	D	E	F
E13			fx	=SUM(E7:E12)		
1						
2			**합계와 누계**			
3						
5		월	판매수량		매출	
6				누계	(단위 : 만원)	누계
7		1월	1,600		307,400	
8		2월	1,200		225,400	
9		3월	1,200		265,700	
10		4월	1,700		372,800	
11		5월	1,700		455,800	
12		6월	2,200		452,100	
13		합계	9,600		2,079,200	

02 판매수량의 누계를 계산합니다.

03 [D7] 셀에 다음 수식을 입력한 후 [D7] 셀의 채우기 핸들 ⊞을 [D12] 셀까지 드래그합니다.

```
=SUM($C$7:C7)
```

	A	B	C	D	E	F	G
D7			fx	=SUM($C$7:C7)			
1							
2			**합계와 누계**				
3							
5		월	판매수량		매출		
6				누계	(단위 : 만원)	누계	
7		1월	1,600	1,600	307,400		
8		2월	1,200	2,800	225,400		
9		3월	1,200	4,000	265,700		
10		4월	1,700	5,700	372,800		
11		5월	1,700	7,400	455,800		
12		6월	2,200	9,600	452,100		
13		합계	9,600		2,079,200		
14							

🔍 **더 알아보기**　　**수식 이해하기**

이번 수식을 잘 이해하려면 SUM 함수의 참조 방식에 집중해야 합니다. 이런 참조 방법은 수식을 행 방향으로 복사할 때 두 번째 참조 셀의 위치가 계속해서 변경되면서 누계를 구하도록 만들어줍니다.

```
[D7] 셀 : =SUM($C$7:C7)
[D8] 셀 : =SUM($C$7:C8)
...
[D12] 셀 : =SUM($C$7:C12)
```

이 방법은 손쉽게 누계를 구할 순 있지만 데이터가 많은 경우에는 같은 위치의 셀 값을 계속해서 더하기 때문에 엑셀의 재계산 속도가 떨어질 수 있습니다.

04 이번에는 매출 누계를 구합니다.

05 매출 누계를 구할 첫 번째 셀인 [F7] 셀에 다음 수식을 입력합니다.

```
=E7
```

TIP 누계의 첫 번째 값은 현재 값(매출)과 동일하므로 누계를 구할 첫 번째 셀의 값을 참조합니다.

06 [F8] 셀에 다음 수식을 입력한 후 [F8] 셀의 채우기 핸들 ➕을 [F12] 셀까지 드래그합니다.

```
=E8+F7
```

| F8 | | | fx | =E8+F7 | | |
A	B	C	D	E	F	G
1						
2			합계와 누계			
3						
5	월	판매수량		매출		
6			누계	(단위 : 만원)	누계	
7	1월	1,600	1,600	307,400	307,400	
8	2월	1,200	2,800	225,400	532,800	
9	3월	1,200	4,000	265,700	798,500	
10	4월	1,700	5,700	372,800	1,171,300	
11	5월	1,700	7,400	455,800	1,627,100	
12	6월	2,200	9,600	452,100	2,079,200	
13	합계	9,600		2,079,200		
14						

🔍 **더 알아보기** | **수식 이해하기**

이번 수식은 현재 값(E8)과 이전 누계 값(F7)을 더해서 누계를 구하는 방식입니다. 이 방법을 사용해 누계를 구하면 SUM 함수를 사용한 방법보다 입력 횟수가 늘어 불편하지만 계산할 셀이 적어져 계산 속도 자체는 더 빠릅니다.

만약 F열에 하나의 수식을 사용해 누계를 구하려면 [F7] 셀의 수식을 **=E7+N(G6)**로 수정한 후 [G12] 셀까지 수식을 복사해 사용합니다. N 함수는 숫자 이외의 값을 0으로 반환해주므로, [F6] 셀과 같이 텍스트 값이 계산에 포함되는 경우 이를 무시하고자 할 때 사용할 수 있습니다.

20/06

SUMIF 함수로 특정 조건에 해당하는 합계, 누계 계산하기

예제 파일 PART 05 \ CHAPTER 20 \ SUMIF 함수.xlsx

SUMIF 함수 도움말

SUM 함수는 지정된 범위 내 모든 숫자의 합계를 반환하지만, SUMIF 함수는 그 중에 조건에 맞는 데이터의 숫자 합계만 반환해줍니다. SUMIF 함수의 사용 방법은 기본적으로 COUNTIF 함수와 동일하지만 COUNTIF 함수에 없는 세 번째 인수가 존재한다는 점이 다릅니다.

> **SUMIF (❶ 범위, ❷ 조건, ❸ 합계 범위)**

조건을 만족하는 데이터의 숫자 합계를 반환합니다.

❶ 범위	조건을 검증할 데이터 범위
❷ 조건	❶에서 확인할 조건으로 비교 연산자와 값으로 구성됩니다.
❸ 합계 범위	집계할 값이 위치한 데이터 범위로 ❶에서 ❷ 조건을 만족하는 셀과 같은 행에 있는 셀의 합계만 구합니다.

주의 사항

● [합계 범위] 인수는 생략할 수 있으며, 이 경우 범위 내 숫자 값의 합계를 반환합니다.

실무 활용 예제

01 예제의 고객별 매출과 판매금액의 누계를 SUMIF 함수로 구합니다.

02 [C6] 셀에 다음 수식을 입력한 후 [C6] 셀의 채우기 핸들💠을 [C8] 셀까지 드래그합니다.

```
=SUMIF($F$6:$F$13, B6, $I$6:$I$13)
```

| C6 | : × ✓ fx | =SUMIF($F$6:$F$13, B6, $I$6:$I$13) |

	A	B	C	D	E	F	G	H	I	J	K
1											
2						**판 매 대 장**					
3											
5		고객	매출		거래ID	고객	제품	수량	판매	판매누계	
6		다림상사 ㈜	1,150,000		10250	다림상사 ㈜	바코드 Z-750	10	520,000		
7		ST무역 ㈜	1,650,000		10250	다림상사 ㈜	레이저복합기 L500	2	540,000		
8		누리 ㈜	860,000		10250	다림상사 ㈜	잉크젯팩시밀리 FX-2000+	1	90,000		
9					10251	ST무역 ㈜	무한잉크젯복합기 AP-5500W	2	290,000		

🔍 **더 알아보기**   **수식 이해하기**

고객별 매출 집계를 구하려면 오른쪽 표의 [F6:F13] 범위의 고객과 [B6] 셀의 고객이 같을 때 [I6:I13] 범위 내 합계를 구하면 됩니다. 그러므로 이번 수식은 다음과 같이 이해할 수 있습니다.

- 조건 : F6:F13=B6
- 합계 범위 : I6:I13

참고로 SUMIF 함수의 두 번째 인수인 B6은 아래 조건의 약식 표기입니다.

"=" & B6

같다(=)를 의미하는 비교 연산자는 생략할 수 있기 때문에 [B6] 셀 주소만 사용된 것으로 이해합니다.

03 고객별 판매금액의 누계를 구합니다.

04 [J6] 셀에 다음 수식을 입력하고 [J6] 셀의 채우기 핸들 🔳 을 [J13] 셀까지 드래그합니다.

```
=SUMIF($F$6:F6, F6, $I$6:I6)
```

| J6 | : × ✓ fx | =SUMIF($F$6:F6, F6, $I$6:I6) |

	A	B	C	D	E	F	G	H	I	J	K
1											
2						**판 매 대 장**					
3											
5		고객	매출		거래ID	고객	제품	수량	판매	판매누계	
6		다림상사 ㈜	1,150,000		10250	다림상사 ㈜	바코드 Z-750	10	520,000	520,000	
7		ST무역 ㈜	1,650,000		10250	다림상사 ㈜	레이저복합기 L500	2	540,000	1,060,000	
8		누리 ㈜	860,000		10250	다림상사 ㈜	잉크젯팩시밀리 FX-2000+	1	90,000	1,150,000	
9					10251	ST무역 ㈜	무한잉크젯복합기 AP-5500W	2	290,000	290,000	
10					10251	ST무역 ㈜	잉크젯복합기 AP-4900	8	750,000	1,040,000	
11					10251	ST무역 ㈜	레이저복합기 L500	2	610,000	1,650,000	
12					10252	누리 ㈜	무한레이저복합기 L800C	1	480,000	480,000	
13					10252	누리 ㈜	와이어제본기 WC-5500	4	380,000	860,000	

🔍 **더 알아보기**   **수식 이해하기**

누계를 구하는 방법은 SUM, SUMIF 함수 모두 동일합니다. 누계를 구하려면 범위를 지정할 때 전체 범위($F$6:$F$13)가 아닌 첫 번째 셀을 범위 참조($F$6:F6) 방식으로 참조하되, 첫 번째 셀은 절대 참조 방식으로 고정하고 두 번째 셀은 상대 참조 방식으로 지정합니다. 이렇게 수식을 복사하면 두 번째 셀의 주소가 하나씩 증가하게 되어 누계가 구해집니다.

SUMIFS 함수로 다중 조건의 합계를 구하는 방법

예제 파일 PART 05 \ CHAPTER 20 \ SUMIFS 함수.xlsx

SUMIFS 함수 도움말

SUMIF 함수는 조건을 한 개만 지정이 가능하지만, SUMIFS 함수는 조건을 한 개 이상 즉, 여러 조건을 만족하는 데이터의 숫자 합계를 구할 수 있습니다. 참고로 두 함수는 그 외에도 [합계 범위] 인수의 위치가 다릅니다. SUMIF 함수는 마지막 인수가 [합계 범위]이지만, SUMIFS 함수는 첫 번째 인수가 [합계 범위]입니다.

> ## SUMIFS (❶ 합계 범위, ❷ 범위1, ❸ 조건1, ❹ 범위2, ❺ 조건2, …)

여러 조건을 모두 만족하는 데이터의 숫자 합계를 반환합니다.

❶ 합계 범위	합계를 구할 숫자 값이 있는 범위
❷ 범위	조건을 검증할 데이터가 존재하는 범위
❸ 조건	조건 문자열로, 비교 연산자와 값으로 구성합니다. 조건은 큰따옴표(")로 묶어 전달합니다.

주의 사항

● 이 함수는 엑셀 2007 버전부터 사용할 수 있습니다. 하위 버전에서 동일한 결과를 얻으려면 다음 수식을 사용합니다.

> =SUMPRODUCT(합계 범위, (범위1=조건1)*(범위2=조건2)*…)

● SUMIF 함수는 [합계 범위] 인수가 마지막(세 번째) 인수이고 생략할 수도 있지만, SUMIFS 함수는 첫 번째 인수이고 생략할 수 없습니다.
● SUMIFS 함수의 조건은 하나만 설정할 수 있으며, 이 경우 SUMIF 함수와 동일합니다.

> SUMIFS(합계 범위, 범위1, 조건1) = SUMIF(범위, 조건, 합계 범위)

실무 활용 예제

01 예제의 입출고 내역을 제품별로 유형에 맞게 집계합니다.

02 [C6] 셀에 수식을 입력한 후 [C6] 셀의 채우기 핸들┼을 [C10] 셀까지 드래그합니다.

```
=SUMIFS($H$6:$H$20, $G$6:$G$20, B6, $I$6:$I$20, $C$5)
```

	제품	이월	입고	출고		제품	수량	구분
						입 출 고 내 역		
6	컬러레이저복사기 XI-2000	39				컬러레이저복사기 XI-2000	39	이월
7	바코드 Z-750	38				바코드 Z-750	38	이월
8	레이저복합기 L350	62				레이저복합기 L350	62	이월
9	잉크젯복합기 AP-3200	26				잉크젯복합기 AP-3200	26	이월
10	지문인식 FPIN-2000F	125				지문인식 FPIN-2000F	125	이월
11						잉크젯복합기 AP-3200	20	출고
12						잉크젯복합기 AP-3200	30	입고
16						컬러레이저복사기 XI-2000	20	입고
17						바코드 Z-750	30	출고
18						바코드 Z-750	30	입고
19						레이저복합기 L350	52	출고
20						레이저복합기 L350	50	입고

🔍 더 알아보기   수식 이해하기

SUMIFS 함수를 쉽게 이해하려면 두 번째 이후 인수를 두 개씩 짝을 지어 하나의 조건으로 생각하는 것이 좋습니다. 그러므로 이번에 사용한 수식은 다음과 같습니다.

❶ $H$6:$H$20

: 합계를 구할 수량 데이터 범위입니다.

❷, ❸ $G$6:$G$20=B6

: 제품 데이터 범위의 값이 '컬러레이저복사기 XI-2000'인지 확인합니다.

❹, ❺ $I$6:$I$20=C5

: 구분 데이터 범위의 값이 '이월'인지 확인합니다.

즉, 이번 수식은 제품 데이터 범위의 값이 '컬러레이저복사기 XI-2000'이고 구분 데이터 범위의 값이 '이월'인 경우의 수량 합계를 구하라는 의미입니다.

03 입고와 출고도 같은 방법으로 집계합니다.

04 [C6] 셀의 참조 방식을 다음과 같이 변경하고 [C6] 셀의 채우기 핸들┼을 [C10] 셀까지 드래그합니다.

```
=SUMIFS($H$6:$H$20, $G$6:$G$20, $B6, $I$6:$I$20, C$5)
```

05 [C6:C10] 범위의 채우기 핸들┼을 E열까지 드래그합니다.

| C6 | : | × ✓ fx | =SUMIFS($H$6:$H$20, $G$6:$G$20, $B6, $I$6:$I$20, C$5) |

	A	B	C	D	E	F	G	H	I	J
1										
2					**입 출 고 내 역**					
3										
5		제품	이월	입고	출고		제품	수량	구분	
6		컬러레이저복사기 XI-2000	39	20	11		컬러레이저복사기 XI-2000	39	이월	
7		바코드 Z-750	38	30	30		바코드 Z-750	38	이월	
8		레이저복합기 L350	62	50	52		레이저복합기 L350	62	이월	
9		잉크젯복합기 AP-3200	26	30	20		잉크젯복합기 AP-3200	26	이월	
10		지문인식 FPIN-2000F	125	-	57		지문인식 FPIN-2000F	125	이월	
11							잉크젯복합기 AP-3200	20	출고	
12							잉크젯복합기 AP-3200	30	출고	
16							컬러레이저복사기 XI-2000	20	입고	
17							바코드 Z-750	30	출고	
18							바코드 Z-750	30	입고	
19							레이저복합기 L350	52	출고	
20							레이저복합기 L350	50	입고	
21										

🔍 **더 알아보기** **수식 이해하기**

[C6] 셀의 수식을 행 방향으로만 복사하지 않고, 열 방향으로도 복사하기 위해 **02** 과정 수식에서 변경된 부분은 SUMIFS 함수의 세 번째, 다섯 번째 인수입니다. 다음과 같이 변경되었습니다.

세 번째 인수		다섯 번째 인수	
변경 전	변경 후	변경 전	변경 후
B6	$B6	$C$5	C$5

[B6] 셀의 참조 방식이 $B6과 같이 열 주소만 고정되도록 변경되었습니다. 이는 이월, 입고, 출고를 계산할 때 항상 [제품] 열은 B열이어야 하기 때문이고, 행 번호는 변경될 수 있어야 하기 때문입니다. [C5] 셀의 참조 방식은 그 반대의 경우입니다.

LINK 혼합 참조 방식에 대한 좀 더 자세한 설명은 이 책의 351페이지를 참고합니다.

20/08 동일한 배경색(또는 글꼴색)인 경우에 합계를 구하는 방법

예제 파일 PART 05 \ CHAPTER 20 \ GET.CELL 함수.xlsx

GET.CELL 매크로 함수 도움말

엑셀은 매크로를 제외한 어떤 기능도 배경색(또는 글꼴색)을 조건으로 설정할 수 없습니다. 그렇기 때문에 셀에 적용된 색상을 색상 번호로 반환해주는 GET.CELL 매크로 함수(엑셀 4.0 버전까지 매크로 개발에 사용하던 함수로 현재는 하위 버전과의 호환성을 유지하기 위해 제공됨)를 사용해야 함수에서 배경색(또는 글꼴색)을 조건으로 원하는 집계를 할 수 있습니다. 참고로 매크로 함수는 셀에 직접 입력해 사용할 수 없고 이름 정의를 통해서만 사용할 수 있습니다.

GET.CELL (❶ 옵션, ❷ 셀)

지정한 셀의 옵션에 해당하는 정보를 반환합니다. CELL 함수보다 더 다양한 정보를 반환합니다.

❶ 옵션	확인할 정보를 의미하는 옵션 번호로 1에서 66까지 사용할 수 있습니다. 그 중 많이 사용하는 옵션은 다음과 같습니다.		
	옵션 번호	**반환 값**	**엑셀의 대체 함수**
	1	셀 주소	ADDRESS
	2	행 번호	ROW
	3	열 번호	COLUMN
	4	데이터 형식 <table><tr><td>반환 값</td><td>의미</td></tr><tr><td>1</td><td>숫자</td></tr><tr><td>2</td><td>텍스트</td></tr><tr><td>4</td><td>논리값</td></tr><tr><td>16</td><td>에러</td></tr></table>	TYPE
	6	수식 문자열을 반환	FORMULATEXT
	24	글꼴색을 1~56 사이의 숫자로 반환 <table><tr><td>반환 값</td><td>의미</td></tr><tr><td>1</td><td>검정</td></tr><tr><td>2</td><td>흰색</td></tr><tr><td>3</td><td>빨강</td></tr><tr><td>5</td><td>파랑</td></tr><tr><td>6</td><td>노랑</td></tr></table>	없음
	32	파일 이름과 시트 이름	CELL

옵션 번호	반환 값	엑셀의 대체 함수
38	배경 색상을 1~56 사이의 숫자로 반환	없음
41	수식을 문자열로 반환	FORMULATEXT
46	메모가 삽입됐는지 여부	없음
48	수식을 사용했는지 여부	ISFORMULA
48	글꼴색을 1~56 사이의 숫자로 반환	ISFORMULA
62	파일 이름과 시트 이름	CELL
66	파일 이름	CELL

❷ 셀	정보를 파악하려는 셀입니다.

주의 사항

● 이 함수는 매크로 함수로 셀에서 바로 사용할 수 없습니다. 이름 정의를 통해 사용할 수 있습니다.
● 이 함수를 사용한 파일은 '매크로 사용 통합 문서(xlsm)' 형식으로 저장해야 합니다.

실무 활용 예제

01 예제의 오른쪽 표에 배경색을 지정한 지역의 매출만 합계를 구합니다.

02 먼저 배경색 번호를 알아내기 위해 GET.CELL 매크로 함수를 사용합니다.

03 매크로 함수는 이름으로 정의해서 사용해야 하므로 색상 번호를 얻을 [F6] 셀을 선택합니다.

04 [수식] 탭–[정의된 이름] 그룹–[이름 정의▦]를 클릭합니다.

05 [새 이름] 대화상자가 나타나면 다음과 같이 항목을 구성하고 [확인]을 클릭합니다.

· **[이름]** : 배경색
· **[참조 대상]** : =GET.CELL(38, E6)

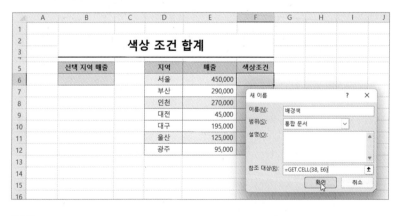

LINK 상대 참조 방식으로 이름 정의하는 방법은 이 책의 359페이지를 참고합니다.

06　[F6] 셀에 다음 수식을 입력한 후 [F6] 셀의 채우기 핸들➕을 [F12] 셀까지 드래그합니다.

```
=배경색
```

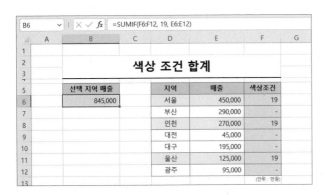

TIP　반환된 숫자가 배경색 번호로 배경색이 적용된 합계를 구할 지역은 19이고, 배경색이 적용되지 않은 지역은 0이 반환되었습니다.

07　배경색으로 선택된 지역의 매출을 구하기 위해 [B6] 셀에 수식을 입력합니다.

```
=SUMIF(F6:F12, 19, E6:E12)
```

TIP　**매크로 함수를 사용한 파일의 저장**

매크로 함수를 사용한 파일은 반드시 'Excel 매크로 사용 통합 문서'로 저장해야 합니다. 'Excel 매크로 사용 통합 문서'로 저장하는 방법은 이 책의 1012페이지를 참고합니다.

조건에 맞는 여러 열을 SUMIF 함수로 더할 수 있을까?

예제 파일 PART 05 \ CHAPTER 20 \ SUMPRODUCT 함수.xlsx

자주 사용하는 수식 패턴

SUMIF 함수나 SUMIFS 함수는 기본적으로 집계 열이 하나여야 합니다. 하지만 실무에서는 조건에 맞는 여러 열을 모두 더해야 하는 경우가 있습니다. 이런 경우라면 SUMPRODUCT 함수를 사용해 다음과 같은 수식을 사용합니다.

=SUMPRODUCT((합계 범위)*(범위1=조건1)*(범위2=조건2)*⋯)

주의 사항

● [합계 범위]는 더하려는 숫자가 입력된 범위입니다.

● [합계 범위]의 위치는 뒤에 나와도 상관없습니다.

=SUMPRODUCT((범위1=조건1)*(범위2=조건2)*⋯*(합계 범위))

● 조건의 개수는 한 개라도 상관없습니다.

엑셀 Microsoft 365, 2021 버전 사용자라면 위 수식의 SUMPRODUCT 함수를 SUM 함수로 변경할 수 있습니다.

실무 활용 예제

01 예제의 [B6] 셀에 입력된 복사기 분류의 매출을 모두 더합니다.

02 SUMIF 함수로 집계하기 위해 [C6] 셀에 다음 수식을 입력합니다.

```
=SUMIF(E6:E12, B6, F6:G12)
```

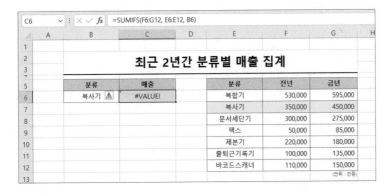

| C6 | | fx | =SUMIF(E6:E12, B6, F6:G12) | | | | |

	A	B	C	D	E	F	G	H
1								
2			최근 2년간 분류별 매출 집계					
3								
5		분류	매출		분류	전년	금년	
6		복사기	350,000		복합기	530,000	595,000	
7					복사기	350,000	450,000	
8					문서세단기	300,000	275,000	
9					팩스	50,000	85,000	
10					제본기	220,000	180,000	
11					출퇴근기록기	100,000	135,000	
12					바코드스캐너	110,000	150,000	
13							(단위 : 만원)	

🔍 **더 알아보기**   **수식 이해하기**

이번 수식에서 SUMIF 함수의 세 번째 인수에는 [F6:G12] 범위(전년과 금년 매출)가 전달되었습니다. 그런데 결과만 보면 전년 매출만 반환된 것을 확인할 수 있습니다. 이것으로 SUMIF 함수에 여러 개의 열을 갖는 범위를 [합계 범위]로 전달해도 첫 번째 열 범위만 더해 반환한다는 것을 확인할 수 있습니다. 그러므로 SUMIF 함수로 이 문제를 해결하려면 수식을 다음과 같이 수정해야 합니다.

```
=SUMIF(E6:E12, B6, F6:F12) + SUMIF(E6:E12, B6, G6:G12)
```

03 SUMIFS 함수를 사용해 결과를 확인합니다. [C6] 셀의 수식을 다음과 같이 수정합니다.

```
=SUMIFS(F6:G12, E6:E12, B6)
```

| C6 | | fx | =SUMIFS(F6:G12, E6:E12, B6) | | | | |

	A	B	C	D	E	F	G	H
1								
2			최근 2년간 분류별 매출 집계					
3								
5		분류	매출		분류	전년	금년	
6		복사기 ⚠	#VALUE!		복합기	530,000	595,000	
7					복사기	350,000	450,000	
8					문서세단기	300,000	275,000	
9					팩스	50,000	85,000	
10					제본기	220,000	180,000	
11					출퇴근기록기	100,000	135,000	
12					바코드스캐너	110,000	150,000	
13							(단위 : 만원)	

TIP SUMIFS 함수의 [합계 범위] 인수에 여러 열 범위를 전달하면 #VALUE! 에러가 반환됩니다.

04 SUMPRODUCT 함수를 사용한 수식을 사용합니다. [C6] 셀의 수식을 다음과 같이 수정합니다.

```
=SUMPRODUCT((F6:G12)*(E6:E12=B6))
```

| C6 | | fx | =SUMPRODUCT((F6:G12)*(E6:E12=B6)) |

	A	B	C	D	E	F	G	H
1								
2			**최근 2년간 분류별 매출 집계**					
3								
5		분류	매출		분류	전년	금년	
6		복사기	800,000		복합기	530,000	595,000	
7					복사기	350,000	450,000	
8					문서세단기	300,000	275,000	
9					팩스	50,000	85,000	
10					제본기	220,000	180,000	
11					출퇴근기록기	100,000	135,000	
12					바코드스캐너	110,000	150,000	
13							(단위 : 만원)	

🔍 **더 알아보기**　　**수식 이해하기**

이번에 작성한 SUMPRODUCT 함수를 사용하면 전년과 금년도 합계가 제대로 반환되는 것을 확인할 수 있습니다. SUMPRODUCT 함수는 배열 함수이며, 계산에 사용될 데이터를 배열에 저장한 후 배열 내 같은 위치의 값을 연산한 중간 계산 결과를 저장해놓고 합계를 구하므로 정상적인 결과가 반환됩니다.

이번 수식의 계산 과정은 다음과 같습니다.

[E6:E12=B6]　　　　[F6:G12]

FALSE		530,000	595,000		0	0		
TRUE		350,000	450,000		350,000	450,000		
FALSE	×	300,000	275,000	=	0	0	SUM	800,000
...		...	...		...	...		
FALSE		110,000	150,000		0	0		

엑셀 Microsoft 365 버전이나 2021 버전부터는 동적 배열이 지원되므로, 이번 수식은 SUM 함수로 변경할 수 있습니다.

```
=SUM((F6:G12)*(E6:E12=B6))
```

즉, 엑셀 2019 이전 버전에서 지원되는 배열(레거시 배열)에서는 수식을 Ctrl + Shift + Enter 로 입력해야 하므로 매우 번거롭습니다. 이런 불편함을 겪지 않으려고 함수 자체적으로 배열을 지원하는 SUMPRODUCT 함수를 자주 사용했습니다.

하지만 엑셀 Microsoft 365, 2021 버전에서는 엑셀 프로그램 자체적으로 배열(동적 배열)을 지원하므로 굳이 SUMPRODUCT 함수를 사용할 필요 없이 SUM 함수 만으로도 원하는 결과를 얻을 수 있습니다.

TOP3 매출과 매출 비중을 구하는 방법

예제 파일 PART 05 \ CHAPTER 20 \ LARGE, SMALL 함수.xlsx

LARGE, SMALL 함수 도움말

전체 데이터에서 n번째로 큰 값과 작은 값을 구하고 싶을 때 LARGE, SMALL 함수를 사용할 수 있습니다. TOP3 매출을 구하려면 LARGE 등의 함수로 n번째 매출을 구한 후 SUMIF 함수 등으로 n번째 매출보다 크거나 같은 매출의 합계를 구합니다.

LARGE (❶ 범위, ❷ 인덱스)

지정한 범위 내 숫자에서 n번째로 큰 값을 반환합니다.

❶ 범위	숫자 값을 갖는 데이터 범위
❷ 인덱스	범위 내 값의 순위를 의미하는 숫자 값. 예를 들어 1은 첫 번째로 큰 값을 가리킵니다.

주의 사항

- LARGE 함수는 MAX 함수와 다음과 같은 연관성이 존재합니다.

```
LARGE(A1:A10, 1) = MAX(A1:A10)
```

SMALL (❶ 범위, ❷ 인덱스)

지정한 범위 내 숫자에서 n번째로 작은 값을 반환하며 사용 방법은 LARGE 함수와 동일합니다.

주의 사항

- SMALL 함수는 MIN 함수와 다음과 같은 연관성이 존재합니다.

```
SMALL(A1:A10, 1) = MIN(A1:A10)
```

실무 활용 예제

01 예제의 지점별 매출 집계표에서 TOP3 매출 합계와 전체 매출 대비 비중을 계산합니다.

02 상위 세 번째 지점까지의 매출을 집계하기 위해 먼저 상위 세 번째 매출을 구합니다.

03 [C6] 셀에 다음 수식을 입력합니다.

```
=LARGE(G6:G12, 3)
```

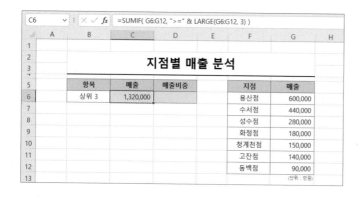

04 이 값보다 큰 값을 모두 더합니다. [C6] 셀의 수식을 다음과 같이 수정합니다.

```
=SUMIF(G6:G12, ">=" & LARGE(G6:G12, 3))
```

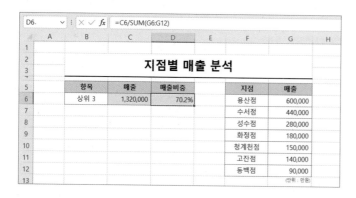

TIP LARGE 함수로 구한 상위 세 번째 매출과 같거나 큰(상위 1, 2, 3위) 매출을 SUMIF 함수로 더합니다.

05 [D6] 셀에 전체 매출 대비 비중을 계산합니다.

```
=C6/SUM(G6:G12)
```

평균 구할 때 0을 제외하는 방법

예제 파일 PART 05 \ CHAPTER 20 \ AVERAGE, AVERAGEIF 함수.xlsx

AVERAGE, AVERAGEIF 함수 도움말

우리가 일반적으로 계산하는 평균은 합계를 개수로 나눈 산술평균입니다. 그렇기 때문에 범위에 0이 포함되면 평균이 낮아질 수 있습니다. 엑셀에서 평균을 구할 때는 AVERAGE 함수를 사용하지만 0을 제외하는 것과 같은 특정 조건을 적용하려면 AVERAGEIF 함수를 사용합니다.

AVERAGE (❶ 숫자, ❷ 숫자, ❸ 숫자, …)

지정한 범위 내 숫자 값의 평균을 반환합니다.

❶ 숫자	평균을 구하려는 숫자 또는 숫자 값을 갖는 셀(범위)

주의 사항

● 이 함수는 산술평균을 반환하며, 다음 수식으로 대체할 수 있습니다.

```
AVERAGE(A1:A10) = SUM(A1:A10)/COUNT(A1:A10)
```

AVERAGEIF (❶ 범위, ❷ 조건, ❸ 평균 범위)

조건 하나를 만족하는 숫자 값의 평균을 반환합니다.

❶ 범위	❷을 검증할 데이터 범위
❷ 조건	❶에서 확인할 조건으로, 비교 연산자와 값으로 구성됩니다.
❸ 평균 범위	❶에서 ❷ 조건을 만족하는 셀과 같은 행에 위치한 셀의 평균을 구합니다.

주의 사항

● 이 함수는 SUMIF 함수와 사용 방법이 동일합니다.

실무 활용 예제

01 예제의 표에서 판매수량 및 매출 실적의 평균을 [C11:F11] 범위에 구합니다.

02 전년도 판매수량의 평균을 구합니다. [C11] 셀에 다음 수식을 입력합니다.

```
=AVERAGE(C7:C10)
```

C11	∨ : × √ fx	=AVERAGE(C7:C10)			
	A	B	C	D	E	F

최근 2년간 분기별 매출 실적

사원	전년		금년	
	판매수량	매출	판매수량	매출
1사분기	-	-	3,600	1,120,000
2사분기	2,100	660,000	4,500	1,210,000
3사분기	2,800	845,000	1,900	400,000
4사분기	3,100	970,000	-	-
평균	2,000			

(단위 : 만원)

TIP 2, 3, 4분기 판매수량을 보면 반환된 평균(2,000)이 낮게 계산되었다는 것을 확인할 수 있습니다.

03 C열뿐만 아니라 F열까지 평균을 구할 범위 내에 모두 0이 포함되어 있습니다. 0을 제외한 평균을 구하도록 수식을 변경합니다.

04 [C11] 셀에 다음 수식을 입력하고 [C11] 셀의 채우기 핸들 ➕을 [F11] 셀까지 드래그합니다.

```
=AVERAGEIF(C7:C10, ">0")
```

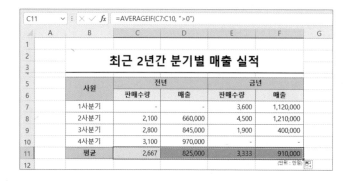

🔍 더 알아보기   수식 이해하기

AVERAGEIF 함수를 사용해 0을 제외한 숫자 평균을 구했습니다. AVERAGEIF 함수의 세 번째 인수가 생략된 것은 첫 번째 인수 범위가 숫자이기 때문입니다. 세 번째 인수까지 사용하면 다음과 같은 수식이 됩니다.

```
=AVERAGEIF(C7:C10, ">0", C7:C10)
```

첫 번째 인수와 마지막 인수 범위가 동일하면 세 번째 인수는 생략할 수 있습니다.

계산 결과가 최대(최소) 100을 넘지 못하도록 설정하는 방법

예제 파일 PART 05 \ CHAPTER 20 \ MAX, MIN 함수.xlsx

MAX, MIN 함수 도움말

수식 계산 결과가 얼마 이상(또는 이하)으로 반환되기를 원한다면 IF 함수를 사용할 수도 있습니다. 하지만 MAX나 MIN 함수를 사용해 특정 값과 비교하여 최댓값, 최솟값이 반환되도록 하면 원하는 값 이상(또는 이하)로 결괏값을 고정할 수 있습니다.

MAX (❶ 숫자, ❷ 숫자, ❸ 숫자, …)

지정한 범위 내 숫자 값 중에서 가장 큰 값을 반환합니다.

❶ 숫자	최댓값을 구할 숫자 또는 숫자 값을 갖는 셀(범위)

활용 방법

● MAX 함수는 최솟값을 특정 값으로 제한하는 용도로 사용할 수 있습니다. 예를 들어 아래 수식은 [A1:A100] 범위 내 최솟값을 0으로 고정합니다.

```
=MAX(A1:A10, 0)
```

MIN (❶ 숫자, ❷ 숫자, ❸ 숫자, …)

MIN 함수는 MAX 함수와는 반대로 범위 내 가장 작은 값을 반환하는 함수입니다. 기본적인 사용 방법은 MAX 함수와 동일합니다.

활용 방법

● MIN 함수는 최댓값을 특정 값으로 제한하는 용도로 사용할 수 있습니다. 예를 들면 아래 수식은 [A1:A100] 범위 내 최댓값을 100으로 고정합니다.

```
=MIN(A1:A10, 100)
```

실무 활용 예제

01 예제의 입출고 현황에서 재고와 적정재고 비율을 계산합니다.

> **TIP** 재고는 마이너스(–) 값이 나오지 않도록 최솟값을 0으로 제한하고 모든 제품의 적정재고가 50개라고 가정합니다. 이때 적정재고 비율을 계산하는데 최댓값이 100%를 넘지 않도록 제한합니다.

02 먼저 재고를 계산합니다. 재고의 계산식은 **=이월+입고−출고**입니다.

03 [F7] 셀에 다음 수식을 입력하고 [F7] 셀의 채우기 핸들⊞을 [F17] 셀까지 드래그합니다.

```
=C7+D7−E7
```

F7		fx	=C7+D7-E7					
A	B	C	D	E	F	G	H	I

적정 재고 계산

품목코드	이월	입고	출고	재고		적정재고 비율	
				계산	수정	계산	수정
TB-S-090	69	40	41	68			
AP-T-034	17	40	11	46			
RF-S-089	31	15	48	-2			
AP-S-092	9	30	6	33			
AP-T-061	14	30	5	39			
RF-T-029	2	18	19	1			
AP-C-091	24	40	2	62			
TB-S-018	62	50	52	60			
RF-T-010	40	40	3	77			
AP-C-024	15	20	1	34			
TB-T-033	6	10	18	-2			

04 재고가 마이너스 값이 나온 경우에는 0이 반환되도록 합니다.

05 [G7] 셀에 다음 수식을 입력하고 [G7] 셀의 채우기 핸들⊞을 [G17] 셀까지 드래그합니다.

```
=MAX(F7, 0)
```

G7		fx	=MAX(F7, 0)					
A	B	C	D	E	F	G	H	I

적정 재고 계산

품목코드	이월	입고	출고	재고		적정재고 비율	
				계산	수정	계산	수정
TB-S-090	69	40	41	68	68		
AP-T-034	17	40	11	46	46		
RF-S-089	31	15	48	-2	0		
AP-S-092	9	30	6	33	33		
AP-T-061	14	30	5	39	39		
RF-T-029	2	18	19	1	1		
AP-C-091	24	40	2	62	62		
TB-S-018	62	50	52	60	60		
RF-T-010	40	40	3	77	77		
AP-C-024	15	20	1	34	34		
TB-T-033	6	10	18	-2	0		

> **TIP** 이 수식은 다음과 같이 변경할 수 있습니다.
> =IF(F7<0, 0, F7)

06 H열에 적정재고 비율을 계산합니다

07 [H7] 셀에 다음 수식을 입력하고 [H7] 셀의 채우기 핸들➕을 [H17] 셀까지 드래그합니다.

```
=G7/50
```

		적정 재고 계산						
					재고		적정재고 비율	
	품목코드	이월	입고	출고	계산	수정	계산	수정
	TB-S-090	69	40	41	68	68	136%	
	AP-T-034	17	40	11	46	46	92%	
	RF-S-089	31	15	48	-2	0	0%	
	AP-S-092	9	30	6	33	33	66%	
	AP-T-061	14	30	5	39	39	78%	
	RF-T-029	2	18	19	1	1	2%	
	AP-C-091	24	40	2	62	62	124%	
	TB-S-018	62	50	52	60	60	120%	
	RF-T-010	40	40	3	77	77	154%	
	AP-C-024	15	20	1	34	34	68%	
	TB-T-033	6	10	18	-2	0	0%	

TIP 01 과정에서 모든 제품의 적정재고를 50으로 가정했으므로 재고를 50으로 나누어 계산합니다.

08 적정재고 비율은 최대 100%까지로 제한합니다.

09 [I7] 셀에 다음 수식을 입력하고 [I7] 셀의 채우기 핸들➕을 [I17] 셀까지 드래그합니다.

```
=MIN(H7, 1)
```

		적정 재고 계산						
					재고		적정재고 비율	
	품목코드	이월	입고	출고	계산	수정	계산	수정
	TB-S-090	69	40	41	68	68	136%	100%
	AP-T-034	17	40	11	46	46	92%	92%
	RF-S-089	31	15	48	-2	0	0%	0%
	AP-S-092	9	30	6	33	33	66%	66%
	AP-T-061	14	30	5	39	39	78%	78%
	RF-T-029	2	18	19	1	1	2%	2%
	AP-C-091	24	40	2	62	62	124%	100%
	TB-S-018	62	50	52	60	60	120%	100%
	RF-T-010	40	40	3	77	77	154%	100%
	AP-C-024	15	20	1	34	34	68%	68%
	TB-T-033	6	10	18	-2	0	0%	0%

TIP 이 수식은 다음과 같이 변경할 수 있습니다.

```
=IF(H7>1, 1, H7)
```

RANK 함수로 순위를 구하는 방법

예제 파일 PART 05 \ CHAPTER 20 \ RANK 함수.xlsx

RANK, RANK.EQ 함수 도움말

엑셀에서 순위를 구하고 싶을 때 RANK 함수를 사용할 수 있습니다. RANK 함수와 RANK.EQ 함수는 동일한 결과를 반환합니다. RANK 함수의 결과를 COUNTIF 함수로 반환받는 방법을 학습해놓으면 순위를 구하는 다양한 작업에 응용할 수 있습니다.

RANK (❶ 숫자, ❷ 범위, ❸ 정렬)

지정한 범위 내 숫자의 순위를 반환합니다.

❶ 숫자	순위를 구할 숫자 값
❷ 범위	순위를 구할 전체 데이터 범위로 ❶의 숫자가 포함된 범위여야 합니다.
❸ 정렬	순위를 구할 방식으로 다음 값을 사용할 수 있습니다.

정렬	설명
0 또는 생략	내림차순(큰 값 순)으로 순위를 구합니다.
0 이외의 값	보통 1을 사용하며 오름차순(작은 값 순)으로 순위를 구합니다.

참고로 RANK 함수의 계산 방법은 나보다 큰(또는 작은) 값이 몇 개 있는지 세는 작업과 동일하며, 아래와 같이 COUNTIF 함수로 대체할 수 있습니다.

```
RANK(숫자, 범위) = COUNTIF(범위, ">" & 숫자)+1
```

RANK.EQ (❶ 숫자, ❷ 범위, ❸ 정렬)　`2013 이후`

RANK.EQ 함수의 사용 방법은 RANK 함수와 동일합니다.

실무 활용 예제

01 예제의 표에서 영업사원의 연간 매출(E열)을 기준으로 순위를 구합니다.

02 [F7] 셀에 다음 수식을 입력하고 [F7] 셀의 채우기 핸들을 [F12] 셀까지 드래그합니다.

```
=RANK(E7, $E$7:$E$12)
```

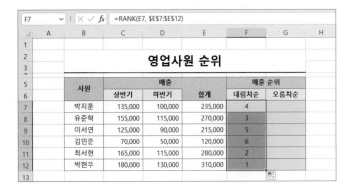

TIP RANK.EQ 함수를 사용해 =RANK.EQ(E7, $E$7:$E$12) 수식을 사용해도 동일한 결과가 반환됩니다.

🔍 **더 알아보기** **수식 이해하기**

순위는 기본적으로 나보다 실적이 좋은(높은) 사람의 수를 세는 것입니다. 따라서 이번 수식은 COUNTIF 함수를 사용해 **=COUNTIF($E$7:$E$12, ">" & E7)+1** 수식으로 변경할 수 있습니다. 수식의 끝에 1을 더하는 이유는 나보다 실적이 높은 사람이 하나도 없을 때 0이 나타나기 때문입니다. 순위는 1부터 시작합니다.

---

03 실적이 낮은 순서로 순위를 구합니다.

04 [G7] 셀에 다음 수식을 입력하고 [G7] 셀의 채우기 핸들을 [G12] 셀까지 드래그합니다.

```
=RANK.EQ(E7, $E$7:$E$12, 1)
```

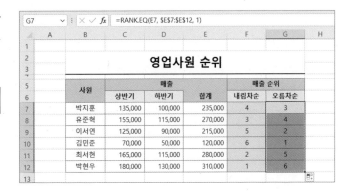

🔍 **더 알아보기** **수식 이해하기**

이 수식은 **02** 과정 수식과 동일하며, 마지막 인수에 1(오름차순 순위)을 사용한 것과 RANK 함수 대신 RANK.EQ 함수를 사용한 부분만 다릅니다. 이 수식 역시 COUNTIF 함수를 사용해 **=COUNTIF ($E$7:$E$12, "<" & E7)+1**로 변경할 수 있습니다.

20/14 부서별 순위와 같은 조건부 순위를 구하는 방법

예제 파일 PART 05 \ CHAPTER 20 \ COUNTIFS 함수—순위.xlsx

자주 사용하는 수식 패턴

순위를 구하는 RANK 함수에는 COUNT 계열 함수에 존재하는 COUNTIF나 COUNTIFS 함수와 같이 조건을 처리하는 함수가 제공되지 않습니다. 하지만 RANK 함수는 개수를 세는 작업과 동일하므로, 조건을 처리해 순위를 구해야 하는 경우에는 COUNTIF 함수나 COUNTIFS 함수를 사용할 수 있습니다.

=COUNTIFS(범위, 조건, 순위 범위, ">" & 값)+1

주의 사항

- [범위]는 조건을 확인할 데이터 범위입니다.
- [조건]은 범위에서 확인할 조건입니다.
- [순위 범위]는 순위를 구할 숫자가 존재하는 데이터 범위입니다.
- [값]은 순위를 구할 값입니다.

실무 활용 예제

01 예제의 표에서 B열의 분류별로 순위를 구합니다.

02 이번 순위를 구하려면 분류가 조건이 되므로 RANK 함수 대신 COUNTIFS 함수를 사용합니다.

03 [E6] 셀에 다음 수식을 입력하고 [E6] 셀의 채우기 핸들➕을 [E14] 셀까지 드래그합니다.

```
=COUNTIFS($B$6:$B$14, B6, $D$6:$D$14, ">" & D6)+1
```

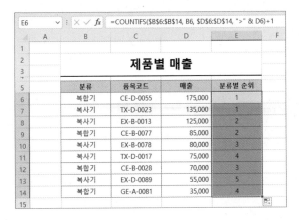

🔍 더 알아보기　　**수식 이해하기**

COUNTIFS 함수를 쉽게 이해하려면 인수를 두 개씩 연결해보는 것이 좋습니다. 그러면 다음과 같습니다.

$B$6:$B$14=B6

: 분류명이 [B6] 셀(나와 같은 분류)과 같고

$D$6:$D$14>D6

: 매출이 [D6] 셀(내 매출)보다 큰 값을 갖는 조건

이렇게 구한 개수에 1을 더한 값이 순위입니다.

04 순위가 제대로 구해졌는지 확인하기 위해 [분류] 열을 정렬합니다.

05 [B6] 셀을 선택하고 [데이터] 탭-[정렬 및 필터] 그룹-[오름차순 정렬囹]을 클릭합니다.

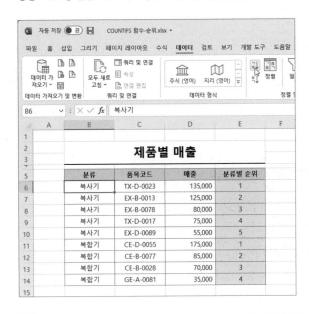

TIP 분류가 정렬되면서 E열의 순위가 분류별로 맞게 구해졌다는 것을 확인할 수 있습니다.

동 순위를 조정하는 방법

예제 파일 PART 05 \ CHAPTER 20 \ RANK, COUNTIFS 함수.xlsx

RANK.AVG 함수 도움말

동 순위가 존재할 때 엑셀에서는 평균 순위를 표시할 수 있습니다. 평균 순위는 2등이 두 명 있을 때 2등과 3등의 평균인 2.5등으로 표시하는 것을 의미합니다. 평균 순위를 반환하는 RANK.AVG 함수의 구문은 다음과 같습니다.

RANK.AVG (❶ 값, ❷ 범위, ❸ 정렬)

숫자가 범위 내에서 몇 번째인지 순위를 반환합니다. 이때 동 순위는 평균 순위를 반환합니다.

❶ 값	순위를 구할 숫자 값
❷ 범위	순위를 구할 전체 데이터 범위로, ❶의 숫자가 포함된 범위여야 합니다.
❸ 정렬	순위를 구할 방식으로 다음 값을 사용할 수 있습니다.

정렬	설명
0 또는 생략	내림차순(큰 값 순)으로 순위를 구합니다.
0 이외의 값	보통 1을 사용하며 오름차순(작은 값 순)으로 순위를 구합니다.

RANK.AVG 함수도 RANK.EQ 함수와 마찬가지로 엑셀 2010 버전부터 제공되는 함수입니다. RANK.AVG 함수를 엑셀 2010 이전 버전에서 사용하고 싶다면 다음 계산식을 사용합니다.

```
RANK.AVG(A1, A1:A100) = RANK(A1, A1:A100)+(COUNT(A1:A100)+1-RANK(A1, A1:A100)-RANK(A1, A1:A100, 1))/2
```

자주 사용하는 수식 패턴

RANK.AVG 함수는 평균 순위를 반환해주지만, 국내에서는 평균 순위를 사용하지 않고 새로운 조건을 추가해 순위를 조정하는 경우가 더 많습니다. 예를 들어 연매출이 동일하다면 하반기 매출이 높은 사람이 우선순위가 되도록 할 수 있습니다. 다음 수식을 사용합니다.

```
=RANK(숫자, 범위)+COUNTIFS(범위, 숫자, 조건 범위, ">" & 조건)
```

주의 사항

- [조건 범위]는 동 순위를 조정할 숫자가 입력된 데이터 범위입니다.
- [조건]은 [조건 범위] 내 순위를 구할 숫자입니다.

실무 활용 예제

01 예제의 표에서 영업사원 매출별 순위를 구합니다.

02 [E6] 셀에 다음 수식을 입력하고 [E6] 셀의 채우기 핸들🔳을 [E12] 셀까지 드래그합니다.

```
=RANK(D6, $D$6:$D$12)
```

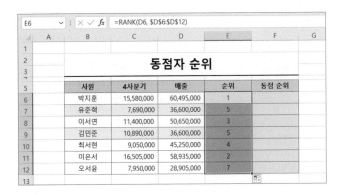

TIP 유준혁, 김민준 사원의 순위가 5위로 동일합니다.

03 동 순위를 평균 순위로 변경하기 위해 RANK.AVG 함수를 사용합니다.

04 [F6] 셀에 다음 수식을 입력하고 [F6] 셀의 채우기 핸들🔳을 [F12] 셀까지 드래그합니다.

```
=RANK.AVG(D6, $D$6:$D$12)
```

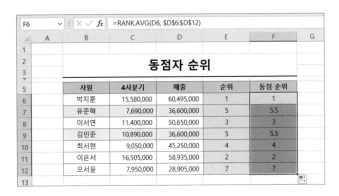

RANK, RANK.EQ, RANK.AVG 함수의 구문은 모두 동일하므로, RANK 함수만 사용할 수 있다면 RANK.EQ와 RANK. AVG 함수도 사용할 수 있습니다. 다만 RANK.AVG 함수는 동점자가 있을 경우 평균 순위를 반환한다는 점이 다릅니다.

05 매출별 순위가 동일할 때 4사분기 매출이 높은 사원이 더 높은 순위가 되도록 순위를 조정합니다.

06 [F6] 셀의 수식을 다음과 같이 수정한 후 [F6] 셀의 채우기 핸들 🔹을 [F12] 셀까지 드래그합니다.

```
=E6+COUNTIFS($C$6:$C$12, C6, $D$6:$D$12, ">" & D6)
```

F6			fx	=E6 + COUNTIFS($D$6:$D$12, D6, $C$6:$C$12, ">" & C6)		
	A	B	C	D	E	F	G
1							
2			**동점자 순위**				
3							
5		사원	4사분기	매출	순위	동점 순위	
6		박지훈	15,580,000	60,495,000	1	1	
7		유준혁	7,690,000	36,600,000	5	6	
8		이서연	11,400,000	50,650,000	3	3	
9		김민준	10,890,000	36,600,000	5	5	
10		최서현	9,050,000	45,250,000	4	4	
11		이은서	16,505,000	58,935,000	2	2	
12		오서윤	7,950,000	28,905,000	7	7	
13							

🔍 더 알아보기   **수식 이해하기**

이번 수식은 동 순위가 있을 때 추가 조건을 적용해 동 순위를 조정해줍니다. 매출이 동일할 때, 4사분기 매출이 더 높은 사원이 더 높은 순위여야 한다고 했으므로, COUNTIFS 함수로 해당 조건에 해당하는 개수를 세어 RANK 함수 결과에 더한 것입니다. COUNTIFS 함수의 구성은 다음과 같습니다.

$D$6:$D$12 = D6
: 매출이 같고

C6:C12 = C6
: 4사분기 매출이 높은 조건

결과를 확인해봅니다. 동점자 중 유준혁 사원은 매출이 같으면서 4사분기 매출이 더 높은 사람(김민준)이 있으므로 COUNTIFS 함수의 결과는 1이 반환되어 원래 순위에 더해져 5위에서 6위가 됩니다. 그에 반해 김민준 사원은 매출이 같으면서 4사분기 매출이 높은 사람이 존재하지 않으므로, COUNTIFS 함수의 결과는 0이 반환되어 원래 순위가 표시됩니다.

지정한 자리에서 반올림, 올림, 내림 처리하기

예제 파일 PART 05 \ CHAPTER 20 \ ROUND 계열 함수.xlsx

ROUND 계열 함수 도움말

엑셀에서는 숫자의 특정 자릿수에서 반올림, 올림, 내림 처리할 수 있습니다. 이때 사용하는 함수는 모두 ROUND라는 이름으로 시작하며 ROUND, ROUNDUP, ROUNDDOWN 함수가 제공됩니다. 구문은 다음과 같습니다.

ROUND (❶ 숫자, ❷ 자릿수)

숫자를 지정한 자릿수 위치에서 반올림합니다.

❶ 숫자	반올림할 숫자 또는 숫자가 입력된 셀
❷ 자릿수	숫자 내에서 반올림할 자리입니다. 소수점 위치에서 n번째 위치이며, 이 값이 양수이면 소수점 아래(오른쪽) 자리에서, 음수이면 소수점 위(왼쪽) 자리에서 반올림합니다.

ROUNDUP (❶ 숫자, ❷ 자릿수)

ROUNDUP 함수는 숫자를 올림한 값을 반환합니다. 사용 방법은 ROUND 함수와 동일합니다.

ROUNDDOWN (❶ 숫자, ❷ 자릿수)

ROUNDDOWN 함수는 숫자를 내림(절사)한 값을 반환합니다. 사용 방법은 ROUND 함수와 동일합니다.

실무 활용 예제

01 예제의 E열에는 원가에서 마진율이 적용된 금액이 계산되어 있습니다.

02 마진율 반영단가는 원 자리까지 숫자가 존재하므로 제품단가로 사용하기 어렵습니다.

03 판매단가는 마진율 반영단가의 백 단위에서 반올림한다고 가정합니다.

04 [F7] 셀에 다음 수식을 입력하고 [F7] 셀의 채우기 핸들➕을 [F14] 셀까지 드래그합니다.

```
=ROUND(E7, -3)
```

F7			fx	=ROUND(E7, -3)			
	A	B	C	D	E	F	G	H

제품 단가 계산

품목코드	원가	마진율	마진율 반영단가	단가		
				반올림	올림	내림
RT-P-0101	172,000	32%	227,040	227,000		
RT-C-0114	415,000	24%	514,600	515,000		
SU-P-0144	424,000	32%	559,680	560,000		
DS-P-0147	329,500	38%	454,710	455,000		
FX-C-0149	64,000	35%	86,400	86,000		
GP-P-0151	132,500	23%	162,975	163,000		
CK-P-0153	47,000	20%	56,400	56,000		
CK-P-0154	96,500	33%	128,345	128,000		

🔍 **더 알아보기** 　**수식 이해하기**

이번 수식은 E열의 값에서 소수점 자리의 왼쪽으로 3칸 떨어진 위치에서 반올림하라는 의미입니다. 예를 들어 [E7] 셀의 숫자는 다음과 같습니다.

2	2	7	0	4	0	.

마지막 마침표(.) 왼쪽으로 3칸은 0이 위치합니다. 거기서부터 소숫점 위치까지의 숫자는 040이 버릴 숫자인데 첫 번째 숫자가 0이므로 040이 그냥 버려지고 227,000이 반환됩니다.

그에 반해 [E8] 셀의 숫자는 514,600 이므로 600이 버릴 숫자인데 첫 번째 숫자가 5이상이므로 600은 버려지고 앞 자리 숫자를 1 증가시켜 515,000이 반환됩니다.

05 마진율 반영단가를 반올림이 아닌 올림과 내림 방식으로 처리합니다.

06 다음 각 셀에 수식을 입력하고 채우기 핸들➕을 14행까지 드래그합니다.

· [G7] 셀 : =ROUNDUP(E7, -3)

· [H7] 셀 : =ROUNDDOWN(E7, -3)

G7			fx	=ROUNDUP(E7, -3)			
	A	B	C	D	E	F	G	H

제품 단가 계산

품목코드	원가	마진율	마진율 반영단가	단가		
				반올림	올림	내림
RT-P-0101	172,000	32%	227,040	227,000	228,000	227,000
RT-C-0114	415,000	24%	514,600	515,000	515,000	514,000
SU-P-0144	424,000	32%	559,680	560,000	560,000	559,000
DS-P-0147	329,500	38%	454,710	455,000	455,000	454,000
FX-C-0149	64,000	35%	86,400	86,000	87,000	86,000
GP-P-0151	132,500	23%	162,975	163,000	163,000	162,000
CK-P-0153	47,000	20%	56,400	56,000	57,000	56,000
CK-P-0154	96,500	33%	128,345	128,000	129,000	128,000

ROUNDUP, ROUNDDOWN 함수는 기본적으로 ROUND 함수와 동일하게 동작하지만 다음과 같은 차이가 존재합니다.

- ROUNDUP 함수는 버릴 값이 0보다 크면 무조건 앞자리의 값을 1 증가시킵니다.

  [F7] 셀과 [G7] 셀의 결과를 비교해봅니다.

- ROUNDDOWN 함수는 아무 작업 없이 값만 버립니다.

  [F8] 셀과 [H8] 셀의 값을 비교해봅니다.

자동 필터, 숨기기로 화면에 표시된 데이터만 집계하는 방법

예제 파일 PART 05 \ CHAPTER 20 \ SUBTOTAL 함수.xlsx

함수 도움말

자동 필터나 숨기기 명령을 사용하면 화면에 원하는 데이터만 표시할 수 있습니다. 엑셀에서는 화면에 표시된 데이터만 대상으로 데이터를 집계할 수 있는 SUBTOTAL 함수를 제공해줍니다. SUBTOTAL 함수는 특이하게 하나의 함수에서 11개 집계 함수의 역할을 합니다. 구문은 다음과 같습니다.

SUBTOTAL (❶ 함수 번호, ❷ 범위, ❸ 범위, …)

SUBTOTAL 함수는 화면에 표시된 데이터 범위만 지정된 함수로 집계합니다.

	데이터 범위를 집계할 함수		
	함수 번호		함수
	자동 필터	숨기기 자동 필터	
❶ 함수 번호	1	101	AVERAGE
	2	102	COUNT
	3	103	COUNTA
	4	104	MAX
	5	105	MIN
	6	106	PRODUCT
	7	107	STDEV.S
	8	108	STDEV.P
	9	109	SUM
	10	110	VAR.S
	11	111	VAR.P
❷ 범위	집계할 데이터 범위		

주의 사항

- [함수 번호] 인수의 1~11번까지는 자동 필터로 화면에 표시된 데이터만 집계합니다.
- [함수 번호] 인수의 100번대 번호는 자동 필터와 숨기기로 화면에 표시된 데이터만 집계합니다.
- SUBTOTAL 함수보다 더 다양한 기능을 원하면 AGGREGATE 함수를 사용합니다. 참고로 AGGREGATE 함수는 엑셀 2010 버전부터 사용할 수 있습니다.

실무 활용 예제

01 예제 파일을 열고 [E3:G3] 범위의 셀을 하나씩 선택해보면 각각 COUNT, SUM, AVERAGE 함수를 사용한 수식을 확인할 수 있습니다.

E3	∨ : × ✓ *fx*	=COUNT(B7:B16)					
	A	B	C	D	E	F	G	H

		데이터 요약			건수	평균수량	매출
					10	3.8	6,400,000
					=COUNT(B7:B16)	=AVERAGE(F7:F16)	=SUM(G7:G16)
	거래ID ▾	고객 ▾	품목코드 ▾	단가 ▾	수량 ▾	판매 ▾
	10672	대림인터내셔널 ㈜	CK-C-0152	42,500	2	85,000
	10673	세호상사 ㈜	RT-C-0125	370,000	5	1,850,000
	10674	금화트레이드 ㈜	RT-C-0143	300,000	4	1,200,000
	10675	세호상사 ㈜	RT-C-0123	225,000	2	450,000
	10676	금화트레이드 ㈜	DS-C-0116	155,000	4	620,000
	10677	대성무역 ㈜	DS-C-0116	107,500	2	215,000
	10678	대성무역 ㈜	GP-C-0107	116,000	5	580,000
	10679	세호상사 ㈜	CK-C-0103	252,500	2	505,000
	10680	대림인터내셔널 ㈜	PB-P-0138	11,000	10	110,000
	10681	금화트레이드 ㈜	SU-C-0128	392,500	2	785,000

TIP [E4:G4] 범위에는 FORMULATEXT 함수가 사용된 수식이 입력되어 있으며 [E3:G3] 범위의 수식을 확인하기 위한 용도입니다.

TIP 엑셀 함수는 대부분 화면 표시 여부와 무관하게 함수에 지정된 범위를 대상으로 집계합니다.

02 [E4:G4] 범위 수식을 다음과 같이 변경합니다.

- **[E4] 셀 :** =SUBTOTAL(2, B7:B16)
- **[F4] 셀 :** =SUBTOTAL(1, F7:F16)
- **[G4] 셀 :** =SUBTOTAL(9, G7:G16)

G4	∨ : × ✓ *fx*	=SUBTOTAL(9, G7:G16)					
	A	B	C	D	E	F	G	H

		데이터 요약			건수	평균수량	매출
					10	3.8	6,400,000
					10	3.8	6,400,000
	거래ID ▾	고객 ▾	품목코드 ▾	단가 ▾	수량 ▾	판매 ▾
	10672	대림인터내셔널 ㈜	CK-C-0152	42,500	2	85,000
	10673	세호상사 ㈜	RT-C-0125	370,000	5	1,850,000
	10674	금화트레이드 ㈜	RT-C-0143	300,000	4	1,200,000
	10675	세호상사 ㈜	RT-C-0123	225,000	2	450,000
	10676	금화트레이드 ㈜	DS-C-0116	155,000	4	620,000
	10677	대성무역 ㈜	DS-C-0116	107,500	2	215,000
	10678	대성무역 ㈜	GP-C-0107	116,000	5	580,000
	10679	세호상사 ㈜	CK-C-0103	252,500	2	505,000
	10680	대림인터내셔널 ㈜	PB-P-0138	11,000	10	110,000
	10681	금화트레이드 ㈜	SU-C-0128	392,500	2	785,000

TIP [E4:G4] 범위의 결과와 [E3:G3] 범위의 결과가 동일합니다.

03 자동 필터로 특정 고객사 데이터만 화면에 표시합니다. [C6] 셀의 [필터 단추▼]를 클릭합니다. [(모두 선택)]의 체크를 해제하고 [금화트레이드 ㈜]만 체크한 후 [확인]을 클릭합니다.

TIP 자동 필터가 적용되면 [E4:G4] 범위의 계산 결과가 달라지면 이는 현재 화면에 표시된 '금화트레이드 (주)'의 데이터만 요약된 것입니다.

04 이번에는 숨기기 명령으로 데이터를 숨기고 SUBTOTAL 함수가 어떻게 동작하는지 확인합니다.

05 자동 필터를 해제하기 위해 [데이터] 탭–[정렬 및 필터] 그룹–[필터▽]를 클릭합니다.

06 [7:11] 행을 선택하고 마우스 오른쪽 버튼을 클릭한 후 [숨기기]를 클릭합니다.

07 [7:11] 행이 숨겨지면서 화면에 표시된 데이터가 줄었지만 [E4:G4] 범위를 집계한 값은 바뀌지 않습니다.

08 [E4:G4] 범위의 수식에서 SUBTOTAL 함수의 첫 번째 인수의 값을 100번대 함수 번호로 다음과 같이 변경합니다.

- **[E4] 셀** : =SUBTOTAL(102, B7:B16)
- **[F4] 셀** : =SUBTOTAL(101, F7:F16)
- **[G4] 셀** : =SUBTOTAL(109, G7:G16)

수식 에러를 제외하고 집계하는 방법

예제 파일 PART 05 \ CHAPTER 20 \ AGGREGATE 함수.xlsx

AGGREGATE 함수 도움말

SUM 함수와 같은 집계 함수는 집계할 범위 내에 #DIV/0!나 #VALUE!와 같은 수식 에러가 포함되어 있으면 해당 에러가 그대로 반환됩니다. 집계할 범위 내 수식 에러를 제외하고 계산하려면 AGGREGATE 함수를 사용해야 합니다. 이 함수는 SUBTOTAL 함수와 유사하지만 더 많은 집계 함수를 지원하며, 수식 에러를 포함한 계산에서 제외할 데이터를 설정할 수 있는 옵션이 제공됩니다.

> **AGGREGATE** (❶ 함수 번호, ❷ 옵션, ❸ 범위, ❹ 범위, …)

지정한 범위 내 데이터를 원하는 함수로 원하는 데이터만 집계한 값을 반환합니다.

	데이터를 집계할 때 사용할 함수의 번호로 총 19개의 함수 중 하나를 사용할 수 있습니다.	
	함수 번호	**함수**
	1	AVERAGE
	2	COUNT
	3	COUNTA
	4	MAX
	5	MIN
	6	PRODUCT
	7	STDEV.S
❶ 함수 번호	8	STDEV.P
	9	SUM
	10	VAR.S
	11	VAR.P
	12	MEDIAN
	13	MODE.SNGL
	14	LARGE
	15	SMALL
	16	PERCENTTILE.INC
	17	QUARTILE.INC
	18	PERCENTILE.EXC
	19	QUARTILE.EXC

	전체 데이터에서 계산에서 제외할 데이터를 지정할 수 있는 옵션으로 총 여덟 가지 방법을 지원합니다.	
❷ 옵션	옵션	설명
	0 또는 생략	SUBTOTAL 및 AGGREGATE 함수를 사용한 셀 제외
	1	0번 옵션+숨겨진 행 제외
	2	0번 옵션+수식 에러 제외
	3	0번 옵션+숨겨진 행, 수식 에러 제외
	4	모든 데이터 계산
	5	숨겨진 행만 제외
	6	수식 에러만 제외
	7	숨겨진 행과 수식 에러만 제외
❸ 범위	집계할 데이터 범위	

AGGREGATE 함수는 엑셀 2010 버전부터 제공되며 SUBTOTAL 함수처럼 화면에 표시된 데이터를 대상으로 집계합니다.

실무 활용 예제

01 예제의 [F11] 셀에는 **=SUM(F6:F10)** 수식이 입력되어 있습니다.

02 [F8] 셀에 #N/A 에러가 반환되므로, SUM 함수의 결과도 #N/A 에러가 표시됩니다.

03 수식 에러를 제외하고 계산합니다. [F11] 셀의 수식을 다음과 같이 수정합니다.

```
=AGGREGATE(9, 6, F6:F10)
```

🔍 **더 알아보기** **수식 이해하기**

AGGREGATE 함수의 첫 번째 인수가 9이면 SUM 함수와 동일하게 동작합니다. 두 번째 인수가 6이면 세 번째 인수의 데이터 범위에서 수식 에러를 제외하고 계산합니다. 그러므로 이번 수식은 [F6:F10] 범위에서 수식 에러는 제외하고(6), SUM 함수(9)로 계산한 결과를 반환합니다.

일련번호(연번)를 부여하는 몇 가지 방법

예제 파일 PART 05 \ CHAPTER 20 \ ROW, COUNTA 함수.xlsx

ROW 함수 도움말

ROW 함수는 참조한 셀의 행 번호나 현재 행 번호를 반환해주는 함수로 일련번호를 가장 쉽게 얻을 수 있습니다.

> ### ROW (❶ 셀)
>
> | 참조한 셀의 행 번호를 반환합니다. | ❶ 셀 | 행 번호를 알고 싶은 셀 |
> | --- | --- | --- |
>
> **주의 사항**
> - [셀] 인수는 생략할 수 있으며 생략하면 수식을 입력한 셀의 행 번호가 반환됩니다.
> - 이 함수와 달리 열 번호를 반환하는 COLUMN 함수도 제공됩니다. ROW 함수와 사용 방법은 동일하지만 열 번호를 반환한다는 차이가 있습니다. 참고로 열 번호는 A, B, C, …과 같은 열 주소가 아닌 열의 순서대로 1, 2, 3, …과 같은 숫자로 반환됩니다.

자주 사용하는 수식 패턴

일련번호를 입력하고 싶을 때 사용할 수 있는 수식 패턴은 몇 가지가 있습니다.

ROW 함수를 사용하는 방법

단순하게 순서대로 1, 2, 3, …과 같은 일련번호를 얻으려면 다음과 같은 수식을 사용합니다.

> ```
> =ROW(A1)
> ```
>
> **주의 사항**
> - 이 수식은 행 방향(아래쪽)으로 복사할 때 1, 2, 3, …과 같은 일련번호를 반환해줍니다.
> - 열 방향(오른쪽)으로 복사하는 수식의 일련번호는 ROW함수 대신 COLUMN 함수를 사용합니다.

만약 데이터가 입력된 위치까지 일련번호를 넣고 싶다면 다음과 같은 수식을 사용합니다.

```
=IF(셀<>"", ROW(A1), "")
```

주의 사항
- [셀]은 데이터가 입력을 확인할 첫 번째 셀입니다.
- 셀<>"" 조건은 LEN(셀)>0 조건으로 변경할 수 있습니다.

다만 ROW(A1)와 같이 셀을 직접 참조하는 방법은 참조한 셀이 삭제될 때 #REF! 에러가 발생합니다. 따라서 다음과 같이 ROW 함수만 사용하는 수식을 더 자주 사용합니다.

```
=IF(셀<>"", ROW()-ROW(머리글 셀), "")
```

주의 사항
- [머리글 셀]은 일련번호를 돌려받을 제목이 입력된 셀로 반드시 절대 참조 방식으로 참조해야 합니다.

COUNTA 함수를 사용하는 방법

ROW 함수를 사용해 일련번호를 넣는 방법은 참조한 셀이 삭제되면 #REF! 에러가 발생되므로 입력된 데이터 개수를 세어 일련번호를 넣는 방법을 자주 사용합니다.

```
=IF(셀<>"", COUNTA($A$1:A1), "")
```

주의 사항
- [A1] 셀은 데이터가 입력된 첫 번째 셀로 대체해야 하며 참조 방식을 정확하게 지정해야 합니다. 이런 참조 방법은 누계나 일련번호를 구하고 싶을 때 자주 사용합니다. 누계를 구하는 방법은 이 책의 441페이지를 참고합니다.

SEQUENCE 함수를 사용하는 방법

엑셀 Microsoft 365, 2021 버전에는 SEQUENCE 함수가 제공됩니다. 이 함수는 연속된 숫자 집합을 반환해주는 함수로 일련번호를 넣는 작업 등에 활용하면 생각보다 유용합니다. 이 함수를 사용하는 방법은 다음과 같습니다.

```
=SEQUENCE(COUNTA(데이터 범위))
```

주의 사항
- 데이터 범위의 개수에 맞게 1부터 1씩 증가하는 일련번호를 반환해줍니다. 이 수식은 행 방향(아래쪽)으로 일련번호를 반환해줍니다.
- 이 함수에 대한 자세한 설명은 이 책의 576페이지를 참고합니다.

실무 활용 예제

01 예제의 견적서에 품목이 입력된 경우에만 일련번호가 나타나도록 설정합니다.

02 [B6] 셀에 다음 수식을 입력하고 [B6] 셀의 채우기 핸들 ⊞을 [B12] 셀까지 드래그합니다.

```
=IF(C6<>"", ROW(A1), "")
```

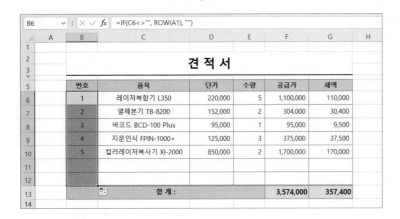

이번 수식으로 일련번호가 올바로 표시됩니다. 이런 수식은 작성 방법도 쉽고 간단하지만 ROW 함수에서 참조하는 셀을 삭제하면 문제가 발생할 수 있습니다. 또한 행 방향이 아닌 열 방향으로 수식을 복사하려고 한다면 ROW 함수를 COLUMN 함수로 변경하면 됩니다.

03 ROW함수에서 참조한 [A1] 셀이 포함된 1행을 삭제해 일련번호가 제대로 표시되는지 확인합니다.

04 1행을 선택하고 마우스 오른쪽 버튼을 클릭한 후 [삭제]를 선택합니다.

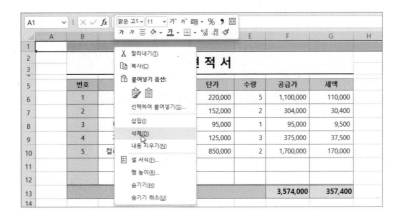

05 1행이 삭제되면 [B5] 셀에 #REF! 에러가 발생합니다.

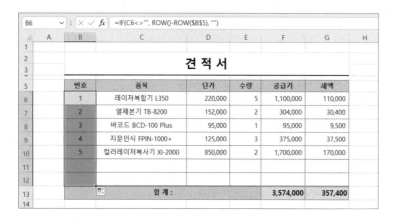

06 문제를 확인했다면 Ctrl + Z 를 눌러 행 삭제 작업을 취소합니다.

07 이 문제를 해결하기 위해 [B6] 셀의 수식을 다음과 같이 수정하고 [B12] 셀까지 수식을 복사합니다.

```
=IF(C6<>"", ROW()-ROW($B$5), "")
```

🔍 더 알아보기   수식 이해하기

이번 수식에서 ROW() 부분은 수식이 입력된 셀의 행 번호가 반환됩니다. 즉, [B6] 셀에 입력된 수식의 경우는 6이 반환되며, ROW($B$5)는 머리글 행 번호인 5가 반환되어 계산 결과 1부터 반환되는 일련번호가 표시되는 것입니다.

이렇게 하면 데이터가 입력된 위치를 참조하므로 다른 위치를 삭제해도 #REF! 등의 수식 에러가 발생하지 않습니다.

04–05 과정을 반복해 1행을 삭제해도 견적서의 일련번호가 문제없이 표시되는 것을 확인할 수 있습니다.

이 방법을 진행했다면 Ctrl + Z 를 눌러 행 삭제 작업을 취소합니다.

08 ROW 함수로 계산되는 일련번호를 COUNTA 함수로 변경해보겠습니다.

09 [B6] 셀의 수식을 다음 같이 수정하고 [B6] 셀의 수식을 [B12] 셀까지 복사합니다.

```
=IF(C6<>"", COUNTA($C$6:C6), "")
```

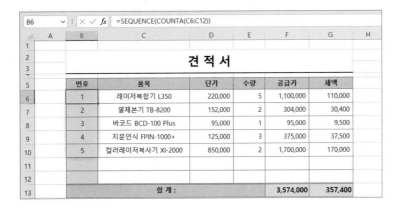

🔍 **더 알아보기** **수식 이해하기**

이 수식은 ROW 함수를 사용한 부분과 동일하지만 COUNTA 함수를 사용한 부분만 차이가 있습니다. C열의 품목이 입력된 개수를 세어 일련번호를 반환해주는 방법입니다.

10 엑셀 Microsoft 365, 2021 버전이라면 SEQUENCE 함수를 사용하는 방법이 가장 쉽습니다.

TIP SEQUENCE 함수는 동적 배열 함수로 한번에 일련번호를 반환해주므로 기존 수식이 입력된 범위는 모두 지워져야 합니다. 그렇지 않으면 #SPILL! 에러가 발생할 수 있습니다.

11 [B6:B12] 범위를 선택하고 Delete 를 눌러 수식을 모두 지웁니다.

12 [B6] 셀에 다음 수식을 입력합니다.

```
=SEQUENCE(COUNTA(C6:C12))
```

SEQUENCE 함수는 결과가 여러 개 반환될 수 있는 함수로 첫 번째 인수에 COUNTA(C6:C12)와 같은 개수를 세는 함수를 입력하면 해당 범위에 데이터가 입력된 셀 개수를 인식해 5×1 배열로 값을 반환해줍니다. SEQUENCE 함수는 기본적으로 1 부터 1씩 증가하는 패턴으로 값을 돌려주므로, 화면과 같은 일련번호가 자동으로 채워진 효과를 얻을 수 있습니다.

물론 [C11] 셀에 데이터를 추가하면 SEQUENCE 함수가 자동으로 6×1 배열로 일련번호를 반환해줄 것이기 때문에 [B11] 셀에도 정확한 일련번호가 반환됩니다.

자동 필터가 적용된 표에 일련번호 넣기

자동 필터가 설정된 표에 일련번호를 넣고 필터된 화면에 1, 2, 3, …과 같은 번호가 표시되어야 한다면 다음과 같은 수식 중 하나를 사용합니다.

```
=SUBTOTAL(103, $C$6:C6)
=AGGREGATE(3, 5, $C$6:C6)
```

위 수식에서 $C$6:C6은 현재 예제의 참조 범위로 해당 수식을 사용하는 표에 맞춰 주소를 변경해야 제대로 동작합니다.

달성률을 포함한 다양한 비율을 계산하는 방법

예제 파일 PART 05 \ CHAPTER 20 \ ABS 함수.xlsx

ABS 함수 도움말

음수를 양수로 변경하고 싶다면 ABS 함수를 사용합니다.

ABS (❶ 숫자)

숫자의 부호를 제외한 절댓값을 반환합니다.

❶ 숫자	절댓값을 구하려는 숫자

자주 사용하는 수식 패턴

전체 대비 비율

비율은 보통 =계산할 값/기준값 공식으로 구할 수 있습니다. 전체 대비 비율은 가장 많이 계산하는 비율 중 하나로 비율을 표시할 값(계산할 값)을 합계(기준값)로 나누어 구합니다.

```
=비율을 표시할 값/합계
```

달성률

달성률은 목표 대비 실적을 얼마나 달성했는지 여부를 비율로 표시하는 것이므로 계산할 값은 실적이 되고, 기준값은 목표가 됩니다.

```
=실적/목표
```

주의 사항

● [목표]가 음수인 경우에는 수식을 다음과 같이 수정합니다.

```
=1+((실적-목표)/ABS(목표))
```

성장률(또는 증감률)

과거에 비해 현재 실적이 얼마나 성장(증감)했는지 구하는 방법으로 다음과 같은 수식을 사용합니다.

```
=(현재 실적 - 과거 실적)/과거 실적
```

주의 사항

● [과거 실적]이 음수인 경우에는 수식을 다음과 같이 수정합니다.

```
=1+((실적-목표)/ABS(목표))
```

실무 활용 예제

01 예제에서 여러 비율을 계산합니다. 먼저 금년도 손익(C열)의 전체 대비 비율을 구합니다.

02 [D6] 셀에 다음 수식을 입력하고 [D6] 셀의 채우기 핸들➕을 [D9] 셀까지 드래그합니다.

```
=C6/SUM($C$6:$C$9)
```

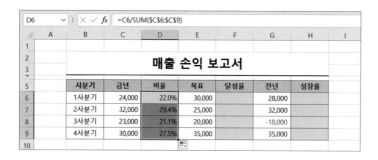

03 목표(E열) 대비 달성률을 계산합니다.

04 [F6] 셀에 다음 수식을 입력하고 [F6] 셀의 채우기 핸들➕을 [F9] 셀까지 드래그합니다.

```
=C6/E6
```

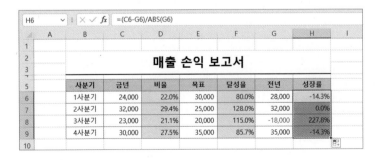

05 전년 손익(G열) 대비 성장률을 계산합니다.

06 [H6] 셀에 다음 수식을 입력하고 [H6] 셀의 채우기 핸들을 [H9] 셀까지 드래그합니다.

=(C6-G6)/G6

TIP 수식 자체에는 문제가 없지만 [G8] 셀에 음수가 있어 [H8] 셀의 성장률은 잘못된 결과를 반환합니다.

07 전년도 손익에 음수([G8] 셀)가 포함되어 있으므로 성장률 계산식을 변경합니다.

08 [H6] 셀의 수식을 다음과 같이 수정하고 [H6] 셀의 채우기 핸들을 [H9] 셀까지 드래그합니다.

=(C6-G6)/ABS(G6)

TIP [H8] 셀의 성장률이 제대로 계산됩니다.

연평균 성장률을 계산하는 방법

예제 파일 PART 05 \ CHAPTER 20 \ GEOMEAN 함수.xlsx

GEOMEAN 함수 도움말

연평균 성장률을 구하겠다고 해서 성장률을 구한 다음 성장률의 평균을 구하면 잘못된 결과가 반환됩니다. 우리가 일반적으로 계산하는 평균은 합계를 개수로 나눈 산술평균(AVERAGE)입니다. 하지만 연평균 성장률은 누적값에 기초한 평균을 구해야 하므로 기하 평균(GEOMEAN)을 사용해야 합니다.

GEOMEAN (❶ 숫자, ❷ 숫자, …)

데이터 범위 내 양수 값에 대한 기하 평균을 반환합니다.

❶ 숫자	기하 평균을 구할 숫자(또는 숫자 값 범위)

주의 사항

- [숫자] 인수에는 음수를 사용할 수 없습니다.

수식 패턴

GEOMEAN 함수를 사용해 연평균 성장률을 계산하려면 다음과 같은 수식을 사용합니다.

=GEOMEAN(비율 범위) - 1

주의 사항

- [비율 범위]는 현재 실적을 과거 실적으로 나눈 값 범위입니다.

연평균 성장률을 계산한 후 n기간 후에 실적을 예상하려면 다음과 같은 수식을 사용합니다.

$$=최초*((1+연평균\ 성장률)^n)$$

주의 사항

● [최초]는 연평균 성장률을 구할 때 사용한 첫 번째 판매 실적입니다.
● [연평균 성장률]은 기하 평균 방법으로 구한 성장률입니다.
● [n]은 예상 연도−첫번째 연도로 구합니다.

실무 활용 예제

01 예제에서 최근 5년 동안의 연평균 성장률을 구합니다.

TIP 예제의 [B6:B10] 범위에는 수식이 입력되어 있어 예제 파일을 열어본 순간의 최근 5년 연도가 표시됩니다.

02 각 연도별 성장률을 먼저 계산합니다.

03 [D7] 셀에 다음 수식을 입력하고 [D7] 셀의 채우기 핸들🔲을 [D10] 셀까지 드래그합니다.

```
=(C7-C6)/C6
```


04 성장률의 평균을 AVERAGE 함수로 구합니다.

05 [F6] 셀을 선택하고 다음 수식을 입력합니다.

```
=AVERAGE(D7:D10)
```

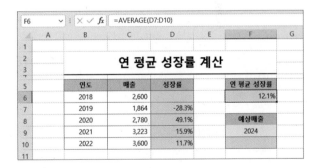

🔍 더 알아보기   수식 이해하기

D열에서 성장률을 계산하고 연평균 성장률을 [F6] 셀에 AVERAGE 함수로 구했습니다. AVERAGE 함수는 합계를 개수로 나눈 산술평균을 구해주는데, 결과는 12.1%로 나왔습니다. 계산된 연평균 성장률을 가지고 5년 전 매출에서 올해 매출을 계산해봅니다.

```
=C6*(1+F6)^(B10-B6)
```

이렇게 계산하면 4,108이 반환됩니다. 이 값은 실제 올해 매출(3,600)과는 괴리가 큽니다. 그러므로 산술평균으로는 이런 연속성을 갖는 숫자의 평균을 구하기 어렵습니다.

06 기하 평균으로 연 평균 성장률을 계산합니다. 먼저 각 연도별 비율을 계산합니다.

07 [D7] 셀에 수식을 다음과 같이 수정하고 [D7] 셀의 채우기 핸들⊞을 [D10] 셀까지 드래그합니다.

```
=C7/C6
```

🔍 **더 알아보기**   **수식 이해하기**

기하 평균은 산술평균과 달리 숫자를 연속으로 곱한 값의 거듭제곱근을 구하는 방법으로 계산합니다. 따라서 숫자 중에서 음수가 나오면 안 되기 때문에 성장률 방식의 계산을 비율 계산 방법으로 변경한 것입니다.

비율의 계산식은 **=현재 실적/과거 실적**으로 나눠 계산하는데, 이 계산식은 성장률 계산식의 일부만 차용한 것입니다. 성장률 계산식은 **=(현재 실적−과거 실적)/과거 실적**으로 계산합니다. 이것을 풀면 **=현재 실적/과거 실적−과거 실적/과거 실적**과 같은 수식이 됩니다. 위 계산식에서 비율은 **=현재 실적/과거 실적** 부분만 계산하므로, 나중에 GEOMEAN 함수를 사용해 기하 평균을 구하고 **1(=과거 실적/과거 실적)**을 빼는 연산을 통해 정확한 성장률의 평균을 구할 수 있습니다.

---

08 연평균 성장률을 구하기 위해 [F6] 셀의 수식을 다음과 같이 수정합니다.

```
=GEOMEAN(D7:D10)-1
```

TIP 05 과정과 동일한 검증 절차를 적용해보세요!

F6			f_x	=GEOMEAN(D7:D10)-1		
	A	B	C	D	E	F	G

연 평균 성장률 계산

연도	매출	성장률		연 평균 성장률
2018	2,600			8.5%
2019	1,864	71.7%		
2020	2,780	149.1%		예상매출
2021	3,223	115.9%		2024
2022	3,600	111.7%		

09 연평균 성장률만큼 지속적으로 성장한다고 가정하고 2년 뒤 매출을 예상해 보겠습니다.

10 [F10] 셀을 선택하고 다음과 같이 수식을 입력합니다.

```
=C6*((1+F6)^(F9-B6))
```

F10			f_x	=C6*((1+F6)^(F9-B6))		

연 평균 성장률 계산

연도	매출	성장률		연 평균 성장률
2018	2,600			8.5%
2019	1,864	71.7%		
2020	2,780	149.1%		예상매출
2021	3,223	115.9%		2024
2022	3,600	111.7%		4,236

날짜/시간 함수

엑셀에서 날짜/시간 데이터는 셀에 저장되는 데이터와 표시되는 데이터의 갭이 크기 때문에, 날짜/시간을 처리하는 함수와 계산식의 종류도 다양합니다. 이런 이유로 날짜/시간 데이터를 다루는 방법에 대한 부분도 어려워하는 경우가 많습니다. 이번 CHAPTER를 통해 보다 쉽게 수식을 작성할 수 있길 바랍니다.

오늘 날짜와 현재 시간을 반환받는 방법

예제 파일 없음

TODAY, NOW 함수 도움말

함수를 이용해 오늘 날짜와 현재 시간을 반환받고 싶다면 TODAY와 NOW 함수를 사용합니다.

TODAY ( )

오늘 날짜를 반환합니다.

NOW ( )

오늘 날짜와 현재 시간을 반환합니다.

NOW 함수와 TODAY 함수는 모두 인수가 없지만 괄호와 함께 입력하지 않으면 #NAME! 오류가 반환되므로 주의합니다.

자주 사용하는 수식 패턴

날짜 없이 현재 시간만 얻고 싶다면 따로 함수가 제공되지 않으므로 다음과 같은 수식을 사용합니다.

```
=NOW( )-TODAY( )
```

수식 재계산

한 번 작성된 수식은 특정 시점에 자동으로 계산이 다시 이루어집니다. 이런 것을 수식 재계산이라고 하는데 엑셀에서는 다음과 같은 상황에서 재계산됩니다.

● 참조한 셀의 값이 변경될 때

대다수 수식은 다른 위치의 셀(또는 범위)을 참조하고, 참조한 셀의 값이 변경되면 해당 셀을 참조한 수식은 자동으로 재계산됩니다. 단, 이번에 소개된 TODAY, NOW 같은 함수는 파일 내 아무 셀이나 값이 변경되어도 무조건 재계산됩니다.

● 파일을 새로 열 때

엑셀 파일을 열 때 파일 내 모든 수식이 재계산됩니다. 그렇기 때문에 파일을 열고 그냥 닫을 때도 수식이 재계산되어 결과가 바뀌면 파일을 저장할 지 여부를 묻는 대화상자가 표시되는 것입니다. 특히 TODAY, NOW 같은 함수는 파일을 열 때마다 값이 달라질 수 있으므로 이런 현상의 주요한 원인이 됩니다.

오늘 날짜와 현재 시간 입력 단축키

날짜와 시간은 항상 지정된 형식에 맞게 입력해야 하므로 좀 더 편리하게 입력하려면 아래 단축키를 사용합니다.

단축키	설명
Ctrl + ;	오늘 날짜를 셀에 입력합니다.
Ctrl + Shift + :	현재 시각을 셀에 입력합니다. 단, 현재 시각은 시:분만 기록하고 초는 제외합니다.

오늘 날짜와 현재 시각을 같이 반환하는 단축키는 없으므로 Ctrl + ; , Spacebar , Ctrl + Shift + : 을 연속으로 누릅니다.

21 / 02 데이터 입력 날짜(또는 시간)를 기록하는 방법

예제 파일 PART 05 \ CHAPTER 21 \ TODAY, NOW 함수.xlsx

자주 사용하는 수식 패턴

데이터를 기록할 때 날짜(또는 시간)을 자동 기록하려면 다음과 같은 수식을 사용합니다.

> =IF(입력 셀<>"", IF(기록 셀<>"", 기록 셀, NOW()-TODAY()), "")
>
> **주의 사항**
>
> ● 이 수식이 제대로 동작하기 위해서는 [Excel 옵션] 대화상자에서 [반복 계산] 옵션이 설정되어 있어야 합니다.
> ● [입력 셀]은 데이터 입력 여부를 확인할 셀입니다.
> ● [기록 셀]은 데이터 입력 날짜(또는 시간)를 기록할 셀입니다.
> ● NOW()-TODAY() 부분은 현재 시간을 반환받기 위한 부분으로 오늘 날짜를 반환하려면 TODAY() 함수만 사용하고, 날짜/
>   시간을 함께 입력하려면 NOW()만 사용합니다.

순환 참조와 반복 계산

데이터 입력 날짜(또는 시간)를 기록하려면 순환 참조를 이용해야 하므로 수식 사용 전 다음과 같은 Excel 옵션을 변경하는 작업이 선행되어야 합니다.

01 예제를 열고 [파일] 탭-[옵션]을 클릭합니다.

02 [Excel 옵션] 대화상자의 [수식] 항목의 [반복 계산 사용]에 체크하고 [확인]을 클릭합니다.

TIP 반복 계산은 순환 참조가 발생한 셀을 에러 없이 반복해서 계산할 수 있도록 해줍니다.

데이터 입력 날짜/시간 기록

다음 순서를 참고해 작업합니다.

01 [B6:B8] 범위에 데이터를 입력할 때 데이터 입력 시간이 E열에 나타나도록 설정합니다.

02 [E6] 셀에 다음 수식을 입력하고 [E6] 셀의 채우기 핸들⬛을 [E8] 셀까지 드래그합니다.

```
=IF(B6<>"", IF(E6<>"", E6, NOW()-TODAY()), "")
```

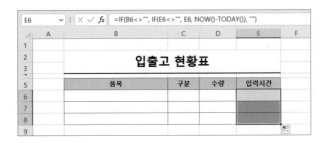

🔍 **더 알아보기**　　**수식 이해하기**

이번 수식은 [B6] 셀에 데이터가 입력된 경우에 [E6] 셀에 기록된 날짜(또는 시간)이 없다면 NOW()–TODAY() 결과를 반환하라는 의미입니다. 만약 날짜만 표시되길 원한다면 NOW()–TODAY() 를 TODAY()로 변경하면 됩니다.

03 [B6] 셀에 아무 값이나 입력하면 [E6] 셀에 현재 시간이 다음과 같이 반환됩니다.

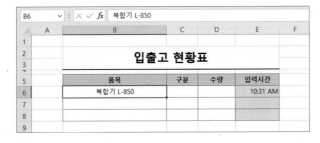

TIP [E6] 셀의 입력시간은 [B6] 셀에 데이터를 입력하는 시간에 따라 달라질 수 있습니다.

04 입력시간을 변경하려면 [B6] 셀에서 Delete 를 눌러 데이터를 삭제하고 다시 입력합니다.

21 / 03

잘못된 날짜/시간을 올바른 데이터로 변환하는 방법

예제 파일 PART 05 \ CHAPTER 21 \ TEXT, SUBSTITUTE 함수.xlsx

날짜 데이터 변환

엑셀에서 날짜는 숫자 데이터입니다. 셀에는 날짜 일련번호가 저장되고 화면에는 날짜 형식(yyyy-mm-dd)으로 표시됩니다. 그렇기 때문에 잘못된 방법으로 입력된 날짜 데이터는 연차, 근속 기간 등의 날짜 계산이나 상위 날짜 단위(연, 분기, 월 등)로의 전환이 쉽지 않습니다.

사례 1 : 구분 기호 없이 입력된 경우

날짜는 년, 월, 일이 하이픈(–) 또는 슬래시(/)로 구분해 입력했을 때 날짜 데이터로 인식됩니다. 하지만 구분 기호 없이 다음과 같이 입력된 데이터가 있는 경우가 있습니다.

20220101 또는 220101

이런 식으로 입력된 데이터는 그냥 숫자 데이터로 날짜로 인식되지 않습니다. 이런 데이터를 변환하려면 TEXT 함수를 사용해 변환하는 방법이 가장 쉽습니다. 자주 사용되는 수식 패턴은 다음과 같습니다.

=--TEXT(A1, "0000-00-00") 또는 =--TEXT(A1, "00-00-00")

주의 사항
- [A1] 셀은 잘못된 날짜 데이터가 입력된 셀입니다.
- -- 는 텍스트 형식을 숫자 데이터로 변경하는 작업입니다. 날짜 형식으로 변환할 때 사용하는 DATEVALUE 함수를 사용하고 싶지 않을 때 대안으로 사용할 수 있습니다.

사례 2 : 구분 기호가 잘못된 경우

우리나라에서는 날짜를 구분하는 기호로 마침표(.)를 사용하는 경우가 많습니다. 하지만 이렇게 입력한 데이터는 텍스트 데이터로 인식됩니다.

```
2022.01.01 또는 22.01.01
```

이런 데이터를 날짜 데이터로 변환할 때는 SUBSTITUTE 함수를 사용하는 다음과 같은 수식 패턴을 자주 사용합니다.

```
=--SUBSTITUTE(A1, ".", "-")
```

이런 식의 날짜 변환 후 셀 값이 다음과 같이 표시되는 경우가 생깁니다.

```
44562
```

이것은 제대로 날짜 데이터로 변환된 것을 의미하며, [홈] 탭-[표시 형식] 그룹-[표시 형식]에서 [간단한 날짜] 형식을 선택하면 됩니다.

예제를 열어 보면 다음과 같은 [보안 경고] 메시지 줄이 표시됩니다. [콘텐츠 사용]을 클릭하고 작업합니다.

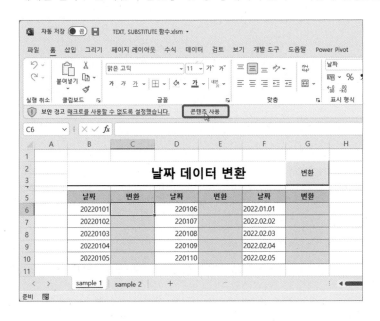

그런 다음 [sample 1] 시트의 C, E, G열에 올바른 날짜 데이터가 반환되도록 수식을 입력해보세요!

TIP 수식을 작성해보고 잘 되지 않으면 [G2] 병합 셀 위치의 [변환]을 클릭해 수식을 확인합니다.

시간 데이터 변환

엑셀에서는 시간 역시 숫자이며 셀에는 소수점 이하 값이 저장되고 화면에는 시간 형식(hh:mm)으로 표시됩니다. 그렇기 때문에 시간도 잘못 입력된 경우에는 올바른 시간 데이터로 변환할 수 있어야 합니다.

사례 1 : 구분 기호 없이 입력된 경우

시간은 시, 분, 초를 콜론(:)으로 구분해 입력할 때 시간 데이터로 인식됩니다. 하지만 구분 기호 없이 다음과 같이 입력된 경우도 많습니다.

```
930 또는 93050
```

이런 경우는 그냥 숫자 데이터이므로 TEXT 함수를 사용해 시간으로 변환하는 것이 좋습니다. 다음과 같은 수식을 주로 사용합니다.

=--TEXT(A1, "00"":""00") 또는 =--TEXT(A1, "00"":""00"":"" 00")

주의 사항

- [A1] 셀은 잘못된 시간 데이터가 입력된 셀입니다.
- -- 는 텍스트 형식을 숫자 데이터로 변경할 때 사용하며, 시간 형식으로 변환할 때 사용하는 TIMEVALUE 함수를 사용하고 싶지 않을 때, 대안으로 사용할 수 있습니다.

사례 2 : 구분 기호가 잘못된 경우

시간을 마침표(.)로 구분해 입력하는 경우도 많습니다. 이런 데이터는 숫자 데이터로 인식됩니다.

```
9.10
```

이런 데이터를 시간 데이터로 변환할 때 SUBSTITUTE 함수를 사용하는 것은 날짜 데이터와 동일하지만, 9.10은 사실 9.1과 동일하므로 먼저 자릿수를 9.10과 같이 맞춰 주는 작업을 TEXT 함수를 이용해 처리해야 합니다.

```
9.1=--SUBSTITUTE(TEXT(A1, "0.00"), ".", ":")
```

사실 이런 방식의 시간 데이터 입력은 위와 같은 경우도 있지만 아래와 같은 값이 9시 30분을 의미하는 경우도 있습니다.

```
9.50
```

이런 경우에 시간 데이터로 변환하는 방법은 더 쉽습니다. 그냥 24로 나눈 값을 구하면 제대로 된 시간 데이터를 돌려 받을 수 있습니다.

```
=A1/24
```

예제 파일의 [sample2] 시트를 선택하고, C, E, G열에 올바른 시간 데이터가 반환되도록 수식을 입력해 보세요!

	A	B	C	D	E	F	G	H
1								
2			시간 데이터 변환				변환	
3								
5		시간	변환	시간	변환	시간	변환	
6		910		9.10		9.30		
7		1020		10.20		10.40		
8		1130		11.30		11.50		
9		1240		12.40		12.60		
10		1350		13.50		13.70		
11								

sample 1 　 sample 2 　 +

TIP 수식을 작성해보고 잘 되지 않으면 [G2] 병합 셀 위치의 [변환]을 클릭해 수식을 확인합니다.

날짜를 이용해 반기와 분기를 구분하는 방법

예제 파일 PART 05 \ CHAPTER 21 \ MONTH 함수.xlsx

YEAR, MONTH, DAY 함수 도움말

날짜에서 연도, 월, 일 값만 사용하려면 YEAR, MONTH, DAY 함수를 사용합니다.

> ### MONTH (❶ 날짜)
>
> 날짜에서 월에 해당하는 1~12 사이의 숫자를 반환합니다.
>
> | ❶ 날짜 | 날짜 일련번호 |
> | --- | --- |

반기와 분기는 MONTH 함수만 사용해도 구할 수 있습니다. YEAR, DAY 함수는 각각 연도나 일만 반환 받고 싶을 때 사용합니다.

> ### YEAR (❶ 날짜)
>
> 날짜에서 연도에 해당하는 1999~9999 사이의 숫자를 반환합니다. 사용 방법은 MONTH 함수와 동일합니다.

> ### DAY (❶ 날짜)
>
> 날짜에서 일에 해당하는 1~31 사이의 숫자를 반환합니다. 사용 방법은 MONTH 함수와 동일합니다.

자주 사용하는 수식 패턴

분기와 반기를 반환해주는 함수는 제공되지 않으므로 다음 수식을 참고합니다.

> **분기**
>
> ```
> =ROUNDUP(MONTH(날짜)/3, 0) & "분기"
> ```

반기

```
=IF(MONTH(날짜)<=6, "상반기", "하반기")
```

실무 활용 예제

01 예제의 날짜 데이터에서 반기와 분기를 계산합니다.

02 반기와 분기는 모두 월을 가지고 계산하므로 날짜에서 월을 먼저 반환받습니다.

03 [C6] 셀에 다음 수식을 입력한 후 [C6] 셀의 채우기 핸들 ⊞을 [C17] 셀까지 드래그합니다.

```
=MONTH(B6)
```

04 월이 구해졌다면 6월까지는 상반기, 7월부터는 하반기입니다.

05 [D6] 셀에 다음 수식을 입력하고 [D6] 셀의 채우기 핸들 ⊞을 [D17] 셀까지 드래그합니다.

```
=IF(C6<=6, "상반기", "하반기")
```

🔍 더 알아보기   수식 이해하기

[D6] 셀에 입력된 수식과 [C6] 셀에 사용된 수식을 결합하면 다음과 같은 수식이 됩니다.

```
=IF(MONTH(B6)<=6, "상반기", "하반기")
```

06 월을 세 개씩 묶으면 분기가 됩니다.

07 [E6] 셀에 다음 수식을 입력하고 [E6] 셀의 채우기 핸들➕을 [E17] 셀까지 드래그합니다.

```
=C6/3
```

TIP 숫자를 일정한 간격으로 묶으려면 나눗셈을 이용하면 됩니다. 월을 3으로 나누는 동작은 3개월씩 날짜를 묶기 위함입니다.

08 [E6] 셀의 수식을 다음과 같이 수정하고 채우기 핸들➕을 [E17] 셀까지 드래그합니다.

```
=ROUNDUP(C6/3, 0) & "사분기"
```

🔍 **더 알아보기**　　**수식 이해하기**

월을 3으로 나누면, 0.3333, 0.6666, 1, 1.3333, 1.6666, …과 같은 값을 돌려받습니다. 분기를 계산하기 위해서는 0.3333, 0.6666, 1이 1이 되어야 하므로 ROUNDUP 함수를 사용해 소수점 위치에서 올림합니다. 이렇게 계산하면 월에서 분기를 구할 수 있으며 C열의 계산식과 이번 수식을 결합하면 다음과 같은 수식이 됩니다.

```
=ROUNDUP(MONTH(B6)/3, 0) & "사분기"
```

회계연도(분기)를 구하는 방법

예제 파일 PART 05 \ CHAPTER 21 \ EDATE 함수.xlsx

EDATE 함수 도움말

한국의 회계연도는 매년 1월 1일에 시작해 12월 31일에 종료됩니다. 그러나 외국계 법인인 경우에는 본사의 시스템을 따라가므로 회계연도가 다를 수 있습니다. 이런 경우에는 날짜를 n개월 이전(또는 이후)으로 되돌릴 수 있는 EDATE 함수를 사용하면 회계 연도(또는 분기)를 구할 수 있습니다.

EDATE (❶ 날짜, ❷ 개월)

날짜로부터 몇 개월 이후(또는 이전)의 날짜를 반환합니다.

❶ 날짜	시작 날짜
❷ 개월	❶에 더하거나 뺄 개월 수로 양수는 n개월 이후를 의미하고, 음수는 n개월 이전을 의미합니다.

주의 사항

- EDATE 함수는 월 단위로만 계산할 수 있는 함수인데, 연 단위로 계산하고 싶다면 [개월] 인수에 12*3과 같이 입력합니다. 12*3은 3년 후를 의미합니다.
- 2월 28일의 한 달 뒤를 EDATE 함수로 구하면 3월 31일이 아니라 3월 28일이 반환됩니다. 반대로 1월 31일의 한 달 뒤는 2월 28일이 반환됩니다. 그러므로 항상 정확한 월의 마지막 일을 반환받아야 하는 경우에는 EDATE 함수가 아니고 EOMONTH 함수를 사용하는 것이 좋습니다. EOMONTH 함수에 대해서는 이 책의 503페이지를 참고합니다.

실무 활용 예제

01 새로운 회계 연도는 항상 4월 1일부터 시작한다고 가정하고 회계 연도와 분기를 계산합니다.

02 4월 1일은 1월 1일의 3개월 후이므로 4월 1일이 1월 1일이 되도록 날짜를 3개월 전으로 변경합니다.

03 [C6] 셀에 입력한 후 [C6] 셀의 채우기 핸들 을 [C17] 셀까지 드래그합니다.

```
=EDATE(B6, -3)
```

04 계산된 날짜의 연도가 바로 회계 연도입니다.

05 [C6] 셀의 수식을 다음과 같이 수정하고 [C17] 셀까지 수식을 복사합니다.

```
=YEAR(EDATE(B6, -3)) & "년"
```

TIP 날짜 형식으로 보려면 Ctrl + Shift + # 을 누릅니다.

🔍 **더 알아보기**   **수식 이해하기**

회계연도가 4월 1일에 시작한다고 했으므로 2023년 3월 31일까지는 2022년도가 맞고, 2022년 4월 1일부터 2023년이 되어야 합니다. 이런 작업은 EDATE 함수를 사용해 날짜를 몇 개월 이전으로 돌려 계산하는 것이 가장 쉽습니다. 왼쪽 화면에서 사용한 **=EDATE(B6, -3)** 수식은 날짜를 3개월 이전 날짜로 반환하며, 오른쪽 화면에서 YEAR 함수를 사용해 반환된 날짜 값의 연도 부분만 표시하면 자연스럽게 회계 연도를 얻을 수 있습니다.

---

06 회계 분기 역시 3개월 이전 날짜의 월이 반환되도록 같은 방법으로 수식을 작성합니다.

07 [D6] 셀에 다음 수식을 입력하고 [D6] 셀의 채우기 핸들 ▪ 을 [D17] 셀까지 드래그합니다.

```
=MONTH(EDATE(B6, -3))
```

08 [D6] 셀의 수식을 다음과 같이 수정하고 [D6] 셀의 수식을 [D17] 셀까지 복사합니다.

```
=ROUNDUP(MONTH(EDATE(B6, -3))/3, 0) & "사분기"
```

LINK 분기를 계산하는 방법에 대한 자세한 설명은 이 책의 **Section 21-04** 내용을 참고합니다.

당월(또는 익월) 마지막 일을 계산하는 방법

예제 파일 PART 05 \ CHAPTER 21 \ DATE, EOMONTH 함수.xlsx

DATE, EOMONTH 함수 도움말

특정일이 셀에 기록되어 있을 때 해당 날짜를 판단해 원하는 날짜를 계산할 수 있습니다. 이때 DATE 함수와 EOMONTH 함수를 주로 사용합니다.

DATE (❶ 연, ❷ 월, ❸ 일)

연, 월, 일 값을 인수로 받아 해당 날짜를 반환합니다.

❶ 연	연도를 의미하는 0~9999 사이의 숫자를 입력할 수 있습니다. 0~1899 사이의 값을 입력하면 1900이 더해져 연도가 계산되고 1900~9999 사이의 값은 입력된 연도 그대로 사용됩니다.
❷ 월	월을 의미하는 숫자입니다. 12보다 큰 숫자를 입력하면 [연] 인수가 12로 나눈 몫이 더해지며 [월]은 12로 나눈 나머지 값으로 결정됩니다. 예를 들어 [월] 인수에 13을 입력하면 [연] 인수는 1이 더해지고 [월]은 1로 처리됩니다.
❸ 일	일을 의미하는 숫자입니다. 월의 마지막 일보다 큰 값을 입력하면 자동으로 반환될 날짜에 더해집니다. 예를 들어 DATE(2022, 1, 32)는 2월 1일 날짜를 반환하게 됩니다.

EOMONTH (❶ 날짜, ❷ 개월)

날짜로부터 몇 개월 이후(또는 이전)의 날짜가 속한 월의 마지막 일을 반환합니다.

❶ 날짜	시작 날짜
❷ 개월	❶에 더하거나 뺄 개월 수로 양수는 n개월 이후를 의미하고, 음수는 n개월 이전을 의미합니다.

주의 사항

- EOMONTH 함수도 EDATE 함수와 사용 방법은 동일합니다. 연 단위로 계산하고 싶다면 [개월] 인수에 12*3 과 같이 입력하면 쉽습니다. 12*3은 3년 후를 의미합니다.
- 2월 28일의 한달 뒤를 EOMONTH 함수로 계산하면 3월 31일이 반환됩니다.

자주 사용하는 수식 패턴

DATE 함수를 잘 활용하려면 날짜에서 연, 월, 일을 반환할 때 사용하는 YEAR, MONTH, DAY 함수를 잘 사용할 수 있어야 합니다.

특정일을 기준으로 당월의 시작일 구하는 방법

특정일을 기준으로 당월의 시작일을 구하려면 다음과 같은 수식을 사용합니다.

```
=DATE(YEAR(날짜), MONTH(날짜), 1)
```

주의 사항

- [날짜]는 당월의 시작일을 구할 때 기준이 되는 날짜로 오늘 날짜를 기준으로 해야 한다면 TODAY 함수를 사용하면 됩니다.

위 수식은 같은 연도, 같은 월의 1일을 구하는 방법이므로 직관적인 수식입니다. DATE 함수를 사용하지 않고 DAY 함수만으로 간단하게 다음과 같은 수식을 사용할 수 있습니다.

```
=날짜-DAY(날짜)+1
```

EOMONTH 함수를 사용해서도 동일한 결과를 얻을 수 있습니다.

```
=EOMONTH(날짜, -1)+1
```

위 수식은 [날짜]의 1개월전의 마지막 일을 구한 후 1(하루)을 더한 날짜를 얻습니다.

특정일을 기준으로 당월의 종료일 구하는 방법

당월의 시작일을 구하는 방법보다 종료일을 구하는 방법이 조금 더 복잡합니다. 원리는 시작일을 구하는 방법과 동일합니다. 다음은 DATE 함수를 사용해 당월의 종료일을 구하는 수식입니다.

```
=DATE(YEAR(날짜), MONTH(날짜)+1, 1-1)
```

주의 사항

- DATE 함수의 세 번째 인수는 0으로 바꿀 수 있습니다.

위 수식은 같은 연도의 다음 달 1일을 구한 뒤 1(하루)을 뺀 날짜를 계산합니다.

EOMONTH 함수를 사용하면 더 쉽게 원하는 종료일을 구할 수 있습니다.

```
=EOMONTH(날짜, 0)
```

EOMONTH 함수의 두 번째 인수가 0이면 0개월을 의미하며 [날짜]와 같은 달을 의미하게 됩니다. 그러므로 [날짜]의 마지막 일을 반환하는 수식이 됩니다.

실무 활용 예제

01 예제의 B열 날짜는 출하일로 [G:I] 열에 입력된 기준에 맞춰 송금일을 계산합니다.

02 출하일의 일 부분을 먼저 확인합니다. [C6] 셀에 다음 수식을 입력하고, [C6] 셀의 채우기 핸들을 [C11] 셀까지 드래그해 수식을 복사합니다.

```
=DAY(B6)
```

03 송금일 기준이 당월인지 익월인지 구분합니다.

04 [D6] 셀에 다음 수식을 입력하고 [D6] 셀의 채우기 핸들을 [D11] 셀까지 드래그해 수식을 복사합니다.

```
=IF(C6<=15, "당월", "익월")
```

🔍 **더 알아보기** **수식 이해하기**

[C6] 셀에는 B열의 제품 출하일의 일부분이 반환되어 있습니다. 일자가 15(일) 이전이면 "당월", 아니면 "익월"을 반환하도록 구성된 수식입니다. 이 조건은 [G:I] 열에 작성된 송금일 계산 기준에 부합합니다. [C6] 셀과 [D6] 셀의 수식을 한 번에 작성하면 다음과 같은 수식이 됩니다.

```
=IF(DAY(B6)<=15, "당월", "익월"
```

05 이제 당월 송금일을 계산(D열에 계산한 값을 적용하는 것은 뒤에 처리)합니다.

06 [E6] 셀에 다음 수식을 입력하고 [E6] 셀의 채우기 핸들▣을 [E11] 셀까지 드래그해 수식을 복사합니다.

```
=DATE(YEAR(B6), MONTH(B6)+1, 1-1)
```

제품출하일	출하일(일)	송금일 구분	송금일	송금일 계산 기준
2023-01-16	16	익월	2023-01-31	15일까지는 당월 마지막 일
2023-02-17	17	익월	2023-02-28	16일부터는 익월 마지막 일
2023-03-07	7	당월	2023-03-31	
2023-04-25	25	익월	2023-04-30	
2023-05-15	15	당월	2023-05-31	
2023-06-23	23	익월	2023-06-30	

TIP 반환된 날짜가 모두 B열의 제품출하일 날짜가 속한 월의 종료일이 맞습니다.

07 송금일을 D열에 계산한 '익월'과 '당일'에 따라 다르게 반환하도록 수식을 수정합니다.

08 [E6] 셀의 수식을 다음과 같이 수정하고 [E6] 셀의 수식을 [E11] 셀까지 복사합니다.

```
=DATE(YEAR(B6), MONTH(B6)+IF(DAY(B6)<=15, 1, 2), 1-1)
```

제품출하일	출하일(일)	송금일 구분	송금일	송금일 계산 기준
2023-01-16	16	익월	2023-02-28	15일까지는 당월 마지막 일
2023-02-17	17	익월	2023-03-31	16일부터는 익월 마지막 일
2023-03-07	7	당월	2023-03-31	
2023-04-25	25	익월	2023-05-31	
2023-05-15	15	당월	2023-05-31	
2023-06-23	23	익월	2023-07-31	

🔍 **더 알아보기**   **수식 이해하기**

일단 E열에 반환된 송금일을 D열의 익월과 당월에 부합되는 송금일이 반환되었습니다. 이번 수식에서 수식을 수정한 부분은 DATE함수의 두 번째 인수 부분으로 [월] 인수 계산 부분에 D열에 입력한 당월과 익월 구분식을 넣은 것입니다.

```
=DATE(YEAR(B6), MONTH(B6)+IF(DAY(B6)<=15, 1, 2), 1-1)
```

즉, 월의 종료일을 구할 때 당월인지 익월인지 여부를 [B6] 셀의 제품출하일의 일이 15일 이전이면 다음 달(1) 1일에서 하루 전, 16일부터는 다다음달(2) 1일에서 하루 전 날짜를 구하게 한 것입니다.

09 EOMONTH 함수를 사용해서도 동일한 방법으로 송금일을 구할 수 있습니다.

10 [E6] 셀의 수식을 다음과 같이 수정하고 [E6] 셀의 수식을 [E11] 셀까지 복사합니다.

```
=EOMONTH(B6, IF(DAY(B6)<=15, 0, 1))
```

TIP 이번 수식에 대한 설명은 **08**과정의 설명과 503페이지의 설명을 참고합니다.

한 주의 시작일(또는 종료일)을 계산하는 방법

예제 파일 PART 05 \ CHAPTER 21 \ WEEKDAY 함수.xlsx

WEEKDAY 함수 도움말

WEEKDAY 함수는 날짜의 요일 인덱스 번호를 반환해주는 함수로 기본적으로 1(일)~7(토) 사이의 값을 반환해줍니다. 그러므로 현재 날짜에서 해당 요일 인덱스를 빼는 방법으로 그 주의 시작일을 계산할 수 있습니다.

WEEKDAY (❶ 날짜, ❷ 옵션)

날짜의 주 일련번호를 반환합니다.

❶ 날짜	주 일련번호를 계산하기 위한 날짜			
❷ 옵션	한 주의 시작 요일을 결정하는 옵션			
	옵션	주 시작 요일	옵션	주 시작 요일
	1 또는 생략	1(일) ~ 7(토)	13	1(수) ~ 7(화)
	2	1(월) ~ 7(일)	14	1(목) ~ 7(수)
	3	0(월) ~ 6(일)	15	1(금) ~ 7(목)
	11	1(월) ~ 7(일)	16	1(토) ~ 7(금)
	12	1(화) ~ 7(월)	17	1(일) ~ 7(토)

주의 사항

● 요일을 '월'~'일'과 같은 요일명으로 반환받으려면 TEXT 함수를 사용한 수식을 사용합니다.

```
=TEXT(날짜, "aaa")
```

실무 활용 예제

01 예제의 주간 업무 계획표의 주간 근무 시작일과 종료일을 계산합니다.

TIP 주의 시작일은 '월'요일, 주의 종료일은 '금'요일이라고 가정합니다.

02 주의 시작일을 계산하기 위해 [J6] 병합 셀에 다음 수식을 입력합니다.

```
=E6-WEEKDAY(E6, 3)
```

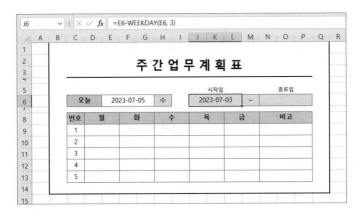

🔍 **더 알아보기**　　**수식 이해하기**

특정 날짜가 속한 주의 월요일을 계산하려면 해당 날짜에서 날짜 요일 번호를 빼주면 됩니다. WEEKDAY 함수의 두 번째 인수 값이 3이면 0(월)~6(일)까지의 요일 번호를 반환합니다. [E6] 셀의 날짜는 2023년 7월 5일이고 요일은 '수'요일이니 WEEKDAY 함수의 반환 값은 2가 됩니다. 2023년 7월 5일에서 2를 빼면 2023년 7월 3일(월) 날짜가 반환됩니다. 이 수식을 오늘 날짜를 대상으로 동작시켜 보려면 [E6] 병합 셀에 **=TODAY( )** 수식을 입력합니다.

03 주의 시작일을 구하면 주의 종료일은 간단하게 구할 수 있습니다.

04 [N6] 병합 셀에 다음 수식을 입력합니다.

```
=J6+4
```

🔍 **더 알아보기**　　**수식 이해하기**

금요일은 월요일로부터 정확하게 4일 후 날짜이므로 주 시작일에 4를 더해 계산하면 금요일 날짜를 알 수 있습니다.

21/08 주 일련번호와 월의 주차 계산하는 방법

예제 파일 PART 05 \ CHAPTER 21 \ WEEKNUM 함수.xlsx

WEEKNUM 함수 도움말

엑셀에는 날짜의 주 계산과 관련해 주 일련번호를 반환하는 WEEKNUM 함수를 제공합니다. 이 함수는 주 일련번호를 구할 때뿐만 아니라 월의 주차를 계산할 때도 사용합니다.

WEEKNUM (❶ 날짜, ❷ 옵션)

날짜의 주 일련번호를 반환합니다.

❶ 날짜	주 일련번호를 계산하기 위한 날짜			
❷ 옵션	한 주의 시작 요일을 결정하는 옵션			
	옵션	주 시작 요일	옵션	주 시작 요일
	1 또는 생략	일	14	목
	2	월	15	금
	11	월	16	토
	12	화	17	일
	13	수	21	월

주의 사항

● 주 일련번호는 1년의 모든 주를 1~54 사이의 주로 표시합니다.

자주 사용되는 수식 패턴

월의 주차를 계산할 때는 자주 사용하는 두 가지 수식 패턴이 있습니다.

WEEKNUM 함수를 사용한 월의 주차 구하는 방법

주차를 구할 날짜의 주 일련번호에서 그 달의 시작일의 주 일련번호를 빼서 1를 더하는 단순한 계산식을 통해 월의 주차를 구할 수 있습니다.

```
=WEEKNUM(날짜)-WEEKNUM(월 시작일)+1
```

주의 사항

● [날짜]는 월의 주차를 구할 날짜 데이터입니다.
● [월 시작일]은 [날짜]가 속한 월의 시작일로 다음과 같은 계산식을 사용합니다.

```
=날짜-DAY(날짜)+1
```

TIP 월 시작일을 구하는 부분은 이 책의 504페이지에 자세하게 설명되어 있습니다.

WEEKDAY 함수를 사용한 월의 주차 구하는 방법

주차를 구할 날짜의 일에서 요일 인덱스 번호를 빼면 주차 내 모든 값이 동일한 숫자를 반환하게 되는데 이 값을 7로 나눈 정수의 값을 사용해 월의 주차를 계산할 수 있습니다. 논리 자체는 WEEKNUM 함수를 사용하는 월의 주차 구하는 방법보다 어렵지만 이런 계산식을 이해할 수 있다면 엑셀의 날짜 데이터를 다룰 때 더 도움이 됩니다.

```
=INT((DAY(날짜)-WEEKDAY(날짜)-1)/7)+2
```

주의 사항

● [날짜]는 월의 주차를 구할 날짜 데이터입니다.

TIP 이 계산식을 이해하려면 주 시작일, 종료일을 구하는 508페이지의 내용을 먼저 참고하는 것이 좋습니다.

실무 활용 예제

01 예제에는 2023년 1월 1일부터 6월 30일까지의 날짜와 날짜의 요일이 구해져 있습니다.

날짜	요일	주 일련번호	월 시작일	월 주차	요일 인덱스	월 주차
2023-01-01	일					
2023-01-02	월					
2023-01-03	화					
2023-01-04	수					
2023-01-05	목					
2023-06-26	월					
2023-06-27	화					
2023-06-28	수					
2023-06-29	목					
2023-06-30	금					

주 일련번호 / 월 주차

셀 C6: `=TEXT(B6, "aaa")`

TIP 엑셀에서 요일을 구할 땐 TEXT 함수로 **"aaa"** 서식 코드를 사용해 날짜를 변환하는 방법을 사용합니다.

02 주 일련번호를 먼저 확인합니다.

TIP 주 일련번호 확인 후 주 일련번호를 사용해 월의 주차를 반환받을 예정입니다.

03 [D6] 셀에 다음 수식을 입력하고, [D6] 셀의 채우기 핸들 ⊞을 더블클릭해 수식을 복사합니다.

```
=WEEKNUM(B6)
```

TIP 화면은 이해를 돕기 위해 일요일 날짜만 필터 걸었으며 중간 행 부분은 [숨기기]로 숨겨 놓은 결과입니다.

| D6 | fx | =WEEKNUM(B6) |

주 일련번호 / 월 주차

	날짜	요일	주 일련번호	월 시작일	월 주차	요일 인덱스	월 주차
6	2023-01-01	일	1				
13	2023-01-08	일	2				
20	2023-01-15	일	3				
27	2023-01-22	일	4				
34	2023-01-29	일	5				
41	2023-02-05	일	6				
48	2023-02-12	일	7				
160	2023-06-04	일	23				
167	2023-06-11	일	24				
174	2023-06-18	일	25				
181	2023-06-25	일	26				

🔍 더 알아보기   **수식 이해하기**

WEEKNUM 함수는 주의 일련번호로 1~54 사이의 값을 반환합니다. 그러므로 1년 전체의 주 번호를 반환받고 싶을 때 유용합니다. 참고로 WEEKNUM 함수의 두 번째 인수를 생략하면 일요일을 주의 시작일로 인식합니다.

04 모든 날짜가 속한 월의 시작일을 구합니다.

05 [E6] 셀에 다음 수식을 입력하고 [E6] 셀의 채우기 핸들 ⊞을 더블클릭해 수식을 복사합니다.

```
=B6-DAY(B6)+1
```

TIP 이번 수식에 대한 설명은 이 책의 **Section 21-06**을 참고합니다.

| E6 | fx | =B6-DAY(B6)+1 |

주 일련번호 / 월 주차

	날짜	요일	주 일련번호	월 시작일	월 주차	요일 인덱스	월 주차
6	2023-01-01	일	1	2023-01-01			
13	2023-01-08	일	2	2023-01-01			
20	2023-01-15	일	3	2023-01-01			
27	2023-01-22	일	4	2023-01-01			
34	2023-01-29	일	5	2023-01-01			
41	2023-02-05	일	6	2023-02-01			
48	2023-02-12	일	7	2023-02-01			
160	2023-06-04	일	23	2023-06-01			
167	2023-06-11	일	24	2023-06-01			
174	2023-06-18	일	25	2023-06-01			
181	2023-06-25	일	26	2023-06-01			
187							

06 이어서 [F6] 셀에 수식을 입력하고 [F6] 셀의 채우기 핸들🔸을 더블클릭해 수식을 복사합니다.

=D6-WEEKNUM(E6)+1

F6 ✓ fx =D6-WEEKNUM(E6)+1

주 일련번호 / 월 주차

날짜	요일	주 일련번호	월 시작일	월 주차	요일 인덱스	월 주차
2023-01-01	일	1	2023-01-01	1		
2023-01-31	화	5	2023-01-01	5		
2023-02-01	수	5	2023-02-01	1		
2023-02-28	화	9	2023-02-01	5		
2023-03-01	수	9	2023-03-01	1		
2023-03-31	금	13	2023-03-01	5		
2023-04-01	토	13	2023-04-01	1		
2023-04-30	일	18	2023-04-01	6		
2023-05-01	월	18	2023-05-01	1		
2023-05-31	수	22	2023-05-01	5		
2023-06-01	목	22	2023-06-01	1		
2023-06-30	금	26	2023-06-01	5		

TIP 화면은 이해를 돕기 위해, 각 월의 1일과 31일 날짜만 표시되도록 조정해 놓은 결과입니다.

🔍 **더 알아보기** **수식 이해하기**

이번 수식은 주 일련번호를 이용해 월의 주차를 구하는 방법을 사용하고 있습니다. 날짜로 보다 쉽게 설명해보면, 2023년 2월 28일은 WEEKNUM 함수의 반환 값이 9이므로 2023년도의 9번째 주입니다. 그리고 2023년 2월 1일은 5번째 주입니다. 그 러므로 9에서 5를 빼면 4인데, 여기에 1을 더하면 월의 주차가 되는 원리를 따르는 것입니다. 1을 더하는 이유는 1번째 주 계산 작업은 항상 동일한 주 일련번호를 빼기 때문에 1을 더해야 정확한 월의 주차가 반환되기 때문입니다.

07 이번에는 요일 인덱스 번호를 구해 월의 주차를 계산합니다.

08 [G6] 셀에 수식을 입력하고 [G6] 셀의 채우기 핸들🔸을 더블클릭해 수식을 복사합니다.

=D6-WEEKNUM(E6)+1

G6 ✓ fx =WEEKDAY(B6)

주 일련번호 / 월 주차

날짜	요일	주 일련번호	월 시작일	월 주차	요일 인덱스	월 주차
2023-01-01	일	1	2023-01-01	1	1	
2023-01-02	월	1	2023-01-01	1	2	
2023-01-03	화	1	2023-01-01	1	3	
2023-01-04	수	1	2023-01-01	1	4	
2023-01-05	목	1	2023-01-01	1	5	
2023-01-06	금	1	2023-01-01	1	6	
2023-01-07	토	1	2023-01-01	1	7	
2023-01-08	일	2	2023-01-01	2	1	
2023-01-09	월	2	2023-01-01	2	2	
2023-01-10	화	2	2023-01-01	2	3	
2023-01-11	수	2	2023-01-01	2	4	
2023-01-12	목	2	2023-01-01	2	5	
2023-01-13	금	2	2023-01-01	2	6	
2023-01-14	토	2	2023-01-01	2	7	

TIP 반환 값은 정확하게 1(일)부터 7 (토)까지의 인덱스 값이 반환됩니다.

09 [G6] 셀에 수식을 입력하고 [G6] 셀의 채우기 핸들➕을 더블클릭해 수식을 복사합니다.

```
=INT((DAY(B6)-G6-1)/7)+2
```

H6	f_x =INT((DAY(B6)-G6-1)/7)+2						
	B	C	D	E	F	G	H

날짜	요일	주 일련번호	월 시작일	월 주차	요일 인덱스	월 주차
2023-01-01	일	1	2023-01-01	1	1	1
2023-01-31	화	5	2023-01-01	5	3	5
2023-02-01	수	5	2023-02-01	1	4	1
2023-02-28	화	9	2023-02-01	5	3	5
2023-03-01	수	9	2023-03-01	1	4	1
2023-03-31	금	13	2023-03-01	5	6	5
2023-04-01	토	13	2023-04-01	1	7	1
2023-04-30	일	18	2023-04-01	6	1	6
2023-05-01	월	18	2023-05-01	1	2	1
2023-05-31	수	22	2023-05-01	5	4	5
2023-06-01	목	22	2023-06-01	1	5	1
2023-06-30	금	26	2023-06-01	5	6	5

TIP 반환된 결과는 F열과 정확하게 일치합니다.

🔍 **더 알아보기** | **수식 이해하기**

이번 수식은 G열에 사용했던 요일 인덱스 번호를 반환해주는 수식과 결합되면 다음과 같습니다.

```
=INT((DAY(B6)-WEEKDAY(B6)+1)/7)+2
```

요일 인덱스 번호로 주차를 구하는 방법은 이해가 좀 더 어렵지만 다음 단계로 계산식을 분할해 작업해 보면 왜 이런 계산식이 만들어지는지 이해할 수 있습니다. 첫 번째로는 I열에 다음과 같은 수식을 입력해보는 것입니다.

```
=DAY(B6)-WEEKDAY(B6)+1
```

위 수식으로 한 주간 날짜가 모두 동일한 값을 갖도록 할 수 있는 걸 알 수 있게 됩니다. 두 번째로는 7로 나눈 값을 INT 함수로 정수 값을 얻는 부분으로 J열에 수식을 입력해보세요!

```
=INT(I6/7)
```

그러면 모든 값이 −1부터 4정도의 값이 반환됩니다. 이 값이 1부터 시작되도록 하려면 2를 더하면 월의 주차가 완성되는 것입니다.

y년 m개월과 같은 근속 기간을 계산하는 방법

예제 파일 PART 05 \ CHAPTER 21 \ DATEDIF 함수.xlsx

DATEDIF 함수 도움말

근속 기간을 구하려면 DATEDIF 함수를 사용합니다.

DATEDIF (❶ 시작일, ❷ 종료일, ❸ 옵션)

시작일과 종료일을 지정한 옵션 방식으로 차이를 구해 반환합니다.

❶ 시작일	날짜 차이를 계산할 시작일입니다.
❷ 종료일	날짜 차이를 계산할 종료일로 시작일보다 미래의 날짜를 사용해야 합니다.
❸ 옵션	두 날짜의 차이를 구하는 방법을 설정하는 옵션입니다.

옵션	설명
Y	두 날짜 사이의 년의 차이를 구합니다.
M	두 날짜 사이의 월의 차이(개월)를 구합니다.
D	두 날짜 사이의 일의 차이를 구합니다.
YM	두 날짜 사이의 년의 차이를 구하고 남은 개월 수를 구합니다.
YD	두 날짜 사이의 년의 차이를 구하고 남은 일수를 구합니다.
MD	두 날짜 사이의 년, 월의 차이를 구하고 남은 일수를 구합니다.

* 옵션은 큰 따옴표로 묶어 입력해야 하며, 대/소문자는 구분하지 않습니다.

주의 사항

● DATEDIF 함수는 비공식적으로 제공되는 함수이므로 도움말, 함수 마법사나 함수 목록에서 확인할 수 없습니다.

● DATEDIF 함수는 두 날짜 차이를 뺄셈 연산으로 계산합니다. 예를 들어 시작일이 '1월 1일'이고 종료일이 '1월 3일'인 경우의 차이를 구할 때, 날짜를 세는 방식으로 계산하면 3일이지만 빼면 2일이 됩니다. DATEDIF 함수는 뺄셈 연산을 사용하기 때문에 날짜를 세어야 하는 경우에는 시작일에서 1을 빼거나 종료일에서 1을 더해줍니다.

```
=DATEDIF(시작일, 종료일+1, 옵션)
또는
=DATEDIF(시작일-1, 종료일, 옵션)
```

● 날짜 차이를 뺄셈으로 구해야 하는 대표적인 연산은 '만 나이'를 구하는 계산입니다. 예를 들어 아래 수식은 만 나이를 계산해 반환합니다.

```
=DATEDIF(생년월일, TODAY(), "Y")
```

실무 활용 예제

01 예제의 직원에 대한 근속 기간을 계산합니다.

02 먼저 입사일과 기준일 연도에서 차이를 구합니다.

03 [F7] 셀에 다음 수식을 입력하고 [F7] 셀의 채우기 핸들⊞을 더블클릭해 수식을 복사합니다.

```
=DATEDIF(E7, $K$6+1, "y")
```

🔍 더 알아보기 　 수식 이해하기

근속 기간은 기본적으로 날짜를 세는 방법으로 계산해야 올바른 결과를 얻을 수 있습니다. DATEDIF 함수의 두 번째 인수에서 [K6] 셀의 값에 1을 더하는 연산은 차이를 세는 방법으로 변환하기 위한 것입니다. DATEDIF 함수의 세 번째 인수는 날짜 차이를 구하는 방법에 해당하는 옵션으로 'y'는 년의 차이를 반환합니다.

04 근속 기간의 개월과 일 차이를 한 번에 구합니다.

05 다음 각 셀에 수식을 입력하고 채우기 핸들⊞을 11행까지 드래그해 수식을 복사합니다.

- **[G7] 셀 : =DATEDIF(E7, $K$6+1, "ym")**
- **[H7] 셀 : =DATEDIF(E7, $K$6+1, "md")**

DATEDIF 함수의 세 번째 인수가 2자리 문자로 구성되면 첫 번째 문자의 차이를 구하고 남은 것을 구하란 의미입니다. 즉, 개월 수의 차이를 구할 때 사용한 'ym'은 년(y)의 차이를 구하고 남은 월(m)의 차이를 구하란 의미이며, 일의 차이를 구할 때 사용한 'md'는 월(m)의 차이를 구하고 남은 일(d)의 차이를 구하란 의미입니다.

06 근속 기간을 y년 m개월과 같이 표시합니다.

07 [I7] 셀에 다음 수식을 입력하고 [I7] 셀의 채우기 핸들 🔲을 더블클릭해 수식을 복사합니다.

```
=F7 & "년 " & G7 & "개월"
```

I7			✓ fx	=F7 & "년 " & G7 & "개월"							
	A	B	C	D	E	F	G	H	I	J	K	L

직원 관리 대장

사번	이름	직위	입사일	근속기간			표시형식	기준일
				년	개월	일	Y년 M개월	2023-03-31
1	박지훈	부장	2012-01-01	11	3	-	11년 3개월	
2	유준혁	차장	2016-10-01	6	6	-	6년 6개월	
3	이서연	과장	2018-01-20	5	2	12	5년 2개월	
4	김민준	대리	2022-05-01	-	11	-	0년 11개월	
5	최서현	주임	2020-05-06	2	10	26	2년 10개월	

이번 수식은 왼쪽의 F열과 G열의 결과를 단위 문자열(년, 개월)과 연결한 결과입니다. 참고로 아직 1년이 되지 않는 사람은 0년 이 표시되지 않아야 한다면 수식을 다음과 같이 수정합니다.

```
=IF(F7>0, F7 & "년 ", "") & G7 & "개월"
```

근속 기간의 합계와 평균을 구하는 세 가지 방법

예제 파일 PART 05 \ CHAPTER 21 \ DATEDIF, SUM 함수.xlsx

자주 사용하는 수식 패턴

근속 기간의 합계와 평균을 구할 때 주의할 점은 한 달이란 기간(일 수)이 매월 다르기 때문에 생각처럼 정확하게 계산하는 것이 불가능하다는 점입니다. 예를 들어 3년 4개월과 2년 6개월의 근속 기간의 합계가 단순히 5년 10개월이 되지 않을 수 있습니다. 그러므로 근속 기간의 합계와 평균은 근사치를 계산하는 방법을 사용하며 다음과 같은 세 가지 방법이 주로 사용됩니다.

1. 단순 합계/평균을 이용하는 방법

개별 근속 기간을 먼저 구하고 SUM이나 AVERAGE 함수로 근속 기간을 구한 연도와 개월 수의 합계 또는 평균을 구하는 방법으로 다음과 같은 방법으로 계산합니다.

> **근속 기간의 합계(연도)**
> =SUM(연 범위)+INT(SUM(개월 범위)/12)
>
> **근속 기간의 합계(개월)**
> =MOD(SUM(개월 범위), 12)+INT(SUM(일 범위)/30)
>
> **주의 사항**
> - [연 범위]는 근속 기간의 연도 차이를 구한 범위를 의미합니다.
> - [개월 범위]는 근속 기간의 개월 차이를 구한 범위를 의미합니다.
> - [일 범위]는 근속 기간의 일 차이를 구한 범위를 의미합니다.

근속 기간의 합계는 이런 방법으로 근사치에 가까운 결과를 얻을 수 있습니다. 다만 근속 기간의 평균은 이런 방식으로 계산하기는 쉽지 않으므로 나머지 방법 중 하나를 선택하는 것이 좋습니다.

2. 1년 360일, 한 달 30일로 처리해 계산하는 방법

날짜 계산의 특성 상 한 달을 동일하게 처리하기 어렵기 때문에 여러 회계 계산에서는 한 달을 30일로, 1년을 360일로 보고 처리하는 방법이 있습니다. 엑셀 함수 중에는 DAYS360 함수가 바로 두 날짜 사이의 일수를 1년, 360일 기준으로 계산해주는 함수입니다. 이 함수를 사용해 근속 기간의 합계와 평균을 구할 수 있습니다.

근속 기간의 합계(연도)

=INT(SUM(DAYS360(입사일 범위, 퇴사일 범위))/360)

근속 기간의 합계(개월)

=INT(MOD(SUM(DAYS360(입사일 범위, 퇴사일 범위)), 360)/30)

주의 사항

- [입사일 범위]는 근속 기간을 구할 입사일이 입력된 범위를 의미합니다.
- [퇴사일 범위]는 근속 기간을 구할 퇴사일이 입력된 범위를 의미합니다.
- 이 수식은 배열을 이용하는 수식으로 버전 별로 다르게 입력할 필요가 있습니다.
  - * 엑셀 Microsoft 365, 2021 이후 버전 : Enter 로 입력
  - * 엑셀 2019 버전을 포함한 이전 버전 : Ctrl + Shift + Enter 로 입력
- 근속 기간의 평균을 구하려면 위 수식에서 SUM을 AVERAGE 함수로 수정합니다.

---

3. 1900년 1월 1일을 기준으로 근속 기간의 합계, 평균 구하는 방법

엑셀에서 날짜는 날짜 일련번호로 숫자입니다. 근속일수의 합계나 평균을 DATEDIF 함수의 두 번째 인수에 전달하면 종료일이 되므로 이 방법을 사용해 1900년 1월 1일부터의 근속 기간을 구하는 방법으로 계산합니다.

근속 기간의 합계

=DATEDIF(1, SUM(퇴사일 범위-입사일 범위+1), 옵션)

주의 사항

- [입사일 범위]는 근속 기간을 구할 입사일이 입력된 범위를 의미합니다.
- [퇴사일 범위]는 근속 기간을 구할 퇴사일이 입력된 범위를 의미합니다.
- [옵션]에 "y"는 년의 차이를 "ym"은 개월의 차이를 반환합니다(515페이지 참고).
- 이 수식은 배열을 이용하는 수식으로 버전 별로 다르게 입력할 필요가 있습니다.
  - * 엑셀 Microsoft 365, 2021 이후 버전 : Enter 로 입력
  - * 엑셀 2019 버전을 포함한 이전 버전 : Ctrl + Shift + Enter 로 입력
- 근속 기간의 평균을 구하려면 위 수식에서 SUM을 AVERAGE 함수로 수정합니다.

실무 활용 예제

01 예제의 [C7:D9] 범위에는 입사일과 퇴사일이 기록되어 있으며, [E7:G9] 범위는 근속 기간이 연, 개월, 일 순으로 DATEDIF 함수를 사용해 계산되어 있습니다.

| E7 | ▼ : × ✓ *fx* | =DATEDIF(C7, D7+1, "y") |

경 력 사 항

번호	입사일	퇴사일	근속기간		
			년	개월	일
1	2013-10-01	2015-11-06	2	1	6
2	2016-01-01	2020-02-29	4	2	-
3	2020-04-08	2023-12-31	3	8	24

근속기간		산술계산		1년 360일, 1달 30일		1900년 1월 1일부터	
		년	개월	년	개월	년	개월
근속기간	합계						
	평균						

02 근속 기간의 합계를 산술 계산 방법으로 먼저 계산합니다.

03 [E13:F13] 범위에 다음 수식을 각각 입력합니다.

- **[E13] 셀 :** =SUM(E7:E9)+INT((SUM(F7:F9)+INT(SUM(G7:G9)/30))/12)
- **[F13] 셀 :** =MOD(SUM(F7:F9)+INT(SUM(G7:G9)/30), 12)

| F13 | ▼ : × ✓ *fx* | =MOD(SUM(F7:F9)+INT(SUM(G7:G9)/30), 12) |

경 력 사 항

번호	입사일	퇴사일	근속기간		
			년	개월	일
1	2013-10-01	2015-11-06	2	1	6
2	2016-01-01	2020-02-29	4	2	-
3	2020-04-08	2023-12-31	3	8	24

근속기간		산술계산		1년 360일, 1달 30일		1900년 1월 1일부터	
		년	개월	년	개월	년	개월
근속기간	합계	10	-				
	평균						

🔍 **더 알아보기** **수식 이해하기**

이번 수식을 이해하려면 각 참조 범위가 어떤 값을 계산하고 있는지 이해할 필요가 있습니다.

- [E7:E9] 범위 : 근속 기간 (연)
- [F7:F9] 범위 : 근속 기간 (개월)
- [G7:G9] 범위 : 근속 기간 (일)

위 설명 그대로 [E13] 셀에 작성한 수식에 대입해보면 다음과 같습니다.

$$=SUM(연)+INT((SUM(개월)+INT(SUM(일)/30))/12)$$
　　　　❶　　　　　　　　　　　❷

❶ 연의 차이를 모두 합치고(2+4+3=9),

❷ 개월 수의 합계(1+2+8=11)에 일 합계(6+0+24=30)을 30(한 달)으로 나눈 정수 부분(1)을 더하고(11+1=12) 이 값을 12(1년은 12개월)로 나눈 정수 부분(1)을 얻어

❸ ❶(9)과 ❷(1)를 더하면 근속연수에서 연의 합계를 구할 수 있습니다.

[F13] 셀의 수식은 다음과 같습니다.

$$=MOD(SUM(개월)+INT(SUM(일)/30), 12)$$
　　　　　❶　　　　　　　❷

❶ 근속 기간의 개월을 모두 합치고(1+2+8=11)

❷ 근속 기간의 일을 모두 합친(6+0+24=30) 후 30으로 나눈 정수 부분(=1)을 얻어

❸ ❶(11)과 ❷(1)을 더한 후 12(=개월)로 나눈 나머지(MOD 함수) 부분을 얻으면 근속연수의 개월 수 합계를 구할 수 있습니다.

04 근속 기간의 평균을 산술 계산 방법으로 먼저 계산합니다.

05 [E14:F14] 범위에 다음 수식을 각각 입력합니다.

- **[E14] 셀 : =AVERAGE(E7:E9)**
- **[F14] 셀 : =AVERAGE(F7:F9)**

번호	입사일	퇴사일	근속기간		
			년	개월	일
1	2013-10-01	2015-11-06	2	1	6
2	2016-01-01	2020-02-29	4	2	-
3	2020-04-08	2023-12-31	3	8	24

경력사항 (표 제목)

			산술계산		1년 360일, 1일 30일		1900년 1월 1일부터	
근속기간			년	개월	년	개월	년	개월
		합계	10	-				
		평균	3	4				

🔍 **더 알아보기** **수식 이해하기**

산술평균으로 구한 3년 4개월 결과는 맞는 것 같지만, 근속연수의 합계인 10년이 맞다고 한다면 근속 기간의 평균은 10년을 3으로 나눈 결과여야 합니다. 그러면 3년 3개월 정도가 맞는 결과라고 봐야 합니다. 그러므로 이렇게 산술평균으로 근속 기간의 평균을 구하는 작업은 신뢰하기 어렵습니다.

06 근속 기간의 합계를 1년을 360, 한 달을 30일로 통일해 계산합니다.

07 [G13:H13] 범위에 다음 수식을 각각 입력합니다. 엑셀 2019 이전 버전은 [Ctrl] + [Shift] + [Enter] 로 입력합니다.

- [G13] 셀 : =INT(SUM(DAYS360(C7:C9, D7:D9))/360)
- [H13] 셀 : =INT(MOD(SUM(DAYS360(C7:C9, D7:D9)),360)/30)

| H13 | | : | × ✓ fx | =INT(MOD(SUM(DAYS360(C7:C9, D7:D9)),360)/30) | | | | | | |

	A	B	C	D	E	F	G	H	I	J	K
1											
2				**경 력 사 항**							
3											
5		번호	입사일	퇴사일	**근속기간**						
6					년	개월	일				
7		1	2013-10-01	2015-11-06	2	1	6				
8		2	2016-01-01	2020-02-29	4	2	-				
9		3	2020-04-08	2023-12-31	3	8	24				
10											
11					**산술계산**		1년 360일, 1달 30일		1900년 1월 1일부터		
12					년	개월	년	개월	년	개월	
13		근속기간		합계	10	-	9	11			
14				평균	3	4					
15											

🔍 더 알아보기   **수식 이해하기**

DAYS360 함수는 1년을 360일로 가정하고 두 날짜 사이의 일 수를 세어줍니다. 구문은 다음과 같습니다.

> **DAYS360(시작일, 종료일)**

이번 수식에서 [시작일]과 [종료일] 인수에 [C7:C9], [D7:D9] 범위의 입사일 범위와 퇴사일 범위를 전달했으므로 두 날짜 간의 일 수 차이를 배열로 반환받게 되며, 이후 계산 작업은 다음을 참고합니다.

개월 수 합계는 MOD 함수를 사용해 360으로 나눈 나머지 값을 구하면 356이 반환되고, 이 값을 30으로 나누면 11.866666 이 반환됩니다. 그러므로 개월 수는 11개월이 됩니다. 이렇게 얻은 결과는 [E13:F13] 범위에서 얻은 산술 계산과 다를 수 있습니다. 이런 결과에서 뭐가 맞고, 뭐가 틀리다는 것은 없습니다. 어떤 방식으로 계산했는지에 따라 차이가 발생할 수 있다는 점만 이해하면 됩니다.

08 같은 방법으로 근속 기간의 평균을 계산합니다.

09 [G14:H14] 범위에 다음 수식을 각각 입력합니다. 엑셀 2019 이전 버전은 [Ctrl] + [Shift] + [Enter] 로 입력합니다.

- **[G14] 셀 : =INT(AVERAGE(DAYS360(C7:C9, D7:D9))/360)**
- **[H14] 셀 : =INT(MOD(AVERAGE(DAYS360(C7:C9, D7:D9)),360)/30)**

H14 | =INT(MOD(AVERAGE(DAYS360(C7:C9, D7:D9)),360)/30)

경 력 사 항

번호	입사일	퇴사일	근속기간		
			년	개월	일
1	2013-10-01	2015-11-06	2	1	6
2	2016-01-01	2020-02-29	4	2	-
3	2020-04-08	2023-12-31	3	8	24

근속기간		산술계산		1년 360일, 1달 30일		1900년 1월 1일부터	
		년	개월	년	개월	년	개월
	합계	10	-	9	11		
	평균	3	4	3	3		

TIP 이 수식은 **07** 과정에서 작성한 수식과 동일하며 SUM 함수가 AVERAGE 함수로 바뀐 것 뿐입니다.

10 DATEDIF 함수를 사용해 근속 기간의 합계를 구합니다.

11 [I13:J13] 범위에 다음 수식을 각각 입력합니다. 엑셀 2019 이전 버전은 Ctrl + Shift + Enter 로 입력합니다.

- **[I13] 셀 : =DATEDIF(1, SUM(D7:D9-C7:C9+1), "y")**
- **[J13] 셀 : =DATEDIF(1, SUM(D7:D9-C7:C9+1), "ym")**

J13 | =DATEDIF(1, SUM(D7:D9-C7:C9+1), "ym")

경 력 사 항

번호	입사일	퇴사일	근속기간		
			년	개월	일
1	2013-10-01	2015-11-06	2	1	6
2	2016-01-01	2020-02-29	4	2	-
3	2020-04-08	2023-12-31	3	8	24

근속기간		산술계산		1년 360일, 1달 30일		1900년 1월 1일부터	
		년	개월	년	개월	년	개월
	합계	10	-	9	11	9	11
	평균	3	4	3	3		

🔍 더 알아보기   수식 이해하기

DAETDIF 함수는 두 날짜의 차이를 옵션에 따라 반환해주므로 이번 수식에서는 첫 번째와 두 번째 인수만 이해할 수 있으면 쉽게 이해할 수 있습니다.
첫 번째 인수인 1은 1900년 1월 1일이라는 의미로 엑셀에서 인식할 수 있는 첫 번째 날짜부터 두 번째 인수에서 구한 근속일수만큼의 기간을 연속 근무했다고 가정하고 근속 기간의 합계를 구합니다.

두 번째 인수인 SUM(D7:D9-C7:C9+1)는 퇴사일 범위에서 입사일 범위의 날짜를 모두 빼고 1을 더해 근속일수를 정확하게 계산하는 부분입니다.

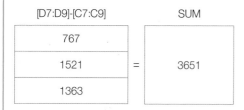

[D7:D9]-[C7:C9]	SUM
767	
1521	3651
1363	

그러므로 이번 수식은 1900년 1월 1일부터 3651번째 날(1909년 12월 29일)까지의 연의 차이와 개월 수의 차이를 반환하라는 수식입니다. 반환 결과는 [G13:H13] 범위와 동일하게 9년 11개월의 결과가 반환되는데, 이것은 입사일과 퇴사일에 따라 얼마든지 다른 결과가 나올 수도 있습니다.

11 DATEDIF 함수를 사용해 근속 기간의 평균을 구합니다.

12 [I14:J14] 범위에 다음 수식을 각각 입력합니다. 엑셀 2019 이전 버전은 Ctrl + Shift + Enter 로 입력합니다.

- **[I14] 셀 :** `=DATEDIF(1, AVERAGE(D7:D9-C7:C9+1), "y")`
- **[J14] 셀 :** `=DATEDIF(1, AVERAGE(D7:D9-C7:C9+1), "ym")`

| J14 | fx | =DATEDIF(1, AVERAGE(D7:D9-C7:C9+1), "ym") |

경 력 사 항

번호	입사일	퇴사일	근속기간		
			년	개월	일
1	2013-10-01	2015-11-06	2	1	6
2	2016-01-01	2020-02-29	4	2	-
3	2020-04-08	2023-12-31	3	8	24

근속기간		산술계산		1년 360일, 1달 30일		1900년 1월 1일부터	
		년	개월	년	개월	년	개월
	합계	10	-	9	11	9	11
	평균	3	4	3	3	3	4

🔍 **더 알아보기**　　**수식 이해하기**

이번 수식은 **11** 과정에서 작성한 수식과 동일하지만 합계가 아니라 평균을 가지고 계산합니다. 퇴사일 범위에서 입사일 범위의 날짜 수를 센 값의 평균은 1217로 날짜로 치면 1903년 5월 1일이 됩니다. 그러므로 근속 기간의 평균은 3년 4개월이 반환됩니다. 이 값은 [E14:F14] 범위에서 구한 결과와 동일합니다.

NETWORKDAYS 함수 도움말

DATEDIF 함수는 두 날짜의 차이를 계산할 수 있지만 주말이나 휴일을 배제할 수는 없습니다. 이럴 때 사용할 수 있는 함수가 NETWORKDAYS 함수입니다.

NETWORKDAYS (❶ 시작일, ❷ 종료일, ❸ 휴일)

시작일부터 종료일까지 주말(토/일)과 휴일을 제외한 근무일수를 세어 반환합니다.

❶ 시작일	시작 날짜
❷ 종료일	끝 날짜로 시작일보다 미래의 날짜를 지정해야 합니다.
❸ 휴일	날짜 계산에서 제외할 휴일 날짜가 입력된 데이터 범위

주의 사항

- NETWORKDAYS 함수는 두 날짜 사이의 일 수를 세어 반환합니다. 즉, 2월 1일부터 2월 3일까지 주말과 휴일이 없다면 함수의 반환 값은 3이 됩니다.

NETWORKDAYS 함수에서 주말은 토요일과 일요일을 의미합니다. 하지만 주말은 회사와 국가에 따라 달라질 수 있습니다. NETWORKDAYS.INTL 함수는 NETWORKDAYS 함수와 동일하지만, 주말을 선택할 수 있는 인수가 추가된 함수입니다.

NETWORKDAYS.INTL (❶ 시작일, ❷ 종료일, ❸ 주말, ❹ 휴일) `2010 이후`

이 함수는 NETWORKDAYS 함수와 동일하며 세 번째 인수([주말])가 추가된 점만 다릅니다.

❶ 시작일	시작 날짜
❷ 종료일	끝 날짜로 시작일보다 미래의 날짜를 지정해야 합니다.

예제 파일 PART 05 \ CHAPTER 21 \ NETWORKDAYS 함수.xlsx

주말에 해당하는 요일을 선택할 수 있는 옵션				

	옵션	주말	옵션	주말
❸ 주말	1	토, 일	11	일
	2	일, 월	12	월
	3	월, 화	13	화
	4	화, 수	14	수
	5	수, 목	15	목
	6	목, 금	16	금
	7	금, 토	17	토
❹ 휴일	날짜 계산에서 제외할 휴일 날짜가 입력된 데이터 범위			

주의 사항

- 엑셀 2010 버전부터 사용할 수 있습니다.
- NETWORKDAYS.INTL 함수는 NETWORKDAYS 함수와 주말을 선택할 수 있다는 점만 다르며 [주말] 인수를 11로 선택 하면 주 6일 근무하는 사업장의 날짜 차이를 구할 수 있습니다.

실무 활용 예제

01 예제의 [F22:H22] 범위에는 평균 배송 소요일을 구할 수 있는 수식이 입력되어 있습니다.

| F22 | ✓ : × ✓ fx | =AVERAGE(F7:F20) |

	A	B	C	D	E	F	G	H	I	J	K	L
1												
2					**평균 배송 소요일 계산**							
3												
5		주문일		배송완료일		배송 소요일				날짜	설명	
6		날짜	요일	날짜	요일	일 수	주 5일	주 6일		2023-01-01	신정	
7		2023-01-01	일	2023-01-03	화					2023-01-21	설날	
8		2023-01-11	수	2023-01-13	금					2023-01-22	설날	
9		2023-01-16	월	2023-01-18	수					2023-01-23	설날	
10		2023-01-23	월	2023-01-26	목					2023-03-01	삼일절	
11		2023-01-31	화	2023-02-03	금					2023-05-01	노동절	
12		2023-02-04	토	2023-02-07	화					2023-05-27	석가탄신일	
13		2023-02-15	수	2023-02-18	토					2023-06-06	현충일	
14		2023-02-21	화	2023-02-23	목					2023-08-15	광복절	
15		2023-03-03	금	2023-03-06	월							
16		2023-03-09	목	2023-03-11	토							
17		2023-03-16	목	2023-03-19	일							
18		2023-03-26	일	2023-03-29	수							
19		2023-04-04	화	2023-04-06	목							
20		2023-04-12	수	2023-04-14	금							
22					평균 배송⚠!	#DIV/0!	#DIV/0!	#DIV/0!				
23												

TIP 현재는 에러가 발생되고 있지만 상위 범위의 배송 소요일이 구해지면 계산 결과가 정확하게 반환됩니다.

02 B열의 주문일에서 D열의 배송 완료일까지 며칠이 소요됐는지 계산합니다.

03 [F7] 셀에 수식을 입력하고 [F7] 셀의 채우기 핸들+을 더블클릭해 수식을 복사합니다.

```
=D7-B7+1
```

F7			fx	=D7-B7+1							
A	B	C	D	E	F	G	H	I	J	K	L

	주문일		배송완료일		배송 소요일				날짜	설명
	날짜	요일	날짜	요일	일 수	주 5일	주 6일		2023-01-01	신정
	2023-01-01	일	2023-01-03	화	3				2023-01-21	설날
	2023-01-11	수	2023-01-13	금	3				2023-01-22	설날
	2023-01-16	월	2023-01-18	수	3				2023-01-23	설날
	2023-01-23	월	2023-01-26	목	4				2023-03-01	삼일절
	2023-01-31	화	2023-02-03	금	4				2023-05-01	노동절
	2023-02-04	토	2023-02-07	화	4				2023-05-27	석가탄신일
	2023-02-15	수	2023-02-18	토	4				2023-06-06	현충일
	2023-02-21	화	2023-02-23	목	3				2023-08-15	광복절
	2023-03-03	금	2023-03-06	월	4					
	2023-03-09	목	2023-03-11	토	3					
	2023-03-16	목	2023-03-19	일	4					
	2023-03-26	일	2023-03-29	수	4					
	2023-04-04	화	2023-04-06	목	3					
	2023-04-12	수	2023-04-14	금	3					
			평균 배송일		3.50	#DIV/0!	#DIV/0!			

TIP 모든 날짜가 배송에 소요됐다면 평균 3.5일([F22] 셀)의 배송 소요일이 걸렸다고 판단할 수 있습니다.

04 주말(토/일)과 J열의 휴일을 제외한 배송 소요일을 구합니다.

05 [G7] 셀에 수식을 입력하고 [G7] 셀의 채우기 핸들+을 더블클릭해 수식을 복사합니다.

```
=NETWORKDAYS(B7, D7, $J$6:$J$14)
```

G7			fx	=NETWORKDAYS(B7, D7, $J$6:$J$14)							
A	B	C	D	E	F	G	H	I	J	K	L

	주문일		배송완료일		배송 소요일				날짜	설명
	날짜	요일	날짜	요일	일 수	주 5일	주 6일		2023-01-01	신정
	2023-01-01	일	2023-01-03	화	3	2			2023-01-21	설날
	2023-01-11	수	2023-01-13	금	3	3			2023-01-22	설날
	2023-01-16	월	2023-01-18	수	3	3			2023-01-23	설날
	2023-01-23	월	2023-01-26	목	4	3			2023-03-01	삼일절
	2023-01-31	화	2023-02-03	금	4	4			2023-05-01	노동절
	2023-02-04	토	2023-02-07	화	4	2			2023-05-27	석가탄신일
	2023-02-15	수	2023-02-18	토	4	3			2023-06-06	현충일
	2023-02-21	화	2023-02-23	목	3	3			2023-08-15	광복절
	2023-03-03	금	2023-03-06	월	4	2				
	2023-03-09	목	2023-03-11	토	3	2				
	2023-03-16	목	2023-03-19	일	4	2				
	2023-03-26	일	2023-03-29	수	4	3				
	2023-04-04	화	2023-04-06	목	3	3				
	2023-04-12	수	2023-04-14	금	3	3				
			평균 배송일		3.50	2.71	#DIV/0!			

TIP 주말/휴일을 제외하면, 평균 2.7일([G22] 셀)의 배송 소요일이 걸렸다고 판단할 수 있습니다.

06 주 6일제 근무를 산정하고 배송 소요일을 구합니다.

07 [H7] 셀에 수식을 입력하고 [H7] 셀의 채우기 핸들⊞을 더블클릭해 수식을 복사합니다.

```
=NETWORKDAYS.INTL(B7, D7, 11, $J$6:$J$14)
```

| H7 | : | × ✓ fx | =NETWORKDAYS.INTL(B7, D7, 11, $J$6:$J$14) |

	A	B	C	D	E	F	G	H	I	J	K	L
1												
2				**평균 배송 소요일 계산**								
3												
5		주문일		배송완료일		배송 소요일				날짜	설명	
6		날짜	요일	날짜	요일	일 수	주 5일	주 6일		2023-01-01	신정	
7		2023-01-01	일	2023-01-03	화	3	2	2		2023-01-21	설날	
8		2023-01-11	수	2023-01-13	금	3	3	3		2023-01-22	설날	
9		2023-01-16	월	2023-01-18	수	3	3	3		2023-01-23	설날	
10		2023-01-23	월	2023-01-26	목	4	3	3		2023-03-01	삼일절	
11		2023-01-31	화	2023-02-03	금	4	4	4		2023-05-01	노동절	
12		2023-02-04	토	2023-02-07	화	4	2	3		2023-05-27	석가탄신일	
13		2023-02-15	수	2023-02-18	토	4	3	4		2023-06-06	현충일	
14		2023-02-21	화	2023-02-23	목	3	3	3		2023-08-15	광복절	
15		2023-03-03	금	2023-03-06	월	4	2	3				
16		2023-03-09	목	2023-03-11	토	3	2	3				
17		2023-03-16	목	2023-03-19	일	4	2	3				
18		2023-03-26	일	2023-03-29	수	4	3	3				
19		2023-04-04	화	2023-04-06	목	3	3	3				
20		2023-04-12	수	2023-04-14	금	3	3	3				
22					평균 배송일	3.50	2.71	3.07				
23												

TIP 주말을 일요일만으로 한정하면 평균 3.1일([H22] 셀)의 배송 소요일이 걸렸다고 판단할 수 있습니다.

주말(휴일) 제외한 n번째 이후/이전 날짜를 구하는 방법

예제 파일 PART 05 \ CHAPTER 21 \ WORKDAY 함수.xlsx

WORKDAY 함수 도움말

특정 날짜부터 주말과 휴일을 제외한 n번째 이후(또는 이전) 날짜를 계산하고 싶다면 WORKDAY 함수를 사용할 수 있습니다. WORKDAY 함수는 NETWORKDAYS 함수와 동일하게 주말은 토/일요일로 고정이며, 주말을 직접 선택하려면 WORKDAY.INTL 함수를 사용해야 합니다.

WORKDAY (❶ 시작일, ❷ 근무일, ❸ 휴일)

시작일에 근무일을 더한 날짜를 반환합니다. 단, 날짜 계산에서 주말(토/일)과 휴일은 제외합니다.

❶ 시작일	시작 날짜
❷ 근무일	평일 근무 일수
❸ 휴일	날짜 계산에서 제외할 휴일 날짜가 입력된 데이터 범위

주의 사항

- WORKDAY 함수는 시작일에 근무일을 더하는 방식으로 날짜 계산 작업을 합니다. 예를 들어 2월 1일부터 주말과 휴일 없이 3일 뒤는 2월 4일입니다. 그러므로 세는 방식으로 계산하려면 [시작일] 인수의 값에서 1을 빼는 연산을 추가합니다.

  ```
  =WORKDAY(시작일-1, 근무일, 휴일)
  ```

- [근무일]을 음수로 지정하면 [시작 날짜] 이전의 날짜를 계산해 반환합니다.
- [휴일] 인수를 생략하면 주말(토/일)만 제외한 종료일을 반환합니다.

WORKDAY.INTL (❶ 시작일, ❷ 근무일, ❸ 주말, ❹ 휴일) `2010 이후`

이 함수는 WORKDAY 함수와 동일하며 세 번째 인수에 [주말]을 선택할 수 있는 옵션이 제공되는 점만 다릅니다.

❶ 시작일	시작 날짜			
❷ 종료일	평일 근무 일수			
❸ 주말	주말 요일을 선택하는 옵션			
	옵션	요일	옵션	요일
	1	토, 일	11	일

	옵션	요일	옵션	요일
❸ 주말	2	일, 월	12	월
	3	월, 화	13	화
	4	화, 수	14	수
	5	수, 목	15	목
	6	목, 금	16	금
	7	금, 토	17	토
❹ 휴일	날짜 계산에서 제외할 휴일 날짜가 입력된 데이터 범위			

주의 사항

● 엑셀 2010 버전부터 사용할 수 있습니다.

● WORKDAY.INTL 함수에서 [주말] 인수를 11로 선택하면 주 6일 근무하는 사업장의 날짜 차이를 구할 수 있습니다.

실무 활용 예제

01 예제의 주문일로부터 주말/휴일을 제외하고 3일 뒤 배송 예정일 날짜를 계산합니다.

02 주 5일 근무하는 경우의 배송 예정일을 계산합니다.

03 [E7] 셀에 다음 수식을 입력하고 [E7] 셀의 채우기 핸들 🔳을 더블클릭해 수식을 복사합니다.

```
=WORKDAY(C7-1, 3, $J$6:$J$14)
```

🔍 더 알아보기   수식 이해하기

WORKDAY.INTL 함수는 WORKDAY 함수와 동일한 방법으로 계산하지만 NETWORKDAYS.INTL 함수처럼 주말을 따로 지정해 계산할 수 있습니다. WORKDAY.INTL 함수의 세 번째 [주말] 인수의 값을 11로 설정하면 일요일만 주말로 인식하므로 주6일 근무 환경의 종료일을 계산할 수 있습니다. 다만, 이 함수는 엑셀 2010 버전 부터 사용할 수 있으므로 엑셀 2007 버전에서 이 함수를 사용한 파일을 열면 #NAME! 오류가 발생합니다.

계산된 날짜가 주말인 경우 직전 평일 날짜로 변환하기

예제 파일 PART 05 \ CHAPTER 21 \ WORKDAY 함수-평일.xlsx

자주 사용하는 수식 패턴

여러 함수로 계산된 날짜가 주말(또는 휴일)인 경우에 직전 평일 날짜를 얻고 싶은 경우가 있습니다. 이럴 때는 WORKDAY 함수를 사용한 다음과 같은 수식을 자주 사용합니다.

=WORKDAY(계산날짜+1, -1, 휴일)

주의 사항

- [계산날짜]는 날짜 또는 날짜 계산식입니다.
- [휴일]은 생략하면 주말(토/일)을 제외한 직전 평일 날짜를 반환합니다.
- [주말]에서 일요일만 제외하고 싶다면 WORKDAY 함수를 WORKDAY.INTL 함수로 변경합니다.

```
=WORKDAY.INTL(계산날짜+1, -1, 11, 휴일)
```

실무 활용 예제

01 예제의 C열에 입력된 급여일이 주말이나 휴일인 경우 직전 평일을 급여일로 조정합니다

02 [E7] 셀에 다음과 같이 입력하고 [E7] 셀의 채우기 핸들➕을 더블클릭해 수식을 복사합니다.

[E7] 셀 : =WORKDAY(C7+1, -1, $H$7:$H$25)

E6		:	×	✓	f_x	=WORKDAY(C6+1, -1, $H$6:$H$20)				

	A	B	C	D	E	F	G	H	I	J
1										
2					**급여일 계산**					
3										
5		월	급여일	요일	실급여일	요일		날짜	설명	
6		1월	2023-01-25	수	2023-01-25	수		2023-01-01	신정	
7		2월	2023-02-25	토	2023-02-24	금		2023-01-21	설날	
8		3월	2023-03-25	토	2023-03-24	금		2023-01-22	설날	
9		4월	2023-04-25	화	2023-04-25	화		2023-01-23	설날	
10		5월	2023-05-25	목	2023-05-25	목		2023-03-01	삼일절	
11		6월	2023-06-25	일	2023-06-23	금		2023-05-01	노동절	
12		7월	2023-07-25	화	2023-07-25	화		2023-05-27	석가탄신일	
13		8월	2023-08-25	금	2023-08-25	금		2023-06-06	현충일	
14		9월	2023-09-25	월	2023-09-25	월		2023-08-15	광복절	
15		10월	2023-10-25	수	2023-10-25	수		2023-09-28	추석	
16		11월	2023-11-25	토	2023-11-24	금		2023-09-29	추석	
17		12월	2023-12-25	월	2023-12-22	금		2023-09-30	추석	
18								2023-10-03	개천절	
19								2023-10-09	한글날	
20								2023-12-25	크리스마스	
21										

🔍 **더 알아보기** | **수식 이해하기**

WORKDAY 함수는 주말과 휴일을 배제한 날짜 계산을 할 수 있는 함수이므로, 이렇게 직전 평일을 구해야 하는 경우에도 유용하게 사용할 수 있습니다. 이번 수식은 다음과 같이 이해할 수 있습니다.

> =WORKDAY(급여일+1, -1, 휴일)

즉, 급여일보다 하루 뒤 날짜(1)에서 하루 전 날짜(-1)를 계산합니다. 이렇게 수식을 작성하면 급여일이 토요일인 경우 시작일은 일요일이 되고, 주말을 제외한 하루 전 날짜는 직전 금요일이 됩니다. 또한 급여일이 일요일인 경우에 시작일은 월요일이 되고, 주말을 제외한 하루 전 날짜는 토요일과 마찬가지로 직전 금요일로 반환됩니다. 여기서 휴일은 [H6:H20] 범위에 입력되어 있고, 이 날짜 역시 제외해서 계산하므로 항상 정확한 평일 날짜를 반환받을 수 있습니다.

C열과 같이 급여일을 따로 입력하지 않았다면 이번 수식은 다음과 같이 변경할 수 있습니다.

> =WORKDAY(DATE(YEAR(TODAY()), ROW(A1), 25)+1, -1, $H$6:$H$20)

위 수식은 이번 수식보다는 복잡해보이지만, 달라진 부분은 WORKDAY 함수의 첫 번째 인수 부분으로 DATE 함수를 사용해 올해(YEAR(TODAY()))의 ROW(A1) 함수에서 반환되는 1, 2, 3, … 월의 25일 날짜가 반환되도록 한 부분입니다. 이렇게 하면 C열의 급여일을 직접 입력하지 않아도 자동으로 E열의 계산 결과를 얻을 수 있습니다.

근무시간에서 식사(휴식) 시간을 제외하는 방법

예제 파일 PART 05 \ CHAPTER 21 \ TIME 함수.xlsx

TIME 함수 도움말

엑셀에서 시간을 입력할 때 가장 쉽게 사용할 수 있는 방법 중 하나가 TIME 함수를 사용하는 것입니다.

TIME (❶ 시, ❷ 분, ❸ 초)

시, 분, 초 값을 받아 시간 값을 반환합니다.

❶ 시	시를 의미하는 0~32,767 사이의 숫자 값입니다. 24 이상의 값은 24로 나눈 값을 사용합니다.
❷ 분	분을 의미하는 0~32,767 사이의 숫자 값입니다. 60 이상의 값은 60으로 나눈 값을 사용합니다.
❸ 초	초를 의미하는 0~32,767 사이의 숫자 값입니다. 60 이상의 값은 60으로 나눈 값을 사용합니다.

주의 사항

● TIME(1,0,0)은 오전 1시의 의미도 있지만 1시간의 의미로도 사용할 수 있습니다. TIME(1, 0, 0)은 다음과 같이 분수로 입력할 수도 있습니다. 아래 수식에서 1은 하루를 24는 시간을 의미합니다.

```
1/24
```

실무 활용 예제

01 예제를 열고 근태 관리표에서 점심시간(오후 12시~1시)을 제외한 근무시간을 계산합니다.

02 근무시간을 먼저 계산합니다.

03 [E8] 셀에 다음 수식을 입력하고 [E8] 셀의 채우기 핸들➕을 [I8] 셀까지 드래그합니다.

```
=E7-E6
```

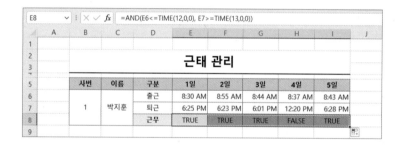

TIP 이번 수식으로 계산된 근무시간은 점심시간을 포함합니다.

04 출/퇴근시간 사이에 점심시간이 포함됐는지 확인합니다.

05 [E8] 셀에 수식을 다음처럼 수정하고 [E8] 셀의 채우기 핸들➕을 [I8] 셀까지 드래그합니다.

```
=AND(E6<=TIME(12, 0, 0), E7>=TIME(13, 0, 0))
```

🔍 **더 알아보기**　　**수식 이해하기**

점심시간이 근무시간에 포함되어 있는지 확인하려면 다음 두 가지 조건을 만족해야 합니다.

● 조건 1 : 출근시간이 점심시간 이전이어야 합니다.
● 조건 2 : 퇴근시간이 점심시간 이후이어야 합니다.

이번 수식은 위 두 가지 조건이 만족하는지 확인하기 위해 AND 함수를 사용한 것으로 TRUE는 점심시간이 포함된 경우를 FALSE는 점심시간이 포함되지 않은 경우로 이해할 수 있습니다.

TIME 함수는 이해하기는 쉽지만 수식의 길이를 길게 만들기 때문에 짧은 수식을 원하면 수식을 다음과 같이 변경할 수 있습니다.

```
=AND(E6<=12/24, E7>=13/24)
```

06 점심시간이 포함됐는지 여부를 확인했으므로 근무시간을 계산합니다.

07 [E8] 셀의 수식을 다음처럼 수정하고 [E8] 셀의 채우기 핸들🔲을 [I8] 셀까지 드래그합니다.

```
=E7-E6-IF(AND (E6<=TIME(12,0,0), E7>=TIME (13,0,0)), TIME(1,0,0), 0)
```

| E8 | ✓ fx | =E7-E6-IF(AND(E6<=TIME(12,0,0), E7>=TIME(13,0,0)), TIME(1,0,0), 0) |

	A	B	C	D	E	F	G	H	I	J
1										
2					근태 관리					
3										
5		사번	이름	구분	1일	2일	3일	4일	5일	
6				출근	8:30 AM	8:55 AM	8:44 AM	8:37 AM	8:43 AM	
7		1	박지훈	퇴근	6:25 PM	6:23 PM	6:01 PM	12:20 PM	6:28 PM	
8				근무	8:55	8:28	8:17	3:43	8:45	
9										

🔍 **더 알아보기**   **수식 이해하기**

근무시간에서 점심시간 1시간을 빼야 하므로 이번 수식에서 IF 함수를 사용해 점심시간이 포함된 경우에는 한 시간(TIME(1,0,0))을 빼는 방식으로 계산했습니다. 참고로 이번 수식 역시 TIME 함수를 24로 나누는 분수를 사용해 수식을 입력할 수 있습니다.

```
=E7-E6-IF(AND(E6<=12/24, E7>=13/24), 1/24, 0)
```

또한 AND 함수의 결과는 TRUE(1), FALSE(0)를 반환하므로 IF 함수를 사용하지 않고 다음과 같이 수식을 줄여 입력할 수 있습니다.

```
=E7-E6-AND(E6<=12/24, E7>=13/24)/24
```

마지막으로 근무시간은 30분 단위로 인정된다면 배수로 내림해주는 FLOOR 함수를 중첩해 다음과 같은 수식을 사용하면 됩니다.

```
=FLOOR(E7-E6-AND(E6<=12/24, E7>=13/24)/24, TIME(0, 30, 0))
```

그러면 [E8] 셀은 8:55이 8:30으로 조정되며 [F8] 셀은 8:24에서 8:00으로 조정됩니다. 수식을 직접 수정해 결과를 확인해봅니다.

주 52시간 초과여부를
확인하는 방법

예제 파일 PART 05 \ CHAPTER 21 \ TEXT, SUMIF 함수.xlsx

자주 사용하는 수식 패턴

시간의 합계를 구할 때는 엑셀에서 시간은 숫자이므로 SUM, SUMIF 함수 등을 사용하면 됩니다. 다만 시간이란 데이터의 특성상 24 이상의 시간을 표현할 수 없습니다. 24 이상의 시간을 표현하려면 데이터 표시 형식이나 TEXT 함수 등을 사용해야 합니다.

=TEXT(SUM(근무시간), "[h]:mm")

24시간을 초과하는 근무 시간을 시:분 형식으로 변환해 반환합니다.

주의 사항

- [근무시간]은 근무 시간이 입력된 데이터 범위
- [근무시간]을 조건에 맞춰 집계하려면 SUMIF 함수를 사용하는 다음과 같은 수식을 사용합니다.

```
=TEXT(SUMIF(범위, 조건, 근무시간), "[h]:mm")
```

- 이번 수식은 근무 시간이 24시간 이상인 경우에는 24:30 과 같은 결과를 반환합니다.
- 참고로 시간의 합계만 필요하면 :mm 부분은 필요하지 않습니다.

실무 활용 예제

01 예제의 표에서 주 차별 근무시간의 합계를 구하고 52시간을 넘은 경우가 있는지 확인합니다.

02 먼저 주 차별 근무시간의 합계를 구합니다.

03 [O7:P7] 범위의 각 셀에 다음 수식을 입력하고 채우기 핸들➕을 더블클릭해 11행까지 수식을 복사합니다.

- [O7] 셀 : =SUMIF($C$6:$N$6, $O$6, C7:N7)
- [P7] 셀 : =SUMIF($C$6:$N$6, $P$6, C7:N7)

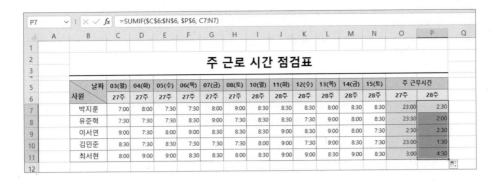

	날짜	03(월)	04(화)	05(수)	06(목)	07(금)	08(토)	10(월)	11(화)	12(수)	13(목)	14(금)	15(토)	주 근무시간	
사원		27주	27주	27주	27주	27주	27주	28주	28주	28주	28주	28주	28주	27주	28주
	박지훈	7:00	8:00	7:30	7:30	8:00	9:00	8:30	8:30	8:30	8:00	8:30	8:30	23:00	2:30
	유준혁	7:30	7:30	7:30	8:30	9:00	7:30	8:30	8:30	7:30	9:00	8:00	8:30	23:30	2:00
	이서연	9:00	7:30	8:00	9:00	8:30	8:30	8:30	9:00	8:30	9:00	8:00	7:30	2:30	2:30
	김민준	8:30	7:30	8:30	7:30	7:30	7:30	8:00	9:00	7:30	9:00	8:30	7:30	23:00	1:30
	최서현	8:00	9:00	9:00	8:30	8:30	8:00	8:30	9:00	9:00	8:30	9:00	8:30	3:00	4:30

🔍 더 알아보기   수식 이해하기

시간은 숫자이므로 시간의 합이 필요하면 SUM 함수를 이용합니다. 다만 시간은 0과 1사이의 소수 값입니다. 따라서 SUM, SUMIF 함수 등을 사용해 시간의 합계를 구하면 1.9583 와 같은 실수 값이 구해지고, 이 값 중 시간에 해당하는 부분은 0.9853 이므로 [O7] 셀에 시간이 23:00과 같이 표시되는 것입니다.

이런 결과를 확인해 보려면 [O7:P11] 범위를 선택하고 [홈] 탭−[표시 형식] 그룹−[표시 형식]을 [일반]으로 변경합니다. 즉, 시간의 합계는 제대로 구해져도 표시되는 부분은 소수점 이하 값만 시간으로 표시되므로 계산이 잘못된 것과 같은 착각을 할 수 있습니다. [O7] 셀과 [P7] 셀에 입력된 수식은 사실 동일한 수식이므로, 한 번만 수식을 입력하고 복사해 사용하려면 [O7] 셀의 수식 참조 방식을 다음과 같이 변경하면 됩니다.

```
=SUMIF($C$6:$N$6, O$6, $C7:$N7)
```

수식을 위와 같이 변경하고 [O7] 셀의 수식을 [O7:P11] 범위에 모두 복사하면 동일한 결과를 얻을 수 있습니다.

04 24시간이 넘는 시간 결과를 표시하려면 시간 표시 형식을 변경해야 합니다.

05 [O7:P11] 범위를 선택하고 Ctrl + 1 을 눌러 [셀 서식] 대화상자를 엽니다.

06 [표시 형식] 탭에서 다음과 같이 설정한 후 [확인]을 클릭합니다.

· **[범주]** : 사용자 지정
· **[형식]** : [h]:mm

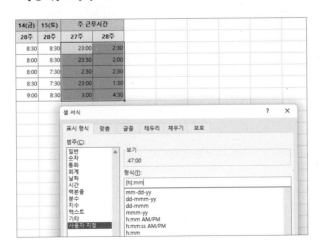

표시 형식을 변경하면 시간 표시 한계를 넘도록 할 수 있습니다. 그러기 위해서는 시간 서식 코드를 대괄호([ ])로 묶어 사용하는 방법을 이해할 필요가 있습니다.

서식 코드	설명
H	시를 의미하며 0~23 사이의 숫자 값으로 표시됩니다.
[H]	시를 의미하며 23을 초과하는 24, 25, 26, …와 같은 시간 값을 표시할 수 있습니다.
M	콜론(:) 기호와 함께 사용하면 분을 의미하며 0~59 사이의 숫자 값으로 표시됩니다.
[M]	콜론(:) 기호와 상관없이 59를 초과하는 60, 61, 62, …와 같은 분을 표시할 수 있습니다.
S	초를 의미하며 0~59 사이의 숫자 값으로 표시됩니다.
[S]	초를 의미하며 59를 초과하는 60, 61, 62, …와 같은 초를 표시할 수 있습니다.

TIP 서식 코드는 대/소문자를 구별하지 않습니다.

그러므로 이번 서식 코드 변경은 시간은 24시간 이상을 표시할 수 있도록 [h]와 같이 설정하고, 남은 분은 정상적으로 표시되도록 mm만 설정한 것입니다.

07 이렇게 하면 근무시간의 합계가 다음과 같이 24 이상의 시간을 표시하게 됩니다.

| O7 | | | fx | =SUMIF($C$6:$N$6, $O$6, C7:N7) | | | | | | | | | | | | | |

	A	B	C	D	E	F	G	H	I	J	K	L	M	N	O	P	Q
1																	
2								**주 근 로 시 간 점 검 표**									
3																	
5		날짜	03(월)	04(화)	05(수)	06(목)	07(금)	08(토)	10(월)	11(화)	12(수)	13(목)	14(금)	15(토)	주 근무시간		
6		사원	27주	27주	27주	27주	27주	27주	28주	28주	28주	28주	28주	28주	27주	28주	
7		박지훈	7:00	8:00	7:30	7:30	8:00	9:00	8:30	8:30	8:30	8:00	8:30	8:30	47:00	50:30	
8		유준혁	7:30	7:30	7:30	8:30	9:00	7:30	8:30	8:30	7:30	9:00	8:00	8:30	47:30	50:00	
9		이서연	9:00	7:30	8:00	9:00	8:30	8:30	8:30	9:00	8:30	9:00	8:00	7:30	50:30	50:30	
10		김민준	8:30	7:30	8:30	7:30	7:30	7:30	8:00	9:00	7:30	9:00	8:30	7:30	47:00	49:30	
11		최서현	8:00	9:00	9:00	8:30	8:30	8:00	8:30	9:00	9:00	8:30	9:00	8:30	51:00	52:30	

🔍 더 알아보기　　**수식을 이용해 24시간 이상을 표현하는 방법**

서식 코드를 변경하는 방법은 셀에 표시되는 방법만 변경하는 것이므로, 실제 24시간이 넘는 47과 같은 숫자를 사용하지는 못합니다. 엑셀 함수 중 서식 코드를 이용해 데이터를 실제 값으로 변환해주는 함수는 TEXT 함수입니다. 그러므로 이번 방법과 같은 [셀 서식]을 이용하지 않고, SUMIF 함수의 결과를 바로 24이상의 시간을 표시하도록 변환하려면 [O7] 셀의 수식을 다음과 같이 수정합니다.

```
=TEXT(SUMIF($C$6:$N$6, O$6, $C7:$N7), "[h]:mm")
```

이렇게 주별 근무시간의 합계를 구했을 때 [O7:P11] 범위 내에서 52시간을 초과하는 경우는 [P11] 셀의 '최서현'의 28주 근무시간의 경우 밖에 없습니다.

이렇게 TEXT 함수를 사용하는 방법은 시간 계산에서 자주 사용하는 방법이므로 잘 기억해 두면 좋습니다. 다만 TEXT 함수는 텍스트 형식으로 데이터를 반환하므로 숫자로 시간 부분만 얻으려면 [O7] 셀의 수식이 다음과 같이 변경되어야 합니다.

```
=--TEXT(SUMIF($C$6:$N$6, O$6, $C7:$N7), "[h]")
```

참조 함수

엑셀은 한 번 입력된 데이터를 다시 입력하는 대신 참조를 통해 사용하게 됩니다. 원하는 값을 가지고 있는 셀의 위치를 알 수 있다면 '=A1'과 같은 방식으로 참조하면 되지만, 특정 조건에 해당하는 데이터를 참조하려면 함수를 사용해야 합니다. 이번 CHAPTER에서는 다른 표에서 원하는 조건에 맞는 데이터를 참조할 때 사용하는 VLOOKUP 함수와 같은 참조 함수에 대해 자세히 알아보겠습니다.

VLOOKUP 함수로 다른 표의 값 참조하는 방법

예제 파일 PART 05 \ CHAPTER 22 \ VLOOKUP 함수.xlsx

VLOOKUP 함수 도움말

VLOOKUP 함수는 엑셀의 대표적인 참조 함수로 엑셀 사용자라면 반드시 익혀야 할 함수 중의 하나입니다. 다음은 VLOOKUP 함수에 대한 설명입니다.

VLOOKUP (❶ 찾을 값, ❷ 표, ❸ 열 번호, ❹ 찾는 방법)

[표]의 첫 번째 열에서 [찾을 값]을 찾아 오른쪽 [열 번호] 위치 열의 값을 참조해 반환합니다.

❶ 찾을 값	[표]의 왼쪽 첫 번째 열에서 찾을 값입니다.		
❷ 표	[찾을 값]과 참조해올 값을 모두 포함하는 데이터 범위를 의미합니다.		
❸ 열 번호	[표]에서 참조할 값을 갖는 열의 인덱스 번호입니다.		
❹ 찾는 방법	[찾을 값]을 [표]의 왼쪽 첫 번째 열에서 찾는 방법을 지정합니다.		
	찾는 방법	설명	
	TRUE 또는 생략	표의 왼쪽 첫 번째 열이 오름차순으로 정렬되어 있다고 가정하고 값을 찾는데, 찾을 값보다 큰 값을 만날 때까지 동일한 값을 찾지 못하면 찾을 값보다 작은 값 중에서 가장 큰 값의 위치를 찾습니다.	
	FALSE	표의 왼쪽 첫 번째 열에서 찾을 값과 정확하게 일치하는 첫 번째 위치를 찾습니다.	

주의 사항

- [찾을 값]을 [표]의 왼쪽 첫 번째 열에서 찾지 못하면 #N/A 에러가 반환됩니다.
- [표]의 첫 번째 열에서만 값을 찾을 수 있으며, 오른쪽에 있는 열의 값만 참조할 수 있습니다.

실무 활용 예제

01 예제의 견적서에 제품에 맞는 단가를 오른쪽 표에서 참조합니다.

02 [H8] 병합 셀에 다음 수식을 입력하고 [H8] 셀의 채우기 핸들을 [H14] 셀까지 드래그합니다.

```
=VLOOKUP(C8, $O$7:$P$13, 2, FALSE)
```

| H8 | ✓ fx | =VLOOKUP(C8, $O$7:$P$13, 2, FALSE) |

견 적 서

번호	품명	수량	단가	공급가액	세액
	총 액 (공급가액 + 세액)			**#N/A**	
1	레이저복합기 L350	2	220,000	440,000	44,000
2	바코드 BCD-100 Plus	10	95,000	950,000	95,000
3	열제본기 TB-8200	5	152,000	760,000	76,000
			#N/A	#N/A	#N/A
			#N/A	#N/A	#N/A
			#N/A	#N/A	#N/A
			#N/A	#N/A	#N/A

단가표

❶ 제품	❷ 단가
잉크젯복합기 AP-3200	75,000
레이저복합기 L350 ---▶ 220,000	
무한레이저복합기 L800C	482,000
문서세단기 SCUT-1000	439,000
잉크젯팩시밀리 FX-2000+	85,000
열제본기 TB-8200	152,000
바코드 BCD-100 Plus	95,000

🔍 **더 알아보기** **수식 이해하기**

견적서에서 단가를 참조하려면 먼저 두 표에 모두 동일한 값이 있어야 합니다. 견적서의 품명([C:F] 열)과 오른쪽 단가표의 제품 (O열)이 동일하므로, ❶ [C8] 병합 셀의 값을 [O7:O13] 범위에서 찾아 ❷ 오른쪽에 있는 단가 열(P열)의 값을 참조해옵니다. 이 표의 구조는 VLOOKUP 함수를 사용할 수 있으므로 [C8] 병합 셀의 값이 VLOOKUP 함수의 첫 번째 인수인 [찾을 값]이 되고, 이 값을 찾을 열과 참조해올 열을 연결한 범위([O7:P13] 범위)에서 두 번째 인수인 [표] 인수가 됩니다. 참조할 열은 [표] 의 두 번째 열이므로 [열 번호]는 2가 됩니다. 마지막으로 [C8] 병합 셀의 값과 똑 같은 제품을 찾아야 하므로 [찾는 방법] 인수는 FALSE가 됩니다.

03 #N/A 에러는 0이 반환되도록 IFERROR 함수를 사용해 수식을 수정합니다.

04 [H8] 병합 셀의 수식을 다음과 같이 수정하고 [H8] 병합 셀의 채우기 핸들🔽을 14행까지 드래그합 니다.

```
=IFERROR(VLOOKUP(C8, $O$7:$P$13, 2, FALSE), 0)
```

| H8 | ✓ fx | =IFERROR(VLOOKUP(C8, $O$7:$P$13, 2, FALSE), 0) |

견 적 서

번호	품명	수량	단가	공급가액	세액
	총 액 (공급가액 + 세액)			**2,365,000**	
1	레이저복합기 L350	2	220,000	440,000	44,000
2	바코드 BCD-100 Plus	10	95,000	950,000	95,000
3	열제본기 TB-8200	5	152,000	760,000	76,000
			-	-	-
			-	-	-
			-	-	-
			-	-	-

단가표

제품	단가
잉크젯복합기 AP-3200	75,000
레이저복합기 L350	220,000
무한레이저복합기 L800C	482,000
문서세단기 SCUT-1000	439,000
잉크젯팩시밀리 FX-2000+	85,000
열제본기 TB-8200	152,000
바코드 BCD-100 Plus	95,000

TIP IFERROR 함수는 IFNA(엑셀 2013 이후 버전) 함수로 대체할 수 있습니다.

작은 값부터 입력된 구간에 속한 값 찾아 참조하는 방법

예제 파일 PART 05 \ CHAPTER 22 \ VLOOKUP 함수—구간.xlsx

자주 사용하는 수식 패턴

숫자를 하나씩 입력하지 않고 최소/최대와 같이 값을 구간으로 정리한 표가 많습니다. 이런 표도 오름차순으로 정렬되어 있다면 VLOOKUP 함수를 사용해 해당하는 값의 위치를 구간에서 찾을 수 있습니다. 만약 내림차순으로 정렬된 경우라면 이 책의 553페이지를 참고합니다.

```
=VLOOKUP(찾을 값, 표, 열 번호, TRUE)
```

주의 사항

- [표]의 첫 번째 열은 구간 내 최솟값이 입력되어 있어야 합니다.
- VLOOKUP 함수의 마지막 인수는 반드시 TRUE거나 생략해야 합니다.
- 이번 수식은 INDEX, MATCH 함수를 사용해 다음과 같이 변경될 수 있습니다.

```
=INDEX(표의 첫 열, MATCH(찾을 값, 참조할 열, 1))
```

실무 활용 예제

01 예제의 표에서 근속 기간이 속한 보너스 지급 비율을 오른쪽 표에서 참조해옵니다.

사번	이름	근속년수	급여	보너스		근속년수	대표값	지급 비율
			보 너 스 지 급 대 장					
1	박지훈	-	5,820,000			2년 이하		100%
2	유준혁	7	4,200,000			3-5년		150%
3	이서연	6	2,400,000			6-9년		200%
4	김민준	1	3,360,000			10년 이상		300%
5	최서현	10	3,300,000					
6	박현우	3	2,580,000					
7	정시우	5	2,700,000					
8	이은서	-	2,400,000					
9	오서윤	4	2,376,000					

구간별로 정리된 표에서 원하는 값을 VLOOKUP 함수로 참조하려면 반드시 ❶ **구간별 값이 오름차순으로 입력**되어 있어야 하며, ❷ **구간별 최솟값을 갖는 열을 참조할 열의 왼쪽에 추가**되어 있어야 합니다.

02 [I6:I9] 범위에 각 구간별 최솟값인 **0, 3, 6, 10**을 순서대로 입력합니다.

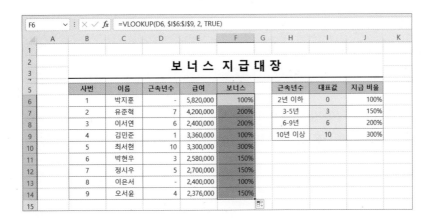

03 [F6] 셀에 다음 수식을 입력하고 [F6] 셀의 채우기 핸들 ⊞을 더블클릭해 수식을 복사합니다.

```
=VLOOKUP(D6, $I$6:$J$9, 2, TRUE)
```

🔍 **더 알아보기**   **수식 이해하기**

이번 수식은 [D6] 셀의 근속 기간을 [I6:I9] 범위에 찾아 [J6:J9] 범위(두 번째 열)에서 같은 행에 위치한 값을 참조해오는 수식입니다. 다만 VLOOKUP 함수의 마지막 인수를 생략하거나 TRUE로 설정하면 [I6:I9] 범위 내 값이 오름차순으로 정렬되었다고 가정하고 순서대로 값을 찾습니다. 찾는 값보다 큰 값을 만날 때까지 값을 찾지 못하면 작은 값 중에서 가장 큰 값의 위치를 찾습니다. 예를 들어 [D7] 셀의 값(7)은 [I6:I9] 범위 내에서 값을 찾을 때, [찾을 값]보다 큰 값([I9] 셀의 10)을 만날때까지 동일한 값이 없으므로 작은 값들 중에서 가장 큰 값의 위치인 [I8] 셀의 위치를 찾게 됩니다.

IF 함수의 중첩(또는 IFS)을 VLOOKUP 함수로 대체하기

예제 파일 PART 05 \ CHAPTER 22 \ IF, VLOOKUP 함수.xlsx

자주 사용하는 수식 패턴

IF 함수를 중첩한 수식은 이해하기 어렵기 때문에 대체할 수 있는 방법이 있다면 이해하기 쉬운 방법으로 수식을 작성하는 것이 좋습니다. IF 함수를 중첩한 경우 다음과 같은 패턴을 보이는 경우가 있습니다.

> **IF(조건1, 반환1,**
> **　　　IF(조건2, 반환2,**
> **　　　　　IF(조건3, 반환3, …**

주의 사항

● 이번 수식은 IFS 함수(엑셀 2019 이후 버전)를 사용해 다음과 같은 구문으로 수정할 수 있습니다.

> =IFS(조건1, 반환1, 조건2, 반환2, 조건3, 반환3, …

위와 같은 경우는 수식에 비교할 값이나 반환 값이 모두 입력되기 때문에 나중에 수식을 고치기 어려운 문제가 있습니다. 그러므로 위와 같은 수식은 다음과 같은 패턴으로 수정하는 것이 좋습니다.

> **=VLOOKUP(찾을 값, 표, 열 번호, 찾는 방법)**

주의 사항

● 이번 수식은 기본적인 VLOOKUP 함수를 사용한 수식이지만 [표] 인수를 구성하는 방법에 주의해야 합니다. [표] 인수에 입력될 열은 다음과 같으며 IF 함수 중첩 때 사용하는 수식 내 입력한 값이 표로 구성되어야 합니다.

첫 번째 열	두 번째 열
비교1	반환1
비교2	반환2
비교3	반환3

참고로 비교할 값은 IF 함수의 [조건]에 입력되는 비교 연산자 뒤의 비교할 값을 의미합니다.

- IF 함수의 [조건]에 사용되는 비교 연산자가 같다(=)인 경우 VLOOKUP 함수의 [찾는 방법]은 FALSE가 되며, 비교 연산자가 크다(>, >=) 또는 작다(<, <=)인 경우에는 [찾는 방법] 인수는 TRUE가 됩니다.

실무 활용 예제

01 예제의 D열에는 학점을 반환하는 IF 함수를 사용한 수식이 입력되어 있습니다.

| D6 | | × ✓ fx | =IF(C6>=90, "A", IF(C6>=80, "B", IF(C6>=70, "C", IF(C6>=60, "D", "F")))) |

	A	B	C	D	E	F	G	H	I
1									
2				오피스 활용 평가					
3									
5		직원	평가점수	학점		분류	대표값	학점	
6		정다정	95	A		60점 미만		F	
7		허영원	60	D		60 ~ 69		D	
8		서보석	85	B		70 ~ 79		C	
9		구현상	85	B		80 ~ 89		B	
10		천보람	55	F		90점 이상		A	
11		홍다림	90	A					
12		강민영	70	C					
13		김보배	80	B					
14									

🔍 **더 알아보기**　　**수식 이해하기**

이번 수식은 대한 상세 설명은 이 책의 540페이지를 참고합니다. 이 수식에서 사용된 비교할 값(점수)과 반환받을 값(학점)이 오른쪽 표에 정리되어 있습니다. 오른쪽 표의 첫 번째 열(F열)인 [분류]열은 VLOOKUP를 사용할 수 있게 오름차순으로 정리되어 있습니다.

02 [F6:F10] 범위에 성적이 오름차순으로 정리되어 있으므로 구간의 최솟값을 입력합니다.

03 [G6:G10] 범위에 순서대로 **0**, **60**, **70**, **80**, **90**을 입력합니다.

| G10 | | × ✓ fx | 90 |

	A	B	C	D	E	F	G	H	I
1									
2				오피스 활용 평가					
3									
5		직원	평가점수	학점		분류	대표값	학점	
6		정다정	95	A		60점 미만	0	F	
7		허영원	60	D		60 ~ 69	60	D	
8		서보석	85	B		70 ~ 79	70	C	
9		구현상	85	B		80 ~ 89	80	B	
10		천보람	55	F		90점 이상	90	A	
11		홍다림	90	A					
12		강민영	70	C					
13		김보배	80	B					
14									

TIP 구간이 오름차순으로 정렬되어 있을 때는 구간의 최솟값을 대푯값으로 입력합니다.

04 [D6] 셀의 수식을 다음처럼 수정하고 [D6] 셀의 채우기 핸들⊞을 더블클릭해 수식을 복사합니다.

```
=VLOOKUP(C6, $G$6:$H$10, 2, TRUE)
```

| D6 | ⌄ : × ✓ fx | =VLOOKUP(C6, $G$6:$H$10, 2, TRUE) |

	A	B	C	D	E	F	G	H	I
1									
2				**오피스 활용 평가**					
3									
5		**직원**	**평가점수**	**학점**		**분류**	**대표값**	**학점**	
6		정다정	95	A		60점 미만	0	F	
7		허영원	60	D		60 ~ 69	60	D	
8		서보석	85	B		70 ~ 79	70	C	
9		구현상	85	B		80 ~ 89	80	B	
10		천보람	55	F		90점 이상	90	A	
11		홍다림	90	A					
12		강민영	70	C					
13		김보배	80	B					
14									

🔍 **더 알아보기**　　**수식 이해하기**

이번 수식은 IF 함수의 중첩을 VLOOKUP 함수로 대체한 것입니다. IF 함수의 중첩이 크거나 같다(>=)이므로 VLOOKUP 함수의 마지막 인수는 TRUE입니다. 그 외에는 기본적인 사용 방법은 VLOOKUP 함수 사용 방법과 동일합니다.

찾을 값의 일부만 알고 있을 때 참조하는 방법

예제 파일 PART 05 \ CHAPTER 22 \ VLOOKUP 함수–와일드카드.xlsx

자주 사용하는 수식 패턴

VLOOKUP 함수를 이용할 때 [찾을 값]의 일부만 알아도 와일드카드 문자(*, ?, ~)를 사용해 원하는 값의 위치를 찾을 수 있습니다.

> **=VLOOKUP("*" & 찾을 값 & "*", 표, 열 번호, 찾는 방법)**
>
> **주의 사항**
> - [찾을 값] 인수에 적용된 부분은 [찾을 값]이 포함된 의미입니다.
> - [찾을 값]으로 시작하는 경우라면 [**찾을 값**] & "*"로, [찾을 값]으로 끝나는 경우라면 "*" & [**찾을 값**]과 같이 입력하면 됩니다.

와일드카드를 사용할 수 있는 함수

엑셀 함수 중에는 조건에 해당하는 값의 일부만 알아도 와일드카드 문자를 사용해 데이터를 매칭해 원하는 결과를 얻을 수 있도록 해주는 함수들이 있습니다. 아래 표를 참고합니다.

구분	함수
편집	SEARCH
집계/통계	COUNTIF, COUNTIFS
	SUMIF, SUMIFS
	AVERAGEIF, AVERAGEIFS
	MAXIFS, MINIFS
참조	VLOOKUP, HLOOKUP, XLOOKUP(엑셀 Microsoft 365, 2021 이상 버전)
	MATCH, XMATCH(엑셀 Microsoft 365, 2021 이상 버전)
데이터베이스	DSUM, DPRODUCT, DSTDEVP, DVARP

실무 활용 예제

01 예제의 [C5] 셀에 입력된 품명이 포함된 위치를 오른쪽 표에서 찾아 단가를 참조해옵니다.

02 [C6] 셀에 다음 수식을 입력합니다.

```
=VLOOKUP(C5, F6:G13, 2, FALSE)
```

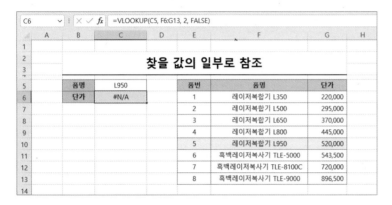

> **TIP** [C5] 셀의 값이 [F6:F13] 범위 내 일치하는 값이 없으므로 #N/A 에러가 발생합니다.

03 [C6] 셀의 수식을 다음과 같이 수정합니다.

```
=VLOOKUP("*" & C5, F6:G13, 2, FALSE)
```

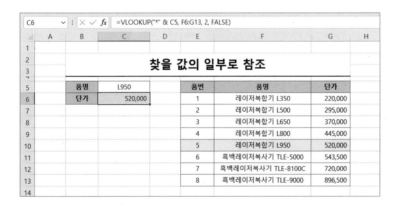

🔍 더 알아보기　수식 이해하기

VLOOKUP 함수의 첫 번째 인수인 [찾을 값]에 와일드카드 문자를 사용한 것을 제외하면 기본 VLOOKUP 함수의 구문입니다.
즉, 이번 수식은 L950으로 끝나는 제품을 찾기 위해 VLOOKUP 함수의 첫 번째 인수를 "*****" & C5와 같이 사용했습니다. 만약
[C5] 셀의 값이 포함된 값의 위치를 찾아야 한다면 VLOOKUP 함수의 [찾을 값] 인수를 "*****" & C5 & "*****" 와 같이 변경합니다.

22 / 05 참조할 값이 여러 열에 나눠져 입력된 표에서 원하는 값을 참조하는 방법

예제 파일 PART 05 \ CHAPTER 22 \ INDEX, MATCH 함수.xlsx

INDEX, MATCH 함수 도움말

VLOOKUP 함수를 사용해 데이터를 참조하려면 [표] 인수에서 찾을 값을 가지고 있는 열이 왼쪽에, 참조할 열이 오른쪽에 반드시 위치해야 하고 참조할 열도 하나로 고정되어 있어야 합니다. 하지만 현실에서는 찾을 값과 참조할 값의 열 위치가 항상 일정하지 않으며, 참조할 값이 여러 열에 분산된 경우도 많습니다. 이런 경우라면 VLOOKUP 함수보다는 INDEX, MATCH 함수를 사용하는 것이 좋습니다.

INDEX (❶ 표, ❷ 행 번호, ❸ 열 번호)

[표] 범위에서 [행 번호]와 [열 번호] 위치가 교차되는 위치의 값을 참조합니다.

❶ 표	참조할 값을 모두 갖는 데이터 범위입니다.
❷ 행 번호	표에서 참조할 값이 위치한 x번째 행을 의미합니다.
❸ 열 번호	표에서 참조할 값이 위치한 y번째 열을 의미합니다.

MATCH (❶ 찾을 값, ❷ 찾을 범위, ❸ 찾는 방법)

[찾을 값]이 [찾을 범위] 내에 몇 번째에 위치하고 있는지 찾아 해당 인덱스(위치) 번호를 반환합니다.

❶ 찾을 값	범위에서 찾고 싶은 값입니다.	
❷ 찾을 범위	찾을 값이 포함된 데이터 범위로 한 개의 열(또는 행)로 구성되어야 합니다.	
❸ 찾는 방법	[찾을 값]을 [찾을 범위]에서 어떻게 찾아야 하는지에 해당하는 옵션을 설정합니다.	
	찾는 방법	**설명**
	1 또는 생략	범위의 값이 오름차순으로 정렬되어 있다고 가정하고 순서대로 값을 찾습니다. 찾을 값보다 큰 값을 만날 때까지 일치하는 값이 없다면, 찾을 값보다 작은 값 중에서 가장 큰 값의 위치를 찾습니다.
	0	정렬 방법과 상관없이 정확하게 일치하는 첫 번째 값 위치를 찾습니다.
	−1	범위의 값이 내림차순으로 정렬되어 있다고 가정하고 순서대로 값을 찾습니다. 찾을 값보다 작은 값을 만날 때까지 일치하는 값이 없다면, 찾을 값보다 큰 값 중에서 가장 작은 값의 위치를 찾습니다.

실무 활용 예제

01 예제의 직원 급여(G열)를 직위와 호봉을 조건으로 오른쪽 급여표에서 참조해옵니다.

	이름	직위		호봉		급여		호봉 직위	1호봉	2호봉	3호봉
		직위	위치	호봉	위치						
	유준혁	차장		2호봉				부장	5,160,000	5,520,000	5,880,000
	김민준	대리		3호봉				차장	4,200,000	4,440,000	4,680,000
								과장	3,600,000	3,780,000	3,960,000
								대리	3,000,000	3,120,000	3,240,000
								사원	2,400,000	2,496,000	2,592,000

제목: **급여 대장**

🔍 **더 알아보기** | **표 이해하기**

[I:L] 열에 구성된 급여표는 직위와 호봉이 교차하는 곳에 참조할 급여가 입력되어 있습니다. 이렇게 참조해올 값이 세 개 열에 나눠 입력되어 있다면 VLOOKUP 함수를 사용하기 어렵습니다. 단, 이 표는 왼쪽(I열)에서 찾아 오른쪽([J:L] 열)에서 값을 참조해오는 구조이므로 VLOOKUP 함수와 MATCH 함수를 함께 사용하는 경우 원하는 값을 참조할 수 있습니다. [G7] 셀에 다음 수식을 입력합니다.

```
=VLOOKUP(C7, $I$7:$L$11, MATCH(E7, $J$5:$L$5, 0)+1, FALSE)
```

TIP MATCH 함수 부분은 **05** 과정 설명을 참고합니다.

다만 이렇게 참조해 올 값이 여러 열에 나뉘어 있다면 INDEX, MATCH 함수 조합이 더 이해하기 쉽습니다.

---

02 INDEX, MATCH 함수를 사용하기 위해 먼저 표에서 원하는 직위의 위치를 찾습니다.

03 [D7] 셀에 다음 수식을 입력한 후 [D7] 셀의 채우기 핸들ᠿ을 더블클릭해 수식을 복사합니다.

```
=MATCH(C7, $I$7:$I$11, 0)
```

D7 ∨ : × ✓ fx =MATCH(C7, $I$7:$I$11, 0)

	이름	직위		호봉		급여		호봉 직위	1호봉	2호봉	3호봉
		직위	위치	호봉	위치						
	유준혁	차장	2	2호봉				부장	5,160,000	5,520,000	5,880,000
	김민준	대리	4	3호봉				차장	4,200,000	4,440,000	4,680,000
								과장	3,600,000	3,780,000	3,960,000
								대리	3,000,000	3,120,000	3,240,000
								사원	2,400,000	2,496,000	2,592,000

제목: **급여 대장**

MATCH 함수는 지정한 범위에서 값을 찾아 몇 번째 위치에 있는지 알려주고, 값이 없을 때는 #N/A 에러를 반환합니다. 그러므로 이번 수식에서 반환한 값은 [C7] 셀의 값이 [I7:I11] 범위의 몇 번째에 있는지 알려준다고 이해하면 됩니다. 만약 MATCH 함수에서 #N/A 에러가 발생하면 C열의 직위가 [I7:I11] 범위 내에 존재하지 않는다는 의미입니다. 이 경우 IFNA 또는 IFERROR 함수를 사용해 기본 위치를 설정할 수 있습니다.

```
=IFERROR(MATCH(C7, $I$7:$I$11, 0), 기본 위치)
또는
=IFNA(MATCH(C7, $I$7:$I$11, 0), 기본 위치)
```

TIP   IFNA 함수는 엑셀 2013 이후 버전에서만 사용 가능합니다.

04   이번에는 호봉의 위치를 찾습니다.

05   [F7] 셀에 다음 수식을 입력하고 [F7] 셀의 채우기 핸들▦을 더블클릭해 수식을 복사합니다.

```
=MATCH(E7, $J$5:$L$5, 0)
```

호봉직위	1호봉	2호봉	3호봉
부장	5,160,000	5,520,000	5,880,000
차장	4,200,000	4,440,000	4,680,000
과장	3,600,000	3,780,000	3,960,000
대리	3,000,000	3,120,000	3,240,000
사원	2,400,000	2,496,000	2,592,000

이름	직위	위치	호봉	위치	급여
유준혁	차장	2	2호봉	2	
김민준	대리	4	3호봉	3	

급여 대장

이번 수식을 작성할 때 주의해야 할 점은 두 번째 인수 범위인 [J5:L5] 범위를 참조할 때입니다. 만약 마우스로 드래그해 범위를 참조하면 [J5:L6] 범위가 참조되어 #N/A 에러가 발생합니다. 이것은 [J5:L6] 범위가 병합된 셀로 구성되어 있기 때문입니다. 직접 주소를 수정하는 방법으로 [J5:L5] 범위가 참조될 수 있도록 해야 합니다.
MATCH 함수를 사용할 경우 두 번째 인수는 반드시 [I7:I11]과 같은 하나의 열 범위이거나 [J5:L5]와 같이 하나의 행 범위여야 합니다.

06   참조할 행 위치와 열 위치를 찾았으므로 급여를 참조해옵니다.

07 [G7] 셀에 다음 수식을 입력하고 [G7] 셀의 채우기 핸들➕을 더블클릭해 수식을 복사합니다.

```
=INDEX($J$7:$L$11, D7, F7)
```

G7	∨ : × ✓ fx	=INDEX($J$7:$L$11, D7, F7)											

▲	A	B	C	D	E	F	G	H	I	J	K	L	M
1													
2						급여 대장							
3													
5		이름	직위		호봉		급여		호봉 직위	1호봉	2호봉	3호봉	
6			직위	위치	호봉	위치							
7		유준혁	차장	2	2호봉	2	4,440,000		부장	5,160,000	5,520,000	5,880,000	
8		김민준	대리	4	3호봉	3	3,240,000		차장	4,200,000	4,440,000	4,680,000	
9									과장	3,600,000	3,780,000	3,960,000	
10									대리	3,000,000	3,120,000	3,240,000	
11									사원	2,400,000	2,496,000	2,592,000	
12													

🔍 **더 알아보기**　　**수식 이해하기**

INDEX 함수는 첫 번째 인수의 데이터 범위에서 x번째 행과 y번째 열 위치가 만나는 셀을 참조합니다. 따라서 MATCH 함수로 위치를 모두 찾았다면 손쉽게 값을 참조해올 수 있습니다. 이렇게 INDEX 함수 자체는 매우 쉬운 함수이지만 INDEX 함수의 첫 번째 인수인 [표] 범위를 잡을 때 주의가 필요합니다.

이번 작업을 VLOOKUP 함수로 처리한다면 VLOOKUP 함수의 두 번째 인수인 [표] 범위는 I열부터 L열까지의 범위인 [I7:L11] 범위를 대상으로 하겠지만, INDEX 함수는 참조할 값 범위만 [표] 범위로 인식하므로 I열을 제외한 [J7:L11] 범위를 대상으로 합니다.

이번 수식을 하나로 합쳐 작성하면 다음과 같은 수식이 됩니다.

```
=INDEX($J$7:$L$11, MATCH(C7, $I$7:$I$11, 0), MATCH(E7, $J$5:$L$5, 0))
```

초보자라면 한 번에 수식을 구성하기 어려우므로 이런 식으로 작성하는 것보다는 예제의 방식처럼 행 위치와 열 위치를 먼저 찾고 INDEX 함수로 값을 참조해오는 방법을 사용하는 것이 쉽습니다.

06

큰 값부터 입력된 구간에 속한 값을 찾아 참조하는 방법

예제 파일 PART 05 \ CHAPTER 22 \ INDEX, MATCH 함수-구간.xlsx

자주 사용하는 수식 패턴

특정 값이 어느 구간에 속했는지를 찾을 때, 구간이 내림차순(큰 값 순)으로 정렬되어 있다면 VLOOKUP 함수를 사용하지 못합니다. 이런 경우에는 MATCH 함수나 엑셀 Microsoft 365, 2021 이상 버전에서는 XLOOKUP, XMATCH 함수를 사용할 수 있습니다. 기본적으로는 다음과 같은 수식을 자주 사용합니다.

```
=INDEX(참조 범위, MATCH(찾을 값, 찾을 범위, -1))
```

주의 사항

- [찾을 범위]에는 반드시 구간 내 최댓값이 입력되어 있어야 합니다.
- [찾는 방법]의 값은 반드시 −1이어야 합니다.

실무 활용 예제

01 예제를 열고 [E6] 셀을 선택하면 VLOOKUP 함수를 사용한 수식을 확인할 수 있는데 값을 제대로 참조하지 못하고 있습니다.

E6				fx	=VLOOKUP(C6, $H$6:$I$10, 2, TRUE)				
	A	B	C	D	E	F	G	H	I	J

오피스 활용 평가

직원	평가점수	행번호	학점		분류	대표값	학점
정다정	95		F		90점 이상	90	A
허영원	60		#N/A		80 ~ 89	80	B
서보석	85		F		70 ~ 79	70	C
구현상	85		F		60 ~ 69	60	D
천보람	55		#N/A		60점 미만	0	F
홍다림	90		F				
강민영	70		C				
김보배	80		F				

E열에 작성된 수식에서 제대로 된 학점을 참조하지 못하는 이유는 다음과 같습니다.

첫째, 오른쪽 표의 [G6:G10] 범위는 구간별 값이 입력되어 있는데, 내림차순(큰 값 순)으로 정렬되어 있습니다. 내림차순일때 VLOOKUP 함수로는 원하는 결과를 얻을 수 없습니다.

둘째, [H6:H10] 범위 내 구간의 대푯값이 구간의 가장 작은 값으로 입력되어 있습니다. 이것은 구간이 오름차순으로 정렬되어 있다면 맞는 값이지만, 구간이 내림차순으로 정렬되어 있다면 구간의 가장 큰 값이 입력되어 있어야 합니다.

02 구간의 대푯값을 수정합니다. [H6:H10] 범위에 순서대로 **100, 89, 79, 69, 59**를 입력합니다.

직원	평가점수	행번호	학점		분류	대표값	학점
정다정	95		F		90점 이상	100	A
허영원	60		#N/A		80 ~ 89	89	B
서보석	85		F		70 ~ 79	79	C
구현상	85		F		60 ~ 69	69	D
천보람	55		#N/A		60점 미만	59	F
홍다림	90		F				
강민영	70		#N/A				
김보배	80		F				

03 직원의 점수에 해당하는 구간 위치를 MATCH 함수로 찾습니다.

04 [D6] 셀에 다음 수식을 입력하고 [D6] 셀의 채우기 핸들➕을 드래그해 수식을 복사합니다.

```
=MATCH(C6, $H$6:$H$10, -1)
```

직원	평가점수	행번호	학점		분류	대표값	학점
정다정	95	1	F		90점 이상	100	A
허영원	60	4	#N/A		80 ~ 89	89	B
서보석	85	2	F		70 ~ 79	79	C
구현상	85	2	F		60 ~ 69	69	D
천보람	55	5	#N/A		60점 미만	59	F
홍다림	90	1	F				
강민영	70	3	#N/A				
김보배	80	2	F				

🔍 더 알아보기   수식 이해하기

이번 수식은 #N/A 에러 없이 제대로 된 위치를 찾는 것을 확인할 수 있습니다. MATCH 함수는 내림차순으로 정렬된 구간에서 구간에 속한 값을 찾을 수 있습니다. 단, 이번과 같이 내림차순으로 정렬된 구간에 속한 값을 찾으려면 구간의 대푯값이 구간의 최댓값으로 입력되어 있어야 하며, MATCH 함수의 [찾을 방법] 인수에 −1을 입력해야 합니다.

05 [E6] 셀의 수식을 수정하고 [E6] 셀의 채우기 핸들⊞을 더블클릭해 수식을 복사합니다.

```
=INDEX($I$6:$I$10, D6)
```

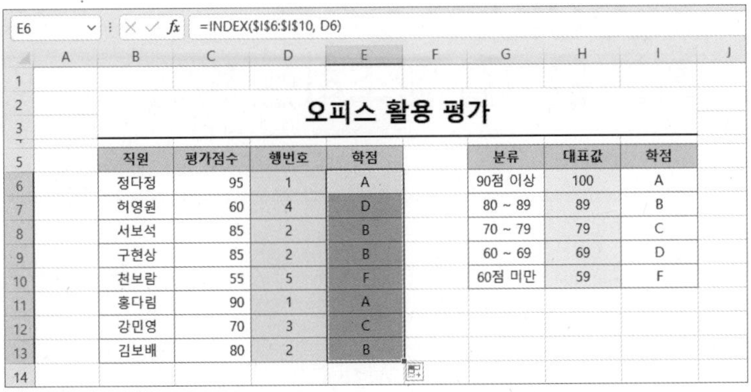

🔍 **더 알아보기**   **수식 이해하기**

INDEX 함수는 다른 표에서 값을 참조만 하는 함수로 MATCH 함수로 가져올 값의 위치를 찾아두었다면 손쉽게 같은 행에 있는 다른 열의 값을 참조해올 수 있습니다. [D:E] 열에 나눠 입력된 수식을 하나로 합치면 다음과 같은 수식이 됩니다.

```
=INDEX($I$6:$I$10, MATCH(C6, $H$6:$H$10, -1))
```

위 수식에서 보면 INDEX 함수의 두 번째 인수인 [행 번호]는 지정했는데, 세 번째 인수인 [열 번호]는 생략된 것을 확인할 수 있습니다. 이것은 INDEX 함수의 [표] 인수가 [I6:I10]과 같이 한 개의 열로만 구성된 경우 [열 번호]는 1이 될 수밖에 없습니다. 이렇게 INDEX 함수의 [열 번호] 인수는 열이 하나인 경우에는 생략할 수 있습니다.

만약 엑셀 Microsoft 365, 2021 이후 버전을 사용 중이라면 XLOOKUP 함수를 사용해 이 작업을 대체할 수 있습니다. [E6] 셀의 수식을 다음과 같이 수정합니다.

```
=XLOOKUP(C6, $H$6:$H$10, $I$6:$I$10,, 1)
```

XLOOKUP 함수로
최근 단가를 참조하는 방법

예제 파일 PART 05 \ CHAPTER 22 \ XLOOKUP 함수.xlsx

XLOOKUP, XMATCH 함수 설명

엑셀 Microsoft 365, 2021 이상 버전에서 사용할 수 있는 새로운 참조 함수로 VLOOKUP, HLOOKUP, LOOKUP, INDEX, MATCH 함수 등 기존 함수를 모두 대체할 수 있습니다. 기존 함수로는 설정할 수 없었던 [검색 옵션] 인수가 추가되어 값을 거꾸로 찾을 수도 있습니다.

XLOOKUP (❶ 찾을 값, ❷ 찾을 범위, ❸ 참조 범위, ❹ #N/A 대체, ❺ 찾는 방법, ❻ 검색 옵션)

찾을 범위에서 원하는 값을 찾아 참조 범위 내 값을 참조해 반환합니다.

❶ 찾을 값	다른 표에서 값을 참조할 때 확인할 값입니다.
❷ 찾을 범위	[찾을 값]이 포함된 데이터 범위입니다.
❸ 참조 범위	참조할 값이 포함된 데이터 범위입니다.
❹ #N/A 대체	[찾을 값]이 [찾을 범위]내 없을 때 #N/A 에러 대신 반환할 값입니다.

❺ 찾는 방법	[찾을 범위]에서 [찾을 값]의 대상을 설정하는 옵션으로 기본값은 0입니다.

찾는 방법	설명
1	정확하게 일치하거나, 다음으로 큰 값을 찾습니다.
0	정확하게 일치하는 값을 찾습니다.
-1	정확하게 일치하거나, 다음으로 작은 값을 찾습니다.
2	와일드카드 문자(*, ?, ~)를 사용해 값을 찾습니다.

❻ 검색 옵션	[찾을 범위]에서 값을 찾는 방향을 설정하는 옵션으로 기본값은 1입니다.

검색 옵션	설명
1	찾을 범위 내 첫 번째 항목부터 찾습니다.
-1	찾을 범위 내 마지막 항목부터 역순으로 찾습니다.
2	오름차순으로 정렬된 범위에서 이진 검색으로 찾습니다.
-2	내림차순으로 정렬된 범위에서 이진 검색으로 찾습니다.

XLOOKUP 함수와 마찬가지로 범위 내 원하는 값의 위치를 찾는 MATCH 함수도 개선된 XMATCH 함수가 제공됩니다. 이 함수는 INDEX 함수와 중첩해 사용할 수 있습니다.

XMATCH (❶ 찾을 값, ❷ 찾을 범위, ❸ 찾는 방법, ❹ 검색 옵션)

[찾을 값]이 [찾을 범위]내 몇 번째 위치에 있는지 찾아 해당 인덱스 번호를 반환합니다.

❶ 찾을 값	다른 표에서 값을 참조할 때 확인할 값입니다.	
❷ 찾을 범위	[찾을 값]이 포함된 데이터 범위입니다.	
❸ 찾는 방법	[찾을 범위]에서 [찾을 값]의 대상을 설정하는 옵션으로 기본값은 0입니다.	
	찾는 방법	설명
	1	정확하게 일치하거나, 다음으로 큰 값을 찾습니다.
	0	정확하게 일치하는 값을 찾습니다.
	-1	정확하게 일치하거나, 다음으로 작은 값을 찾습니다.
	2	와일드카드 문자(*, ?, ~)를 사용해 값을 찾습니다.
❹ 검색 옵션	[찾을 범위]에서 값을 찾는 방향을 설정하는 옵션으로 기본값은 1입니다.	
	검색 옵션	설명
	1	찾을 범위 내 첫 번째 항목부터 찾습니다.
	-1	찾을 범위 내 마지막 항목부터 역순으로 찾습니다.
	2	오름차순으로 정렬된 범위에서 이진 검색으로 찾습니다.
	-2	내림차순으로 정렬된 범위에서 이진 검색으로 찾습니다.

실무 활용 예제

01 예제 파일 내 견적서의 단가 열(H열)에는 오른쪽 단가표를 참조하는 VLOOKUP 함수가 사용되어 있습니다.

| H8 | ∨ : × ✓ fx | =VLOOKUP(C8, $O$7:$Q$15, 3, FALSE) |

	A	B	C	D	E	F	G	H	I	J	K	L	M	N	O	P	Q	R
1																		
2											견 적 서							
3																		
5			총 액									2,365,000			단가표			
6			(공급가액 + 세액)												제품	날짜	단가	
7		번호	품명				수량	단가		공급가액		세액			레이저복합기 L350	2023-01-04	220,000	
8		1	레이저복합기 L350				2	220,000		440,000		44,000			열제본기 TB-8200	2023-02-19	152,000	
9		2	바코드 BCD-100 Plus				10	95,000		950,000		95,000			바코드 BCD-100 Plus	2023-03-19	95,000	
10		3	열제본기 TB-8200				5	152,000		760,000		76,000			레이저복합기 L350	2023-05-08	215,000	
11															열제본기 TB-8200	2023-06-05	158,000	
12															바코드 BCD-100 Plus	2023-08-02	98,000	
13															레이저복합기 L350	2023-09-19	230,000	
14															열제본기 TB-8200	2023-11-17	155,000	
15															바코드 BCD-100 Plus	2023-12-09	94,500	
16																		

🔍 **더 알아보기**　　**수식 이해하기**

[H8] 병합 셀에 입력된 VLOOKUP 함수는 [C8] 병합 셀의 품명을 [O7:O15] 범위([표] 인수의 첫 번째 열)에서 정확하게 일치하는 첫 번째 값의 위치를 찾아 세 번째 열인 [Q7:Q15] 범위 내 값을 참조해옵니다. 그러므로 [O7:O15] 범위에서 동일한 품명이 여러 개 있다면 항상 첫 번째 위치의 단가만 참조할 수 있습니다.

02 VLOOKUP 함수를 XLOOKUP 함수로 대체합니다.

03 [H8] 병합 셀의 수식을 다음과 같이 수정하고 [H8]셀의 채우기 핸들➕을 [H10] 셀까지 드래그합니다.

```
=XLOOKUP(C8, $O$7:$O$15, $Q$7:$Q$15)
```

| H8 | ∨ : × ✓ fx | =XLOOKUP(C8, $O$7:$O$15, $Q$7:$Q$15) |

	A	B	C	D	E	F	G	H	I	J	K	L	M	N	O	P	Q	R
1																		
2											견 적 서							
3																		
5			총 액									2,365,000			단가표			
6			(공급가액 + 세액)												제품	날짜	단가	
7		번호	품명				수량	단가		공급가액		세액			레이저복합기 L350	2023-01-04	220,000	
8		1	레이저복합기 L350				2	220,000		440,000		44,000			열제본기 TB-8200	2023-02-19	152,000	
9		2	바코드 BCD-100 Plus				10	95,000		950,000		95,000			바코드 BCD-100 Plus	2023-03-19	95,000	
10		3	열제본기 TB-8200				5	152,000		760,000		76,000			레이저복합기 L350	2023-05-08	215,000	
11															열제본기 TB-8200	2023-06-05	158,000	
12															바코드 BCD-100 Plus	2023-08-02	98,000	
13															레이저복합기 L350	2023-09-19	230,000	
14															열제본기 TB-8200	2023-11-17	155,000	
15															바코드 BCD-100 Plus	2023-12-09	94,500	
16																		

🔍 더 알아보기　　수식 이해하기

이번 수식은 XLOOKUP 함수와 VLOOKUP 함수의 차이를 이해하기 위해 입력해 본 것으로 결과는 **06** 과정에서 확인한 것과 동일합니다. 이번 수식에서 XLOOKUP 함수는 VLOOKUP 함수와 달리 [표] 범위를 설정하지 않고 [찾을 범위]와 [참조 범위]를 두 번째와 세 번째 인수로 따로 설정하는 부분만 차이가 있습니다. XLOOKUP 함수에서 생략한 네 번째 인수인 [찾는 방법] 인수를 입력한다면 다음과 같습니다.

```
=XLOOKUP(C8, $O$7:$O$15, $Q$7:$Q$15, 0)
```

이번 수식을 INDEX 함수와 XMATCH 함수를 사용해 작성하면 다음과 같습니다.

```
=INDEX($Q$7:$Q$15, XMATCH(C8, $O$7:$O$15, 0))
```

위 수식에서 XMATCH 함수는 MATCH 함수로 대체할 수 있습니다. 일단, XLOOKUP 함수도 VLOOKUP 함수와 동일한 결과를 돌려받을 수 있다는 점만 참고합니다. 표의 아래 부분에 입력된 최근 단가를 참조해 오려면 XLOOKUP 함수의 마지막 인수인 [검색 옵션] 인수를 설정해야 합니다.

04 가장 최근 날짜의 단가를 참조해오기 위해 아래에서 위 방향으로 품명을 찾도록 합니다.

05 [H8] 병합 셀의 수식을 다음과 같이 수정하고 [H8] 셀의 채우기 핸들 🔳을 [H10] 셀까지 드래그합니다.

```
=XLOOKUP(C8, $O$7:$O$15, $Q$7:$Q$15,,, -1)
```

🔍 더 알아보기　　수식 이해하기

이번 수식에서 XLOOKUP 함수는 네 번째, 다섯 번째 인수는 생략하고 바로 여섯 번째 인수인 [검색 옵션]을 −1로 설정해 아래에서 위 방향으로 값을 찾도록 설정했습니다. 이렇게 하면 [H8:H10] 범위 내 단가가 [Q13:Q15] 범위의 것으로 바뀌게 됩니다. 이런 작업을 XMATCH 함수를 가지고도 처리할 수 있습니다. 다음 수식을 참고합니다.

```
=INDEX($Q$7:$Q$15, XMATCH(C8, $O$7:$Q$15, 0, -1))
```

XMATCH 함수는 XLOOKUP 함수처럼 [검색 옵션]이 지원되므로 좀 더 다양한 상황에서 원하는 값의 위치를 찾을 수 있습니다.

OFFSET 함수를 사용한 범위를 참조하는 방법

예제 파일 PART 05 \ CHAPTER 22 \ OFFSET 함수.xlsx

OFFSET 함수 도움말

VLOOKUP 함수와 INDEX, MATCH 함수는 좋은 함수지만 원하는 모든 위치의 값을 참조할 수는 없습니다. OFFSET 함수는 그에 비해 자유롭게 원하는 위치의 값을 참조할 수 있지만 값을 참조하는 방법이 다른 함수와는 많이 다르기 때문에 정확한 사용 방법을 이해할 수 있어야 합니다.

OFFSET (❶ 기준 위치, ❷ 행 이동, ❸ 열 이동, ❹ 행 포함, ❺ 열 포함)

[기준 위치]에서 행, 열 방향으로 지정한 칸 수만큼 이동한 후 M x N 행렬 범위를 참조합니다.

❶ 기준 위치	범위를 참조할 때 기준이 되는 셀(또는 범위)입니다.
❷ 행 이동	[기준 위치]에서 이동할 행 방향(아래쪽)의 셀 개수입니다.
❸ 열 이동	[기준 위치]에서 이동할 열 방향(오른쪽)의 셀 개수입니다.
❹ 행 포함	행 방향으로 포함할 셀 개수(M)입니다. 생략할 수 있으며, 생략하면 1입니다.
❺ 열 포함	열 방향으로 포함할 셀 개수(N)입니다. 생략할 수 있으며, 생략하면 1입니다.

주의 사항

- ❷, ❸ 인수에는 숫자를 입력할 수 있습니다. 양수면 각각 아래쪽과 오른쪽 방향으로 이동하고, 음수면 위쪽과 왼쪽으로 이동합니다.
- ❹, ❺ 인수를 생략하면 [기준 위치]에서 이동한 위치의 셀을 참조합니다. 예를 들어 다음 수식은 [B2] 셀을 참조합니다.

```
=OFFSET(A1, 1, 1)
```

실무 활용 예제

01 예제의 표에 데이터가 계속 입력될 때, 마지막 날짜의 잔액과 최근 3일 평균값을 계산합니다.

	A	B	C	D	E	F	G	H	I	J
1										
2					금 전 출 납 부					
3										
5		날짜	항목	수입	지출	잔액		현재잔액		
6		2023-01-01	통장 잔액	2,150,000		2,150,000		지출 평균(최근3일)		
7		2023-01-02	교통비		8,500	2,141,500				
8		2023-01-03	외식비		45,000	2,096,500				
9		2023-01-04	영화 감상		18,000	2,078,500				
10		2023-01-05	월급	3,000,000		5,078,500				
11		2023-01-06	도서 구입		85,000	4,993,500				
12		2023-01-07	회식비		184,000	4,809,500				
13		2023-01-08	교통비		14,200	4,795,300				
14		2023-01-09	옷 구입		254,000	4,541,300				
15										

02 왼쪽 표의 F열의 마지막 셀 값을 참조합니다. [I5] 셀에 다음 수식을 입력합니다.

```
=OFFSET(F5, COUNT (F:F), 0)
```

I5   × ✓ *fx*   =OFFSET(F5, COUNT(F:F), 0)

	A	B	C	D	E	F	G	H	I	J
1										
2					금 전 출 납 부					
3										
5		날짜	항목	수입	지출	잔액		현재잔액	4,541,300	
6		2023-01-01	통장 잔액	2,150,000		2,150,000		지출 평균(최근3일)		
7		2023-01-02	교통비		8,500	2,141,500				
8		2023-01-03	외식비		45,000	2,096,500				
9		2023-01-04	영화 감상		18,000	2,078,500				
10		2023-01-05	월급	3,000,000		5,078,500				
11		2023-01-06	도서 구입		85,000	4,993,500				
12		2023-01-07	회식비		184,000	4,809,500				
13		2023-01-08	교통비		14,200	4,795,300				
14		2023-01-09	옷 구입		254,000	4,541,300				
15										

🔍 **더 알아보기**   **수식 이해하기**

이번 수식은 [F14] 셀을 참조하는 수식으로 OFFSET 함수의 구문을 그대로 읽어보면 '[F5] 셀에서 행 방향(아래쪽)으로 F열에 숫자가 입력된 셀 개수만큼 이동하고, 열 방향(오른쪽)으로는 이동하지 마라'는 의미입니다. F열에 숫자는 9개가 있으므로 [F5] 셀에서 행 방향으로 9칸 이동하라는 의미가 되어 [F14] 셀의 값이 참조됩니다.

03 이번에는 '지출' 열에서 마지막 세 개 값의 범위를 참조합니다. [I6] 셀에 다음 수식을 입력합니다.

```
=OFFSET(E5, COUNT(F:F), 0, -3, 1)
```

I6		fx	=OFFSET(E5, COUNT(F:F), 0, -3, 1)						
	A	B	C	D	E	F	G	H	I	J

금 전 출 납 부

	날짜	항목	수입	지출	잔액		현재잔액	4,541,300
	2023-01-01	통장 잔액	2,150,000		2,150,000		지출 평균(최근3일)	184,000
	2023-01-02	교통비		8,500	2,141,500			14200
	2023-01-03	외식비		45,000	2,096,500			254000
	2023-01-04	영화 감상		18,000	2,078,500			
	2023-01-05	월급	3,000,000		5,078,500			
	2023-01-06	도서 구입		85,000	4,993,500			
	2023-01-07	회식비		184,000	4,809,500			
	2023-01-08	교통비		14,200	4,795,300			
	2023-01-09	옷 구입		254,000	4,541,300			

🔍 **더 알아보기** **수식 이해하기**

이번 수식은 사용하는 버전에 따라 다른 결과가 반환됩니다.

먼저 엑셀 Microsoft 365, 2021 이후 버전은 **03** 과정의 화면처럼 [E12:E14] 범위의 데이터가 참조되어 [I6:I8] 범위에 나타나게 됩니다. 하지만 엑셀 2019 버전을 포함한 이전 버전은 #VALUE! 에러가 반환됩니다. 이 차이는 엑셀 Microsoft 365, 2021 버전부터 지원되는 [동적 배열]로 한 번에 여러 개의 값을 참조하는 것이 가능해 졌기 때문입니다.

버전별 차이는 위와 같이 이해하면 되며 OFFSET 함수가 [E12:E14] 범위를 참조하게 되는지는 아래 설명을 참고합니다.

[기준 위치]가 [E5] 셀이므로 [E5] 셀에서 F열에 숫자가 입력된 숫자만큼 아래로 이동합니다. 그러면 **02** 과정처럼 E열의 마지막 셀인 [E14] 셀이 참조됩니다.

그런데 OFFSET 함수의 네, 다섯 번째 인수로 -3, 1가 사용됐으므로 3x1 행렬 범위를 참조하라는 의미인데 3은 음수(-3)로 설정했습니다. 따라서 이동을 끝낸 위치인 [E14]셀의 위쪽 범위를 참조란 의미가 됩니다. 즉, [E14] 셀에서 위 방향으로 세 개의 셀을 포함하라는 의미가 되므로 [E12:E14] 범위가 참조됩니다.

04 마지막 3일 동안의 지출 평균을 구합니다. [I6] 셀의 수식을 수정합니다.

```
=AVERAGE(OFFSET(E5, COUNT(F:F), 0, -3))
```

I6	∨	:	× ✓	ƒx	=AVERAGE(OFFSET(E5, COUNT(F:F), 0, -3, 1))			

	A	B	C	D	E	F	G	H	I	J
1										
2					**금 전 출 납 부**					
3										
5		날짜	항목	수입	지출	잔액		현재잔액	4,541,300	
6		2023-01-01	통장 잔액	2,150,000		2,150,000		지출 평균(최근3일)	150,733	
7		2023-01-02	교통비		8,500	2,141,500				
8		2023-01-03	외식비		45,000	2,096,500				
9		2023-01-04	영화 감상		18,000	2,078,500				
10		2023-01-05	월급	3,000,000		5,078,500				
11		2023-01-06	도서 구입		85,000	4,993,500				
12		2023-01-07	회식비		184,000	4,809,500				
13		2023-01-08	교통비		14,200	4,795,300				
14		2023-01-09	옷 구입		254,000	4,541,300				
15										

TIP AVERAGE, SUM 등의 함수를 사용해 범위 내 값을 하나로 만들면 제대로 된 결과를 반환합니다.

05 데이터를 추가했을 때 제대로 계산된 결괏값이 변경되는지 확인합니다.

06 다음 각 셀에 새로운 데이터를 입력하고 [I5:I6] 범위의 값을 확인합니다.

- **[B15] 셀 : 2023-01-10**
- **[E15] 셀 : 500,000**

22 / 09 여러 열의 값이 모두 맞는 위치의 값을 참조하는 방법

예제 파일 PART 05 \ CHAPTER 22 \ 다중 조건.xlsx

자주 사용하는 수식 패턴

열이나 행에서 찾을 값이 여러 개라면 VLOOKUP 함수나 INDEX, MATCH 함수를 사용해서 원하는 결과를 얻기 어렵습니다. 이런 경우에는 배열 수식을 사용하거나 표를 먼저 수정해야 합니다. 아래 수식을 참고해 작업합니다.

형식 1

=INDEX(참조할 열, MATCH(1, (범위1=조건1)*(범위2=조건2)*…, 0))

주의 사항

- 이 수식은 엑셀 2019 버전을 포함한 이전 버전에서는 Ctrl + Shift + Enter 로 입력해야 합니다.
- MATCH 함수의 첫 번째 인수와 마지막 인수는 반드시 1과 0으로 설정합니다.

형식 2

=VLOOKUP(조건1 & 조건2, 표, 열 번호, FALSE)

주의 사항

- 이 수식을 사용하려면 [표] 인수 내 첫 번째 열에 [범위1]과 [범위2]의 값이 & 연산자로 연결되어 있어야 합니다.

01 예제의 표에서 '총무부', '최서현' 직원의 전화번호를 오른쪽 표에서 참조합니다.

02 '이름'만으로 원하는 결과를 얻을 수 있는지 확인합니다.

03 [D6] 셀에 다음 수식을 입력합니다.

```
=VLOOKUP(C6, G6:H14, 2,
FALSE)
```

D6		:	× ✓ ƒx	=VLOOKUP(C6, G6:H14, 2, FALSE)			

	A	B	C	D	E	F	G	H
1								
2				**다중 조건의 참조**				
3								
5		**부서**	**이름**	**연락처**		**부서**	**이름**	**연락처**
6		총무부	최서현	010-7212-1234		영업부	박지훈	010-3722-1234
7						영업부	유준혁	010-9321-4222
8						영업부	이서연	010-4102-1345
9						영업부	김민준	010-8644-2313
10						영업부	최서현	010-7212-1234
11						총무부	박현우	010-9955-2222
12						총무부	정시우	010-4237-1123
13						총무부	최서현	010-4885-1234
14						총무부	오서윤	010-5753-1234

🔍 **더 알아보기**　　**수식 이해하기**

VLOOKUP 함수가 전화번호를 참조해오지만 [H10] 셀의 영업부 최서현 직원의 전화번호를 참조해왔습니다. VLOOKUP 함수나 INDEX, MATCH 함수 모두 찾는 값이 여러 개 있어도 항상 첫 번째 위치의 값만 찾을 수 있습니다.

04 [D6] 셀의 수식을 다음과 같이 수정합니다.

```
=INDEX(H6:H14, MATCH(1, (F6:F14=B6) *(G6:G14=C6), 0))
```

D6		:	× ✓ ƒx	=INDEX(H6:H14, MATCH(1, (F6:F14=B6)*(G6:G14=C6), 0))			

	A	B	C	D	E	F	G	H
1								
2				**다중 조건의 참조**				
3								
5		**부서**	**이름**	**연락처**		**부서**	**이름**	**연락처**
6		총무부	최서현	010-4885-1234		영업부	박지훈	010-3722-1234
7						영업부	유준혁	010-9321-4222
8						영업부	이서연	010-4102-1345
9						영업부	김민준	010-8644-2313
10						영업부	최서현	010-7212-1234
11						총무부	박현우	010-9955-2222
12						총무부	정시우	010-4237-1123
13						총무부	최서현	010-4885-1234
14						총무부	오서윤	010-5753-1234
15								

TIP 엑셀 2019 버전을 포함한 이전 버전은 이 수식을 Ctrl + Shift + Enter 로 입력해야 합니다.

🔍 **더 알아보기**　　**수식 이해하기**

이번 수식에서 가장 중요한 부분은 MATCH 함수로 여러 개의 열(또는 행)에서 위치를 찾으려면 다음과 같은 패턴으로 구성해야 합니다.

　=MATCH(1, (범위1=조건1)*(범위2=조건2)*···*(범위n=조건n), 0)

이번 예제는 [찾을 값]이 두 개로 다음 열에서 각각 확인해야 합니다.
❶ [F6:F14] 범위(부서)의 값이 [B6] 셀과 같은지 확인합니다.
❷ [G6:G14] 범위(이름)의 값이 [C6] 셀과 같은지 확인합니다.

❶, ❷ 수식의 결과는 TRUE, FALSE 값이 반환되고, MATCH 함수 안에서 곱셈 연산을 하므로 1(=TRUE*TRUE)이 나오는 위치가 두 조건을 모두 만족하는 위치입니다.

05 VLOOKUP 함수로 원하는 값을 참조하려면 찾을 조건인 [부서]와 [이름]을 연결합니다.

06 H열을 선택하고, [홈] 탭-[셀] 그룹-[삽입🎚]을 클릭합니다.

07 [H6] 셀에 다음 수식을 입력하고 [H6] 셀의 채우기 핸들을 더블클릭해 수식을 복사합니다.

```
=F6 & G6
```

H6		× ✓ fx	=F6 & G6					
	A	B	C	D	E	F	G	H	I

🔍 **더 알아보기** | **수식 이해하기**

[찾을 값]이 여러 열에 입력되어 있으므로 이 열을 하나로 합칠 수 있다면 고유한 값으로 만들 수 있습니다. 이렇게 하면 VLOOKUP 함수로 연결된 값의 위치를 찾으면 되므로 좀 더 간단한 수식을 만들 수 있습니다. 참고로 연락처가 I열에 입력되어 있으므로, F열과 G열의 값을 연결한 값은 반드시 I열의 왼쪽에 입력되어야 VLOOKUP 함수를 사용할 수 있습니다.

08 [D6] 셀의 수식을 다음과 같이 수정합니다.

```
=VLOOKUP(B6&C6, H6:I14, 2, FALSE)
```

TIP 찾아야 할 값이 여러 열에 나눠 입력되어 있다면 이렇게 열의 값을 연결해놓고 찾는 것이 편합니다.

조건과 일치하는 모든 값을 참조하는 방법

예제 파일 PART 05 \ CHAPTER 22 \ FILTER 함수.xlsx

FILTER, SORT 함수 설명 `365, 2021 이후`

엑셀 Microsoft 365, 2021 이후 버전에서 사용할 수 있는 새로운 참조 함수로 자동 필터 기능처럼 원하는 조건에 해당하는 데이터를 참조해 반환합니다.

FILTER (❶ 배열, ❷ 필터 조건, ❸ 빈 결과)

배열 내 조건에 해당하는 데이터를 동적 배열로 반환합니다.

❶ 배열	원본 데이터 또는 배열입니다.
❷ 필터 조건	[배열]을 추출할 조건입니다.
❸ 빈 결과	조건에 맞는 데이터가 없을 때 반환할 값입니다.

주의 사항

- [필터 조건]은 다음과 같이 구성합니다.
  - 조건이 한 개 : 범위=조건
  - 조건이 여러 개(AND) : (범위1=조건1)*(범위2=조건2)*…
  - 조건이 여러 개(OR) : (범위1=조건1)+(범위2=조건2)+…
- [필터 조건]에 해당하는 데이터가 없고 [빈 결과]가 생략되면 #CALC! 에러 발생합니다.
- 이 함수는 동적 배열 함수로 값을 반환할 범위 내 다른 데이터가 있으면 #SPILL! 에러 발생합니다.

특정 범위(또는 FILTER 함수에서 반환한 배열)의 값을 정렬해 반환해주는 함수로 FILTER 함수와 함께 사용하면 더욱 유용한 결과를 돌려받을 수 있습니다.

SORT (❶ 배열, ❷ 대상 열, ❸ 정렬 방법, ❹ 정렬 방향)

데이터 범위(또는 배열)에서 정렬한 결과를 반환합니다.

❶ 배열	원본 데이터 또는 배열입니다.
❷ 열 번호	정렬할 열(또는 행)의 인덱스 번호로 기본값은 1입니다.

❸ 정렬 방법	정렬 방법을 설정하는 옵션으로 기본값은 1입니다.	

정렬 방법	설명
1	오름차순 정렬
-1	내림차순 정렬

❹ 정렬 방향	[배열]이 행 데이터인지 열 데이터인지 설정하는 옵션으로 기본값은 FALSE입니다.	

정렬 방법	설명
TRUE	가로 방향 데이터 정렬
FALSE	세로 방향 데이터 정렬

주의 사항

- 이 함수는 동적 배열 함수로 값을 반환할 범위 내 다른 데이터가 있으면 #SPILL! 에러 발생합니다.

자주 사용하는 수식 패턴

FILTER 함수는 엑셀 Microsoft 365, 2021 이후 버전에서만 사용할 수 있으므로 2019 버전을 포함한 이전 버전에서는 사용할 수 없습니다. 그렇기 때문에 다음과 같은 복잡해 보이는 수식이 필요합니다. 아래 두 수식은 동일한 수식이며 계산 방법과 사용하는 함수가 다릅니다.

```
=INDEX(참조 범위, SMALL(IF(범위=조건, ROW(참조 범위)-ROW(머리글 셀)),
ROW(1:1)))
```

주의 사항

- 이 수식은 배열 수식이므로 반드시 Ctrl + Shift + Enter 로 입력합니다.
- [참조 범위]는 참조할 데이터가 입력된 범위입니다.
- [머리글 셀]은 [참조 범위]의 제목이 입력된 셀을 의미합니다.
- 이 수식은 복사한 위치까지 데이터를 참조하려고 할 때 더 이상 참조할 데이터가 없으면 #NUM! 에러가 발생합니다. 에러를 숨기려면 IFERROR 함수를 중첩해 사용합니다.

```
=INDEX(참조 범위, AGGREGATE(15, 6, (ROW(참조 범위)-ROW(머리글 셀))/(범
위=조건), ROW(1:1)))
```

주의 사항

- 이 수식은 일반 수식이므로 Enter 로 입력합니다.
- AGGREGATE 함수는 화면에 표시된 데이터나 에러를 제외한 데이터를 집계할 때 사용할 수 있는 함수로 첫 번째 인수가 15면 SMALL 함수처럼 동작합니다. AGGREGATE 함수에 대해서는 이 책의 475페이지에서 자세하게 설명하고 있습니다.
- 이 수식은 복사한 위치까지 데이터를 참조하려고 할 때 더 이상 참조할 데이터가 없으면 #NUM! 에러가 발생합니다. 에러를 숨기려면 IFERROR 함수를 중첩해 사용합니다.

실무 활용 예제

01 예제의 [B:C] 열에 위치한 데이터를 분류별로 [E:G] 열에 순서대로 참조합니다.

02 엑셀 Microsoft 365, 2021 이후 버전에서는 이런 작업을 FILTER 함수를 사용해 쉽게 참조할 수 있습니다.

03 복합기 품번을 참조해 오기 위해 [E6] 셀에 다음 수식을 입력합니다.

```
=FILTER(C6:C23, B6:B13=E5)
```

FILTER 함수는 동적 배열 함수로 여러 개의 값을 한 번에 반환해주므로 수식을 복사할 필요없이 [E6] 셀에만 수식을 입력하면 됩니다. 이번 수식은 셀 주소를 머리글로 변경하면 다음과 같은 수식이 됩니다.

```
=FILTER(품번, 분류="복합기")
```

FILTER 함수는 정확하게 조건에 맞는 데이터만 [E6:E13] 범위에 반환하며 원본 범위에 복합기가 줄어들거나 늘어나면 자동으로 반환 범위가 조정됩니다.

04 반환된 데이터가 정렬되어 표시되길 원한다면 [E6] 셀의 수식을 다음과 같이 수정합니다.

05 [E6] 셀의 수식을 다음과 같이 수정합니다.

```
=SORT(FILTER(C6:C23, B6:B13=E5))
```

	A	B	C	D	E	F	G	H
				fx	=SORT(FILTER(C6:C23, B6:B23=E5))			
1								
2				데이터 정리				
3								
5		분류	품번		복합기	복사기	바코드스캐너	
6		복합기	RT-C-0143		RT-C-0123			
7		복사기	SU-P-0146		RT-C-0124			
8		바코드스캐너	BT-P-0119		RT-C-0127			
9		복합기	RT-C-0124		RT-C-0142			
10		복합기	RT-C-0123		RT-C-0143			
11		복사기	SU-C-0145		RT-P-0126			
12		복합기	RT-P-0126		RT-P-0140			
13		바코드스캐너	BT-P-0118		RT-P-0141			
14		복합기	RT-P-0140					
15		복사기	SU-C-0128					
16		바코드스캐너	BT-P-0155					
17		복사기	SU-P-0144					
18		복합기	RT-C-0142					
19		복합기	RT-C-0127					
20		바코드스캐너	BT-C-0110					
21		바코드스캐너	BT-C-0142					
22		복합기	RT-P-0141					
23		바코드스캐너	BT-C-0156					
24								

SORT 함수는 배열이나 데이터 범위의 값을 정렬해 반환합니다. 이번과 같이 SORT 함수의 첫 번째 인수만 지정하면 첫 번째 인수의 범위(또는 배열)를 오름차순으로 정렬해 반환합니다. 생략된 옵션은 다음과 같습니다.

```
=SORT(FILTER(C6:C23, B6:B13=E5), 1, FALSE)
```

만약 데이터를 내림차순으로 정렬하려면 두 번째 인수를 1에서 −1로 수정하면 됩니다.

06 엑셀 2019 이전 버전에서는 FILTER나 SORT 함수를 사용하지 못하므로 INDEX 함수를 사용해 참조해야 합니다.

07 INDEX 함수를 사용해 복사기 품번을 참조하려면 먼저 복사기 품번의 행 번호를 알아야 합니다.

08 [F6] 셀에 다음 수식을 입력하고 [F6] 셀의 채우기 핸들을 [F16] 셀까지 드래그해 수식을 복사합니다. 엑셀 2019 이전 버전에서는 Ctrl + Shift + Enter 로 입력합니다.

```
=SMALL(IF($B$6:$B$23=$F$5, ROW($C$6:$C$23)), ROW(1:1))
```

F6		: × ✓ fx	=SMALL(IF($B$6:$B$23=$F$5,ROW($C$6:$C$23)),ROW(1:1))				
A	B	C	D	E	F	G	H

	분류	품번		복합기	복사기	바코드스캐너
	복합기	RT-C-0143		RT-C-0123	7	
	복사기	SU-P-0146		RT-C-0124	11	
	바코드스캐너	BT-P-0119		RT-C-0127	15	
	복합기	RT-C-0124		RT-C-0142	17	
	복합기	RT-C-0123		RT-C-0143	#NUM!	
	복사기	SU-C-0145		RT-P-0126	#NUM!	
	복합기	RT-P-0126		RT-P-0140	#NUM!	
	바코드스캐너	BT-P-0118		RT-P-0141	#NUM!	
	복합기	RT-P-0140			#NUM!	
	복사기	SU-C-0128			#NUM!	
	바코드스캐너	BT-P-0155			#NUM!	
	복사기	SU-P-0144				
	복합기	RT-C-0142				
	복합기	RT-C-0127				
	바코드스캐너	BT-C-0110				
	바코드스캐너	BT-C-0142				
	복합기	RT-P-0141				
	바코드스캐너	BT-C-0156				

데이터 정리

🔍 **더 알아보기**   **수식 이해하기**

이번 수식을 원본 표의 머리글에 맞춰 바꿔보면 다음과 같습니다.

```
=SMALL(IF(분류="복사기", ROW(품번)), ROW(1:1))
```

이번 수식의 계산 과정은 다음과 같습니다.

① B6:B23=F5	② IF(①, ROW(C6:C23))		③ SMALL(②, ROW(1:1))
FALSE	FALSE		7
TRUE	7		11
FALSE	FALSE	→	15
…	…		17
FALSE	FALSE		#NUM!

즉, [B6:B23] 범위의 값이 '복사기'인 행 번호를 순서대로 돌려받기 위한 수식이라고 생각하면 됩니다. 반환된 7, 11, 15, 17 행에 '복사기' 제품이 존재합니다.

09 INDEX 함수는 행 번호가 아니라 행의 인덱스 번호가 필요합니다.

TIP [F6] 셀에 반환된 7행은 참조할 [품번]열의 두 번째 셀입니다.

10 [F6]셀의 수식을 다음과 같이 수정하고 [F6] 셀의 채우기 핸들⊞을 [F16] 셀까지 드래그해 수식을 복사합니다. 엑셀 2019 이하 버전에서는 Ctrl + Shift + Enter 로 입력합니다.

```
=SMALL(IF($B$6:$B$23=$F$5, ROW($C$6:$C$23)-ROW($C$5)), ROW(1:1))
```

F6		⌄	:	× ✓ fx	=SMALL(IF($B$6:$B$23=$F$5,ROW($C$6:$C$23)-ROW($C$5)),ROW(1:1))			
▲	A	B	C	D	E	F	G	H
1								
2					**데이터 정리**			
3								
5		분류	품번		복합기	복사기	바코드스캐너	
6		복합기	RT-C-0143		RT-C-0123	2		
7		복사기	SU-P-0146		RT-C-0124	6		
8		바코드스캐너	BT-P-0119		RT-C-0127	10		
9		복합기	RT-C-0124		RT-C-0142	12		
10		복합기	RT-C-0123		RT-C-0143	#NUM!		
11		복사기	SU-C-0145		RT-P-0126	#NUM!		
12		복합기	RT-P-0126		RT-P-0140	#NUM!		
13		바코드스캐너	BT-P-0118		RT-P-0141	#NUM!		
14		복합기	RT-P-0140			#NUM!		
15		복사기	SU-C-0128			#NUM!		
16		바코드스캐너	BT-P-0155			#NUM!		
17		복사기	SU-P-0144					
18		복합기	RT-C-0142					
19		복합기	RT-C-0127					
20		바코드스캐너	BT-C-0110					
21		바코드스캐너	BT-C-0142					
22		복합기	RT-P-0141					
23		바코드스캐너	BT-C-0156					
24								

🔍 **더 알아보기**   **수식 이해하기**

이번 수식은 **08** 과정 수식에서 반환된 행 번호를 행 인덱스 번호로 바꾸기 위한 것으로 행 번호를 반환받은 [품번] 열(C열)의 머리글 행([C5] 셀) 번호를 뺀 것에 불과합니다. 이렇게 하면 **08** 과정에서 반환받은 행 번호(7, 11, 15, 17)에서 5를 뺀 값을 돌려받을 수 있습니다.

11 이제 INDEX 함수로 [품번] 열의 값을 참조합니다.

12 [F6] 셀의 수식을 다음과 같이 수정하고 [F6] 셀의 채우기 핸들➕을 [F16] 셀까지 드래그해 수식을 복사합니다. 2019 이전 버전에서는 Ctrl + Shift + Enter 로 입력합니다.

```
=IFERROR(INDEX($C$6:$C$23, SMALL(IF($B$6:$B$23=$F$5, ROW($C$6:$C$23)-ROW($C$5)), ROW(1:1))),
"")
```

🔍 **더 알아보기**   **수식 이해하기**

10 과정에서 돌려 받은 행 인덱스 번호를 이용해, INDEX 함수로 [품번]열의 값을 참조한 수식입니다. 다만 #NUM! 에러는 표시되지 않아야 하기 때문에 IFERROR 함수를 사용해 에러는 빈 문자("")로 대체한 것입니다. 다만 엑셀 2019 버전을 포함한 이전 버전에서는 SORT 함수를 사용할 수 없기 때문에 수식의 결과를 정렬해 반환받을 수 없습니다.

---

13 SMALL 함수와 IF 함수를 중첩하면 Ctrl + Shift + Enter 로 입력해야 합니다.

14 SMALL 함수와 IF 함수를 AGGREGATE 함수로 대체하면 Enter 로 수식을 입력할 수 있습니다.

15 바코드스캐너의 품번을 참조할 행 인덱스 번호를 AGGREGATE 함수로 반환받습니다.

16 [G6] 셀에 다음 수식을 입력하고 [G6] 셀의 채우기 핸들➕을 [G16] 셀까지 드래그해 수식을 복사합니다.

```
=AGGREGATE(15, 6, (ROW($C$6:$C$23)-ROW($C$5))/($B$6:$B$23=$G$5), ROW(1:1))
```

데이터 정리

분류	품번		복합기	복사기	바코드스캐너
복합기	RT-C-0143		RT-C-0123	SU-P-0146	3
복사기	SU-P-0146		RT-C-0124	SU-C-0145	8
바코드스캐너	BT-P-0119		RT-C-0127	SU-C-0128	11
복합기	RT-C-0124		RT-C-0142	SU-P-0144	15
복합기	RT-C-0123		RT-C-0143		16
복사기	SU-C-0145		RT-P-0126		18
복합기	RT-P-0126		RT-P-0140		#NUM!
바코드스캐너	BT-P-0118		RT-P-0141		#NUM!
복합기	RT-P-0140				#NUM!
복사기	SU-C-0128				#NUM!
바코드스캐너	BT-P-0155				#NUM!
복사기	SU-P-0144				
복합기	RT-C-0142				
복합기	RT-C-0127				
바코드스캐너	BT-C-0110				
바코드스캐너	BT-C-0142				
복합기	RT-P-0141				
바코드스캐너	BT-C-0156				

🔍 더 알아보기 　수식 이해하기

이번 수식을 원본 표의 머리글에 맞춰 바꿔보면 다음과 같습니다.

> =AGGREGATE(15, 6, (ROW(품번)-ROW(머리글 셀))/(분류="바코드스캐너"), ROW(1:1))

AGGREGATE 함수의 첫 번째 인수가 15면 SMALL 함수처럼 동작하고, 두 번째 인수가 6이면 세 번째 인수 범위에서 수식 에러를 무시합니다.

AGGREGATE 함수의 세 번째 인수 부분은 다음과 같이 계산됩니다.

① ROW(C6:C23)-ROW(C5)

1
2
3
...
18

② ①/(B6:B23=G5)

1/FALSE
2/FALSE
3/TRUE
...
18/TRUE

→

#DIV/0!
#DIV/0!
3
..
18

위에서 에러 제외하고, 작은 순서대로 1, 2, 3, …과 같은 값이 하나씩 반환되므로 INDEX 함수에서 사용할 수 있는 행 인덱스 번호를 돌려 받을 수 있습니다.

17 이제 INDEX 함수로 [품번] 열의 값을 참조합니다.

18 [G6] 셀의 수식을 다음과 같이 수정하고 [G6] 셀의 채우기 핸들 ⊞을 [G16] 셀까지 드래그해 수식을 복사합니다.

```
=IFERROR(INDEX($C$6:$C$23, AGGREGATE(15, 6, (ROW($C$6:$C$23)-ROW($C$5))/($B$6:$B$23=$G$5),
ROW(1:1))), "")
```

G6		✕ ✓ fx	=IFERROR(INDEX($C$6:$C$23,AGGREGATE(15,6,(ROW($C$6:$C$23)-ROW($C$5))/($B$6:$B$23=$G$5),ROW(1:1))), "")						

▲	A	B	C	D	E	F	G	H	I	J	K
1											
2					**데이터 정리**						
3											
5		분류	품번		복합기	복사기	바코드스캐너				
6		복합기	RT-C-0143		RT-C-0123	SU-P-0146	BT-P-0119				
7		복사기	SU-P-0146		RT-C-0124	SU-C-0145	BT-P-0118				
8		바코드스캐너	BT-P-0119		RT-C-0127	SU-C-0128	BT-P-0155				
9		복합기	RT-C-0124		RT-C-0142	SU-P-0144	BT-C-0110				
10		복합기	RT-C-0123		RT-C-0143		BT-C-0142				
11		복사기	SU-C-0145		RT-P-0126		BT-C-0156				
12		복합기	RT-P-0126		RT-P-0140						
13		바코드스캐너	BT-P-0118		RT-P-0141						
14		복합기	RT-P-0140								
15		복사기	SU-C-0128								
16		바코드스캐너	BT-P-0155								
17		복사기	SU-P-0144								
18		복합기	RT-C-0142								
19		복합기	RT-C-0127								
20		바코드스캐너	BT-C-0110								
21		바코드스캐너	BT-C-0142								
22		복합기	RT-P-0141								
23		바코드스캐너	BT-C-0156								
24											

중복 데이터에서 고유 항목만 참조하는 방법

예제 파일 PART 05 \ CHAPTER 22 \ UNIQUE 함수.xlsx

UNIQUE 함수 설명 [365, 2021 이후]

UNIQUE 함수는 엑셀 Microsoft 365, 2021 이후 버전에서 사용할 수 있는 함수로 중복 데이터가 포함된 범위에서 고유 항목만 반환받을 수 있습니다.

> ### UNIQUE (❶ 배열, ❷ 중복 위치, ❸ 중복 옵션)
>
> 데이터 범위(또는 배열)에서 중복을 배제한 고유한 값을 반환합니다.
>
> | ❶ 배열 | 원본 데이터 또는 배열 | |
> | --- | --- | --- |
> | ❷ 중복 위치 | [배열]내 데이터의 방향, 기본값은 TRUE | |
> | | 중복 위치 | 설명 |
> | | TRUE | 세로 방향 데이터의 중복을 제거합니다. |
> | | FALSE | 가로 방향 데이터의 중복을 제거합니다. |
> | ❸ 중복 옵션 | 중복 데이터를 처리하는 방법에 대한 옵션, 기본값은 FALSE | |
> | | 중복 옵션 | 설명 |
> | | TRUE | [배열]내 한 개씩 입력된 데이터만 반환합니다. |
> | | FALSE | [배열]에서 중복을 제거한 고유 데이터 반환합니다. |
>
> **주의 사항**
>
> ● 이 함수는 동적 배열 함수로 값을 반환할 범위 내 다른 데이터가 있으면 #SPILL! 에러 발생합니다.

자주 사용하는 수식 패턴

2019 버전을 포함한 이전 버전에서는 UNIQUE 함수가 제공되지 않으므로 다음 수식을 사용합니다.

```
=INDEX(중복 범위, MATCH(O, COUNTIF(머리글 셀:머리글 셀, 중복 범위), O))
```

주의 사항

- 이번 수식은 배열 수식이므로, 반드시 Ctrl + Shift + Enter 로 입력합니다.
- [머리글 셀]은 이번 수식을 입력하는 셀이 포함된 표의 열 제목이 입력된 셀입니다.
- [머리글 셀]을 참조하는 방법은 절대참조:상대참조 방식으로 참조되어야 합니다.
  예를 들어 머리글이 입력된 셀 주소가 A1이라면 $A$1:A1과 같이 참조해야 합니다.

실무 활용 예제

01 예제 파일의 고객(E열) 명단 중 중복을 제거하고 고유 업체명만 B열에 순서대로 참조합니다.

02 엑셀 Microsoft 365, 2021 이후 버전에서는 UNIQUE 함수를 사용해 간단하게 작업할 수 있습니다.

03 [B6]셀에 다음 수식을 입력합니다.

```
=UNIQUE(E6:E15)
```

고객 명단		거래번호	고객	제품
S&C무역 ㈜		10248	S&C무역 ㈜	컬러레이저복사기 XI-3200
한남상사 ㈜		10248	S&C무역 ㈜	바코드 Z-350
대림인터내셔널 ㈜		10249	한남상사 ㈜	프리미엄복사지A4 2500매
미성트레이드 ㈜		10249	한남상사 ㈜	바코드 BCD-100 Plus
		10250	대림인터내셔널 ㈜	고급복사지A4 500매
		10250	대림인터내셔널 ㈜	바코드 Z-350
		10250	대림인터내셔널 ㈜	바코드 BCD-100 Plus
		10251	미성트레이드 ㈜	잉크젯복합기 AP-3300
		10251	미성트레이드 ㈜	잉크젯복합기 AP-3200
		10252	S&C무역 ㈜	잉크젯팩시밀리 FX-1050

🔍 **더 알아보기**   **수식 이해하기**

UNIQUE 함수도 FILTER 함수처럼 동적 배열 함수로 여러 개 값을 한번에 반환해주므로 수식을 복사할 필요가 없이 [B6] 셀에만 수식을 입력하면 됩니다. 그러므로 원본 범위([E6:E15])에 고유 항목이 늘어나거나 줄어들면 UNIQUE 함수에서 반환할 데이터 범위가 자동 조정됩니다.

04 UNIQUE 함수에서 반환된 결과가 정렬되어 반환되길 원한다면 SORT함수를 중첩할 수 있습니다. [B6] 셀의 수식을 다음과 같이 수정합니다.

```
=SORT(UNIQUE(E6:E15))
```

TIP [B6:B9] 범위 내 반환 값이 오름차순으로 정렬되었습니다.

05 엑셀 2019 버전을 포함한 이전 버전에서는 UNIQUE 함수를 사용할 수 없으므로 다른 방법을 사용합니다.

06 [B6] 셀의 수식을 다음과 같이 수정합니다. 엑셀 2019 이전 버전은 [Ctrl] + [Shift] + [Enter]를 눌러입력합니다.

```
=INDEX($E$6:$E$15, MATCH(0, COUNTIF($B$5:B5, $E$6:$E$15), 0))
```

07 그런 다음 [B6] 셀의 채우기 핸들 🔳 을 [B11] 셀까지 드래그해 수식을 복사합니다.

🔍 **더 알아보기**　　**수식 이해하기**

INDEX, MATCH 함수를 사용하는 수식을 정확하게 이해하려면 항상 MATCH 함수의 구성에 집중해야 합니다. 이 수식에서 MATCH 함수 부분은 다음과 같습니다.

```
MATCH(0, COUNTIF($B$5:B5, $E$6:$E$15), 0)
```

MATCH 함수의 첫 번째와 마지막 인수가 모두 0이므로 이번 수식은 COUNTIF($B$5:B5, $E$6:$E$15) 결과에서 첫 번째 0의 위치를 찾게 됩니다. [B6] 셀에 입력한 수식을 행 방향으로 복사하면 COUNTIF 함수 부분은 다음과 같이 변경됩니다.

- [B6] 셀 : COUNTIF($B$5:B5, $E$6:$E$15)

  [B5] 셀에는 '고객명단'이 있어 이 부분의 결과는 배열에 {0;0;0;0;0;…,0} 값이 저장되므로 MATCH 함수는 무조건 첫 번째 값을 참조하게 됩니다.

- [B7] 셀 : COUNTIF($B$5:B6, $E$6:$E$15)

  [B5:B6] 범위에는 첫 번째 값이 이미 참조되었으므로 배열에는 {1,1,1,0,0,…,0} 값이 저장됩니다. 그러면 MATCH 함수는 두 번째 중복되지 않은 위치를 참조하게 됩니다.

- [B8] 셀 : COUNTIF($B$5:B7, $E$6:$E$15)

- [B11] 셀 : COUNTIF($B$7:B10, $E$6:$E$15)

COUNTIF 함수로 센 결과가 0인 경우는 존재하지 않는 경우에만 가능합니다. 따라서 B열의 값 중 E열에 없는 첫 번째 위치의 값을 순서대로 참조하게 되어 중복되지 않은 고윳값이 반환될 수 있는 겁니다.

#N/A 에러가 반환되는 부분에 빈 문자가 표시되도록 하려면 다음과 같은 수식을 사용합니다.

```
=IFERROR(INDEX($E$6:$E$15, MATCH(0, COUNTIF($B$5:B5, $E$6:$E$15), 0)), "")
```

또는 엑셀 2013 이후 버전이라면 IFERROR 함수를 IFNA 함수로 대체할 수 있습니다.

```
=IFNA(INDEX($E$6:$E$15, MATCH(0, COUNTIF($B$5:B5, $E$6:$E$15), 0)), "")
```

참고로 IFNA 함수는 #NA 에러가 발생한 경우 원하는 다른 값으로 대체해주는 역할을 합니다.

데이터

정렬

엑셀은 데이터의 오름차순이나 내림차순, 기타 사용자 지정 목록을 이용한 정렬 방법을 지원합니다. 정렬은 데이터 위치를 변경하는 방법이기 때문에 원리를 제대로 이해한다면 다양한 활용이 가능합니다. 이번 CHAPTER에서는 엑셀에서 지원하는 정렬 방법에 대해 자세히 알아보겠습니다.

엑셀의 데이터 정렬 방법 이해하기

예제 파일 PART 06 \ CHAPTER 23 \ 정렬-사용자 지정.xlsx

엑셀에서 지원하는 정렬 방법

엑셀의 정렬 기능은 기본적으로 오름차순과 내림차순 정렬 방법을 지원하며, [데이터] 탭-[정렬 및 필터] 그룹 내에서 다음과 같은 세 개 명령을 이용해 활용할 수 있습니다.

정렬 방법	텍스트	숫자
오름차순	A, B, C,…, 가, 나, 다, …	1, 2, 3, … (작은 숫자 먼저)
내림차순	하, 파, 타, …, Z, Y, X, …	10, 9, 8, … (큰 숫자 먼저)

참고로 [정렬] 명령은 오름차순, 내림차순 이외의 정렬 방법도 지원합니다. 보통 여러 열을 동시에 정렬 하고자 할 때 주로 사용됩니다. 만약 오름차순이나 내림차순 정렬 방법 이외에 사용자가 원하는 순서로 데 이터를 정렬하고 싶다면 정렬할 순서에 맞는 항목을 [사용자 지정 목록]에 등록해놓고 등록된 항목에 맞게 정렬합니다.

사용자 지정 목록에 정렬 순서 등록 방법

사용자 지정 목록에 원하는 항목을 등록하는 방법은 다음과 같습니다.

01 예제의 직원 데이터를 오른쪽 정렬 순서(F열)에 맞춰 정렬합니다.

	A	B	C	D	E	F	G
1							
2			사용자 지정 정렬				
3							
5		사번	이름	직위		정렬순서	
6		1	강민영	부장		부장	
7		2	김영재	과장		차장	
8		3	채우람	사원		과장	
9		4	배민지	대리		대리	
10		5	유예찬	사원		주임	
11		6	임선정	대리		사원	
12		7	손예지	주임			
13		8	배요한	차장			
14		9	정소라	사원			
15							

TIP 직위 열(D열)은 [오름차순 ꁸ]이나 [내림차순 ꁹ] 명령으로는 원하는 순서로 정렬할 수 없습니다.

02 [F6:F11] 범위 내 직위 정렬 순서를 [사용자 지정 목록]에 등록합니다.

03 [파일] 탭-[옵션]을 클릭합니다.

04 [Excel 옵션] 대화상자가 나타나면 [고급]을 선택하고 [일반]에서 [사용자 지정 목록 편집]을 클릭합니다.

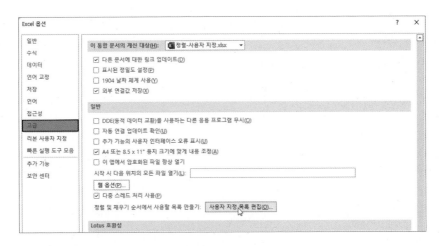

TIP 엑셀 2007 버전에서 [사용자 지정 목록 편집]의 위치

엑셀 2007 버전의 경우에는 [사용자 지정 목록 편집]의 위치가 다릅니다. 엑셀 2007 사용자라면 다음 위치를 참고합니다.

● [기본 설정]-[Excel에서 가장 많이 사용하는 옵션]

05 [옵션] 대화상자의 [목록 가져올 범위]에서 [F6:F11] 범위를 선택한 후 [가져오기]를 클릭합니다.

> **TIP** [가져오기]를 클릭하면 [목록 항목]과 [사용자 지정 목록]에 선택 범위의 값이 추가됩니다.

06 [옵션] 대화상자와 [Excel 옵션] 대화상자의 [확인]을 클릭해 모두 닫습니다.

텍스트를 원하는 순서로 정렬

사용자 지정 목록에 등록된 순서로 데이터를 정렬하는 방법은 다음과 같습니다.

01 정렬할 표 내부의 셀(예제에서는 [B6] 셀)을 하나 선택합니다. [데이터] 탭-[정렬 및 필터] 그룹-[정렬]을 클릭합니다.

02 [정렬] 대화상자의 [세로 막대형]의 정렬 기준에서 직위를 선택하고 [정렬]에서 사용자 지정 목록을 클릭합니다.

03 [사용자 지정 목록] 대화상자에서 등록해둔 직위 목록을 선택한 후 [확인]을 클릭합니다.

04 [정렬] 대화상자도 [확인]을 클릭해 닫습니다.

05 표가 오른쪽 정렬 순서에 맞춰 정렬됩니다.

	A	B	C	D	E	F	G
1							
2							
3			**사용자 지정 정렬**				
4							
5		사번	이름	직위		정렬순서	
6		1	강민영	부장		부장	
7		8	배요한	차장		차장	
8		2	김영재	과장		과장	
9		4	배민지	대리		대리	
10		6	임선정	대리		주임	
11		7	손예지	주임		사원	
12		3	채우람	사원			
13		5	유예찬	사원			
14		9	정소라	사원			
15							

정렬 취소 기능

엑셀에서의 정렬 작업은 셀 값을 다른 위치로 옮기는 작업이므로 정렬하면 수식의 결과가 변경될 수 있습니다. 또한 정렬 취소 기능이 제공되지 않아 원래 순서대로 데이터를 표시할 수 없습니다. 물론 정렬 작업을 실행한 직후라면 실행 취소 명령(Ctrl + Z)을 사용해 원래 순서로 복원할 수 있습니다.

그러므로 정렬된 데이터를 항상 원래 순서대로 되돌려야 한다면 표의 우측 빈 열에 1, 2, 3, …과 같이 일련번호를 넣은 열을 삽입한 후 정렬하는 것이 좋습니다. 이번 예제에서는 B열의 [사번]과 같은 열을 임의로 삽입한다고 생각하면 됩니다. 이렇게 해야 문제가 발생했을 때 삽입된 열을 [오름차순]으로 정렬해 원래 순서로 돌아갈 수 있습니다.

가로 방향 데이터를 정렬하는 방법

예제 파일 PART 06 \ CHAPTER 23 \ 정렬-가로.xlsx

데이터 정렬 방향

엑셀에서 지원하는 정렬은 보통 행 방향(아래쪽)으로 정렬되는 게 일반적이지만, 필요한 경우 열 방향(오른쪽)으로도 정렬할 수 있습니다. 이런 정렬 방법은 집계표를 원하는 방법으로 정렬하는 데 도움이 됩니다. 다만, 열 방향으로 정렬하려면 [데이터] 탭-[정렬 및 필터] 그룹-[정렬 🔡]을 클릭해 정렬합니다.

실무 활용 예제

01 예제 5행의 직원 데이터를 오름차순으로 정렬합니다.

02 열 방향으로 정렬하려면 머리글을 포함한 데이터 범위를 정확하게 선택해야 합니다.

03 [C5:K13] 범위를 선택하고 [데이터] 탭-[정렬 및 필터] 그룹-[정렬🔡]을 클릭합니다.

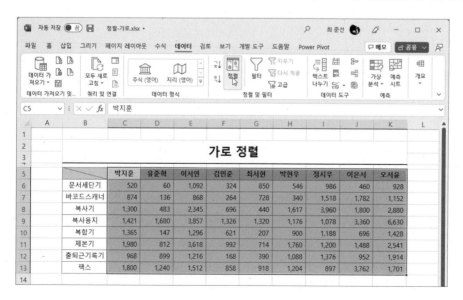

04 [정렬] 대화상자가 나타나면 상단의 [옵션]을 클릭해 [정렬 옵션] 대화상자를 표시합니다.

05 [왼쪽에서 오른쪽] 옵션을 선택하고 [확인]을 클릭합니다.

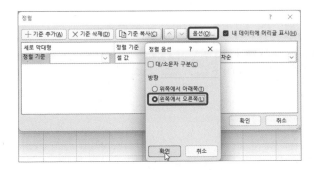

06 [행]의 정렬 기준에서 첫 번째 행인 [행 5]를 선택하고 [확인]을 클릭합니다.

TIP 정렬 방법은 기본이 오름차순이므로 내림차순으로 정렬하려면 [정렬] 옵션을 변경해야 합니다.

07 직원 이름이 오름차순으로 정렬된 결과를 얻을 수 있습니다.

가로 정렬

		김민준	박지훈	박현우	오서윤	유준혁	이서연	이은서	정시우	최서현
	문서세단기	324	520	546	928	60	1,092	460	986	850
	바코드스캐너	264	874	340	1,152	136	868	1,782	1,518	728
	복사기	696	1,300	1,617	2,880	483	2,345	1,800	3,960	440
	복사용지	1,326	1,421	1,176	6,630	1,680	3,857	3,360	1,078	1,320
	복합기	621	1,365	900	1,428	147	1,296	696	1,188	207
	제본기	992	1,980	1,760	2,541	812	3,618	1,488	1,200	714
	출퇴근기록기	168	968	1,088	1,914	899	1,216	952	1,376	390
	팩스	858	1,800	1,204	1,701	1,240	1,512	3,762	897	918

표의 열 순서를 원하는 대로 한번에 정렬하는 방법

예제 파일 PART 06 \ CHAPTER 23 \ 정렬-열 순서.xlsx

열 순서를 변경하는 방법

엑셀에서 표의 열 순서를 변경하려면 [잘라내기]로 위치를 옮길 열을 잘라내고, 원하는 위치에서 마우스 오른쪽 버튼을 클릭한 후 단축 메뉴에서 [잘라낸 셀 삽입] 메뉴를 선택합니다.

	거래번호	고객	담당	제품	단가
	10248	S&C무역 ㈜	김민준	컬러레이저복사기 XI-3200	1,176,00
	10248	S&C무역 ㈜	김민준	바코드 Z-350	48,30
	10248	S&C무역 ㈜	김민준	잉크젯팩시밀리 FX-1050	47,40
	10249	드림씨푸드 ㈜	박현우	프리미엄복사지A4 2500매	17,80
	10249	드림씨푸드 ㈜	박현우	흑백레이저복사기 TLE-5000	597,90
	10250	자이언트무역 ㈜	정시우	고급복사지A4 500매	3,50
	10250	자이언트무역 ㈜	정시우	링제본기 ST-100	161,90
	10250	자이언트무역 ㈜	정시우	바코드 BCD-100 Plus	104,50
	10251	진왕통상 ㈜	오서윤	레이저복합기 L200	165,30
	10251	진왕통상 ㈜	오서윤	잉크젯복합기 AP-3200	89,30

이 방법은 정석이지만 한 번에 하나의 열(또는 연속된 열)만 순서를 조정할 수 있으므로 여러 개의 열 위치를 변경해야 할 때는 불편할 수밖에 없습니다.

실무 활용 예제

01 예제의 표에서 원하는 순서로 열 위치를 옮깁니다.

02 표시할 열 순서대로 표의 맨 하단 [B16:I16] 범위에 1, 2, 3, …과 같이 일련번호를 입력합니다. 화면을 참고해 입력합니다.

	A	B	C	D	E	F	G	H	I	J
1										
2					**열 순서 조정**					
3										
5		거래번호	고객	담당	제품	단가	수량	할인율	판매	
6		10248	S&C무역 ㈜	김민준	컬러레이저복사기 XI-3200	1,176,000	3	15%	2,998,800	
7		10248	S&C무역 ㈜	김민준	바코드 Z-350	48,300	3	0%	144,900	
8		10248	S&C무역 ㈜	김민준	잉크젯팩시밀리 FX-1050	47,400	3	0%	142,200	
9		10249	드림씨푸드 ㈜	박현우	프리미엄복사지A4 2500매	17,800	9	0%	160,200	
10		10249	드림씨푸드 ㈜	박현우	흑백레이저복사기 TLE-5000	597,900	3	5%	1,704,015	
11		10250	자이언트무역 ㈜	정시우	고급복사지A4 500매	3,500	2	0%	7,000	
12		10250	자이언트무역 ㈜	정시우	링제본기 ST-100	161,900	9	5%	1,384,245	
13		10250	자이언트무역 ㈜	정시우	바코드 BCD-100 Plus	104,500	8	0%	836,000	
14		10251	진왕통상 ㈜	오서윤	레이저복합기 L200	165,300	3	0%	495,900	
15		10251	진왕통상 ㈜	오서윤	잉크젯복합기 AP-3200	89,300	8	0%	714,400	
16		1	2	8	3	5	4	6	7	
17										

🔍 더 알아보기   **일련번호를 입력할 때 주의할 점**

표 하단에 일련번호를 넣으면 상단의 데이터 형식에 영향을 받습니다. [H16] 셀의 경우 화면에는 6으로 표시되어 있는데, 입력할 때는 6%로 입력될 겁니다. 6%는 0.06이므로 그대로 두면 원하는 순서로 정렬되지 않습니다. 그러므로 [홈] 탭-[표시 형식] 그룹-[쉼표 스타일 ⬝]을 클릭해 표시 형식을 변경하고 **6**을 입력합니다.

03 일련번호가 입력된 16행을 기준으로 표를 가로로 정렬합니다.

04 [B5:I16] 범위를 선택하고 [데이터] 탭-[정렬 및 필터] 그룹-[정렬▦]을 클릭합니다.

LINK 가로 정렬 방법은 이 책의 **Section 23-02**(586페이지)를 참고합니다.

05 표를 정렬한 다음 열 너비를 일괄 조정합니다.

06 워크시트의 [모두 선택▨]을 클릭해 전체 범위를 선택합니다.

07 A열과 B열의 열 구분선을 더블클릭하면 열 너비가 한 번에 자동으로 조정됩니다.

	A	B	C	D	E	F	G	H	I	J
1										
2					**열 순서 조정**					
3										
5		거래번호	고객	제품	수량	단가	할인율	판매	담당	
6		10248	S&C무역 ㈜	컬러레이저복사기 XI-3200	3	1,176,000	15%	2,998,800	김민준	
7		10248	S&C무역 ㈜	바코드 Z-350	3	48,300	0%	144,900	김민준	
8		10248	S&C무역 ㈜	잉크젯팩시밀리 FX-1050	3	47,400	0%	142,200	김민준	
9		10249	드림씨푸드 ㈜	프리미엄복사지A4 2500매	9	17,800	0%	160,200	박현우	
10		10249	드림씨푸드 ㈜	흑백레이저복사기 TLE-5000	3	597,900	5%	1,704,015	박현우	
11		10250	자이언트무역 ㈜	고급복사지A4 500매	2	3,500	0%	7,000	정시우	
12		10250	자이언트무역 ㈜	링제본기 ST-100	9	161,900	5%	1,384,245	정시우	
13		10250	자이언트무역 ㈜	바코드 BCD-100 Plus	8	104,500	0%	836,000	정시우	
14		10251	진왕통상 ㈜	레이저복합기 L200	3	165,300	0%	495,900	오서윤	
15		10251	진왕통상 ㈜	잉크젯복합기 AP-3200	8	89,300	0%	714,400	오서윤	
16		1	2	3	4	5	6	7	8	
17										

TIP 16행은 정렬 작업을 위해 입력했으므로 작업이 끝나면 삭제합니다.

23 / 04 합계를 제외하고 정렬하는 방법

예제 파일 PART 06 \ CHAPTER 23 \ 정렬-선택 범위.xlsx

정렬의 대상 범위

정렬 기능은 기본적으로 표 전체 범위를 대상으로 데이터를 정렬해줍니다. 그러므로 예제의 표와 같이 총합계 행이 존재하는 경우 정렬할 때 원치 않는 결과를 얻을 수 있습니다. 아래는 예제의 표를 매출순으로 정렬했을 때의 결과를 표시해줍니다.

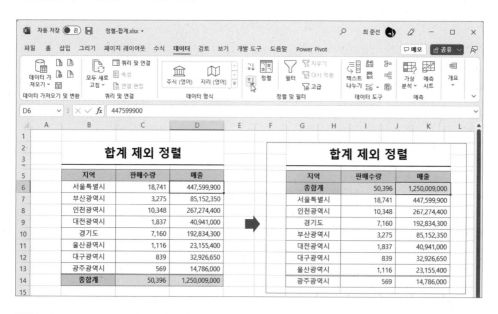

TIP [D6] 셀이 선택된 상태에서 [데이터] 탭-[정렬 및 필터] 그룹-[내림차순 정렬 ⧩] 명령을 클릭했습니다.

만약 합계 행을 제외하고 정렬하려면, 정렬할 범위만 선택하고 정렬하면 됩니다. 이때 먼저 선택한 열(활성 셀이 포함된 열)을 기준으로 정렬하기 때문에 다른 열을 기준으로 정렬하려면 Tab 을 눌러 활성 셀을 변경하고 정렬합니다.

실무 활용 예제

01   예제의 표에서 14행의 총합계 행은 제외하고 정렬합니다.

02   매출순으로 데이터를 정렬하기 위해 [D6] 셀에서 [B13] 셀 방향으로 범위를 선택합니다.

TIP   [B6:D13] 범위를 선택하고 Tab 을 두 번 눌러 [D6] 셀이 흰색 셀(활성 셀)이 되도록 해도 됩니다.

03   [데이터] 탭-[정렬 및 필터] 그룹-[내림차순 정렬]을 클릭해 정렬합니다.

04   선택된 범위가 [매출] 열을 기준으로 정렬된 결과를 얻을 수 있습니다.

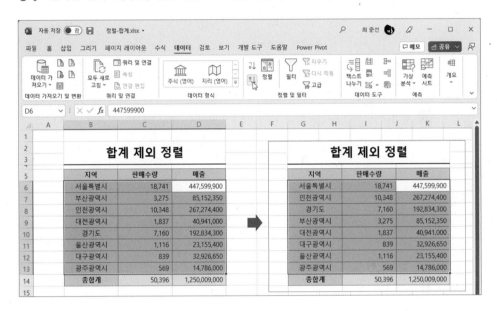

🔍 **더 알아보기**   **활성 셀이란?**

범위를 선택하면 다른 셀과 달리 회색 음영이 표시되지 않는 흰색 셀이 하나 존재하게 됩니다. 이 셀은 사용자가 입력한 데이터를 입력받는 첫 번째 셀이 됩니다. 이런 셀을 활성 셀(Activecell)이라고 합니다. 엑셀의 여러 기능에서 동작의 기준이 되거나 수식으로 조건을 설정할 경우 첫 번째로 적용되는 셀이 바로 활성 셀입니다. 그러므로 엑셀의 기능을 잘 활용하기 위해서는 내가 선택한 범위 내 활성 셀의 위치가 어디인지 구분하는 것이 중요합니다.

병합된 셀이 포함된 표를
정렬하는 방법

예제 파일 PART 06 \ CHAPTER 23 \ 정렬-병합.xlsx

병합된 셀이 포함된 표를 정렬할 수 있을까?

병합된 셀이 포함된 표를 정렬하면 '모든 셀의 크기가 동일해야 한다'라는 경고 메시지가 표시됩니다.

이렇게 병합된 셀을 포함된 표는 깔끔하게 보일 순 있어도 정렬, 필터 등 엑셀에 꼭 필요한 명령을 사용할 수 없기 때문에 주의가 필요합니다.

실무 활용 예제

01 예제의 B열의 담당자 이름을 오름차순으로 정렬합니다.

담당	항목	1사분기	2사분기	3사분기	4사분기
		병합된 표 정렬			
박지훈	판매수량	1,064	1,296	1,517	2,038
	매출	23,302,000	37,062,850	48,914,100	55,531,500
유준혁	판매수량	1,094	1,239	2,478	964
	매출	25,765,100	26,291,100	50,831,450	21,278,900
이서연	판매수량	1,792	2,295	2,177	1,249
	매출	45,067,200	53,935,100	58,589,800	28,316,400
김민준	판매수량	2,140	2,639	3,376	1,393
	매출	48,754,650	65,334,550	79,428,750	34,454,650
최서현	판매수량	1,099	508	1,484	1,469
	매출	27,138,950	16,948,500	38,049,050	41,454,250

TIP B열은 셀이 두 개씩 병합되어 있으므로 정렬 작업을 할 수 없습니다.

592 / PART 06 | 데이터

02 병합된 셀이 포함된 표는 정렬할 수 없으므로 먼저 병합을 해제합니다.

03 [B6:B15] 범위를 선택하고 [홈] 탭-[맞춤] 그룹-[병합하고 가운데 맞춤圖]을 클릭합니다.

04 병합이 해제된 빈 셀에 값을 채우기 위해 [B6:B15] 범위를 선택한 상태에서 [F5]를 누릅니다.

05 [이동] 대화상자에서 [옵션]을 클릭합니다.

06 [이동 옵션] 대화상자가 나타나면 [빈 셀]을 선택하고 [확인]을 클릭합니다.

07 바로 등호(=)를 입력하고 [B6] 셀을 클릭한 후 [Ctrl]+[Enter]를 눌러 수식을 한번에 복사합니다.

TIP [Ctrl]+[Enter]는 선택 범위에 활성 셀의 값(또는 수식)을 나머지 선택된 셀에 복사하는 단축키입니다.

08 [B6] 셀을 선택하고 [데이터] 탭-[정렬 및 필터] 그룹-[오름차순 정렬圖]을 클릭합니다.

09 정렬 작업이 끝났으므로 병합이 해제된 셀을 다시 병합합니다.

10 [B6:B7] 범위를 선택하고 [홈] 탭-[맞춤] 그룹-[병합하고 가운데 맞춤▦]을 클릭합니다.

11 나머지 셀들은 자동 채우기 기능을 이용합니다.

12 [B6:B7] 병합 셀의 채우기 핸들▣을 15행까지 드래그합니다.

13 자동 채우기 옵션▣을 클릭하고 [서식만 채우기]를 클릭합니다.

	A	B	C	D	E	F	G	H
1								
2			**병합된 표 정렬**					
3								
5		담당	항목	1사분기	2사분기	3사분기	4사분기	
6		김민준	판매수량	2,140	2,639	3,376	1,393	
7			매출	48,754,650	65,334,550	79,428,750	34,454,650	
8		박지훈	판매수량	1,064	1,296	1,517	2,038	
9			매출	23,302,000	37,062,850	48,914,100	55,531,500	
10		유준혁	판매수량	1,094	1,239	2,478	964	
11			매출	25,765,100	26,291,100	50,831,450	21,278,900	
12		이서연	판매수량	1,792	2,295	2,177	1,249	
13			매출	45,067,200	53,935,100	58,589,800	28,316,400	
14		최서현	판매수량	1,099	508	1,484	1,469	
15			매출	27,138,950	16,948,500	38,049,050	41,454,250	
16								
17		○ 셀 복사(C)						
18		◉ 서식만 채우기(F)						
19		○ 서식 없이 채우기(O)						
20		○ 빠른 채우기(F)						

23/06 셀의 일부를 제외하고 정렬하는 방법

예제 파일 PART 06 \ CHAPTER 23 \ 정렬-제외.xlsx

셀에 입력된 데이터 중 일부를 제외하고 정렬할 수 있을까?

엑셀의 정렬은 셀에 입력된 전체 데이터를 대상을 동작하므로 불필요한 문자가 포함되어 있는 경우 원하는 순서로 정렬하기 어렵습니다. 예를 들어 예제의 B열의 회사명을 오름차순으로 정렬하면 ㈜ 문자 때문에 원하는 결과를 얻을 수 없습니다.

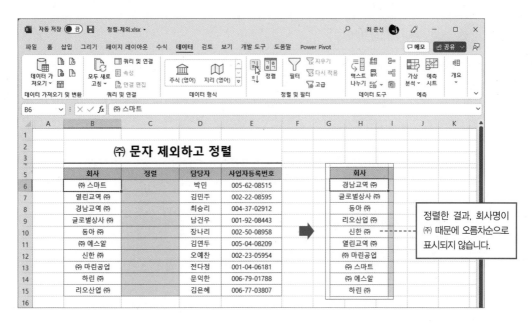

이렇게 정렬에 필요하지 않은 문자는 지우고 정렬해야 원하는 결과를 얻을 수 있습니다.

실무 활용 예제

01 예제의 B열의 회사명을 오름차순으로 정렬합니다.

02 '㈜' 문자를 삭제한 결과를 C열에 추가합니다.

03 [C6] 셀에 다음 수식을 입력하고 [C6] 셀의 채우기 핸들➕을 더블클릭해 수식을 복사합니다.

```
=SUBSTITUTE(SUBSTITUTE(B6, " ", ""), "㈜", "")
```

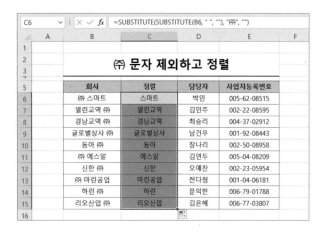

> **TIP** '(주)' 문자 앞 뒤로 공백이 있으므로 SUBSTITUTE 함수를 사용해 공백을 먼저 제거하고 '(주)' 문자를 제거합니다.

🔍 **더 알아보기**　　**㈜와 (주)의 차이점 이해하기**

오피스 프로그램은 특정 조합의 문자열이 입력되면 입력된 값을 자동으로 고쳐줍니다. 이런 기능을 자동 고침 기능이라고 하는데,
예를 들어 (c)는 ©로, (주)는 ㈜ 특수 문자로 변경해줍니다. 자동 고침 기능은 셀에서는 동작하지만 [바꾸기] 대화상자 같은 곳에
서는 동작하지 않으므로, 바꾸기 기능을 이용하려는 경우 ㈜ 문자를 복사해 붙여 넣는 방법을 사용해야 합니다.

---

04 [C6] 셀을 선택하고 [데이터] 탭-[정렬 및 필터] 그룹-[오름차순 정렬🔼]을 클릭합니다.

회사	정렬	담당자	사업자등록번호
경남교역 ㈜	경남교역	최승리	004-37-02912
글로벌상사 ㈜	글로벌상사	남건우	001-92-08443
동아 ㈜	동아	장나리	002-50-08958
리오산업 ㈜	리오산업	김은혜	006-77-03807
㈜ 마린공업	마린공업	전다정	001-04-06181
㈜ 스마트	스마트	박민	005-62-08515
신한 ㈜	신한	오예찬	002-23-05954
㈜ 에스알	에스알	김연두	005-04-08209
열린교역 ㈜	열린교역	김민주	002-22-08595
하린 ㈜	하린	문익한	006-79-01788

23/07

x-1, x-10, x-2와 같은 데이터를 정렬하는 방법

예제 파일 PART 06 \ CHAPTER 23 \ 정렬—텍스트형 숫자.xlsx

숫자와 텍스트 데이터 정렬 방법

C1-1, C1-2, …, C1-10 과 같은 숫자와 텍스트가 혼합된 데이터나 텍스트로 인식된 숫자의 경우, 정렬하면 C1-1 다음에 C1-2가 나타나지 않고 C1-10이 나타날 수 있습니다. 엑셀은 정렬할 때 숫자 데이터의 경우는 크고 작음을 비교하지만, 텍스트 데이터의 경우는 앞에 나오는 문자를 정렬 기준으로 삼기 때문입니다. 그러므로 예제의 표를 B열의 품번순으로 정렬하면 화면과 같은 결과를 얻을 수 있습니다.

품번	정렬	품명	공급업체
C1-1		잉크젯복합기 AP-3200	리오산업 ㈜
C1-10		무한레이저복합기 L500C	고려텍 ㈜
C1-2		잉크젯복합기 AP-4900	글로벌상사 ㈜
C1-21		흑백레이저복사기 TLE-5000	SPC ㈜
C1-5		레이저복합기 L200	SPC ㈜
C2-11		문서세단기 SCUT-1000	리오산업 ㈜
C2-8		오피스 Z-01	글로벌상사 ㈜
C3-1		와이어제본기 WC-5100	글로벌상사 ㈜
C3-10		링제본기 ST-100	고려텍 ㈜
C3-2		열제본기 TB-8200	SPC ㈜

표 제목: **텍스트형 숫자 정렬**

참고로 텍스트로 인식된 데이터 내 숫자의 크고 작음을 비교하려면 데이터 내 입력된 숫자의 자릿수를 맞춰야 합니다.

실무 활용 예제

01 예제의 B열의 품번을 숫자의 크기에 맞게 정렬합니다.

02 [C6] 셀에 다음 수식을 입력하고 [C6] 셀의 채우기 핸들⊞을 더블클릭해 수식을 복사합니다.

```
=LEFT(B6, 3) & TEXT(MID(B6, 4, 2), "00")
```

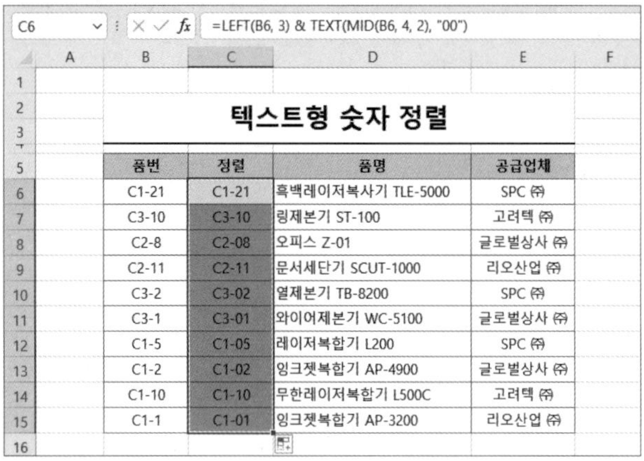

🔍 **더 알아보기**   **수식 이해하기**

이번 수식은 B열의 품번에서 하이픈 뒤 번호를 두 자리 수로 맞추기 위한 것으로, 사용자의 데이터가 예제와 상이한 경우 그에 맞게 수식을 수정할 수 있어야 합니다. 이번 수식을 제대로 이해하려면 & 연산자 뒷부분을 정확하게 알아야 합니다. & 연산자 뒷부분은 다음 두 개의 수식이 결합된 것입니다.

❶ MID(B6, 4, 2)

: [B6] 셀의 네 번째 문자에서 두 개 문자를 잘라냅니다. 이렇게 하면 B열의 품번에서 하이픈(–) 뒤의 숫자만 잘라냅니다.

❷ TEXT(❶, "00")

: ❶에서 잘라낸 숫자를 두 자리 숫자로 표시하라는 의미로 1은 01로 반환됩니다.

이렇게 변환된 값을 LEFT 함수로 잘라낸 앞부분과 연결한 것입니다.

---

03 [C6] 셀을 선택하고 [데이터] 탭–[정렬 및 필터] 그룹–[오름차순 정렬📊]을 클릭합니다.

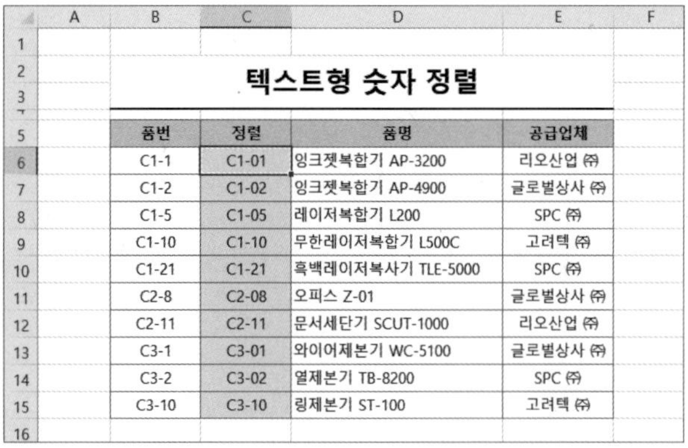

23 / 08

수식이 입력된 셀을 정렬할 때
정렬이 되지 않는 문제

예제 파일 PART 06 \ CHAPTER 23 \ 정렬−수식.xlsx

문제 확인

수식이 입력된 표를 정렬하다 보면, 수식의 결과가 변경되거나 정렬이 되지 않는 문제가 발생하기도 합니다. 이런 문제는 몇 가지 원인으로 발생하지만 주로 참조할 때 현재 시트의 시트명이 포함되는 방식으로 참조될 때 발생합니다.

예제를 열고 [sample] 시트의 [C6] 셀을 보면 다음과 같은 수식을 확인할 수 있습니다.

```
=SUMIF(원본!$B$3:$B$12, sample!B6, 원본!$C$3:$C$12)
```

C6	∨	:	× ✓ ƒx	=SUMIF(원본!$B$3:$B$12, sample!B6, 원본!$C$3:$C$12)			
◢	A	B	C	D	E	F	G
1							
2		**수식 정렬**					
3							
5		**공급업체**	**정산총액**				
6		SPC (주)	485,000				
7		고려텍 (주)	556,000				
8		글로벌상사 (주)	1,222,000				
9		리오산업 (주)	520,000				
10							
11							
		sample	원본	+			

수식 자체는 큰 문제가 없고 [원본] 시트의 아래 데이터를 제대로 집계한 결과를 반환하고 있습니다.

◢	A	B	C	D
1				
2		**공급업체**	**정산액**	
3		SPC (주)	123,000	
4		고려텍 (주)	317,000	
5		글로벌상사 (주)	394,000	
6		리오산업 (주)	362,000	
7		SPC (주)	171,000	
8		글로벌상사 (주)	427,000	
9		SPC (주)	191,000	
10		글로벌상사 (주)	401,000	
11		고려텍 (주)	239,000	
12		리오산업 (주)	158,000	
13				
		sample	원본	+

다만 [sample] 시트의 [C6] 셀에서 [오름차순 정렬]이나 [내림차순 정렬🔽]을 해보면 정렬이 제대로 되지 않는 증상을 확인할 수 있습니다. 오른쪽 화면은 [C6] 셀에서 [내림차순 정렬🔽]을 실행한 결과입니다.

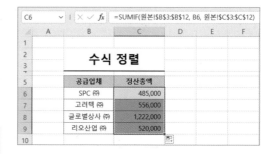

일단 정렬도 제대로 되지 않았지만 [C6] 셀에 수식도 문제가 있습니다. [C6] 셀의 수식은 다음과 같습니다.

```
=SUMIF(원본!$B$3:$B$12, sample!B8, 원본!$C$3:$C$12)
```

두 번째 인수의 셀 주소가 [B6] 셀이 아니라 [B8] 셀로 변경되었습니다. 이것은 정렬된 결과 [B6] 셀에 위치한 값이 이전에 [B8] 셀에 위치했기 때문에 참조 위치가 변경된 것입니다.

이렇게 수식을 참조할 때 시트명은 다른 시트를 참조할 때만 표시되어야 하고, 같은 시트의 셀을 참조할 때는 표시되면 안 됩니다. 이런 증상은 셀 참조를 위해 시트 탭을 마우스로 클릭해 시트를 전환하는 경우 많이 발생되므로 주의가 필요합니다.

문제 해결

문제 해결은 당연히 수식 내 현재 시트의 이름을 제거하면 됩니다. 이전까지의 작업은 Ctrl + Z 를 눌러 취소하고 [C6] 셀의 수식을 다음과 같이 수정한 후 [C6] 셀의 채우기 핸들➕을 더블클릭해 수식을 복사합니다.

```
=SUMIF(원본!$B$3:$B$12, B6, 원본!$C$3:$C$12)
```

수식을 고친 다음 [C6]셀에서 [내림차순 정렬🔽]을 클릭하면 정렬이 제대로 됩니다.

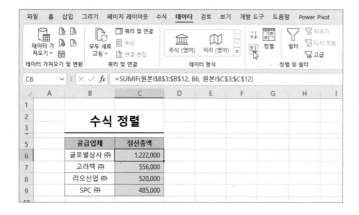

23/09 배경(또는 글꼴) 색에 맞춰 정렬하는 방법

예제 파일 PART 06 \ CHAPTER 23 \ 정렬-색상.xlsx

색상을 인식하는 엑셀 기능

엑셀 2007부터는 셀에 적용된 색상(배경색, 글꼴 색)을 인식할 수 있는 기능이 몇 가지 추가되었습니다. 색상을 인식할 수 있는 대표 기능이 바로 [자동 필터]와 [정렬]입니다. 두 기능은 셀에 적용된 배경(또는 글꼴) 색을 조건으로 데이터를 필터하거나 정렬할 수 있습니다. 다만, 피벗이나 SUMIF 등의 함수는 여전히 색상을 조건으로 인식할 수 없기 때문에 데이터를 구분할 때 색상을 적용하는 방법은 사용하지 않는 것이 좋습니다.

실무 활용 예제

01 예제의 표에 적용된 배경색을 기준으로 표를 정렬합니다.

품번	품명	분류	단가	현재고
		색상 기준 정렬		
1	오피스 Z-05C	문서세단기	111,200	39
2	복사지A4 5000매	복사용지	24,800	17
3	무한레이저복합기 L800C	복합기	568,800	13
4	잉크젯팩시밀리 FX-2000	팩스	80,600	53
5	바코드 BCD-200 Plus	바코드스캐너	91,000	0
6	무한잉크젯복합기 AP-5500W	복합기	169,000	120
7	레이저복합기 L350	복합기	244,200	15
8	지문인식 FPIN-2000F	출퇴근기록기	145,400	6
9	복사지A4 5000매	복사용지	29,400	29
10	링제본기 ST-100	제본기	140,600	18

02 [데이터] 탭-[정렬 및 필터] 그룹-[정렬🔳]을 클릭합니다.

03 [세로 막대형]은 색상이 적용된 열의 머리글을 선택합니다.

04 예제에서는 **품번**을 선택하고 [정렬 기준]의 아래 화살표☑를 클릭해 **셀 색**을 선택합니다.

TIP [조건부 서식 아이콘]은 조건부 서식의 아이콘 집합을 사용한 경우를 기준으로 정렬할 수 있습니다.

05 새로운 [정렬] 조건이 추가되면 [셀 색 없음]의 아래 화살표☑를 클릭합니다.

06 색상 목록에서 먼저 표시될 색을 하나 선택합니다.

07 [정렬] 대화상자 좌측 상단의 [기준 추가]를 2회 클릭하고 기준을 추가합니다.

08 **04-06** 과정을 참고해 정렬할 색상을 모두 선택한 후 [확인]을 클릭합니다.

09 그러면 선택한 배경색에 맞게 표가 정렬됩니다.

	품번	품명	분류	단가	현재고
	5	바코드 BCD-200 Plus	바코드스캐너	91,000	0
	8	지문인식 FPIN-2000F	출퇴근기록기	145,400	6
	2	복사지A4 5000매	복사용지	24,800	17
	7	레이저복합기 L350	복합기	244,200	15
	3	무한레이저복합기 L800C	복합기	568,800	13
	10	링제본기 ST-100	제본기	140,600	18
	1	오피스 Z-05C	문서세단기	111,200	39
	4	잉크젯팩시밀리 FX-2000	팩스	80,600	53
	6	무한잉크젯복합기 AP-5500W	복합기	169,000	120
	9	복사지A4 5000매	복사용지	29,400	29

색상 기준 정렬

CHAPTER

24

필터와 중복 제거

엑셀 사용자라면 반드시 사용하는 기능 중 하나가 바로 자동 필터입니다. 하지만 많은 사용자가 데이터에서 원하는 데이터만 화면에 표시하는 단순한 방법으로 사용하고 있습니다. 자동 필터는 목록에서 원하는 항목만 선택하는 단편적인 사용 방법 외에도 다양한 활용이 가능합니다. 이번 CHAPTER를 통해 자동 필터의 다양한 기능에 대해 좀 더 자세히 알아보겠습니다.

자동 필터에서 검색을 통해 원하는 데이터를 표시하는 방법

예제 파일 PART 06 \ CHAPTER 24 \ 자동필터-검색.xlsx

필터 목록을 이용해 원하는 데이터 표시

자동 필터는 표에서 원하는 데이터만 확인하고자 할 때 사용할 수 있습니다. 자동 필터를 적용하려면 표 내부의 셀을 하나 선택하고 [데이터] 탭-[정렬 및 필터] 그룹-[필터▽] 명령을 클릭합니다.

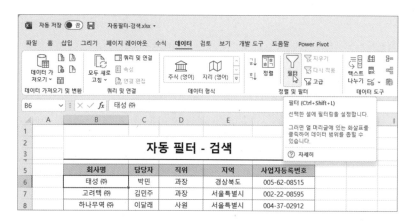

자동 필터가 적용되면 표의 첫 번째 행의 셀에 아래 화살표 모양의 필터 단추▼가 표시됩니다. 화면에 표시할 데이터를 선택할 열의 아래 화살표 단추를 클릭한 후 필터 목록에서 [(모두 선택)] 항목을 체크 해제합니다. 화면에 표시할 항목을 체크하고 [확인]을 클릭합니다.

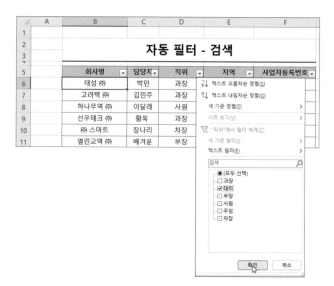

선택한 항목의 데이터만 화면에 표시됩니다.

	회사명	담당자	직위	지역	사업자등록번호
				자동 필터 - 검색	
13	한미 ㈜	전다정	대리	경상남도	002-28-05282
14	동아 ㈜	한세계	대리	인천광역시	005-71-01690
18	하린 ㈜	조미소	대리	충청남도	001-56-05301
21	양일산업 ㈜	조고운	대리	대전광역시	006-88-04867

필터 조건이 설정된 표는 다음과 같은 특징이 나타납니다.

첫째, 필터 조건이 적용된 열 머리글 셀([D5] 셀)의 필터 단추⏷에 필터 아이콘⏷이 표시됩니다.

둘째, 필터링된 데이터의 행 주소는 모두 파란색으로 표시됩니다.

필터 해제

자동 필터는 한 시트에서 하나의 표에만 적용 가능하므로 더 이상 사용하지 않으려면 필터를 해제합니다. 다만, 해제 방법은 상황에 따라 두 가지를 사용할 수 있습니다.

먼저 자동 필터를 해제하려면 [데이터] 탭-[정렬 및 필터] 그룹-[필터⏷]를 다시 클릭합니다.

필터는 유지한 상태로 필터 조건만 해제하려면 [데이터] 탭-[정렬 및 필터] 그룹-[지우기⏷]를 클릭합니다.

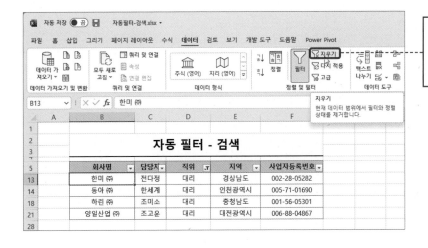

필터가 적용된 경우에만 활성화되며, 어느 열에 필터 조건이 걸려 있든 표에 적용된 모든 조건을 해제해줍니다.

검색란을 이용해 원하는 데이터 표시

01 예제의 표에서 자동 필터의 검색 기능을 이용해 원하는 데이터를 화면에 표시합니다.

02 지역(E열)이 광역시인 데이터만 추출하기 위해 [E5] 셀의 필터 단추 ▼를 클릭합니다.

03 필터 목록의 가운데에 있는 검색란에 **광역시**를 입력하고 Enter 를 누르거나 [확인]을 클릭합니다.

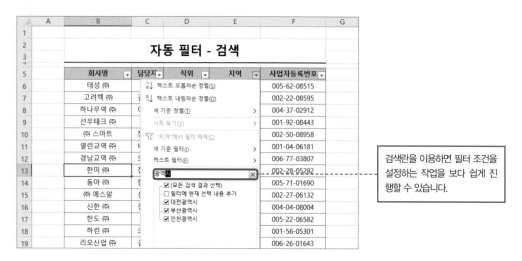

검색란을 이용하면 필터 조건을 설정하는 작업을 보다 쉽게 진행할 수 있습니다.

TIP 검색란에 입력된 키워드 값은 해당 열에서 전체가 맞거나 일부가 포함된 항목을 모두 추출해줍니다.

04 전체 데이터에서 광역시(인천, 대전, 부산) 데이터만 화면에 표시됩니다. 데이터만 화면에 표시됩니다.

	회사명	담당자	직위	지역	사업자등록번호
9	선우테크 ㈜	황옥	과장	인천광역시	001-92-08443
10	㈜ 스마트	장나리	차장	대전광역시	002-50-08958
11	열린교역 ㈜	배겨운	부장	부산광역시	001-04-06181
12	경남교역 ㈜	오예찬	과장	부산광역시	006-77-03807
14	동아 ㈜	한세계	대리	인천광역시	005-71-01690
19	리오산업 ㈜	김은혜	부장	인천광역시	006-26-01643
21	양일산업 ㈜	조고운	대리	대전광역시	006-88-04867

필터하지 않은 데이터가 화면에 표시되는 문제 해결 방법

예제 파일 PART 06 \ CHAPTER 24 \ 자동필터-범위.xlsx

표 범위 인식과 자동 필터

엑셀은 자동 필터와 같은 기능을 사용할 때 시트 내 표 범위를 어떻게 인식할까요? 엑셀은 데이터가 연속으로 입력된 범위를 하나의 표 범위로 인식하며, 데이터 범위를 따로 선택하지 않고 셀 하나만 선택한 경우에는 해당 셀의 연속된 범위만 하나의 표로 인식합니다.

	회사명	담당자	직위	지역	사업자등록번호
	자동 필터 - 적용 범위				
	태성 ㈜	박민	과장	경상북도	005-62-08515
	고려텍 ㈜	김민주	과장	서울특별시	002-22-08595
	하나무역 ㈜	이달래	사원	서울특별시	004-37-02912
	선우테크 ㈜	황옥	과장	인천광역시	001-92-08443
	㈜ 스마트	장나리	차장	대전광역시	002-50-08958
	열린교역 ㈜	배겨운	부장	부산광역시	001-04-06181
	경남교역 ㈜	오예찬	과장	부산광역시	006-77-03807
	㈜ 에스알	심겨운	주임	서울특별시	002-27-06132
	신한 ㈜	진바람	과장	서울특별시	004-04-08004
	SPC ㈜	조다운	부장	경기도	002-42-02823

TIP 15행은 빈 행이므로 [B5:F14] 범위와 [B16:F16] 범위는 하나의 표 범위로 인식하지 못합니다.

그러므로 이런 표에 자동 필터를 적용하고 필터 조건을 설정하면 잘못된 결과를 반환받을 수 있습니다.

	회사명	담당자	직위	지역	사업자등록번호
	자동 필터 - 적용 범위				
	고려텍 ㈜	김민주	과장	서울특별시	002-22-08595
	하나무역 ㈜	이달래	사원	서울특별시	004-37-02912
	㈜ 에스알	심겨운	주임	서울특별시	002-27-06132
	신한 ㈜	진바람	과장	서울특별시	004-04-08004
	SPC ㈜	조다운	부장	경기도	002-42-02823

서울 지역 데이터만 표시해도 마지막 16행의 데이터가 화면에 함께 표시됩니다.

실무 활용 예제

01 빈 행이 포함된 표에 자동 필터가 정확하게 동작하도록 설정합니다.

02 빈 행을 포함한 전체 표 범위인 [B5:F16] 범위를 선택합니다.

03 [데이터] 탭-[정렬 및 필터] 그룹-[필터 ▽]를 클릭합니다.

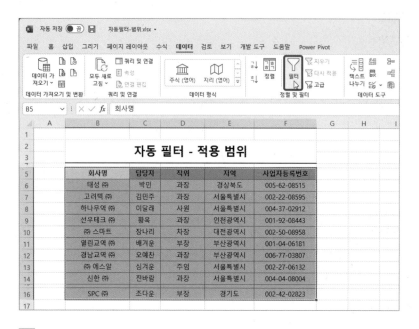

TIP 자동 필터가 적용될 표 전체 범위를 선택하면 빈 행이 있어도 상관 없습니다.

04 [E5] 셀의 필터 단추 ▼를 클릭해 서울특별시 데이터만 추출합니다.

	회사명	담당자	직위	지역	사업자등록번호
7	고려텍 ㈜	김민주	과장	서울특별시	002-22-08595
8	하나무역 ㈜	이달래	사원	서울특별시	004-37-02912
13	㈜ 에스알	심겨운	주임	서울특별시	002-27-06132
14	신한 ㈜	진바람	과장	서울특별시	004-04-08004

24/03 상위(또는 하위) n번째까지의 숫자만 화면에 표시하는 방법

예제 파일 PART 06 \ CHAPTER 24 \ 자동필터-상위10.xlsx

상위 10 필터 조건

데이터를 요약한 후 요약된 값이 이전과 달라 확인이 필요한 경우가 있습니다. 이때는 원본 표의 열 중에서 숫자가 입력된 열을 대상으로 [자동 필터] 기능을 이용해 상위(또는 하위) n개(또는 %)에 해당하는 데이터만 화면에 표시할 수 있습니다. 이 조건을 [상위 10] 필터 조건이라고 합니다. [상위 10] 필터 조건을 선택하면 다음과 같은 대화상자가 표시됩니다.

조건을 설정하는 방법은 다음과 같습니다.

첫 번째 콤보 상자	두 번째 입력 상자	세 번째 콤보 상자
상위 ∨ / 상위 ▲ / 하위 ▼	10 ▲▼	항목 ∨ / 항목 ▲ / % ▼
[상위], [하위] 중 하나를 선택할 수 있습니다.	추출할 개수를 입력하거나 회전자 컨트롤을 조정해 값을 변경합니다.	[항목], [%] 중 하나를 선택할 수 있습니다. [항목]은 행 개수를 의미하며, [%]는 전체 행에서의 비율을 의미합니다.

실무 활용 예제

01 예제의 표에서 매출이 높은 상위 다섯 개 데이터만 화면에 표시합니다.

02 [D5] 셀의 필터 단추 ▾를 클릭한 후 [숫자 필터]–[상위 10]을 선택합니다.

🔍 **더 알아보기** | **상위 10, 평균 초과, 평균 미만 조건**

숫자가 입력된 열에서 사용할 수 있는 [숫자 필터] 조건 중에서 가장 많이 사용되는 조건이 [상위 10], [평균 초과], [평균 미만]입니다. [상위 10] 조건은 별도로 조건을 설정해야 하지만 [평균 초과], [평균 미만]은 해당 열의 평균을 구해 평균을 초과하거나 미만인 데이터를 바로 화면에 표시해줍니다.

만약 사용하는 다른 엑셀 파일에서 [숫자 필터]가 표시되지 않고 [텍스트 필터]와 같은 메뉴가 표시된다면 해당 열의 데이터가 숫자가 아니라는 것을 의미합니다.

---

03 [상위 10 자동 필터] 대화상자를 다음과 같이 설정하고 [확인]을 클릭합니다.

· **[두 번째 입력상자]** : 5

04 매출이 높은 상위 다섯 개 데이터만 화면에 표시됩니다.

	고객	판매수량	매출
20	노을백화점 ㈜	56	52,499,030
22	뉴럴네트워크 ㈜	56	49,491,120
57	스마일백화점 ㈜	47	39,050,040
58	스타백화점 ㈜	53	46,631,670
62	신화백화점 ㈜	93	50,841,710

TIP 필터된 결과는 데이터를 정렬해주지는 않으므로 순서대로 확인하려면 직접 정렬합니다.

05 **03** 과정에서 마지막 콤보상자에서 항목이 아니라 %를 선택했다면 화면과 같은 결과를 얻게 됩니다.

	A	B	C	D	E
1					
2		**자동 필터 - 상위 10**			
3					
5		고객 ▼	판매수량 ▼	매출 ▼	
20		노을백화점 ㈜	56	52,499,030	
22		뉴럴네트워크 ㈜	56	49,491,120	
58		스타백화점 ㈜	53	46,631,670	
62		신화백화점 ㈜	93	50,841,710	
93					

🔍 **더 알아보기** 　　**상위 5%에 해당하는 필터 결과는 네 개로 표시되는 것이 맞을까?**

예제의 데이터는 총 89개의 행으로 구성되어 있습니다. 89개의 데이터 중 5%는 4.45이므로 데이터가 네 개만 추출되었다면 대략 맞는 결과로 예상할 수 있습니다. [상위 10]에서 %로 조건을 설정했을 때 결과를 좀 더 정확하게 이해하려면 PERCENTRANK.EXC 함수의 결과를 구해 비교해봅니다. PERCENTRANK.EXC 함수는 0%, 100%를 제외하고 백분율 순위를 구하는 함수로 엑셀 2010 버전부터 사용할 수 있습니다.

이번 예제의 E열에 다음 수식을 넣어 추출된 결과와 비교해보세요!

```
=1-PERCENTRANK.EXC($D$6:$D$92, D6)
```

1에서 PERCENTRANK.EXC 함수의 결과를 빼는 이유는 PERCENTRANK.EXC 함수는 숫자가 높을수록 100%에 가까운 값을 반환하므로, 상위 n%의 결과와 매칭하려면 값을 거꾸로 표시할 필요가 있습니다.

24/04 중복되지 않는 n개 데이터를 추출하는 방법

예제 파일 PART 06 \ CHAPTER 24 \ 자동필터-로또.xlsx

RAND, RANDBETWEEN 함수 도움말

전체 데이터에서 중복되지 않는 n개의 데이터를 추출해야 하는 경우가 있습니다. 엑셀엔 이런 방법을 지원해주는 별도의 기능이 없습니다. 따라서 RAND와 같은 함수를 사용해 특정한 순서나 규칙이 없는 숫자인 난수를 표의 빈 열에 추가하고 [자동 필터]의 [상위 10] 조건으로 원하는 개수를 추출하는 방법을 사용해야 합니다. 엑셀에서 난수를 생성할 때 사용하는 함수는 RAND와 RANDBETWEEN 함수입니다.

RAND ( )

0과 1사이의 소수에 해당하는 난수를 반환합니다.

주의 사항

- RAND 함수는 반환 값이 고정되지 않으며 다른 셀의 값(또는 수식)을 고치거나 새로 입력하는 경우, 파일을 새로 여는 경우 자동으로 변경됩니다. 수동으로 난수가 변경되도록 하려면 F9 를 누릅니다.

RANDBETWEEN (❶ 최솟값, ❷ 최댓값)

최솟값과 최댓값 사이의 정수에 해당하는 난수를 반환합니다.

| ❶ 최솟값 | 반환할 난수 중 가장 작은 정수입니다. |
| ❷ 최댓값 | 반환할 난수 중 가장 큰 정수입니다. |

주의 사항

- RANDBETWEEN 함수는 반환 값이 고정되지 않으며 다른 셀의 값(또는 수식)을 고치거나 새로 입력하는 경우, 파일을 새로 여는 경우 자동으로 변경됩니다. 수동으로 난수가 변경되도록 하려면 F9 를 누릅니다.

실무 활용 예제

01 예제의 표에 입력된 1~45 사이의 숫자(로또 번호)에서 여섯개의 숫자를 임의로 추출합니다.

02 추출에 앞서 C열에 RAND 함수로 난수를 생성해 채워 넣습니다.

03 [C6] 셀에 다음 수식을 입력한 후 [C6] 셀의 채우기 핸들⊞을 더블클릭해 수식을 복사합니다.

```
=RAND()
```

04 [C5] 셀의 필터 단추⏷를 클릭하고 [숫자 필터]–[상위 10]을 선택합니다.

05 [상위 10 자동 필터] 대화상자에서 가운데 값 조건으로 **6**을 입력하고 [확인]을 클릭합니다.

06 여섯 개의 번호가 화면에 표시됩니다.

07 번호를 바꾸려면 [데이터] 탭–[정렬 및 필터] 그룹–[다시 적용⌐]을 클릭합니다.

	A	B	번호	C	필터	D
34			29		0.256924062	
35			30		0.051946879	
38			33		0.647593456	
39			34		0.143511121	
43			38		0.428028375	
45			40		0.129776067	

	A	B	번호	C	필터	D
12			7		0.819825	
14			9		0.819098132	
15			10		0.724431518	
19			14		0.233027492	
29			24		0.371342411	
48			43		0.028154195	

날짜 열에서 필요한 데이터를 추출하는 방법

예제 파일 PART 06 \ CHAPTER 24 \ 자동필터-날짜.xlsx

자동 필터의 날짜 그룹화

자동 필터가 적용된 표에 날짜 데이터가 입력된 경우라면 다양한 날짜 필터 조건을 사용할 수 있습니다. 특히 날짜 열의 필터 목록은 날짜를 그대로 표시하지 않고 연, 월 등의 상위 날짜 단위를 사용해 날짜를 묶어 표시해줍니다.

이런 필터 목록의 특성을 잘 이해하면 원하는 데이터를 보다 빠르게 화면에 표시할 수 있습니다.

실무 활용 예제

01 예제의 표에서 다양한 날짜 필터 조건을 사용해 데이터를 화면을 표시합니다.

TIP 날짜 값은 정확하게 날짜/시간 형식으로 인식되어야 날짜 필터를 사용할 수 있습니다. 엑셀의 날짜/시간을 관리하는 방법은 이 책의 **Section 06-04**(135페이지)를 참고합니다.

02 [G5] 셀의 필터 단추 ▼를 클릭하면 필터 목록이 펼쳐집니다.

03 목록에는 날짜 값이 연-월-일 방식으로 묶여 표시됩니다. 2월 1일 데이터만 표시해보겠습니다.

04 [(모두 선택)] 항목을 체크 해제하고 [2월] 항목 내 [1일]만 선택한 후 [확인]을 클릭합니다.

05 2월 1일 데이터만 화면에 표시됩니다.

거래번호	고객	제품	수량	금액	주문일
10279	뉴럴네트워크 ㈜	흑백레이저복사기 TLE-5000	5	2,201,400	2023-02-01

자동 필터 - 날짜

06 검색란을 이용해 원하는 날짜 데이터만 표시합니다.

07 [G5] 셀의 필터 단추 ▾를 클릭하고 검색란에 **15**를 입력한 후 [확인]을 클릭합니다.

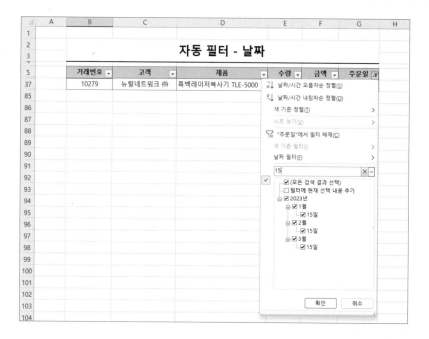

🔍 **더 알아보기**　　　**검색란과 와일드카드 문자**

검색란에 입력된 키워드 값은 완전 매칭이 아니라 부분 매칭이므로 입력할 때 주의해야 합니다. 만약 키워드로 '1일'과 같은 값을 입력하면 '1일', '11일', '21일', '31일'과 같은 날짜가 모두 필터됩니다. 이런 경우에는 와일드카드 문자(?, *) 등을 사용해 원하는 날짜만 필터할 수 있습니다.

예를 들어 정확하게 '1일'만 필터하려면 검색란 우측의 아래 화살표 ▾를 클릭한 후 [날짜]만 선택해 '일' 값이 필터 대상이 되도록 제한해야 합니다. 그런 다음 검색란에 '1?'와 같은 키워드를 입력하면 1일 데이터만 화면에 표시할 수 있습니다.

검색란에 '?1일'이라고 입력하면 11일, 21일, 31일 데이터만 화면에 표시할 수 있습니다.

---

08 1월부터 3월까지 15일 날짜 데이터만 화면에 표시됩니다.

거래번호 ▾	고객 ▾	제품 ▾	수량 ▾	금액 ▾	주문일 ▾
10248	S&C무역 ㈜	컬러레이저복사기 XI-3200	3	2,998,800	2023-01-01
10279	뉴럴네트워크 ㈜	흑백레이저복사기 TLE-5000	5	2,201,400	2023-02-01
10307	연세무역 ㈜	고급복사지A4 2500매	6	96,000	2023-03-01

자동 필터 - 날짜

날짜 그룹화 해제 방법

날짜가 그룹으로 묶여서 표시되는 것이 불편하다면 날짜 그룹화 설정을 옵션에서 해제할 수 있습니다. 다음 과정을 참고합니다.

01 [파일] 탭-[옵션]을 클릭합니다.

02 [Excel 옵션] 대화상자의 [고급]-[이 통합 문서의 표시 옵션]-[자동 필터 메뉴에서 날짜 그룹화] 옵션을 체크 해제하고 [확인]을 클릭합니다.

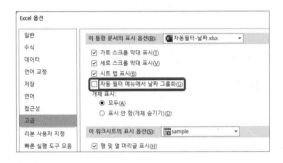

배경(또는 글꼴) 색으로
필터하는 방법

예제 파일 PART 06 \ CHAPTER 24 \ 자동필터-색상.xlsx

색상 필터 조건

자동 필터에도 정렬과 마찬가지로 셀에 적용된 색상(배경색, 글꼴 색)을 조건으로 데이터를 추출할 수 있는 기능이 포함되어 있습니다. 참고로 색상 필터 조건은 엑셀 2007 버전부터 추가됐습니다.

실무 활용 예제

01 예제의 표에서 원하는 색상이 적용된 데이터만 화면에 표시합니다.

02 색상이 표의 행 전체에 적용되어 있으므로 어떤 열에서 필터 조건을 지정해도 상관없습니다.

03 [F5] 셀의 필터 단추▼를 클릭합니다.

04 [색 기준 필터]를 선택하고 추출할 색상으로 아무 색상이나 선택합니다.

빈 셀이 포함된 행만
삭제하는 방법

예제 파일 PART 06 \ CHAPTER 24 \ 자동필터-빈셀.xlsx

(필드 값 없음) 조건

자동 필터 목록에는 사용자의 데이터에 따라 '(필드 값 없음)' 항목이 표시될 수 있습니다. '필드'는 '열'을, '값 없음'은 데이터가 없는 셀을 의미하므로 이 조건은 빈 셀을 의미합니다. '(필드 값 없음)'은 빈 셀이 포함된 열에서만 나타나며 해당 항목을 선택하면 빈 셀이 포함된 행 데이터만 화면에 표시해줍니다.

실무 활용 예제

01 예제 파일을 열고 F열의 판매 여부에 빈 셀이 포함된 10, 14행만 삭제합니다.

품번	품명	단가	재고	판매여부
	자동 필터 - 빈 셀			
1	컬러레이저복사기 XI-3200	1,176,000	39	판매중
2	프리미엄복사지A4 2500매	17,800	17	판매중
3	고급복사지A4 500매	3,500	13	판매중
4	잉크젯복합기 AP-3300	79,800	53	판매중
5	잉크젯복합기 AP-3200	79,500	-	
6	링제본기 ST-100	127,800	120	판매중
7	흑백레이저복사기 TLE-5000	597,900	15	판매중
8	프리미엄복사지A4 2500매	16,800	6	판매중
9	링제본기 ST-100	161,900	29	
10	바코드 BCD-200 Plus	96,900	31	판매중

TIP 이번 작업은 빈 셀이 포함된 행(또는 원하는 데이터가 입력된 행)을 삭제합니다.

02 [F5] 셀의 필터 단추 ▼를 클릭한 후 필터 목록의 [검색]에 (를 입력하고 [확인]을 클릭합니다.

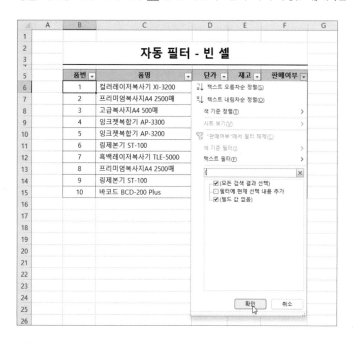

TIP 필터 목록 내 (필드 값 없음) 항목을 추출하기 위해 괄호 열기(( ) 문자를 입력합니다.

03 [판매여부] 열(F열)의 빈 셀이 포함된 행만 화면에 표시됩니다.

04 화면에 표시된 [B10:F14] 범위를 선택하고 마우스 오른쪽 버튼을 클릭한 후 [행 삭제]를 선택합니다.

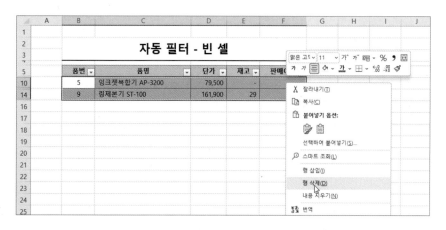

TIP 삭제 여부를 묻는 메시지 창이 나타나면 [확인]을 클릭해 삭제합니다.

05 [데이터] 탭-[정렬 및 필터] 그룹-[지우기 ▼]를 클릭합니다.

06 필터 조건을 해제하면 [판매여부] 열의 빈 셀이 포함된 행이 삭제된 것을 확인할 수 있습니다.

▲	A	B	C	D	E	F	G
1							
2			**자동 필터 - 빈 셀**				
3							
4							
5		품번 ▼	품명 ▼	단가 ▼	재고 ▼	판매여부 ▼	
6		1	컬러레이저복사기 XI-3200	1,176,000	39	판매중	
7		2	프리미엄복사지A4 2500매	17,800	17	판매중	
8		3	고급복사지A4 500매	3,500	13	판매중	
9		4	잉크젯복합기 AP-3300	79,800	53	판매중	
10		6	링제본기 ST-100	127,800	120	판매중	
11		7	흑백레이저복사기 TLE-5000	597,900	15	판매중	
12		8	프리미엄복사지A4 2500매	16,800	6	판매중	
13		10	바코드 BCD-200 Plus	96,900	31	판매중	
14							
15							

화면에 표시되지 않은 데이터가 함께 삭제될 경우 해결 방법

자동 필터 기능이 제대로 적용되지 않거나 파일에 문제가 있는 경우에는 추출된 데이터뿐만 아니라 화면에 표시되지 않은 데이터도 함께 삭제됩니다. 이 경우 다음 방법을 참고해 작업합니다.

01 먼저 Ctrl + Z 를 눌러 데이터를 삭제하기 이전 상태로 돌아갑니다.

02 앞서 **04** 과정과 같이 화면에 표시된 데이터 범위를 선택합니다.

03 Alt + ; 을 눌러 화면에 표시된 데이터 범위만 선택합니다.

TIP Alt + ; 은 [이동 옵션] 대화상자의 [화면에 표시된 셀만] 선택하는 옵션의 단축키입니다.

04 마우스 오른쪽 버튼을 클릭하고 단축 메뉴에서 [행 삭제]를 선택합니다.

24/08 병합 셀에 필터를 적용하는 방법

예제 파일 PART 06 \ CHAPTER 24 \자동필터-병합.xlsx

병합 셀에는 데이터가 어떻게 기록될까?

병합된 셀은 여러 개의 셀이 하나처럼 표시되는데, 실제 값은 첫 번째 셀에만 입력되어 있습니다. 예를 들어 [A1:A3] 범위를 병합하면 [A1] 셀에만 값이 입력되고 나머지 셀([A2:A3] 범위)은 빈 셀입니다. 그러므로 병합된 셀이 포함된 열을 대상으로 자동 필터를 설정하면 병합된 셀 전체가 대상이 되는 것이 아니라 병합된 셀의 첫 번째 셀만 화면에 표시됩니다.

실무 활용 예제

01 예제의 표에서 B열의 부서별 데이터만 화면에 표시합니다.

부서	필터	담당	구분	1사분기	2사분기	3사분기	4사분기
					자동 필터 - 병합		
영업1부		박지훈	판매수량	1,064	1,296	1,517	2,038
			매출	23,302,000	37,062,850	48,914,100	55,531,500
		유준혁	판매수량	689	1,271	770	797
			매출	14,535,100	27,576,300	12,901,200	19,098,600
		이서연	판매수량	1,792	2,295	2,177	1,249
			매출	45,067,200	53,935,100	58,589,800	28,316,400
		김민준	판매수량	2,140	2,639	3,376	1,393
			매출	48,754,650	65,334,550	79,428,750	34,454,650
영업2부		최서현	판매수량	1,099	508	1,484	1,469
			매출	27,138,950	16,948,500	38,049,050	41,454,250
		박현우	판매수량	1,094	1,239	2,478	964
			매출	25,765,100	26,291,100	50,831,450	21,278,900
		정시우	판매수량	485	609	1,062	514
			매출	14,636,250	14,976,400	34,176,450	13,716,250

02 [B5] 셀의 필터 단추 ▼를 클릭하고 **영업2부**만 체크한 후 [확인]을 클릭합니다.

부서	필터	담당	구분	1사분기	2사분기	3사분기	4사분기
				자동 필터 - 병합			
영업2부		최서현	판매수량	1,099	508	1,484	1,469

TIP '영업2부'의 첫 번째 셀이 포함된 14행만 화면에 표시됩니다.

03 필터 조건을 해제하기 위해 [데이터] 탭–[정렬 및 필터] 그룹–[지우기 🗑]를 클릭합니다.

04 병합된 셀 값을 모두 갖는 열을 사용해 필터합니다.

05 [C6] 셀에 다음 수식을 입력하고 [C6] 셀의 채우기 핸들 🔳을 [C19] 셀까지 드래그합니다.

```
=IF(B6<>"", B6, C5)
```

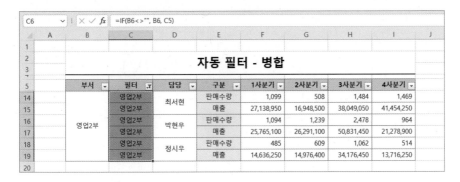

🔍 더 알아보기　　**수식 이해하기**

이 수식은 [B6] 셀(왼쪽 셀)에 값이 입력되어 있다면(병합된 첫 번째 셀) [B6] 셀의 값을 그대로 표시하고, 빈 셀이면(병합된 다른 셀) [C5] 셀(바로 위 셀)의 값을 참조해서 사용하라는 의미입니다.

06 [C5] 셀의 필터 단추 ▼를 클릭한 후 **영업2부** 조건을 지정해 데이터를 추출합니다.

부서	필터	담당	구분	1사분기	2사분기	3사분기	4사분기
	영업2부	최서현	판매수량	1,099	508	1,484	1,469
	영업2부		매출	27,138,950	16,948,500	38,049,050	41,454,250
영업2부	영업2부	박현우	판매수량	1,094	1,239	2,478	964
	영업2부		매출	25,765,100	26,291,100	50,831,450	21,278,900
	영업2부	정시우	판매수량	485	609	1,062	514
	영업2부		매출	14,636,250	14,976,400	34,176,450	13,716,250

24/09

가, 나, 다, … 인덱스로
데이터를 추출하는 방법

예제 파일 PART 06 \ CHAPTER 24 \ 자동필터−인덱스.xlsx

LOOKUP 함수 도움말

자동 필터를 이용해 텍스트 데이터를 추출할 때 가, 나, 다, 라, …와 같은 인덱스를 사용해 데이터를 추출할 수 있으면 좋겠지만 이런 필터 조건은 제공되지 않습니다. 여기에서는 별도의 인덱스 열을 만들어 사용하는 방법에 대해 소개합니다. 한글 인덱스를 넣는 작업은 LOOKUP 함수를 사용하는 방법이 가장 쉽습니다. LOOKUP 함수의 구문은 다음과 같습니다.

> **LOOKUP (❶ 찾을 값, ❷ 찾을 범위, ❸ 참조 범위)**

찾을 값을 오름차순으로 정렬된 범위에서 찾아 참조 범위에서 동일한 위치의 값을 참조합니다.

❶ 찾을 값	[범위]에서 찾을 값입니다.
❷ 찾을 범위	값을 찾을 범위로, 하나의 열(또는 행)로 구성되어야 하며 오름차순으로 정렬되어 있어야 합니다.
❸ 참조 범위	참조할 값을 갖는 범위로 생략하면 [찾을 범위]의 값을 참조합니다.

주의 사항

● LOOKUP 함수는 VLOOKUP 함수의 네 번째 인수를 TRUE로 지정한 것과 정확하게 같은 결과를 반환합니다.

실무 활용 예제

01 예제 파일을 열고 B열의 회사명을 가나다와 같은 인덱스별로 추출합니다.

	A	B	C	D	E	F	G
1							
2			**자동 필터 - 인덱스**				
3							
5		회사명 ▼	필터 ▼	담당자 ▼	사업자등록번호 ▼		인덱스
6		상아통상 ㈜		최예지	005-62-08515		가
7		스마일백화점 ㈜		김민지	002-22-08595		나
8		동오무역 ㈜		최소라	004-37-02912		다
9		진왕통상 ㈜		강단비	001-92-08443		라
10		의리상사 ㈜		구겨울	002-50-08958		마
11		한성트레이딩 ㈜		최영원	005-04-08209		바
12		반디상사 ㈜		손은혜	002-23-05954		사
13		일성 ㈜		임사랑	001-04-06181		아
14		동경무역 ㈜		조소연	006-79-01788		자

02 C열에 [G6:G19] 범위의 인덱스 값을 참조해옵니다.

03 [C6] 셀에 다음 수식을 입력한 후 [C6] 셀의 채우기 핸들⊞을 더블클릭해 수식을 복사합니다.

```
=LOOKUP(B6, $G$6:$G$19)
```

| C6 | ▾ : ✕ ✓ fx | =LOOKUP(B6, $G$6:$G$19) |

	A	B	C	D	E	F	G	H
1								
2			**자동 필터 - 인덱스**					
3								
5		회사명 ▾	필터 ▾	담당자 ▾	사업자등록번호 ▾		인덱스	
6		상아통상 ㈜	사	최예지	005-62-08515		가	
7		스마일백화점 ㈜	사	김민지	002-22-08595		나	
8		동오무역 ㈜	다	최소라	004-37-02912		다	
9		진왕통상 ㈜	자	강단비	001-92-08443		라	
10		의리상사 ㈜	아	구겨울	002-50-08958		마	
11		한성트레이딩 ㈜	하	최영원	005-04-08209		바	
12		반디상사 ㈜	바	손은혜	002-23-05954		사	
13		일성 ㈜	아	임사랑	001-04-06181		아	
14		동경무역 ㈜	다	조소연	006-79-01788		자	
15		신화백화점 ㈜	사	장공주	006-77-03807		차	
16		동행상사 ㈜	다	이민영	002-28-05282		카	
17		누리 ㈜	나	구예찬	005-09-08192		타	
18		사선무역 ㈜	사	조그림	005-71-01690		파	
19		동광 ㈜	다	김연주	002-27-06132		하	
20								

🔍 **더 알아보기** **수식 이해하기**

컴퓨터에 표시되는 모든 문자(한글 포함)는 글꼴에 문자코드가 등록되어 있습니다. 그렇기 때문에 문자 간에도 크다, 작다라는 비교가 가능합니다. 한글의 경우 사용하는 글꼴에 가, 각,갂, 값, …, 나, 낙, 낚, 낛, …, 다, 닥, 닦, 닧, …과 같은 순서로 등록되어 있습니다.

이번 수식처럼 [B6] 셀의 값을 [G6:G19] 범위에서 찾으면 [B6] 셀의 전체 문자열(상아통상 (주))을 찾을 수 없으므로 첫 번째 문자(상)의 위치를 찾게 됩니다. 글꼴 내 '상'은 '사'와 '아' 사이에 등록되어 있고 [G6:G19] 범위에는 '상'이 존재하지 않으므로 '사'가 찾아지게 됩니다.

참고로 이번 수식은 **=VLOOKUP(B6, $G$6:$G$19, 1, TRUE)**로 변경할 수 있으며, G열에 따로 인덱스 값을 입력해놓고 싶지 않다면 다음 수식으로 대체할 수 있습니다.

```
=LOOKUP(B6, {"가";"나";"다";"라";"마";"바";"사";"아";"자";"차";"카";"타";"파";"하"})
```

04 [C5] 셀의 필터 단추▾를 클릭하고 [검색]에 **사**를 입력한 후 Enter를 누릅니다.

	A	B	C	D	E	F	G	H
1								
2			**자동 필터 - 인덱스**					
3								
5		회사명 ▾	필터 ▾	담당자 ▾	사업자등록번호 ▾		인덱스	
6		상아통상 ㈜	사	최예지	005-62-08515		가	
7		스마일백화점 ㈜	사	김민지	002-22-08595		나	
15		신화백화점 ㈜	사	장공주	006-77-03807		차	
18		사선무역 ㈜	사	조그림	005-71-01690		파	
20								

TIP '사' 인덱스에 해당하는 회사 이름 데이터만 화면에 표시됩니다.

24/10

자동 필터로 그림을 필터하는 방법

예제 파일 PART 06 \ CHAPTER 24 \자동필터-그림.xlsx

그림(이미지)과 자동 필터

그림이 포함된 표에서 자동 필터를 적용하고 데이터를 추출하면 추출한 데이터 그림만 표시되는 것이 아니라 그림이 뒤죽박죽 섞입니다. 그림과 같은 그래픽 개체(도형, 차트 등)는 셀에 삽입되지 않으므로 자동 필터와 바로 연동되지 않습니다. 그러므로 그림과 같은 그래픽 개체를 자동 필터와 함께 사용하려면 먼저 그림 속성에서 [위치와 크기 변함] 옵션을 설정해주어야 합니다.

실무 활용 예제

01 예제의 표에서 자동 필터를 사용할 때 B열의 이미지가 필터된 항목만 표시되도록 설정합니다.

02 [C5] 셀의 필터 단추를 클릭한 후 [검색]에 **3**을 입력하고 [확인]을 클릭합니다.

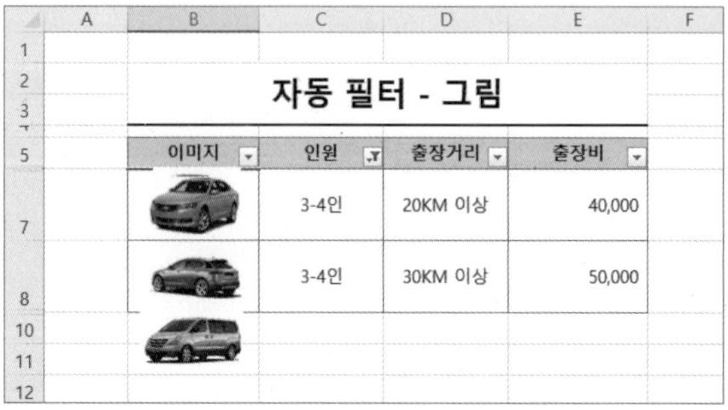

TIP 데이터는 제대로 추출되지만 그림은 제대로 연동되지 않는 것을 확인할 수 있습니다.

03 [데이터] 탭-[정렬 및 필터] 그룹-[지우기 🔽]를 클릭해 필터를 해제합니다.

04 자동 필터와 연동되도록 그림의 속성을 변경합니다.

05 [B6] 셀의 그림을 클릭하고 Ctrl + Shift + Spacebar 를 눌러 모든 그림을 선택합니다.

06 Ctrl + 1 를 눌러 [그림 서식] 작업 창을 호출합니다.

07 상단의 [크기 및 속성 🔳]을 클릭합니다.

08 [속성]을 확장하고 [위치와 크기 변함] 옵션을 클릭해 변경합니다.

09 다시 **02** 과정처럼 필터 조건을 설정하면 조건에 맞는 그림만 화면에 표시됩니다.

엑셀 2010 이전 버전에서 [그림 서식] 작업 창

[그림 서식] 작업 창은 엑셀 2010 버전까지는 대화상자를 이용해 표시되었습니다. 사용자의 모니터가 가로가 긴 와이드 형태로 바뀌다 보니 화면을 가리는 대화상자보다 작업 창을 이용하는 방법으로 옵션을 설정하는 방법이 변화한 것입니다.

[그림 서식] 작업 창은 엑셀 2010 버전에서 다음과 같은 대화상자로 표시되며, [속성]에서 [위치와 크기 변함] 옵션을 선택하는 것은 동일합니다.

24/11

고급 필터로 데이터 추출하기

예제 파일 PART 06 \ CHAPTER 24 \ 고급필터.xlsx

고급 필터와 자동 필터의 차이

고급 필터는 자동 필터와는 달리 조건을 사용자가 직접 입력하는 방법으로 사용하는 필터 기능입니다. 자동 필터에 비해 사용자층이 적은 건 사실이지만 자동 필터보다 더 다양하고 강력한 필터 작업을 지원합니다. 고급 필터가 자동 필터에 비해 편리한 점은 다음과 같습니다.

- 수식을 사용한 조건을 설정할 수 있습니다.
- 조건에 맞는 데이터를 다른 위치로 복사할 수 있습니다.

그에 반해 자동 필터에 비해 불편한 점은 다음과 같습니다.

- 조건을 선택하는 것이 아니라 입력해야 합니다.
- 조건을 변경하면 바로 결과를 표시해주지 않고, 매번 고급 필터를 실행해 데이터를 추출하는 과정을 거쳐야 합니다.

실무 활용 예제

01 예제의 표에서 고급 필터를 이용해 필요한 데이터만 추출합니다.

	고객	담당	직위	지역		직위	지역
	태성 ㈜	박민	과장	경상			
	고려텍 ㈜	김민주	과장	서울			
	하나무역 ㈜	이달래	사원	서울			
	선우테크 ㈜	황옥	과장	인천			
	㈜ 스마트	장나리	차장	대전			
	SPC ㈜	조다운	부장	경기			
	정우상사 ㈜	현주원	과장	서울			
	대양무역 ㈜	채연주	차장	경기			
	풍우산업 ㈜	유우주	부장	경기			
	가양무역 ㈜	오서리	과장	서울			

고급 필터

조건을 입력할 표로 [G5:H5] 범위 내 머리글은 원본 표의 머리글과 동일해야 합니다. 조건 표에 입력된 조건은 원본 표의 동일한 [머리글] 열의 조건으로 인식합니다.

02 고급 필터를 실행하기 전 추출할 데이터의 열 머리글을 먼저 복사해놓습니다. 조건에 맞는 [고객]과 [담당] 열의 데이터만 추출하기 위해 [B5:C5] 범위를 복사해 [G9] 셀 위치에 붙여 넣습니다.

TIP 복사(Ctrl + C), 붙여넣기(Ctrl + V)합니다.

TIP 고급 필터는 조건에 맞는 모든 열 데이터만 복사하지 않고 원하는 열의 데이터만 복사할 수 있습니다.

03 서울 지역의 과장 데이터만 추출하기 위해 [G6:H6] 범위에 다음 조건을 입력합니다.

- **[G6] 셀 : 과장**
- **[H6] 셀 : 서울**

04 데이터를 추출하기 위해 원본 표의 셀 중 하나인 [B6] 셀을 선택합니다.

05 [데이터] 탭-[정렬 및 필터] 그룹-[고급 🔽]을 클릭합니다.

06 [고급 필터] 대화상자가 표시되면 다음과 같이 설정하고 [확인]을 클릭합니다.

- **[다른 장소에 복사] 옵션 : 선택**
- **[목록 범위] : B5:E27**
- **[조건 범위] : G5:H6**
- **[복사 위치] : G9:H9**

	A	B	C	D	E	F	G	H	I
1									
2				고급 필터					
3									
5		고객	담당	직위	지역		직위	지역	
6		태성 ㈜	박민	과장	경상		과장	서울	
7		고려택 ㈜	김민주	과장	서울				
8		하나무역 ㈜	이달래	사원	서울				
9		선우테크 ㈜	황옥	과장	인천		고객	담당	
10		㈜ 스마트	장나리	차장	대전				
23		SPC ㈜	조다운	부장	경기				
24		정우상사	현주원	과장	서울				
25		대양무역 ㈜	채연주	차장	경기				
26		풍우산업 ㈜	유우주	부장	경기				
27		가양무역 ㈜	오서리	과장	서울				

고급 필터 ? ×
결과
○ 현재 위치에 필터(F)
● 다른 장소에 복사(O)
목록 범위(L): $B$5:$E$27
조건 범위(C): sample!$G$5:$H$6
복사 위치(T): sample!$G$9:$H$9
□ 동일한 레코드는 하나만(R)
확인 취소

TIP [고급 필터] 대화상자에서 범위를 드래그해 참조하면 절대 참조 방식으로 참조가 됩니다.

07 [G10:H15] 범위에 직위가 '과장'이고, 지역이 '서울'인 데이터가 추출되었습니다.

	A	B	C	D	E	F	G	H	I
1									
2				**고급 필터**					
3									
5		고객	담당	직위	지역		직위	지역	
6		태성 ㈜	박민	과장	경상		과장	서울	
7		고려텍 ㈜	김민주	과장	서울				
8		하나무역 ㈜	이달래	사원	서울				
9		선우테크 ㈜	황옥	과장	인천		고객	담당	
10		㈜ 스마트	장나리	차장	대전		고려텍 ㈜	김민주	
11		열린교역 ㈜	배겨운	부장	부산		신한 ㈜	진바람	
12		경남교역 ㈜	오예찬	과장	부산		상진통상 ㈜	김연두	
13		한미 ㈜	전다정	대리	경상		보유무역 ㈜	김영광	
14		동아 ㈜	한세계	대리	인천		정우상사 ㈜	현주원	
15		㈜ 에스알	심겨운	주임	서울		가양무역 ㈜	오서리	
16		신한 ㈜	진바람	과장	서울				
17		한도 ㈜	정옥	과장	경기				
18		하린 ㈜	조미소	대리	충청				
19		리오산업 ㈜	김은혜	부장	인천				
20		상진통상 ㈜	김연두	과장	서울				
21		양일산업 ㈜	조고운	대리	대전				
22		보유무역 ㈜	김영광	과장	서울				
23		SPC ㈜	조다운	부장	경기				
24		정우상사 ㈜	현주원	과장	서울				
25		대양무역 ㈜	채연주	차장	경기				
26		풍우산업 ㈜	유우주	부장	경기				
27		가양무역 ㈜	오서리	과장	서울				
28									

TIP 원본 표에 적용된 서식은 이해를 돕기 위해 저자가 추가해놓은 것입니다.

🔍 더 알아보기 **FILTER 함수를 사용하는 방법**

엑셀 Microsoft 365 또는 2021 이후 버전을 사용 중이라면 FILTER 함수를 이용해 이 결과를 동일하게 돌려 받을 수 있습니다. [G10:H15] 범위를 선택하고 Delete 를 눌러 지운 후 [G10] 셀에 다음 수식을 입력해보세요!

```
=FILTER(B6:C27, (D6:D27="과장")*(E6:E27="서울"))
```

FILTER 함수를 사용하면 원본 데이터를 고쳤을 때 바로 변경된 결과를 얻을 수 있으며 반환된 데이터를 원하는대로 정렬해 얻을 수 있습니다. 예를 들어 위 수식의 결과로 [고객] 열을 오름차순으로 정렬된 결과를 얻으려면 수식을 다음과 같이 수정합니다.

```
=SORT(FILTER(B6:C27, (D6:D27="과장")*(E6:E27="서울")))
```

[담당] 열을 오름차순으로 정렬한 결과를 원한다면 위 수식을 다음과 같이 수정하세요!

```
=SORT(FILTER(B6:C27, (D6:D27="과장")*(E6:E27="서울")), 2)
```

---

08 조건을 변경하고 [고급 필터]로 새로운 데이터를 추출해 보겠습니다.

09 [G6:H6] 범위를 선택하고 Delete 를 눌러 데이터를 지웁니다.

10 인천, 경기 지역 데이터만 표시하기 위해 [H6:H7] 범위에 **인천**, **경기**를 순서대로 입력합니다.

TIP '인천', '경기' 지역의 데이터만 추출하기 위한 조건입니다.

11 [데이터] 탭-[정렬 및 필터] 그룹-[고급🔣]을 클릭합니다.

12 [고급 필터] 대화상자가 표시되면 다음과 같이 설정하고 [확인]을 클릭합니다.

· **[다른 장소에 복사] 옵션 : 선택**
· **[목록 범위] : B5:E27**
· **[조건 범위] : H5:H7**
· **[복사 위치] : G9:H9**

13 다음 결과를 얻을 수 있습니다.

	A	B	C	D	E	F	G	H	I
1									
2				**고급 필터**					
3									
5		**고객**	**담당**	**직위**	**지역**		**직위**	**지역**	
6		태성 ㈜	박민	과장	경상			인천	
7		고려텍 ㈜	김민주	과장	서울			경기	
8		하나무역 ㈜	이달래	사원	서울				
9		선우테크 ㈜	황옥	과장	인천		**고객**	**담당**	
10		㈜ 스마트	장나리	차장	대전		선우테크 ㈜	황옥	
11		열린교역 ㈜	배겨운	부장	부산		동아 ㈜	한세계	
12		경남교역 ㈜	오예찬	과장	부산		한도 ㈜	정옥	
13		한미 ㈜	전다정	대리	경상		리오산업 ㈜	김은혜	
14		동아 ㈜	한세계	대리	인천		SPC ㈜	조다운	
15		㈜ 에스알	심겨운	주임	서울		대양무역 ㈜	채연주	
16		신한 ㈜	진바람	과장	서울		풍우산업 ㈜	유우주	
17		한도 ㈜	정옥	과장	경기				
18		하린 ㈜	조미소	대리	충청				
19		리오산업 ㈜	김은혜	부장	인천				

TIP 복사 위치에 기존 데이터는 지워지고 새로운 조건에 해당하는 데이터가 복사됩니다.

🔍 **더 알아보기** **FILTER 함수를 사용하는 방법** [엑셀 아미크로소프트 365, 2021 버전 이상]

고급 필터는 FILTER 함수로 완벽하게 대체할 수 있습니다. [G10:H16] 범위를 선택하고 Delete 를 눌러 지운 후 [G10] 셀에 다음 수식을 입력해보세요!

```
=FILTER(B6:C27, (E6:E27="인천")+(E6:E27="경기"))
```

조건 표의 구성 규칙

조건 표를 구성할 때 다음과 같은 규칙을 지켜야 합니다.

열 머리글 구성 원칙

조건 표의 첫 번째 행에 입력될 머리글은 다음과 같은 규칙을 지켜야 합니다.

첫째, 열 머리글은 원본 표의 열 머리글과 동일해야 합니다.

조건 표를 구성할 때 머리글을 직접 입력해 표를 구성해도 되지만 오타의 가능성을 줄이려면 복사해서 사용하거나 참조하는 방법이 좋습니다.

둘째, 조건을 수식으로 구성할 때는 머리글을 원본과 다르게 하거나 비워두어야 합니다.

수식 조건을 사용하는 고급 필터 예제는 이 책의 628페이지에서 확인할 수 있습니다.

조건 구성 규칙

첫째, 같은 행에 입력된 조건은 AND 조건으로 모두 만족해야 합니다.

즉, [G6:H6] 범위처럼 같은 행에 입력된 조건은 직위가 과장면서 지역이 서울인 데이터를 의미합니다.

둘째, 다른 행에 입력된 조건은 OR 조건으로 둘 중 하나만 만족하면 됩니다.

즉, [H6:H7] 범위처럼 다른 행에 입력된 조건은 지역이 인천이나 경기인 데이터를 의미합니다.

빈 셀 또는 값이 입력된 셀을 조건으로 설정하는 방법

만약 빈 셀인 데이터만 추출하려면 조건을 어떻게 설정하면 될까요? 조건 표에 아무런 조건을 입력하지 않으면 원본 표에서 빈 셀이 포함된 데이터가 추출될까요? 아닙니다. 조건 표가 빈 셀인 경우에는 조건이 입력되지 않은 것으로 처리됩니다. 그러므로 빈 셀이나 데이터가 입력된 셀을 조건으로 사용하고 싶다면 비교 연산자를 다음과 같이 조건 표에 입력합니다.

구분	조건
빈 셀	=
데이터가 입력된 셀	<>

즉, 지역에 아무 값도 입력되지 않는 데이터만 추출하려면 [H6] 셀에 다음과 같이 입력되어야 합니다.

직위	지역
	'=

TIP 등호(=)만 입력할 수 없으므로 작은따옴표(')를 먼저 입력하고 등호를 입력합니다.

조건 표에 정확히 일치하는 조건을 설정하는 방법

조건 표에 입력된 값에서 비교 연산자가 생략되면 같다(=)는 연산자가 생략된 것이지만, 정확하게는 입력한 값으로 시작하는 모든 값을 추출하라는 '=키워드*'의 조건입니다. 따라서 해당 키워드로 시작하는 모든 데이터가 추출될 수 있으므로 입력된 값과 정확하게 일치하는 값을 찾으려면 같다(=)는 비교 연산자를 생략하지 말고 함께 입력해야 합니다.

지역	설명
서울	'서울'로 시작되는 모든 데이터
'=서울	정확하게 '서울'만 입력된 데이터

고급 필터로 날짜/숫자 구간 데이터를 추출하는 방법

예제 파일 PART 06 \ CHAPTER 24 \고급필터-구간.xlsx

고급 필터의 범위 조건

나이가 입력된 열에서 30대 데이터를 추출하려면 고급 필터 조건을 어떻게 설정해야 할까요? 30대는 30 이상이면서 40 미만이어야 하므로 조건이 두 개가 됩니다. 이런 경우 조건 표에 '나이' 열을 두 개 만들고 다음과 같이 조건을 구성해야 합니다.

나이	나이
>=30	<40

이렇게 하나의 열에 조건을 설정할 경우에도 특정 범위에 속해 있는지 확인하려면 조건 표는 동일한 머리 글을 갖는 두 개의 열을 만들어야 합니다. 날짜나 시간 데이터 역시 시작과 끝에 포함되는지 확인하려면 같은 방법을 사용합니다.

실무 활용 예제

01 예제의 표에서 다양한 숫자 조건을 넣어 원하는 데이터를 추출합니다.

번호	제품	수량	판매	주문일		제품		주문일
						고급 필터 - 구간		
10248	컬러레이저복사기 XI-3200	3	2,998,800	2023-01-01				
10248	바코드 Z-350	3	144,900	2023-01-01				
10248	잉크젯팩시밀리 FX-1050	3	142,200	2023-01-01		제품		주문일
10249	프리미엄복사지A4 2500매	9	160,200	2023-01-02				
10249	바코드 BCD-100 Plus	7	605,500	2023-01-02				
10270	고급복사지A4 2500매	6	96,000	2023-01-29				
10270	컬러레이저복사기 XI-2000	2	1,820,700	2023-01-29				
10271	문서세단기 SCUT-1000	3	1,226,070	2023-01-29				
10272	RF OA-200	3	104,100	2023-01-30				
10272	고급복사지A4 2500매	9	145,800	2023-01-30				
10272	흑백레이저복사기 TLE-5000	2	1,032,650	2023-01-30				

02 먼저 E열의 판매 금액이 200만 원 이상인 경우의 데이터만 추출합니다.

03 [E5] 셀의 머리글을 복사(Ctrl+C)해 [H5] 셀에 Ctrl+V를 눌러 붙여 넣습니다.

04 [H6] 셀에 조건을 다음과 같이 입력합니다.

> >=2000000

05 [B6] 셀을 선택하고 [데이터] 탭-[정렬 및 필터] 그룹-[고급🔳]을 클릭합니다.

06 [고급 필터] 대화상자가 표시되면 다음과 같이 설정하고 [확인]을 클릭합니다.

- **[다른 장소에 복사] 옵션 : 선택**
- **[목록 범위] : B5:F70**
- **[조건 범위] : H5:H6**
- **[복사 위치] : H8:I8**

07 그러면 조건에 맞는 데이터만 화면에 표시됩니다.

번호	제품	수량	판매	주문일		판매	
10248	컬러레이저복사기 XI-3200	3	2,998,800	2023-01-01		>=2000000	
10248	바코드 Z-350	3	144,900	2023-01-01			
10248	잉크젯팩시밀리 FX-1050	3	142,200	2023-01-01		제품	주문일
10249	프리미엄복사지A4 2500매	9	160,200	2023-01-02		컬러레이저복사기 XI-3200	2023-01-01
10249	바코드 BCD-100 Plus	7	605,500	2023-01-02		흑백레이저복사기 TLE-5000	2023-01-14
10250	고급복사지A4 500매	2	7,000	2023-01-05			
10250	바코드 Z-350	7	324,100	2023-01-05			
10250	바코드 BCD-100 Plus	8	836,000	2023-01-05			

🔍 **더 알아보기** **FILTER 함수를 사용하는 방법** `엑셀 아미크로소프트 365, 2021 버전 이상`

고급 필터는 FILTER 함수로 완벽하게 대체할 수 있습니다. [H9:I10] 범위를 선택하고 Delete 를 눌러 지운 후 [G10] 셀에 다음 수식을 입력해보세요!

```
=FILTER(C6:F70, E6:E70>=2000000)
```

FILTER 함수는 떨어진 위치를 첫 번째 인수로 지정하지 못하므로 [제품]과 [주문일] 열 범위만 돌려받고 싶으면 먼저 [제품] 열부터 [주문일] 열까지 범위를 첫 번째 인수(C6:F70)로 전달해야 합니다. 그런 다음 다음과 같이 FILTER 함수를 사용해 원하는 열만 따로 지정하면 됩니다.

```
=FILTER(FILTER(C6:F70, E6:E70>=2000000), {1,0,0,1})
```

위 수식에서 {1,0,0,1}은 [C6:F70] 범위에서 필요한 열이 첫 번째와 네 번째 열이라는 것을 의미합니다.

---

08 이번에는 판매금액이 100만 원~200만 원 사이인 데이터를 추출합니다.

09 숫자 범위이므로 동일한 머리글이 두 개 필요합니다.

10 [H5] 셀의 값을 복사해 [I5] 셀에 붙여 넣습니다.

11 조건을 다음 각 셀에 입력합니다.

- **[H6] 셀** : >=1000000
- **[I6] 셀** : <=2000000

12 **04-06** 과정을 참고해 고급 필터를 다시 실행하면 화면과 같은 결과를 얻을 수 있습니다.

TIP [고급 필터]의 조건 범위가 [H5:I6] 범위인 점에 주의합니다.

🔍 **더 알아보기** | **FILTER 함수를 사용하는 방법** · 엑셀 아미크로소프트 365, 2021 버전 이후

고급 필터는 FILTER 함수로 완벽하게 대체할 수 있습니다. [H9:I17] 범위를 선택하고 Delete 를 눌러 지운 후 [G10] 셀에 다음 수식을 입력해보세요!

```
=FILTER(FILTER(C6:F70, (E6:E70>=1000000)*(E6:E70<=2000000), {1,0,0,1})
```

13 날짜도 동일한 방법을 사용할 수 있습니다.

14 화면을 참고해 1월 21일부터 1월 25일 사이의 데이터만 추출해보세요.

TIP [H5:I5] 범위의 머리글은 [F5] 셀의 머리글과 동일해야 합니다.

더 알아보기 FILTER 함수를 사용하는 방법 엑셀 아미크로소프트 365, 2021 버전 이후

고급 필터는 FILTER 함수로 완벽하게 대체할 수 있습니다. [H9:I13] 범위를 선택하고 범위를 선택하고 Delete 를 눌러 지운 후 [G10] 셀에 다음 수식을 입력해보세요!

```
=FILTER(FILTER(C6:F70, (F6:F70>=DATEVALUE("2023-01-21"))*(F6:F70<=DATEVALUE("2023-1-25"))), {1,0,0,1})
```

엑셀에서 날짜는 숫자이므로 수식 내에서 입력할 경우에는 DATEVALUE 함수로 날짜 일련번호로 변환해야 합니다. DATEVALUE 함수 부분은 DATE 함수를 사용해 다음과 같이 수정할 수 있습니다.

```
DATE(2023,1,21)
```

24/13 고급 필터의 복사 위치를 다른 시트로 설정하는 방법

예제 파일 PART 06 \ CHAPTER 24 \고급필터-다른시트.xlsx

복사 위치를 다른 시트로 설정할 수 있나?

고급 필터는 고급 필터가 실행된 시트에만 추출된 데이터를 복사할 수 있습니다. 그러므로 A시트에서 고급 필터를 실행하고 B시트를 복사 위치로 설정하면 다음과 같은 에러 메시지가 표시됩니다.

그러므로 A시트의 데이터를 B시트로 복사하려면 B시트에서 고급 필터를 실행해야 합니다. 이 경우 조건 표도 B시트에서 구성하는 것이 좋습니다.

실무 활용 예제

01 예제에서 [sample] 시트의 데이터 중 조건에 맞는 데이터를 [filter] 시트로 복사합니다.

번호	제품	수량	판매	주문일
			고급 필터 - 다른 시트	
10248	컬러레이저복사기 XI-3200	3	2,998,800	2023-01-01
10248	바코드 Z-350	3	144,900	2023-01-01
10248	잉크젯팩시밀리 FX-1050	3	142,200	2023-01-01
10249	프리미엄복사지A4 2500매	9	160,200	2023-01-02
10249	바코드 BCD-100 Plus	7	605,500	2023-01-02
10250	고급복사지A4 500매	2	7,000	2023-01-05
10250	바코드 Z-350	7	324,100	2023-01-05
10250	바코드 BCD-100 Plus	8	836,000	2023-01-05
10251	잉크젯복합기 AP-3300	1	79,800	2023-01-05
10251	잉크젯복합기 AP-3200	8	714,400	2023-01-05
10251	고급복사지A4 500매	7	28,700	2023-01-05
10252	잉크젯복합기 AP-3200	2	159,000	2023-01-06
10252	레이저복합기 L200	3	495,900	2023-01-06

주문일	주문일	
>=2023-01-10	<=2023-01-15	
주문일	판매	제품

TIP 예제의 두 시트를 모두 확인하고 [filter] 시트의 조건과 복사 위치(B5:D5)의 머리글을 확인합니다.

02 [filter] 시트로 이동해 고급 필터 명령을 실행합니다.

03 시트 내 빈 셀을 선택합니다. 예제에서는 [F5] 셀을 선택했습니다.

TIP 다른 시트에서 고급 필터를 실행할 때 빈 셀을 선택하는 이유는 638페이지를 참고합니다.

04 [데이터] 탭-[정렬 및 필터] 그룹-[고급🔣]을 클릭하고 다음과 같이 설정합니다.

- **[다른 장소에 복사] 옵션 : 선택**
- **[목록 범위] : sample!B5:F70**
- **[조건 범위] : filter!B2:C3**
- **[복사 위치] : filter!B5:D5**

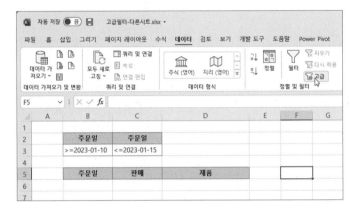

TIP 이번 작업 역시 엑셀 Microsoft 365, 2021 이후 버전 사용자는 FILTER 함수를 사용해 해결할 수 있습니다. 567페이지를 참고해 수식을 구성해보고, 잘되지 않는다면 저자가 운영 중인 〈엑셀..하루에하나씩〉 카페(cafe.naver.com/excelmaster)의 [질문/답변] 게시판을 이용해 문의합니다.

05 [확인]을 클릭해 [고급 필터] 대화상자를 닫으면 조건에 맞는 데이터가 [filter] 시트로 복사됩니다.

	A	B	C	D	E	F	G
1							
2		주문일	주문일				
3		>=2023-01-10	<=2023-01-15				
4							
5		주문일	판매	제품			
6		2023-01-12	1,384,245	링제본기 ST-100			
7		2023-01-12	1,805,400	컬러레이저복사기 XI-2000			
8		2023-01-13	581,400	바코드 BCD-200 Plus			
9		2023-01-13	45,600	복사지A4 1000매			
10		2023-01-13	196,000	복사지A4 5000매			
11		2023-01-14	16,200	복사지A4 1000매			
12		2023-01-14	76,000	고급복사지A4 1000매			
13		2023-01-14	2,201,400	흑백레이저복사기 TLE-5000			
14		2023-01-15	41,400	프리미엄복사지A4 2500매			
15		2023-01-15	63,200	복사지A4 2500매			
16							

다른 시트에서 고급 필터를 실행할 때 왜 빈 셀을 선택할까?

고급 필터를 실행할 때는 선택된 셀 위치가 중요합니다. 고급 필터는 선택된 셀에서 연속된 범위를 자동으로 인식해 [목록 범위]에 전달합니다. 이번 예제와 같이 두 개의 시트에서 작업할 때는 시트가 다르기 때문에 원본 표 범위를 자동으로 인식되도록 하기 어렵습니다. 따라서 범위 선택에 더욱 주의해야 합니다.

예를 들어 이번 예제에서 고급 필터를 실행하기 전 [B5] 셀을 선택하고 고급 필터를 실행하면 다음과 같은 에러 메시지가 나타납니다.

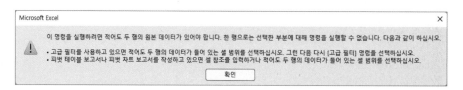

이 메시지는 선택된 [B5] 셀부터 연속된 범위가 [B5:D5] 범위이므로 머리글만 있고 데이터가 한 건도 없으니, 고급 필터를 실행하려면 데이터가 입력된 표 범위를 선택하고 실행하라는 내용입니다. 이것은 고급 필터가 항상 선택된 셀 위치에서 연속된 범위를 [목록 범위]에 전달하기 때문입니다. 따라서 다른 시트에서 작업할 경우에는 빈 셀을 선택하고 고급 필터를 실행해 [목록 범위]에 자동으로 범위가 전달되지 않게 설정할 필요가 있습니다.

24/14 고급 필터로 두 표를 비교하는 방법

예제 파일 PART 06 \ CHAPTER 24 \ 고급필터-비교.xlsx

수식 조건

조건 표에 원하는 값을 직접 입력하는 것 이외에도, 다양한 조건을 수식으로 설정할 수 있습니다. 수식 조건을 설정하기 위해서는 다음과 같은 규칙을 지켜야 합니다.

- 조건 표의 열 머리글은 원본 표의 열 머리글과 달라야 하며, 빈 셀도 가능합니다.
- 수식 조건은 반드시 논릿값(TRUE, FALSE)이 반환되도록 구성합니다.
- 수식 조건은 원본 표의 첫 번째 행 데이터를 기준으로 수식을 구성합니다.

실무 활용 예제

01 예제의 전년, 금년 두 표를 비교해 금년에 새로 판매된 제품을 F열에 추출합니다.

	전년		금년		새로 판매한 제품		조건
	판매 제품		판매 제품		판매 제품		
	문서세단기 SCUT-1000		문서세단기 SCUT-1500B				
	바코드 BCD-100 Plus		바코드 BCD-200 Plus				
	바코드 BCD-200 Plus		바코드 BCD-300 Plus				
	바코드 Z-350		바코드 Z-350				
	오피스 Z-01		바코드 Z-750				
	오피스 Z-03		오피스 Z-03				
			오피스 Z-05C				

고급 필터 - 비교

🔍 더 알아보기 예제 이해하기

두 표를 비교하고 싶다면 원본이 어디인지 잘 구분할 필요가 있습니다. A(전년)와 B(금년) 표가 있을 때 금년에만 판매된 제품을 추출하려면 B를 원본 범위로 지정합니다. 만약 전년도에 판매됐는데 올해는 더 이상 판매하지 않은 제품을 추출하려면 A를 원본 범위로 지정합니다. 만약 두 연도에 모두 판매된 제품을 추출하고 싶다면 A 또는 B 중 아무 표나 원본이 될 수 있습니다.

그리고 이와 같은 작업은 금년도에만 판매된 제품이어야 하는데, 조건을 따로 입력하기가 어려워서 금년에 판매된 제품이 전년도에 있었는지 확인할 필요가 있습니다. 이 작업은 수식으로만 확인할 수 있습니다.

02 수식 조건을 [H7] 셀에 입력합니다. 다음 수식을 입력합니다.

```
=COUNTIF($B$8:$B$13, D8)=0
```

H7		:	× ✓ fx	=COUNTIF($B$8:$B$13, D8)=0					
	A	B	C	D	E	F	G	H	I
1									
2			**고급 필터 - 비교**						
3									
5		전년		금년		새로 판매한 제품		조건	
7		판매 제품		판매 제품		판매 제품		TRUE	
8		문서세단기 SCUT-1000		문서세단기 SCUT-1500B					
9		바코드 BCD-100 Plus		바코드 BCD-200 Plus					
10		바코드 BCD-200 Plus		바코드 BCD-300 Plus					
11		바코드 Z-350		바코드 Z-350					
12		오피스 Z-01		바코드 Z-750					
13		오피스 Z-03		오피스 Z-03					
14				오피스 Z-05C					

🔍 **더 알아보기** **고급 필터의 수식 조건 작성 방법 이해하기**

[D8:D14] 범위가 원본 범위이므로 [H7] 셀의 조건은 [D8] 셀에 적용되고 나머지 셀(D9:D14)은 이번 수식이 복사된다고 생각해야 이해가 쉽습니다. 이번 수식은 [D8] 셀의 값을 [B8:B13] 범위에서 세어 개수가 0이 나오는지 확인합니다. 즉, D열의 값 중 [B8:B13] 범위에 존재하지 않는 데이터를 찾는 것입니다. 이 조건이 바로 금년도에만 판매된 제품을 찾는 조건입니다.

---

03 [D8] 셀을 선택하고 [데이터] 탭-[정렬 및 필터] 그룹-[고급🔛]을 클릭합니다.

04 [고급 필터] 대화상자가 나타나면 다음과 같이 설정하고 [확인]을 클릭합니다.

· **[다른 장소에 복사] 옵션 : 선택**
· **[목록 범위] : D7:D14**
· **[조건 범위] : H6:H7** ◄-------- 조건 범위 설정할 때 반드시 상단의 빈 셀을 함께 선택해야 합니다.
· **[복사 위치] : F7**

05 원하는 결과가 화면에 표시됩니다.

	A	B	C	D	E	F	G	H	I
1									
2				**고급 필터 - 비교**					
3									
5		전년		금년		새로 판매한 제품		조건	
7		판매 제품		판매 제품		판매 제품		TRUE	
8		문서세단기 SCUT-1000		문서세단기 SCUT-1500B		문서세단기 SCUT-1500B			
9		바코드 BCD-100 Plus		바코드 BCD-200 Plus		바코드 BCD-200 Plus			
10		바코드 BCD-200 Plus		바코드 BCD-300 Plus		바코드 Z-750			
11		바코드 Z-350		바코드 Z-350		오피스 Z-05C			
12		오피스 Z-01		바코드 Z-750					
13		오피스 Z-03		오피스 Z-03					
14				오피스 Z-05C					
15									

고급 필터 대화상자:
고급 필터   ? ×
결과
○ 현재 위치에 필터(F)
● 다른 장소에 복사(O)
목록 범위(L): $D$7:$D$14
조건 범위(C): sample!$H$6:$H$7
복사 위치(T): sample!$F$7
□ 동일한 레코드는 하나만(R)
[확인] [취소]

TIP 원본에 중복 데이터가 존재하면 [동일한 레코드는 하나만] 옵션에 체크합니다.

FILTER 함수를 사용하는 방법 엑셀 아미크로소프트 365, 2021 버전 이후

고급 필터는 FILTER 함수로 완벽하게 대체할 수 있습니다. [F8:F11] 범위를 선택하고 Delete 를 눌러 지운 후 [F8] 셀에 다음 수식을 입력해보세요!

```
=FILTER(D8:D14, COUNTIF(B8:B13, D8:D14)=0)
```

중복 데이터에서 고유 항목 추출하기

예제 파일 PART 06 \ CHAPTER 24 \ 고급필터–중복.xlsx

고급 필터의 [동일한 레코드는 하나만] 옵션

[고급 필터] 대화상자에는 [동일한 레코드만 하나만] 옵션이 제공되는데, 이 옵션명의 '레코드'가 '행' 데이터를 지칭하므로 중복된 데이터에서 고유 항목만 추출하기 위한 옵션입니다. 이 옵션을 사용해 추출할 데이터의 중복을 배제할 수 있습니다. 다만, 특정 열을 지정해 중복 여부를 설정할 수는 없으며, 중복 여부는 [복사 위치]에 설정된 범위 내 열 값이 모두 동일한 경우에만 처리됩니다.

실무 활용 예제

01 예제의 표에서 B열의 중복을 배제한 고객 명을 F열에 복사합니다.

	A	B	C	D	E	F	G
1							
2			고급 필터 - 중복				
3							
5		고객	제품	판매		고객	
6		S&C무역 ㈜	컬러레이저복사기 XI-3200	2,998,800			
7		S&C무역 ㈜	바코드 Z-350	144,900			
8		S&C무역 ㈜	잉크젯팩시밀리 FX-1050	142,200			
9		드림씨푸드 ㈜	프리미엄복사지A4 2500매	160,200			
10		드림씨푸드 ㈜	바코드 BCD-100 Plus	605,500			
11		자이언트무역 ㈜	고급복사지A4 500매	7,000			
12		자이언트무역 ㈜	바코드 Z-350	324,100			
13		자이언트무역 ㈜	바코드 BCD-100 Plus	836,000			
14		진왕통상 ㈜	잉크젯복합기 AP-3300	79,800			
15		진왕통상 ㈜	잉크젯복합기 AP-3200	714,400			
16							

02 고급 필터를 실행하기 위해 [B5:B15] 범위를 선택합니다.

03 [데이터] 탭–[정렬 및 필터] 그룹–[고급 🖾]을 클릭합니다.

04 [고급 필터] 대화상자가 나타나면 다음과 같이 설정하고 [확인]을 클릭합니다.

· **[다른 장소에 복사] 옵션 : 선택**
· **[목록 범위] : sample!$B$5:$B$15**
· **[복사 위치] : sample!$F$5**
· **[동일한 레코드는 하나만] 옵션 : 체크**

05 [F5] 셀 아래로 고유한 회사명이 표시됩니다.

	A	B	C	D	E	F	G
1							
2			**고급 필터 - 중복**				
3							
4							
5		고객	제품	판매		고객	
6		S&C무역 ㈜	컬러레이저복사기 XI-3200	2,998,800		S&C무역 ㈜	
7		S&C무역 ㈜	바코드 Z-350	144,900		드림씨푸드 ㈜	
8		S&C무역 ㈜	잉크젯팩시밀리 FX-1050	142,200		자이언트무역 ㈜	
9		드림씨푸드 ㈜	프리미엄복사지A4 2500매	160,200		진왕통상 ㈜	
10		드림씨푸드 ㈜	바코드 BCD-100 Plus	605,500			
11		자이언트무역 ㈜	고급복사지A4 500매	7,000			
12		자이언트무역 ㈜	바코드 Z-350	324,100			
13		자이언트무역 ㈜	바코드 BCD-100 Plus	836,000			
14		진왕통상 ㈜	잉크젯복합기 AP-3300	79,800			
15		진왕통상 ㈜	잉크젯복합기 AP-3200	714,400			
16							

TIP [동일한 레코드는 하나만] 옵션 자체가 조건이므로 중복만 제거하려는 경우 [조건 범위]는 필요하지 않습니다.

🔍 **더 알아보기**   **UNIQUE 함수를 사용하는 방법**   엑셀 아미크로소프트 365, 2021 버전 이후

고급 필터의 [동일한 레코드는 하나만] 옵션은 UNIQUE 함수로 대체할 수 있습니다. [F6:F9] 범위를 선택하고 Delete 를 눌러 지운 후 [F6] 셀에 다음 수식을 입력해 보세요!

```
=UNIQUE(B6:B15)
```

24 / 16 중복된 항목 제거 기능을 이용하기

예제 파일 PART 06 \ CHAPTER 24 \ 중복 제거.xlsx

중복된 항목 제거 기능

엑셀 2007 버전부터 제공된 중복된 항목 제거 기능은 고급 필터보다 훨씬 간단하게 중복된 데이터에서 고유 데이터만 얻을 수 있습니다. 중복된 항목 제거 시 전체 표에서 중복된 데이터가 입력된 열을 선택할 수 있습니다. 다만, 항상 현재 표에 적용되므로 다른 위치에 고유한 항목을 반환하고 싶다면 데이터를 [복사]-[붙여넣기]한 후 [중복된 항목 제거] 명령을 사용합니다.

실무 활용 예제

01 예제의 표에서 분류와 제품명이 모두 동일한 데이터를 삭제합니다.

	A	B	C	D
1				
2			**중복 제거**	
3				
5		분류	제품	
6		복합기	레이저복합기 L200	
7		복합기	레이저복합기 L350	
8		복합기	레이저복합기 L500	
9		복합기	레이저복합기 L650	
10		복합기	레이저복합기 L800	
11		복합기	레이저복합기 L800	
12		복사기	컬러레이저복사기 XI-2000	
13		복사기	컬러레이저복사기 XI-3200	
14		복사기	컬러레이저복사기 XI-4400	
15		복사기	흑백레이저복사기 TLE-8100C	
16		복사기	흑백레이저복사기 TLE-8100C	
17		복사기	흑백레이저복사기 TLE-9000	
18				

	A	B	C	D
1				
2			**중복 제거**	
3				
5		분류	제품	
6		복합기	레이저복합기 L200	
7		복합기	레이저복합기 L350	
8		복합기	레이저복합기 L500	
9		복합기	레이저복합기 L650	
10		복합기	레이저복합기 L800	
11		복사기	컬러레이저복사기 XI-2000	
12		복사기	컬러레이저복사기 XI-3200	
13		복사기	컬러레이저복사기 XI-4400	
14		복사기	흑백레이저복사기 TLE-8100C	
15		복사기	흑백레이저복사기 TLE-9000	
16				
17				
18				

TIP 예제의 배경색이 다른 행이 중복 데이터가 입력된 위치이며, 오른쪽 화면은 결과 화면입니다.

02 표 내부의 셀을 하나 선택합니다. 예제에서는 [B6] 셀을 선택했습니다.

03 [데이터] 탭-[데이터 도구] 그룹-[중복된 항목 제거 🖳]를 클릭합니다.

04 [중복된 항목 제거] 대화상자가 나타나면 바로 [확인]을 클릭합니다.

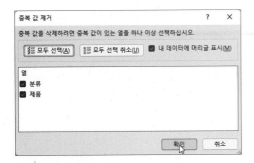

🔍 **더 알아보기**　　**중복 조건 설정**

[중복된 항목 제거] 대화상자를 처음 실행하면 표의 모든 머리글이 체크되어 있습니다. 이것은 전체 열의 값이 모두 같으면 중복이라는 의미입니다. 목록 박스에서 선택한 열의 값이 같을 때 중복이란 의미이므로 상황에 맞게 열을 선택해줍니다.

05 중복 항목이 제거되었다는 메시지가 표시되면 [확인]을 클릭합니다.

06 그러면 선택된 열 머리글의 데이터가 모두 동일한 경우 데이터가 삭제됩니다.

🔍 **더 알아보기**　　**UNIQUE 함수를 사용하는 방법**　　`엑셀 아미크로소프트 365, 2021 버전 이후`

중복된 항목 제거 기능 역시도 UNIQUE 함수로 돌려 받을 수 있습니다. `Ctrl`+`Z`를 눌러 중복 제거 작업을 취소한 후 오른쪽 빈 셀(예를 들면 [E6] 셀)을 선택하고 다음 수식을 입력해보세요!

```
=UNIQUE(B6:C17)
```

24/17 날짜 값이 포함된 중복된 항목 제거하기

예제 파일 PART 06 \ CHAPTER 24 \ 중복 제거-날짜.xlsx

중복된 항목 제거 기능과 날짜 데이터의 관계

중복된 항목 제거 기능은 날짜/시간 데이터가 화면에 표시된 결과에 따라 중복 여부를 판단합니다. 즉, 날짜/시간 데이터의 표시 형식이 다르면 다른 데이터라고 인식합니다. 예를 들어 2020-07-01과 2020-7-1는 다른 값입니다. 그러므로 날짜/시간 데이터를 중복 조건으로 지정해 중복 데이터를 삭제하려면 반드시 표시 형식을 동일하게 맞춰주어야 합니다.

실무 활용 예제

01 예제의 표에서 중복 데이터를 삭제합니다.

거래번호	고객	주문일	제품	수량
		중복 제거 - 날짜		
10387	S&C무역 ㈜	2023-01-01	컬러레이저복사기 XI-3200	3
10387	S&C무역 ㈜	2023-01-01	바코드 Z-350	3
10388	자이언트무역 ㈜	2023-1-2	잉크젯팩시밀리 FX-1050	3
10389	진왕통상 ㈜	2023-01-03	프리미엄복사지A4 2500매	9
10389	진왕통상 ㈜	2023-1-3	바코드 BCD-100 Plus	7
10390	삼양트레이드 ㈜	2023-01-04	고급복사지A4 500매	2
10390	삼양트레이드 ㈜	2023-01-04	바코드 Z-350	3
10390	삼양트레이드 ㈜	2023-01-04	바코드 BCD-100 Plus	8
10390	삼양트레이드 ㈜	2023-1-4	바코드 Z-350	3
10391	한남상사 ㈜	2023-01-05	잉크젯복합기 AP-3200	5

TIP 예제의 표에서는 [B:F] 열의 값이 모두 같으면 중복이라고 가정합니다.

02 [B6] 셀을 선택하고 [데이터] 탭-[데이터 도구] 그룹-[중복된 항목 제거 🖳]를 클릭합니다.

03 [중복된 항목 제거] 대화상자가 표시되면 바로 [확인]을 클릭합니다.

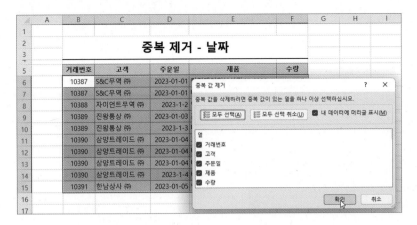

04 중복된 데이터가 있는데도 중복된 항목이 없다는 메시지가 나타납니다. [확인]을 클릭합니다.

TIP [D12] 셀과 [D14] 셀을 보면 둘 다 1월 4일이지만 날짜 서식이 yyyy-mm-dd와 yyyy-m-d로 서로 다릅니다. 이런 경우 중복된 항목 제거 기능은 두 값을 다른 값으로 인식합니다.

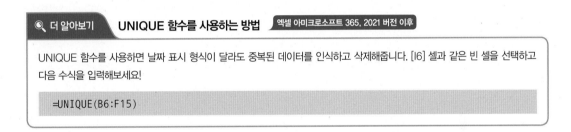

🔍 **더 알아보기**   **UNIQUE 함수를 사용하는 방법**   엑셀 아미크로소프트 365, 2021 버전 이후

UNIQUE 함수를 사용하면 날짜 표시 형식이 달라도 중복된 데이터를 인식하고 삭제해줍니다. [I6] 셀과 같은 빈 셀을 선택하고 다음 수식을 입력해보세요!

```
=UNIQUE(B6:F15)
```

05 D열의 날짜 서식을 동일하게 맞춥니다.

06 [D6:D15] 범위를 선택하고 Ctrl + Shift + # 를 눌러 [간단한 날짜] 표시 형식으로 변경합니다.

TIP [홈] 탭 – [표시 형식] 그룹 – [표시 형식]을 클릭하고 [간단한 날짜]를 선택해도 됩니다.

07 **02-03** 과정을 참고해 중복된 항목 제거 기능을 실행합니다.

08 다음과 같이 중복된 데이터가 삭제됩니다.

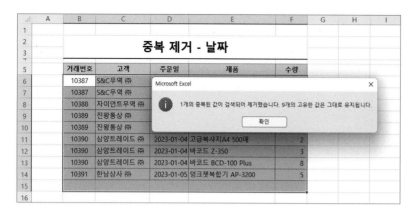

TIP 중복된 항목 제거 기능은 표시된 순서로 먼저 표시된 데이터는 그대로 두고 나중에 표시된 데이터를 삭제합니다.

유효성 검사

셀에 잘못된 데이터가 입력되지 않도록 할 때 사용할 수 있는 기능이 데이터 유효성 검사, 줄여서 유효성 검사입니다. 이 기능을 적용하면 셀에 원하는 조건의 데이터만 입력하게끔 만들 수 있어 오타를 예방할 수 있습니다. 이번 CHAPTER에서는 유효성 검사를 업무에 어떻게 활용할 수 있는지 확인해보 겠습니다.

숫자 입력 실수를 줄일 수 있도록 설정하는 방법

예제 파일 PART 06 \ CHAPTER 25 \ 숫자 제한 조건.xlsx

범위 선택 방법

데이터 유효성 검사는 셀에 적용되는 기능입니다. 그러므로 셀에 원하는 조건의 숫자만 입력되도록 하려면 숫자 데이터가 입력되어야 할 범위를 정확하게 선택해야 합니다. 데이터 입력 범위가 고정되어 있고 변화하지 않는다면 쉽지만, 데이터 입력 범위가 유동적이라면 [엑셀 표]와 함께 사용하는 것이 좋습니다. 표 기능의 자세한 사항은 268페이지를 참고합니다.

01 예제의 견적서 표에서 6행부터 15행까지의 범위에 주문 내역을 정리할 수 있습니다.

02 견적서에 입력될 제품 단가는 200만 원 이하로 제한하고 싶다고 가정합니다.

번호	품명	단가	수량	할인율	공급가액	부가세
		견 적 서				
1	레이저복합기 L350	257,400	5	10%	1,158,300	115,830
2	레이저복합기 L200	165,300	3	10%	446,310	44,631
3	RF OA-300	48,400	10	0%	484,000	48,400
4	링제본기 ST-100	127,800	4	0%	511,200	51,120
5	문서세단기 SCUT-1000	439,000	3	10%	1,185,300	118,530
합계					3,785,110	378,511

03 유효성 검사는 단가를 입력하고 수정할 [D6:D15] 범위에 적용되어야 합니다.

04 [D6:D15] 범위를 선택하고 [데이터] 탭-[데이터 도구] 그룹-[데이터 유효성 검사▧]를 클릭합니다.

[제한 대상] 조건 중 '정수'와 '소수점'

[데이터 유효성 검사] 명령을 클릭하면 [데이터 유효성] 대화상자가 표시되며, [설정] 탭에서 입력을 허용할 조건을 설정합니다. 셀에 숫자만 입력되도록 허용하려면 [제한 대상]에서 정수와 소수점으로 구분해 설정할 수 있습니다. 정수는 소수점 이하 값이 존재하지 않는 숫자를 의미하며, 소수점은 소수점 이하 값이 존재할 수 있는 실수 값을 의미합니다.

01 [데이터 유효성] 대화상자의 [설정] 탭을 선택하고 다음과 같이 설정한 후 [확인]을 클릭합니다.

· [제한 대상] : 정수
· [제한 방법] : <=
· [최댓값] : 2000000

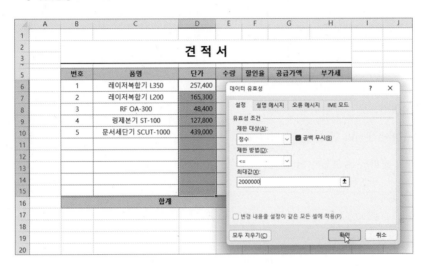

🔍 **더 알아보기** | **[설정] 탭의 유효성 조건 옵션 설정 방법 이해하기**

❶ 제한 대상 : [제한 대상] 옵션에서 셀에 입력할 수 있는 데이터 형식을 선택할 수 있습니다.

제한 대상	설명
모든 값	모든 값을 입력할 수 있습니다.
정수	숫자 중에서 양수, 0, 음수에 해당하는 정수 값만 입력할 수 있습니다.
소수점	소수 값을 포함한 모든 숫자를 입력할 수 있습니다.
목록	설정해놓은 리스트 내 항목만 입력할 수 있습니다.
날짜	날짜 데이터만 입력할 수 있습니다.
시간	시간 데이터만 입력할 수 있습니다.
텍스트 길이	설정한 문자 개수로만 데이터를 입력할 수 있습니다.
사용자 지정	수식을 이용해 직접 원하는 조건을 설정할 수 있습니다.

❷ 제한 방법 : **01**에서 선택한 [<=] 외에도 다음과 같은 비교 연산자를 선택할 수 있습니다.

제한 방법	설명
허용 범위	최솟값~최댓값 사이에 해당하는 값만 입력할 수 있습니다.
제외 범위	최솟값~최댓값 사이를 제외한 값만 입력할 수 있습니다.
=	특정 값만 입력할 수 있습니다.
<>	특정 값을 제외한 나머지 값만 입력할 수 있습니다.
>	특정 값(최솟값)보다 큰 값만 입력할 수 있습니다.
<	특정 값(최댓값)보다 작은 값만 입력할 수 있습니다.
>=	특정 값(최솟값)보다 크거나 같은 값만 입력할 수 있습니다.
<=	특정 값(최댓값)보다 작거나 같은 값만 입력할 수 있습니다.

❸ 최솟값 : 입력을 허용할 가장 작은 값을 입력합니다.
❹ 최댓값 : 입력을 허용할 가장 큰 값을 입력합니다.

02 [D6] 셀의 값을 **2574000**으로 수정합니다.

03 에러 메시지가 표시되면서 데이터 입력이 제한됩니다.

04 [취소]를 클릭하고 다시 정확한 금액을 입력합니다.

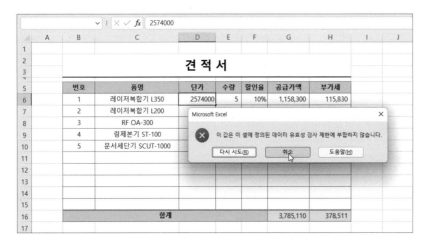

TIP [취소]는 허용하지 않는 데이터 입력을 실행 취소하며, [다시 시도]는 수정된 사항을 그대로 두고 셀만 편집 상태로 표시합니다.

25/02 허용된 날짜/시간 데이터만 입력하도록 설정하는 방법

[제한 대상] 중 '날짜' 또는 '시간'

01 날짜를 입력할 대상 범위를 선택합니다.

02 [데이터] 탭-[데이터 도구] 그룹-[데이터 유효성 검사 📇]를 클릭합니다.

03 [데이터 유효성] 대화상자가 표시되면 [설정] 탭을 선택합니다. [제한 대상]에서 [날짜]를 선택하고 다음 사례에 따라 설정합니다.

실무 활용 사례

사례 1 : 항상 오늘 날짜만 입력하도록 설정

· [제한 방법] : =
· [날짜] : =Today( )

CHAPTER 25 | 유효성 검사 / **655**

사례 2 : 최근 3일 이내 날짜만 입력하도록 설정

- [제한 방법] : 해당 범위
- [시작 날짜] : =TODAY()-2
- [끝 날짜] : =TODAY()

사례 3 : 이번 주 날짜(월~일요일)만 입력하도록 설정

- [제한 방법] : 해당 범위
- [시작 날짜] : =Today()-Weekday(Today(), 3)
- [끝 날짜] : =Today()

사례 4 : 이번 달 날짜만 입력하도록 설정

- [제한 방법] : 해당 범위
- [시작 날짜] : =Today()-Day(Today())+1
- [끝 날짜] : =Eomonth(Today(), 0)

사례 5 : 근무 시간(오전 9시 ~ 오후 6시)내 시간만 입력하도록 설정

- [제한 대상] : 시간
- [제한 방법] : 해당 범위
- [시작 시간] : =Time(9,0,0)
- [끝 시간] : =Time(18,0,0)

사업자등록번호, 주민등록번호 등 자릿수를 맞춰 입력하도록 설정하는 방법

예제 파일 PART 06 \ CHAPTER 25 \ 텍스트 제한 조건.xlsx

[제한 대상] 조건 중 '텍스트 길이'

사업자등록번호나 주민등록번호처럼 자릿수가 고정된 값을 입력할 때, 실수로 글자를 하나 덜 입력하거나 더 입력하는 경우가 있습니다. 이런 경우에는 해당 셀에 정해진 문자 개수로만 데이터가 입력되도록 유효성 검사를 설정합니다. [텍스트 길이] 옵션은 셀에 입력될 문자 개수를 설정할 수 있는 조건입니다.

실무 활용 예제

01 예제에서 사업자등록번호를 입력할 때 자릿수가 맞는 번호만 입력할 수 있도록 설정합니다.

TIP 사업자 등록 번호는 xxx-xx-xxxxx 양식으로 '-' 구분 문자까지 모두 12개의 문자를 입력해야 합니다.

02 사업자등록번호를 입력할 [F6:F10] 범위를 선택합니다.

03 [데이터] 탭-[데이터 도구] 그룹-[데이터 유효성 검사📋]를 클릭합니다.

04 [데이터 유효성] 대화상자가 나타나면 다음과 같이 설정하고 [확인]을 클릭합니다.

- [제한 대상] : **텍스트 길이**
- [제한 방법] : **=**
- [길이] : **12**

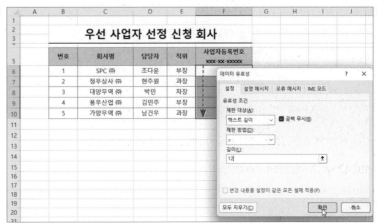

05 유효성 검사가 제대로 설정됐는지 확인하기 위해 [F6] 셀에 아래의 값을 입력합니다.

> 123-45-123456

TIP 입력한 값의 문자 개수가 13자리이므로 입력되지 않습니다.

유효성 검사가 설정된 범위에 안내 메시지 표시하기

예제 파일 PART 06 \ CHAPTER 25 \ 설명 메시지.xlsx

설명 메시지

데이터 유효성 검사는 데이터를 새로 입력하거나 수정할 때만 동작하기 때문에 에러 메시지가 뜨기 전까지는 셀에 어떤 조건이 설정되어 있는지 알 수 없습니다. 그러므로 유효성 검사가 설정된 셀을 선택할 때 셀에 적용된 유효성 검사에 대한 간단한 내용을 안내할 수 있다면 효과적입니다.

유효성 검사 설정 중에 [설명 메시지] 탭을 이용하면 유효성 검사가 설정된 셀을 선택할 때 표시할 안내 메시지를 작성할 수 있습니다. 참고로 유효성 검사의 [설명 메시지]는 [설정] 탭에 조건을 따로 지정하지 않아도 사용할 수 있으므로 유효성 검사의 사용 여부와 무관하게 셀에 안내 메시지를 표시하는 용도로도 사용할 수 있습니다.

실무 활용 예제

01 예제의 표에서 사업자등록번호를 입력할 때 안내 메시지가 표시되도록 설정합니다.

02 [F6:F10] 범위(사업자등록번호를 입력할 범위)를 선택합니다.

03 [데이터] 탭–[데이터 도구] 그룹–[데이터 유효성 검사📑]를 클릭합니다.

04 [데이터 유효성] 대화상자의 [설명 메시지] 탭을 선택하고 다음과 같이 구성한 후 [확인]을 클릭합니다.

· [제목] : 사업자등록번호
· [설명 메시지] : 다음과 같은 형식으로 입력합니다.
   123-45-12345

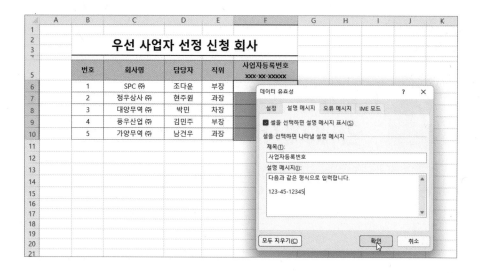

05 이제 [F6:F10] 범위 내 아무 셀이나 선택하면 다음과 같은 안내 메시지가 표시됩니다.

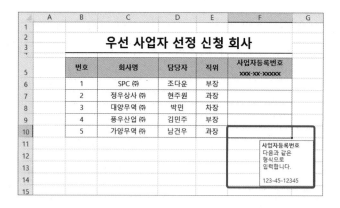

유효성 검사의 에러 메시지 내용을 변경하는 방법

예제 파일 PART 06 \ CHAPTER 25 \ 에러 메시지.xlsx

오류 메시지

유효성 검사를 설정하면 지정한 조건에 맞지 않는 값이 입력될 때 에러 메시지가 나타납니다. 메시지의 내용은 무난하지만, 좀 더 정확한 정보가 포함된 내용을 표시할 수 있습니다. 데이터 유효성 검사의 [오류 메시지] 탭에서는 [설명 메시지]와 달리 잘못된 데이터를 입력한 경우 표시할 메시지 내용을 설정할 수 있습니다.

실무 활용 예제

01 예제의 표에서 유효성 검사가 설정된 [D6:D15] 범위를 선택합니다.

02 [데이터] 탭-[데이터 도구] 그룹-[데이터 유효성 검사⬚]를 클릭합니다.

03 [데이터 유효성] 대화상자의 [오류 메시지] 탭을 선택하고 다음과 같이 설정한 후 [확인]을 클릭합니다.

- **[제목]** : 입력 에러
- **[오류 메시지]** : 단가는 200만원 이하로만 입력할 수 있습니다.
  단가를 다시 확인해 주세요!

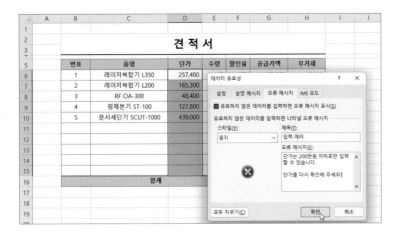

TIP 예제의 [D6:D15] 범위에는 단가가 200만 원 이하로 입력될 수 있도록 조건이 설정되어 있습니다.

[스타일] 옵션에 대해서는 다음 내용을 참고합니다.

스타일 종류	설명
⊗ 중지	기본값으로 조건에 맞지 않는 값을 입력하면 오류 메시지를 표시하고 셀 값을 수정할 수 있습니다. 조건에 맞는 값을 입력할 때까지 메시지가 반복해서 나타납니다.
⚠ 경고	조건에 맞지 않는 값을 입력하면 해당 값을 셀에 저장할지 사용자에게 확인합니다. [예]를 클릭하면 조건에서 벗어난 값도 셀에 저장됩니다.
ⓘ 정보	조건에 맞지 않는 값을 입력하면 오류 메시지만 표시하며, 셀 값이 그대로 저장됩니다. 이 스타일은 입력 값을 제한하기보다는 사용자가 입력한 값에 대한 안내 용도로 사용할 때 선택합니다.

04 단가에 조건에서 벗어난 값을 입력하면 **03** 과정에서 작성한 내용이 메시지로 표시됩니다.

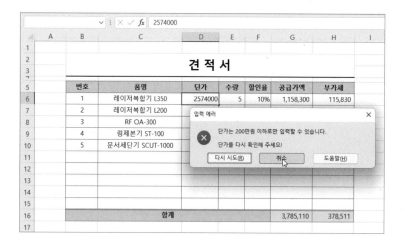

유효성 검사 범위가 자동 확장되도록 설정하는 방법

예제 파일 PART 06 \ CHAPTER 25 \ 동적 범위.xlsx

데이터 유효성 검사의 적용 범위

유효성 검사는 해당 기능이 적용된 셀(또는 범위)에서만 동작합니다. 그러므로 데이터 유효성 검사가 설정된 범위를 벗어나면 유효성 검사는 동작하지 않습니다. 하지만 유효성 검사의 적용 범위를 좀 더 넓게 설정하고 싶거나, 혹은 자동으로 추가된 데이터에 맞춰 유효성 검사를 설정하고 싶은 경우가 있을 수 있습니다. 이런 경우 유효성 검사의 자체 기능을 이용하거나 [엑셀 표] 기능을 함께 사용할 수 있어야 합니다.

유효성 검사의 확장 기능을 이용하는 방법

특정 셀(또는 범위)에 설정된 유효성 검사를 다른 범위에 동일하게 적용하려면 유효성 검사가 적용된 셀을 포함한 전체 적용 범위를 선택하고, 데이터 유효성 검사 명령을 실행합니다. 아래 과정을 참고합니다.

01 예제에서 [유효성검사] 시트 내 표에는 [E6:E9] 범위에 유효성 검사가 설정되어 있습니다.

TIP 조건은 200만 원 이하의 정수만 입력되도록 설정해두었습니다.

02 [E6:E9] 범위에 설정된 유효성 검사를 [E12] 셀까지 확장 적용합니다.

번호	공급업체	품명	단가
		제품 관리 대장		
1	태성 ㈜	레이저복합기 L950	603,200
2	고려텍 ㈜	링제본기 ST-100	140,600
		지문인식 FPIN-2000F	169,900
		오피스 Z-05C	103,000
3	하나무역 ㈜	문서세단기 SCUT-1500B	
		와이어제본기 WC-5500	
		레이저복합기 L350	

03 유효성 검사가 설정된 기존 범위부터 새로 데이터를 입력할 범위에 해당하는 [E6:E12] 범위를 선택합니다.

04 [데이터] 탭-[데이터 도구] 그룹-[데이터 유효성 검사 ▦]를 클릭합니다.

05 메시지가 표시되면 내용을 확인하고 [예]를 클릭합니다.

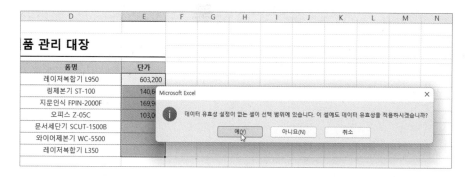

06 [데이터 유효성] 대화상자가 표시되는데 이 설정은 기존 [E6:E9] 범위에 적용된 설정입니다.

07 [확인]을 클릭해 닫으면 [E10:E12] 범위에도 동일한 유효성 검사가 설정됩니다.

엑셀 표를 활용하는 방법

유효성 검사를 설정하기 전이라면 표를 엑셀 표로 변환한 후 유효성 검사를 설정합니다. 그러면 새 데이터를 추가할 때 유효성 검사 설정이 자동으로 확장됩니다.

LINK 엑셀 표를 등록하는 방법은 이 책의 269페이지를 참고합니다.

01 예제의 [엑셀표] 시트를 선택하면 '제품 관리 대장' 표를 확인할 수 있습니다.

TIP 엑셀 표의 단가 열(E열)에는 200만 원 이하의 정수만 입력할 수 있도록 유효성 검사가 설정되어 있습니다.

02 엑셀 표 하단에는 유효성 검사 조건이 설정되어 있지 않은지 확인합니다.

03 [E13] 셀을 선택하고 [데이터] 탭-[데이터 도구] 그룹-[데이터 유효성 검사📇]를 클릭합니다.

04 [데이터 유효성] 대화상자는 아무 설정도 되어 있지 않습니다. [확인]을 클릭해 닫습니다.

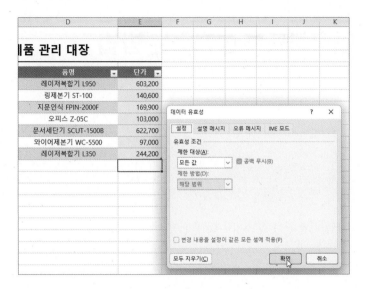

05 [E13] 셀에 200만 원을 초과하는 값을 입력하면 다음과 같은 에러 메시지가 표시됩니다.

2500000

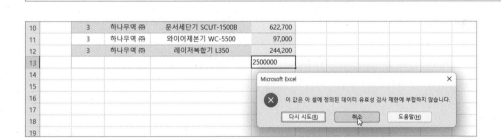

TIP 엑셀 표로 등록하면 표 하단에 입력하는 데이터는 표에 입력한다고 생각합니다. 따라서 단가 열에 적용한 유효성 검사가 새로 입력하는 셀에 바로 적용됩니다.

콤보 상자처럼 필요한 값을 선택해 입력하도록 설정하는 방법

예제 파일 PART 06 \ CHAPTER 25 \ 목록.xlsx

[제한 대상] 조건 중 '목록'

표에 데이터를 입력하다 보면 의외로 셀에 입력될 값이 몇 가지로 정해져 있는 경우가 많습니다. 이런 경우 값을 일일이 입력하는 것보다 콤보상자 컨트롤 같이 목록에서 선택하도록 하면 오타도 예방할 수 있고 입력 작업도 편리하게 진행할 수 있습니다. 유효성 검사의 [목록]은 콤보상자 컨트롤처럼 입력할 값을 목록에서 고를 수 있도록 해줍니다. 유효성 검사의 [목록]이 적용된 셀을 선택하면 셀 우측에 아래 화살표☑가 나타나며, 아래 화살표를 클릭하면 목록이 펼쳐지면서 셀에 입력할 값을 고를 수 있습니다.

실무 활용 예제

01 예제의 표는 엑셀 표로 변환된 표로 직원 데이터를 입력하는 표입니다.

02 직위 열에 데이터를 입력할 때는 [H6:H11] 범위 내 항목을 선택해 입력할 수 있도록 설정합니다.

	A	B	C	D	E	F	G	H	I
1									
2				직원 명부				목록	
3									
4									
5		사번	이름	직위	입사일	근속기간		직위	
6		1	박지훈	부장	2008-05-13	13년 6개월		부장	
7		2	유준혁	차장	2012-10-16	9년 1개월		차장	
8		3	이서연	과장	2017-04-30	4년 6개월		과장	
9		4	김민준	대리	2021-03-31	0년 7개월		대리	
10		5	최서현	주임	2020-05-02	1년 6개월		주임	
11								사원	
12									

03 유효성 검사를 설정할 [D6:D10] 범위를 선택합니다.

04 [데이터] 탭-[데이터 도구] 그룹-[데이터 유효성 검사▦]를 클릭합니다.

05 [데이터 유효성] 대화상자의 [설정] 탭에서 [제한 대상] 중 [목록]을 선택하고 [원본]에서 [H6:H11] 범위를 드래그해 참조한 후 [확인]을 클릭합니다.

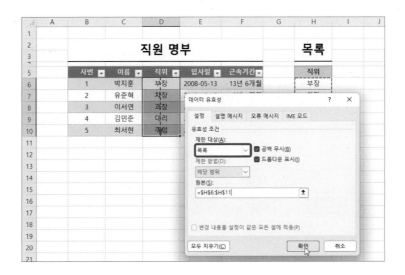

🔍 더 알아보기   **목록 조건 설정 방법**

이번 예제의 [H6:H11] 범위처럼 별도로 입력해 둔 값이 없다면 [원본]에 직접 원하는 값을 입력할 수 있습니다. [원본]에 직접 목록 내 항목을 입력하려면 쉼표(,)로 구분해 입력하면 됩니다. 예제의 경우라면 **부장,차장,과장,대리,주임,사원**을 입력하면 됩니다. 참고로 원본 범위를 선택할 때 엑셀 2007 버전까지는 같은 시트 내 범위만 참조할 수 있으며, 엑셀 2010 버전부터는 다른 시트의 범위도 참조할 수 있습니다. 만약 엑셀 2007 버전에서 다른 시트 내 범위를 참조하고 싶다면 이름으로 해당 범위를 정의하고, [원본]에 **=이름**과 같이 입력해 사용합니다.

06 화면과 같이 새로운 데이터를 입력할 때 [D11] 셀에서는 아래 화살표▼가 표시됩니다.

07 이 단추를 클릭하면 [H6:H11] 범위 내 직위가 목록에 표시됩니다.

TIP D열에는 목록 내 항목만 선택하거나 목록 내 항목만 입력할 수 있습니다.

목록에 새로운 항목이 자동으로 표시되도록 설정

목록의 원본이 되는 데이터 범위(H5:H11)를 엑셀 표로 변환하면 원본 범위에 추가한 항목이 자동으로 유효성 검사의 목록에 표시되도록 할 수 있습니다.

TIP 엑셀 표로 등록하는 방법은 이 책의 269페이지를 참고합니다.

엑셀 표를 등록한 후 [H12] 셀에 새로운 직위(인턴)를 하나 입력하고 [D11] 셀의 아래 화살표를 클릭하면 추가된 직위가 마지막에 표시되는 것을 확인할 수 있습니다.

많이 묻는 질문

Q1 : 엑셀 표로 등록할 경우 [원본]에 구조적 참조 구문이 적용되지 않습니다.

[데이터 유효성] 대화상자의 [원본]에 **=표[열 머리글]**과 같은 구조적 참조 구문을 사용하면 다음과 같은 에러 메시지가 표시됩니다.

 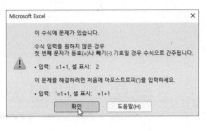

[원본]에는 구조적 참조 구문을 사용하지 못하므로 셀 주소를 이용한 참조를 하거나 참조할 범위를 이름으로 정의하고 정의된 이름을 사용해야 합니다. 참고로 주소로 참조해도 대상 범위가 엑셀 표면 추가된 항목이 자동으로 목록에 표시됩니다.

Q2 : 참조할 범위에 중복 값이 있는데, 목록에는 고유한 값만 표시할 수 있나요?

그렇게는 할 수 없습니다. 중복된 데이터가 존재할 경우 [목록]에 중복 값이 그대로 표시됩니다. 이런 경우에는 이 책의 576페이지를 참고해 고유한 데이터를 따로 추출한 후 [원본]에서 참조합니다.

목록 두 개를 서로 연동해 동작시키는 방법

예제 파일 PART 06 \ CHAPTER 25 \ 연결 목록.xlsx

연결 목록

유효성 검사의 목록을 사용하다 보면 대분류, 소분류와 같이 두 개 이상의 목록을 서로 연동해 사용하고 싶은 경우가 있습니다. 다만, 유효성 검사 기능에는 두 개 이상의 목록을 연결해주는 설정이 따로 없으므로 INDIRECT 함수와 이름 정의를 이용하는 방법을 사용해야 목록 두 개를 서로 연동되도록 할 수 있습니다.

LINK 이름 정의 방법에 대해서는 이 책의 356페이지를 참고합니다.

원본 범위와 이름 정의 (1)

01 예제의 [sample] 시트의 표에서 대분류, 소분류를 목록으로 설정하고 두 개의 목록이 연동되도록 설정합니다.

	A	B	C	D	E	F	G	H	I
1									
2			**금전 출납부**				**목록**		
3									
5		날짜	대분류	소분류	금액		수입	지출	
6							월급	식비	
7							금융수입	의류	
8							기타	통신비	
9								교육	
10								문화	
11									

TIP 예제의 표는 모두 엑셀 표로 등록되어 있으며, G열의 표와 H열의 표는 서로 다른 표입니다.

02 먼저 유효성 검사의 목록에서 참조할 범위를 이름으로 정의합니다.

03 다음 범위를 각각 선택하고 이름 상자에 다음 이름을 입력해 이름을 정의합니다.

선택 범위	이름
G5:H5	대분류
G6:G8	수입
H6:H10	지출

TIP 소분류 항목(수입, 지출) 범위를 이름으로 정의할 때는 반드시 대분류 항목 이름과 같아야 합니다.

원본 범위와 이름 정의 (2)

만약 표가 다음과 같은 방법으로 정리되어 있다면 범위를 어떻게 이름으로 정의해야 할까요?

TIP 이 표는 예제의 [이름] 시트에서 확인할 수 있습니다.

이런 경우 표를 앞의 표처럼 변경하는 것이 좋지만 표를 변경하지 못하는 상황이라면 [수식] 탭-[정의된 이름] 그룹-[이름 정의 ✐] 명령을 클릭해 다음과 같이 이름을 정의합니다.

이름	참조 대상
수입	=OFFSET($C$2, MATCH("수입", $B$3:$B$1000, 0), 0, COUNTIF($B$3:$B$1000, "수입"))
지출	=OFFSET($C$2, MATCH("지출", $B$3:$B$1000, 0), 0, COUNTIF($B$3:$B$1000, "지출"))

TIP 예제 파일에는 다른 이름과 충돌하지 말라고 '수입2', '지출2'로 이름을 정의해두었습니다. 정의된 이름은 [수식] 탭-[정의된 이름] 그룹-[이름 관리자 ✐] 명령을 클릭해 확인할 수 있습니다.

단, 이 경우 대분류는 중복되므로, 중복된 데이터에서 고유한 항목만 얻어내는 작업을 하지 않았다면 [데이터 유효성] 대화상자의 [원본]에 직접 원하는 항목을 다음과 같이 입력해야 합니다.

목록 연동

04 이름을 모두 정의했다면 [대분류]부터 설정합니다. [C6] 셀을 선택합니다.

05 [데이터] 탭-[데이터 도구] 그룹-[데이터 유효성 검사 📊]를 클릭합니다.

06 [데이터 유효성] 대화상자의 [설정] 탭에서 다음과 같이 설정하고 [확인]을 클릭합니다.

· [제한 대상] : 목록
· [원본] : =대분류

TIP [원본]에서 정의된 이름을 사용하려면 반드시 등호(=)가 먼저 입력되어야 합니다.

07 소분류 항목을 대분류와 연동되도록 유효성 검사를 설정합니다.

08 하위 분류를 설정할 때 상위 항목을 먼저 선택하는 것이 좋습니다. [C6] 셀에서 [수입] 항목을 선택합니다.

09 [D6] 셀에서 [소분류]를 선택합니다.

10 [데이터] 탭–[데이터 도구] 그룹–[데이터 유효성 검사⧠]를 클릭합니다.

11 [데이터 유효성] 대화상자가 표시되면 다음과 같이 설정하고 [확인]을 클릭합니다.

· **[제한 대상] : 목록**
· **[원본] : =INDIRECT(C6)**

🔍 **더 알아보기**　　**수식 이해하기**

INDIRECT 함수에 전달한 [C6] 셀은 대분류가 입력된 첫 번째 셀의 주소로 상대 참조 방식으로 참조가 되어야 합니다.
참고로 INDIRECT 함수는 셀 주소로 직접 참조하는 방식 외에 참조가 될 수 있는 셀 주소, 이름, 엑셀 표의 구조적 참조 구문 등 텍스트 데이터를 받아 해당 이름이 가르키는 범위를 참조하는 간접 참조 함수입니다. 그리고 이번에는 [C6] 셀에 입력된 '수입'으로 이름 정의된 데이터 범위를 참조해 목록에 표시해줍니다. [C6] 셀의 셀 주소가 상대참조 방식이므로 아래로 데이터를 입력하게 되면 [C7], [C8], … 등과 같이 참조 범위가 달라지게 됩니다.

---

12 [D6] 셀의 아래 화살표⧠를 클릭하면 대분류에 맞는 하위 목록만 표시됩니다.

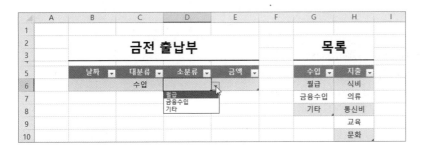

13 [C6] 셀에서 [지출]을 선택하고 [D6] 셀의 아래 화살표 🔽를 클릭하면 소분류 항목이 바뀝니다.

연결 목록 사용할 때 주의할 점

다음과 같은 점을 주의해서 사용합니다.

첫째, 목록을 두 개 연결하면 항상 대분류 항목 먼저 선택하고 소분류 항목을 선택해야 합니다.

둘째, 대분류, 소분류 항목을 모두 선택한 후 대분류 항목만 삭제하거나 변경해도 소분류 항목은 그대로 유지됩니다. 따라서 선택된 항목을 변경하고자 할 경우에는 대분류와 소분류 항목을 함께 지우고 다시 작업해야 실수를 줄일 수 있습니다. 이 문제를 해결하는 방법은 이 책의 **Section 25-09**에서 자세하게 설명합니다.

연결 목록에서 상위 목록 변경 시 하위 목록을 자동 삭제하는 방법

예제 파일 PART 06 \ CHAPTER 25 \ 목록 초기화.xlsx

목록을 두 개 연동할 때의 문제

유효성 검사를 사용해 두 개 이상의 목록을 연결해 사용하면 하나의 목록에 너무 많은 항목이 나타나지 않도록 할 수 있어 편리합니다. 하지만 상위 목록의 항목을 변경해도 하위 목록은 초기화되지 않는 문제가 있으므로 **Section 25-08**에서 설명한 방식은 완전한 연동이라고 말할 순 없습니다. 다만, 앞에서 설명한 방법도 엑셀에서 자체적으로 지원되는 것은 아니기 때문에 이 부분을 엑셀의 문제라고 하기에도 어폐가 있습니다.

문제를 확인하기 위해 예제에 설정되어 있는 목록 간의 연동을 확인합니다. [C9] 셀의 값을 [지출]에서 [수입]으로 변경합니다. 이렇게 상위 목록의 값을 변경해도 하위 목록의 [D9] 셀은 초기화되지 않습니다.

TIP 예제에서 엑셀 표의 이름은 '금전출납부'입니다. [표 도구] – [디자인] 탭 – [속성] 그룹 – [표 이름]에서 확인할 수 있습니다.

이렇게 되면 잘못된 조합이 만들어 질 수 있기 때문에 항상 상위 목록이 변경되면 하위 목록은 삭제될 필요가 있습니다. 이런 작업은 매크로를 통해서만 처리할 수 있습니다.

실무 활용 사례

01 [sample] 시트 탭에서 마우스 오른쪽 버튼을 클릭한 후 단축 메뉴에서 [코드 보기]를 클릭합니다.

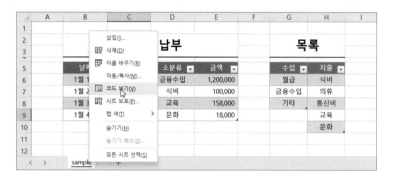

02 VB 편집기 창이 열리면 우측 편집기에 아래와 같은 코드를 입력하고 창을 닫습니다.

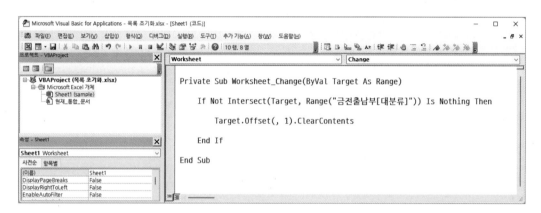

TIP 목록 초기화 (매크로).txt 파일을 열어 코드를 복사해도 됩니다.

파일 : 목록 초기화 (매크로).txt

```
Private Sub Worksheet_Change(ByVal Target As Range)                    ❶

    If Not Intersect(Target, Range("금전출납부[대분류]")) Is Nothing Then    ❷

        Target.Offset(, 1).ClearContents                              ❸

    End If

End Sub
```

---

❶ 워크시트 내 셀 값이 수정되면 자동으로 실행되도록 합니다. 이 부분은 고칠 수 없습니다.

❷ 수정한 셀이 금전출납부 엑셀 표의 '대분류' 열에 속해 있는지 확인합니다. 이 부분은 엑셀 표의 구조적 참조 주소만 상황에 맞게 수정해 사용합니다.

❸ 값을 수정한 셀의 오른쪽 셀 값을 지웁니다. 즉, C열의 대분류 항목을 고쳤으면 D열의 소분류 항목을 지웁니다. 만약 E열의 금액까지 함께 지우고 싶다면 이 코드를 다음과 같이 수정합니다.

```
Target.Offset(, 1).Resize(1, 2).ClearContents
```

매크로는 매우 편리하지만 VBA에 대한 이해 없이는 사용하기 어렵습니다. 제대로 활용하고 싶다면 《엑셀 매크로&VBA 바이블》(한빛미디어)를 참고해 학습하세요!

03 이제 [C9] 셀의 값을 [지출]로 선택하면 [D9] 셀의 값이 자동으로 지워지는 것을 확인할 수 있습니다.

	A	B	C	D	E	F	G	H	I
1									
2			금전 출납부				목록		
3									
5		날짜	대분류	소분류	금액		수입	지출	
6		1월 1일	수입	금융수입	1,200,000		월급	식비	
7		1월 2일	지출	식비	100,000		금융수입	의류	
8		1월 3일	지출	교육	158,000		기타	통신비	
9		1월 4일	지출		18,000			교육	
10								문화	
11									

매크로를 사용한 파일의 저장

매크로를 사용한 파일은 반드시 [Excel 매크로 사용 통합 문서] 파일로 저장해야 합니다. 그냥 파일을 저장하면 다음과 같은 메시지가 표시됩니다.

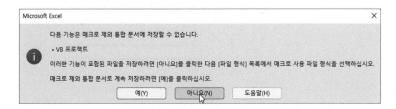

위 메시지는 매크로가 엑셀의 기본 파일 형식(xlsx)에는 저장되지 않으므로 [아니요]를 클릭해 파일 형식을 매크로 사용 파일 형식(xlsm)으로 저장하라는 의미입니다. 그러므로 매크로를 지속적으로 사용하려면 [아니요]를 클릭하고 [파일 형식]에서 [Excel 매크로 사용 통합 문서]를 선택한 후 저장해야 합니다.

LINK 매크로 사용 통합 문서 파일을 사용하는 자세한 방법은 이 책의 **Section 36-02**(1012페이지)를 참고합니다.

중복 데이터를 입력하지 못하도록 설정하는 방법

예제 파일 PART 06 \ CHAPTER 25 \ 사용자 지정.xlsx

[제한 대상] 조건 중 '사용자 지정'

유효성 검사에서 제공하는 정수, 소수점, 날짜, 시간, 텍스트 길이, 목록 외의 별도의 조건을 설정하고 싶은 경우에는 [사용자 지정] 옵션을 설정할 수 있습니다. 사용자 지정에서 '사용자'는 말 그대로 엑셀을 사용하는 사람이란 의미이므로 사용자가 원하는 추가 조건으로 수식을 사용해 설정할 수 있습니다.

[데이터 유효성] 대화상자에서 [사용자 지정] 옵션을 설정하면 하단에 [수식]을 입력할 수 있는 부분이 표시됩니다.

[수식]에는 사용자가 원하는 조건이 논릿값(TRUE, FALSE)을 반환할 수 있도록 구성합니다. 엑셀은 사용자가 지정한 조건을 확인해 조건이 TRUE가 되는 경우에만 데이터가 입력되고 FALSE면 취소합니다.

중복 조건 이해

유효성 검사의 조건 중에는 중복 제한 조건이 없으므로, 필요하다면 [사용자 지정] 조건을 이용해 설정할 수 있습니다. 중복된 데이터는 개수를 세었을 때 2 이상의 값이 나오고 한 개가 반환되면 고유한 데이터입니다. 그러므로 유효성 검사에서 중복 조건을 설정하려면 [사용자 지정]에서 입력된 데이터를 전체 범위에서 세어 입력된 값이 하나인 경우에만 입력되도록 설정합니다.

실무 활용 예제

01 예제에서 F열의 사업자등록번호가 중복된 값을 입력하지 못하도록 설정합니다.

02 기존 데이터 범위인 [F6:F10] 범위를 선택하고 이름 상자에 값을 입력해 이름을 정의합니다.

- **[이름 상자] : 사업자등록번호**

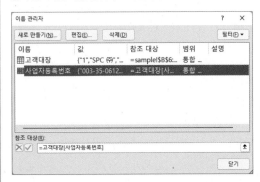

> **TIP** 예제의 표는 엑셀 표로 등록되어 있으며 표 이름은 '고객대장'입니다.

🔍 더 알아보기 엑셀 표 범위를 이름으로 정의하는 이유

이름으로 정의하는 것은 유효성 검사에서는 엑셀 표의 구조적 참조 구문을 사용하지 못하기 때문입니다. 정의된 이름을 확인하기 위해 [수식] 탭-[정의된 이름] 그룹-[이름 관리자⃣]를 클릭합니다. [사업자등록번호] 이름을 선택하면 [참조 대상]에 정의된 이름이 참조하는 대상 범위가 표시됩니다.

위와 같이 엑셀 표 범위를 이름으로 정의하면 구조적 참조 구문을 이름으로 제어할 수 있습니다. 즉, 다음과 같은 구조가 됩니다.

> 셀 범위 → 구조적 참조 → 이름

이렇게 하면 엑셀 표의 구조적 참조 구문을 인식하지 못하는 유효성 검사와 조건부 서식 등의 기능에서 범위를 참조할 때 직관적인 명칭을 사용해 수식을 좀 더 쉽게 이해할 수 있는 장점이 있습니다.

만약 표가 엑셀 표로 등록된 경우가 아니라면, [수식] 탭-[정의된 이름] 그룹-[이름 정의⃣]를 클릭하고 다음과 같이 이름을 정의해야 추가된 데이터 범위를 자동으로 인식하도록 만들 수 있습니다.

> 이름 : 사업자등록번호
> 참조 대상 : =OFFSET($F$6, 0, 0, COUNTA($F:$F)-1)

03 유효성 검사를 설정할 [F6:F10] 범위를 선택합니다.

04 [데이터] 탭-[데이터 도구] 그룹-[데이터 유효성 검사 📝]를 클릭합니다.

05 [데이터 유효성] 대화상자가 나타나면 다음과 같이 설정하고 [확인]을 클릭합니다.

- **[제한 대상] : 사용자 지정**
- **[수식] : =COUNTIF(사업자등록번호, F6)=1**

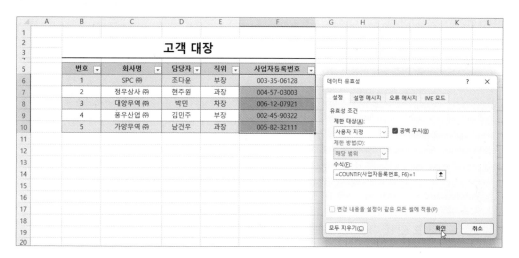

🔍 **더 알아보기**   **수식 조건 이해하기**

COUNTIF 함수는 사용자가 지정한 조건에 맞는 셀이 몇 개인지를 세어주는 함수입니다. COUNTIF 함수에 대해서는 이 책의 433페이지를 참고합니다.
이번 수식은 이름으로 정의된 **사업자등록번호** 범위에서 [F6] 셀의 값이 몇 개인지 세어 그 개수가 1인 경우에만 입력을 허용하 겠다는 의미입니다. 이렇게 하면 고유한 값만 입력되도록 할 수 있습니다.

06 [F11] 셀을 선택하고 [F10] 셀과 동일한 사업자등록번호를 입력하면 에러가 발생합니다.

005-82-32111

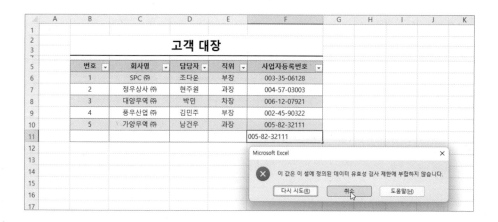

유효성 검사 조건에 부합하지 않는 데이터를 체크하는 방법

예제 파일 PART 06 \ CHAPTER 25 \ 오류 데이터.xlsx

잘못된 데이터 옵션

유효성 검사를 설정할 범위에 이미 잘못된 데이터가 입력되어 있는 경우에는 어떻게 될까요? 유효성 검사는 셀 값을 새로 입력하거나 고칠 경우에만 동작하므로 이미 입력된 데이터의 경우는 데이터를 수정하기 전까지 아무런 동작을 하지 않습니다. 따라서 유효성 검사를 설정한 후 설정한 조건에 맞지 않는 데이터가 있는지 확인해볼 필요가 있습니다. 유효성 검사에는 [잘못된 데이터] 기능이 제공되며, 미리 설명한 것과 같이 설정된 조건에 맞지 않는 데이터의 위치를 표시해줍니다.

실무 활용 예제

01 예제의 표에서 사업자등록번호 열(F열)에는 중복 데이터가 입력되지 않도록 설정해놓았습니다.

A	B	C	D	E	F	G
			고객 대장			
	번호	회사명	담당자	직위	사업자등록번호	
	1	SPC ㈜	조다운	부장	003-35-06128	
	2	정우상사 ㈜	현주원	과장	004-57-03003	
	3	대양무역 ㈜	박민	차장	006-12-07921	
	4	풍우산업 ㈜	김민주	부장	002-45-90322	
	5	가양무역 ㈜	남건우	과장	005-82-32111	
	6	자이언트무역 ㈜	유예찬	과장	001-21-08068	
	7	오늘무역 ㈜	임선정	대리	004-57-03003	

02 기존 데이터 중에 중복 데이터가 있는지 확인해보겠습니다.

03 [데이터] 탭-[데이터 도구] 그룹-[데이터 유효성 검사🖾]의 아래 화살표 ▾ 를 클릭하고 [잘못된 데이터]를 선택합니다.

04 그러면 [F7], [F12] 셀에 빨간색 타원형 도형으로 중복 값이 표시됩니다.

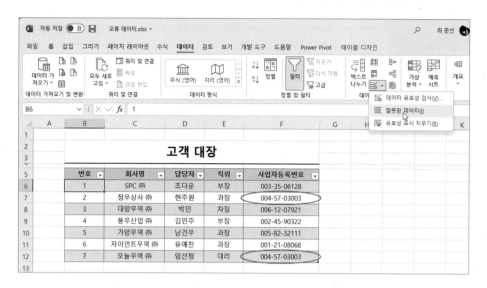

> **TIP** [잘못된 데이터] 명령을 사용할 때는 유효성 검사가 설정된 범위를 선택하지 않아도 됩니다. 워크시트 내에서 유효성 검사가 설정된 범위를 찾아 조건에 맞지 않는 셀에 자동 적용됩니다.

05 표시된 빨간색 타원형 도형을 없애려면 [데이터] 탭-[데이터 도구] 그룹-[데이터 유효성 검사📇]의 아래 화살표✓를 클릭하고 [유효성 표시 지우기]를 선택합니다.

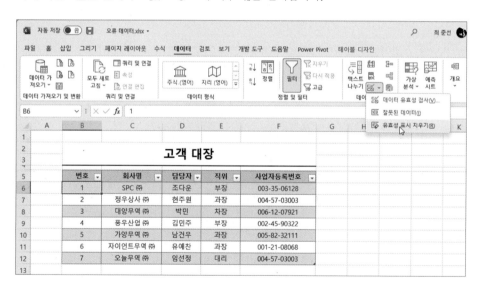

25/12

유효성 검사 삭제하기

예제 파일 PART 06 \ CHAPTER 25 \ 유효성 검사 삭제.xlsx

데이터 유효성 검사 기능이 적용된 범위 확인

다른 사람이 만든 엑셀 파일의 경우 어느 범위에 유효성 검사가 적용되어 있는지 확인하기가 쉽지 않습니다. 유효성 검사는 유용하지만 때에 따라서는 파일을 느리게 만들고, 설정된 조건을 명확하게 알지 못하면 반복적으로 표시되는 에러 메시지 때문에 불편할 수 있습니다. 이런 경우 엑셀의 [이동] 기능을 이용하면 유효성 검사가 설정된 범위를 빠르게 확인할 수 있습니다.

예제에서 [홈] 탭-[편집] 그룹-[찾기 및 선택 🔎]을 클릭하고 [데이터 유효성 검사] 메뉴를 선택합니다. 유효성 검사가 설정된 범위가 선택됩니다.

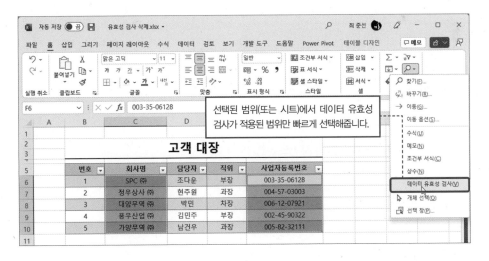

실무 활용 예제

01 예제의 표에서 유효성 검사가 적용된 범위를 확인하고 삭제합니다.

02 [홈] 탭-[편집] 그룹-[찾기 및 선택 🔎]을 클릭하고 [데이터 유효성 검사]를 선택합니다.

03 [데이터] 탭–[데이터 도구] 그룹–[데이터 유효성 검사✓]를 클릭합니다.

04 화면과 같은 메시지 창이 표시되면 선택된 범위에 서로 다른 조건이 설정된 것을 의미합니다.

05 메시지 창에서 [확인]을 클릭하면 선택된 범위 내 유효성 검사가 한 번에 삭제됩니다.

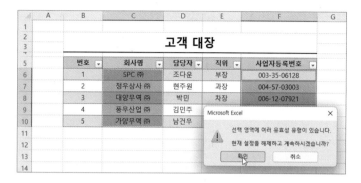

데이터 유효성 검사 조건 확인 후 삭제

[이동] 명령을 이용해 확인된 범위를 하나씩 선택합니다. 예제에서는 [C6:C10] 범위를 먼저 선택하고 [데이터] 탭–[데이터 도구] 그룹–[데이터 유효성 검사✓]를 클릭합니다. 그러면 설정된 조건을 확인할 수 있습니다. 이 조건을 더 이상 사용하지 않으려면 [모두 지우기]를 클릭합니다.

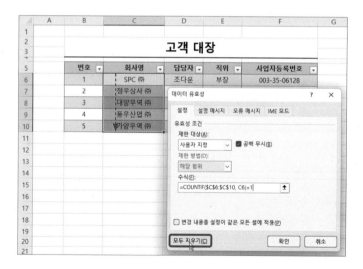

통합 기능 활용

통합은 여러 집계 표를 하나로 합칠 때 사용할 수 있는 기능이지만, 사용자들에게 덜 알려져 사용 빈도가 낮은 기능 중 하나입니다. VLOOKUP 함수나 SUMIF 함수 등을 활용하지 않고도 원하는 데이터를 한번에 합칠 수 있기 때문에 이런 업무를 하는 사용자라면 활용하기 정말 좋은 기능입니다.

26 / 01 동일한 구성의 표를 쉽게 합치는 방법

예제 파일 PART 06 \ CHAPTER 26 \ 통합.xlsx

[통합] 기능을 사용할 수 있는 표

법인별 또는 부서, 지점별 실적을 집계한 표가 여러 개일 때 이 표를 하나로 합치고 싶다면 통합 기능을 사용할 수 있습니다. 통합은 다음과 같은 구성을 갖고 있는 표를 합칠 때 쓸 수 있습니다.

첫째, 다음과 같이 첫 번째 행과 첫 번째 열에 머리글(제목)이 입력되어 있고, 두 머리글이 교차되는 위치에 요약(집계)된 값이 숫자로 존재해야 합니다.

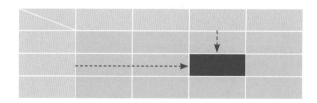

둘째, 첫 번째 행에만 머리글이 존재하고 두 번째 행부터는 숫자로 된 요약 값이 존재하거나 첫 번째 열에만 머리글이 존재하며, 두 번째 열부터는 숫자로 된 요약 값이 존재해야 합니다.

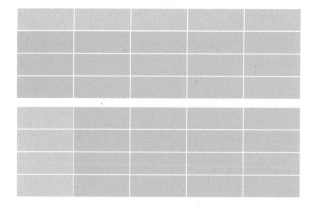

엑셀의 통합 기능은 이렇게 구조화된 표를 하나로 합치고 싶을 때 사용할 수 있습니다.

예제의 [한국] 시트에는 다음과 같은 표가 제공됩니다.

분기	TV	냉장고	청소기	세탁기	노트북	모니터	데스크탑
				본사 실적			
1사분기	9,000	17,200	22,800	23,000	14,800	8,600	15,600
2사분기	12,000	16,800	31,800	16,600	32,200	7,600	16,600
3사분기	12,200	32,800	28,000	11,800	31,600	10,000	19,000
4사분기	5,800	6,600	34,200	9,600	22,000	10,200	13,400

TIP [한국]에는 [미국] 법인에 없는 [모니터] 제품(H열)의 판매 실적이 포함되어 있습니다.

화면의 표를 보면 첫 번째 열 범위인 [B6:B9] 범위에 행 머리글이 입력되어 있으며, 첫 번째 행인 [C5:I5] 범위에 열 머리글이 입력되어 있습니다. 또한 [C6:I9] 범위에는 요약된 숫자만 존재합니다. [미국] 시트에도 동일한 구성의 표를 갖고 있음을 확인할 수 있습니다.

분기	TV	게임기	냉장고	노트북	데스크탑	세탁기	청소기
				미국 법인 실적			
1사분기	50,400	46,800	35,400	42,800	20,400	63,600	113,800
2사분기	73,400	57,000	61,400	84,400	53,200	85,400	43,600
3사분기	44,400	34,600	90,000	79,400	72,200	169,000	104,400
4사분기	70,400	44,600	38,400	86,400	50,200	79,000	38,400

TIP [미국] 법인에는 본사에는 없는 [게임기] 제품(D열)의 판매 실적이 포함되어 있습니다.

이런 표들이 여러 개 존재할 때 [통합] 기능을 이용해 두 법인의 실적을 하나로 합칠 수 있습니다. 참고로 [C5:I5] 범위의 머리글은 두 표의 순서가 맞지 않은데, 머리글은 입력된 값이 같으면 위치와 상관없이 하나로 취합해주므로 머리글이 입력된 순서는 달라도 됩니다.

통합 기능을 이용해 하나로 합치기

01 예제의 [한국], [미국] 법인의 실적을 통합을 이용해 하나로 합칩니다.

02 시트 탭에서 [sample] 시트를 선택하고 통합 결과가 반환될 셀(화면에서는 [B2] 셀)을 선택합니다.

TIP 선택한 셀을 기준으로 취합된 결과를 반환합니다.

03 [데이터] 탭-[데이터 도구] 그룹-[통합 📊]을 클릭합니다.

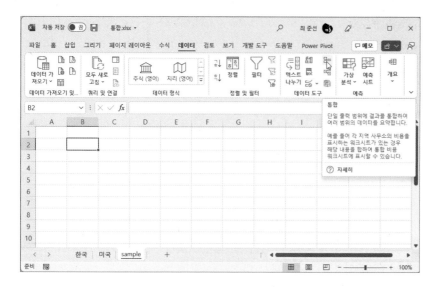

04 [통합] 대화상자가 표시되면 표를 하나씩 추가합니다.

05 [참조]를 클릭하고 시트 탭에서 [한국] 시트를 클릭합니다. [B5:I9] 범위를 드래그해 선택합니다.

06 [추가]를 클릭해 [모든 참조 영역]으로 추가합니다.

07 **05-06** 과정을 참고해 [미국] 시트의 [B5:I9] 범위를 [모든 참조 영역]에 추가합니다.

08 표가 모두 등록되었다면 머리글 위치를 지정하기 위해 [첫 행]과 [왼쪽 열]에 모두 체크하고 [확인]을 클릭합니다.

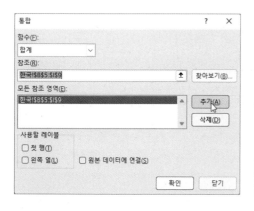 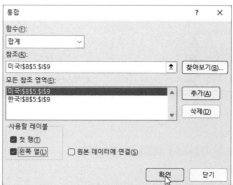

[통합] 대화상자의 옵션 이해하기

❶ **첫 행** : 통합할 표의 첫 번째 행에 입력된 값을 열 머리글을 인식합니다.

❷ **왼쪽 열** : 통합할 표의 첫 번째 열에 입력된 값을 행 머리글로 인식합니다.

❸ **원본 데이터에 연결** : 통합한 후 원본 표의 수정 값이 자동 반영되도록 수식을 이용해 통합합니다. 이 옵션은 원본 표가 수정될 가능성이 있을 때 선택해 사용합니다.

09 [sample] 시트에 다음과 같이 두 법인의 집계표가 하나로 합쳐집니다.

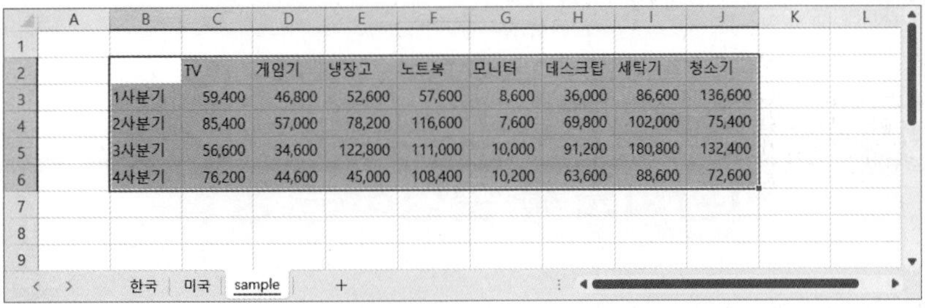

		TV	게임기	냉장고	노트북	모니터	데스크탑	세탁기	청소기
1사분기		59,400	46,800	52,600	57,600	8,600	36,000	86,600	136,600
2사분기		85,400	57,000	78,200	116,000	7,600	69,800	102,000	75,400
3사분기		56,600	34,600	122,800	111,000	10,000	91,200	180,800	132,400
4사분기		76,200	44,600	45,000	108,400	10,200	63,600	88,600	72,600

한국 | 미국 | sample | +

TIP 통합 결과는 값만 표시해주므로 표의 서식을 설정하거나 열 너비는 직접 맞춰어야 합니다.

통합의 결과가 내 표에 반환되도록 설정하는 방법

예제 파일 PART 06 \ CHAPTER 26 \ 통합-표.xlsx

통합 기능을 사용하는 두 가지 방법

[통합] 기능은 실행 전 사용자가 선택한 셀(또는 범위)에 따라 다르게 동작합니다.

첫째, 빈 셀을 선택하고 통합 기능을 실행합니다.

먼저 표를 합치고 합친 결과를 확인 후 데이터를 이동시키거나 표를 꾸미려는 경우에 적합합니다. 이 방법은 **Section 26-01**에서 설명했습니다.

둘째, 결과를 반환받고 싶은 표의 머리글/요약 범위를 선택하고 통합 기능을 실행합니다.

통합된 결과를 넣을 표가 미리 만들어져 있고 이 표에 취합된 결과를 바로 넣고 싶을 때 사용합니다. 이때 원본 표의 머리글과 구성해놓은 표의 머리글이 일치해야 합니다.

실무 활용 예제

01 예제의 [sample] 시트에 있는 표에 [한국]과 [미국] 시트의 실적을 하나로 합칩니다.

분류		가전					컴퓨터				
분기	TV	냉장고	청소기	세탁기	합계	노트북	데스크탑	모니터	게임기	합계
1사분기										
2사분기										
3사분기										
4사분기										

판매 실적 (통합)

TIP 이 예제는 **Section 26-01** 예제와 동일하며 [sample] 시트에 통합할 표가 준비되어 있는 점만 다릅니다.

02 [B6:K10] 범위를 선택하고 [데이터] 탭-[데이터 도구] 그룹-[통합 🔡]을 클릭합니다.

TIP [B5:B6] 범위는 병합된 것이 아니라 각각의 셀에 값을 입력하고, 도형의 실선을 이용해 사선을 넣어 표시했습니다.

03 [통합] 대화상자가 나타나면 다음과 같이 설정한 후 [확인]을 클릭합니다.

- **[함수]** : **합계**
- **[참조]** : **[한국!$B$5:$I$9] 범위 선택 후 [추가] 클릭**
            [미국!$B$5:$I$9] 범위 선택 후 [추가] 클릭
- **[첫 행]** : **체크**
- **[왼쪽 열]** : **체크**

04 그러면 머리글 위치에 맞춰 통합된 결과가 내 표로 반환됩니다.

분류	가전					컴퓨터				
분기	TV	냉장고	청소기	세탁기	합계	노트북	데스크탑	모니터	게임기	합계
1사분기	59,400	52,600	136,600	86,600		57,600	36,000	8,600	46,800	
2사분기	85,400	78,200	75,400	102,000		116,600	69,800	7,600	57,000	
3사분기	56,600	122,800	132,400	180,800		111,000	91,200	10,000	34,600	
4사분기	76,200	45,000	72,600	88,600		108,400	63,600	10,200	44,600	

판매 실적 (통합)

G열과 L열의 합계는 자동 합계 기능을 이용해 간단하게 집계합니다. [G7:G10] 범위를 선택하고 [Ctrl]을 누른 상태에서 [L7:L10] 범위를 선택한 후 [홈] 탭-[편집] 그룹-[자동 합계 Σ]를 클릭합니다.

26/03 행 머리글이 여러 개 열에 위치할 때 표를 통합하는 방법

예제 파일 PART 06 \ CHAPTER 26 \ 통합-다중열.xlsx

통합 기능을 사용할 수 없는 표

통합 기능을 사용하려면 **Section 26-01**에서 설명한 것처럼 머리글이 반드시 하나의 열이나 행으로 구성되어 있어야 합니다. 하지만 실무에서는 머리글을 여러 개의 열이나 행에 나누어 입력하는 경우가 보다 일반적입니다. 예제의 [상반기] 시트에 입력된 표를 보면 열 머리글은 첫 번째 행인 [D5:F5] 범위에만 입력되어 있어 문제가 없지만, 행 머리글은 두 개의 열 범위인 [B6:C13] 범위에 입력되어 있어 통합을 사용할 수 없습니다.

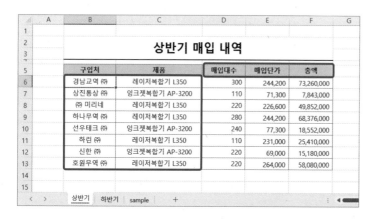

[하반기] 시트의 표 역시 동일한 구조를 갖고 있습니다.

두 개 이상의 행/열 머리글을 갖는 표는 기본적으로 통합 기능을 사용할 수 없지만, 여러 머리글을 & 연산자로 연결한 값을 갖는 열을 생성해 고유한 머리글을 갖는 열을 원본 표에 추가한다면 통합 기능을 이용할 수도 있습니다.

통합 기능 활용

01 예제의 [상반기], [하반기] 시트의 표를 [통합] 명령을 이용해 취합합니다.

02 [상반기] 시트를 선택하고 [B:C] 열의 머리글을 하나로 연결하기 위해 빈 열을 하나 삽입합니다.

03 D열을 선택하고 [홈] 탭-[셀] 그룹-[삽입 ▦]을 클릭합니다.

TIP 삽입할 열은 반드시 머리글 열과 집계할 열 사이에 삽입해야 합니다.

04 [D6] 셀에 다음 수식을 입력한 후 [D6] 셀의 채우기 핸들 ⊞을 더블클릭해 수식을 복사합니다.

```
=B6&"/"&C6
```

	A	B	C	D	E	F	G	H
1								
2				상반기 매입 내역				
3								
5		구입처	제품		매입대수	매입단가	총액	
6		경남교역 ㈜	레이저복합기 L350	경남교역 ㈜/레이저복합기 L350	300	244,200	73,260,000	
7		상진통상 ㈜	잉크젯복합기 AP-3200	상진통상 ㈜/잉크젯복합기 AP-3200	110	71,300	7,843,000	
8		㈜ 미리네	레이저복합기 L350	㈜ 미리네/레이저복합기 L350	220	226,600	49,852,000	
9		하나무역 ㈜	레이저복합기 L350	하나무역 ㈜/레이저복합기 L350	280	244,200	68,376,000	
10		선우테크 ㈜	잉크젯복합기 AP-3200	선우테크 ㈜/잉크젯복합기 AP-3200	240	77,300	18,552,000	
11		하린 ㈜	레이저복합기 L350	하린 ㈜/레이저복합기 L350	110	231,000	25,410,000	
12		신한 ㈜	잉크젯복합기 AP-3200	신한 ㈜/잉크젯복합기 AP-3200	220	69,000	15,180,000	
13		호원무역 ㈜	레이저복합기 L350	호원무역 ㈜/레이저복합기 L350	220	264,000	58,080,000	
14								
15								

〈 〉 | 상반기 | 하반기 | sample | +

🔍 더 알아보기 　머리글을 하나로 합치는 이유

두 열의 머리글을 하나로 합치는 이유는 [통합]이 하나의 행 머리글만 인식할 수 있기 때문입니다. 통합 기능으로 표를 합친 후 다시 머리글을 분리하기 위해 중간에 구분 문자를 넣어 연결합니다. 이번에 사용한 슬래시(/) 문자는 B열과 C열에서 모두 사용되지 않는 문자입니다. 슬래시 대신 마침표나 쉼표, 하이픈 등 두 열에서 사용된 문자가 아니면 어떤 것이라도 상관없습니다.

05 [하반기] 시트를 선택하고 **03-04** 과정을 참고해 머리글을 하나로 합칩니다.

06 통합 작업을 위해 [sample] 시트를 선택합니다.

07 [B2] 셀을 선택한 후 [데이터] 탭-[데이터 도구] 그룹-[통합 ▤]을 클릭합니다.

08 [통합] 대화상자가 표시되면 다음과 같이 설정하고 [확인]을 클릭합니다.

· [함수] : 합계
· [참조] : [상반기!$D$5:$G$13] 범위 선택 후 [추가] 클릭
　　　　　 [하반기!$D$5:$G$12] 범위 선택 후 [추가] 클릭
· [첫 행] : 체크
· [왼쪽 열] : 체크

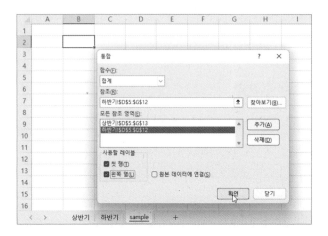

09 [sample] 시트에 다음과 같은 결과가 반환됩니다.

		매입대수	매입단가	총액
경남교역 ㈜/레이저복합기 L350		300	244,200	73,260,000
상진통상 ㈜/잉크젯복합기 AP-3200		110	71,300	7,843,000
㈜ 미리네/레이저복합기 L350		220	226,600	49,852,000
하나무역 ㈜/레이저복합기 L350		280	244,200	68,376,000
선우테크 ㈜/잉크젯복합기 AP-3200		240	77,300	18,552,000
하린 ㈜/레이저복합기 L350		110	231,000	25,410,000
신한 ㈜/잉크젯복합기 AP-3200		220	69,000	15,180,000
호원무역 ㈜/레이저복합기 L350		220	264,000	58,080,000
가양무역 ㈜/레이저복합기 L350		290	234,200	67,918,000
경남교역 ㈜/잉크젯복합기 AP-3200		400	147,800	29,624,000
대양무역 ㈜/레이저복합기 L350		200	236,500	47,300,000
상진통상 ㈜/레이저복합기 L350		350	240,000	84,000,000
대양무역 ㈜/잉크젯복합기 AP-3200		210	79,000	16,590,000
선우테크 ㈜/레이저복합기 L350		270	264,000	71,280,000

TIP 열 너비는 표 범위 선택 후 열 구분선을 더블클릭해 직접 조정합니다.

통합 후 머리글 열 분리

통합을 이용하기 위해 머리글을 연결했으므로 통합을 끝낸 뒤에는 열을 나눠줘야 합니다. 열을 나누는 작업을 할 때 구분 문자(예제에서는 슬래시(/)를 중심으로 좌우를 구분하려면 [텍스트 나누기] 명령을 이용하는 것이 좋습니다.

01 B열의 머리글을 구입처와 제품으로 다시 분리합니다.

02 C열을 선택하고 [홈] 탭-[셀] 그룹-[삽입 ▦]을 클릭해 빈 열을 하나 추가합니다.

TIP 텍스트 나누기는 분리된 열을 오른쪽 열에 덮어 씌우므로 빈 열을 삽입해두고 작업하는 것이 좋습니다.

03 [B3:B16] 범위를 선택하고 [데이터] 탭-[데이터 도구] 그룹-[텍스트 나누기]를 클릭합니다.

04 [텍스트 마법사-1단계] 대화상자가 나타나면 바로 [다음]을 클릭하여 마법사 2단계로 이동합니다.

05 [텍스트 마법사-2단계] 대화상자를 다음과 같이 설정하고 [마침]을 클릭합니다.

· [구분 기호] 옵션 : [탭] 체크 해제
　　　　　　　　　　[기타] 체크, 오른쪽 입력 상자에 ' / ' 문자 입력

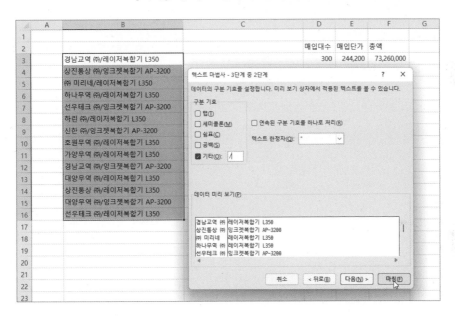

06 B열의 머리글이 구입처와 제품 열로 분리됩니다.

07 [B2:C2] 범위에 순서대로 머리글을 **구입처**, **제품**으로 입력합니다.

피벗으로 표 요약

통합된 결과를 피벗으로 요약하면 결과를 한눈에 보기 편하게 정리할 수 있습니다. [삽입] 탭-[표] 그룹-[피벗 테이블]을 클릭해 피벗 테이블 보고서를 생성한 후 [피벗 테이블 필드] 작업 창에서 다음 영역에 필드를 삽입하면 화면과 같은 결과를 얻을 수 있습니다.

- **행 : 제품, 구입처**
- **값 : 매입대수, 총액**

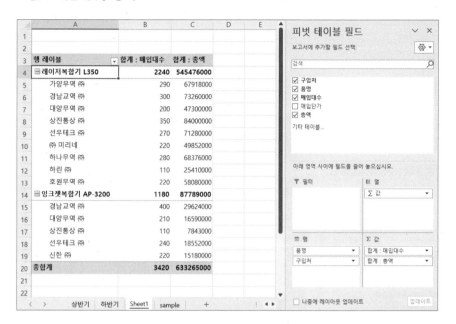

LINK 피벗 테이블 보고서를 구성하는 방법은 이 책의 710페이지를 참고합니다.

26 / 04 3차원 참조를 이용하는 방법

예제 파일 PART 06 \ CHAPTER 26 \ 3차원 참조.xlsx

3차원 참조

3차원 참조는 연속된 시트의 동일한 셀(또는 범위)을 한 번에 참조하는 방법입니다. 구문은 다음과 같습니다.

> **'첫 번째 시트:마지막 시트'!셀 주소**

예를 들어 [Sheet1]에서 [Sheet3]까지 [A1] 셀을 참조하려면 **=Sheet1:Sheet3!A1**와 같은 수식을 사용합니다. 이러한 3차원 참조는 반드시 여러 개의 셀을 참조하게 되므로 SUM 함수와 같은 집계 함수와 함께 사용해야 합니다. 3차원 참조를 이용하면 동일한 구성의 표를 매우 쉽게 통합할 수 있습니다. 3차원 참조는 머리글을 하나 밖에 사용하지 못하는 통합 기능의 단점을 보완해줄 수 있습니다.

3차원 참조를 활용할 수 있는 함수

모든 함수에서 3차원 참조를 사용할 수 없으며 아래 함수에서만 사용이 가능합니다.

구분	함수명	설명
합계	SUM	지정한 범위 내 숫자 값의 합계를 구합니다.
평균	AVERAGE	지정한 범위 내 숫자 값의 산술평균을 구합니다.
	AVERAGEA	지정한 범위 내 빈 셀을 제외한 모든 값의 산술평균을 구합니다.
개수	COUNT	지정한 범위 내 숫자 값의 개수를 세어줍니다.
	COUNTA	지정한 범위 내 빈 셀을 제외한 값이 입력된 셀의 개수를 세어줍니다.
최대	MAX	지정한 범위 내 숫자 값의 최댓값을 반환합니다.
	MAXA	지정한 범위 내 빈 셀을 제외한 모든 값의 최댓값을 반환합니다.
최소	MIN	지정한 범위 내 숫자 값의 최솟값을 반환합니다.

구분	함수명	설명
최소	MINA	지정한 범위 내 빈 셀을 제외한 모든 값의 최솟값을 반환합니다.
곱	PRODUCT	지정한 범위 내 숫자 값의 곱셈을 반환합니다.
표준 편차	STDEV	표본의 표준 편차를 계산합니다. 이 함수는 엑셀 2010부터는 STDEV.S 함수로 대체할 수 있습니다.
	STDEVP	전체 모집단의 표준 편차를 계산합니다. 이 함수는 엑셀 2010부터는 STDEV.P 함수로 대체할 수 있습니다.
	STDEVA	빈 셀을 제외한 모든 값을 사용하는 표본의 표준 편차를 계산합니다.
	STDEVPA	빈 셀을 제외한 모든 값을 사용하는 전체 모집단의 표준 편차를 계산합니다.
분산	VAR	표본의 분산을 계산합니다. 이 함수는 엑셀 2010부터는 VAR.S 함수로 대체할 수 있습니다.
	VARP	전체 모집단의 분산을 계산합니다. 이 함수는 엑셀 2010부터는 VAR.P 함수로 대체할 수 있습니다.
	VARA	빈 셀을 제외한 모든 값을 사용하는 표본의 표준 편차를 계산합니다.
	VARPA	빈 셀을 제외한 모든 값을 사용하는 전체 모집단의 분산을 계산합니다.

3차원 참조를 활용한 통합

동일한 구조로 구성된 여러 표는 3차원 참조를 이용해 쉽게 하나로 합칠 수 있습니다.

01 예제의 경우 [A대리점], [B대리점], [C대리점] 시트에 다음과 같은 표가 존재합니다.

02 세 시트의 표는 모두 동일한 구조이며 제품별 입출고 숫자와 재고 숫자만 다르게 입력되어 있습니다.

03 시트 탭에서 [통합] 시트를 선택하고 A, B, C 대리점의 재고를 G열에 합칩니다.

04 [G6] 셀에 다음 수식을 입력하고 채우기 핸들⊞을 [G16] 셀까지 드래그해 수식을 복사합니다.

```
=SUM(A대리점:C대리점!G6)
```

	품명	입고	출고	손실	재고

분류	품명	입고	출고	손실	재고
복합기	무한잉크젯복합기 AP-3300W				3
	무한잉크젯복합기 AP-5500W				18
	레이저복합기 L200				10
복사기	흑백레이저복사기 TLE-9000				5
	컬러레이저복사기 XI-2000				6
문서세단기	문서세단기 SCUT-1500B				8
제본기	와이어제본기 WC-5100				13
	열제본기 TB-8200				5
	링제본기 ST-100				8
출퇴근기록기	도트 TIC-10A				-
바코드스캐너	바코드 Z-350				6

🔍 **더 알아보기** | **수식 이해하기**

이번에 사용한 수식은 [A대리점] 시트에서 [C대리점] 시트까지 [G6] 셀을 모두 더한 결과를 반환하라는 의미입니다. 이번 수식을 3차원 참조를 사용하지 않고 입력한다면 다음과 같은 수식이 됩니다.

```
=SUM(A대리점!G6, B대리점!G6, C대리점!G6)
```

05 모든 대리점의 재고 현황이 집계되었습니다.

3차원 참조에서 시트를 추가하거나 제외시키는 방법

예제 파일 PART 06 \ CHAPTER 26 \ 3차원 참조−추가.xlsx

시트 탭 위치 옮기기와 3차원 참조

시트 탭은 드래그앤드롭을 통해 원하는 위치로 쉽게 옮길 수 있습니다. 3차원 참조는 시트 탭에서 연속된 시트를 대상으로 동작하므로, 참조할 '시작 시트'와 '끝 시트' 사이에 새로운 시트 탭을 위치시키면 이동한 시트의 데이터가 3차원 참조로 계산한 수식에 즉각적으로 더해지게 됩니다. 물론 3차원 참조로 참조한 시트 중 하나를 '시작 시트' 왼쪽이나 '끝 시트' 오른쪽으로 옮겨놓으면 3차원 참조로 계산한 수식에서 제외됩니다.

시트를 추가, 제외하는 방법

01 예제의 [통합] 시트는 3차원 참조를 이용해 A, B, C 대리점의 재고 현황을 집계하고 있습니다.

G6	✓ : × ✓ fx	=SUM(A대리점:C대리점!G6)						
	A	B	C	D	E	F	G	H
1								
2			**전체 재고 현황**					
3								
5		분류	품명	입고	출고	손실	재고	
6			무한잉크젯복합기 AP-3300W				3	
7		복합기	무한잉크젯복합기 AP-5500W				18	
8			레이저복합기 L200				10	
9		복사기	흑백레이저복사기 TLE-9000				5	
10			컬러레이저복사기 XI-2000				6	
11		문서세단기	문서세단기 SCUT-1500B				8	
12			와이어제본기 WC-5100				13	
13		제본기	열제본기 TB-8200				5	
14			링제본기 ST-100				8	
15		출퇴근기록기	도트 TIC-10A				-	
16		바코드스캐너	바코드 Z-350				6	
17								
18								

< > A대리점 B대리점 C대리점 통합 D대리점 +

TIP Section 26-04 예제에 [D대리점] 시트가 추가되어 있습니다.

02 [통합] 시트에 [D대리점] 시트의 재고를 추가합니다.

03 시트 탭에서 [D대리점] 탭을 드래그해서 [B대리점]과 [C대리점] 사이에 드롭합니다.

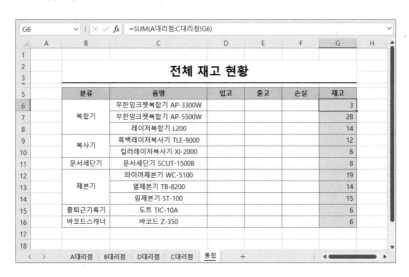

분류	품명	입고	출고	손실	재고
	무한잉크젯복합기 AP-3300W	20	17	3	-
복합기	무한잉크젯복합기 AP-5500W	20	10	-	10
	레이저복합기 L200	10	6	-	4
복사기	흑백레이저복사기 TLE-9000	20	13	-	7
	컬러레이저복사기 XI-2000	10	9	1	-
문서세단기	문서세단기 SCUT-1500B	10	8	2	-
	와이어제본기 WC-5100	20	14	-	6
제본기	열제본기 TB-8200	20	11	-	9
	링제본기 ST-100	20	13	-	7
출퇴근기록기	도트 TIC-10A	20	14	-	6
바코드스캐너	바코드 Z-350	10	8	2	-

TIP 시트 탭 위치를 왜 이동할까?

3차원 참조를 이용한 수식이 A대리점부터 C대리점 사이의 시트를 모두 참조하므로, D대리점 시트를 A대리점과 C대리점 사이에 위치시키면 자동으로 통합됩니다.

04 [통합] 탭을 클릭하고 **01** 화면과 비교해보면 재고가 추가된 것을 확인할 수 있습니다.

G6 ＝SUM(A대리점:C대리점!G6)

전체 재고 현황

분류	품명	입고	출고	손실	재고
	무한잉크젯복합기 AP-3300W				3
복합기	무한잉크젯복합기 AP-5500W				28
	레이저복합기 L200				14
복사기	흑백레이저복사기 TLE-9000				12
	컬러레이저복사기 XI-2000				6
문서세단기	문서세단기 SCUT-1500B				8
	와이어제본기 WC-5100				19
제본기	열제본기 TB-8200				14
	링제본기 ST-100				15
출퇴근기록기	도트 TIC-10A				6
바코드스캐너	바코드 Z-350				6

A대리점 B대리점 D대리점 C대리점 **통합** +

05 [B대리점] 시트에서 재고를 제외하려면 [A대리점] 시트 왼쪽이나 [C대리점] 시트 오른쪽으로 탭 위치를 변경합니다.

| 16 | 바코드스캐너 | 바코드 Z-350 | 30 | 22 | 2 | 6 |

B대리점 A대리점 D대리점 C대리점 통합 +

A대리점 또는 C대리점 재고를 제외하고 싶은 경우

3차원 참조를 이용한 경우 수식에 사용된 첫 번째 시트(예제에서는 A대리점)와 마지막 시트(예제에서는 C대리점)를 제외하기 위해 시트 탭의 위치를 옮기는 방법을 사용할 수 없습니다. 이런 경우에는 수식을 직접 변경해야 합니다. 예를 들어 A대리점의 재고를 제외하고 싶다면 아래 방법을 참고합니다.

01 [통합] 시트를 선택하고 수식이 사용된 [G6:G16] 범위를 선택합니다.

02 Ctrl + H 를 눌러 [바꾸기] 대화상자를 불러옵니다.

03 [찾을 내용]에 **A대리점**을 입력하고 [바꿀 내용]에 **D대리점**을 입력한 후 [모두 바꾸기]를 클릭합니다.

3차원 참조에서 와일드카드를 이용하는 방법

예제 파일 PART 06 \ CHAPTER 26 \ 3차원 참조-와일드카드.xlsx

와일드카드 문자와 3차원 참조

3차원 참조로 참조할 시트가 연속되어 있다면 문제가 없지만, 연속되어 있지 않다면 시트를 참조하기가 쉽지 않습니다. 이때 시트 탭 이름이 규칙적이라면 *과 ?와 같은 와일드카드 문자를 이용해 참조할 수 있습니다. 단, 와일드카드 문자를 사용하려면 반드시 시트명을 작은따옴표(')로 묶어야 합니다. 예를 들어 아래 수식은 '일'로 끝나는 시트의 [A1] 셀을 모두 더합니다.

```
=SUM('*일'!A1)
```

와일드카드 문자를 활용한 3차원 참조

01 예제는 1월부터 12월까지의 개별 시트 사이에 1사분기부터 4사분기까지의 시트가 존재합니다.

02 각 월별 시트의 [B3] 셀에 **100**이 입력되어 있고, 분기별 시트에는 월 합계인 **300**이 입력되어 있습니다.

03 먼저 모든 월별 시트의 [B3] 셀을 통합합니다.

04 [통합] 시트를 선택하고 [B3] 셀에 다음 수식을 입력합니다.

```
=SUM('*월'!B3)
```

🔍 **더 알아보기**　　**수식 이해하기**

월별 시트의 앞자리는 1~12까지 숫자이며, '월'로 끝나는 이름을 갖고 있습니다. 그러므로 자릿수와 무관하게 '월'로 끝나는 모든 시트를 대상으로 해야 합니다. 와일드카드 문자 중 *는 자릿수와 무관하게 어떤 값이 나와도 상관없으므로 '*월'이면 월로 끝나는 모든 시트를 의미합니다. 와일드카드 문자를 사용해 '*월'과 같이 시트명을 지정하면 프로그램이 자동으로 '월'로 끝나는 시트를 찾아 다음과 같은 수식을 완성해줍니다.

```
=SUM('1월:3월'!B3, '4월:6월'!B3, '7월:9월'!B3, '10월:12월'!B3)
```

월별 시트는 모두 100이 입력되어 있다고 했으므로, 반환된 결과 1200은 제대로 계산된 결과입니다.

05 중간중간의 분기 시트만 참조해 통합하려면 [B3] 셀의 수식을 다음과 같이 수정합니다.

```
=SUM('?사분기'!B3)
```

🔍 **더 알아보기**　　**수식 이해하기**

분기별 시트는 1~4로 시작하며, '사분기'로 끝나는 이름을 갖고 있습니다. 그러므로 앞 한 자리는 바뀔 수 있지만 모두 '사분기'로 끝나는 특징을 갖습니다. 와일드카드 문자 중 ?는 자릿수가 일치하는 경우에만 사용할 수 있으므로 '?사분기'는 앞 한 자리만 다르고 '사분기'로 끝나는 모든 시트를 의미합니다. 이것을 '??분기'나 '*사분기'로 변경해도 동일한 결과를 얻을 수 있습니다.
와일드카드 문자를 사용하면 프로그램이 자동으로 '사분기'로 끝나는 시트를 찾아 다음과 같은 수식을 완성해줍니다.

```
=SUM('1사분기'!B3, '2사분기'!B3, '3사분기'!B3, '4사분기'!B3)
```

분기별 시트는 월별 시트의 합계가 입력되어 있으므로 반환된 결과는 이전과 동일합니다.

피벗 테이블

피벗 테이블 보고서는 엑셀을 가장 엑셀답게 활용할 수 있도록 돕는 기능으로, 단순 데이터 집계뿐만이 아니라 원본 데이터에 대한 이해를 확장해 다양한 데이터 분석에서 활용할 수 있는 만능 치트키 같은 기능입니다. 엑셀 사용자라면 함수는 물론, 피벗 기능을 잘 활용할 수 있도록 연습하는 것을 강력히 권합니다.

피벗 테이블 보고서 만들기

예제 파일 PART 06 \ CHAPTER 27 \ 피벗테이블.xlsx

원본 데이터

피벗 테이블 보고서를 사용하기 위해서는 피벗으로 요약할 Raw 데이터(가공하지 않은 원본 데이터를 의미)를 예제의 표와 같이 준비해야 합니다.

	A	B	C	D	E	F	G	H	I	J
1	거래ID	고객	담당	분류	제품	단가	수량	할인율	판매	
2	10248	S&C무역 ㈜	오서윤	복사기	컬러레이저복사기 XI-3200	1,176,000	3	15%	2,998,800	
3	10248	S&C무역 ㈜	오서윤	바코드스캐너	바코드 Z-350	48,300	3	0%	144,900	
4	10248	S&C무역 ㈜	오서윤	팩스	잉크젯팩시밀리 FX-1050	47,400	3	0%	142,200	
5	10249	드림씨푸드 ㈜	박현우	복사용지	프리미엄복사지A4 2500매	17,800	9	0%	160,200	
6	10249	드림씨푸드 ㈜	박현우	바코드스캐너	바코드 BCD-100 Plus	86,500	7	0%	605,500	
7	10250	자이언트무역 ㈜	정시우	복사용지	고급복사지A4 500매	3,500	2	0%	7,000	
8	10250	자이언트무역 ㈜	정시우	바코드스캐너	바코드 Z-350	46,300	7	0%	324,100	
9	10250	자이언트무역 ㈜	정시우	바코드스캐너	바코드 BCD-100 Plus	104,500	8	0%	836,000	
10	10251	진왕통상 ㈜	오서윤	복합기	잉크젯복합기 AP-3300	79,800	1	0%	79,800	
197	10322	노을백화점 ㈜	오서윤	복합기	잉크젯복합기 AP-3300	75,600	3	0%	226,800	
198	10323	한정교역 ㈜	최서현	복사용지	복사지A4 500매	2,900	1	0%	2,900	
199	10323	한정교역 ㈜	최서현	복합기	레이저복합기 L650	358,900	3	5%	1,022,865	
200	10323	한정교역 ㈜	최서현	문서세단기	오피스 Z-03	83,600	5	0%	418,000	
201										

TIP 엑셀 표에 대해 잘 모르시는 분은 이 책의 268페이지를 참고하세요!

예제의 표는 엑셀 표로 등록되어 있으며 표 이름은 [디자인] 탭-[속성] 그룹-[표 이름]에서 확인합니다. 피벗 테이블 보고서를 사용할 경우 표를 엑셀 표로 등록해야 추가된 데이터를 피벗 테이블에서 확인할 수 있으므로 피벗 테이블 보고서를 생성하기 전에 표를 등록하는 작업을 습관적으로 하는 것을 추천합니다.

피벗 테이블 보고서 생성 방법

01 엑셀 표 내부의 셀을 하나 선택하고 [삽입] 탭-[표] 그룹-[피벗 테이블▣]을 클릭합니다.

02 [표 또는 범위의 피벗 테이블] 대화상자가 표시되면 [표/범위]에 엑셀 표 이름이 표시됩니다.

03 [새 워크시트] 옵션이 선택된 상태에서 [확인]을 클릭합니다.

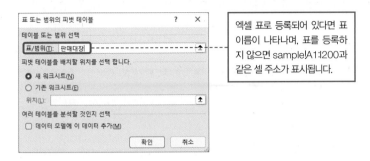

엑셀 표로 등록되어 있다면 표 이름이 나타나며, 표를 등록하지 않으면 sample!A1:I200과 같은 셀 주소가 표시됩니다.

🔍 **더 알아보기** | **피벗 테이블 대화상자 변경 부분**

엑셀 2019, 2021 버전에서 [피벗 테이블 ▣] 명령을 클릭하면 다음과 같은 대화상자가 표시됩니다.

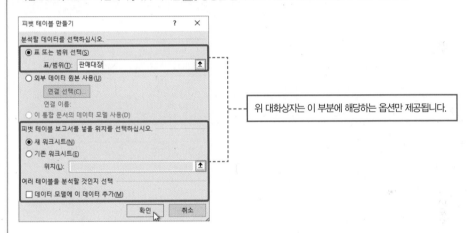

위 대화상자는 이 부분에 해당하는 옵션만 제공됩니다.

03 과정 화면에서 표시된 대화상자는 엑셀 Microsoft 365 버전의 최신 업데이트를 통해 제공되는 화면으로 앞으로는 피벗 테이블 보고서를 생성할 때 원본 데이터 위치에 따라 서로 다른 명령을 선택할 수 있도록 메뉴에서 차별화했습니다.

엑셀 Microsoft 365 버전에서 [피벗 테이블] 메뉴명을 클릭하면 다음과 같은 메뉴를 추가로 선택할 수 있습니다.

즉, [피벗 테이블] 명령을 클릭할 때 기본으로 동작하는 [테이블/범위에서]는 물론 다음과 같은 세 개 하위 메뉴를 추가로 발견할 수 있습니다.

메뉴	설명
외부 데이터 원본에서	현재 파일 바깥에 존재하는 다른 파일의 데이터를 가지고 피벗 테이블 보고서를 생성할 때 사용합니다. 이 방법을 사용하려면 파워 쿼리를 이용하는 방법이 더 좋습니다. 294페이지를 참고합니다.
데이터 모델에서	데이터 모델 영역 내의 데이터를 가지고 피벗 테이블 보고서를 생성할 때 사용합니다.
Power BI의 피벗 테이블	마이크로소프트의 Power BI 프로그램을 사용해 생성된 피벗 테이블의 원본 데이터를 가지고 피벗 테이블 보고서를 생성할 때 사용합니다.

옵션은 좀 더 세분화되고 기능은 추가되었지만 사용자가 가장 많이 선택하는 [테이블/범위에서]를 [피벗 테이블] 명령을 클릭했을 때 기본 옵션으로 채택함으로써 피벗 테이블 기능을 좀 더 쉽게 사용할 수 있도록 배려하기 위한 것입니다.

04 대화상자가 닫히면 새 시트가 추가되고 피벗 테이블 보고서를 구성할 수 있는 인터페이스가 제공됩니다.

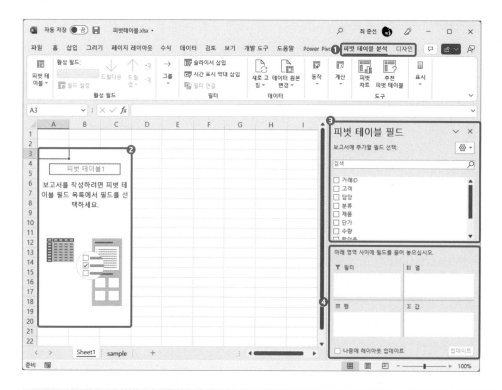

피벗 테이블 보고서 인터페이스 이해

피벗 테이블 보고서는 다음과 같은 네 개의 인터페이스 영역으로 구분되며, 각 영역은 아래 설명을 참고합니다.

❶ **확장 탭** : 피벗 테이블 보고서에서 사용할 수 있는 [피벗테이블 분석]과 [디자인] 두 개의 탭 메뉴가 제공됩니다. 참고로 [피벗테이블 분석] 탭은 엑셀 2010 버전까지는 [옵션] 탭이었고, 엑셀 2013 버전부터 명칭이 [분석]으로 변경되었다가 엑셀 Microsoft 365, 2021 버전부터는 [피벗 테이블 분석]으로 변경되었습니다.

❷ **피벗 테이블 레이아웃** : 실제 피벗 테이블 보고서가 표시되는 영역입니다. 컴퓨터로 치면 모니터 영역입니다.

❸ **필드 선택** : 원본 표의 열 머리글이 표시되는데, 피벗 테이블에서는 표의 열을 [필드]라고 부릅니다. 목록에 있는 필드를 아래 지정된 네 개 영역(필터, 열, 행, 값)으로 드래그하거나 각 필드의 항목에 체크하면 피벗 테이블 보고서가 구성됩니다.

❹ 피벗 테이블 영역 : 피벗 테이블 보고서의 각 영역을 의미하며 피벗 테이블을 제대로 구성하기 위해서는 이 영역의 의미와 구성 방법을 잘 이해해야 합니다.

피벗 테이블 보고서 영역

피벗 테이블 보고서는 네 개의 작업 영역으로 구성되며 각 영역은 다음과 같은 크로스–탭 표의 위치를 의미합니다.

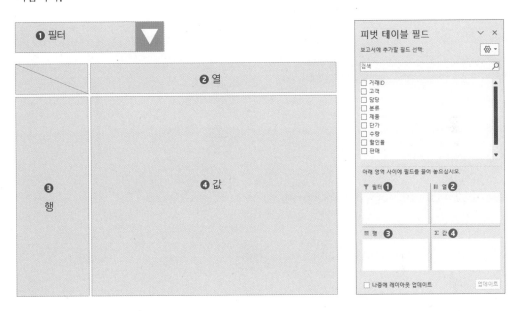

피벗 테이블 보고서의 작업 영역에 대한 설명은 아래를 참고합니다.

영역	설명
필터	원본 테이블의 데이터를 제한할 필드를 추가합니다. 예를 들어 월별 사업 보고서를 만들 때는 [연도] 필드를 [필터] 영역에 추가한 후 피벗 테이블 보고서에 집계될 연도를 선택합니다. [필터] 영역은 슬라이서 기능으로 대체할 수 있습니다. 슬라이서 기능에 대해서는 이 책의 751페이지를 참고합니다.
열	피벗 테이블 보고서의 열 머리글에 표시할 항목을 갖는 필드를 추가합니다. 예를 들어 [분류] 필드를 추가하면 피벗 테이블 보고서의 상단에 분류명이 나타납니다.
행	피벗 테이블 보고서의 행 머리글에 표시할 항목을 갖는 필드를 추가합니다. 예를 들어 [담당] 필드를 추가하면 피벗 테이블 보고서의 첫 번째 열에 영업 담당자 이름이 나타납니다. 워크시트는 대략 열이 1.6만 개, 행은 100만 개 셀이 제공되므로 세로로 더 깁니다. 그러므로 항목이 많은 필드를 행 영역에 추가하는 것이 좋습니다.
값	행 머리글과 열 머리글이 교차하는 위치의 집계할 값을 갖는 필드를 추가합니다. 예를 들어 [수량] 필드를 추가하면 [행] 영역과 [열] 영역에 추가한 필드에 대한 수량의 합계 값을 표시합니다. 이 영역에 추가되는 필드는 숫자 값을 갖고 있는 경우에 [합계]가, 그 외에는 [개수]가 집계됩니다. 이것은 기본 설정이고 [필드 설정]에서 집계 방법을 변경할 수 있습니다.

피벗 테이블 보고서 구성

피벗 테이블 필드 작업 창의 [필드 선택] 목록에서 피벗 테이블 보고서에 구성될 필드를 체크하거나, 필드를 아래 작업 영역으로 드래그하면 보고서가 구성됩니다. 예제의 경우에는 [필드 선택] 목록에서 다음 필드를 아래 지정된 영역에 삽입하면 화면과 같은 보고서를 얻을 수 있습니다.

- **필터 : 고객**
- **열 : 할인율**
- **행 : 분류**
- **값 : 판매**

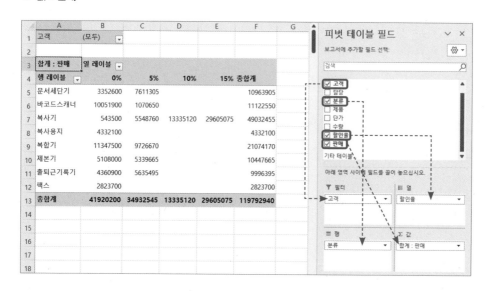

참고로 [필드 선택] 목록 내 필드 항목에 체크하면 아래쪽의 [행] 영역이나 [값] 영역에만 필드가 추가됩니다. 필드가 어떤 영역으로 추가될 지는 선택된 필드에 입력된 데이터 형식에 따라 결정됩니다. 예를 들어 텍스트, 날짜, 시간, 논릿값을 갖는 필드는 [행] 영역으로 옮겨지고, 숫자 값을 갖는 필드는 [값] 영역으로 옮겨집니다. 참고로 숫자 값을 갖고 있는 필드라 하더라도 빈 셀이나 텍스트 값이 하나라도 포함되어 있으면 [행] 영역으로 추가됩니다.

영역 내 삽입된 필드는 드래그해서 다른 영역으로 옮길 수 있으므로 필드 확인란을 체크하고 영역 란에서 원하는 위치를 옮기거나 필드를 드래그하는 방법으로 보고서를 구성합니다.

다른 파일의 데이터로
피벗 테이블 보고서 구성하기

예제 파일 PART 06 \ CHAPTER 27 \ 외부 데이터.xlsx

데이터가 많을 때 피벗 테이블 보고서 활용

피벗 테이블은 분석할 데이터가 많으면 많을수록 더욱 빛을 발하는 기능입니다. 다만 데이터가 많아지면 파일 용량이 증가하게 되어 피벗 테이블 보고서가 느려지는 현상이 나타날 수 있습니다. 그러므로 데이터가 많다면 오피스 제품에 포함된 데이터베이스 프로그램인 액세스를 사용해 데이터를 관리하고 엑셀의 피벗을 이용해 분석하는 방법이 가장 좋습니다. 하지만 그러기 위해서는 액세스를 따로 공부해야 하므로 부담이 될 수 있습니다.

엑셀만 사용한다면 파일을 두 개로 분리해 하나는 데이터 보관용 파일로 다른 하나는 분석용 파일로 나눠 작업하는 것이 좋습니다.

이렇게 하려면 외부 데이터 원본을 사용해 피벗 테이블 보고서를 만들어야 합니다. 이 경우 엑셀 2016 이후 버전 사용자라면 파워 쿼리를 이용하는 방법을 권하고, 엑셀 2013 이전 버전을 사용 중이라면 피벗 테이블 보고서의 [외부 데이터 원본]을 이용해야 합니다.

두 방법은 각각 다음과 같은 차이가 존재합니다.

방법	표 인식
파워 쿼리	시트, 엑셀 표, 이름 정의된 데이터를 가져와 피벗 테이블을 생성
외부 데이터 원본	시트, 이름 정의된 데이터를 가져와 피벗 테이블 보고서를 생성

즉, [파워 쿼리]를 이용하면 [원본 데이터 연결]을 이용할 때 인식하지 못하는 엑셀 표로 등록된 범위를 가져올 수 있다는 것을 의미합니다.

예제 파일을 열고 [판매대장] 시트를 보면 다음과 같은 데이터가 존재합니다.

	A	B	C	D	E	F	G	H	I	J
1	거래ID	고객	담당	분류	제품	단가	수량	할인율	판매	
2	10248	S&C무역 ㈜	오서윤	복사기	컬러레이저복사기 XI-3200	1,176,000	3	15%	2,998,800	
3	10248	S&C무역 ㈜	오서윤	바코드스캐너	바코드 Z-350	48,300	3	0%	144,900	
4	10248	S&C무역 ㈜	오서윤	팩스	잉크젯팩시밀리 FX-1050	47,400	3	0%	142,200	
5	10249	드림씨푸드 ㈜	박현우	복사용지	프리미엄복사지A4 2500매	17,800	9	0%	160,200	
6	10249	드림씨푸드 ㈜	박현우	바코드스캐너	바코드 BCD-100 Plus	86,500	7	0%	605,500	
7	10250	자이언트무역 ㈜	정시우	복사용지	고급복사지A4 500매	3,500	2	0%	7,000	
8	10250	자이언트무역 ㈜	정시우	바코드스캐너	바코드 Z-350	46,300	7	0%	324,100	
9	10250	자이언트무역 ㈜	정시우	바코드스캐너	바코드 BCD-100 Plus	104,500	8	0%	836,000	
10	10251	진왕통상 ㈜	오서윤	복합기	잉크젯복합기 AP-3300	79,800	1	0%	79,800	
197	10322	노을백화점 ㈜	오서윤	복합기	잉크젯복합기 AP-3300	75,600	3	0%	226,800	
198	10323	한정교역 ㈜	최서현	복사용지	복사지A4 500매	2,900	1	0%	2,900	
199	10323	한정교역 ㈜	최서현	복합기	레이저복합기 L650	358,900	3	5%	1,022,865	
200	10323	한정교역 ㈜	최서현	문서세단기	오피스 Z-03	83,600	5	0%	418,000	
201										
202										

화면에서 확인할 수 있듯 앞선 표는 [엑셀 표]로 등록되어 있고 표 이름도 '판매대장'입니다. 시트 탭에서 [직원명부]를 선택하면 다음 데이터를 확인할 수 있습니다.

	A	B	C	D	E	F	G	H	I
1	사번	이름	직위	주민등록번호	성별	나이	핸드폰	차량번호	
2	1	박지훈	부장	800219-1234567	남	43	010-7212-1234	80 파 5168	
3	2	유준혁	차장	870304-1234567	남	36	010-5321-4225	88 사 6337	
4	3	이서연	과장	891208-2134567	여	34	010-4102-8345	11 하 3434	
5	4	김민준	대리	920830-1234567	남	31	010-6844-2313	74 카 7049	
6	5	최서현	주임	950919-2134567	여	28	010-3594-5034	67 다 2422	
7	6	박현우	주임	930702-1234567	남	30	010-9155-2242	20 자 3441	
8	7	정시우	사원	970529-1234567	남	26	010-7237-1123	73 가 3207	
9	8	이은서	사원	990109-2134567	여	24	010-4115-1352	70 가 2708	
10	9	오서윤	사원	980127-2134567	여	25	010-7253-9721	36 아 3022	
11									
12									

이 데이터는 표로 등록되어 있지 않고 이름으로 정의된 부분도 존재하지 않습니다.

즉, 예제의 경우 다음과 같은 외부에서 인식할 수 있는 표가 존재합니다.

구분	이름
시트	판매대장, 직원명부
엑셀 표	판매대장

외부 데이터 연결 시 어떤 종류의 표를 선택해야 하나?

외부 데이터를 연결할 때 어떤 종류의 표를 가져올 수 있는지 장/단점은 무엇인지 아래를 참고하세요!

종류	구분	설명
시트	장점	나중에 추가되는 데이터도 피벗 테이블 보고서에서 인식할 수 있습니다.
	단점	연결할 시트는 [A1] 셀부터 표가 구성되어야 하며 표 이외의 불 필요한 제목이나 설명 글을 추가하면 데이터를 제대로 인식할 수 없습니다. 또한 연결할 시트에 하나의 표만 구성해야 합니다.

종류	구분	설명
이름	장점	시트를 자유롭게 구성 가능하며 시트 내 다른 파일에서 참조할 데이터 범위만 이름으로 정의할 수 있습니다.
	단점	고정된 범위를 참조할 때 좋으며 추가된 데이터를 인식할 수는 없습니다.
엑셀 표	장점	나중에 추가된 데이터도 피벗 테이블에서 인식할 수 있으며 시트를 구성하는 것에 제한이 없습니다.
	단점	파워 쿼리에서만 인식이 가능하며 미리 표로 변환하는 작업을 진행해야 합니다.

그러므로 파워 쿼리를 이용할 수 있다면 [엑셀 표]로 등록된 범위를 참조하는 것이 좋고, 그렇지 않다면 [시트], [시트]도 연결할 수 없다면 정의된 [이름]을 이용해 데이터를 가져오는 것이 좋습니다.

· 엑셀 표 > 시트 > 이름 정의

파워 쿼리를 이용한 피벗 테이블 생성

엑셀 2016 이후 버전을 사용한다면 [파워 쿼리]를 이용해 외부 데이터를 가져와 피벗 테이블 보고서를 구성할 수 있습니다.

01 빈 파일에서 예제 파일 내 [판매대장] 엑셀 표를 연결해 피벗 테이블 보고서를 생성합니다.

02 빈 엑셀 파일을 하나 열고 [데이터] 탭-[데이터 가져오기 및 변환] 그룹-[데이터 가져오기 📷]를 클릭합니다.

TIP 엑셀 2016 버전에서는 [데이터 가져오기]가 아니라 [새 쿼리]로 메뉴가 표시됩니다.

03 하위 메뉴에서 [파일에서]-[통합 문서에서]를 선택합니다.

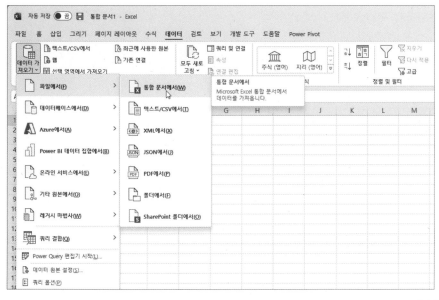

04 [데이터 가져오기] 창이 열리면 예제 폴더 내 **외부 데이터.xlsx** 파일을 선택하고 [가져오기]를 클릭합니다.

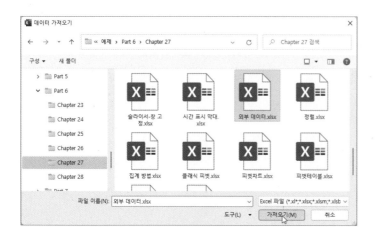

05 [탐색 창] 창이 열리면 왼쪽에서 [판매대장1]을 선택하고 [로드]의 아래 화살표🔽를 클릭한 후 [다음으로 로드]를 선택합니다.

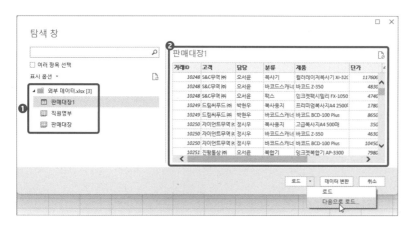

TIP [로드]를 클릭하면 데이터가 엑셀 표로 바로 반환됩니다.

[탐색 창] 창 이해

해당 창에서는 선택한 파일에서 인식할 수 있는 표를 ❶ 위치에 표시해줍니다. 해당 위치에는 표 이름과 아이콘이 나타나며 다음과 같이 구분합니다.

구분	아이콘	설명
엑셀 표	🔲	현재 연결된 파일에서는 [판매대장1]이 엑셀 표입니다. 원본 파일의 엑셀 표 이름은 [판매대장]인데, [판매대장1]로 표시되는 것은 시트 이름에 동일한 이름인 [판매대장]이 있기 때문입니다.
시트	🔲	현재 연결된 파일에서는 [판매대장]과 [직원명부]가 시트입니다.
정의된 이름	🔲	현재 연결된 파일에는 정의된 이름이 존재하지 않습니다.

표의 종류는 아이콘으로 구분하고 표 이름을 확인해 원하는 데이터를 갖는 표를 선택합니다. 그러면 ❷ 위치에 미리 보기 화면으로 데이터를 표시해 줍니다.

06 [데이터 가져오기] 대화상자가 표시되면 [피벗 테이블 보고서] 옵션과 [기존 워크시트] 옵션을 각각 선택하고 반환 위치는 [B3] 셀을 클릭해 선택한 후 [확인]을 클릭합니다.

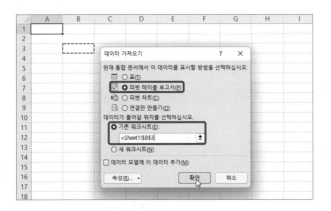

07 그러면 다음과 같이 피벗 테이블 보고서를 구성할 수 있는 화면이 표시됩니다.

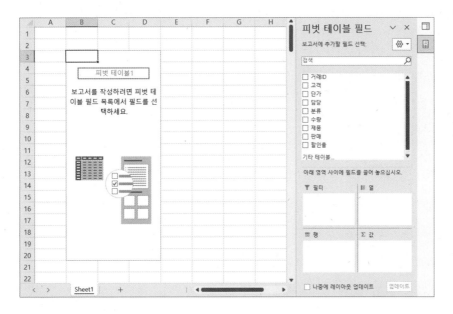

🔍 **더 알아보기**　　　**보안 경고 메시지 줄**

외부 파일과 연결해 피벗 테이블 보고서를 생성하면 파일을 저장하고 닫은 후 다시 열었을 때 [보안 경고] 메시지 줄이 리본 메뉴 하단에 표시됩니다. 이때 [콘텐츠 사용]을 클릭해 외부 파일에 연결될 수 있도록 해야 피벗 테이블을 새로 고치는 데 문제가 발생하지 않습니다. 처음 파일을 열 때 한 번만 작업하면 두 번째부터는 더 이상 [보안 경고] 메시지 줄이 표시되지 않습니다.

외부 데이터 연결을 이용한 피벗 테이블 생성

파워 쿼리를 이용하지 못하는 엑셀 2013 버전을 포함한 이전 버전이라면 피벗 테이블 보고서의 [외부 데이터 원본]을 선택해 작업하면 됩니다.

01 빈 파일에서 예제 파일 내 [판매대장] 시트를 연결해 피벗 테이블 보고서를 생성합니다.

02 빈 엑셀 파일을 하나 열고 [삽입] 탭-[표] 그룹-[피벗 테이블🔲]의 메뉴명을 클릭하고 [외부 데이터 원본에서]를 선택합니다.

03 [외부 원본의 피벗 테이블] 대화상자가 표시되면 [연결 선택]을 클릭합니다.

🔍 **더 알아보기**　　**엑셀 2021 버전을 포함한 이전 버전 안내**

실습 화면은 엑셀 Microsoft 365 최신 버전을 기준으로 설명된 것이므로 [외부 데이터 원본에서]에 대응하는 하위 메뉴가 없다면 리본 메뉴 [피벗 테이블]을 클릭한 후 [피벗 테이블 만들기] 대화상자에서 [외부 데이터 원본 사용] 옵션을 클릭하고 [연결 선택]을 클릭합니다.

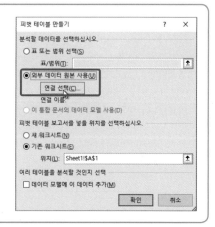

04 [기존 연결] 대화상자가 표시되면 데이터를 가져오기 위해 [더 찾아보기]를 클릭합니다.

05 [데이터 원본 선택] 대화상자가 표시되면 예제 폴더 내 **외부 데이터.xlsx** 파일을 선택하고 [열기]를 클릭합니다.

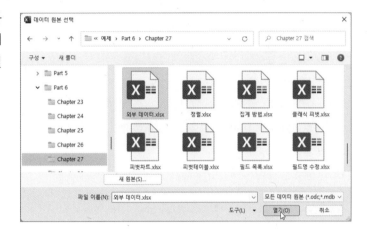

06 [테이블 선택] 대화상자가 표시되면 파일 내 시트 탭 이름이 표시됩니다. [판매대장$]를 선택하고 [확인]을 클릭합니다.

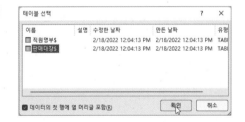

07 [외부 원본의 피벗 테이블] 대화상자에서 [기존 워크시트] 옵션을 선택하고 피벗 테이블 보고서를 생성할 셀로 [B3] 셀을 선택한 후 [확인]을 클릭합니다.

데이터 모델을 이용해
피벗 테이블 보고서 만들기

예제 파일 PART 06 \ CHAPTER 27 \ 데이터 모델.xlsx

관계와 데이터 모델

피벗 테이블 보고서는 기본적으로 하나의 표를 원본으로 사용합니다. 다른 표의 데이터를 피벗 테이블 보고서에서 사용하려면 원본 표에 VLOOKUP 등의 함수를 사용해 필요한 데이터를 먼저 참조해야 합니다. 하지만 엑셀 2013 버전부터는 [관계] 기능을 이용해 표를 연결해 사용할 수 있습니다. 표를 관계로 연결하면 연결된 데이터는 [데이터 모델] 영역에 추가되고, 이렇게 추가된 여러 표를 원본으로 피벗 테이블 보고서를 생성할 수 있습니다.

참고로 관계로 표를 연결하기 위해서는 반드시 표를 '엑셀 표'로 등록해야 합니다. 엑셀 표 등록 방법은 이 책의 268페이지를 참고합니다.

관계와 VLOOKUP 함수

VLOOKUP 함수는 내 표에 없는 데이터를 다른 표에서 참조해오는 역할을 합니다. 이때 두 표는 동일한 값이 존재해야 합니다. [관계]는 VLOOKUP 함수와 유사하지만 직접 데이터를 내 표로 가져오지는 않습니다. 하지만 [관계]로 연결된 표는 마치 하나의 표처럼 두 표의 데이터를 사용할 수 있습니다.

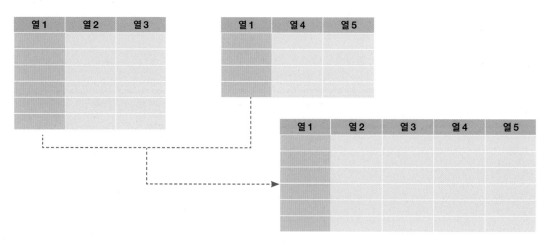

그러므로 관계는 수평적인 결합 개념으로 이해해야 합니다.

관계와 추가

관계와 추가는 좀 다른 개념입니다. 다음 다이어그램과 같이 두 개의 동일한 데이터를 갖는 표가 나눠 존재하고 있을 때, 이 표를 아래로 합쳐 하나의 표를 만들려고 하는 경우는 [관계]가 아니라 [추가]를 사용합니다. 이런 작업은 [파워 쿼리]를 이용해서만 처리할 수 있습니다.

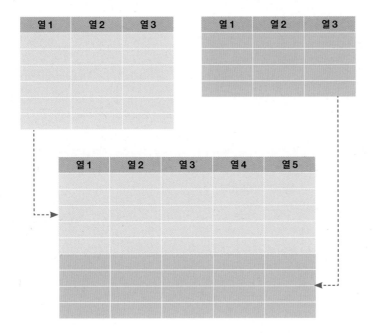

[추가]는 수직적인 결합 개념이며 [관계]와는 다른 방법입니다. 파워 쿼리를 이용하는 방법은 이 책의 294페이지를 참고합니다.

관계로 표 연결해 데이터 모델에 추가

관계로 표를 연결하는 방법은 아래 과정을 참고합니다.

01 예제의 두 표를 연결해 지역별 공급업체 수와 해당 업체에서 납품하는 제품 수를 피벗으로 집계합니다.

[공급업체]

	회사명	담당자	지역	사업자등록번호
1	회사명	담당자	지역	사업자등록번호
2	태성 ㈜	박민	서울	003-35-06128
3	고려택 ㈜	김민주	서울	004-57-03033
4	하나무역 ㈜	이달래	서울	006-36-07516
5	선우테크 ㈜	황욱	인천	001-45-03254
6	㈜ 스마트	장나리	인천	005-83-08318
7	열린교역 ㈜	배겨운	서울	004-02-06321
8	경남교역 ㈜	오예찬	인천	002-44-07504
9	한미 ㈜	전다정	인천	005-40-03466
10	동아 ㈜	한세계	인천	004-11-00687
26	호원무역 ㈜	천나라	대구	003-41-05682
27	㈜ 한성	박여름	부산	005-04-09165
28	㈜ 미리네	최승리	부산	001-19-02166
29	미래산업 ㈜	남건우	서울	003-68-04837
30	글로벌상사 ㈜	왕우진	서울	005-76-08131

[제품]

	품번	제품	공급업체	분류	단가
2	1	오피스 Z-05C	SPC	문서세단기	111,200
3	2	복사지A4 5000매	SPC	복사용지	24,800
4	3	무한레이저복합기 L800C	가양무역 ㈜	복합기	568,800
5	4	잉크젯팩시밀리 FX-2000	가양무역 ㈜	팩스	80,600
6	5	바코드 BCD-200 Plus	경남교역 ㈜	바코드스캐너	91,000
7	6	무한잉크젯복합기 AP-5500W	경남교역 ㈜	복합기	169,000
8	7	레이저복합기 L350	경남교역 ㈜	복합기	244,200
9	8	지문인식 FPIN-2000F	경남교역 ㈜	출퇴근기록기	145,400
10	9	복사지A4 5000매	경남교역 ㈜	복사용지	29,400
74	73	도트 TIC-1A	한미 ㈜	출퇴근기록기	3,800
75	74	잉크젯팩시밀리 FX-1000	한미 ㈜	팩스	42,300
76	75	바코드 Z-750	한미 ㈜	바코드스캐너	58,300
77	76	레이저복합기 L350	호원무역 ㈜	복합기	264,000
78	77	링제본기 ST-200X	호원무역 ㈜	제본기	198,500

TIP 표 이름은 [디자인] 탭-[속성] 그룹-[표 이름]에서 확인할 수 있습니다.

🔍 **더 알아보기**   **표 데이터 이해하기**

두 시트의 표는 모두 엑셀 표로 등록되어 있으며 두 표의 이름은 각각 시트명과 동일합니다. [공급업체] 표는 제품을 납품하는 회
데이터가, 해당 업체에서 납품된 제품은 [제품] 표에 각각 입력되어 있습니다. 두 표에는 모두 공급업체 이름이 입력되어 있고,
[제품] 표에서 [공급업체] 표의 데이터를 VLOOKUP 함수로 참조할 수 있습니다.

02 두 표의 관계를 설정하기 위해 [데이터] 탭-[데이터 도구] 그룹-[관계🗗]를 클릭합니다.

03 [관계 관리] 대화상자가 나타나면 [새로 만들기]를 클릭합니다.

04 [관계 만들기] 대화상자가 나타나면 다음과 같이 설정하고 [확인]을 클릭합니다.

테이블 / 관련 표	열(외래) / 관련 열(기본)
제품	공급업체
공급업체	회사명

🔍 더 알아보기   [관계 만들기] 대화상자 설정 방법

예제의 공급업체 표와 제품 표의 관계는 하나의 업체에서 여러 개의 제품을 가질 수 있으므로 [공급업체] 표가 상위가 되고 [제품] 표가 하위가 됩니다. 두 표를 관계로 연결하기 위해서는 상위/하위(부모/자식)의 관계를 먼저 파악해야 합니다.

두 표가 있을 때, 두 표에 모두 입력된 데이터를 기준으로 고유한 값을 갖는 표가 상위, 중복된 데이터를 갖는 표가 하위 표가 됩니다. 이번 예제의 경우는 [제품] 표와 [공급업체] 표에 모두 업체 이름(공급업체, 회사명)이 입력되어 있는데, [제품] 표에서는 업체명이 중복될 수 있고, [공급업체] 표에서는 업체명이 고유하므로 [공급업체] 표가 상위, [제품] 표가 하위가 됩니다.

[관계 만들기] 대화상자에서 표를 연결할 때는 반드시 하위 표를 먼저 선택한 후 상위 표를 선택해야 합니다. 따라서 이번 예제의 경우는 [제품]과 [공급업체] 순으로 표를 선택합니다. 오른쪽의 열은 두 표가 관계를 맺을 때 사용할 표의 열을 의미하며 이번 예제에서는 공급업체 이름(회사명)을 사용합니다.

05 [관계 관리] 대화상자는 [닫기]를 클릭해 종료하면 관계로 표를 연결하는 작업이 종료됩니다.

관계로 연결된 표로 피벗 테이블 보고서 만들기

01 [삽입] 탭-[표] 그룹-[피벗 테이블📊]의 메뉴명을 클릭하고 [데이터 모델에서]를 선택합니다.

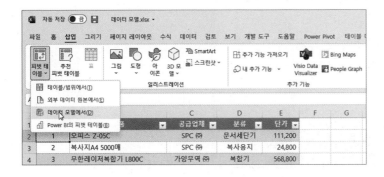

02 [데이터 모델의 피벗 테이블] 대화상자가 표시되면 [새 워크시트] 옵션을 유지하고 [확인]을 클릭합니다.

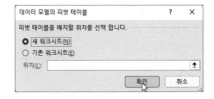

01-02과정은 엑셀 Microsoft 365 버전을 기준으로 설명하고 있으므로 연도 버전(엑셀 2021, 2019 포함한 이전 버전) 사용자에게는 맞지 않습니다. **01** 과정에서 [피벗 테이블 🖻]을 클릭하면 [피벗 테이블 만들기] 대화상자가 표시됩니다.

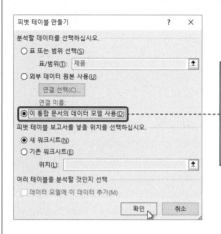

엑셀 2016 버전에서 추가된 옵션으로 엑셀 2013 버전에서는 해당 옵션이 존재하지 않습니다. 엑셀 2013 버전에서는 다음 순서로 작업합니다.

(1) 외부 데이터 원본 사용 옵션을 선택합니다.
(2) [연결 선택]을 클릭합니다.
(3) [기존 연결] 대화상자에서 [테이블] 탭을 선택합니다.
(4) [통합 문서 데이터 모델의 테이블]을 선택하고 [열기]를 클릭합니다.

이때 [이 통합 문서의 데이터 모델 사용] 옵션을 선택하고 [확인]을 클릭하면 됩니다.

03 [피벗 테이블 필드] 작업 창을 보면 관계로 연결된 공급업체 표와 제품 표가 모두 화면에 표시됩니다.

04 [피벗 테이블 필드] 작업 창을 다음과 같이 설정하면 화면과 같은 결과를 얻을 수 있습니다.

- 행 : [공급업체] 표의 [지역] 필드
- 값 : [공급업체] 표의 [회사명] 필드
  [제품] 표의 [제품] 필드

🔍 **더 알아보기** | **보고서 구성 이해하기**

먼저 숫자 데이터 값을 갖지 않는 필드를 [값] 영역에 위치하면 합계 대신 개수가 집계됩니다. 즉, 숫자 데이터 값을 갖는 필드는 기본 집계 함수로 합계가 선택되며 그 외(날짜/시간, 텍스트, 논릿값) 형식은 모두 개수가 구해집니다. 이 설정은 피벗 테이블 보고서의 기본 설정으로 변경할 수 없습니다.

[개수: 회사명] 필드는 해당 지역에 위치한 공급업체 수를 의미합니다. [회사명]은 [제품] 표에도 [공급업체] 필드로 존재하지만 [제품] 표에서는 중복이 존재하므로 만약 이번 피벗 테이블 보고서에서 지역별 공급업체 수를 세기 위해 [제품] 표에서 [공급업체] 필드를 추가하면 [개수: 제품]과 동일한 결과를 얻게 됩니다. 그러므로 중복이 없는 [공급업체] 표의 [회사명] 필드로 개수를 세어야 정확한 지역별 공급업체 수를 확인할 수 있습니다.

[개수: 제품] 필드는 해당 지역의 업체에서 납품하는 제품 수를 의미합니다. 이렇게 두 표를 연결해 피벗 테이블 보고서를 구성하면 더 다양한 정보를 표시할 수 있습니다.

참고로 관계로 연결된 피벗 테이블 보고서의 경우는 피벗 테이블의 그룹 필드, 계산 필드, 계산 항목 등을 사용하지 못하게 됩니다. 이런 부분은 이 책의 721페이지에서 자세하게 설명해 두었으니 참고하세요!

필드 내 모든 항목을 표시하는 방법

예제 파일 PART 06 \ CHAPTER 27 \ 모든 항목.xlsx

필드와 항목

필드는 피벗 테이블 보고서를 만들 때 사용한 원본 데이터를 갖는 표의 열을 의미하며 항목은 필드 내 입력된 데이터 값 하나를 의미합니다. 피벗 테이블 보고서에서 행(또는 열) 영역에 추가한 필드의 항목은 모두 표시되지 않고, [값] 영역에 추가한 필드의 집계 값이 존재할 때에만 표시됩니다. 예를 들어 A필드에 가, 나, 다, 라 항목이 있을 때 라 항목의 집계 값이 따로 존재하지 않으면 피벗 테이블 보고서에서는 가, 나, 다 항목만 표시합니다.

필드 항목 모두 표시

피벗 테이블 보고서의 집계 값과 무관하게 필드 내 모든 항목을 표시하려면 다음 과정을 참고합니다.

01 예제의 [pivot] 시트에는 거래처의 판매 실적이 요약되어 있습니다.

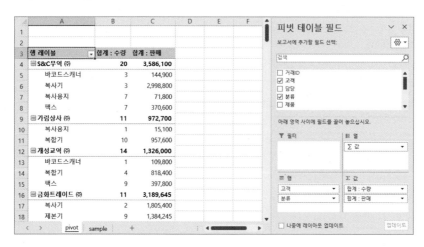

TIP 보고서 이해하기

피벗의 [행] 영역에 삽입된 [분류] 필드 내 항목은 거래처별로 동일하게 표시되지 않고 매출이 발생한 분류만 표시됩니다.

02 [분류] 필드의 항목을 모두 표시하고 싶다면 [분류] 필드 설정을 변경합니다.

03 [분류] 필드 내 항목 하나([A5] 셀)를 선택하고 마우스 오른쪽 버튼을 클릭한 후 [필드 설정 🔳]을 클릭합니다.

04 [필드 설정] 대화상자의 [레이아웃 및 인쇄] 탭에서 [데이터가 없는 항목 표시]에 체크하고 [확인]을 클릭합니다.

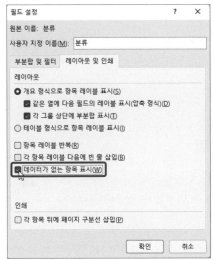

05 그러면 [분류] 필드 내 모든 항목이 표시됩니다.

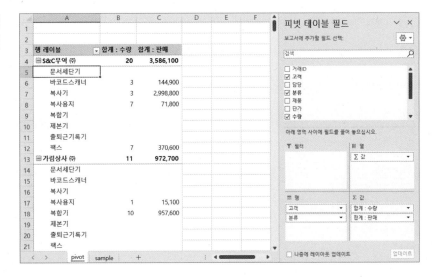

🔍 **더 알아보기** **빈 셀에 0 표시하기**

[값] 영역 내 빈 셀이 보기 싫다면 0을 표시하도록 할 수 있습니다. 다음과 같이 작업하세요!

01 피벗 테이블 보고서 내에서 마우스 오른쪽 버튼을 클릭한 후, [피벗 테이블 옵션]을 선택합니다.

02 [피벗 테이블 옵션] 대화상자의 [레이아웃 및 서식] 탭에서 [빈 셀 표시]에 체크하고 오른쪽 입력란에 **0**을 입력합니다.

03 [확인]을 클릭하면 빈 셀에 모두 0이 표시됩니다.

27 / 05 피벗 테이블 필드를 정렬하는 방법

예제 파일 PART 06 \ CHAPTER 27 \ 정렬.xlsx

원하는 순서로 정렬

피벗 테이블 보고서의 필드는 일반적으론 오름차순으로 정렬된 순서로 표시됩니다. 하지만 사용자가 원하는 순서대로 표시되도록 변경할 수 있습니다.

01 예제의 피벗 테이블(pivot 시트)에 삽입된 [분류] 필드의 항목 순서를 자유롭게 변경합니다.

02 [A7] 셀의 복사용지 항목을 [분류] 필드의 마지막에 위치시키고 싶다고 가정합니다.

03 [A7] 셀을 선택하고 선택한 셀의 테두리 위치로 마우스 포인터를 위치시킵니다.

04 마우스 포인터가 양방향 십자 모양 일 때 드래그해서 '팩스' 항목 아래에 배치합니다.

	A	B	C	D
1				
2				
3	행 레이블	합계 : 수량	합계 : 판매	
4	문서세단기	64	10,963,905	
5	바코드스캐너	129	11,122,550	
6	복사기	61	49,032,455	
7	복사용지	335	4,332,100	
8	복합기	146	21,074,170	
9	제본기	76	10,447,665	
10	출퇴근기록기	150	9,996,395	
11	팩스	56	2,823,700	
12	총합계	1,017	119,792,940	
13				
14				

	A	B	C	D
1				
2				
3	행 레이블	합계 : 수량	합계 : 판매	
4	문서세단기	64	10,963,905	
5	바코드스캐너	129	11,122,550	
6	복사기	61	49,032,455	
7	복합기	146	21,074,170	
8	제본기	76	10,447,665	
9	출퇴근기록기	150	9,996,395	
10	팩스	56	2,823,700	
11	복사용지	335	4,332,100	
12	총합계	1,017	119,792,940	
13				
14				

05 이렇게 항목의 위치를 드래그앤드롭으로 옮겨놓으면 피벗테이블의 항목을 원하는 순서로 정렬할 수 있습니다.

오름차순, 내림차순으로 정렬

엑셀의 기본 정렬 방법인 [오름차순]과 [내림차순] 방법으로 피벗 테이블 보고서 내 필드를 정렬할 수 있습니다. 다만 일반적인 정렬 방법과 피벗을 정렬하는 방법에는 약간 차이가 있으므로 어떤 부분이 다른지 이해할 필요가 있습니다. 다음 과정을 참고합니다.

01 [행] 영역 내 [분류] 필드를 오름차순으로 다시 정렬합니다.

02 [분류] 필드 내 첫 번째 항목 위치인 [A4] 셀을 선택합니다.

03 [데이터] 탭-[정렬 및 필터] 그룹-[오름차순 정렬 🗒️]을 클릭합니다.

04 [분류] 필드를 [값] 영역에 집계된 숫자를 기준으로 정렬할 수 있습니다.

05 [합계 : 판매] 필드 내 첫 번째 항목 위치인 [C4] 셀을 선택합니다.

06 [데이터] 탭-[정렬 및 필터] 그룹-[내림차순 정렬 🗒️]을 클릭합니다.

	A	B	C	D
1				
2				
3	행 레이블 ↓	합계 : 수량	합계 : 판매	
4	문서세단기	64	10,963,905	
5	바코드스캐너	129	11,122,550	
6	복사기	61	49,032,455	
7	복사용지	335	4,332,100	
8	복합기	146	21,074,170	
9	제본기	76	10,447,665	
10	출퇴근기록기	150	9,996,395	
11	팩스	56	2,823,700	
12	총합계	1,017	119,792,940	
13				
14				

▲ [분류] 필드를 오름차순으로 정렬

	A	B	C	D
1				
2				
3	행 레이블 ↓	합계 : 수량	합계 : 판매	
4	복사기	61	49,032,455	
5	복합기	146	21,074,170	
6	바코드스캐너	129	11,122,550	
7	문서세단기	64	10,963,905	
8	제본기	76	10,447,665	
9	출퇴근기록기	150	9,996,395	
10	복사용지	335	4,332,100	
11	팩스	56	2,823,700	
12	총합계	1,017	119,792,940	
13				
14				

▲ [합계 : 판매] 필드를 내림차순으로 정렬

TIP 피벗 테이블 보고서 내 정렬 명령

엑셀 2007, 2010 버전에서는 [옵션] 탭에도 [정렬] 명령이 제공되었지만 엑셀 2013 버전부터는 [옵션] 탭이 [분석] 탭으로 변경(엑셀 Microsoft 365, 2021 이후 버전에서는 [피벗 테이블 분석] 탭)되면서 정렬 관련 명령이 더 이상 제공되지 않습니다. 따라서 정렬 작업을 하려면 [데이터] 탭을 이용해야 합니다.

07 01~06 과정까지는 일반적인 정렬 방법과 크게 다르지 않습니다.

08 차이점을 확인해보기 위해 [행] 영역에 [제품] 필드를 추가합니다.

09 [피벗 테이블 필드] 작업 창에서 [제품] 필드에 체크합니다.

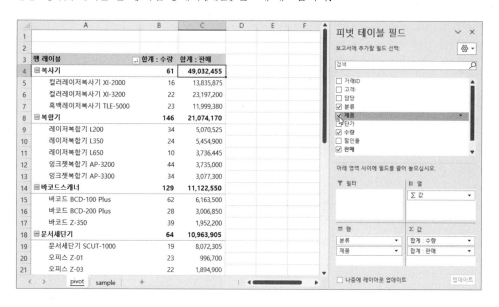

10 [제품] 필드가 추가되었으므로 [합계 : 판매] 필드를 다시 정렬합니다.

11 [C4] 셀을 선택하고 [데이터] 탭-[정렬 및 필터]-[내림차순 정렬]을 클릭합니다.

🔍 **더 알아보기** **피벗 테이블 보고서의 정렬 이해하기**

C열의 [합계 : 판매] 필드를 내림차순으로 다시 정렬해도 새로 추가된 [제품] 필드의 숫자는 정렬되지 않습니다. 이유는 피벗이 [값] 영역을 정렬하지 못하기 때문에 피벗은 [값] 영역 내 셀을 선택하고 정렬하면 해당 숫자가 속한 [행] 영역 내 필드를 정렬합니다. 이번 정렬 작업은 [C4] 셀을 선택하고 진행했기 때문에 [C4] 셀의 숫자가 속한 [분류] 필드가 [합계 : 판매] 필드의 값을 기준으로 정렬된 것입니다. 그러므로 제품은 당연히 제대로 정렬되지 않습니다.

12 [제품] 필드를 매출순으로 정렬하려면 [제품] 필드 내 매출이 처음 표시된 [C5] 셀을 먼저 선택합니다.

13 [데이터] 탭-[정렬 및 필터] 그룹-[내림차순 정렬]을 클릭합니다.

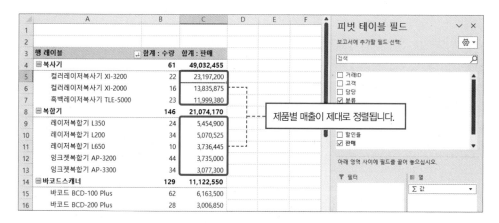

27 / 06 [값] 영역에 집계된 숫자 중 상위(또는 하위) n개 결과만 추출하는 방법

예제 파일 PART 06 \ CHAPTER 27 \ 상위 10.xlsx

[상위 10] 조건

피벗 테이블에는 자동 필터가 내장되어 있어 집계된 데이터에서 원하는 조건에 맞는 데이터만 표시할 수도 있습니다. 피벗 테이블 보고서에서 특히 유용한 필터 조건은 [상위 10]으로 [값] 영역에 집계된 숫자 중 상위(또는 하위) n개 항목만 보고서에 표시할 수 있습니다. 다만 [상위 10] 조건은 일반 표에서 사용하던 방법과 피벗 테이블 보고서 내에서의 사용 방법에 약간 차이가 있습니다. 이 책의 235페이지에서 자동 필터의 [상위 10] 조건에 대해 먼저 학습하면 이번 내용을 이해하는 데 도움을 얻을 수 있습니다.

피벗 보고서에 상위 n개 항목만 표시

01 예제의 피벗 테이블은 담당자의 제품별 판매 실적이 요약되어 있습니다. 여기서 담당자별로 매출이 높은 제품을 세 개씩만 표시될 수 있게 피벗 테이블 보고서를 변경합니다.

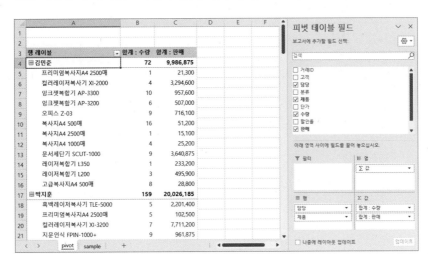

02 제품을 매출순으로 정렬하기 위해 제품의 매출이 표시된 첫 번째 셀인 [C5] 셀을 선택합니다.

03 [데이터] 탭-[정렬 및 필터] 그룹-[내림차순 정렬 🛐]을 클릭합니다.

04 이제 [제품] 필드의 항목을 매출순으로 상위 세 개씩만 표시되도록 합니다.

05 [A3] 셀의 아래 화살표를 클릭하고 [필드 선택]에서 [제품] 필드를 선택합니다.

06 바로 [값 필터] 메뉴의 하위 메뉴에서 [상위 10] 메뉴를 클릭합니다.

07 [상위 10 필터(제품)] 대화상자의 두 번째 입력란을 **3**으로 조정하고 기준을 **[합계 : 판매]**로 변경한 후 [확인]을 클릭합니다.

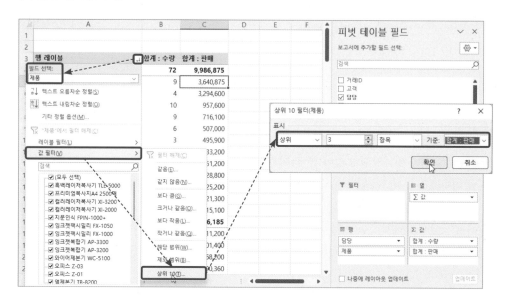

08 각 담당자가 판매한 제품 중 매출 실적이 높은 상위 세 개의 제품만 피벗 테이블 보고서에 표시됩니다.

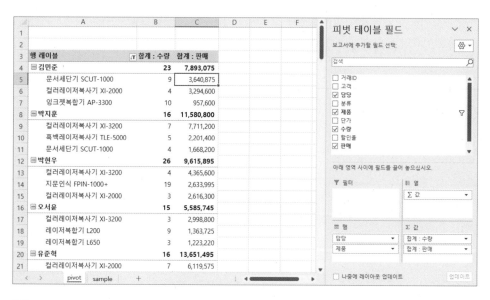

TIP 필터 해제

이번과 같이 필터 조건을 적용하게 되면 다른 필드를 변경해도 제품 필드는 늘 상위 세 개 제품만 표시됩니다. 그러므로 전체 제품을 다시 표시하려면 [데이터] 탭-[정렬 및 필터] 그룹-[지우기 🗑]를 클릭합니다.

27 / 07 (비어 있음) 항목 제거하기

예제 파일 PART 06 \ CHAPTER 27 \ (비어 있음).xlsx

(비어 있음) 항목은 왜 생기는 걸까?

필드 항목에 **(비어 있음)**이 나타나는 것은 원본 표에 빈 셀이 포함되어 있기 때문입니다. '(비어 있음)'을 없애려면 원본 표의 빈 셀을 찾아 값을 입력한 후 피벗 테이블 보고서를 새로 고치면 됩니다. 이때 숫자 값을 갖는 필드는 0을 입력하면 되는데, 텍스트 값이나 날짜/시간 값을 갖는 경우에는 정확하게 입력할 값을 알지 못하면 어쩔 수 없이 빈 셀을 사용할 수밖에 없습니다. 따라서 표를 구성할 때는 빈 셀이 입력되지 않도록 하는 것이 좋습니다.

원본 표의 빈 셀 제거

01 예제의 [pivot] 시트에 [A9] 셀에 표시된 '(비어 있음)' 항목을 제거합니다.

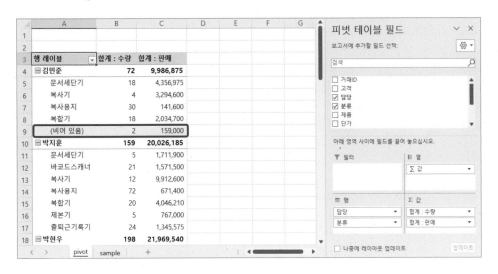

TIP [A9] 셀의 '(비어 있음)' 항목은 [피벗 테이블 필드] 작업 창을 보면 [행] 영역 내 [분류] 필드 항목입니다.

02 원본 표에서 빈 셀을 확인하기 위해 [sample] 시트로 이동합니다.

03 [D1] 셀의 필터 단추 ▼를 클릭하고 검색란에 (를 입력한 후 Enter 를 누릅니다.

TIP 자동 필터에서 빈 셀은 '필드 값 없음' 조건이므로 검색란에 (만 입력해도 필터할 수 있습니다.

04 전체 데이터 중 빈 셀이 포함된 행만 화면에 표시됩니다.

05 E열에 표시된 제품명은 '잉크젯복합기 AP–3200'입니다.

06 [D13] 셀에 '잉크젯복합기'의 분류인 **복합기**를 입력합니다.

TIP 실제 제품의 분류명을 확인하려면 자동 필터를 이용해 '잉크젯복합기'를 필터해 확인합니다.

07 [pivot] 시트 탭을 클릭해 피벗 테이블 보고서를 확인해도 수정한 사항이 바로 반영되지 않습니다.

08 [피벗 테이블 분석] 탭–[데이터] 그룹–[새로 고침 🔄]을 클릭해 보고서를 새로 고칩니다.

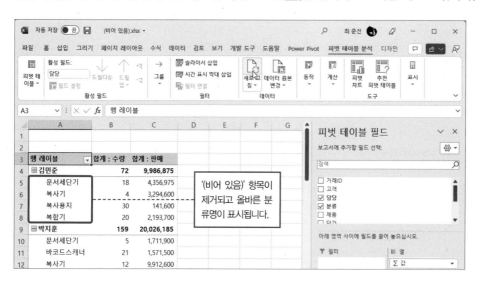

LINK 자동으로 새로 고침되도록 하려면 매크로를 이용해야 하며 이 책의 797페이지를 참고합니다.

원본 표에서 삭제한 항목이 피벗 테이블 보고서에 나타날 때 대처 방법

예제 파일 삭제된 항목 제거 (매크로).txt

피벗 캐시(Pivot Cache)와 새로 고침

원본 표에서 삭제하거나 수정된 이전 항목이 피벗 테이블 보고서에는 계속해서 나타날 수 있습니다. 이것은 피벗 테이블 보고서가 수식처럼 원본을 바로 참조하는 형식이 아니라 피벗 캐시라는 중간 영역을 통해 데이터를 참조하기 때문입니다. 피벗 캐시는 피벗 테이블 보고서를 만들 때 생성되며, 이후 [새로 고침] 명령을 클릭할 때만 원본 데이터를 갱신하게 됩니다.

그러므로 [새로 고침] 명령을 클릭하기 전까지는 삭제되거나 수정된 이전 항목이 표시되는 것은 정상입니다. 하지만 [새로 고침]을 눌렀는데도 삭제(또는 수정된) 항목이 계속 표시된다면 아래 설명하는 방법 중 하나를 사용해야 합니다.

원본 데이터 범위를 재지정하는 방법

피벗 테이블 보고서 내의 셀을 하나 선택하고 [피벗 테이블 분석] 탭-[데이터] 그룹-[데이터 원본 변경]을 클릭합니다. [피벗 테이블 데이터 원본 변경] 대화상자의 [표 또는 범위 선택] 항목에서 원본 데이터 범위를 다시 지정하고 [확인]을 클릭합니다.

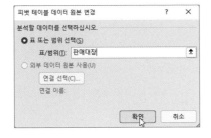

이렇게 하면 피벗 캐시를 새로 생성해주므로 원본 데이터에 존재하는 항목만 피벗에 표시됩니다.

매크로를 이용하는 방법

만약 원본 데이터 범위를 재설정하는 방법으로 문제가 해결되지 않는다면 매크로를 이용합니다. 다음 과정을 참고합니다.

01 피벗 테이블 보고서가 있는 시트로 이동합니다.

02 시트 탭에서 마우스 오른쪽 버튼을 클릭한 후 [코드 보기]를 클릭합니다.

03 새 창(VB 편집기 창)이 하나 열리는데, [삽입] 탭-[모듈] 메뉴를 클릭합니다.

04 오른쪽 [코드] 창에 예제 파일의 코드를 [복사]-[붙여넣기]합니다.

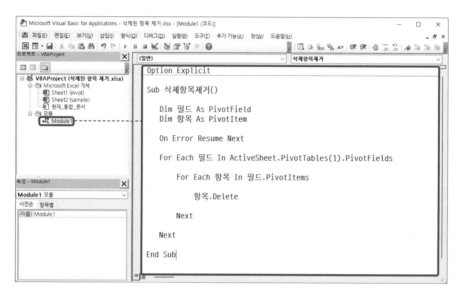

예제 : 삭제된 항목 제거 (매크로).txt

```
Sub 삭제항목제거()

    Dim 필드 As PivotField
    Dim 항목 As PivotItem

    On Error Resume Next

    For Each 필드 In ActiveSheet.PivotTables(1).PivotFields

        For Each 항목 In pf.PivotItems

            항목.Delete

        Next

    Next

End Sub
```

05 VB 편집기 창을 닫습니다.

06 엑셀 창에서 Alt + F8 을 누르면 [매크로] 대화상자가 열립니다.

07 [삭제항목제거] 매크로를 선택하고 [실행]을 클릭합니다.

08 이 작업은 한 번만 실행하면 되므로 이 매크로는 파일에 저장해둘 필요가 없습니다.

09 Ctrl + S 를 눌러 파일을 저장할 때 다음과 같은 메시지 창이 표시되면 [예]를 클릭해 파일을 저장합니다.

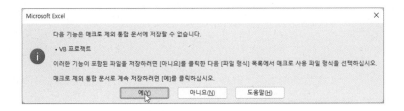

10 04 과정에서 붙여 넣은 매크로 코드는 자동으로 삭제됩니다.

필드명을 이해하기 쉽게 수정하는 방법

예제 파일 PART 06 \ CHAPTER 27 \ 필드명 수정.xlsx

필터/값 영역 내 필드명 수정

피벗 테이블 보고서의 필드 이름은 표시되는 것과 표시되지 않는 것이 구분됩니다. [필터] 영역과 [값] 영역 내 필드명은 모두 표시됩니다. 예제의 경우 [A1] 셀이 [필터] 영역 내 필드 이름이며, [B3:C3] 범위가 [값] 영역 내 필드 이름입니다.

	A	B	C	D	E
1	분류	(모두) ▾			
2					
3	행 레이블 ▾	합계 : 수량	합계 : 판매		
4	RF OA-200	31	1,076,500		
5	RF OA-300	42	2,041,000		
6	고급복사지A4 1000매	10	76,000		
7	고급복사지A4 2500매	24	385,800		

TIP 검색 결과는 시기에 따라 다르게 보일 수 있으므로 검색된 결과에서 원하는 다른 그림을 선택해도 됩니다.

필터와 값 두 영역의 필드명을 수정하려면 셀에서 직접 수정합니다. 다만, [값] 영역 내 필드명을 수정할 경우에 한 가지 기억해야 할 규칙은 기존 필드명과 동일한 이름은 사용하지 못한다는 점입니다. 즉, '합계 : 판매'와 같은 필드명을 '판매'로 수정할 수 없습니다. 만약 동일한 이름을 사용하려면 원하는 필드명 앞이나 뒤에 Spacebar 를 눌러 공백 문자를 하나 입력해 사용합니다.

예제의 필드명을 다음과 같이 수정합니다.

셀 주소	영역	필드명 수정	
		기존	새 이름
A1	필터	분류	제품분류
A3	행	행 레이블	제품
B3	값	합계 : 수량	판매수량
C3	값	합계 : 판매	매출

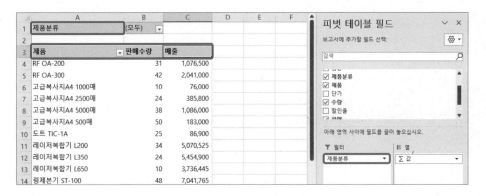

TIP 필터 영역 내 필드명을 수정하면 [피벗 테이블 필드] 작업 창의 목록에도 수정된 필드명이 표시됩니다.

참고로 [행] 영역의 이름인 '행 레이블'은 수정해도 필드명이 변경되는 것은 아니고 표시되는 영역의 이름만 변경되는 것입니다.

행/열 영역 내 필드명 수정

[행]과 [열] 영역의 경우는 필드명이 직접 표시되지 않으므로, 화면과 같이 [A4] 셀을 선택해 필드 내 항목을 하나 선택한 후 [피벗 테이블 분석] 탭-[활성 필드]-[활성 필드]에서 원하는 필드명으로 수정해주면 됩니다. 예제에서는 **제품**을 **품명**으로 수정합니다.

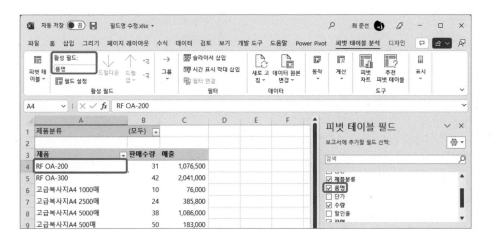

TIP [행], [열] 영역 내 필드명을 수정하면 필터 영역과 마찬가지로 [피벗 테이블 필드] 작업 창의 목록에도 수정됩니다.

[값] 영역의 집계 방법 및 표시 형식 변경

예제 파일 PART 06 \ CHAPTER 27 \ 집계 방법.xlsx

[값] 영역의 집계 함수

피벗 테이블 보고서의 [값] 영역에 추가된 필드는 합계나 개수로 집계됩니다. 이때 필드의 데이터 형식에 따라 숫자라면 **합계**로 그 외의 형식(날짜/시간, 텍스트, 논릿값)이면 **개수**로 집계됩니다. 숫자인 필드도 빈 셀이 있거나 다른 데이터 형식이 섞여 있다면 **개수**로 집계됩니다.

예제에서는 [값] 영역에 [수량], [할인율], [판매] 필드가 추가되어 있으며, 세 필드 모두 원본 표에 모두 숫자로 입력되어 있어 합계로 값이 요약되었습니다.

행 레이블	합계 : 수량	합계 : 할인율	합계 : 판매
⊟ S&C무역 ㈜	20	0.15	3,586,100
고급복사지A4 500매	2	0	7,800
바코드 Z-350	3	0	144,900
복사지A4 2500매	5	0	64,000
잉크젯팩시밀리 FX-1050	7	0	370,600
컬러레이저복사기 XI-3200	3	0.15	2,998,800
⊟ 가림상사 ㈜	11	0.05	972,700
복사지A4 2500매	1	0	15,100
잉크젯복합기 AP-3300	10	0.05	957,600
⊟ 개성교역 ㈜	14	0	1,326,000
레이저복합기 L350	4	0	818,400
바코드 BCD-200 Plus	1	0	109,800
잉크젯팩시밀리 FX-1000	9	0	397,800
⊟ 금화트레이드 ㈜	11	0.15	3,189,645
링제본기 ST-100	9	0.05	1,384,245
컬러레이저복사기 XI-2000	2	0.1	1,805,400
⊟ 기원물산 ㈜	15	0.05	1,590,750

TIP [값] 영역에 적용되는 기본 집계 함수(합계, 개수)는 변경할 수 없습니다.

집계된 필드의 함수는 **평균, 최댓값, 최솟값, 곱(곱셈), 분산, 표준 편차** 등으로 변경 가능합니다. 예제의 [할인율] 필드의 집계 함수를 **합계**에서 **평균**으로 변경합니다.

단축 메뉴 이용

집계 함수를 변경하는 가장 쉬운 방법은 단축 메뉴를 이용하는 것입니다. [값] 영역 내 필드명 위치에서 마우스 오른쪽 버튼을 클릭하고 단축 메뉴의 [값 요약 기준]-[합계], [개수], [평균], [최대값], [최소값], [곱], [고유 개수] 중 하나를 선택해 변경할 수 있습니다.

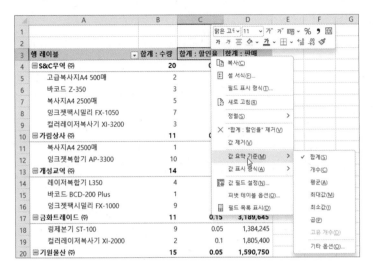

TIP 위 단축 메뉴에서 [기타 옵션]을 클릭하면 추가 집계 함수를 선택할 수 있습니다.

다만, 이 방법은 집계 함수만 변경할 수 있으며 표시 형식을 변경하려면 단축 메뉴의 [필드 표시 형식] 메뉴를 클릭해 표시 형식을 변경하는 작업을 진행해야 합니다.

필드 설정 변경

[값] 영역에 집계된 필드의 설정을 변경하면 모든 집계 함수와 표시 형식을 변경하는 작업을 한 번에 진행할 수 있어 좋습니다. 다음 과정을 참고합니다.

01 [C3] 셀에서 마우스 오른쪽 버튼을 클릭한 후 단축 메뉴에서 [값 필드 설정] 메뉴를 클릭합니다.

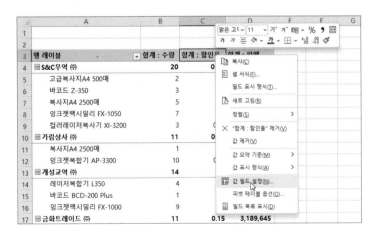

TIP 이 방법은 [피벗 테이블 필드] 작업 창에서 [값] 영역 내 [합계 : 할인율] 필드를 클릭하고 [값 필드 설정] 메뉴를 클릭해도 됩니다.

02 [값 필드 설정] 대화상자가 표시되면 [값 요약 기준] 탭에서 [평균] 함수를 선택합니다.

03 표시 형식을 백분율로 변경하기 위해 [표시 형식]을 클릭합니다.

04 [셀 서식] 대화상자의 [범주] 목록에서 [백분율]을 선택하고 [소수 자릿수]를 **1**로 변경한 후 [확인]을 클릭합니다.

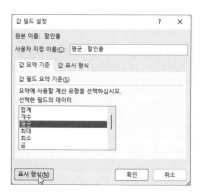
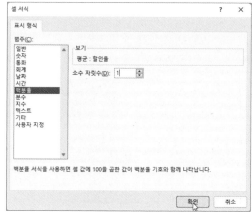

🔍 **더 알아보기**　　**표시 형식 설정 방법**

[값 필드 설정] 대화상자에서 표시 형식을 변경하는 방법과 [C4:C100] 범위를 선택해 [홈] 탭-[표시 형식] 그룹-[백분율 스타일%] 명령을 클릭하는 것과 어떤 차이가 있을까요?

[값 필드 설정] 대화상자를 사용하면 [할인율] 필드 전체에 적용되므로 추후 새로운 항목이 추가되는 경우에도 백분율이 제대로 표시됩니다. 다만, [백분율 스타일%]은 셀에 적용되므로 현재와 같이 추가되는 항목이 없을 때는 동일하게 백분율로 표시되지만 항목이 추가되거나 변경되면 해당 셀에는 백분율 스타일을 따로 설정해야 합니다. 그러므로 과정은 복잡해도 한 번에 모든 필드 내 표시 형식을 설정할 수 있는 [값 필드 설정] 대화상자를 이용하는 것이 좋습니다.

---

05 [값 필드 설정] 대화상자도 [확인]을 클릭해 닫습니다.

06 [합계 : 할인율] 필드가 [평균 : 할인율] 필드로 변경됩니다.

	A	B	C	D	E	F
3	행 레이블	합계 : 수량	평균 : 할인율	합계 : 판매		
4	S&C무역 ㈜	20	2.5%	3,586,100		
5	고급복사지A4 500매	2	0.0%	7,800		
6	바코드 Z-350	3	0.0%	144,900		
7	복사지A4 2500매	5	0.0%	64,000		
8	잉크젯팩시밀리 FX-1050	7	0.0%	370,600		
9	컬러레이저복사기 XI-3200	3	15.0%	2,998,800		
10	가림상사 ㈜	11	2.5%	972,700		
11	복사지A4 2500매	1	0.0%	15,100		
12	잉크젯복합기 AP-3300	10	5.0%	957,600		
13	개성교역 ㈜	14	0.0%	1,326,000		
14	레이저복합기 L350	4	0.0%	818,400		
15	바코드 BCD-200 Plus	1	0.0%	109,800		
16	잉크젯팩시밀리 FX-1000	9	0.0%	397,800		
17	금화트레이드 ㈜	11	7.5%	3,189,645		
18	링제본기 ST-100	9	5.0%	1,384,245		
19	컬러레이저복사기 XI-2000	2	10.0%	1,805,400		

27/11

상위 필드의 부분합 함수를 변경하는 방법

예제 파일 PART 06 \ CHAPTER 27 \ 부분합.xlsx

필드 부분합 함수

행(또는 열) 영역에 여러 필드를 추가했을 때 상위 필드의 요약 행에는 하위 필드의 합계 값이 표시됩니다. 이렇게 계산된 값을 부분합이라고 합니다. 부분합 행의 기본 함수는 합계이지만 **합계** 이외에도 **평균**, **개수**, **최대**, **최소**, **분산**, **표준 편차** 등을 계산하도록 변경하거나 다른 함수를 사용한 부분합 행을 추가할 수 있습니다.

필드 부분합 함수 변경

필드 부분합 함수를 변경하는 방법은 [값] 영역 내 필드의 집계 함수를 변경하는 것과 유사하지만 한 가지 차이라고 한다면 부분합의 경우 집계 함수를 여러 개를 다중 선택하는 것이 가능합니다.

01 예제의 피벗 보고서내 [행] 영역에 삽입된 [고객] 필드의 부분합을 변경합니다.

02 [고객] 필드의 부분합 함수를 변경하려면 [고객] 필드의 설정을 변경해야 합니다.

03 [피벗 테이블 필드] 작업 창의 [행] 영역에서 [고객] 필드를 클릭하고 [필드 설정]을 클릭합니다.

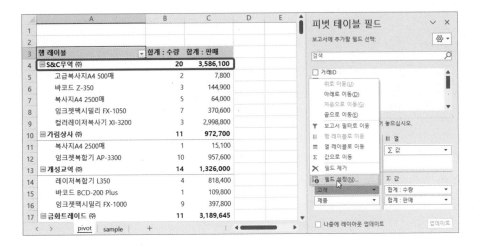

04 [필드 설정] 대화상자가 나타나면 [부분합 및 필터] 탭의 [부분합] 항목의 [사용자 지정]을 선택합니다.

05 함수 목록에서 [합계], [평균] 함수를 선택하고 [확인]을 클릭합니다.

06 그러면 요약 행이 필드 하단에 표시되며 합계 행과 평균 행이 표시됩니다.

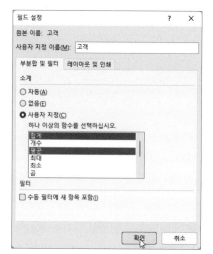

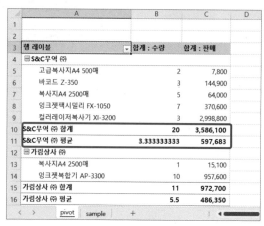

TIP 부분합 함수를 여러 개 선택하면 자동으로 요약 행이 필드 하단에 표시됩니다.

[값] 영역 내 최대/최소를 이용한 근태 관리 방법

예제 파일 PART 06 \ CHAPTER 27 \ 근태 관리.xlsx

값 영역 내 표시될 수 있는 데이터 형식

[값] 영역에 삽입될 필드의 데이터 형식은 상관없지만, [값] 영역에 집계된 데이터는 숫자만 반환됩니다. 날짜/시간 데이터의 경우 엑셀에서는 숫자로 관리되므로 최대/최소 등의 함수를 사용해 [값] 영역에서 집계될 수 있습니다. 이때 집계된 결과가 날짜나 시간 표시 형식으로 표시되지 않으므로 반드시 표시 형식을 함께 변경해야 합니다.

출입카드로 기록된 출입 데이터 확인

대부분의 회사에서 출입카드를 이용하므로 하루에도 여러 번 출입 기록이 쌓입니다. 쌓인 데이터에서 출근시간과 퇴근시간을 뽑아낼 때는 일자별로 가장 작은 시간과 가장 큰 시간을 집계하면 됩니다.

예제의 [sample] 시트에는 사무실 출입 기록이 정리되어 있으며 [pivot] 시트에는 피벗 테이블 보고서를 구성할 수 있도록 준비되어 있습니다. 개별 직원의 날짜별 출근/퇴근시간을 요약합니다.

	A	B	C	D
1	이름	날짜	입출입기록	
2	박지훈	2023-01-01	8:08 AM	
3	박지훈	2023-01-01	8:54 AM	
4	박지훈	2023-01-01	9:02 AM	
5	박지훈	2023-01-01	9:57 AM	
6	박지훈	2023-01-01	11:46 AM	
7	박지훈	2023-01-01	12:12 PM	
8	박지훈	2023-01-01	12:19 PM	
9	박지훈	2023-01-01	2:16 PM	
10	박지훈	2023-01-01	3:15 PM	
11	박지훈	2023-01-01	3:44 PM	
12	박지훈	2023-01-01	5:00 PM	
13	박지훈	2023-01-01	6:15 PM	
14	유준혁	2023-01-01	8:29 AM	
15	유준혁	2023-01-01	9:59 AM	
16	유준혁	2023-01-01	10:45 AM	
17	유준혁	2023-01-01	11:35 AM	
18	유준혁	2023-01-01	1:24 PM	

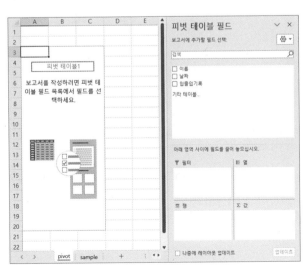

[sample] 시트의 표에는 이름, 날짜, 입출입기록 이렇게 세 개의 열이 구성되어 있습니다. 이 중 제일 중요한 열이 C열의 입출입기록 열로 사용자가 카드 단말기에 접속한 순간의 시간 데이터가 기록되어 있습니다. 일별 근태를 정리할 때는 해당 일의 가장 작은 시간이 출근시간, 가장 늦은 시간이 퇴근시간입니다.

실무 활용 예제

피벗 테이블 보고서를 구성하는 방법은 아래를 참고합니다.

01 [피벗 테이블 필드] 작업 창의 필드를 다음 영역에 추가합니다. 이때 [값] 영역에 추가하는 [입출입기록] 필드를 드래그해 [값] 영역에 두 번 추가되도록 합니다.

필드	삽입 영역
날짜	필터
이름	행
입출입기록	값

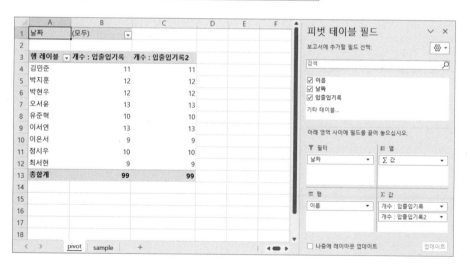

TIP [입출입기록] 필드를 [값] 영역에 두 번 추가하는 이유

입출입기록 필드로 출근시간과 퇴근시간을 집계되어야 하므로 [값] 영역에 두 번 추가되어야 합니다. 참고로 [값] 영역에만 동일한 필드를 여러 번 위치시킬 수 있으며 [필터], [행], [열] 영역은 모두 불가능합니다.

02 [값] 영역에 삽입한 [개수 : 입출입기록] 필드를 출근시간을 집계하도록 변경합니다.

03 [피벗 테이블 필드] 작업 창의 [값] 영역에 [개수 : 입출입기록] 필드를 클릭하고 [값 필드 설정🖳]을 클릭합니다.

04 [값 필드 설정] 대화상자가 표시되면 집계 함수를 [개수]에서 [최소]로 변경합니다.

05 표시 형식을 변경하기 위해 [표시 형식]을 클릭합니다.

06 [셀 서식] 대화상자가 표시되면 [범주] 목록에서 [시간]을 선택하고 [형식]에서 [1:30 PM]을 선택한 후 [확인]을 클릭합니다.

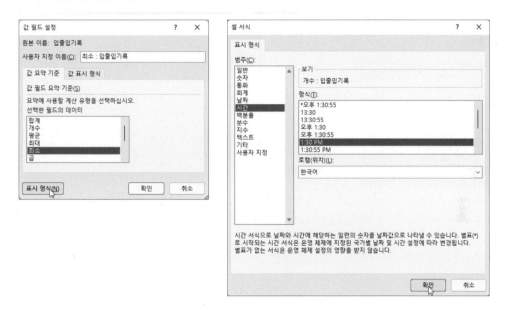

07 [값 필드 설정] 대화상자도 [확인]을 클릭해 닫습니다.

08 [개수 : 입출입기록2] 필드는 퇴근시간을 집계하도록 변경합니다.

09 [피벗 테이블 필드] 작업 창의 [값] 영역에 [개수 : 입출입기록2] 필드를 클릭하고 [값 필드 설정 ▣]을 클릭합니다.

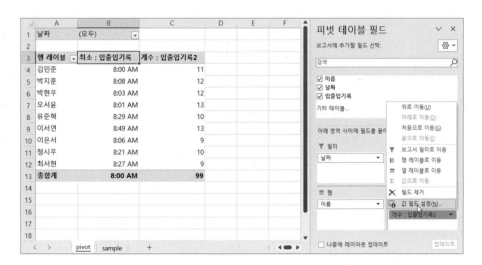

10 **04-07** 과정을 참고해 퇴근시간을 집계하도록 변경합니다.

TIP 04 과정에서 선택한 [최소]를 이번에는 [최대]로 변경해야 퇴근시간을 집계할 수 있습니다.

11 모든 설정을 마치고 [B3], [C3] 셀의 필드명을 각각 **출근시간**과 **퇴근시간**으로 변경합니다.

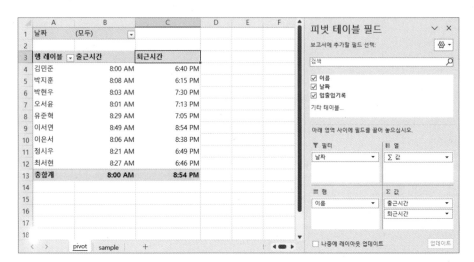

27/13 [값] 영역에서 중복을 배제한 고유 개수를 세는 방법

예제 파일 PART 06 \ CHAPTER 27 \ 고유 개수.xlsx

데이터 모델

엑셀 2013 버전부터 VLOOKUP 함수로 데이터를 참조하지 않고도 두 표를 연결할 수 있는 [관계] 기능이 추가되었습니다. 이렇게 데이터베이스처럼 데이터 관리와 계산 작업을 할 수 있도록 설계된 엑셀 내부의 영역을 [데이터 모델]이라고 합니다.

데이터 모델을 사용할 때 장점

데이터 모델을 사용하면 피벗 테이블 보고서를 사용할 때 다음과 같은 장점이 있습니다.

첫째, 여러 표를 관계로 연결해 피벗 테이블에서 한번에 조작할 수 있습니다.

둘째, 별도의 계산 함수를 사용해 다양한 계산 결과를 얻을 수 있습니다. 다만 이런 기능을 제대로 활용하기 위해서는 [파워 피벗]을 사용할 수 있어야 합니다. 참고로 데이터 모델을 사용해 피벗 테이블을 만들면 [값] 영역의 집계 방법에서 [고유 개수]를 선택할 수 있습니다.

데이터 모델을 사용할 때 단점

데이터 모델을 사용하면 피벗 테이블의 일부 기능을 사용할 수 없습니다.

첫째, [계산 필드], [계산 항목]을 사용할 수 없습니다.
둘째, 엑셀 2016 이후 버전에서 자동으로 그룹이 설정되는 날짜 그룹 필드를 제외한 다른 그룹 필드 기능을 사용할 수 없습니다.

그러므로 계산 필드, 계산 항목, 그룹 필드를 사용하려면 데이터 모델을 사용해 피벗을 생성하면 안됩니다.

LINK 계산 필드는 이 책의 774페이지에서 자세하게 설명합니다.

LINK 계산 항목은 이 책의 780페이지에서 자세하게 설명합니다.

LINK 그룹 필드는 이 책의 760~768페이지에서 자세하게 설명합니다.

실무 활용 예제

01 예제의 A열에 있는 [거래ID] 열의 번호는 중복 데이터가 존재합니다. 피벗 테이블을 이용해 고유한 개수를 세어보겠습니다.

TIP 피벗의 [값] 영역 내 개수는 행을 세기 때문에 중복을 배제하지 못합니다.

02 표 내부의 셀을 하나 선택하고 [삽입] 탭-[표] 그룹-[피벗 테이블🔲]을 클릭합니다.

03 [표 또는 범위의 피벗 테이블] 대화상자에서 [데이터 모델에 이 데이터 추가]에 체크하고 [확인]을 클릭합니다.

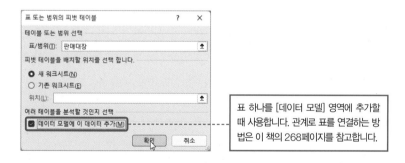

> 표 하나를 [데이터 모델] 영역에 추가할 때 사용합니다. 관계로 표를 연결하는 방법은 이 책의 268페이지를 참고합니다.

04 [피벗 테이블 필드] 작업 창의 설정을 다음과 같이 설정합니다.

필드	삽입 영역
고객	행
거래ID	값

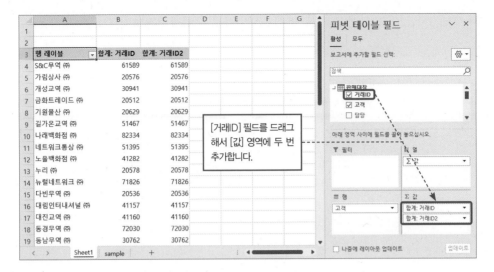

[거래ID] 필드를 드래그해서 [값] 영역에 두 번 추가합니다.

TIP 개수와 고유 개수를 구분하기 위해 [값] 영역에 [거래ID] 필드를 두 번 추가합니다.

05 [합계 : 거래ID] 필드의 집계 함수를 합계에서 개수로 변경합니다.

06 [B3] 셀을 선택하고 마우스 오른쪽 버튼을 클릭한 후 [값 요약 기준]–[개수]를 선택합니다.

07 [합계 : 거래ID2] 필드는 고유 개수를 구하도록 변경합니다.

08 [C3] 셀을 선택하고 마우스 오른쪽 버튼을 클릭한 후 [값 요약 기준]–[고유 개수]를 클릭합니다.

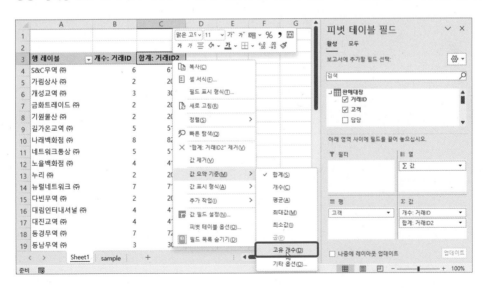

TIP [고유 개수] 함수는 데이터 모델에 추가된 표를 집계할 때만 사용할 수 있습니다.

TIP 엑셀 2013 버전에서는 [고유 개수] 대신 DISTINCTCOUNT라는 영어 함수명이 표시됩니다.

TIP 엑셀 2016 버전에서는 [고유 개수]가 나타나지 않으므로 [기타 옵션]을 선택하고 [값 요약 기준]에서 [고유 개수]를 선택합니다.

10 집계 결과가 변경되면 [개수: 거래ID]와 [고유 개수: 거래ID2]의 집계 결과에 차이가 발생합니다.

TIP [고유 개수: 거래ID2]의 결과가 [개수: 거래ID]보다 작으며, 이 값이 중복이 배제된 [거래ID]의 고유 개수입니다.

27/14 슬라이서를 사용한 피벗 테이블 필터링

예제 파일 PART 06 \ CHAPTER 27 \ 슬라이서.xlsx

슬라이서란?

엑셀 2010 버전부터 피벗 테이블에 슬라이서(Slicer)라는 필터 기능을 사용할 수 있습니다. 필터 영역에 필드를 추가하면 항목을 하나만 선택한 경우에는 선택된 항목이 표시되지만 둘 이상의 항목을 선택하면 **(다중 항목)**으로만 표시되어 보고서를 이해하기가 쉽지 않았습니다. 하지만 슬라이서 기능은 선택된 항목을 슬라이서 창에서 바로 확인할 수 있으므로 시각적으로 보고서를 이해하는 데 도움이 됩니다.

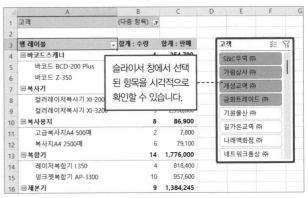

그러므로 엑셀 2010 이후 버전이라면 [필터] 영역보다는 [슬라이서] 기능을 이용하는 것이 좋습니다.

슬라이서 창 삽입

01 예제의 피벗 테이블 보고서에서 [필터] 영역에 삽입된 [고객] 필드를 슬라이서 창으로 대체합니다.

02 [피벗 테이블 분석] 탭-[필터] 그룹-[슬라이서 삽입▦]을 클릭합니다.

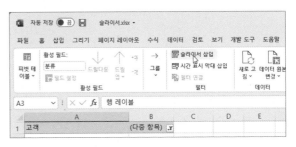

03 [슬라이서 삽입] 대화상자에서 [고객] 필드에 체크하고 [확인]을 클릭합니다.

04 [고객] 필드 슬라이서 창이 화면에 표시되며 현재 선택 항목을 강조해 표시합니다.

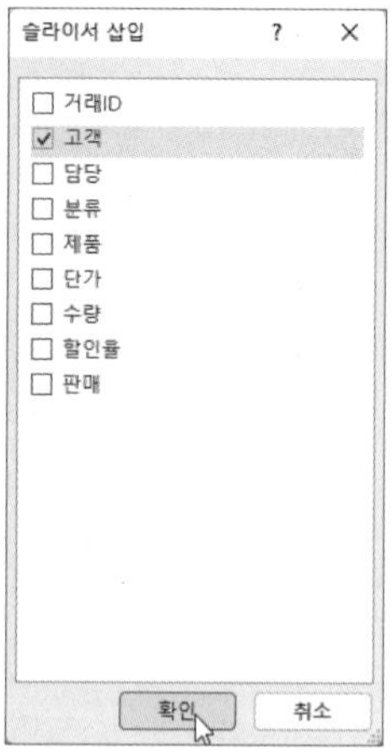

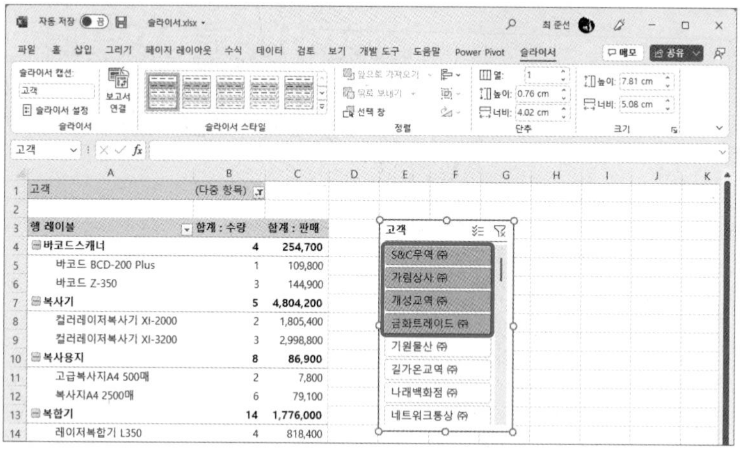

TIP 슬라이서 창을 사용할 경우 [필터] 영역의 필드는 삭제해도 됩니다.

슬라이서 창에서 원하는 항목 선택

슬라이서 창은 마우스와 Ctrl, Shift를 이용하는 방법만 알면 쉽게 조작할 수 있습니다.

01 필터를 해제하려면 슬라이서 창에서 우측 상단의 [필터 지우기]를 클릭합니다.

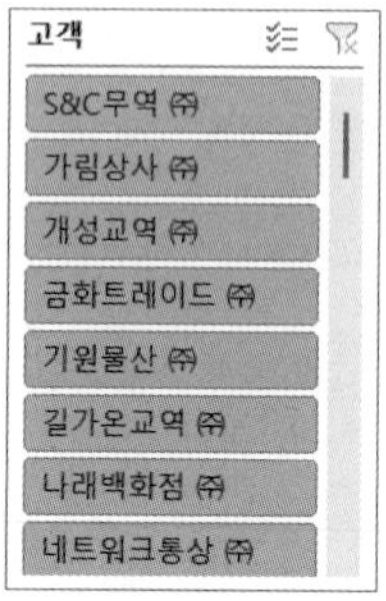

TIP [필터] 영역의 [고객] 필드 역시 슬라이서 창에서 설정된 필터 조건과 연동됩니다.

02 슬라이서 창에서 연속된 항목을 선택하려면 마우스로 드래그합니다. [가림상사 ㈜] 항목을 클릭하고 [기원물산 ㈜] 항목까지 드래그합니다.

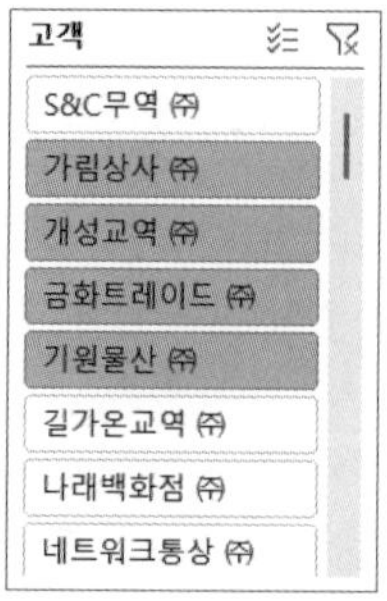

TIP [가림상사 (주)] 항목을 선택하고 Shift를 누른 상태에서 [기원물산 (주)] 항목을 클릭해도 됩니다.

03 떨어진 항목을 선택하려면 Ctrl 을 사용합니다. [S&C무역 ㈜] 항목을 클릭하고 Ctrl 을 누른 상태에서 [개성교역 ㈜]와 [기원물산 ㈜] 항목을 각각 클릭합니다.

슬라이서 창의 열 설정

슬라이서 창은 기본적으로 한 개의 열에 항목을 표시합니다. 그렇기 때문에 항목이 많은 경우에는 슬라이서 창에 전체 항목이 모두 표시되지 않습니다. 슬라이서 창에는 항목을 몇 개의 열에 표시할지 설정하는 옵션이 제공됩니다. 열 옵션 설정은 슬라이서 창이 선택된 상태에서 [슬라이서] 탭-[단추] 그룹-[열 ⊞]에서 조정할 수 있습니다.

다음은 슬라이서 창의 [열 ⊞] 옵션을 2와 3으로 각각 구성한 화면입니다.

TIP 엑셀 2016 버전을 포함한 이전 버전에서는 [슬라이서 도구]-[옵션] 탭을 클릭합니다.

슬라이서 창 닫기

슬라이서는 차트와 같은 그래픽 개체이므로 슬라이서 창을 더 이상 사용하지 않으려면 슬라이서 창을 선택하고 Delete 를 누릅니다.

27/15 하나의 슬라이서로 여러 피벗을 동시에 컨트롤하는 방법

예제 파일 PART 06 \ CHAPTER 27 \ 슬라이서-다중 피벗 컨트롤.xlsx

피벗을 여러 개 사용할 때 슬라이서의 동작

슬라이서는 슬라이서 창을 생성할 때 사용한 피벗 테이블 보고서만 컨트롤할 수 있습니다. 예제의 [pivot] 시트에는 동일한 원본으로 작성된 두 개의 피벗 테이블 보고서가 존재합니다. 중간의 슬라이서 창은 왼쪽 피벗 테이블 보고서를 선택하고 생성한 것입니다.

행 레이블	합계 : 판매		고객			행 레이블	합계 : 판매
문서세단기	10,963,905		S&C무역	가림상사		김민준	9,986,875
바코드스캐너	11,122,550		개성교역	금화트레이드...		박지훈	20,026,185
복사기	49,032,455		기원물산	길가온교역		박현우	21,969,540
복사용지	4,332,100		나래백화점	네트워크통상...		오서윤	9,475,645
복합기	21,074,170		노을백화점	누리		유준혁	24,802,310
제본기	10,447,665		뉴럴네트워크...	다빈무역		이서연	14,261,460
출퇴근기록기	9,996,395		대림인터내셔...	대진교역		정시우	6,684,000
팩스	2,823,700		동경무역	동남문역		최서현	12,586,925
총합계	119,792,940					총합계	119,792,940

슬라이서 창에서 원하는 항목을 하나 선택하면 왼쪽의 피벗 테이블 보고서는 해당 조건의 집계 결과를 표시해주지만 오른쪽 피벗 테이블 보고서는 변화가 없습니다.

행 레이블	합계 : 판매		고객			행 레이블	합계 : 판매
바코드스캐너	144,900		S&C무역	가림상사		김민준	9,986,875
복사기	2,998,800		개성교역	금화트레이드...		박지훈	20,026,185
복사용지	71,800		기원물산	길가온교역		박현우	21,969,540
팩스	370,600		나래백화점	네트워크통상...		오서윤	9,475,645
총합계	3,586,100		노을백화점	누리		유준혁	24,802,310
			뉴럴네트워크...	다빈무역		이서연	14,261,460
			대림인터내셔...	대진교역		정시우	6,684,000
			동경무역	동남문역		최서현	12,586,925
						총합계	119,792,940

이렇듯 슬라이서는 기본적으로 하나의 피벗 테이블 보고서에만 영향을 끼칠 수 있습니다. 하지만 동일한 캐시로 생성된 피벗 테이블 보고서의 경우 설정을 통해 동시에 제어할 수 있는 방법을 제공합니다.

실무 활용 예제

01 슬라이서 창을 선택하고 [슬라이서] 탭–[슬라이서] 그룹–[보고서 연결⬛]을 클릭합니다.

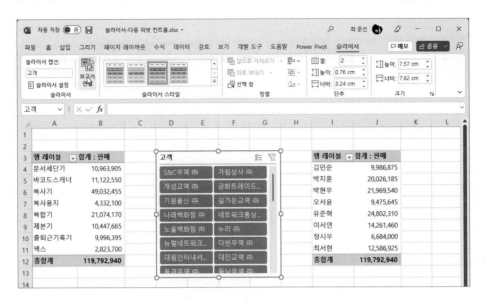

02 [보고서 연결(고객)] 대화상자가 표시되면 [피벗 테이블2]에 추가로 체크하고 [확인]을 클릭합니다.

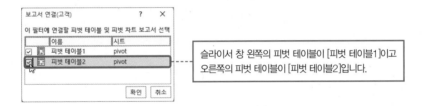

슬라이서 창 왼쪽의 피벗 테이블이 [피벗 테이블1]이고 오른쪽의 피벗 테이블이 [피벗 테이블2]입니다.

03 이제 슬라이서 창의 항목을 선택하면 두 개의 피벗 테이블이 동시에 변합니다.

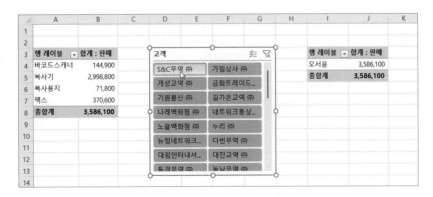

27/16 슬라이서 창 위치 고정하기

예제 파일 PART 06 \ CHAPTER 27 \ 슬라이서-창 고정.xlsx

슬라이서 창의 단점

슬라이서 창은 시각적으로 피벗 테이블 보고서의 필터 항목을 확인할 수 있다는 장점이 있지만 불편한 점도 있습니다.

첫째, 슬라이서 창을 이용하면 [필터] 영역을 이용하는 것보다 상대적으로 더 큰 공간을 차지합니다.

차트를 포함해 데이터를 시각화하는 기능들은 상대적으로 다른 기능에 비해 많은 공간을 차지합니다. 이런 점은 장점이자 단점이 될 수 있기 때문에 데이터 분석 등 엑셀에서 정보를 시각화하는 작업을 주로 사용한다면 해상도가 높은 모니터를 사용하는 것이 유리합니다.

둘째, 슬라이서 창의 위치가 고정되지 않습니다.

여럿이 함께 사용하는 파일의 경우 차트나 슬라이서 창의 위치가 옮겨지는 것이 다반사입니다. 따라서 필요한 경우에 위치를 고정시켜 깔끔한 양식을 유지하고 싶을 수 있습니다. 이런 경우 슬라이서 창의 위치를 고정시킬 수 있습니다. 다만 이 방법은 엑셀 2013 버전부터 제공되므로 참고합니다.

슬라이서 창의 위치 고정

슬라이서 창의 위치를 고정하기 전 원하는 위치로 옮겨 놓고 작업을 시작해야 합니다. 참고로 슬라이서 창을 마우스로 드래그해 위치를 옮길 때 Alt 를 누른 상태에서 옮기면 셀의 좌측과 상단 위치에 자동으로 맞출 수 있습니다.

01 슬라이서 창을 선택하고 [슬라이서] 탭-[크기] 그룹 내 대화상자 표시 🖿를 클릭합니다.

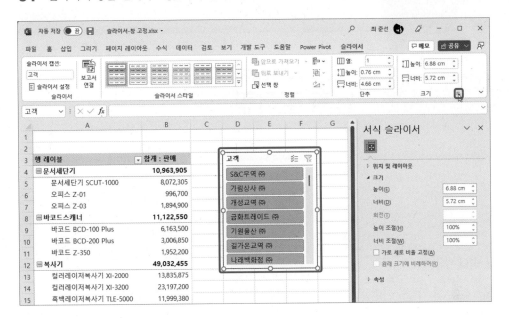

02 [서식 슬라이서] 작업 창에서 [위치 및 레이아웃] 하단의 [크기 조정 및 이동 불가능] 옵션에 체크합니다.

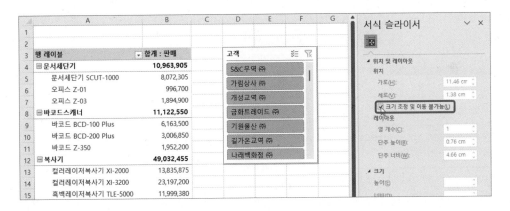

03 그러면 더 이상 슬라이서 창을 드래그해 위치를 옮기거나 크기를 조절할 수는 없습니다.

슬라이서 창의 위치 고정 해제

슬라이서 창을 다시 원하는 위치로 자유롭게 옮기고 싶다면 [서식 슬라이서] 작업 창 내의 [크기 조정 및 이동 불가능] 옵션에 체크를 해제하면 됩니다.

27/17 시간 표시 막대를 이용한 날짜 필터링

예제 파일 PART 06 \ CHAPTER 27 \ 시간 표시 막대.xlsx

시간 표시 막대란?

슬라이서 창은 필드 내 항목을 나열해주기만 하므로 날짜 데이터를 갖는 필드를 슬라이서 창으로 표시하면 너무 많은 항목이 표시되어 불편할 수 있습니다. 날짜를 그룹으로 묶어 필터를 설정할 수 있는 시간 표시 막대 기능은 엑셀 2013 버전부터 추가되었습니다. 시간 표시 막대는 날짜 필드의 전용 슬라이서 기능으로 이해하는 것이 좋습니다. 날짜 필드에서 연-분기-월-일과 같은 그룹 조건을 사용할 수 있도록 지원합니다.

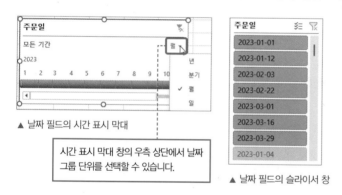

▲ 날짜 필드의 시간 표시 막대

시간 표시 막대 창의 우측 상단에서 날짜 그룹 단위를 선택할 수 있습니다.

▲ 날짜 필드의 슬라이서 창

참고로 기능의 이름은 '시간 표시 막대'지만 날짜 필드에만 사용 가능하고 시간 필드에는 사용할 수 없습니다.

실무 활용 예제

01 예제의 [pivot] 시트에 있는 피벗 테이블 보고서에서 시간 표시 막대를 사용합니다.

02 피벗 테이블 보고서가 선택된 상태에서 [피벗 테이블 분석] 탭-[필터] 그룹-[시간 표시 막대 삽입🗔]을 클릭합니다.

03 [시간 표시 막대 삽입] 대화상자에는 날짜 필드만 표시됩니다.

04 [주문일] 필드에 체크하고 [확인]을 클릭합니다.

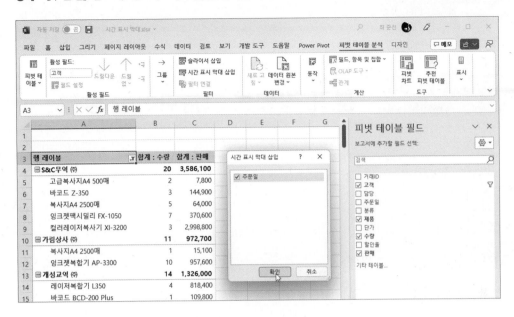

05 [주문일] 시간 표시 막대 창이 나타납니다. 기본 단위는 '월'입니다.

06 필터 조건을 지정하기 위해 1을 선택하면 2023년 1월 데이터만 피벗 테이블 보고서에 표시됩니다.

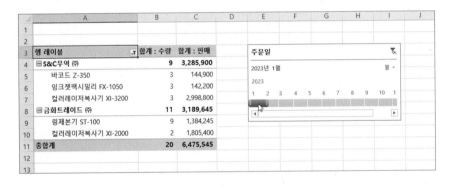

🔍 **더 알아보기**　**슬라이서 창과 시간 표시 막대 창을 조작할 때 공통점과 차이점**

슬라이서 창과 시간 표시 막대 창을 조작하는 방법은 거의 유사합니다. 연속된 항목을 선택할 때 드래그하거나 필터 조건을 지정한 후 [필터 지우기🗑]를 클릭해 필터 조건을 해제할 수 있다는 점은 동일합니다. 다만, 슬라이서 창에서는 떨어진 항목을 Ctrl 을 이용해 선택할 수 있지만 시간 표시 막대 창에서는 떨어진 항목을 선택할 수 없습니다.

27/18 피벗 테이블에서 날짜를 연도, 분기, 월별로 그룹화하는 방법

예제 파일 PART 06 \ CHAPTER 27 \ 그룹필드-날짜.xlsx

날짜/시간 필드로 그룹 필드 생성

피벗 테이블 보고서에서는 기존 필드의 항목을 묶어 새로운 필드를 만들 수 있습니다. 이렇게 생성된 필드를 그룹 필드라고 하는데, 그룹 필드는 프로그램에서 지원되는 단위를 선택하거나 직접 항목을 선택해 생성할 수 있습니다. 날짜/시간 값을 갖는 필드는 주로 [그룹화] 대화상자를 이용해 연, 분기, 월, 일, 시, 분, 초와 같은 상위 날짜/시간 단윗값을 갖는 필드를 생성할 수 있으며 엑셀 2016 버전을 포함한 이후 버전 사용 시 데이터에 맞춰 자동으로 연, 분기, 월 등의 필드가 생성됩니다.

날짜 자동 그룹 기능 해제 `2016 이상`

예제의 [피벗 테이블 필드] 작업 창에서 [주문일] 필드를 체크하면 [행] 영역에 [월]로 묶인 필드가 표시됩니다.

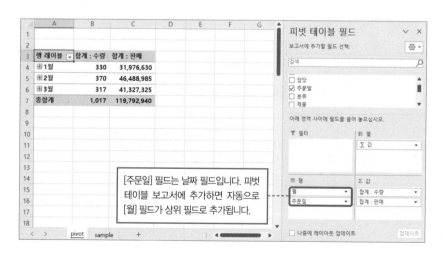

[주문일] 필드는 날짜 필드입니다. 피벗 테이블 보고서에 추가하면 자동으로 [월] 필드가 상위 필드로 추가됩니다.

TIP 예제는 2023년 1월 ~3월까지의 데이터만 갖고 있으므로 월 필드만 생성되었습니다. 몇 년치 데이터를 갖고 있다면 연-분기-월과 같은 필드가 자동으로 생성됩니다.

이 기능을 '자동 그룹화'라고 하는데, 이 기능이 불편하다면 [Excel 옵션] 대화상자에서 해제할 수 있습니다. 다음 과정을 참고합니다.

01 [파일] 탭-[옵션]을 클릭합니다.

02 [Excel 옵션] 대화상자에서 [데이터]를 클릭합니다.

TIP 엑셀 2016 버전에서는 [고급]을 클릭합니다.

03 [피벗 테이블에서 날짜/시간 열의 자동 그룹화 사용 안 함] 옵션에 체크합니다.

TIP 엑셀 2016 버전에서는 [데이터] 그룹 내 옵션이 제공됩니다.

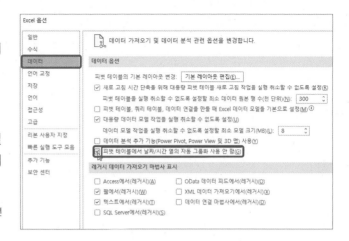

04 [확인]을 클릭해 [Excel 옵션] 대화상자를 닫습니다.

날짜 그룹 필드 활용

날짜 그룹 필드를 사용하는 방법은 아래 예제를 참고합니다.

01 예제의 피벗 테이블에서 [주문일] 필드를 [행] 영역에 추가합니다.

02 [월] 필드 외에도 상위 날짜 단위(분기, 연) 등을 생성하려면 그룹 필드 설정을 변경합니다.

03 [주문일] 필드 내 항목을 하나 선택(예제에서는 [A4] 셀)합니다.

04 [피벗 테이블 분석] 탭-[그룹] 그룹-[필드 그룹화 🔟]를 클릭합니다.

TIP [필드 그룹화] 명령은 엑셀 2016 버전까지는 [그룹 필드] 명령으로 제공되었습니다.

05 [그룹화] 대화상자의 [단위] 범주에서 [연], [분기] 단위를 추가로 선택하고 [확인]을 클릭합니다.

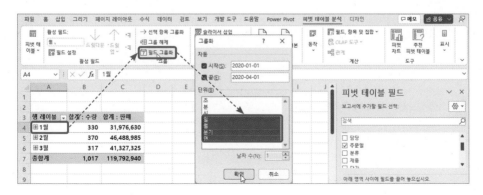

TIP 날짜 값을 갖는 필드의 그룹 필드 생성 규칙

[그룹화] 대화상자에서 날짜 단위를 선택하면 지정한 단위의 그룹 필드가 생성됩니다. 이때 [단위]에서 선택된 제일 작은 날짜 단위(일)는 기존 필드(주문일)에 표시되고, 상위 날짜 단위(연, 분기, 월)는 새로운 필드로 생성됩니다.

06 [행] 영역에 연, 분기, 월, 일순으로 날짜 값이 표시됩니다.

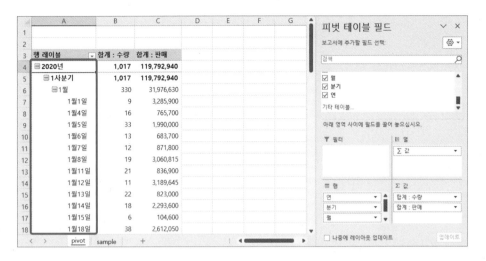

07 [일] 단위는 자주 사용하지 않으므로 피벗 테이블 보고서에서 제거합니다.

08 [피벗 테이블 필드] 작업 창에서 [주문일] 필드의 체크를 해제합니다.

그룹 필드 해제

그룹 필드로 생성된 필드를 더 이상 사용하지 않으려면 그룹 필드 내 셀을 하나 선택하고 [피벗 테이블 분석] 탭-[그룹] 그룹-[그룹 해제 ▦]를 클릭합니다.

🔍 더 알아보기   엑셀 2013 버전까지의 그룹 필드 단점

엑셀 2013 버전까지는 날짜 그룹 필드를 생성하면 상위 필드의 부분합 값이 나타나지 않는 단점이 있습니다. 예제 화면에서는 2023년과 1분기 부분합이 4행과 5행에 모두 표시되지만 엑셀 2013 버전을 포함한 이전 버전 사용자라면 부분합이 표시되지 않으니 다음과 같은 작업을 추가로 진행해야 합니다.

01 [연] 필드 내 항목을 하나 선택(예제에서는 [A4] 셀)하고 마우스 오른쪽 버튼을 클릭한 후 ["연" 부분합]을 클릭합니다.
02 [분기] 필드도 [A5] 셀을 선택하고 마우스 오른쪽 버튼을 클릭한 후 ["분기" 부분합]을 클릭합니다.

🔍 더 알아보기   그룹 필드를 사용할 때 주의할 점

그룹 필드는 다음과 같은 사항에 주의해 사용해야 합니다.

첫째, 그룹으로 묶은 월, 분기, 연 등의 필드를 다른 기준으로 다시 그룹 필드로 설정할 수 없습니다.
둘째, 데이터 모델을 사용해 생성한 피벗 테이블 보고서의 경우 자동 그룹화 기능을 이용해 생성된 날짜 그룹 필드를 제외하고 다른 방법으로 그룹 필드를 사용할 수는 없습니다.

피벗 테이블에서 월의 주차별 분석 방법

예제 파일 PART 06 \ CHAPTER 27 \ 그룹필드−주차.xlsx

날짜 그룹 필드에서 지원하지 않는 단위

날짜 그룹 필드는 유용하지만 연−분기−월−일 단위만 지원합니다. 이 경우 반기−주−요일 등의 단위는 사용할 수 없습니다. 이런 필드를 사용하려면 원본 표에 별도의 수식을 사용해 필드를 생성해야 합니다. 반기, 주, 요일 등을 계산하는 수식 계산 방식은 이 책의 498페이지를 참고합니다.

참고로 그룹 필드를 이용해 주간 단위 집계를 하는 것도 가능하지만, 이 경우 하나의 그룹 필드 밖에 생성할 수 없습니다. 이런 방법은 모르는 경우가 많지만, 이해하고 사용할 수 있다면 필요할 때 간단하게 주간 단위 분석 작업을 진행할 수 있습니다.

그룹 필드로 월의 주차 생성

01 예제의 피벗 테이블에는 [주문일] 필드가 [행] 영역에 추가되어 있습니다.

02 주간 단위 분석을 위한 그룹 필드를 생성합니다.

03 [A4] 셀을 선택하고 [피벗 테이블 분석] 탭−[그룹] 그룹−[필드 그룹화 ⓗ]를 클릭합니다.

TIP 엑셀 2013 이전 버전에서는 [그룹 필드] 명령을 클릭합니다.

04 [그룹화] 대화상자가 표시되면 다음과 같이 설정을 변경하고 [확인]을 클릭합니다.

· **[단위]** : **[일]만 선택**
· **[날짜 수]** : **7**

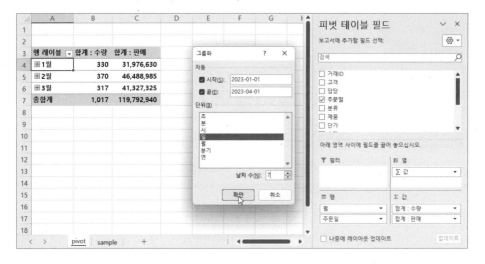

TIP **[시작] 일의 의미와 수정**

날짜를 주별로 묶기 위해서는 [그룹화] 대화상자의 [시작] 값이 주의 시작일인 일요일 날짜여야 합니다. 2023년 1월 1일은 일요일로 변경이 필요없지만, 2022년 1월 1일은 토요일이므로 해당 주의 일요일은 2021년 12월 26일입니다. 이런 경우에는 [시작] 값을 변경해줘야 합니다.

05 [주문일] 필드 값이 7일 간격으로 묶여 표시됩니다.

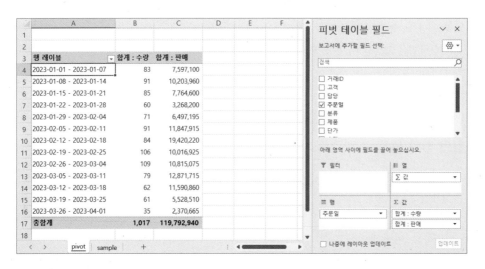

06 주별로 날짜가 묶이지만 월과 주차를 함께 표시할 수는 없습니다. 원본에 월, 주차 필드를 각각 추가합니다.

07 [sample] 시트로 이동한 후 E열을 선택하고 [홈] 탭-[셀] 그룹-[삽입 ⊞]을 두 번 클릭해 빈 열을 두 개 삽입합니다.

08 [E1] 셀은 **월**로 [F1] 셀은 **주차**로 변경한 후 다음 각 셀에 수식을 입력합니다.

- [E2] 셀 : `=MONTH([@주문일]) & "월"`
- [F2] 셀 : `=WEEKNUM([@주문일])-WEEKNUM([@주문일]-DAY([@주문일])+1)+1 & "주"`

09 [pivot] 시트로 이동하고 새로 추가된 [월], [주차] 필드를 피벗에서 사용할 수 있도록 합니다.

10 [피벗 테이블 분석] 탭-[데이터] 그룹-[새로 고침📖]을 클릭합니다.

11 [주문일] 필드를 체크 해제하고 [월] 필드와 [주차] 필드에 모두 체크하면 다음과 같은 결과를 얻을 수 있습니다.

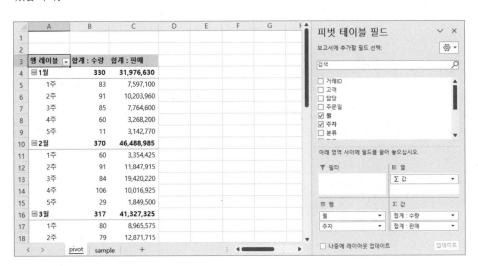

TIP 피벗 테이블 보고서 이해

[주차] 필드 대신 [주문일] 필드를 넣어도 동일한 결과를 얻을 수 있습니다.

27/20

상위 분류 필드를 그룹 필드로 생성하기

예제 파일 PART 06 \ CHAPTER 27 \ 그룹필드-텍스트.xlsx

수동 그룹 필드

피벗 테이블 보고서에서 날짜/시간이나 숫자 데이터를 갖는 필드는 [그룹화] 대화상자를 이용해 원하는 간격으로 값을 묶을 수 있지만, 텍스트 데이터를 갖는 필드는 [그룹화] 대화상자를 이용할 수 없으므로 수동으로 원하는 항목을 직접 선택해 묶는 방법을 사용해야 합니다. 이 경우 [선택 항목 그룹화] 명령과 [그룹 해제] 명령을 이용해 선택한 항목을 묶거나 그룹 해제할 수 있습니다.

참고로 [선택 항목 그룹화] 명령은 엑셀 2019 버전부터 명칭이 변경된 것으로, 엑셀 2016 이전 버전까지는 [그룹 선택] 명령이었습니다.

실무 활용 예제

01 예제의 피벗에서 [행] 영역의 제품을 '레이저복합기'와 '잉크젯복합기'로 분류하는 필드를 추가합니다.

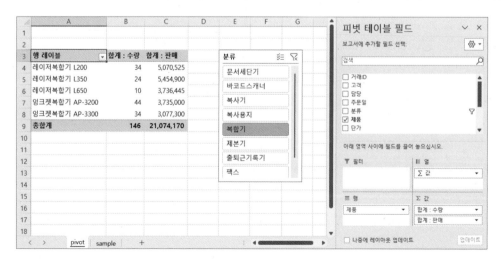

02 그룹으로 묶을 레이저복합기 제품은 [A4:A6] 범위를 마우스로 드래그해 선택합니다.

03 [피벗 테이블 분석] 탭-[그룹] 그룹-[선택 항목 그룹화 →]를 선택합니다.

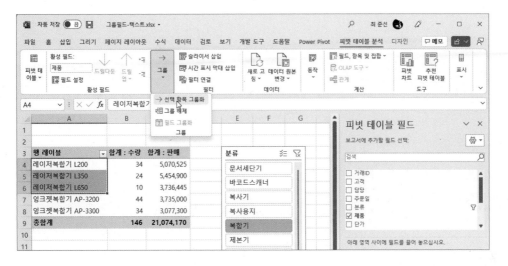

TIP 예제처럼 연속된 위치가 아니라 떨어진 위치의 값을 선택해야 한다면 [Ctrl]을 누르고 원하는 항목을 선택합니다.

04 그러면 선택한 항목이 [그룹1]로 묶입니다. 묶인 [그룹1]은 새로운 [제품2] 필드의 항목이 됩니다.

05 잉크젯 제품도 [A9:A11] 범위를 선택하고 [피벗 테이블 분석] 탭-[그룹] 그룹-[선택 항목 그룹화 →]를 선택합니다.

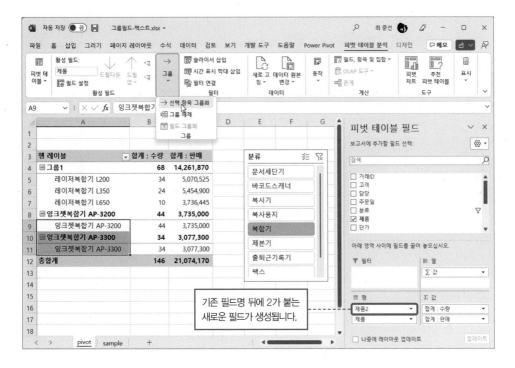

기존 필드명 뒤에 2가 붙는 새로운 필드가 생성됩니다.

그룹 필드 이름 변경

새로 생성된 그룹 필드의 필드명은 [피벗 테이블 분석] 탭–[활성 필드] 그룹–[활성 필드]에서 수정할 수 있습니다. **제품2**를 **품목**으로 수정합니다.

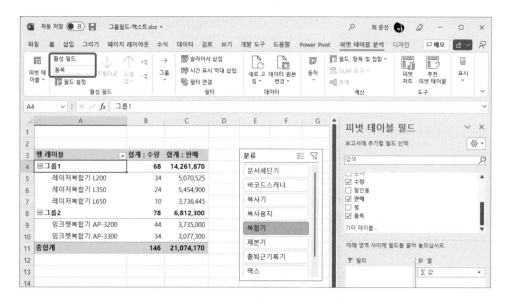

그룹 항목 이름 변경

그룹 필드 내 [그룹1], [그룹2] 항목도 수정하는 것이 이해가 쉽습니다. [A4] 셀과 [A8] 셀에서 직접 수정합니다. [A4] 셀은 **레이저 복합기**로, [A8] 셀은 **잉크젯 복합기**로 각각 수정합니다.

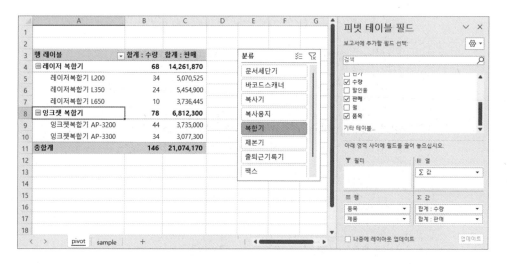

숫자를 규칙적인 구간으로 묶어 분석하기

예제 파일 PART 06 \ CHAPTER 27 \ 그룹필드−구간.xlsx

구간대별 분석

숫자 필드를 구간대(A−B)별로 분석하려면 날짜 필드처럼 [그룹화] 대화상자를 이용해 그룹 필드를 생성하면 됩니다. 날짜 필드는 [그룹화] 대화상자에서 원하는 날짜 단위를 고르는 방법을 사용하고, 숫자 필드는 구간의 숫자 단위를 직접 입력해야 합니다. 물론 [그룹화] 대화상자에서는 10의 제곱 승에 해당하는 숫자를 기본값으로 입력해줍니다. 예를 들면 나이 필드를 대상으로 [그룹화] 대화상자를 호출하면 단위는 10이됩니다. 이런 식으로 숫자 필드에 [그룹화] 대화상자를 이용하면 구간대별 분석 작업을 쉽게 할 수 있어 편리합니다.

실무 활용 예제

01 예제의 피벗 테이블 보고서는 [단가] 필드가 [행] 영역에 삽입되어 있습니다.

행 레이블 ▼	합계 : 수량	합계 : 판매
2,900	1	2,900
3,200	24	76,800
3,300	22	72,600
3,400	24	81,600
3,500	3	10,500
3,600	22	79,200
3,900	2	7,800
4,000	10	40,000
4,100	7	28,700
5,100	4	20,400
5,400	3	16,200
5,600	11	61,600
5,700	8	45,600
5,800	2	11,600
6,100	7	42,700

TIP 단가를 10만 원씩 묶어 10만 원대, 20만 원대, … 이렇게 매출 실적을 분석합니다.

02 [단가] 필드 내 셀 하나를 선택(예제에서는 [A4] 셀)합니다.

TIP [그룹화] 대화상자를 이용하려면 반드시 항목을 하나만 선택해야 합니다.

03 [피벗 테이블 분석] 탭-[그룹] 그룹-[필드 그룹화 ⓖ]를 클릭합니다.

04 [그룹화] 대화상자를 다음과 같이 설정하고 [확인]을 클릭합니다.

· **[시작]** : 0
· **[단위]** : 100000

05 단가가 십만 원씩 그룹으로 묶인 피벗 테이블 보고서가 완성됩니다.

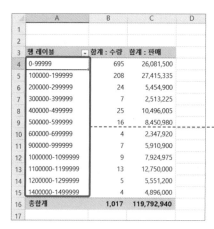

구간이 제대로 묶였는데, 값이 보기가 좋지 않으면 직접 셀 값을 수정할 수 있습니다. 예를 들어 [A4] 셀의 값은 **10만 원 미만**으로 수정할 수 있습니다.

🔍 **더 알아보기**   **날짜 필드와 숫자 필드의 그룹화 기능의 차이**

[그룹화] 대화상자의 [시작]과 [끝] 값은 해당 필드의 최솟값과 최댓값입니다. 단위는 구간 간격을 의미하며 데이터에 따라 자동으로 단위가 입력됩니다. 예를 들어 100000이면 [시작] 값부터 단가를 십만 원씩 묶어 표시합니다.
참고로 10만 원대, 20만 원대 이렇게 일정한 간격으로 그룹을 묶으려면 [시작] 값은 필드의 최솟값이 아니라 0부터 시작해야 합니다.

날짜 필드와 숫자 필드의 그룹화 기능의 차이

숫자 필드를 [그룹화] 대화상자를 이용해 묶으면 날짜를 주별로 묶었던 방법과 동일하게 별도의 [그룹 필드]는 생성되지 않고 기존 필드에 값이 묶입니다. [행] 영역을 확인하면 [단가] 필드만 존재합니다. 그러므로 이렇게 묶인 결과가 아니라 원 데이터를 확인하려면 그룹을 해제해야 합니다. [단가] 필드를 다시 원래대로 표시하려면 [피벗 테이블 분석] 탭-[그룹] 그룹-[그룹 해제 ⊞]를 클릭합니다.

27/22

숫자를 불규칙적으로 묶어
분석하기

예제 파일 PART 06 \ CHAPTER 27 \ 그룹필드-숫자.xlsx

그룹 필드를 새 기준으로 다시 묶을 수 있을까?

한 번 그룹으로 설정된 필드를 다른 기준으로 다시 묶을 순 없습니다. 예제의 피벗 테이블에서 [행] 영역에
는 [단가] 필드가 그룹 필드로 설정되어 있는데, 이 필드를 새로운 그룹 필드로 설정할 수 있는지 확인합니
다. [A5:A8] 범위를 선택합니다. [피벗 테이블 분석] 탭-[그룹] 그룹-[선택 항목 그룹화 →]를 클릭하면 선
택한 범위내 항목이 그룹으로 묶이지 않습니다. 대신 기존 그룹 필드의 설정값을 가진 [그룹화] 대화상자가
표시됩니다.

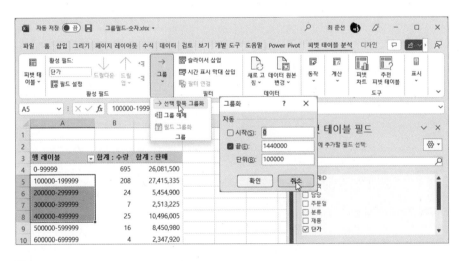

> **TIP** [그룹화] 대화상자는 [취소]를 클릭해 종료합니다.

이것으로 그룹 필드로 묶인 필드는 다시 그룹으로 묶을 수 없다는 것을 확인할 수 있습니다.

실무 활용 예제

01 예제의 피벗 테이블의 [단가] 필드의 그룹 설정을 해제하고 저가, 중가, 고가로 다시 묶습니다.

기준	기준
저가	10만 원 미만
중가	10만 원 ~ 50만 원 미만
고가	50만 원 이상

02 먼저 [단가] 필드의 그룹을 해제합니다.

03 [A4] 셀을 선택하고 [피벗 테이블 분석] 탭–[그룹] 그룹–[그룹 해제⊞]를 클릭합니다.

04 10만 원 미만 단가를 저가로 묶습니다.

05 [A4:A104] 범위를 선택하고 [피벗 테이블 분석] 탭–[그룹] 그룹–[선택 항목 그룹화→]를 클릭합니다.

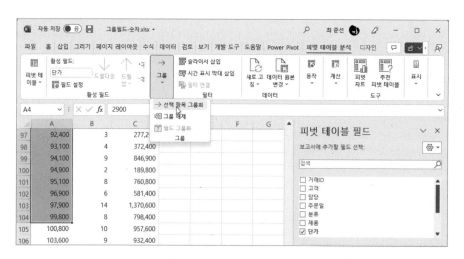

TIP [선택항목 그룹화]는 엑셀 2016 이전 버전에서는 [그룹 선택]입니다.

TIP 10만 원 미만 단가가 [그룹1]로 묶이게 됩니다.

06 10만 원 이상~50만 원 미만에 해당하는 단가를 중가로 설정합니다.

07 [A107:A199] 범위를 선택하고 [피벗 테이블 분석] 탭–[그룹] 그룹–[선택 항목 그룹화→]를 선택합니다.

08 [A155:A183] 범위를 선택하고 [피벗 테이블 분석] 탭–[그룹] 그룹–[선택 항목 그룹화→]를 선택합니다.

09 [A4]셀을 선택하고 [피벗 테이블 분석] 탭—[활성 필드] 그룹—[필드 축소 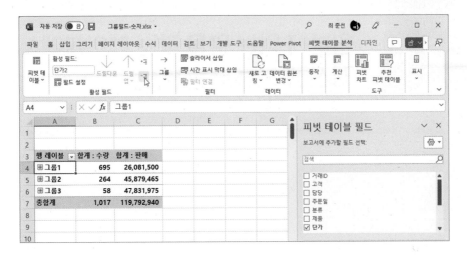]를 클릭해 하위 필드를 축소해 표시합니다.

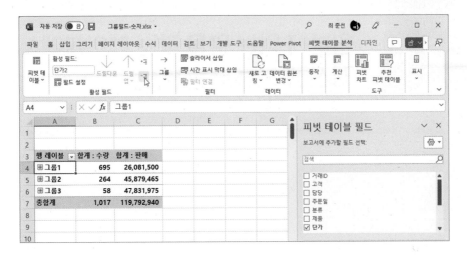

TIP [피벗 테이블 필드] 작업 창 목록에서 [단가] 필드를 체크 해제해도 됩니다.

10 [A4:A6] 범위 내 [그룹1], [그룹2], [그룹3]을 각각 **저가**, **중가**, **고가**로 수정합니다.

11 [피벗 테이블 분석] 탭—[활성 필드] 그룹—[활성 필드]의 필드명을 **단가분류**로 수정합니다.

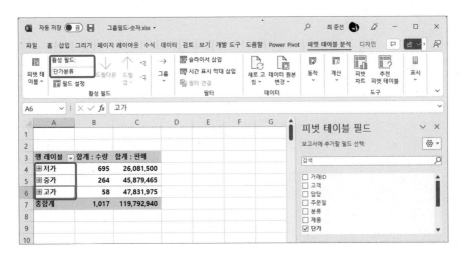

27 / 23 원본에 없는 열을 피벗 테이블에서 계산해 사용하는 방법

예제 파일 PART 06 \ CHAPTER 27 \ 계산필드.xlsx

계산 필드란?

피벗에서 사용해야 하지만 원본 표에 없는 열은 원본 표에 먼저 추가한 후 사용할 수 있습니다. 하지만 계산식을 안다면 원본 표에 추가하지 않고 피벗에 바로 추가하는 것이 가능합니다. 이렇게 계산식으로 만들어진 필드를 계산 필드라고 합니다. '계산 필드'를 생성하려면 [피벗 테이블 분석] 탭-[계산] 그룹-[필드, 항목 및 집합] 명령을 클릭한 후 [계산 필드] 클릭하면 다음과 같은 대화상자가 표시됩니다. 설정 방법은 아래를 참고합니다.

TIP 엑셀 2007 버전에서는 [옵션] 탭 - [수식] 그룹 - [계산 필드] 를 클릭합니다.

대화상자를 설정하는 방법은 아래 내용을 참고합니다.

● 이름

계산 필드의 이름으로, 기존 필드명과 같지 않아야 합니다. 띄어쓰기 등을 사용할 수 없습니다.

● 수식

• 셀을 직접 참조할 수 없으며, 필드명을 사용해 계산할 범위를 참조합니다.

• 필드명이 띄어쓰기가 되어 있거나 숫자로 시작하면 작은따옴표(')로 묶어 사용해야 합니다.

• 필드명은 원본 표의 열 머리글을 정확하게 기재해야 하는데, 필드명은 [계산 필드 삽입] 대화상자의 [필드] 목록에서 사용할 필드를 더블클릭하거나 선택한 후 [필드 삽입]을 클릭합니다. [수식]에 해당 필드명이 자동으로 삽입됩니다.

이렇게 생성된 계산 필드를 삭제하려면 [계산 필드 삽입] 대화상자에서 [이름] 콤보 상자의 아래 화살표▼를 클릭하고 삭제할 계산 필드를 선택한 후 [삭제]를 클릭합니다.

계산 필드를 생성할 때 주의할 점

계산 필드를 사용하려면 다음과 같은 사항에 주의해야 합니다.

● 계산 필드의 수식에는 필드명과 숫자만 사용할 수 있습니다.

● 셀(또는 범위)을 직접 참조하거나 정의된 이름을 사용할 수 없습니다.

● 피벗 테이블의 '부분합'이나 '총합계' 행(또는 열)은 계산식에서 사용할 수 없습니다.

● 계산 필드의 '총합계' 행(또는 열)은 계산된 값의 합계로 구해지지 않고, 계산 필드의 계산식으로 구해집니다. 이 부분은 이 책의 Section 27-24(778페이지)에서 좀 더 자세하게 확인할 수 있습니다.

● 기존 필드명과 동일한 이름은 계산 필드 이름으로 사용할 수 없습니다.

● 데이터 모델에 등록된 표로 만든 피벗 테이블 보고서에서는 계산 필드를 생성할 수 없습니다.

실무 활용 예제

01 예제의 피벗 테이블에서 [합계 : 판매] 필드의 10%를 계산한 부가세 필드를 계산 필드로 생성합니다.

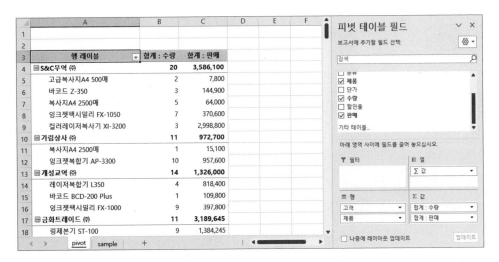

02 [피벗 테이블 분석] 탭-[계산] 그룹-[필드, 항목 및 집합🖩]을 클릭한 후 하위 메뉴에서 [계산 필드]를 클릭합니다.

03 [계산 필드 삽입] 대화상자가 나타나면 다음과 같이 설정하고 [추가]를 클릭합니다.

- **[이름]** : **부가세**
- **[수식]** : **=판매 * 10%**

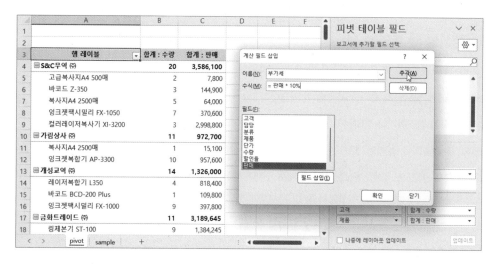

04 [확인]을 클릭해 대화상자를 닫으면 [값] 영역에 [부가세] 필드가 자동으로 삽입됩니다.

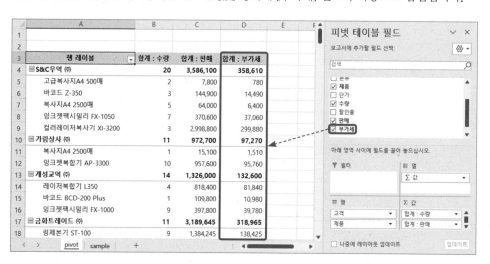

TIP [부가세] 필드는 [피벗 테이블 필드] 작업 창의 필드 목록에서도 확인할 수 있습니다.

27 / 24

계산 필드에서 함수를 사용하는 방법

예제 파일 PART 06 \ CHAPTER 27 \ 계산필드-함수.xlsx

계산 필드에서 함수 사용

계산 필드를 만들 때 함수를 사용해 계산식을 구성할 수 있습니다. 단 모든 함수를 사용할 수 있는 것은 아닙니다. 이것은 계산 필드의 사용 범위 때문입니다. 계산 필드는 [값] 영역에 집계된 필드만 사용할 수 있고 VLOOKUP 함수와 같은 함수를 사용할 수는 없습니다. IF 함수 등에서 조건을 지정할 경우에도 [값] 영역에 집계된 필드를 대상으로 할 수 있고 [행](또는 [열]) 영역에 추가된 필드의 항목은 사용할 수 없습니다.

실무 활용 예제

01 예제의 피벗 테이블에서 매출에 따른 성과급을 지급하는 계산 필드를 생성합니다.

매출 기준	성과급
2천만 원 이상	매출의 20%
1천만 원 ~ 2천만 원 미만	매출의 10%
1천만 원 미만	매출의 5%

02 [피벗 테이블 분석] 탭-[계산] 그룹-[필드, 항목 및 집합▦]을 클릭한 후 하위 메뉴에서 [계산 필드]를 클릭합니다.

03 [계산 필드 삽입] 대화상자를 다음과 같이 설정하고 [추가]를 클릭합니다.

· **[이름]** : 성과급
· **[수식]** : =IF(판매>=20000000, 판매 * 20%, IF(판매>=10000000, 판매 * 10%, 판매 * 5%))

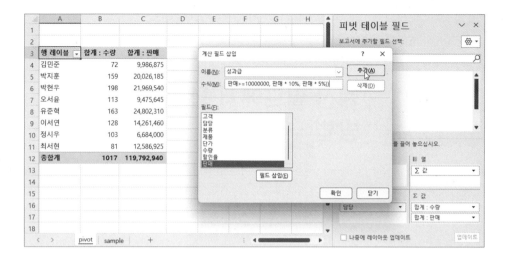

04 [값] 영역에 [합계 : 보너스] 필드가 추가됩니다.

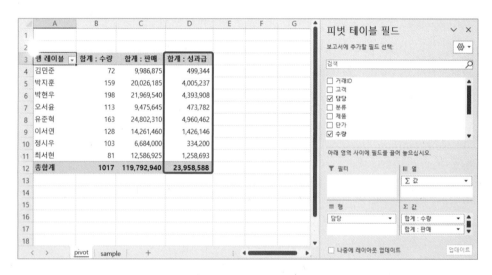

TIP 성과급 금액은 만 단위에서 절사하려면 계산 필드 수식에서 ROUNDDOWN 함수를 사용합니다.

=ROUNDDOWN(기존 수식, -4)

계산 필드와 총합계 행

계산 필드를 사용하면 [총합계] 행의 값이 합계가 아니라 계산 필드에서 사용한 수식으로 계산됩니다. 그러므로 [D12] 셀의 값은 SUM 함수를 사용해 얻은 합계의 값이 아니라 [성과급] 계산 수식에 의해 구해진 값입니다. 확인을 위해 [F4] 셀에 계산 필드와 동일한 수식을 넣어 계산합니다.

=IF(C4>=20000000, C4*20%, IF(C4>=10000000, C4*10%, C4*5%))

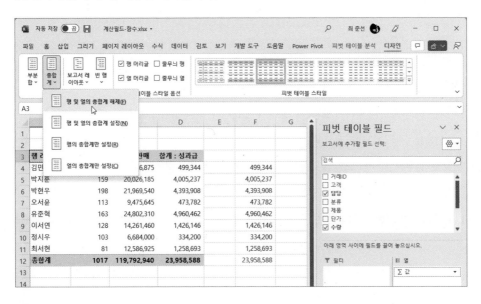

F4		× ✓ fx	=IF(C4>=20000000, C4*20%, IF(C4>=10000000, C4*10%, C4*5%))					
▲	A	B	C	D	E	F	G	H
1								
2								
3	행 레이블 ▼	합계 : 수량	합계 : 판매	합계 : 성과급				
4	김민준	72	9,986,875	499,344		499,344		
5	박지훈	159	20,026,185	4,005,237		4,005,237		
6	박현우	198	21,969,540	4,393,908		4,393,908		
7	오서윤	113	9,475,645	473,782		473,782		
8	유준혁	163	24,802,310	4,960,462		4,960,462		
9	이서연	128	14,261,460	1,426,146		1,426,146		
10	정시우	103	6,684,000	334,200		334,200		
11	최서현	81	12,586,925	1,258,693		1,258,693		
12	총합계	1017	119,792,940	23,958,588		23,958,588		
13								

TIP [F4] 셀의 수식을 [F12] 셀까지 드래그해보면 D열의 결과와 모두 동일한 것을 확인할 수 있습니다.

실제 성과급의 합계는 [D4:D11] 범위를 선택하고 상태 표시줄의 자동 요약 기능에서 확인할 수 있습니다. 성과급의 합계는 17,351,771.5인데, [D12] 셀에 반환된 값은 23,958,588로 서로 다릅니다. 이와 같이 계산 필드의 수식에 IF 함수를 사용한 조건을 사용하면 [총합계] 행에서 원하는 결과를 얻기 어려우므로 [총합계] 행을 표시하지 않는 것이 좋습니다.

[총합계] 행을 표시하지 않으려면 [디자인] 탭-[레이아웃] 그룹-[총합계▦]를 클릭하고 하위 메뉴에서 [행 및 열의 총합계 해제] 메뉴를 선택합니다.

TIP 12행에 SUM 함수를 사용한 일반 수식을 사용해 총합계를 따로 구할 수 있습니다. 피벗 자체적으로 [총합계] 행이 항상 합계가 구해지도록 하려면 [파워 피벗]을 이용해야 합니다.

필드 내 항목을 계산해 필드에 새로운 항목 추가하는 방법

예제 파일 PART 06 \ CHAPTER 27 \ 계산 항목.xlsx

계산 항목이란?

필드는 원본 표의 열 전체를 의미하는 용어이지만 항목은 해당 열의 값 하나를 의미합니다. 계산 필드는 피벗에서 사용할 수 있는 새로운 필드를 계산해 얻는 것이지만 계산 항목은 기존 필드에 없는 새로운 항목을 계산해 얻을 때 사용합니다. 계산 항목은 만드는 방법과 사용 방법은 계산 필드와 유사합니다.

계산 항목을 생성할 때 주의할 점

계산 항목을 사용하려면 다음과 같은 사항에 주의해야 합니다.

● 계산 항목의 수식에는 해당 필드 내 항목과 숫자만 사용할 수 있습니다. 다른 필드의 항목을 사용할 수 없습니다.

● 계산 필드와 계산 항목을 함께 생성하면 계산 필드가 먼저 계산됩니다.

● 그룹 필드를 사용하는 경우와 [데이터 모델]을 이용해 생성한 피벗에서는 계산 항목을 생성할 수 없습니다.

● 계산 항목을 생성한 필드는 [행]과 [열] 영역에만 추가할 수 있으며, [필터] 영역에는 추가할 수 없습니다.

● 부분합 함수나 [값] 영역에 집계된 필드의 함수로 평균, 표준 편차, 분산 등을 사용한 경우에는 계산 항목을 추가할 수 없습니다.

실무 활용 예제

01 예제의 [sample] 시트에는 왼쪽 표가, [pivot] 시트에는 오른쪽 피벗 테이블 보고서가 요약되어 있습니다.

02 [pivot] 시트의 피벗 테이블에서 재고를 계산 항목으로 계산합니다.

TIP 왜 계산 항목일까?

재고는 이월, 입고, 출고 항목을 계산(=이월+입고−출고)해 얻을 수 있습니다. [구분] 열은 필드이고 [구분] 필드 내에 이월, 입고, 출고와 같은 항목이 입력되어 있는 것이므로, 재고를 구하려면 계산 필드가 아닌 계산 항목을 사용합니다.

03 계산 항목을 만들 때는 반드시 계산 항목이 추가될 필드 내 항목을 먼저 선택해야 합니다.

04 [B4] 셀(또는 [C4] 셀이나 [D4] 셀 선택)을 선택합니다.

05 [피벗 테이블 분석] 탭-[계산] 그룹-[필드, 항목 및 집합🔢]을 클릭한 후 [계산 항목]을 선택합니다.

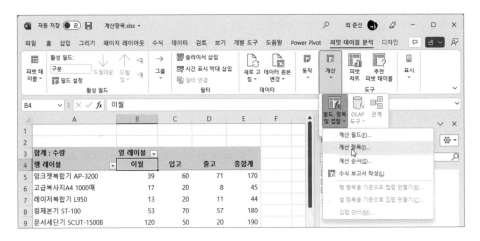

TIP 피벗 테이블 보고서 내의 선택 위치가 잘못되면 [필드, 항목 및 집합] 명령을 클릭했을 때 [계산 항목]이 비활성화될 수 있습니다.

06 대화상자가 나타나면 다음과 같이 설정하고 [추가]를 클릭합니다.

- **[이름] : 재고**
- **[수식] : =이월+입고-출고**

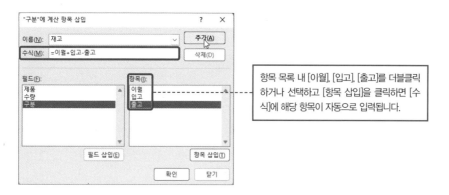

항목 목록 내 [이월], [입고], [출고]를 더블클릭하거나 선택하고 [항목 삽입]을 클릭하면 [수식]에 해당 항목이 자동으로 입력됩니다.

07 E열에 [재고] 계산 항목이 추가됩니다.

08 [총합계] 열은 삭제합니다. [F4] 셀에서 마우스 오른쪽 버튼을 클릭하고 [합계 제거]를 선택합니다.

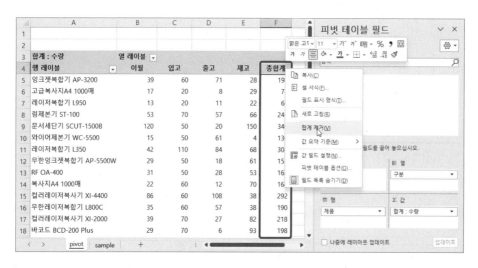

TIP 총합계 열은 왜 삭제할까?

이번 피벗 테이블 보고서에서 [총합계] 열은 [구분] 필드 내 숫자를 모두 더해줍니다. 즉, 이월+입고+출고+재고의 결과를 반환하는데, 이런 값은 의미를 갖기 어렵습니다. 보고서에서 작업했듯 이번 보고서는 재고를 계산하는 것이 목적이므로, [총합계] 열은 필요 없습니다.

27/26

[값] 영역에 비율을 표시하는 방법

예제 파일 PART 06 \ CHAPTER 27 \ 계산항목—총합계.xlsx

값 표시 형식이란?

피벗에는 값 표시 형식 기능이 제공됩니다. 값은 [값] 영역을 지칭하고 표시 형식은 셀에 적용되는 [표시 형식]처럼 저장된 값을 다른 값으로 바꿔 표시할 수 있습니다. 즉, 값 표시 형식은 [값] 영역 내 숫자를 원하는 값으로 바꿔 표시할 수 있는 기능을 의미합니다. 값 표시 형식에는 여러 종류가 있으며, [값] 영역에 집계된 숫자를 비율, 증감률, 누계, 순위 등으로 바꿔 표시할 수 있습니다.

값 표시 형식에는 다양한 형식이 제공되는데, 엑셀 2007 이전 버전과 엑셀 2010 이후 버전은 값 표시 형식에서 사용하는 용어와 제공되는 형식이 조금 다릅니다. 다음은 가장 많이 사용하는 값 표시 형식을 정리해놓은 것입니다.

표시 형식	엑셀 2007 이전 버전	엑셀 2010 이후 버전
전체 대비 비율	전체에 대한 비율	총 합계 비율
	행 방향의 비율	열 합계 비율
	열 방향의 비율	행 합계 비율
		상위 합계 비율
		상위 행 합계 비율
		상위 열 합계 비율
증감률	[기준값]에 대한 비율의 차이	
누계	누계	
		누계 비율
순위		오름차순 순위
		내림차순 순위

엑셀 2007 이전 버전에 형식이 입력되지 않은 표시 해당 버전에서 지원되지 않는 표시 형식을 의미합니다.

실무 활용 예제

01 예제의 피벗에 집계된 매출 실적에 비율을 추가로 표시합니다.

02 매출과 비율이 함께 표시되는 것이 더 보기 좋으므로 [판매] 필드를 한 번 더 추가합니다.

03 [피벗 테이블 필드] 작업 창에서 [판매] 필드를 드래그해 [값] 영역에 추가합니다.

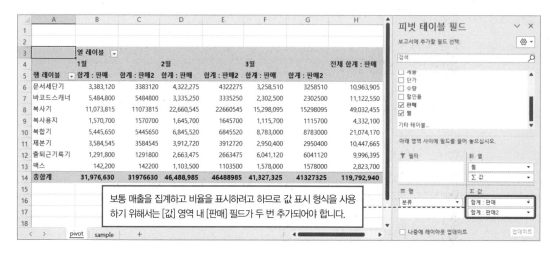

04 머리글을 수정하면 좀 더 이해하기 쉬운 보고서가 됩니다. 다음 각 셀의 머리글을 변경합니다.

- **[B5] 셀 : 매출**
- **[C5] 셀 : 비율**

05 [C5] 셀에서 마우스 오른쪽 버튼을 클릭한 후 [값 표시 형식]−[총합계 비율]을 선택합니다.

06 그러면 [비율] 필드의 1사분기 전체 매출 대비 비율이 표시됩니다.

행 레이블	1월 매출	비율	2월 매출	비율	3월 매출	비율	전체 매출	전체 비율
문서세단기	3,383,120	2.82%	4,322,275	3.61%	3,258,510	2.72%	10,963,905	9.15%
바코드스캐너	5,484,800	4.58%	3,335,250	2.78%	2,302,500	1.92%	11,122,550	9.28%
복사기	11,073,815	9.24%	22,660,545	18.92%	15,298,095	12.77%	49,032,455	40.93%
복사용지	1,570,700	1.31%	1,645,700	1.37%	1,115,700	0.93%	4,332,100	3.62%
복합기	5,445,650	4.55%	6,845,520	5.71%	8,783,000	7.33%	21,074,170	17.59%
제본기	3,584,545	2.99%	3,912,720	3.27%	2,950,400	2.46%	10,447,665	8.72%
출퇴근기록기	1,291,800	1.08%	2,663,475	2.22%	6,041,120	5.04%	9,996,395	8.34%
팩스	142,200	0.12%	1,103,500	0.92%	1,578,000	1.32%	2,823,700	2.36%
총합계	31,976,630	26.69%	46,488,985	38.81%	41,327,325	34.50%	119,792,940	100.00%

07 **05** 과정을 참고해 [비율] 필드를 [열 합계 비율]로 표시 형식을 바꾸면 다음 결과를 얻을 수 있습니다.

행 레이블	1월 매출	비율	2월 매출	비율	3월 매출	비율	전체 매출	전체 비율
문서세단기	3,383,120	10.58%	4,322,275	9.30%	3,258,510	7.88%	10,963,905	9.15%
바코드스캐너	5,484,800	17.15%	3,335,250	7.17%	2,302,500	5.57%	11,122,550	9.28%
복사기	11,073,815	34.63%	22,660,545	48.74%	15,298,095	37.02%	49,032,455	40.93%
복사용지	1,570,700	4.91%	1,645,700	3.54%	1,115,700	2.70%	4,332,100	3.62%
복합기	5,445,650	17.03%	6,845,520	14.73%	8,783,000	21.25%	21,074,170	17.59%
제본기	3,584,545	11.21%	3,912,720	8.42%	2,950,400	7.14%	10,447,665	8.72%
출퇴근기록기	1,291,800	4.04%	2,663,475	5.73%	6,041,120	14.62%	9,996,395	8.34%
팩스	142,200	0.44%	1,103,500	2.37%	1,578,000	3.82%	2,823,700	2.36%
총합계	31,976,630	100.00%	46,488,985	100.00%	41,327,325	100.00%	119,792,940	100.00%

08 **05** 과정을 참고해 [비율] 필드를 [행 합계 비율]로 표시 형식을 바꾸면 다음 결과를 얻을 수 있습니다.

	A	B	C	D	E	F	G	H	I	J
1										
2										
3		열 레이블 ▾								
4		1월		2월		3월		전체 매출	전체 비율	
5	행 레이블 ▾	매출	비율	매출	비율	매출	비율			
6	문서세단기	3,383,120	30.86%	4,322,275	39.42%	3,258,510	29.72%	10,963,905	100.00%	
7	바코드스캐너	5,484,800	49.31%	3,335,250	29.99%	2,302,500	20.70%	11,122,550	100.00%	
8	복사기	11,073,815	22.58%	22,660,545	46.22%	15,298,095	31.20%	49,032,455	100.00%	
9	복사용지	1,570,700	36.26%	1,645,700	37.99%	1,115,700	25.75%	4,332,100	100.00%	
10	복합기	5,445,650	25.84%	6,845,520	32.48%	8,783,000	41.68%	21,074,170	100.00%	
11	제본기	3,584,545	34.31%	3,912,720	37.45%	2,950,400	28.24%	10,447,665	100.00%	
12	출퇴근기록기	1,291,800	12.92%	2,663,475	26.64%	6,041,120	60.43%	9,996,395	100.00%	
13	팩스	142,200	5.04%	1,103,500	39.08%	1,578,000	55.88%	2,823,700	100.00%	
14	총합계	31,976,630	26.69%	46,488,985	38.81%	41,327,325	34.50%	119,792,940	100.00%	
15										
16										

27/27 상위 필드 부분합 대비 비율을 표시하는 방법

예제 파일 PART 06 \ CHAPTER 27 \ 값표시형식—상위비율.xlsx

상위 필드의 부분합을 사용한 비율 표시

[전체 대비 비율]이나 [열 합계 비율], [행 합계 비율]은 모두 총합계 대비 비율을 구하는 방식입니다. 하지만 [행] 영역에 여러 필드가 삽입되어 있다면 [부분합] 행이 표시되며, 이 행을 기준으로 비율을 표시해야 하는 경우도 있습니다. 이런 경우에는 [상위 행 합계 비율]이나 [상위 열 합계 비율], [상위 합계 비율] 중하나를 선택해야 합니다. [상위 행 합계 비율]이나 [상위 열 합계 비율]은 상위 필드가 [행] 영역에 있는지, [열] 영역에 있는지에 따라 선택할 수 있습니다. [상위 합계 비율]은 상위 필드의 부분합을 100%로 표시하고 싶은 경우에 사용합니다. [상위 행]이나 [상위 열]을 기준으로 비율을 표시하는 방법은 엑셀 2010 이후 버전에서 사용할 수 있습니다.

실무 활용 예제

01 예제의 [pivot] 시트는 부서별 영업사원의 매출이 월별로 정리되어 있습니다.

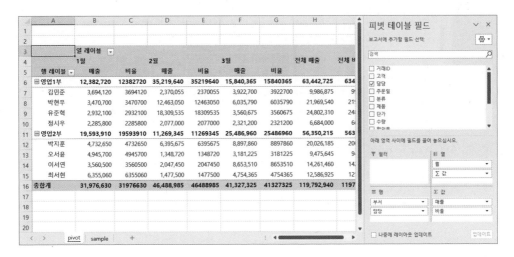

TIP [부서], [월] 필드는 그룹 필드로 생성한 것입니다.

02 [비율] 필드에 [값 표시 형식]을 이용해 상위 필드 대비 비율을 표시합니다.

03 [C5] 셀에서 마우스 오른쪽 버튼을 클릭하고 [값 표시 형식]–[상위 행 합계 비율]을 선택합니다.

	A	B	C	D	E	F	G	H	I	J
1										
2										
3		열 레이블								
4		1월		2월		3월		전체 매출	전체 비율	
5	행 레이블	매출	비율	매출	비율	매출	비율			
6	⊟영업1부	12,382,720	38.72%	35,219,640	75.76%	15,840,365	38.33%	63,442,725	52.96%	
7	김민준	3,694,120	29.83%	2,370,055	6.73%	3,922,700	24.76%	9,986,875	15.74%	
8	박현우	3,470,700	28.03%	12,463,050	35.39%	6,035,790	38.10%	21,969,540	34.63%	
9	유준혁	2,932,100	23.68%	18,309,535	51.99%	3,560,675	22.48%	24,802,310	39.09%	
10	정시우	2,285,800	18.46%	2,077,000	5.90%	2,321,200	14.65%	6,684,000	10.54%	
11	⊟영업2부	19,593,910	61.28%	11,269,345	24.24%	25,486,960	61.67%	56,350,215	47.04%	
12	박지훈	4,732,650	24.15%	6,395,675	56.75%	8,897,860	34.91%	20,026,185	35.54%	
13	오서윤	4,945,700	25.24%	1,348,720	11.97%	3,181,225	12.48%	9,475,645	16.82%	
14	이서연	3,560,500	18.17%	2,047,450	18.17%	8,653,510	33.95%	14,261,460	25.31%	
15	최서현	6,355,060	32.43%	1,477,500	13.11%	4,754,365	18.65%	12,586,925	22.34%	
16	총합계	31,976,630	100.00%	46,488,985	100.00%	41,327,325	100.00%	119,792,940	100.00%	
17										
18										

🔍 **더 알아보기**　　**[상위 행 합계 비율] 이해하기**

[상위 행 합계 비율]은 [열 합계 비율]과 유사합니다. 먼저 16행을 보면 비율이 모두 100%로 표시됩니다. 이런 특징은 [열 합계 비율]을 사용할 때 나타납니다. 다만, 차이가 나는 부분은 직원별 매출 비율이 표시되는 [C7:C10] 범위와 [C12:C15] 범위를 보면 열 합계 비율과는 다릅니다. 두 범위의 개별 합계는 모두 100%로 [담당] 필드의 상위 필드인 [부서] 필드의 매출을 기준으로 구해진 것입니다. [상위 행 합계 비율]은 [열 합계 비율]과 같은 방식으로 계산하지만 [행] 영역에 여러 필드가 삽입되면 하위 필드의 비율은 상위 필드의 부분합으로 나눈 비율을 표시합니다.

04 [C5] 셀에서 마우스 오른쪽 버튼을 클릭하고 [값 표시 형식]–[상위 열 합계 비율]을 클릭합니다.

	A	B	C	D	E	F	G	H	I	J
1										
2										
3		열 레이블								
4		1월		2월		3월		전체 매출	전체 비율	
5	행 레이블	매출	비율	매출	비율	매출	비율			
6	⊟영업1부	12,382,720	19.52%	35,219,640	55.51%	15,840,365	24.97%	63,442,725	100.00%	
7	김민준	3,694,120	36.99%	2,370,055	23.73%	3,922,700	39.28%	9,986,875	100.00%	
8	박현우	3,470,700	15.80%	12,463,050	56.73%	6,035,790	27.47%	21,969,540	100.00%	
9	유준혁	2,932,100	11.82%	18,309,535	73.82%	3,560,675	14.36%	24,802,310	100.00%	
10	정시우	2,285,800	34.20%	2,077,000	31.07%	2,321,200	34.73%	6,684,000	100.00%	
11	⊟영업2부	19,593,910	34.77%	11,269,345	20.00%	25,486,960	45.23%	56,350,215	100.00%	
12	박지훈	4,732,650	23.63%	6,395,675	31.94%	8,897,860	44.43%	20,026,185	100.00%	
13	오서윤	4,945,700	52.19%	1,348,720	14.23%	3,181,225	33.57%	9,475,645	100.00%	
14	이서연	3,560,500	24.97%	2,047,450	14.36%	8,653,510	60.68%	14,261,460	100.00%	
15	최서현	6,355,060	50.49%	1,477,500	11.74%	4,754,365	37.77%	12,586,925	100.00%	
16	총합계	31,976,630	26.69%	46,488,985	38.81%	41,327,325	34.50%	119,792,940	100.00%	
17										
18										

[상위 행 합계 비율]이 [열 합계 비율]과 유사하듯 [상위 열 합계 비율]은 [행 합계 비율]과 유사합니다. 일단 I열의 비율이 100%로 반환되는 것을 보면 [상위 열 합계 비율]과 [행 합계 비율]이 유사하다는 것을 이해할 수 있습니다.

두 계산의 차이가 생기려면 [상위 행 합계 비율]은 [행] 영역에 여러 필드가 삽입되어 있어야 하듯, [상위 열 합계 비율]은 [열] 영역에 여러 개의 필드가 삽입되어 있어야 합니다. 이번 보고서는 [열] 영역에 [월] 필드 밖에 존재하지 않으므로 결과가 [행 합계 비율]과 동일할 수밖에 없습니다. [값 표시 형식]-[행 합계 비율]로 변경해 결과가 동일한지 확인합니다.

05 [상위 행 합계 비율]이나 [상위 열 합계 비율]은 상위 필드의 값을 100%로 표시해주진 않습니다.

06 상위 필드의 부분합을 100%로 표시하려면 [상위 합계 비율]을 사용합니다.

07 [C5] 셀에서 마우스 오른쪽 버튼을 클릭하고 [값 표시 형식]-[상위 합계 비율]을 선택합니다.

08 [값 표시 형식 (비율)] 대화상자가 나타납니다. [기준 필드]에서 [부서]를 선택하고 [확인]을 클릭합니다.

TIP 이번 보고서는 [행] 영역만 두 개의 필드가 추가되어 있고, [행] 영역의 상위 필드는 [부서] 필드입니다.

09 [상위 행 합계 비율] 방식으로 비율이 표시되는데, 부서별 매출 비율이 100%로 표시됩니다.

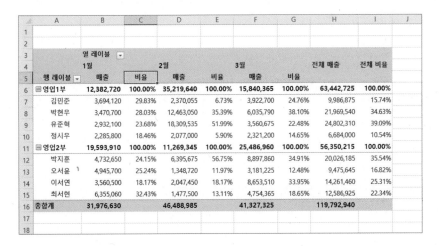

행 레이블	1월 매출	비율	2월 매출	비율	3월 매출	비율	전체 매출	전체 비율
⊟영업1부	12,382,720	100.00%	35,219,640	100.00%	15,840,365	100.00%	63,442,725	100.00%
김민준	3,694,120	29.83%	2,370,055	6.73%	3,922,700	24.76%	9,986,875	15.74%
박현우	3,470,700	28.03%	12,463,050	35.39%	6,035,790	38.10%	21,969,540	34.63%
유준혁	2,932,100	23.68%	18,309,535	51.99%	3,560,675	22.48%	24,802,310	39.09%
정시우	2,285,800	18.46%	2,077,000	5.90%	2,321,200	14.65%	6,684,000	10.54%
⊟영업2부	19,593,910	100.00%	11,269,345	100.00%	25,486,960	100.00%	56,350,215	100.00%
박지훈	4,732,650	24.15%	6,395,675	56.75%	8,897,860	34.91%	20,026,185	35.54%
오서윤	4,945,700	25.24%	1,348,720	11.97%	3,181,225	12.48%	9,475,645	16.82%
이서연	3,560,500	18.17%	2,047,450	18.17%	8,653,510	33.95%	14,261,460	25.31%
최서현	6,355,060	32.43%	1,477,500	13.11%	4,754,365	18.65%	12,586,925	22.34%
총합계	31,976,630		46,488,985		41,327,325		119,792,940	

27 / 28 피벗에서 증감률을 구하는 방법

예제 파일 PART 06 \ CHAPTER 27 \ 값표시형식—증감률.xlsx

값 영역에서 증감률 구하기

값 표시 형식에는 [기준값]이란 용어를 사용하는 표시 형식이 세 개 존재합니다. [기준값]은 계산에 기준이
되는 값을 의미하는데, 설명은 아래를 참고합니다.

값 표시 형식	설명
[기준값]과의 차이	필드의 항목 중 하나를 [기준값]으로 정하면 나머지 값을 [기준값]에서 뺀 차이를 표시
[기준값]에 대한 비율	필드의 항목 중 하나를 [기준값]으로 정하면 나머지 값을 [기준값]으로 나눈 비율을 표시
[기준값]에 대한 비율의 차이	필드의 항목 중 하나를 [기준값]으로 정하면 [기준값]을 100%로 설정하고 [기준값]에 대한 비율을 뺀 결과를 표시

'[기준값]에 대한 비율의 차이' 형식은 기준 항목에 대한 비율을 구하고 100%에서 뺀 결과를 반환하는 방식
입니다. 증감률을 구할 때 자주 사용합니다.

실무 활용 예제

01 예제에서 [pivot] 시트의 [증감률] 필드에 전월 대비 증감률을 표시합니다.

> **TIP** 매출([B5]) 셀은 [합계 : 판매] 필드를, 증감률([C5]) 셀은 [합계 : 판매2] 필드의 이름을 변경해놓은 것입니다.

02 [C5] 셀에서 마우스 오른쪽 버튼을 클릭하고 [값 표시 형식]−[[기준값]에 대한 비율의 차이]를 선택합니다.

03 대화상자에서 [기준 필드]는 [월], [기준 항목]은 [(이전)]으로 선택한 후 [확인]을 클릭합니다.

TIP **[[기준값]에 대한 비율의 차이] 설정**

[[기준값]에 대한 비율의 차이]로 증감률을 표시하려면 [기준 필드]와 [기준 항목]을 정확히 설정해야 합니다. 이 보고서는 월별 판매 실적을 집계한 보고서이므로 증감률은 항상 전월과 비교해 계산합니다. [기준 필드]는 월 값을 갖는 [월] 필드가 되어야 하며 [기준 항목]은 항상 이전 월과 비교한 결과를 표시해야 하므로 [(이전)]을 선택합니다.

04 그러면 2월 매출부터 증감률로 바꿔 표시됩니다.

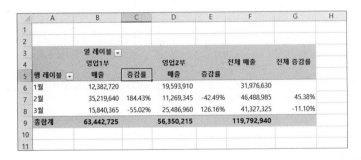

TIP 1월은 이전 매출이 없으므로 증감률이 표시되지 않습니다.

27 / 29 [값] 영역에 집계된 숫자를 순위로 표시하는 방법

예제 파일 PART 06 \ CHAPTER 27 \ 값표시형식–순위.xlsx

값 영역에 순위 표시

값 표시 형식을 이용해서 순위를 표시할 수 있습니다. 엑셀 2010 버전부터 값 표시 형식에 [오름차순 순위]와 [내림차순 순위] 형식이 지원됩니다. 오름차순은 작은 값이 먼저 나오는 방식이므로 [오름차순 순위]는 가장 작은 값이 1등이 됩니다. [내림차순 순위]는 [오름차순 순위]의 반대로 우리가 자주 구하는 순위가 바로 [내림차순 순위]입니다.

실무 활용 예제

01 예제의 [pivot] 시트의 피벗 테이블에서 [값] 영역 내 [순위] 필드의 값을 순위로 바꿔 표시합니다.

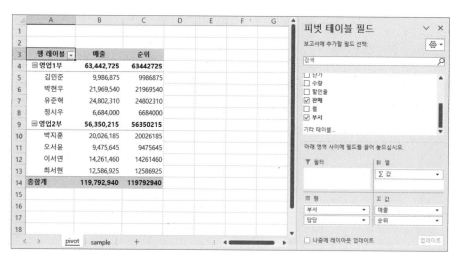

TIP [순위] 필드는 [판매] 필드를 추가한 후 이름을 바꾼 것입니다.

02 [C3] 셀을 클릭하고 마우스 오른쪽 버튼을 클릭한 후 [값 표시 형식]-[내림차순 순위 지정]을 선택합니다.

03 대화상자에서 [기준 필드]는 [행 영역]에 삽입된 필드 중 [담당] 필드를 선택하고 [확인]을 클릭합니다.

TIP [기준 필드]는 순위를 구할 기준이 되는 필드로 [담당]를 클릭하면 영업사원별 순위를 구하게 되며 [부서]를 선택하면 부서 순위를 구합니다.

04 [순위] 필드의 값이 매출에서 순위로 변경됩니다. **06** 과정의 왼쪽 그림을 참조합니다.

05 부서와 상관없이 영업사원의 전체 순위를 구하려면 [부서] 필드를 제거해야 합니다.

06 [피벗 테이블 필드] 작업 창에서 [부서] 필드의 체크를 해제합니다. 결과는 오른쪽 그림을 참조합니다.

[행] 영역 내 필드가 여러 개 삽입되어 있으므로 [담당] 필드를 기준으로 순위를 구하면 [부서] 내의 영업사원별 순위가 구해집니다.

[값] 영역에 집계된 숫자를 GETPIVOTDATA 함수로 참조하기

예제 파일 PART 06 \ CHAPTER 27 \ GetPivotData 함수.xlsx

GETPIVOTDATA 함수 도움말

피벗 테이블 보고서의 [값] 영역에 집계된 숫자를 다른 표에서 참조할 때는 VLOOKUP 함수 대신 피벗 테이블에서 제공하는 GETPIVOTDATA 함수를 사용하는 것이 좋습니다. 피벗 테이블 보고서는 구성을 얼마든지 변경할 수 있습니다. 따라서 VLOOKUP 함수를 사용한 경우 처음에는 문제가 없어도 피벗 테이블 보고서의 구성이 변경되면 #N/A 에러가 반환될 수 있습니다.

> **GETPIVOTDATA** (❶ 참조 필드, ❷ 시작 셀, ❸ 필드1, ❹ 항목1, ❺ 필드2, ❻ 항목2, ⋯)

피벗 테이블 보고서 내에서 조건에 맞는 [값] 영역의 집계 값을 참조해 반환합니다.

❶ 참조 필드	참조할 [값] 영역 내 필드
❷ 시작 셀	피벗 테이블 보고서의 좌측 상단 첫 번째 셀
❸ 필드	참조할 값이 속한 [행](또는 [열]) 영역 내 필드
❹ 항목	참조할 값이 속한 필드의 항목

주의 사항

- 수식 작성 시 피벗 테이블 보고서 내의 [값] 영역에 있는 셀을 클릭하면 셀 주소 대신 GETPIVOTDATA 함수가 반환됩니다.
- [행], [열], [필터] 영역 내 셀을 참조할 때는 GETPIVOTDATA 함수를 사용할 수 없습니다.

실무 활용 예제

01 예제의 피벗 테이블 보고서의 집계한 값을 오른쪽 표에 참조합니다.

TIP [I4] 셀에는 유효성 검사의 [목록] 기능이 적용되어 있으며, 1월, 2월, 3월 중 하나를 선택할 수 있습니다. 유효성 검사의 [목록]을 설정하는 방법은 이 책의 666페이지를 참고합니다.

02 [I5] 셀에 김민준 사원의 1월 매출액을 참조하기 위해 **=**(등호)를 입력하고 [B5] 셀을 클릭한 후 **Enter**를 누릅니다.

I5		✕ ✓ f_x	=GETPIVOTDATA("판매",$A$3,"담당","김민준","월",1)						
▲	A	B	C	D	E	F	G	H	I	J
1										
2										
3	합계 : 판매	열 레이블 ▾								
4	행 레이블 ▾	1월	2월	3월	총합계		부서	이름	1월	
5	김민준	3,694,120	2,370,055	3,922,700	9,986,875			김민준	3,694,120	
6	박지훈	4,732,650	6,395,675	8,897,860	20,026,185		영업1부	박현우		
7	박현우	3,470,700	12,463,050	6,035,790	21,969,540			유준혁		
8	오서윤	4,945,700	1,348,720	3,181,225	9,475,645			정시우		
9	유준혁	2,932,100	18,309,535	3,560,675	24,802,310			박지훈		
10	이서연	3,560,500	2,047,450	8,653,510	14,261,460		영업2부	오서윤		
11	정시우	2,285,800	2,077,000	2,321,200	6,684,000			이서연		
12	최서현	6,355,060	1,477,500	4,754,365	12,586,925			최서현		
13	총합계	31,976,630	46,488,985	41,327,325	119,792,940					
14										
15										

🔍 **더 알아보기**   **GETPIVOTDATA 수식 이해하기**

피벗 테이블 보고서 내 [값] 영역의 숫자 셀을 참조하면 **=B5**와 같은 셀 주소 대신 GETPIVOTDATA 함수를 사용한 수식이 반환됩니다. 이번 참조 작업 후 수식 입력줄의 수식을 보면 다음과 같습니다.

```
=GETPIVOTDATA("판매", $A$3, "담당", "김민준", "월", 1)
```

이 수식은 [A3] 셀부터 시작되는 피벗 테이블 보고서에서 [판매] 필드의 값을 참조하는데, 참조할 값은 [담당] 필드의 '김민준'과 [월] 필드가 '1월'이 교차되는 위치라는 의미입니다.

여기서 [월] 필드의 값이 1월이 아니라 1이 입력되어 있습니다. 이것은 [월] 필드가 그룹 필드로 생성된 것이어서 1만 반환되는 것으로 "1월"로 변경해도 제대로 동작합니다. 즉, 피벗 테이블은 그룹 필드로 생성한 연, 분기, 월 등은 뒤의 단위가 생략되거나 입력해도 모두 같은 조건으로 인식합니다.

---

03 [I5] 셀의 수식을 다음과 같이 수정하고 [I5] 셀의 채우기 핸들⊞을 더블클릭해 수식을 복사합니다.

```
=GETPIVOTDATA("판매", $A$3, "담당", H5, "월", $I$4)
```

I5		✕ ✓ f_x	=GETPIVOTDATA("판매",$A$3,"담당",H5,"월",$I$4)						
▲	A	B	C	D	E	F	G	H	I	J
1										
2										
3	합계 : 판매	열 레이블 ▾								
4	행 레이블 ▾	1월	2월	3월	총합계		부서	이름	1월	
5	김민준	3,694,120	2,370,055	3,922,700	9,986,875			김민준	3,694,120	
6	박지훈	4,732,650	6,395,675	8,897,860	20,026,185		영업1부	박현우	3,470,700	
7	박현우	3,470,700	12,463,050	6,035,790	21,969,540			유준혁	2,932,100	
8	오서윤	4,945,700	1,348,720	3,181,225	9,475,645			정시우	2,285,800	
9	유준혁	2,932,100	18,309,535	3,560,675	24,802,310			박지훈	4,732,650	
10	이서연	3,560,500	2,047,450	8,653,510	14,261,460		영업2부	오서윤	4,945,700	
11	정시우	2,285,800	2,077,000	2,321,200	6,684,000			이서연	3,560,500	
12	최서현	6,355,060	1,477,500	4,754,365	12,586,925			최서현	6,355,060	
13	총합계	31,976,630	46,488,985	41,327,325	119,792,940					
14										
15										

04   [I4] 셀의 월을 2월로 변경해 C열의 매출을 제대로 참조해오는지 확인합니다.

	A	B	C	D	E	F	G	H	I	J
1										
2										
3	합계 : 판매	열 레이블 ▾								
4	행 레이블 ▾	1월	2월	3월	총합계		부서	이름	2월 ▾	
5	김민준	3,694,120	2,370,055	3,922,700	9,986,875			김민준	2,370,055	
6	박지훈	4,732,650	6,395,675	8,897,860	20,026,185		영업1부	박현우	12,463,050	
7	박현우	3,470,700	12,463,050	6,035,790	21,969,540			유준혁	18,309,535	
8	오서윤	4,945,700	1,348,720	3,181,225	9,475,645			정시우	2,077,000	
9	유준혁	2,932,100	18,309,535	3,560,675	24,802,310			박지훈	6,395,675	
10	이서연	3,560,500	2,047,450	8,653,510	14,261,460		영업2부	오서윤	1,348,720	
11	정시우	2,285,800	2,077,000	2,321,200	6,684,000			이서연	2,047,450	
12	최서현	6,355,060	1,477,500	4,754,365	12,586,925			최서현	1,477,500	
13	총합계	31,976,630	46,488,985	41,327,325	119,792,940					

TIP   3월로도 변경해 GETPIVOTDATA 함수의 결과를 확인합니다.

GETPIVOTDATA 함수가 사용되지 않는 경우 해결 방법

피벗 테이블 보고서의 [값] 영역 내 셀을 참조해도 GETPIVOTDATA 함수가 사용되지 않는다면 피벗 테이블 보고서의 옵션이 변경된 것입니다. 다음 과정을 참고해 문제를 해결합니다.

01   피벗 테이블 보고서 영역을 선택합니다.

02   [피벗 테이블 분석] 탭-[피벗 테이블] 그룹-[옵션▦]의 아래 화살표▾를 클릭한 후 [GetPivotData 생성] 메뉴를 클릭합니다.

[새로 고침]을 실행하지 않고 피벗 테이블 보고서를 자동 갱신하는 방법

예제 파일 PART 06 \ CHAPTER 27 \ 새로 고침.xlsx, 새로 고침 (매크로).txt

피벗 테이블, 피벗 캐시, 새로 고침

피벗 테이블 보고서는 수식과는 달리 원본과 연결되어 있지 않고 중간에 캐시 영역을 생성해 캐시 영역 내 데이터를 가지고 보고서를 구성합니다.

이 과정에서 '피벗 캐시' 영역 내 데이터는 원본과 연결이 끊겨 있기 때문에 원본 데이터를 수정해도 피벗 테이블 보고서에 바로 반영되지 않습니다. 예제에서 확인해보기 위해 [sample] 시트의 [C2] 셀의 값을 자신의 이름으로 수정해보세요!

그런 다음 [pivot] 시트에 가서 피벗 테이블 보고서를 확인해도 [sample] 시트에서 수정된 이름이 표시되지 않습니다.

피벗 테이블 보고서에 수정된 사항이 반영되도록 하려면 피벗 캐시를 새로 고쳐야 하는데, 이 명령이 바로 [피벗 테이블 분석] 탭에 제공되는 [새로 고침] 명령입니다. 이런 방법은 대량의 데이터를 효과적으로 관리하기 위한 불가피한 방법이지만, 사용자 입장에서는 원본 데이터의 수정(또는 추가)된 사항을 피벗에서 보려면 [새로 고침] 명령을 클릭해야 하므로 불편할 수 있습니다.

피벗 테이블 옵션을 변경해 보고서 자동 갱신

피벗 테이블 보고서의 설정만 변경할 수 있는 옵션 대화상자가 따로 제공됩니다. 해당 대화상자에는 피벗 테이블 보고서를 새로 고쳐주는 옵션이 제공됩니다. 다음을 참고합니다.

01 피벗 테이블 보고서를 선택하고 [피벗 테이블 분석] 탭-[피벗 테이블] 그룹-[옵션 📄]을 클릭합니다.

TIP 또는 피벗 테이블 영역에서 마우스 오른쪽 버튼을 클릭하고 [피벗 테이블 옵션]을 선택해도 됩니다.

02 [피벗 테이블 옵션] 대화상자가 나타나면 [데이터] 탭을 선택합니다.

03 [파일을 열 때 데이터 새로 고침]에 체크한 후 [확인]을 클릭합니다.

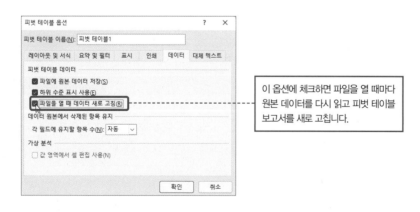

이 옵션에 체크하면 파일을 열 때마다 원본 데이터를 다시 읽고 피벗 테이블 보고서를 새로 고칩니다.

매크로를 이용해 자동 갱신

피벗 테이블 옵션을 변경하는 방법은 편리하긴 하지만, 즉각적으로 수정되는 것이 아니라 파일을 열 때만 새로 고쳐줍니다. 만약 원본 데이터의 변경 사항이 바로 피벗 테이블 보고서에 적용되도록 하려면 매크로를 이용해야 합니다.

01 자동 갱신할 피벗 테이블 보고서가 위치한 시트(예제는 [pivot] 시트)의 탭을 마우스 오른쪽 버튼으로 클릭하고 [코드 보기]를 선택합니다.

TIP 매크로를 사용하면 [피벗 테이블 옵션] 대화상자의 설정 작업을 하지 않아도 됩니다.

02 VB 편집기 창이 열리면 다음 코드를 입력하고 창 오른쪽 상단의 [닫기 ⊠]를 클릭해 창을 닫습니다.

파일 : 새로 고침 (매크로).txt

```
Private Sub Worksheet_Activate()
    ActiveSheet.PivotTables(1).PivotCache.Refresh ─────── ❶
End Sub
```

❶ 시트가 화면에 표시되면 현재 시트의 첫 번째 피벗 테이블을 새로 고치라는 명령입니다.

03 등록한 코드가 정상적으로 동작하는지 확인합니다.

04 [sample] 시트로 이동해 [C2] 셀의 담당자 이름을 원하는 이름으로 수정합니다.

05 [pivot] 시트로 이동해 피벗 테이블 보고서를 확인합니다.

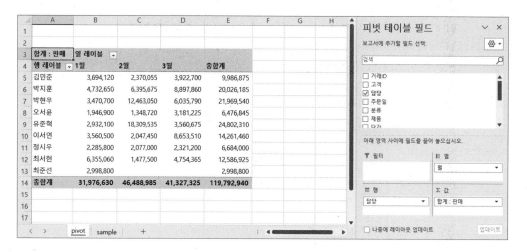

TIP 수정된 이름이 [A13] 셀에 표시되면 매크로가 제대로 동작한다는 것입니다.

06 매크로는 계속해서 동작해야 하므로 파일을 매크로 사용 통합 문서로 저장합니다.

07 F12 를 누르고 [다른 이름으로 저장] 대화상자의 [파일 형식]에서 [엑셀 매크로 사용 통합 문서]을 선택한 후 [저장]을 클릭합니다.

LINK 매크로를 사용하는 방법에 대해서는 이 책의 CHAPTER 36 매크로(1010~1091페이지)를 참고합니다.

CHAPTER 28

가상 분석,
예측 시트, 그룹

엑셀에는 잘 알려져 있진 않은 쏠쏠한 기능이 많습니다. 예를 들어 목표값 찾기나 그룹 기능은 잘 사용한다면 데이터 분석에 큰 도움이 되는 기능이고, 엑셀 2016 버전에 새로 추가된 예측 시트도 사업 계획 수립과 같은 데이터 분석 업무에 활용하면 매우 강력한 기능입니다. 이번 CHAPTER에서는 이러한 엑셀의 기능에 대해 알아보겠습니다.

긴 표를 짧게 접어 확인하는 방법

예제 파일 PART 06 \ CHAPTER 28 \ 그룹.xlsx

그룹 기능

시트에서 가로나 세로 방향으로 긴 표를 사용하다 보면 전체 표 데이터를 한눈에 확인하기 어렵습니다. 예제의 표는 급여대장 표입니다. 가로가 길어 한 화면에서 모든 데이터를 확인할 수 없습니다.

	부서	이름	직위	호봉	기본급	직위수당	식비	교통비	근속수당	급여총액	근로소득세
6	영업부	박지훈	부장	2호봉	5,372,400	400,000	300,000	200,000	444,000	6,716,400	111,000
7	영업부	유준혁	과장	1호봉	3,484,800	100,000	150,000	100,000	288,000	4,122,800	72,000
8	영업부	이서연	대리	1호봉	2,613,600	50,000	50,000	50,000	216,000	2,979,600	54,000
9	영업부	김민준	사원	3호봉	2,090,880	0	50,000	30,000	0	2,170,880	30,000
10	영업부	최서현	사원	1호봉	2,509,056	0	50,000	30,000	0	2,589,056	36,000
11	영업부	박현우	사원	2호봉	2,299,968	0	50,000	30,000	88,000	2,467,968	33,000
12	영업부	정시우	사원	2호봉	2,299,968	0	50,000	30,000	88,000	2,467,968	33,000
13	영업부										
14	인사부	이은서	과장	2호봉	3,194,400	100,000	150,000	100,000	0	3,544,400	66,000
15	인사부	오서윤	대리	1호봉	2,613,600	50,000	50,000	50,000	0	2,763,600	54,000
16	인사부										

비교적 중요도가 떨어지는 열이나 행은 접어두었다가 필요할 때만 확인하면 편리하게 작업할 수 있습니다. 이때 사용하면 좋은 기능이 바로 그룹 명령입니다. 그룹 기능과 유사한 기능으로는 숨기기 등이 있습니다. 숨기기 기능은 화면에 표시되지 않는 데이터가 존재한다는 사실 자체를 명확하게 표시하지 않지만, 그룹 기능은 열 주소 상단과 행 주소 좌측 영역에 윤곽 기호를 표시해주므로 좀 더 직관적으로 시트를 관리하는 데 도움이 됩니다.

그룹 적용

그룹을 적용하는 방법은 간단합니다. 중요도가 낮은 열(또는 행)을 선택하고 [데이터] 탭-[개요] 그룹-[그룹團]을 클릭합니다.

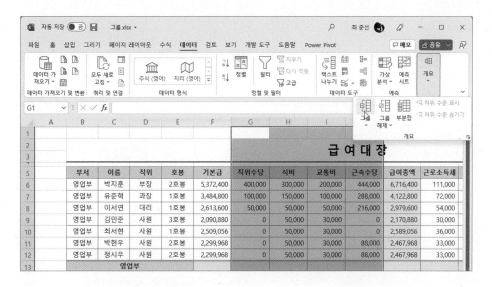

TIP 예제에서는 [G:J] 열을 선택하고 작업합니다.

그러면 열 주소 상단에 별개 영역이 표시되면서 윤곽 기호(1 , 2 , + , −)가 나타납니다.

윤곽 기호 중 [축소 −]를 클릭하면 [G:J] 열이 화면과 같이 접히게 되며 [확장 +]이 표시됩니다.

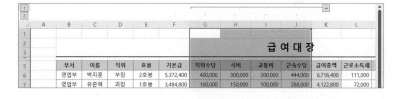

그룹 해제

그룹을 해제하려면 그룹으로 접혀 있는 열(또는 행)을 선택하고 [데이터] 탭-[개요] 그룹-[그룹 해제 囲]를 클릭합니다.

참고로 그룹 해제를 적용할 때 열이 숨겨진(축소된) 경우라면 그룹이 해제되어도 열은 계속해서 숨겨져 있는 상태가 될 수 있습니다. 그러므로 그룹 해제 기능을 사용할 경우에는 가급적 [확장 ⊞]을 클릭해 모든 열이 표시된 경우에 작업하는 것을 권합니다.

자동 개요

그룹 기능에는 사용자의 수식이 입력된 위치를 자동으로 인식해 그룹을 생성해주는 기능이 포함되어 있으며, 이런 기능을 자동 개요라고 합니다. 사용 방법은 간단합니다. 표 내부의 셀을 하나 선택하고 [데이터] 탭-[개요] 그룹-[그룹⊞]-[자동 개요]를 클릭합니다.

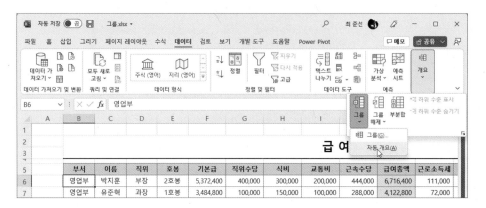

사용자 표에서 수식이 입력된 열과 행을 인식해 자동으로 열과 행에 윤곽 기호가 삽입됩니다. 이렇게 여러 개의 윤곽 기호가 표시되면 단계별 단추를 클릭하는 것이 관리하는 데 도움이 됩니다. 예를 들어 열 주소 상단의 1, 2, 3 중 2를 클릭하면 [G:J] 열과 [L:O] 열이 자동으로 접힙니다. 자동으로 설정된 그룹을 한번에 해제하려면 [데이터] 탭-[개요] 그룹-[그룹 해제⊞]-[개요 지우기]를 클릭합니다.

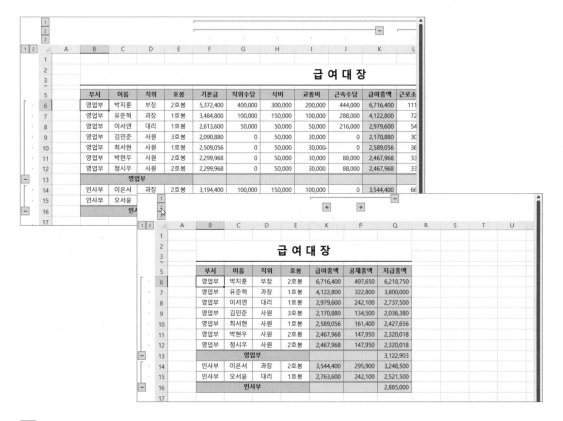

TIP 1, 2, 3은 1단계, 2단계, 3단계로 표를 축소(또는 확장)해줍니다. 클릭해보면 어떻게 동작하는지 쉽게 이해할 수 있습니다.

28 / 02 변수에 따라 달라지는 계산 결과를 한번에 파악하는 방법

예제 파일 PART 06 \ CHAPTER 28 \ 데이터 표.xlsx

데이터 표 기능

수식을 이용해 계산 작업을 하다 보면 다양한 셀을 참조하는데, 참조한 셀의 값은 변할 수 있으므로 계산식에서 참조하는 모든 셀은 변수입니다. 만약 변수의 값을 일일이 변경하지 않고 1에서 10까지 변화할 때의 계산 결과를 한번에 얻으려면 데이터 표 기능을 이용합니다.

다만, 데이터 표를 사용하려면 변수의 개수는 최대 세 개를 넘지 않아야 합니다. 데이터 표는 변수의 변화에 따른 계산 결과를 하나의 표로 깔끔하게 정리해 표시해줄 수 있으므로 각종 마케팅, 재무 분석 자료에 많이 활용됩니다.

데이터 표 기능을 활용하기 위한 표 구성 방법 이해

특정 제품으로 이벤트를 진행할 때 제품의 단가는 결정되어 있고 해당 이벤트 매출이 1천만 원을 초과하는 상황의 판매수량과 할인율을 알고 싶다고 가정합니다. 이런 경우 판매수량과 할인율은 각각 변수가 되며 이 결과를 얻기 위해 예제에서 다음과 같은 표를 구성했습니다.

	A	B	C	D	E	F	G	H	I
1									
2		단가	판매수량	할인율					
3		135,000	1	100%					
4									
5			5%	10.0%	15.0%	20.0%	25.0%	30.0%	
6		50							
7		60							
8		70							
9		80							
10		90							
11		100							
12		110							
13		120							
14									

화면에서 구성된 표처럼 [C3] 셀의 판매수량은 [B6:B13] 범위에 입력된 값처럼 50개에서 최대 120개까

지 판매될 것으로 예상합니다. [D3] 셀의 할인율은 [C5:H5] 범위에 입력된 값처럼 5%에서 최대 30%까지 할인이 가능하다고 가정합니다.

표 구성을 이해했다면 [B3:D3] 범위에 입력된 값으로 매출을 구하는 수식을 [B5] 셀에 입력합니다.

```
=B3*C3*(1-D3)
```

TIP 계산 결과는 어떤 값이 나와도 상관없지만, 반드시 변수의 값을 입력한 표의 좌측 상단 첫 번째 셀에 입력되어야 합니다.

데이터 표 기능 적용

준비가 끝났다면 데이터 표 기능을 적용해 표에 원하는 결과가 표시되도록 합니다. 표 범위([B5:H13] 범위) 전체를 선택하고 [데이터] 탭-[예측] 그룹-[가상 분석📊]-[데이터 표]를 클릭합니다. [데이터 테이블] 대화상자가 표시되면 다음과 같이 설정하고 [확인]을 클릭합니다.

· **[행 입력 셀]** : $D$3
· **[열 입력 셀]** : $C$3

TIP 데이터 테이블의 설정

이번 예제의 계산 작업에서는 두 개의 변수(판매수량, 할인율)가 사용되고 있습니다. 판매수량은 [C5:H5] 범위인 행에 입력되어 있고, 할인율은 [B6:B13] 범위인 열에 입력되어 있습니다. 그러므로 [행 입력 셀]에는 상단의 표에서 [D3] 셀의 값이 변해야 하며, [열 입력 셀]에는 상단의 표에서 [C3] 셀의 값이 변해야 합니다.

다음과 같은 계산 결과가 표에 반환됩니다.

C6		× ✓ fx	{=TABLE(D3,C3)}					
	A	B	C	D	E	F	G	H	I

	단가	판매수량	할인율				
	135,000	1	100%				
	-	5%	10.0%	15.0%	20.0%	25.0%	30.0%
50	6,412,500	6,075,000	5,737,500	5,400,000	5,062,500	4,725,000	
60	7,695,000	7,290,000	6,885,000	6,480,000	6,075,000	5,670,000	
70	8,977,500	8,505,000	8,032,500	7,560,000	7,087,500	6,615,000	
80	10,260,000	9,720,000	9,180,000	8,640,000	8,100,000	7,560,000	
90	11,542,500	10,935,000	10,327,500	9,720,000	9,112,500	8,505,000	
100	12,825,000	12,150,000	11,475,000	10,800,000	10,125,000	9,450,000	
110	14,107,500	13,365,000	12,622,500	11,880,000	11,137,500	10,395,000	
120	15,390,000	14,580,000	13,770,000	12,960,000	12,150,000	11,340,000	

조건부 서식을 이용한 결과 시각화

데이터 표에서 얻은 결과에서 특정 부분을 시각적으로 빠르게 확인하려면 조건부 서식을 이용하는 것이 좋습니다. 예를 들어 1천만 원을 초과하는 부분을 확인하려면 [C6:H13] 범위를 선택하고 [홈] 탭–[스타일] 그룹–[조건부 서식▦]을 클릭한 후 [보타 큼] 대화상자에서 [셀 강조 규칙]–[보다 큼]을 선택하고 대화상자의 첫 번째 입력란에 **10000000**을 입력합니다. 다음과 같은 결과를 얻을 수 있습니다.

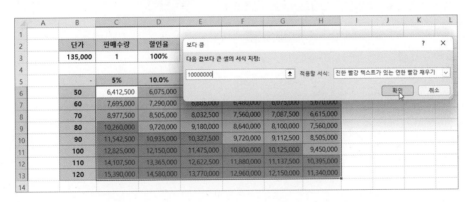

# 28/03 수식 결과가 원하는 값이 되도록 설정하는 방법

예제 파일 PART 06 \ CHAPTER 28 \ 목표값 찾기.xlsx

목표값 찾기란?

수식에는 문제가 없지만 계산 결과를 원하는 값으로 바꿔야 하는 경우가 있습니다. 예를 들어 다음과 같은 견적서는 사용자의 주문에 따른 계산 결과를 표시해주고 있습니다. [F2] 병합 셀의 결과는 수식에 문제가 없지만 이 값을 5백만 원으로 변경해야 한다면 어떻게 해야 할까요?

F2		× ✓ fx	=SUM(L12:O12)											
	A	B C D E	F	G	H	I J	K		L M		N O		P	

번호	품명	수량	단가	할인	공급가액	세액
	총 액 (공급가액 + 세액)				**5,082,055**	
1	흑백레이저복사기 TLE-5000	3	542,500	5%	1,546,125	154,613
2	열제본기 TB-8200	5	177,500	3%	860,875	86,088
3	지문인식 FPIN-1000+	10	114,500	10%	1,030,500	103,050
4	바코드 BCD-100 Plus	10	99,200	10%	892,800	89,280
5	복사지A4 1000매	50	6,100	5%	289,750	28,975
	합 계				4,620,050	462,005

엑셀의 목표값 찾기 기능은 수식으로 계산된 결과를 다른 값으로 바꾸려고 할 때 계산에 사용된 값 중 하나만 변경할 수 있을 때 사용합니다. 예를 들어 예제에서 총액이 5백만 원이 되기 위해 단가가 제일 비싼 '흑백레이저복사기 TLE-5000' 모델의 할인율을 조정해야 할 때 사용할 수 있습니다.

실무 활용 예제

01 예제의 표에서 견적 총액을 5백만 원으로 변경하기 위해 [K5] 셀의 할인율을 변경합니다.

02 [데이터] 탭-[예측] 그룹-[가상 분석🔢]-[목표값 찾기]를 클릭합니다.

03 [목표값 찾기] 대화상자가 표시되면 다음과 같이 설정하고 [확인]을 클릭합니다.

- **[수식 셀] : F2**
- **[찾는 값] : 5000000**
- **[값을 바꿀 셀] : K5**

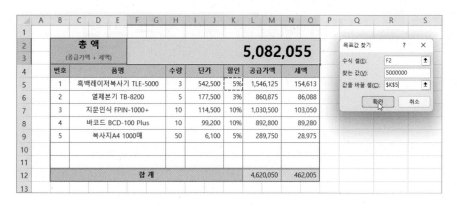

TIP [목표값 찾기] 대화상자 내 참조하는 셀의 참조 방식은 중요하지 않습니다.

04 해를 찾았다는 메시지 창이 나타나고 [F2] 셀에서 원하는 결과를 반환합니다.

05 [K5] 셀을 보면 그림에서 10%로 단순하게 표기되었지만 수식 입력줄에는 9.583438…%로 값이 표시됩니다.

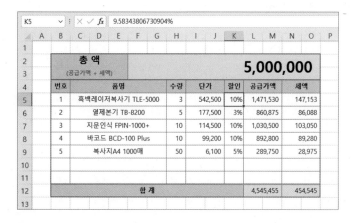

TIP 목표값 찾기는 한 번에 하나의 값 밖에 고칠 수 없습니다. 여러 값을 동시에 수정해야 한다면 해 찾기 기능을 이용해야 합니다.

28/04 예측 시트를 활용해 내년 매출을 예측하는 방법

예제 파일 PART 06 \ CHAPTER 28 \ 예측 시트.xlsx

예측 시트란?

예측 시트는 엑셀 2016 버전부터 지원됩니다. 이 기능은 과거 데이터를 가지고 미래 값을 예측해주고 계산된 값을 차트에 표시해줍니다. 복잡한 통계, 분석을 어려워하는 사용자를 위해 간단한 회귀 분석 방식의 예측 결과를 표시해주므로 편리합니다. 참고로 예측 시트를 사용하려면 X축 계열의 값이 반드시 날짜 값이어야 합니다.

실무 활용 예제

01 예제에는 다음 표와 차트가 생성되어 있습니다.

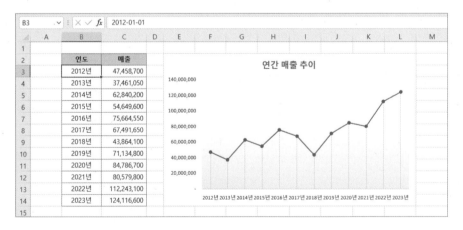

TIP [B3:B14] 범위에는 YYYY-MM-DD 형식의 날짜 값이 입력되어 있으며, 표시 형식을 이용해 셀에는 연도만 표시되도록 설정해놓았습니다. 표시 형식은 [B3:B14] 범위를 선택하고 Ctrl + 1 단축키를 누른 후 [형식]에서 확인할 수 있습니다.

02 예제와 같이 2012년부터 2023년까지의 매출이 정리되어 있을 때 2030년까지의 매출을 예측해보겠습니다.

03 [B3:C14] 범위를 선택하고 [데이터] 탭-[예측] 그룹-[예측 시트▦]를 클릭합니다.

04 [예측 워크시트 만들기] 창의 [예측 종료]를 **2030-01-01**로 변경합니다.

> **TIP** 2030년까지의 매출을 예측해보겠다고 했으니 **2030-01-01**로 입력했습니다. 원하는 날짜로 입력해도 됩니다.

05 [만들기]를 클릭해 예측 시트를 생성합니다.

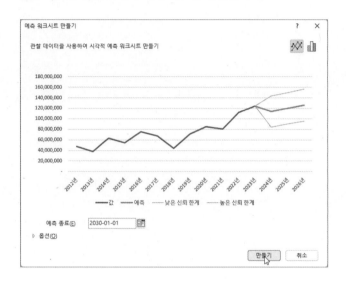

06 [Sheet1] 시트가 새로 생성되면서 예측된 결괏값과 차트가 화면과 같이 표시됩니다.

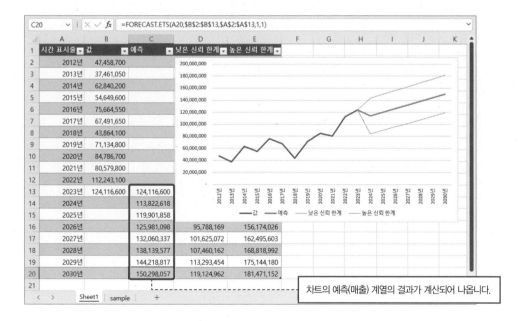

차트의 예측(매출) 계열의 결과가 계산되어 나옵니다.

개체

도형, 그림

엑셀에도 다양한 도형이나 그림을 삽입해 사용할 수 있습니다. 이런 부분은 파워포인트 등에서 도형과 그림 작업을 많이 한 사용자에게는 어렵지 않은 내용일 수 있습니다. 엑셀에서 제공되는 다양한 그래픽 개체를 어떻게 활용해야 하는지 이번 CHAPTER에서 배울 수 있습니다.

도형을 원하는 크기로 쉽게 조정하는 방법

예제 파일 없음

크기 조정 핸들과 회전 핸들

도형을 시트에 삽입하거나 선택하면 도형 테두리에 크기 조정 핸들○과 회전 핸들◉이 표시됩니다.

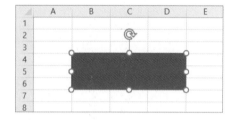

두 핸들의 사용 방법은 아래를 참고합니다.

- **회전 핸들(◉)** : 도형 상단에 표시되며, 도형을 360도 회전시킬 때 사용합니다. Alt 를 누르고 도형을 회전하면 15도씩 회전시킬 수 있습니다.
- **크기 조정 핸들(○)** : 도형 테두리에 표시되며 마우스로 드래그해 도형의 크기를 조정합니다.

실무 활용 예제

01 빈 파일에서 [삽입] 탭-[일러스트레이션] 그룹-[도형 🖼]을 클릭한 후 [사각형]-[직사각형]을 선택합니다.

02 도형을 선택하고 원하는 위치에서 마우스를 드래그하면 해당 크기로 도형이 삽입됩니다.

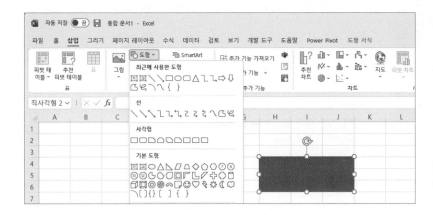

TIP 도형을 삽입할 때 Alt 를 누르고 드래그하면 셀 모서리에 맞춰 삽입할 수 있습니다.

03 도형 우측 하단의 크기 조정 핸들○을 우측 하단으로 드래그합니다.

04 Ctrl + Z 를 눌러 크기 조정 작업을 취소합니다.

05 Alt 를 누른 상태에서 도형 우측 하단의 크기 조정 핸들○을 드래그합니다.

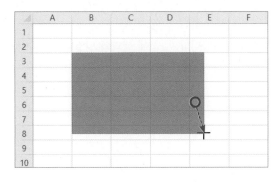

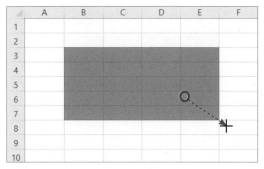

TIP 드래그한 위치에 맞게 도형 크기가 변합니다.

TIP Alt 를 누르고 드래그해 셀 모서리에 맞춰 크기가 변합니다.

06 Ctrl 을 누른 상태에서 크기 조정 핸들○을 원하는 방향으로 드래그합니다.

07 Shift 를 누른 상태에서 크기 조정 핸들○을 원하는 방향으로 드래그합니다.

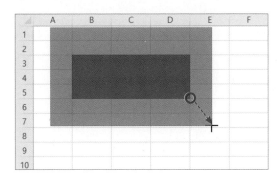

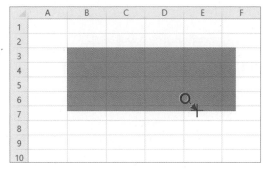

TIP Ctrl 을 누르고 드래그하면 도형을 중심으로 크기가 조정됩니다.

TIP Shift 를 누르고 드래그하면 도형의 비율이 유지되면서 크기가 조정됩니다.

도형에 다른 셀 데이터를 참조하는 방법

예제 파일 PART 07 \ CHAPTER 29 \ 피벗테이블.xlsx

도형과 셀 참조

도형에 직접 값을 입력하는 방법 이외에도 다른 셀의 값을 참조할 수 있습니다. 단, 도형에 직접 수식을 입력할 수는 없기 때문에 수식 입력줄을 이용해 참조 수식을 입력해야 합니다. 도형에서 다른 셀을 참조하면 해당 셀과 연결되고 셀의 값이 변경되면 변경된 값이 도형에 표시됩니다. 나중에 셀과의 연결을 끊으려면 도형을 선택하고 수식 입력줄의 수식을 삭제한 후 Enter 를 누르면 됩니다.

실무 활용 예제

01 예제의 [F:G] 열에 위치한 도형에 왼쪽 표의 매출([D8] 셀)을 보기 좋게 표시합니다.

	담당	판매수량	매출
	박지훈	1,833	262,682,515
	유준혁	1,852	267,184,270
	이서연	2,091	306,218,155
	김민준	1,420	229,828,110
	최서현	1,431	188,923,325
	총합계	8,627	1,254,836,375

02 [F2:G3] 범위의 도형에 제목을 입력합니다.

03 도형을 선택하고 마우스 오른쪽 버튼을 클릭한 후 [텍스트 편집] 메뉴를 선택합니다.

	담당	판매수량	매출
	박지훈	1,833	262,682,515
	유준혁	1,852	267,184,270
	이서연	2,091	306,218,155
	김민준	1,420	229,828,110
	최서현	1,431	188,923,325
	총합계	8,627	1,254,836,375

스타일 / 채우기 / 윤곽선

잘라내기(T)
복사(C)
붙여넣기 옵션:
텍스트 편집(X)
점 편집(E)
그룹화(G)

04 도형이 편집 상태가 되면 **매출**을 입력하고 Enter 를 누릅니다.

05 상단 도형에 다음과 같은 서식을 순서대로 적용해 꾸미는 작업을 진행합니다.

❶ [홈] 탭-[맞춤] 그룹-[가운데 맞춤▤] 클릭
❷ [홈] 탭-[맞춤] 그룹-[가운데 맞춤▤] 클릭
❸ 글꼴을 변경, 반드시 해야 하는 것은 아님
❹ [홈] 탭-[글꼴] 그룹-[글꼴 크기 크게 가̂]를 몇 차례 클릭해 도형에 맞게 글꼴 크기를 조정
❺ [홈] 탭-[글꼴] 그룹-[굵게 가̂] 클릭

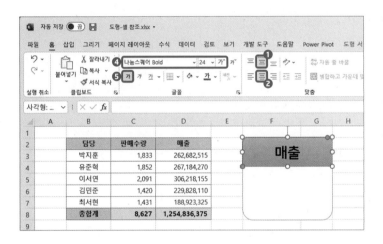

06 도형에 추가할 매출액은 억 단위로 바꿔 단위와 함께 표시합니다.

TIP 도형에 수식은 참조만 가능하므로 도형에 원하는 방식으로 표시하려면 미리 계산해야 합니다.

07 [D9] 셀에 다음 수식을 입력합니다.

=TEXT(D8/10^8, "0.0억")

D9 ✓ : × ✓ fx =TEXT(D8/10^8, "0.0억")

	A	B	C	D	E	F	G	H
1								
2		담당	판매수량	매출			매출	
3		박지훈	1,833	262,682,515				
4		유준혁	1,852	267,184,270				
5		이서연	2,091	306,218,155				
6		김민준	1,420	229,828,110				
7		최서현	1,431	188,923,325				
8		총합계	8,627	1,254,836,375				
9				12.5억				

🔍 **더 알아보기**   **수식 이해하기**

이번 수식은 [D8] 셀의 매출을 '원' 단위에서 '억' 단위로 변경하기 위한 것으로 다음 순서로 이해하는 것이 쉽습니다.

❶ D8/10^8

: 10^8 은 1억을 의미합니다. 즉, D8셀의 값을 1억으로 나눈 값이 반환됩니다.

❷ TEXT(❶, "0.0억")

: ❶의 결과를 TEXT 함수로 0.0 형식으로 변환하고 '억' 단위를 붙여 반환합니다.

즉, 이번 수식은 [D8] 셀의 숫자를 억 단위로 소수점 첫째 자리까지 반환해 줍니다.

08 하단 도형을 선택하고 수식 입력줄에 **=**를 입력한 후 [D9] 셀을 클릭해 참조합니다. Enter 를 눌러
입력합니다.

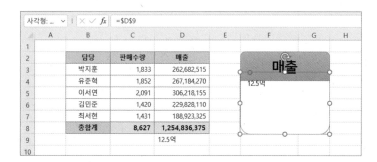

09 **05** 과정을 참고해 하단 도형에 서식을 적용하면 다음과 같은 결과를 얻을 수 있습니다.

	A	B	C	D	E	F	G	H
1								
2		담당	판매수량	매출		매출		
3		박지훈	1,833	262,682,515				
4		유준혁	1,852	267,184,270				
5		이서연	2,091	306,218,155		12.5억		
6		김민준	1,420	229,828,110				
7		최서현	1,431	188,923,325				
8		총합계	8,627	1,254,836,375				
9				12.5억				
10								

TIP [D9] 셀은 도형에 표시하기 위해 계산해놓은 것으로 화면에 표시하지 않으려면 글꼴 색을 하얀색으로 변경합니다.

여러 도형의 위치를 보기 좋게 정렬하는 방법

예제 파일 PART 07 \ CHAPTER 29 \ 도형-정렬.xlsx

도형 맞춤

여러 개의 도형을 시트에 삽입한 후 동일한 위치에 정렬하려고 할 때, 도형 정렬 기능을 몰라 수작업으로 도형의 위치를 맞추느라 고생하는 경우가 많습니다. 도형은 '정렬'이 아니라 '맞춤'이라는 기능을 이용해 크기와 위치를 맞춥니다. 참고로 엑셀의 차트나 그림 또한 도형을 이용해 표시되므로 같은 방법으로 정렬할 수 있습니다.

도형을 정렬하려면 정렬하려는 도형을 모두 선택하고 [도형 서식] 탭-[정렬] 그룹-[맞춤 ▣]을 클릭한 후 하위 메뉴에서 원하는 맞춤 옵션을 선택합니다.

옵션	설명
왼쪽 맞춤	선택된 도형 중 가장 왼쪽에 있는 도형 위치로 정렬합니다.
가운데 맞춤	선택된 도형 중 가운데에 있는 도형 위치로 정렬합니다.
오른쪽 맞춤	선택된 도형 중 가장 오른쪽에 있는 도형 위치로 정렬합니다.
위쪽 맞춤	선택된 도형 중 가장 위에 있는 도형 위치로 정렬합니다.
중간 맞춤	선택된 도형 중 가운데에 있는 도형 위치로 정렬합니다.
아래쪽 맞춤	선택된 도형 중 가장 아래쪽에 있는 도형 위치로 정렬합니다.
가로 간격을 동일하게	선택된 도형의 가로 간격을 모두 동일하게 변경합니다.
세로 간격을 동일하게	선택된 도형의 세로 간격을 모두 동일하게 변경합니다.
눈금에 맞춤	선택된 도형을 시트의 눈금선에 맞춰 표시합니다.
도형에 맞추기	선택된 도형을 다른 도형의 위치에 맞춰 표시합니다.
눈금선 보기	시트의 눈금선을 표시 여부를 결정합니다.

TIP 엑셀 2019 버전을 포함한 이하 버전에서는 [도형 서식] 탭은 존재하지 않고 [그리기 도구]-[서식] 탭이 제공됩니다.

실무 활용 예제

01 예제의 도형을 오른쪽 그림과 같이 보기 좋게 정렬합니다.

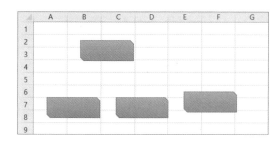 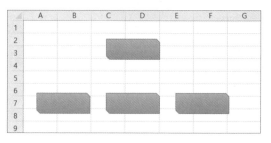

02 아래쪽에 위치한 세 개의 도형을 정렬하기 위해 선택합니다.

03 왼쪽 첫 번째 도형을 선택하고 Shift 를 누른 상태에서 두 번째, 세 번째 도형을 차례대로 클릭합니다.

TIP 모든 도형을 한번에 선택하려면 첫 번째 도형을 선택하고 Ctrl + Shift + Spacebar 를 누르면 됩니다.

04 도형을 정렬하기 위해 다음 순서로 작업합니다.

❶ [그리기 도구]-[서식] 탭-[정렬] 그룹-[맞춤▦]을 클릭하고 [가로 간격을 동일하게] 선택
: 도형의 가로 간격을 일정하게 조정해줍니다.
❶ [그리기 도구]-[서식] 탭-[정렬] 그룹-[맞춤▦]을 클릭하고 [중간 맞춤] 선택
: 선택된 도형의 중간에 위치한 도형의 위쪽 위치로 도형의 높이를 맞춥니다. [위쪽 맞춤] 또는 [아래쪽 맞춤]을 선택해도 무방합니다.

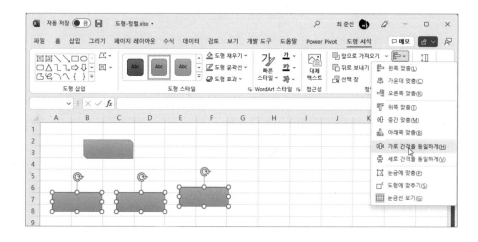

05 상단의 도형 위치를 아래쪽 가운데 도형 위치로 정렬합니다.

06 위쪽의 도형을 선택하고 Shift 를 누른 상태에서 아래쪽 가운데 도형을 선택합니다.

07 [도형 서식] 탭-[정렬]-[맞춤📭]을 클릭하고 [오른쪽 맞춤]을 선택합니다.

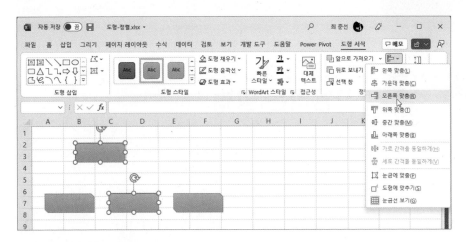

TIP 왜 [오른쪽 맞춤]을 사용할까?

[오른쪽 맞춤]은 선택된 도형 중에서 오른쪽에 위치한 도형의 위치를 기준으로 다른 도형의 위치를 정렬합니다. 참고로 [왼쪽 맞춤]을 선택하면 [오른쪽 맞춤]과는 달리 아래의 가운데 도형이 위쪽의 도형 위치로 이동합니다.

엑셀에서 3차원 입체 도형을 사용하는 방법

예제 파일 PART 07 \ CHAPTER 29 \ 도형-그룹.xlsx

3차원 입체 도형과 3D 모델

엑셀에서는 3차원 입체 도형은 제공되지 않았다가 엑셀 2019 버전부터 [3D 모델] 명령을 통해 3차원 입체 도형을 사용할 수 있도록 지원하고 있습니다. [삽입] 탭-[일러스트레이션] 그룹-[3D 모델 ⓒ] 명령을 클릭하고 [스톡 3D 모델]을 선택하면 3차원 입체 도형을 사용할 수 있습니다.

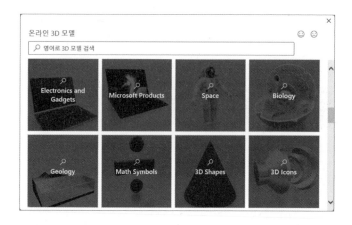

[온라인 3D 모델] 창에서 [3D Shapes] 분류를 클릭하면 사용 가능한 3D 도형이 반환됩니다. 원하는 입체 도형을 선택하고 [삽입]을 클릭합니다.

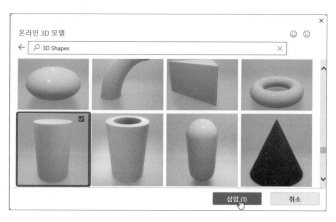

단, 이렇게 삽입된 3차원 도형은 몇 가지 기본 스타일 외에는 사용자가 마음대로 꾸미기가 쉽지 않습니다. 또한 3차원 도형은 엑셀 2019 버전부터 추가된 것이므로 엑셀 2010 이하 버전에서는 사용할 수 없습니다. 하위 버전에서는 도형을 여러 개 삽입하고 그룹으로 설정해 3차원 효과를 내는 방법을 사용해야 합니다. [그룹] 기능은 여러 도형을 하나의 도형처럼 이용할 수 있도록 묶어주는 기능입니다. [그룹]은 3차원 입체 도형을 생성할 때, 차트 등에서 표현하기 어려운 부분을 도형을 삽입해 처리할 때도 유용하게 사용됩니다.

실무 활용 예제

01 예제의 도형을 오른쪽 그림처럼 하나의 도형으로 그룹 설정합니다.

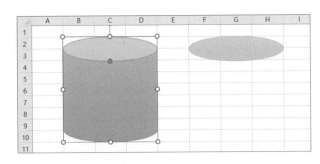 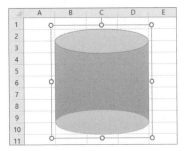

LINK 오른쪽 타원 도형은 원통형 도형의 상단의 타원 부분과 크기를 맞춰 작업합니다. 도형의 크기를 조정하는 방법은 이 책의 814페이지를 참고합니다.

02 오른쪽의 타원 도형을 선택해 왼쪽 원통형 도형 하단에 위치시킵니다.

TIP 원통형 도형이 셀 테두리에 맞춰 조정되어 있으므로 도형을 이동할 때 Alt 를 누른 채 드래그하면 위치를 쉽게 맞출 수 있습니다.

03 Shift 를 누른 상태에서 두 도형을 순서대로 선택해 모두 선택합니다.

04 마우스 오른쪽 버튼을 클릭한 후 [그룹화]-[그룹]을 선택합니다. 이제 도형을 다른 위치로 드래그하면 두 도형이 하나의 도형처럼 움직입니다.

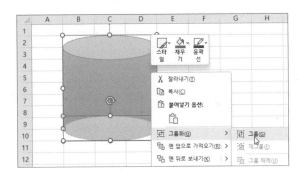 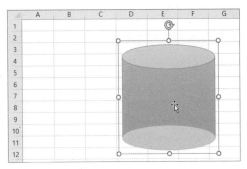

TIP 그룹 해제

그룹 기능을 이용해 하나로 묶은 도형을 다시 원래대로 분리할 수도 있습니다. 분리할 때는 [그룹화]-[그룹 해제]를 선택합니다.

29 / 05
그림(도장) 배경을 투명하게 설정하는 방법

예제 파일 PART 07 \ CHAPTER 29 \ 그림-투명.xlsx

그림 효과

엑셀은 포토샵 같은 다양한 그림 편집 기능은 제공하지 않지만 시트에 삽입한 그림에 몇 가지 효과와 배경을 투명하게 설정하는 옵션 등을 제공합니다. 이런 기능을 통해 도장 이미지의 배경을 투명하게 설정하거나 그림의 배경을 지워 깔끔한 이미지를 표시하는 용도로 활용할 수 있습니다. 그림 삽입 후 [그림 서식] 탭-[조정] 그룹과 [그림 스타일] 그룹을 보면 그림에 적용할 수 있는 몇 가지 효과를 선택할 수 있습니다.

TIP 엑셀 2019 이전 버전에서는 [그림 서식] 탭이 제공되지 않고 [그림 도구]-[서식] 탭이 제공됩니다.

실무 활용 예제

01 예제에 삽입된 도장의 흰색 배경을 투명하게 설정합니다.

02 [B3] 병합 셀에 삽입된 도장 그림을 선택합니다.

03 [그림 서식] 탭-[조정] 그룹-[색 ▣]을 클릭하고 [투명한 색 설정]을 선택합니다.

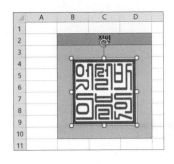

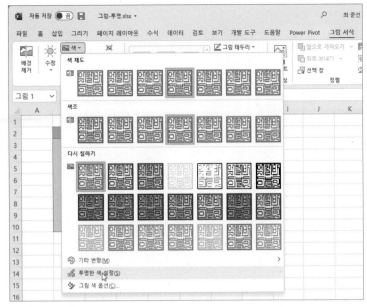

04 마우스 포인터가 연필 모양으로 변경되면 그림의 흰색 배경 부분을 클릭합니다.

05 그러면 오른쪽 화면처럼 배경이 투명하게 적용됩니다.

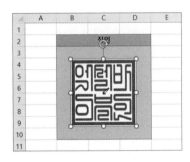 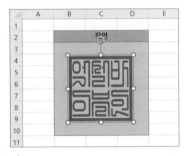

수식을 사용해 그림을 참조하는 방법

예제 파일 PART 07 \ CHAPTER 29 \그림-참조.xlsx

그림 참조와 INDEX, MATCH 함수

엑셀에서는 다른 위치에 삽입된 그림 중 조건에 맞는 그림만 원하는 위치로 참조할 수 있습니다. 그림을 참조할 때는 다음 사항을 주의합니다.

첫째, VLOOKUP 함수는 사용할 수 없습니다.

둘째, INDEX, MATCH 함수를 조합해 사용해야 합니다.

셋째, INDEX, MATCH 함수를 사용한 수식은 이름 정의를 통해서만 사용할 수 있습니다.

INDEX, MATCH 함수를 사용하는 자세한 방법은 이 책의 549페이지를, 이름 정의는 이 책의 356페이지를 참고합니다.

실무 활용 예제

01 예제의 표에서 [F6] 셀에 회사를 선택하면 해당 회사 로고가 [G6] 셀에 표시되도록 작업합니다.

	회사	점유율	로고		회사	로고
	삼성	21.7%	SAMSUNG		삼성	
	애플	16.8%				
	샤오미	13.7%	mi			
	오포	10.7%	OPPO			

핸드폰 시장 점유율

TIP [F6] 셀에는 데이터 유효성 검사의 '목록' 기능이 적용되어 있으며, 해당 기능을 적용하는 방법은 이 책의 666페이지를 참고합니다.

02 그림을 참조하려면 참조 수식을 이름으로 정의해 사용해야 합니다.

03 [수식] 탭-[정의된 이름] 그룹-[이름 정의 ⟋]를 클릭합니다.

04 [이름 정의] 대화상자가 표시되면 다음과 같이 입력하고 [확인]을 클릭합니다.

- **[이름] : 프린터**
- **[참조 대상] : =INDEX($D$6:$D$9, MATCH($F$6, $C$6:$C$9, 0))**

🔍 **더 알아보기**　　**수식 이해하기**

이 수식은 일반적인 INDEX, MATCH 함수를 사용하는 수식과 다음과 같은 차이가 있습니다.

첫째, INDEX 함수에서 참조하는 [D6:D9] 범위에는 값 대신 이미지만 존재합니다.
둘째, MATCH 함수에서 찾는 값을 지정하는 [F6] 셀을 절대 참조로 지정합니다.

예제의 표에서는 '품명'을 입력하는 [F6] 셀이 고정되어 있으므로 위치가 변하지 않아야 한다면 절대 참조 방식으로 참조해야 합니다.

---

05 [D6:D9] 범위의 그림 중 하나를 선택해 복사한 후 [G6] 셀에 붙여 넣습니다.

06 [G6] 셀에 붙여 넣은 그림을 선택하고 수식 입력줄에 **=로고**를 입력한 후 Enter 를 누릅니다.

07 [G6] 셀의 로고가 [F6] 셀에 선택된 회사명에 맞게 변경됩니다.

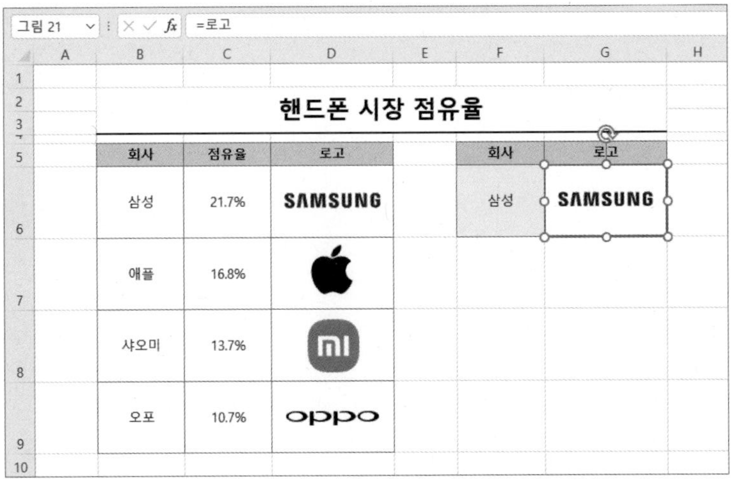

08 [F6] 셀에서 다른 회사를 선택해 로고가 변경되는지 확인합니다.

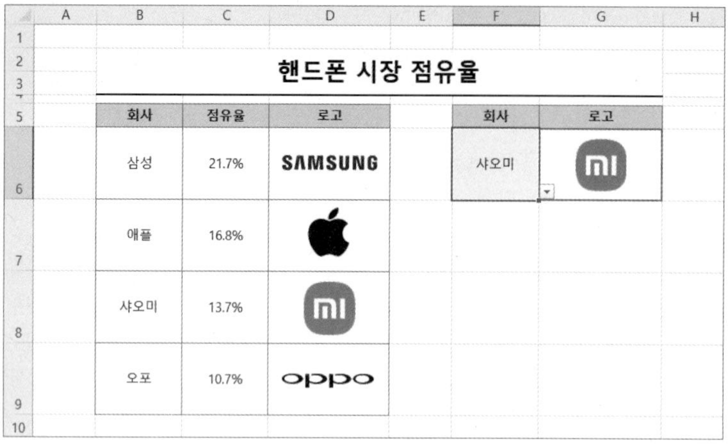

	회사	점유율	로고		회사	로고
			핸드폰 시장 점유율			
	삼성	21.7%	SAMSUNG		샤오미	mi
	애플	16.8%	🍎			
	샤오미	13.7%	mi			
	오포	10.7%	OPPO			

CHAPTER

30

메모

엑셀에는 셀에 입력하긴 어렵지만, 설명이 꼭 필요한 경우 유용하게 사용할 수 있는 메모 기능이 있습니다. 최근에는 윈드라이브 등의 클라우드 서비스를 이용해 공동 작업도 지원하므로 여러 사람이 작업 내용에 대해 소통할 수 있는 기능이 필요합니다. 이때 스레드 메모 기능을 사용하면 더욱 원활한 소통이 가능합니다. 스레드 메모 기능이 제공되면서 기존 메모는 노트라고 구분해 부릅니다.

365 버전

엑셀 Microsoft 365 버전의 새로운 메모 기능

예제 파일 PART 07 \ CHAPTER 30 \ 피벗테이블.xlsx

엑셀 Microsoft 365 버전과 연도 버전의 메모 명령 차이

먼저 엑셀 2021 버전에서 [검토] 탭-[메모] 그룹을 보면 다음과 같은 메모 관련 기능이 제공됩니다.

이런 구성은 엑셀 2019 버전을 포함한 이전 버전에서는 모두 공통적으로 표시되는 메뉴입니다.

하지만 엑셀 Microsoft 365 최신 버전에서의 [검토] 탭은 다음과 같은 메모 관련 기능이 제공됩니다.

뭔가 비슷한 것 같지만 엑셀 Microsoft 365 버전의 경우 [검토] 탭에 [메모] 그룹이 두 개가 제공됩니다. 왼쪽 메모는 엑셀 2021 버전을 포함한 연도 버전의 [메모] 그룹과 유사한 것 같지만 전혀 다른 메모 기능입니다.

엑셀 2021 버전을 포함한 연도 버전의 메모 기능과 동일한 명령은 오른쪽 [메모] 그룹-[메모 ▣]를 클릭할 때 나타납니다.

물론 하위 메뉴의 기능 이름이 '노트'라고 표시되므로 헷갈릴 수도 있습니다. 하지만 이 메뉴의 명령이 정확하게 연도 버전의 메모 기능과 동일합니다.

Microsoft 365 버전에서의 메모와 노트

엑셀 Microsoft 365 버전에서 [검토] 탭-[메모] 그룹-[새 메모🗨]를 클릭하면 다음과 같은 메모가 표시됩니다.

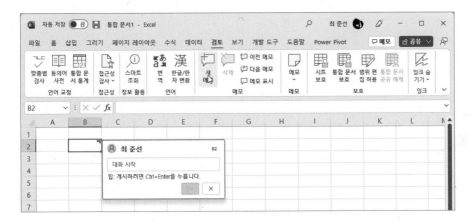

기본적으로 알고 있는 메모와는 달리 채팅 창과 유사한 화면의 인터페이스가 제공됩니다. 이런 메모를 스레드 메모라고도 하는데 엑셀 파일이 원드라이브에 저장되어 있고 여러 사람이 함께 작업할 수 있도록 공유되어 있을 때 사용할 수 있는 기능입니다. 다른 사람과 메모로 소통할 수 있도록 만들어진 새로운 기능입니다.

이 기능을 확인하면 오른쪽 화면과 같이 공유된 파일에 서로 다른 사용자가 접속해 셀에 입력된 값에 대한 토론을 진행할 수 있습니다.

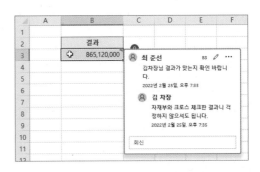

우리가 알고 있는 메모는 오른쪽 [메모] 그룹의 [메모] 명령 하단에 제공되는 [새 노트🗒] 명령을 클릭할 때 나타나며 엑셀 2021 버전을 포함한 이전 버전에서는 [검토] 탭-[메모] 그룹-[새 메모🗨] 명령을 클릭하면 됩니다.

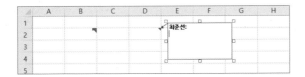

메모 기능과 유효성 검사의 설명 메시지

예제 파일 없음

메모 기능

우리가 알고 있는 메모는 셀에 삽입하고 다른 셀을 선택하고 있으면 다음과 같이 셀 우측 상단에 빨간 삼각형 기호가 표시됩니다.

[B2] 셀에 메모가 삽입되어 있습니다.

메모가 삽입된 셀을 다시 선택하거나 마우스 포인터가 해당 셀 위에 위치하면 셀에 삽입된 메모가 표시됩니다.

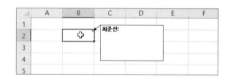

유효성 검사의 설명 메시지

유효성 검사의 설명 메시지를 사용하는 경우 셀에 아무런 표시가 나타나지 않습니다.

[B2] 셀에 데이터 유효성 검사의 설명 메시지를 추가해놓았습니다.

셀을 선택하면 우측 하단에 다음과 같은 메시지가 표시됩니다.

유효성 검사의 설명 메시지는 유효성 검사를 사용하지 않아도 [설명 메시지]만 따로 설정하는 것이 가능하며 설정 방법은 이 책의 659페이지를 참고하길 바랍니다.

30/03 메모에 그림을 넣어 사용하는 방법

예제 파일 PART 07 \ CHAPTER 30 \ 메모-그림.xlsx

메모와 그림

시트에 그림을 넣어야 하는 경우 그림이 너무 많은 영역을 차지해 보기 불편하다면 메모에 그림을 넣는 방법을 사용할 수 있습니다. 메모에 그림을 넣으면 평상시에는 보이지 않다가 메모가 삽입된 셀에 마우스 포인터가 위치할 때만 그림을 확인할 수 있어 편리합니다. 다만 메모는 삽입 후 하나씩 그림을 따로 추가해야 하므로 번거로울 수 있습니다. 그러므로 많은 그림을 삽입할 필요가 없거나 매크로를 사용할 수 있는 경우가 아니라면 이 방법보다는 시트에 직접 그림을 삽입하는 방법을 권합니다.

실무 활용 예제

01 예제의 표에 C열의 모델명에 맞는 제품 이미지를 메모로 추가합니다.

02 [C6] 셀을 선택하고 [검토] 탭-[메모] 그룹-[새 메모🗒]를 클릭합니다.

> **TIP** 엑셀 Microsoft 365 버전에서는 오른쪽 [검토] 탭-[메모] 그룹-[메모🗋]를 클릭하고 [새 노트]를 선택합니다.

03 삽입된 메모가 입력 상태일 때 Esc 를 눌러 메모 도형을 선택합니다.

04 메모의 테두리에서 마우스 오른쪽 버튼을 클릭한 후 [메모 서식]을 선택합니다.

05 [메모 서식] 대화상자의 [색 및 선] 탭을 선택하고 [색] 옵션에서 아래 화살표 단추⌄를 클릭한 후 [채우기 효과]를 선택합니다.

06 [채우기 효과] 대화상자의 [그림] 탭을 선택하고 [그림 선택]을 클릭합니다.

07 [그림 삽입] 대화상자에서 [파일에서] 옵션의 [찾아보기]를 클릭합니다.

08 [그림 선택] 대화상자에서 예제 폴더 내 **EOS R5 C.jpg** 파일을 선택하고 [삽입]을 클릭합니다.

09 [채우기 효과]와 [메모 서식] 대화상자의 [확인]을 클릭해 닫습니다.

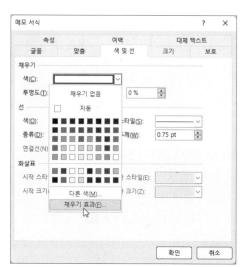

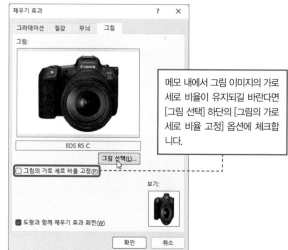

10 메모에 선택한 그림이 표시됩니다.

11 메모의 우측 하단 핸들을 이용해 메모 크기를 조정하고 그림을 보기 좋게 설정합니다.

메모 글꼴을 변경하는 방법

03 / 04

예제 파일 PART 07 \ CHAPTER 30 \ 메모-글꼴.xlsx, 메모-글꼴 (매크로).txt

메모의 기본 글꼴

메모의 기본 글꼴은 엑셀 2007 버전부터 맑은 고딕으로 설정되어 있습니다. 엑셀은 메모의 기본 글꼴을 변경할 수 있는 옵션을 제공하지 않기 때문에 메모 삽입 후 [메모 서식] 대화상자에서 원하는 글꼴로 변경해야 합니다. 이 작업은 각각의 메모에서 반복 설정해주어야 합니다. 그러므로 여러 개의 메모 글꼴을 한번에 변경하려면 매크로를 이용하는 것이 더 편리합니다.

메모 선택해 글꼴 변경

01 예제의 표에 추가된 메모 중 하나의 글꼴을 수작업으로 변경합니다.

02 [B10] 셀을 선택하고 마우스 오른쪽 버튼을 클릭한 후 [메모 편집]을 선택합니다.

TIP [메모 편집] 명령은 단축키 Shift + F2 로 대체할 수 있습니다.

03 메모의 테두리 부분에서 마우스 오른쪽 버튼을 클릭하고 [메모 서식]을 선택합니다.

04 [메모 서식] 대화상자의 [글꼴] 탭에서 원하는 [글꼴]과 [크기]로 변경하고 [확인]을 클릭합니다.

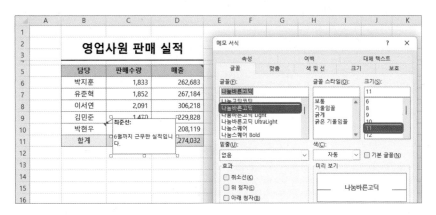

TIP [나눔바른고딕]은 네이버에서 제공하는 무료 글꼴로 다운로드한 후 설치해야 사용할 수 있습니다.

05 화면과 같이 [B10] 셀 메모의 글꼴 서식이 변경되었습니다.

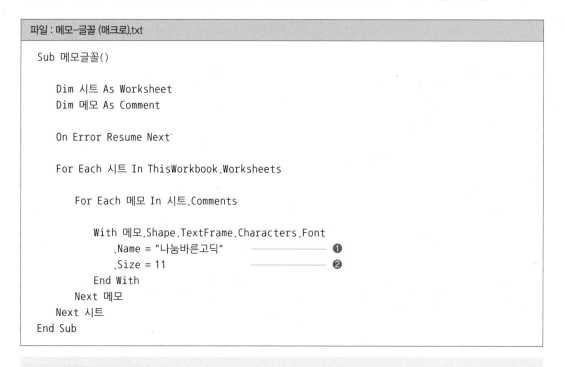

매크로를 활용한 메모 글꼴 변경 방법

파일 내 모든 메모에 한번에 원하는 글꼴 설정을 적용하려면 다음과 같은 매크로를 사용합니다.

파일 : 메모–글꼴 (매크로).txt

```
Sub 메모글꼴()

    Dim 시트 As Worksheet
    Dim 메모 As Comment

    On Error Resume Next

    For Each 시트 In ThisWorkbook.Worksheets

        For Each 메모 In 시트.Comments

            With 메모.Shape.TextFrame.Characters.Font
                .Name = "나눔바른고딕"              ❶
                .Size = 11                        ❷
            End With
        Next 메모
    Next 시트
End Sub
```

❶ 원하는 글꼴 이름을 입력합니다.
❷ 원하는 글꼴 크기를 입력합니다.

TIP 첨부된 매크로를 사용하는 방법은 이 책의 1049페이지를 참고합니다.

메모를 입력된 내용에 맞춰 자동으로 크기를 조정하는 방법

예제 파일 PART 07 \ CHAPTER 30 \ 메모-크기.xlsx, 메모-크기 (매크로).txt

메모 크기 자동 조정

메모를 여러 개 사용하면 메모가 모두 표시될 때 여러 메모가 각각 표시되므로 지저분하게 느껴질 수 있습니다. 메모 크기는 사용자가 수동으로 조정할 수 있고, 자동으로 작성된 내용에 맞춰 변경되지는 않기 때문에 불편합니다. 그러므로 사용된 모든 메모를 내용에 맞춰 크기를 자동 조정하고 싶다면 매크로 기능을 이용해야 합니다. 매크로를 이용하면 한번에 메모 크기를 자동으로 조정할 수 있으므로 편리합니다.

실무 활용 예제

01 예제의 견적서에 삽입된 메모 크기를 메모의 텍스트 내용에 맞춰 자동으로 조정합니다.

02 [검토] 탭-[메모] 그룹-[메모 모두 표시]를 클릭해 모든 메모를 표시합니다.

TIP 엑셀 Microsoft 365 버전에서는 오른쪽 [메모] 그룹 – [메모 🗖]를 클릭하고 [모든 노트 표시]를 선택합니다.

	품 명	수량	단가	공급가액	세액
	본기 ST-100	4	127,800	511,200	51,12
	저복사기 TLE-5000	3	597,900	1,793,700	179,370
	저복사기 XI-2000	2	1,003,000	2,006,000	200,600
4	문서세단기 SCUT-1000	3	439,000	1,317,000	131,700
5	복사지A4 2500매	4	15,800	63,200	6,320
	합계			5,691,100	569,110

견 적 서

총 액 (공급가액 + 세액) 6,260,210

TIP [메모 모두 표시]를 다시 누르기 전까지는 모든 메모가 계속해 표시됩니다.

03 메모 크기를 작성된 내용에 맞춰 자동 조정하기 위해 매크로를 사용합니다.

04 [Alt]+[F11] 단축키를 눌러 VB 편집기 창을 실행합니다.

05 [삽입]-[모듈] 메뉴를 클릭합니다.

06 오른쪽 코드 창에 **메모-크기 (매크로).txt** 예제 파일의 코드를 붙여 넣고 [F5]를 눌러 바로 실행합니다.

TIP 코드 창에서 [F5]는 해당 위치의 매크로를 실행하는 단축키입니다.

07 VB 편집기 창을 닫으면 메모 크기가 자동 조정된 것을 확인할 수 있습니다.

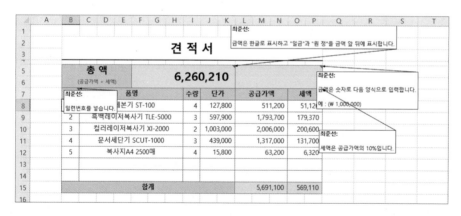

TIP 매크로가 포함된 파일을 저장하는 방법에 대해서는 이 책의 1012페이지를 참고합니다.

하이퍼링크

엑셀은 다른 위치로 이동이 가능한 하이퍼링크 기능을 지원합니다. 하이퍼링크는 다른 셀로의 이동뿐만이 아니라, 웹 사이트나 이메일 작성 등을 바로 지원하므로 활용도가 높습니다. 하이퍼링크는 쉬운 것 같지만 잘 활용하기 위해서는 알아야 할 내용이 많습니다. 이번 CHAPTER을 통해 확실히 공부할 수 있길 바랍니다.

하이퍼링크 활용 가이드

예제 파일 PART 07 \ CHAPTER 31 \ 하이퍼링크.xlsx

하이퍼링크

엑셀은 모든 셀에 하이퍼링크를 생성할 수 있으며 생성된 하이퍼링크를 클릭하면 연결된 위치로 이동할 수 있습니다. 엑셀에서 하이퍼링크는 현재 파일의 다른 위치, 다른 파일 또는 다른 프로그램의 파일, 또는 웹 사이트나 이메일 주소와 연결할 수 있습니다.

실무 활용 예제

01 예제 표의 [C6] 셀에 [G6] 셀(인천 지역 데이터의 첫 번째 위치)로 이동하는 하이퍼링크를 생성합니다.

02 [C6] 셀을 선택하고 [삽입] 탭-[링크] 그룹-[링크🔗]를 클릭합니다.

03 [하이퍼링크 삽입] 대화상자가 나타나면 다음과 같이 입력하고 [확인]을 클릭합니다.

- **[연결 대상] : 현재 문서**
- **[표시할 텍스트] : 바로가기**
- **[참조할 셀 입력] : G6**

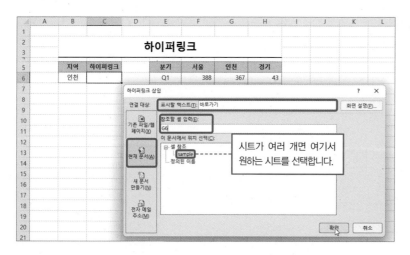

04 [C6] 셀에 하이퍼링크가 생성됩니다.

05 [C6] 셀의 하이퍼링크로 마우스 포인터를 옮겨놓으면 손 모양 🖑 으로 변경됩니다.

06 하이퍼링크를 클릭하면 연결된 [G6] 셀 위치로 바로 이동합니다.

	지역	하이퍼링크		분기	서울	인천	경기
	인천	바로가기		Q1	388	367	43
				Q2	257	439	263
				Q3	601	196	148
				Q4	473	601	650
				합계	1,719	1,603	1,104

(상단 병합 셀 제목: 하이퍼링크)

[하이퍼링크 삽입] 대화상자를 이용한 활용 사례

사례 1 : 다른 시트로 이동하는 하이퍼링크

- [연결 대상] : 현재 문서
- [이 문서에서 위치 선택] : 원하는 시트 선택
- [참조할 셀 입력] : A1

이 방법을 이용해 목차 시트를 구성하는 경우가 많지만, 하이퍼링크는 한 번에 하나씩 생성해야 하므로 파일 내 시트가 많으면 목차 시트를 구성하기 불편합니다. 이런 경우에는 이 책의 857페이지를 참고해 매크로를 이용해 목차를 생성하는 방법을 추천합니다.

사례 2 : 웹 사이트로 이동하는 하이퍼링크

- [연결 대상] : 기존 파일/웹 페이지
- [주소] : https://cafe.naver.com/excelmaster

이 하이퍼링크는 PC의 기본 브라우저를 호출해 해당 웹 페이지를 표시해줍니다.

사례 3 : 이메일 작성으로 바로 이동하는 하이퍼링크

- [연결 대상] : 기존 파일/웹 페이지
- [주소] : mailto://excelmaster@naver.com

이 하이퍼링크는 PC의 기본 이메일 프로그램을 호출해 해당 이메일 주소로 이메일을 작성할 수 있도록 해줍니다.

자동 하이퍼링크

참고로 웹 주소나 이메일 주소를 셀에 입력하면 자동으로 하이퍼링크가 적용됩니다. 예를 들어 빈 셀에 다음 주소를 입력하면 하이퍼링크가 자동으로 설정됩니다.

```
https://cafe.naver.com/excelmaster
```

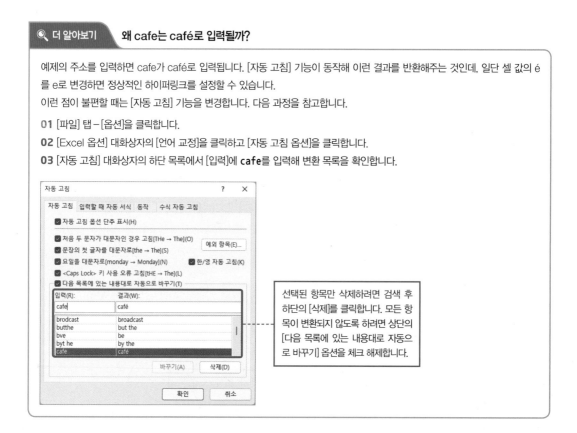

자동 하이퍼링크는 Excel 옵션에서 자동 변환이 기본값으로 설정되어 있기 때문에 동작합니다. 만약 하이퍼링크가 자동으로 생성되지 않도록 하려면 다음 과정을 참고해 옵션을 변경합니다.

01 [파일] 탭-[옵션]을 클릭합니다.

02 [Excel 옵션] 대화상자에서 [언어 교정]을 선택하고 [자동 고침 옵션]을 클릭합니다.

03 [자동 고침] 대화상자가 표시되면 [입력할 때 자동 서식] 탭을 선택하고 [인터넷과 네트워크 경로를 하이퍼링크로 설정] 옵션을 체크 해제합니다.

하이퍼링크 삭제

여러 개의 하이퍼링크가 설정된 문서에서 하이퍼링크를 모두 제거해야 할 때는 엑셀 2010 버전부터 제공되는 [하이퍼링크 제거] 명령을 이용하면 편리합니다. 하이퍼링크가 포함된 전체 범위를 선택하고 마우스 오른쪽 버튼을 클릭한 후 [하이퍼링크 제거]를 클릭합니다.

참고로 엑셀 2007 버전에서는 하이퍼링크를 한번에 삭제하는 명령이 제공되지 않으므로 별도의 매크로를 이용해야 합니다. 다음 과정을 참고합니다.

01　삭제할 하이퍼링크가 포함된 시트의 시트 탭에서 마우스 오른쪽 버튼을 클릭합니다.

02　단축 메뉴에서 [코드 보기]를 클릭합니다.

03　VB 편집기 창이 표시되면 Ctrl + G 를 눌러 [직접 실행] 창을 엽니다.

04　다음 명령을 입력하고 Enter 를 누릅니다.

```
ActiveSheet.Hyperlinks.Delete
```

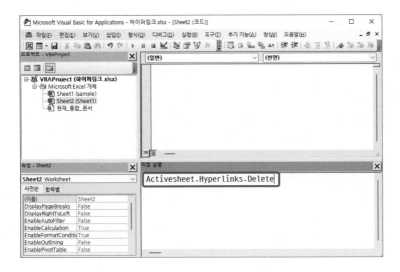

31 / 02 하이퍼링크를 옮겨진 셀 위치로 자동 연결하는 방법

예제 파일 PART 07 \ CHAPTER 31 \ 하이퍼링크-위치.xlsx

하이퍼링크와 연결된 셀의 관계

하이퍼링크에 셀을 연결하면 내부적으로 셀 주소가 하이퍼링크에 저장됩니다. 따라서 [삽입], [삭제] 또는 [잘라내기] 등으로 셀 위치가 이동되었을 때 변경된 위치를 인식하지 못하고 기존 셀 주소 위치로 이동합니다. 만약 연결된 셀의 위치가 변경되거나 행(또는 열)을 삽입한 경우에도 하이퍼링크에서 참조한 위치를 자동으로 인식할 수 있도록 하려면 연결할 셀을 이름으로 정의하고 정의된 이름을 하이퍼링크의 연결 위치로 설정해줍니다.

실무 활용 예제

01 예제의 [C6] 셀의 하이퍼링크는 오른쪽 표의 인천 지역의 첫 번째 셀인 [G6] 셀에 연결되어 있습니다.

02 [C6] 셀의 하이퍼링크를 클릭하면 [G6] 셀이 선택됩니다.

	A	B	C	D	E	F	G	H	I
1									
2					**하이퍼링크**				
3									
5		지역	하이퍼링크		분기	서울	인천	경기	
6		인천	바로가기		Q1	388	367	43	
7					Q2	257	439	263	
8					Q3	601	196	148	
9					Q4	473	601	650	
10					합계	1,719	1,603	1,104	
11									

03 표의 열 순서를 변경하고 하이퍼링크를 테스트합니다.

04 [H5:H10] 범위를 선택하고 Ctrl + X 를 눌러 잘라냅니다.

05 [G5] 셀을 선택하고 마우스 오른쪽 버튼을 클릭한 후 [잘라낸 셀 삽입]을 클릭합니다.

06 표의 지역이 서울-경기-인천 순으로 변경됩니다.

07 다시 [C6] 셀의 하이퍼링크를 클릭하면 여전히 [G6] 셀로 이동합니다.

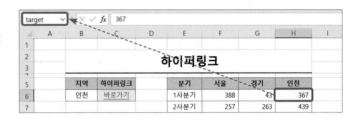

08 하이퍼링크가 변경된 위치를 인식하게 하려면 이동 위치를 이름으로 정의해 연결합니다.

09 인천 지역의 첫 번째 셀인 [H6] 셀을 선택하고 이름 상자에 **target**이라고 입력해 이름을 정의합니다.

10 [C6] 셀의 하이퍼링크를 정의된 이름 위치로 연결되도록 수정합니다.

11 [C6] 셀을 선택하고 [삽입] 탭-[링크] 그룹-[링크 🔗]를 클릭합니다.

TIP 하이퍼링크가 설정된 셀 선택 방법

하이퍼링크가 설정된 셀을 마우스로 클릭하면 하이퍼링크가 연결된 위치로 이동하므로 셀 선택에 주의해야 합니다. 하이퍼링크가 설정된 셀을 선택하려면 우선 주변의 셀을 선택하고 방향키를 눌러 이동하거나 하이퍼링크가 설정된 셀을 1~2초 정도 길게 클릭합니다.

12 [하이퍼링크 편집] 대화상자의 [이 문서에서 위치 선택] 목록에서 [target]을 선택하고 [확인]을 클릭합니다.

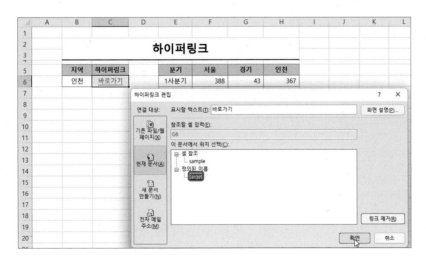

13 **04-05** 과정을 참고해 열 위치를 옮기거나 새 열을 추가, 삭제합니다.

14 [C6] 셀의 하이퍼링크를 클릭하면 항상 인천 지역의 집계 위치로 이동합니다.

HYPERLINK 함수를 사용한 하이퍼링크 설정 가이드

예제 파일 PART 07 \ CHAPTER 31 \ HYPERLINK.xlsx

함수 도움말

HYPERLINK 함수를 사용하면 하이퍼링크를 수식으로 설정할 수 있습니다. HYPERLINK 함수의 구문은 다음과 같습니다.

HYPERLINK (❶ 연결 위치, ❷ 화면 표시)

현재 파일이나 다른 위치로 바로 갈 수 있는 하이퍼링크를 생성합니다.

❶ 연결 위치	이동할 경로를 의미합니다.
❷ 화면 표시	함수에서 반환할 문자열로, 파란색 밑줄로 표시됩니다.

주의 사항

● 수식의 결과로 반환된 하이퍼링크 위치로 이동하려면 짧게 클릭하고, 수식이 입력된 셀을 선택하려면 마우스 포인터가 십자 모양⊕이 될 때까지 길게 누릅니다.

실무 활용 예제

01 네이버 증권 사이트에서 원하는 종목의 시세를 확인할 수 있는 하이퍼링크를 생성합니다.

TIP 하이퍼링크 구성하기

[C12] 셀의 주소는 네이버에서 종목별 주가를 확인할 때 사용합니다. 맨 마지막 여섯 자리 숫자가 종목번호입니다. 그러므로 [C6:C10] 범위의 종목번호를 사용하도록 수식을 사용해 구성하면 편리합니다.

02 [D6] 셀에 다음 수식을 입력하고 [D6] 셀의 채우기 핸들✚을 더블클릭해 수식을 복사합니다.

[D6] 셀 : =HYPERLINK("https://finance.naver.com/item/main.nhn?code=" & C6, B6)

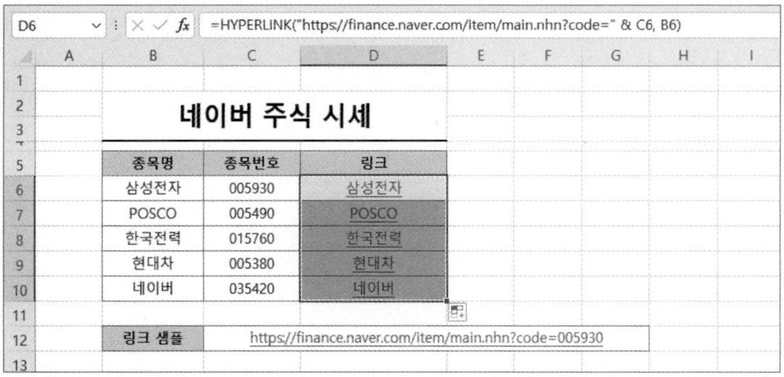

🔍 **더 알아보기**　　**수식 이해하기**

HYPERLINK 함수는 다음과 같은 구문을 사용합니다.

=HYPERLINK(연결 위치, 화면 표시)

- **링크 주소** : [C6] 셀에 있는 종목번호를 "https://finance.naver.com/item/main.nhn?code=" 주소 뒤에 연결해 네이버의 종목별 웹 주소를 완성합니다.
- **화면 표시** : [B6] 셀의 값을 화면에 표시하도록 합니다. 만약 '링크' 또는 '바로가기' 등으로 표시하려면 [B6] 셀 주소 대신 **"링크"** 또는 **"바로가기"**로 입력합니다.

HYPERLNK 함수의 다양한 활용 사례

사례 1 : 다른 시트의 셀에 연결

다른 시트의 셀로 이동하는 하이퍼링크는 다음과 같은 주소가 필요합니다.

[파일명.확장자]워크시트명!셀주소

예를 들어 **연간보고서.xlsx** 파일의 [1사분기] 시트의 [A1] 셀로 이동하려면 다음과 같이 구성합니다.

=HYPERLINK("[연간보고서.xlsx]'1사분기'!A1", "바로 가기")

TIP 시트명이 숫자로 시작하거나 띄어쓰기 등이 입력되어 있다면 작은따옴표(')를 이용해 묶어야 합니다.

사례 2 : 외부 파일의 셀에 연결

다른 파일로 이동하는 하이퍼링크는 파일명 앞에 경로가 포함되어야 합니다.

[경로\파일명.확장자]워크시트명!셀주소

예를 들어 'D:₩보고서' 폴더의 **연간보고서.xlsx** 파일의 [1사분기] 시트의 [A1] 셀로 이동하려면 다음과 같이 구성합니다.

```
=HYPERLINK("[D:₩보고서₩연간보고서.xlsx]'1사분기'!A1", "바로 가기")
```

사례 3 : 다른 PC의 공유 폴더 내 파일의 셀에 연결

공유 폴더에 접근하려면 해당 PC명과 공유 폴더명을 포함해 다음과 같이 구성합니다.

```
[₩₩PC명₩공유폴더₩파일명.확장자]워크시트명!셀주소
```

예를 들어 네트워크의 'SUN' PC의 [보고서] 공유 폴더의 **연간보고서.xlsx** 파일의 [1사분기] 시트의 [A1] 셀로 이동하려면 다음과 같이 구성합니다.

```
=HYPERLINK("[₩₩SUN₩보고서₩연간보고서.xlsx]'1사분기'!A1", "바로 가기")
```

사례 4 : 웹에 등록된 파일의 셀에 연결

웹에 등록된 파일에 연결하려면 https:// 형식의 웹 주소를 파일 앞에 사용합니다.

```
[HTTPS://웹주소/파일명.확장자]워크시트명!셀주소
```

예를 들어 'https://cafe.naver.com/excelmaster' 주소의 **연간보고서.xlsx** 파일의 [1사분기] 시트의 [A1] 셀로 이동하려면 다음과 같이 구성합니다.

```
=HYPERLINK("[HTTPS://cafe.naver.com/excelmaster/연간보고서.xlsx]'1사분기'!A1", "바로 가기")
```

VLOOKUP 함수로 하이퍼링크 참조하기

예제 파일 PART 07 \ CHAPTER 31 \ HYPERLINK−참조.xlsx

하이퍼링크 참조

하이퍼링크가 설정된 셀을 VLOOKUP과 같은 참조 함수로 참조하면 하이퍼링크는 생성되지 않고 셀에 표시된 값만 참조됩니다. 하이퍼링크를 참조할 수 있는 방법은 없기 때문에 셀을 복사하는 방법을 사용해야 합니다. 이런 작업을 자동화하려면 매크로를 이용해야 합니다. 이런 방법은 누구나에게 쉬운 것은 아니기 때문에 하이퍼링크를 참조하려면 하이퍼링크에 연결된 주소를 참조한 후 HYPERLINK 함수로 하이퍼링크를 다시 생성하는 방법을 사용해야 합니다.

실무 활용 예제

01 예제의 표에서 [D6:D10] 범위에 설정된 하이퍼링크를 [G6] 셀에 참조합니다.

TIP [F6] 셀에는 유효성 검사의 목록 기능이 설정되어 있어 종목을 목록에서 선택할 수 있습니다. 유효성 검사의 목록 기능을 설정하는 방법은 이 책의 666페이지를 참고합니다.

02 [G6] 셀에 다음 수식을 입력합니다.

```
=VLOOKUP(F6, B6:D10, 3, FALSE)
```

G6		✗ ✓ fx	=VLOOKUP(F6, B6:D10, 3, FALSE)					
	A	B	C	D	E	F	G	H
1								
2				네이버 주식 시세				
3								
5		종목명	종목번호	링크		종목명	링크	
6		삼성전자	005930	삼성전자		삼성전자	삼성전자	
7		POSCO	005490	POSCO				
8		한국전력	015760	한국전력				
9		현대차	005380	현대차				
10		네이버	035420	네이버				
11								
12		링크 샘플		https://finance.naver.com/item/main.nhn?code=005930				

[F6] 셀의 값을 [B6:D10] 범위의 첫 번째 열인 [B6:B10] 범위에서 찾아 같은 행에 위치한 세 번째 열([D6:D10] 범위)의 값을 반환하라는 의미입니다. [G6] 셀의 결과를 보면 [D6:D10] 범위 내 화면에 표시된 값만 참조하지 하이퍼링크는 참조하지 못하는 것을 확인할 수 있습니다.

03 하이퍼링크는 [C12] 병합 셀의 주소로 연결되므로 종목번호만 알면 하이퍼링크를 생성할 수 있습니다.

04 [G6] 셀에 D열이 아니라 C열의 종목번호를 참조해 오도록 수식을 변경합니다.

```
=VLOOKUP(F6, B6:D10,
2, FALSE)
```

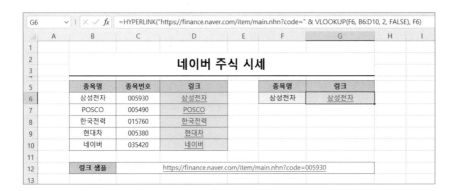

05 이제 종목번호로 하이퍼링크를 설정하기 위해 수식을 다시 수정합니다.

```
=HYPERLINK("https://finance.naver.com/item/main.nhn?code=" & VLOOKUP(F6, B6:D10, 2,
FALSE), F6)
```

이번 수식은 VLOOKUP 함수에서 참조해 온 종목코드로 하이퍼링크를 생성하기 위해 "https://finance.naver.com/item/main.nhn?code=" 문자열을 연결한 후 HYPERLNK 함수로 하이퍼링크를 생성하는 역할을 합니다.

이렇게 하이퍼링크에서 사용될 주소만 알 수 있다면 VLOOKUP 함수와 HYPERLINK 함수를 중첩해 하이퍼링크를 참조하도록 만들 수 있습니다.

예제 파일 PART 07 \ CHAPTER 31 \ HYPERLINK-이동.xlsx

연결할 셀 확인

표에서 특정 항목이 입력된 위치로 바로 이동하는 하이퍼링크를 사용할 수 있습니다. 다만 이동할 위치의 항목이 매번 변경된다면 해당 위치를 찾는 MATCH 함수를 사용해 이동할 셀 위치를 찾은 후 해당 셀 주소를 완성하여 HYPERLINK 함수로 이동하도록 설정합니다. 참고로 MATCH 함수로 원하는 값이 입력된 위치는 다음과 같은 수식으로 찾을 수 있습니다.

=MATCH(찾을 값, 열 주소, 0)

찾을 값 : 이동할 위치의 셀 값
열 주소 : 전체 열 주소를 의미하며 A열의 경우는 [A:A]입니다.

실무 활용 예제

01 예제에서 [B6]셀의 담당자를 [F6:F16] 범위에서 찾아 해당 위치로 이동할 수 있는 하이퍼링크를 생성합니다.

02 [B6] 셀의 값이 F열의 몇 번째 행에 입력되어 있는지 확인하기 위해 [C6] 셀에 다음 수식을 입력합니다.

=MATCH(B6, F:F, 0)

C6		✕ ✓ fx	=MATCH(B6, F:F, 0)			
⬚	A	B	C	D	E	F	G
1							
2				고객 명단			
3							
5		담당자	하이퍼링크		회사명	담당자	직위
6		강민영	6		S&C무역 ㈜	강민영	과장
7					송월통상 ㈜	김영재	대리
8					학영식품 ㈜	배민지	대리
9					유리식품 ㈜	김상아	과장
10					자이언트무역 ㈜	유예찬	과장
11					오늘무역 ㈜	임선정	대리
12					송현식품 ㈜	황용기	과장
13					신성교역 ㈜	정소라	사원
14					다림상사 ㈜	손예지	사원
15					한별 ㈜	남영재	사원
16					송화상사 ㈜	배요한	대표이사

TIP [B6] 셀에는 유효성 검사의 목록 기능이 설정되어 있습니다. 유효성 검사의 목록 기능을 설정하는 방법은 이 책의 666페이지를 참고합니다.

03 [C6] 셀에서 행 번호를 확인했으므로 "F" 열 주소를 붙여 셀 주소로 변경합니다.

```
="F" & MATCH(B6, F:F, 0)
```

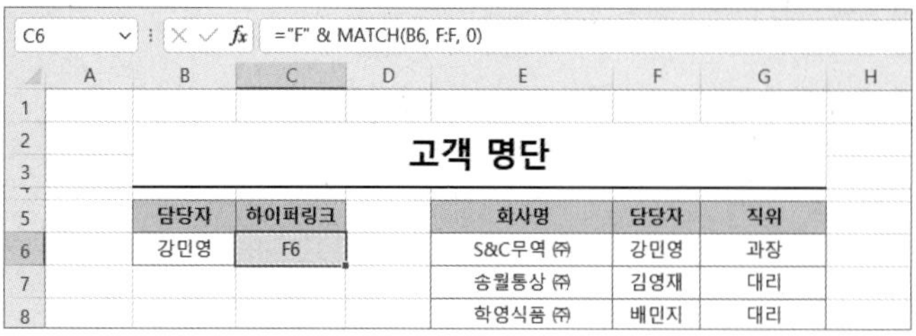

04 셀 주소를 HYPERLINK 함수에 전달해 하이퍼링크를 생성합니다. [C6] 셀의 수식을 수정합니다.

```
=HYPERLINK("[HYPERLINK-이동.xlsx]F" & MATCH(B6, F:F, 0), "바로가기")
```

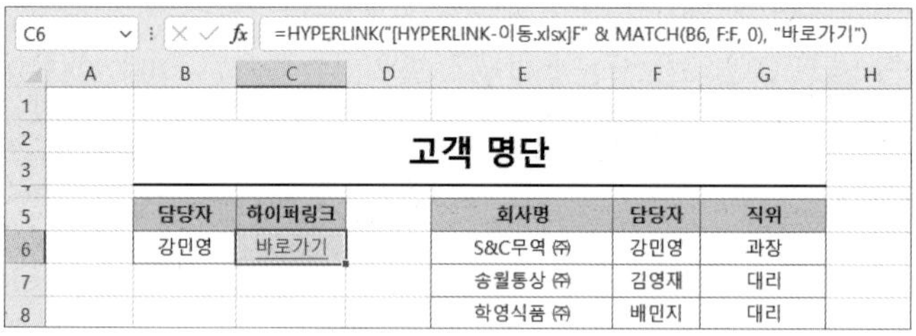

🔍 **더 알아보기**　　**수식 이해하기**

03 과정에서 [B6] 셀 값이 위치한 셀 주소를 알았으므로 HYPERLINK 함수를 사용해 해당 위치로 바로 이동하는 하이퍼링크를 생성할 수 있습니다. HYPERLINK 함수로 다른 셀 위치로 이동하는 하이퍼링크를 생성할 때는 반드시 셀 주소 앞의 파일명을 대괄호([ ]) 안에 입력해야 합니다.

---

05 [C6] 셀의 하이퍼링크를 클릭하면 [F6] 셀로 이동하는 것을 확인할 수 있습니다.

06 [B6] 셀의 담당자를 다른 사람으로 변경하고 [C6] 셀의 하이퍼링크를 클릭합니다.

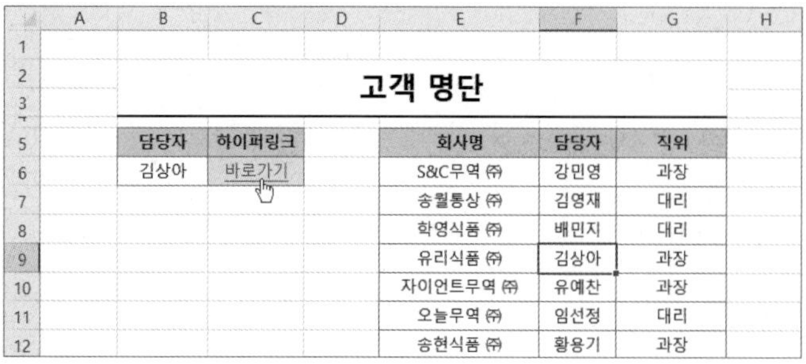

하이퍼링크로 이동한 셀 위치를 화면 상단에 표시하는 방법

예제 파일 PART 07 \ CHAPTER 31 \ HYPERLINK—상단.xlsx

하이퍼링크로 이동한 셀의 화면 표시 위치

하이퍼링크 위치로 이동할 때 표가 긴 경우에는 하이퍼링크로 이동한 셀 위치가 화면 하단에 표시됩니다. 하지만 셀 위치는 화면 하단에 표시되는 것보다는 화면 상단에 표시되는 것이 보기에 편리합니다. 하이퍼 링크로 이동할 셀이 화면 상단에 표시되도록 하려면 [엑셀 옵션]을 변경하거나 매크로를 이용합니다.

다만 매크로를 이용하는 방법은 HYPERLINK 함수로 생성한 하이퍼링크에서는 동작하지 않습니다. 매크로를 이용하려면 [삽입] 탭—[링크] 그룹—[링크 🔗] 명령을 이용해 하이퍼링크를 생성합니다.

엑셀 옵션을 변경하는 방법

엑셀 옵션을 이용하는 방법은 편리하지만 몇 가지 제약이 있습니다. 아래 방법을 참고합니다.

01 예제의 [B2:D2] 범위에 각각 인덱스(가, 나, 다, …)에 해당하는 회사 이름 위치로 이동할 수 있는 하이퍼링크가 설정되어 있습니다.

	A	B	C	D	E	F
1						
2		가	나	다		
4		**회사명**	**담당자**	**직위**		
5		가림상사 ㈜	김영재	사원		
6		개성교역 ㈜	마우정	과장		
7		갤럭시통상 ㈜	정세균	과장		
8		고려무역 ㈜	이겨운	과장		
9		광성상사 ㈜	민기용	대표이사		
10		교도무역 ㈜	한미르	대리		
11		극동상사 ㈜	강우리	과장		
12		금화트레이드 ㈜	강영광	과장		
13		기린무역 ㈜	장소희	과장		
14		기원물산 ㈜	주은혜	대표이사		
15		길가온교역 ㈜	김민지	사원		

TIP 4행과 5행사이에 [틀 고정] 기능이 적용되어 있습니다. [틀 고정] 관련한 기능은 이 책의 107페이지를 참고합니다.

02 [C2:D2] 범위의 하이퍼링크를 각각 클릭하면 이동한 셀이 화면 하단에 표시됩니다.

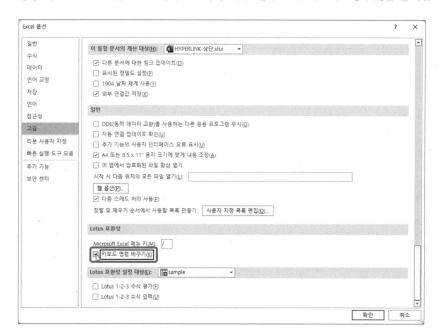

03 이동한 셀이 화면 상단에 표시되도록 엑셀 옵션을 수정합니다.

04 [파일] 탭-[옵션]을 클릭합니다.

05 [Excel 옵션] 대화상자가 표시되면 [고급] 항목을 선택합니다.

06 [Lotus 호환성] 그룹의 [키보드 명령 바꾸기] 옵션에 체크하고 [확인]을 클릭합니다.

🔍 **더 알아보기** [키보드 명령 바꾸기] 옵션 이해하기

[키보드 명령 바꾸기] 옵션은 Lotus 1-2-3과의 호환성을 위해 엑셀의 명령을 Lotus 1-2-3 프로그램처럼 동작하도록 해줍니다. 이 옵션을 사용할 때 다른 불편한 부분은 없지만 수식 입력줄에서 셀 값 앞에 '^' 문자가 표시됩니다.

07 옵션을 변경하고 [B2:D2] 범위의 하이퍼링크를 각각 클릭해 결과를 확인합니다.

🔍 **더 알아보기**　　**결과 이해하기**

[B2:D2] 범위의 하이퍼링크가 B열에 연결되어 있으므로 [Excel 옵션]을 변경하고 하이퍼링크를 클릭하면 B열이 화면에 표시될
첫 번째 열이 됩니다(❶ 참고).
그리고 [C2] 셀의 하이퍼링크를 클릭했을 때는 하이퍼링크로 이동한 셀이 상단에 표시되지만, [D2] 셀의 하이퍼링크를 클릭했을
때는 화면 상단에 표시되지 않습니다(❷ 참고). 이것은 사용한 창 크기에서(**01** 과정 화면 참고) '나'로 시작하는 회사명은 표시되
지 않았기 때문에 하이퍼링크를 클릭하면 화면이 바뀌면서 '나'로 시작하는 회사명이 최상단에 표시되지만, '나'와 '다'는 한 화면
안에 데이터가 표시되므로 '다'로 시작하는 회사명은 화면 상단에 표시되지 않는 것입니다.

매크로를 활용하는 방법

위 결과가 마음에 들지 않는다면 매크로를 이용합니다. 매크로를 사용하려면 위에서 설정한 [Excel 옵션]
대화상자의 [키보드 명령 바꾸기] 옵션의 체크를 해제하고 다음 과정을 참고해 작업합니다.

01 시트 탭에서 마우스 오른쪽 버튼을 클릭한 후 [코드 보기] 메뉴를 선택합니다.

02 표시된 코드 창에 **HYPERLINK-상단 (매크로).txt** 파일의 코드를 복사한 후 붙여 넣습니다.

03 Alt + Q 를 눌러 VB 편집기 창을 닫습니다.

04 [B2:D2] 범위의 하이퍼링크를 각각 클릭하면 선택된 셀이 가장 상단에 위치하는 것을 확인할 수 있습니다.

05 매크로를 지속적으로 사용하면 파일을 매크로 사용 통합 문서로 저장해야 합니다.

TIP 매크로 사용 통합 문서로 저장하는 방법은 이 책의 1012페이지를 참고합니다.

31 / 07 하이퍼링크로 목차 시트 만들기

예제 파일 PART 07 \ CHAPTER 31 \ 하이퍼링크-인덱스.xlsx, 하이퍼링크-인덱스 (매크로).txt

목차 시트

하이퍼링크를 이용하면 다른 시트로 손쉽게 이동할 수 있는 목차 시트를 만들 수 있습니다. 하지만 하이퍼링크는 한 번에 하나의 하이퍼링크만 생성할 수 있고 HYPERLINK 함수를 사용한다고 해도 파일 내 모든 시트 이름을 돌려받을 수 있는 방법은 없습니다. 보통 목차 시트를 만들려면 매크로를 사용하는 것이 편리합니다.

실무 활용 예제

01 예제의 시트 탭을 보면 [index]와 [1월]~[6월] 시트를 확인할 수 있습니다.

02 [index] 시트에 다른 월별 시트로 빠르게 이동할 수 있는 하이퍼링크를 생성합니다.

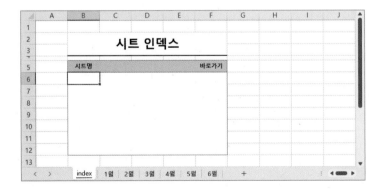

03 제공된 '하이퍼링크-인덱스 (매크로).txt' 파일의 매크로를 파일에 추가하고 매크로를 실행합니다.

파일 : 하이퍼링크-인덱스 (매크로).txt

```
Sub 인덱스만들기()

    Dim 인덱스 As Worksheet
    Dim 워크시트 As Worksheet
    Dim i As Integer

    Set 인덱스 = ActiveSheet

    For Each 워크시트 In ThisWorkbook.Worksheets

        If 워크시트.Name <> 인덱스.Name Then

            With 인덱스
                .Range("B6").Offset(i).Value = 워크시트.Name          ❶
                .Range("C6").Offset(i).Value = "_____"      ❷
                .Hyperlinks.Add Anchor:=.Range("F6").Offset(i), _    ❸
                            Address:="", _
                            SubAddress:=워크시트.Name & "!A1", _
                            TextToDisplay:="바로가기"
            End With

            i = i + 1

            With 워크시트
                .Rows(1).Interior.Color = RGB(220, 220, 220)          ❹
                .Hyperlinks.Add Anchor:=.Range("A1"), _               ❺
                            Address:="", _
                            SubAddress:=인덱스.Name & "!A1", _
                            TextToDisplay:="인덱스"
            End With

        End If

    Next

End Sub
```

❶ [B6] 셀은 시트명이 기록될 첫 번째 셀 주소입니다. 이 주소를 원하는 주소로 변경합니다.
❷ [C6] 셀은 하이픈(-) 문자가 입력될 첫 번째 셀 주소입니다.
❸ [F6] 셀은 하이퍼링크가 삽입될 첫 번째 셀 주소입니다.
❹ 각 월별 시트의 첫 번째 행에 지정할 배경색을 RGB 컬러로 지정합니다.
❺ 각 월별 시트의 [A1] 셀에 [index] 시트로 이동할 하이퍼링크를 생성합니다.

LINK 매크로를 사용하는 방법은 이 책의 1049페이지를 참고합니다.

03 매크로를 실행하면 화면과 같은 결과를 얻을 수 있습니다.

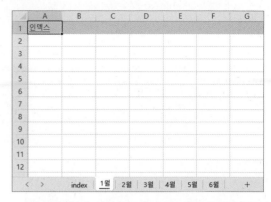

▲ [index] 시트에는 월별 시트로 이동할 하이퍼링크가 생성됩니다.

▲ 월별 시트의 [A1] 셀에는 [index] 시트로 이동할 하이퍼링크가 생성됩니다.

시각화

CHAPTER
32

차트

차트는 집계된 숫자를 시각화할 때 사용할 수 있는 유용한 도구입니다. 엑셀 2016 버전부터는 트리맵, 썬버스트, 폭포형 차트 등 데이터 분석에 자주 활용되는 차트를 추가하면서 차트만으로 더 많은 정보가 표시될 수 있도록 지원하고 있습니다. 차트는 보고서에서 주장하고 싶은 내용을 바로 한눈에 들어오도록 만들어주므로, 내 보고서가 더욱 특별해 보이도록 만들어주는 힘이 있습니다.

차트 용어 이해

예제 파일 PART 08 \ CHAPTER 32 \ 차트 용어.xlsx

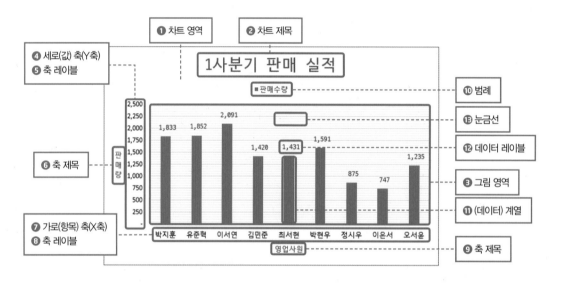

❶ **차트 영역** : 차트의 전체 영역을 의미합니다.

❷ **차트 제목** : 차트의 제목을 표시하는 영역입니다.

❸ **그림 영역** : 실제 차트의 그래프가 표시된 영역으로, 가로 축과 세로 축, 그래프로 구성됩니다.

❹ **세로(값) 축** : 그래프의 숫자를 표시하는 축으로 Y축입니다.

❺ **세로(값) 축 레이블** : Y축의 값을 표시합니다.

❻ **세로(값) 축 제목** : Y축의 값에 대한 제목을 표시합니다.

❼ **가로(항목) 축** : 그래프의 항목을 표시하는 축으로 X축입니다.

❽ **가로(항목) 축 레이블** : X축의 항목을 표시합니다.

❾ **가로(항목) 축 제목** : X축의 항목에 대한 제목을 표시합니다.

❿ **범례** : 그림 영역에 표시된 데이터 계열의 이름을 표시합니다.

⑪ **(데이터) 계열** : 동일한 색상의 그래프를 갖는 개별 데이터 집합을 의미합니다.

⑫ **데이터 레이블** : 데이터 계열의 값, 항목, 계열 이름 등을 표시합니다.

⑬ **눈금선** : 그림 영역에서 X축과 Y축의 눈금을 연결한 선입니다.

32/02 차트 사용 가이드

예제 파일 PART 08 \ CHAPTER 32 \ 차트.xlsx

올바른 차트 선택

엑셀은 숫자를 그래프로 시각화할 수 있는 다양한 형태의 차트를 제공합니다. 엑셀에서 가장 많이 사용되는 차트는 다음과 같으며 각 차트는 다음 목적으로 활용될 때 가장 좋은 효과를 얻을 수 있습니다.

종류 　　　　　　목적	비교	추이	비율	관계
세로 막대형	O	O		
가로 막대형	O			
꺾은선형		O		
원형			O	
분산형				O

위 차트에서 표현에 아쉬운 부분은 다음과 같은 차트로 대체하면 좋습니다.

기본 차트	연관성 차트
세로 막대형	
가로 막대형	방사형
꺾은선형	영역형, 분산형
원형	도넛형
분산형	거품형

참고로 엑셀 2016 버전을 포함한 이후 버전부터 폭포, 히스토그램, 트리맵, 선버스트 등과 같은 새로운 분석 차트가 지원됩니다.

차트의 유형

엑셀에서 제공되는 차트는 대부분 '기본형', '누적형', '100% 기준 누적형' 차트 중 하나를 선택할 수 있습니다.

기본형 차트

가장 일반적인 차트로, 원본 표의 열을 그래프로 표시해주는 차트입니다. 예제의 [B2:E7] 범위를 선택하고, [삽입] 탭-[차트] 그룹-[세로 또는 가로 막대형 차트 삽입 📊]을 클릭하면 다양한 차트 종류를 확인할 수 있습니다.

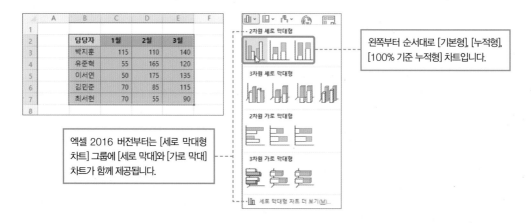

[2차원 세로 막대형] 그룹의 [묶은 세로 막대형]을 선택하면 다음과 같은 세로 막대 그래프의 기본 차트를 얻을 수 있습니다.

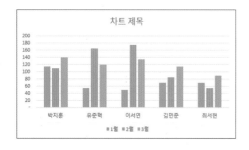

묶은 세로 막대형 차트는 새로 막대형 차트의 기본 차트로 가장 많이 사용되며, 데이터 계열(표의 열)을 서로 다른 색의 막대그래프로 표시해줍니다.

누적형 차트

표의 여러 열 데이터를 하나의 그래프에 블록으로 쌓아 표시해주는 차트로 여러 열의 합계를 비교하고자 할 때 사용하면 좋습니다. [세로 또는 가로 막대형 차트 삽입]을 클릭하고 [2차원 세로 막대형] 그룹의 [누적 세로 막대형]을 선택하면 다음 차트를 얻을 수 있습니다.

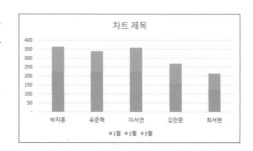

누적형 차트는 계열의 막대그래프가 따로 표시되지 않고 하나의 막대그래프 안에 쌓이는, 즉 누적되는 방식으로 구성됩니다.

100% 기준 누적형 차트

100% 기준 누적형 차트는 누적형 차트의 한 종류로 숫자를 누적하는 방법이 아니라 해당 항목의 합계로 나눈 전체 대비 비율로 표시해주는 차트입니다. 100% 기준 누적형 차트를 사용하려면 [2차원 세로 막대형] 그룹 내 [100% 기준 누적 세로 막대형]을 선택합니다.

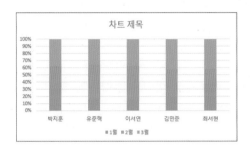

100% 기준 누적형 차트는 누적형 막대그래프와 유사한데, Y축을 보면 숫자가 아니라 백분율로 표시됩니다. 이 차트는 개별 항목의 비교보다는 항목별로 어떤 계열이 높은 비중을 차지하고 있는지 확인하려고 할 때 사용합니다. 기본적인 표시 방법은 원형 차트와 유사합니다.

차트 단추의 활용 2013 이상

차트는 생성하는 것보다 생성 후 원하는 모양으로 보정하는 작업이 훨씬 많습니다. 엑셀 2010 이하 버전까지는 리본 메뉴의 확장 탭([디자인], [레이아웃], [서식] 탭)을 통해 이런 작업을 처리했지만, 단계가 길고 복잡해 엑셀 2013 버전부터 차트를 선택하면 차트를 원하는 방법으로 조정, 관리할 수 있는 명령 단추를 지원합니다.

차트 요소 단추

[2차원 세로 막대형]-[묶음 세로 막대형]을 선택해 차트를 생성하고 차트를 선택하면 차트 우측 상단에 세 개의 명령 단추가 표시됩니다.

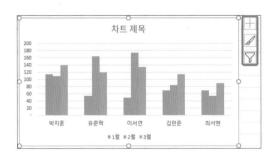

차트 단추 중에서 [차트 요소⊞]를 클릭합니다. 차트 구성 요소가 메뉴에 표시되는데, 각 요소에서 체크하거나 체크를 해제하는 방식으로 차트 구성 요소를 표시/삭제할 수 있습니다. 데이터 레이블을 표시하려면 [데이터 레이블]에 체크하고 오른쪽 삼각형▶ 아이콘을 클릭해 데이터 레이블 위치를 선택합니다.

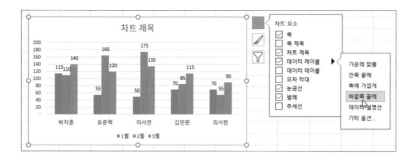

엑셀 2010 이하 버전에서 [차트 요소⊞]를 클릭할 때 표시되는 메뉴는 [레이아웃] 탭에서 제공됩니다. 참고로 엑셀 2013 버전부터는 [레이아웃] 탭은 더 이상 제공되지 않고 [차트 요소] 단추로 대체되었습니다.

차트 스타일 단추

차트 단추 중에서 [차트 스타일✎]을 클릭하면 다양한 차트 스타일을 선택하거나 차트에 적용 가능한 색상을 변경할 수 있습니다. [차트 스타일✎]을 클릭하면 여러 차트 스타일이 목록에 표시되며, 선택하면 바로 차트에 적용할 수 있습니다.

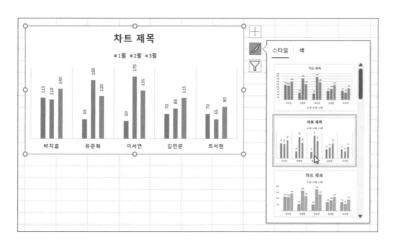

TIP 엑셀 2010 이하 버전에서는 [차트 디자인] 탭 –[차트 레이아웃] 그룹에서 선택할 수 있습니다.

[차트 스타일 ✏️] 창 상단의 [색]을 클릭하면 차트에 적용된 색 스타일을 변경할 수 있습니다. 원하는 색 스타일을 클릭해 적용하면 차트의 색상을 손쉽게 변경할 수 있습니다.

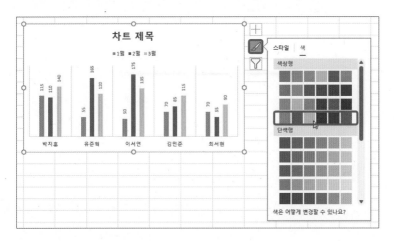

TIP [색]은 엑셀 2013 버전부터 지원됩니다.

차트 필터 단추

[차트 필터 🔽]는 엑셀 2013 버전에서 새롭게 추가되었습니다. 차트에 표시된 계열이나 항목에 필터를 적용합니다. [계열] 위치에 마우스 포인터를 가져다 놓으면 차트에서 해당 계열의 색상만 그대로 표시되고 나머지는 투명하게 표시되어 해당 계열을 강조해 줍니다.

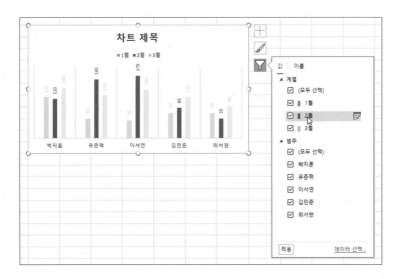

[차트 필터] 창의 [범주] 하위 항목 중에서 [유준혁], [김민준]의 체크를 해제하고 하단의 [적용]을 클릭하면 체크 해제된 항목이 차트에 표시되지 않습니다. [차트 필터]는 차트에 표시된 계열이나 항목 중 원하는 계열이나 항목을 선택해 표시할 수 있도록 지원되는 기능으로 엑셀 2010 이전 버전에서는 표의 열 또는 행을 [숨기기] 명령을 사용해야 합니다.

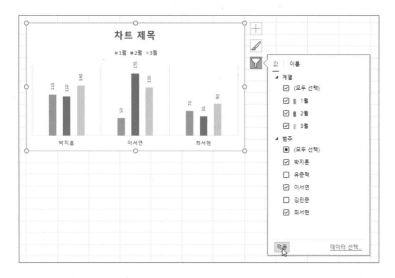

TIP 차트의 필터 기능은 차트에만 적용되는 것이고 원본 표 데이터는 그대로 표시됩니다.

데이터 계열과 X축 항목의 위치를 변경하는 방법

예제 파일 PART 08 \ CHAPTER 32 \ 행열 전환.xlsx

행/열 전환과 계열

차트는 표의 열과 행을 확인해 더 많은 쪽을 항목으로 표현하고, 적은 쪽을 계열로 추가합니다. 대부분의 표는 행이 많고 열이 적으므로 열 데이터가 차트의 데이터 계열이 되며, 행 데이터가 차트의 X축 항목이 됩니다. 참고로 아래와 같은 표가 있다면 첫 번째 행과 첫 번째 열은 제목이 입력되므로 제외하고, 열은 세 개, 행은 네 개가 되므로 열이 계열, 행이 X축 항목이 됩니다.

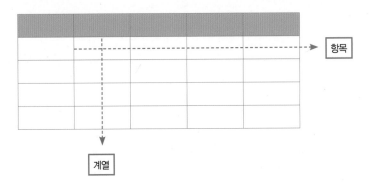

차트에는 이렇게 자동 생성된 차트의 데이터 계열과 X축 항목의 위치를 전환할 때 사용할 수 있는 [행/열 전환] 기능을 제공합니다.

차트 구성 방법

01 예제의 차트에서 X축 항목과 계열을 변경합니다.

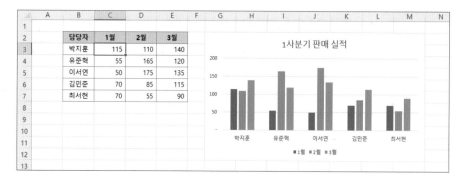

TIP 왼쪽의 표는 5행, 3열이므로 열이 계열이 되고, 행이 X축 항목이 됩니다.

02 차트를 선택하고 [차트 디자인] 탭–[데이터] 그룹–[행/열 전환📖]을 클릭합니다.

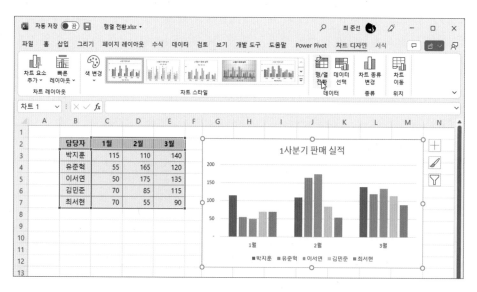

TIP [행/열 전환] 명령을 클릭하면 표에서 긴 부분인 행이 계열이 되고 짧은 부분인 열이 항목이 됩니다.

차트에 계열 및 항목을 추가하는 몇 가지 방법

예제 파일 PART 08 \ CHAPTER 32 \ 차트 범위.xlsx

연속된 범위 추가

차트에 새로운 데이터를 추가해야 하는 경우가 종종 있습니다. 차트에 추가될 데이터는 보통 연속된 범위에 작성되는 것이 일반적이므로 이 경우에는 차트의 크기 조정 핸들■을 사용해 차트에 새로운 데이터 범위를 인식시키는 방법을 사용하는 것이 좋습니다.

예제의 차트는 1월부터 6월까지의 판매량([B2:C8] 범위)만 표시합니다.

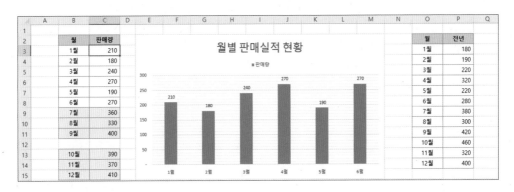

7월부터 9월까지의 판매량 데이터를 차트에 추가하기 위해 차트를 선택합니다. 그러면 원본 범위가 색상별로 다르게 표시됩니다. [C3:C8] 범위의 우측 하단 모서리에 크기 조정 핸들■이 표시됩니다. 이 핸들을 [C11] 셀까지 드래그합니다.

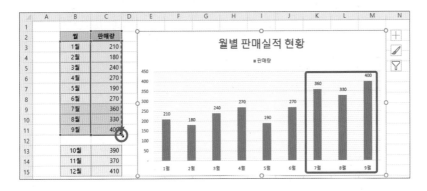

그러면 차트에 [B9:C11] 범위의 7월~9월의 판매실적이 추가로 표시됩니다. 이렇게 연속된 범위의 데이터를 차트에 추가할 경우에는 크기 조정 핸들▣을 이용하는 것이 편리합니다.

떨어진 범위 추가

떨어진 범위를 추가해야 하는 경우에는 크기 조정 핸들▣을 사용하지 못하므로 복사한 후 붙여 넣는 방법을 사용합니다. 예제의 표 하단에 있는 10월부터 12월까지의 데이터를 차트에 추가하려면 원본 표와 떨어진 위치에 존재합니다. [B13:C15] 범위를 선택하고 복사(Ctrl+C)한 후 차트를 선택하고 [홈] 탭-[클립보드] 그룹-[붙여넣기▣]를 클릭합니다.

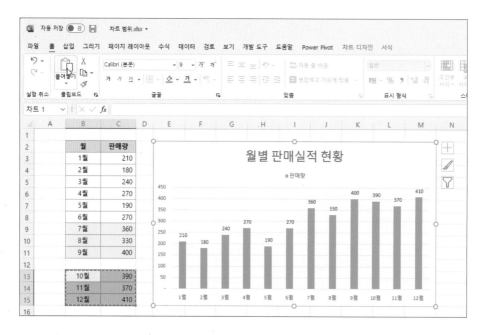

차트에 10월~12월의 판매실적이 추가로 표시됩니다. 이렇게 같은 열에 위치하고 있다면 동일한 계열에 새로운 데이터가 추가된다고 인식됩니다.

차트 오른쪽에 위치한 전년도 월별 판매량을 추가하는 경우는 조금 다릅니다. 왼쪽 표와는 다른 열에 존재하기 때문에 이 경우 복사/붙여넣기를 하면 새 계열로 인식이 됩니다.

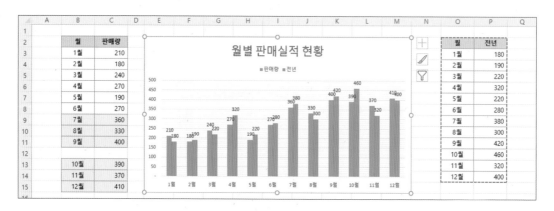

앞 화면은 [O2:P14] 범위를 복사(Ctrl + C)해서 차트에 붙여 넣은(Ctrl + V) 결과입니다.

이렇게 복사한 후 붙여 넣는 방식을 이용할 때는 추가할 데이터가 어느 위치에 입력되어 있느냐가 중요합니다. 같은 열에 위치하면 기존 계열에 복사한 데이터를 추가해주지만 열이 다른 경우에는 새로운 계열로 추가해줍니다.

이런 부분을 사용자가 선택하고 싶다면 [붙여넣기] 대신 [선택하여 붙여넣기]를 사용해야 합니다.

Ctrl + Z를 눌러 이전 작업을 취소하고 [O2:P14] 범위를 복사(Ctrl + V)한 후 [홈] 탭-[클립보드] 그룹-[붙여넣기 📋]의 아래 화살표 ⌄를 클릭한 후 [선택하여 붙여넣기]를 선택합니다.

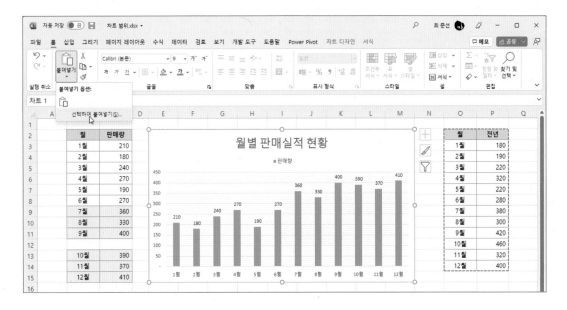

[선택하여 붙여넣기] 대화상자가 표시되면 다양한 옵션이 제공됩니다. 기본 옵션을 그대로 유지하면 복사한 후 붙여넣기와 동일한 결과를 얻을 수 있습니다. [확인]을 클릭합니다.

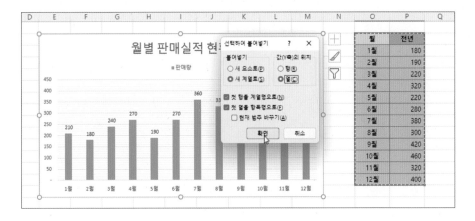

새로운 계열로 [전년] 막대그래프가 표시됩니다.

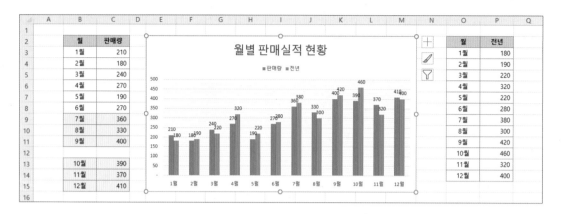

새로운 계열이 아니라 기존 계열의 새로운 데이터로 추가해보겠습니다. [Ctrl]+[Z]를 눌러 이전 작업을 취소하고 [O3:P14] 범위를 선택합니다. [홈] 탭-[클립보드] 그룹-[붙여넣기[🔒]]-[선택하여 붙여넣기]를 선택합니다. [선택하여 붙여넣기] 대화상자에서 [붙여넣기] 옵션을 [새 요소로] 선택하고 [확인]을 클릭합니다.

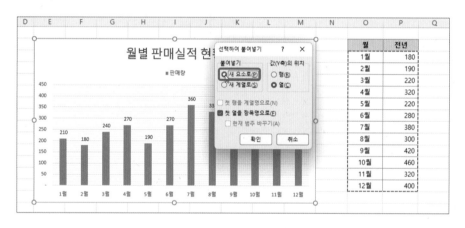

TIP [붙여넣기] 옵션을 [새 요소로] 변경하면 기존 계열에 데이터가 추가되는 것으로 인식됩니다.

그러면 다음과 같은 차트를 얻을 수 있습니다.

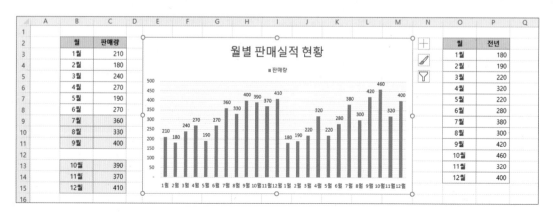

차트에 표시하고 싶지 않은 그래프를 제외하는 방법

예제 파일 PART 08 \ CHAPTER 32 \ 계열 삭제.xlsx

차트에 표시된 그래프 중 일부를 제외할 수 있습니다. 다만 계열이나 X축 항목 단위로만 작업할 수 있으므로 제외하려는 부분이 무엇인지 정확하게 구분할 수 있어야 합니다. 예제를 확인해보면 왼쪽 표를 세로 막대형 차트로 표시하고 있어 C열의 합계가 포함되어 있어 월별 실적을 비교하기가 적합하지 않습니다.

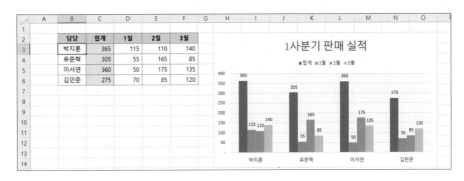

[차트 필터 ▽]를 이용하는 방법 _2013 이후_

엑셀 2013 버전부터 새로 추가된 [차트 필터] 기능을 이용하면 간단하게 '합계' 계열을 차트에서 제외할 수 있습니다. 차트를 선택하고 [차트 필터 ▽]를 클릭합니다. [계열]-[합계]의 체크를 해제하고 [적용]을 클릭합니다.

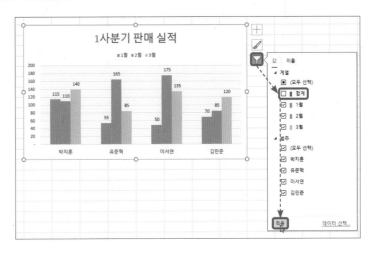

TIP [차트 필터] 기능을 이용하면 계열이나 X축 항목 단위로 차트 표시 여부를 결정할 수 있습니다.

데이터 계열을 직접 지우는 방법

엑셀 2010을 포함한 이하 버전이라면, 차트에서 [합계] 계열을 선택하고 마우스 오른쪽 버튼을 클릭한 후 [삭제]를 선택하거나 Delete 를 누릅니다.

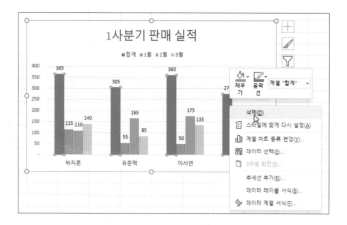

TIP 이 방법으로는 차트의 X축 항목을 삭제할 수 없습니다. 필요하다면 Section 32-03에서 설명한 [행/열 전환] 명령을 이용해 계열과 X축 항목을 변경한 후 계열을 삭제하고 다시 [행/열 전환]을 선택합니다.

크기 조정 핸들을 이용하는 방법

이번 예제와 같이 데이터 범위가 연속되어 있다면 크기 조정 핸들을 사용할 수도 있습니다. 차트를 선택하고 [C6] 셀 좌측 하단의 크기 조정 핸들▣을 D열 방향으로 드래그하면 C열의 '합계' 계열을 차트에서 손쉽게 제외할 수 있습니다.

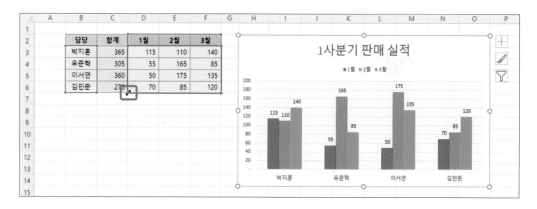

차트 제목에 메시지를 전달하는 방법

예제 파일 PART 08 \ CHAPTER 32 \ 차트 제목.xlsx

차트는 그냥 그래프일까? 아니면 표현 언어일까?

차트는 표에 요약된 숫자를 그래프로 표현해 시각적으로 숫자의 의미를 쉽게 파악할 수 있게 도와줍니다. 그러나 차트만 생성해서는 의미가 제대로 전달되지 않는 경우도 많으므로 차트에 대한 설명을 추가로 작성해야 하는 경우가 많습니다. 따라서 설명 없이도 차트에서 전달하고 싶은 메시지를 제대로 전달할 수 있다면 차트를 활용하는 데 큰 도움이 됩니다. 차트에서 메시지를 전달하기 제일 좋은 부분이 바로 차트 제목입니다. 차트 제목에 메시지를 전달한다면 부가 설명 없이도 차트로 설명하고 싶은 내용을 상대방에게 전달할 수 있습니다.

차트 구성 방법

01 예제의 차트에서 차트 제목을 통해 메시지를 전달합니다.

02 차트 제목을 선택하고 다음과 같이 수정합니다.

> 영업부서의 실적 추이
> 8월을 기점으로 영업2부의 실적이 영업1부를 크게 앞서나갑니다.

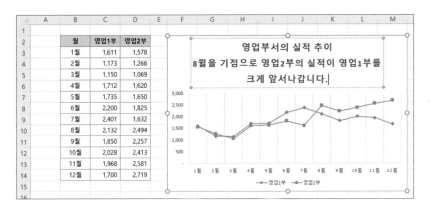

TIP 차트 제목에서 다음 줄에 계속 입력하려면 Enter 를 눌러 줄을 바꿀 수 있습니다.

03 차트 제목 텍스트 상자의 두 번째 줄 부분을 드래그해 선택합니다.

04 [홈] 탭-[글꼴] 그룹-[글꼴 크기]에서 크기를 [11]로 조정합니다.

05 [글꼴 색]을 [주황]으로 적용합니다.

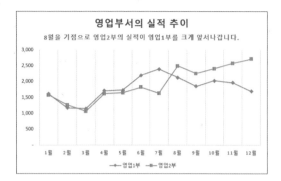

TIP 차트 제목보다 그래프가 표시되는 그림 영역에 더 집중하는 경우가 많지만 차트는 표의 숫자를 시각화해주는 도구입니다. 사용자의 의도를 전달하는 것이 매우 중요하다는 점을 생각한다면 차트 제목을 잘 활용하는 것이 왜 중요한지 이해할 수 있습니다.

32/07 표의 첫 번째 숫자 열을 X축 항목으로 인식시키는 몇 가지 방법

예제 파일 PART 08 \ CHAPTER 32 \ X축-숫자 열.xlsx

첫 번째, 숫자 열 머리글을 삭제하는 방법

차트를 만들 때 표의 첫 번째 열이 숫자이면 첫 번째 열을 X축 항목으로 인식하는 것이 아니라 계열로 인식합니다.

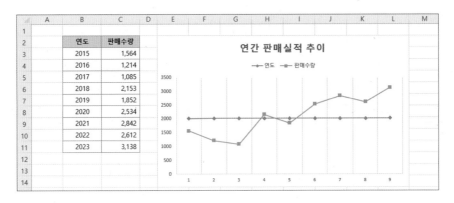

이렇게 인식된 계열을 X축 항목으로 설정하고 싶을 때 가장 쉬운 방법은 첫 번째 열의 머리글을 삭제하고 차트를 생성하는 방법입니다. 예제에서 [B2] 셀을 삭제하고 차트를 생성해보세요!

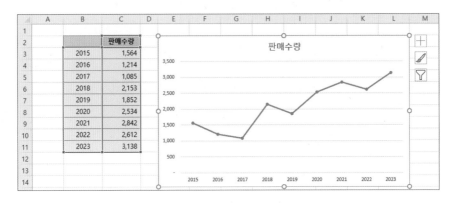

머리글이 입력되어 있지 않으면 첫 번째 열이 숫자여도 X축 항목으로 인식합니다.

두 번째, 데이터 원본 범위를 조정하는 방법

원본 표를 수정하지 않고 원하는 결과를 얻으려면 차트의 데이터 원본 범위를 조정하는 방법도 있습니다.
이전 단계 작업을 진행했다면 Ctrl+Z를 몇 번 눌러 작업을 취소하고 아래 작업을 진행합니다.

01 차트를 선택하고 [차트 디자인] 탭−[데이터] 그룹−[데이터 선택🔛]을 클릭합니다.

02 [데이터 원본 선택] 대화상자의 [범례 항목(계열)] 목록에서 [연도]를 선택하고 [제거]를 클릭합니다.

03 X축 범위를 새로 설정하기 위해 [가로(항목) 축 레이블] 목록에서 [편집]을 클릭합니다.

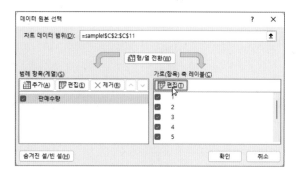

04 [축 레이블] 대화상자에서 [축 레이블 범위] 입력 상자를 클릭합니다.

05 [B3:B11] 범위를 선택해 X축 범위를 설정하고 [확인]을 클릭합니다.

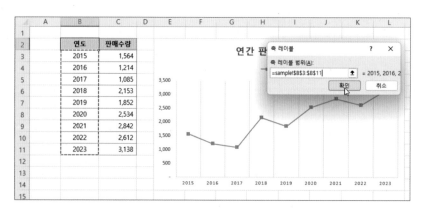

TIP 축 레이블 범위를 선택하면 차트에는 미리 보기 효과가 적용되어 변경된 X축 레이블이 표시됩니다.

06 [데이터 원본 선택] 대화상자에서도 [확인]을 클릭합니다.

세 번째, SERIES 함수를 수정하는 방법

차트의 데이터 계열은 모두 SERIES 함수로 구성되므로 SERIES 함수의 인수를 변경하는 방법을 사용할 수 있습니다. 먼저 SERIES 함수의 구문은 다음과 같습니다.

SERIES (❶ 계열 이름, ❷ X축 범위, ❸ Y축 범위, ❹ 정렬, ❺ 크기)

차트의 데이터 계열 정보를 표시해주는 함수로 차트를 생성하거나 계열을 추가할 때 자동으로 사용됩니다.

❶ 계열 이름	계열의 이름으로 범례에 표시됩니다.
❷ X축 범위	X축 항목 값이 입력된 데이터 범위
❸ Y축 범위	Y축 값이 입력된 데이터 범위
❹ 정렬	누적형 막대에서 계열의 표시 순서
❺ 크기	거품형 차트에서만 사용하는 인수로 거품의 크기 값이 입력된 데이터 범위

주의 사항

● SERIES 함수는 차트 생성 후 데이터 계열을 선택하고 수식 입력줄에서 확인할 수 있습니다.

SERIES 함수를 사용하는 방법은 다음 과정을 참고합니다.

01 [B2:C11] 범위를 대상으로 새로 차트를 생성합니다.

02 [연도] 계열을 선택하고 마우스 오른쪽 버튼을 클릭한 후 [삭제]를 선택합니다.

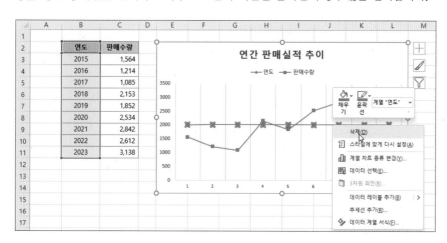

03 '판매수량' 계열을 선택하고 수식 입력줄에서 다음 수식을 확인합니다.

```
=SERIES(sample!$C$2,,sample!$C$3:$C$11, 1)
```

04 SERIES 함수의 두 번째 인수 부분을 마우스로 클릭해 선택하고 X축 항목 범위인 [B3:B11] 범위를
드래그한 후 [Enter]를 눌러 수식을 입력합니다.

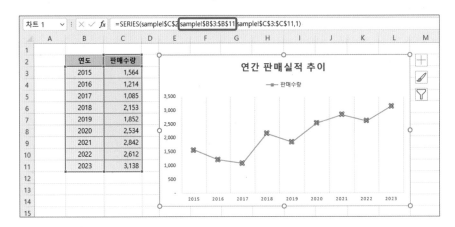

X축에 원본에 없는 날짜가 표시되는 문제 해결 방법

예제 파일 PART 08 \ CHAPTER 32 \ X축-날짜.xlsx

X축 종류

X축에는 원본 표의 값을 그대로 표시해주는 '텍스트 축'과 날짜와 시간을 시계열로 모두 표시해주는 '날짜 축' 두 가지 종류가 있습니다. 축 설정은 자동으로 데이터를 인식하여 설정되므로 표의 첫 번째 열이 날짜 (또는 시간)이면 X축 항목이 날짜 축으로 인식되어 표에 없는 날짜(또는 시간)가 차트에 표시될 수 있습니다. 만약 원본 표에 입력된 날짜만 차트에 표시되길 원한다면 X축 설정을 '텍스트 축'으로 변경해야 합니다.

차트 구성 방법

01 예제의 차트에 원본 표에 존재하지 않는 날짜가 표시되지 않도록 설정합니다.

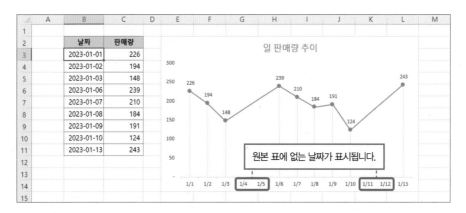

TIP 꺾은선형 차트

예제의 꺾은선형 차트는 [표식이 있는 꺾은선형] 차트를 생성한 후 [차트 스타일]에서 [스타일 8]을 적용한 것입니다.

02 차트의 X축 항목을 더블클릭하면 [축 서식] 작업 창이 열립니다.

03 [축 옵션]–[축 종류] 옵션 중 [텍스트 축]을 선택합니다.

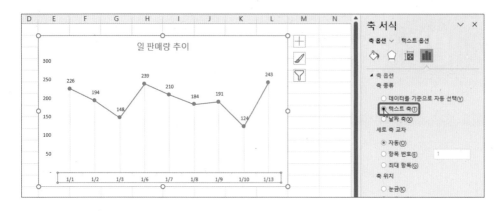

데이터 레이블의 금액 단위를 변경하는 방법

예제 파일 PART 08 \ CHAPTER 32 \ 차트 단위.xlsx

차트의 금액 표시 단위 조정

차트는 원본 표의 금액 단위를 그대로 표시해줍니다. 그러므로 차트의 금액 단위를 조정하고 싶다면 원본 표의 단위를 조정하거나, 차트의 [표시 단위] 옵션을 변경해줍니다. 참고로 차트의 [표시 단위] 옵션은 Y축 서식에서 변경 가능합니다. 데이터 계열의 레이블은 Y축 설정에 영향을 받기 때문에 Y축 단위를 변경하면 데이터 레이블 역시 변경됩니다.

원본 표의 단위 변경 방법

차트는 원본 표에 표시된 금액 단위를 그대로 사용하기 때문에 원본 표의 단위를 변경하면 차트의 표시 단위도 쉽게 조정이 가능합니다.

01 예제의 차트에 표시되는 Y축 레이블이나 데이터 레이블은 모두 원본 표와 동일한 단위를 사용합니다.

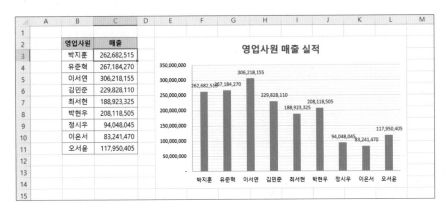

02 원본 표의 매출 금액 단위를 '원'에서 '천원' 단위로 변경합니다.

TIP 금액 단위를 3자리씩 변경하는 것은 셀 서식을 이용하는 방법이 가장 쉽습니다.

03 [C3:C11] 범위를 선택하고 [셀 서식]의 [표시 형식]을 **#,###,**으로 변경합니다.

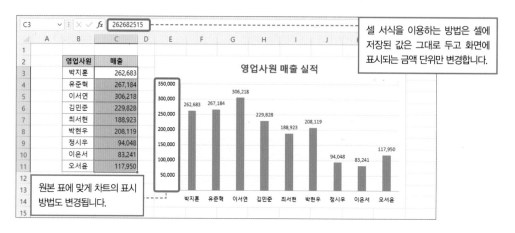

셀 서식을 이용하는 방법은 셀에 저장된 값은 그대로 두고 화면에 표시되는 금액 단위만 변경합니다.

원본 표에 맞게 차트의 표시 방법도 변경됩니다.

TIP 셀 서식을 변경하는 방법은 이 책의 203페이지를 참고합니다.

04 이번에는 금액 단위를 '만' 단위로 변경합니다.

TIP 금액 단위를 4자리(만, 억)로 변경하려면 셀 값을 직접 나눠야 합니다.

05 Ctrl + Z 를 눌러 **02** 과정 작업을 취소합니다.

06 [C13] 셀에 **10000**을 입력하고 [선택하여 붙여넣기] 명령의 [값]-[나누기] 옵션을 이용해 [C3:C11] 범위의 금액 단위를 변경합니다.

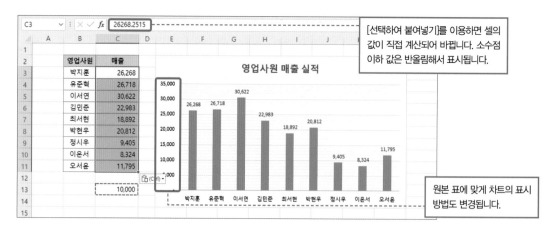

[선택하여 붙여넣기]를 이용하면 셀의 값이 직접 계산되어 바뀝니다. 소수점 이하 값은 반올림해서 표시됩니다.

원본 표에 맞게 차트의 표시 방법도 변경됩니다.

TIP [선택하여 붙여넣기]를 이용해 단위를 변경하는 방법은 이 책의 186페이지를 참고합니다.

차트의 표시 단위 변경 방법

원본 표의 금액 단위를 고칠 수 없다면 차트의 금액 표시 단위만 변경할 수 있습니다. 아래 과정을 참고합니다. 위 과정을 따라했다면 Ctrl+Z를 눌러 이전 상태로 복원해둡니다.

01 차트에 표시되는 숫자 단위를 '원'에서 '만'으로 변경합니다.

02 Y축 레이블 영역을 더블 클릭하면 [축 서식] 작업 창이 우측에 표시됩니다.

03 [축 옵션]-[표시 단위]에서 변경할 숫자 단위(예제에서는 **10000**)를 선택합니다.

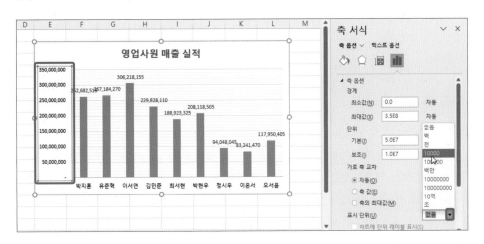

04 옵션을 변경하면 Y축과 데이터 레이블 모두 숫자 단위가 '만' 단위로 변경됩니다.

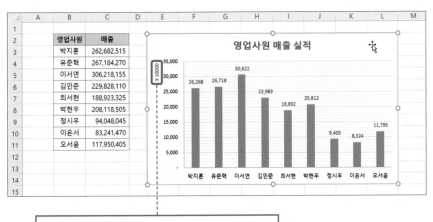

축 레이블에 변경된 단위가 'X 10000'으로 표시됩니다. 의미는 이해되지만 '단위 : 만'과 같이 적절하게 변경하는 것이 좋습니다.

TIP 원본 표와 무관하게 차트의 금액 단위만 변경됩니다.

숫자 차이가 큰 두 계열을 콤보 차트로 표현하는 방법

예제 파일 PART 08 \ CHAPTER 32 \ 콤보 차트.xlsx

콤보 차트와 이중 축 혼합형 차트

엑셀 차트는 기본적으로 X축, Y축 두 개의 축을 사용해 그래프를 표현합니다. 아래 왼쪽의 두 개 축이 각각 X축, Y축의 기본 축으로 모든 계열은 이 두 개의 축에 종속됩니다. 이런 구조는 차트를 표현하는 데 한계가 발생할 수밖에 없습니다. 엑셀 차트는 기본 축의 반대쪽에 보조 축을 오른쪽과 같이 표시할 수 있는데, 이 축을 보조 축이라고 합니다. 보조 축을 사용하면 두 개 이상의 계열이 존재할 때 서로 다른 축에 속하도록 설정해 단위 차이가 크게 나는 두 계열을 같이 표시하거나, 기본 차트로 표현하기 어려운 차트를 구성할 수도 있습니다.

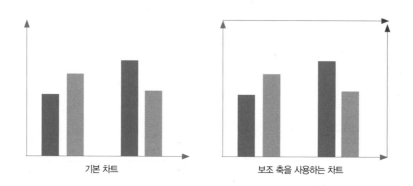

이렇게 보조 축을 사용하는 차트를 이중 축 차트라고 합니다. 이중 축에서 막대형 차트만 사용하면 두 계열의 막대그래프가 겹치게 되므로 보조 축에 표시되는 데이터 계열의 차트를 보통 다른 차트로 변경하게 됩니다. 이렇게 하나의 차트에 두 개 이상의 차트 종류를 혼합한 차트를 혼합형 차트라고 합니다. 즉, 보조 축을 사용하고 둘 이상의 차트 종류가 혼합된 차트를 '이중 축 혼합형 차트'라고 하며, 엑셀 2013 버전부터 '이중 축 혼합형 차트'를 생성할 수 있는 '콤보형 차트'를 제공합니다.

차트 구성 방법

01 예제의 표에 입력된 판매수량과 매출은 단위 차이가 커서 한 차트에 함께 표시하기가 쉽지 않습니다. 이런 경우 콤보형 차트를 사용합니다.

02 [B2:D11] 범위를 선택하고 [삽입] 탭-[차트] 그룹-[콤보 차트 삽입 📊]을 클릭합니다.

03 하위 메뉴에서 [사용자 지정 콤보 차트 만들기]를 선택합니다.

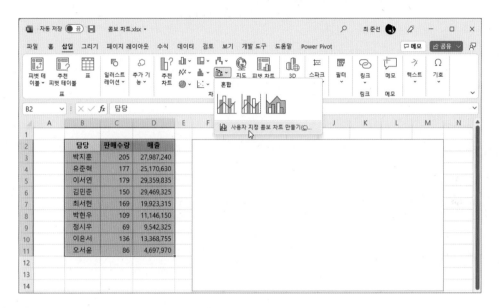

TIP C열의 판매수량과 D열의 매출은 단위 차이가 크므로 보조 축을 이용해 표현하는 것이 좋습니다.

04 [차트 삽입] 대화상자가 표시되면 다음과 같이 설정하고 [확인]을 클릭합니다.

계열 이름	차트 종류	보조 축
판매수량	표식이 있는 꺾은선형	
매출	묶은 세로 막대형	체크

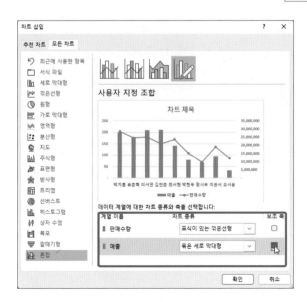

05 판매수량과 매출을 비교할 수 있는 차트를 생성했습니다.

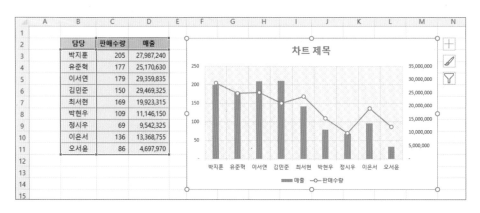

TIP 화면의 차트는 생성 후 [차트 디자인] 탭 – [차트 스타일] 그룹에서 [스타일 5]를 적용한 것입니다.

32/11 콤보 차트에서 막대형 차트만 사용하는 방법

예제 파일 PART 08 \ CHAPTER 32 \ 콤보 차트-세로 막대.xlsx

보조 축을 사용하면 왜 막대그래프는 서로 겹치게 될까?

콤보형 차트를 생성할 때, 차트 종류를 세로 막대형 차트로만 설정하면 다음과 같이 기본 축과 보조 축의 막대그래프가 서로 겹치는 현상을 확인할 수 있습니다.

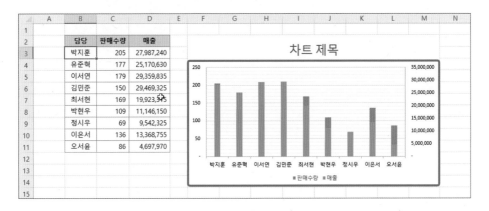

계열이 두 개인 콤보형 차트는 기본 축과 보조 축에 각각 데이터 계열이 하나이므로 막대그래프는 X축 항목 중앙에 표시됩니다. 따라서 두 계열의 막대그래프는 서로 겹쳐서 표시되므로 둘 중 하나의 계열을 다른 차트로 변경하는 것이 일반적입니다.

하지만 두 계열을 모두 세로 막대형 차트로 표시하고 싶다면 기본 축과 보조 축에 각각 두 개의 계열이 필요합니다. 또한 반대쪽 축에 표시될 계열 위치엔 아무 값도 없는 빈 계열이 위치해야 합니다.

차트 구성 방법

01 예제의 표를 세로 막대형 차트를 사용해 콤보형 차트로 생성합니다.

02 차트를 생성하기 전 표에 두 개의 빈 열을 삽입합니다.

03 D열을 선택하고 [홈] 탭-[셀] 그룹-[삽입🖼]을 두 번 클릭해 두 개 열을 추가합니다.

04 [D2] 셀과 [E2] 셀에 각각 **빈열1**과 **빈열2**라는 머리글을 입력합니다.

	A	B	C	D	E	F	G	H	I
1									
2		담당	판매수량	빈열1	빈열2	매출			
3		박지훈	205			27,987,240			
4		유준혁	177			25,170,630			
5		이서연	179			29,359,835			
6		김민준	150			29,469,325			
7		최서현	169			19,923,315			
8		박현우	109			11,146,150			
9		정시우	69			9,542,325			
10		이은서	136			13,368,755			
11		오서윤	86			4,697,970			
12									

05 [B2:F11] 범위를 선택하고 [삽입] 탭-[차트] 그룹-[콤보 차트 삽입📊]을 클릭합니다.

06 하위 메뉴에서 [사용자 지정 콤보 차트 만들기]를 선택합니다.

07 [차트 삽입] 대화상자가 표시되면 다음과 같이 설정하고 [확인]을 클릭합니다.

계열 이름	차트 종류	보조 축
판매수량	묶은 세로 막대형	
빈열1	묶은 세로 막대형	
빈열2	묶은 세로 막대형	체크
매출	묶은 세로 막대형	체크

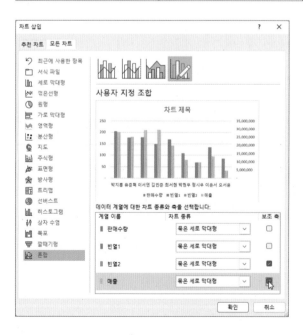

08 다음과 같은 두 개의 막대그래프가 겹치지 않고 표시됩니다.

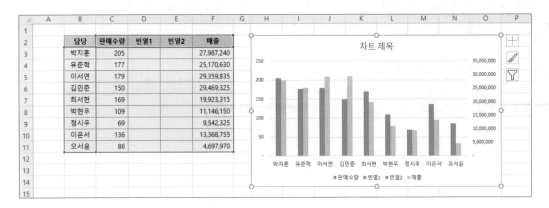

TIP 기본 축에 '판매수량'과 '빈열1'이 표시되고, 보조 축에 '빈열2'와 '매출'이 표시됩니다. 겹치는 부분에 막대그래프가 없으므로 두 막대그래프가 제대로 표시됩니다.

범례에서 필요 없는 계열 삭제

범례에 표시된 [빈열1]과 [빈열2] 계열 이름을 삭제하고 싶다면 범례를 클릭해 선택한 후 다시 [빈열1] 계열 이름을 클릭합니다. [빈열1] 계열의 도형만 선택됩니다. 마우스 오른쪽 버튼을 클릭하고 [삭제]를 선택하거나 Delete 를 눌러 삭제합니다.

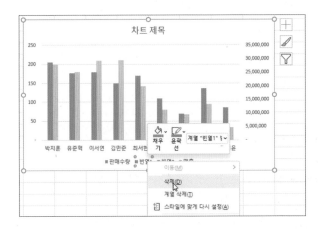

이런 방법을 사용하면 범례에 표시하고 싶지 않은 계열 이름만 삭제할 수 있습니다.

32/12

그림을 사용한 차트 표현 방법

예제 파일 PART 08 \ CHAPTER 32 \ 그림 차트.xlsx

차트 전체 배경으로 그림 넣기

차트 전체에 그림 배경을 넣고 싶다면 [차트 영역]에 그림을 삽입하면 됩니다. 다음 과정을 참고합니다.

01 예제 파일에서 [차트영역] 시트 탭을 선택합니다.

02 차트의 [차트 제목] 오른쪽 빈 영역을 더블클릭하면 [차트 영역 서식] 작업 창이 열립니다.

03 [채우기] 그룹에서 [그림 또는 질감 채우기] 옵션을 선택하고 하단의 [삽입]을 클릭합니다.

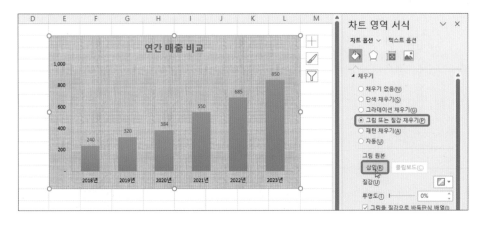

TIP 엑셀 2019 버전까지는 [파일], [클립보드], [온라인] 기능이 제공되었습니다. 엑셀 2021 버전부터는 [삽입]으로 통일되었습니다.

🔍 **더 알아보기**   **버전별 실행 버튼 차이**

엑셀 2019 버전을 포함한 이하 버전을 사용 중이라면 **03** 과정 화면에서 [삽입]은 없고 [파일], [온라인]이 제공됩니다. 배경으로 사용할 그림 파일이 있다면 [파일]을, 웹에서 원하는 배경 그림을 찾으려면 [온라인]을 클릭해 작업하면 됩니다.

04 [그림 삽입] 창이 열리면 [스톡 이미지]를 클릭합니다.

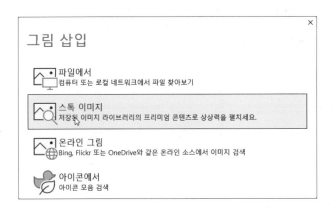

TIP [스톡 이미지]는 엑셀 Microsoft 365, 2021 이후 버전에서 나타나는 옵션으로 오피스 설치할 때 함께 제공되는 이미지 중 하나를 선택할 수 있습니다. 하위 버전 사용자가 **03** 과정에서 [이미지]를 클릭했다면 위 리스트에서 [온라인 그림]을 선택한 것과 동일합니다.

05 검색 창에서 원하는 키워드(예제에서는 **자동차**)로 그림을 검색합니다.

06 검색된 그림 중 원하는 그림을 하나 선택하고 [삽입]을 클릭합니다.

TIP 검색 결과는 사용자에 따라 다를 수 있습니다. 검색된 결과에서 원하는 아무 그림이나 선택해도 됩니다.

07 삽입한 배경 이미지가 진하거나 복잡하다면 차트의 그래프를 명확하게 확인하기 어려우므로 삽입된 그림의 투명도를 조정하는 것이 좋습니다.

08 [차트 영역 서식] 작업 창의 [채우기] 그룹 내 [투명도]를 70%로 조정합니다.

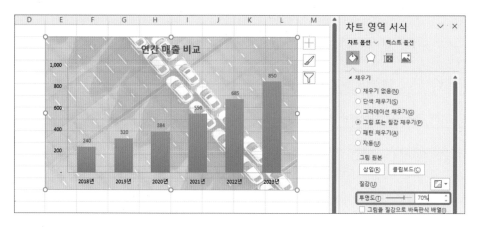

TIP 투명도는 더 높게 또는 더 낮게 조정해서 원하는 효과가 연출되도록 합니다.

그림 영역에 그림 넣기

차트의 전체 배경이 아니라 그래프가 표시되는 그림 영역 내에 그림을 넣어 설명하기 좋은 차트를 만들 수 있습니다. 다음 과정을 참고합니다.

01 시트 탭에서 [그림영역] 시트를 선택합니다.

02 그림 영역 내 눈금선 사이를 더블 클릭해 [그림 영역 서식] 작업 창을 표시합니다.

03 [채우기] 옵션에서 [그림 또는 질감 채우기] 옵션을 선택하고 하단의 [삽입]을 클릭합니다.

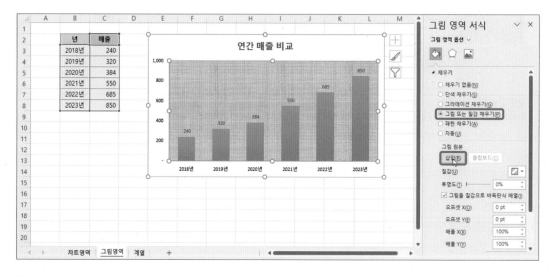

TIP 엑셀 2019 버전을 포함한 이하 버전을 사용 중이라면 [삽입] 대신 [온라인]을 클릭합니다.

TIP [그림 또는 질감 채우기]를 선택하면 [차트영역] 시트에서 삽입한 그림이 그대로 표시될 수 있습니다.

04 [그림 삽입] 대화상자가 표시되면 [온라인 그림]을 클릭합니다.

> TIP 엑셀 Microsoft 365, 2021 이후 버전을 사용한다면 [스톡 이미지]를 선택해도 됩니다.

05 검색 창에서 **자동차** 키워드로 그림을 검색하고 원하는 그림을 하나 선택한 후 [삽입]을 클릭합니다.

> TIP 되도록이면 흰색 배경에 있는 이미지를 선택해야 그림 영역에 잘 어울립니다.

06 삽입된 그림은 그림 영역에 꽉 차게 삽입되므로 크기를 조정해야 합니다.

07 [그림 영역 서식] 작업 창 내 [채우기]의 다음 네 가지 옵션을 아래 표를 참고해 조정합니다.

옵션	값	설명
오프셋 왼쪽	0%	그림 영역 좌측과 삽입된 그림 사이의 간격을 의미하며, 비율(%) 값만큼 그림 영역 좌측에서 멀어지게 됩니다.
오프셋 오른쪽	50%	그림 영역 우측과 삽입된 그림 사이의 간격을 의미하며, 비율(%) 값만큼 그림 영역의 우측에서 멀어지게 됩니다.
오프셋 위쪽	0%	그림 영역 상단과 삽입된 그림 사이의 간격을 의미하며, 비율(%) 값만큼 그림 영역의 상단에서 멀어지게 됩니다.
오프셋 아래쪽	40%	그림 영역 하단과 삽입된 그림 사이의 간격을 의미하며, 비율(%) 값만큼 그림 영역의 하단에서 멀어지게 됩니다.

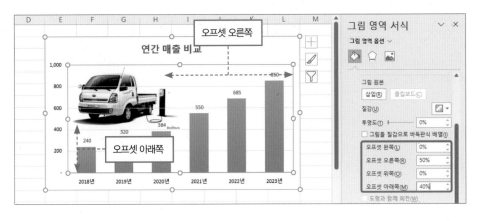

> TIP 오프셋 옵션의 값은 사용자가 선택된 그림을 그림 영역 어느 쪽에, 어떤 크기로 표시하고 싶은지에 따라 달라집니다.

08 그림 영역에 그림을 삽입하면 눈금선을 제거해주는 것이 좋습니다.

09 가로 눈금선을 클릭해 선택하고 ⌦Delete⌫를 눌러 삭제합니다.

데이터 계열에 그림 넣기

세로 막대형 차트(또는 가로 막대형 차트)를 사용하면 막대그래프에 직접 그림을 넣어 차트를 구성할 수 있습니다. 다음 과정을 참고합니다.

01 시트 탭에서 [계열] 탭을 선택해 시트를 이동합니다.

02 차트의 막대그래프를 더블 클릭해 [데이터 계열 서식] 작업 창을 표시합니다.

03 이전과 동일하게 [채우기] 옵션 중 [그림 또는 질감 채우기] 옵션을 선택합니다.

TIP [그림영역] 시트에서 삽입한 그림 파일이 그대로 사용됩니다. 다른 그림을 선택하려면 [삽입]을 클릭해 다른 그림 파일을 선택해야 합니다.

04 하단 옵션 중에서 [늘이기] 옵션이 기본값으로 선택됩니다.

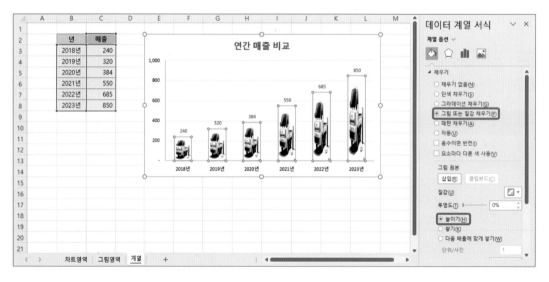

TIP [늘이기] 옵션은 그림을 막대그래프에 맞춰 늘려줍니다. 참고로 [그림영역] 시트에서 적용한 [오프셋] 설정이 그대로 적용되기 때문에 하단의 오프셋 옵션을 모두 **0%**로 변경합니다.

05 [데이터 계열 서식] 작업 창의 옵션을 [쌓기]로 변경합니다.

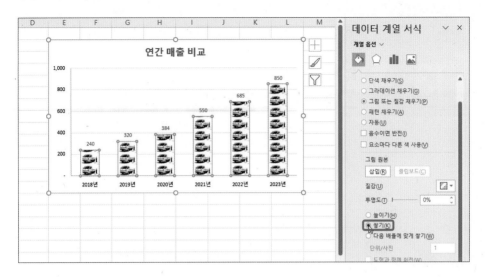

TIP [쌓기] 옵션

[쌓기] 옵션은 삽입한 그림의 가로/세로 비율을 유지하면서 막대그래프 길이에 맞게 쌓아 올려 표시합니다. 보기에는 좋지만 그림으로 계열의 값을 이해하기는 쉽지 않습니다.

06 [데이터 계열 서식] 작업 창의 옵션을 [다음 배율에 맞게 쌓기] 옵션으로 변경하고 하단의 [단위/사진]을 눈금선에 맞게 **150**으로 변경합니다.

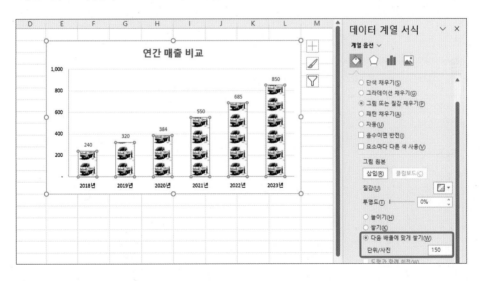

TIP [다음 배율에 맞게 쌓기] 옵션

[다음 배율에 맞게 쌓기] 옵션은 [쌓기] 옵션을 보완한 것으로 그림을 지정한 단위에 맞춰 표시할 수 있습니다. 이번과 같이 [단위/사진]을 **150**으로 설정하면 Y축 단위가 150이 될 때마다 그림을 하나씩 표시하라는 의미입니다. 이렇게 하면 막대그래프에 표시된 그림만으로 계열의 값을 대략 파악할 수 있습니다.

32 / 13

2013 이후

People Graph 앱을 사용한 그림 차트를 삽입하는 방법

예제 파일 PART 08 \ CHAPTER 32 \ People Graph.xlsx

People Graph 앱 설치

엑셀 2013 버전부터 지원되는 Office 스토어를 통해 별도의 앱을 설치해 사용할 수 있습니다. 이 기능은 [추가 기능]이라고 하며 리본 메뉴 [삽입]과 [개발 도구] 탭에서 제공합니다. Office 스토어의 앱 중 People Graph를 이용하면 좀 더 다양한 그림 차트를 활용할 수 있습니다. People Graph 앱을 설치하는 방법은 다음 과정을 참고합니다.

01 예제 파일을 열고 [삽입] 탭-[추가 기능] 그룹-[추가 기능 가져오기⊞]를 클릭합니다.

02 [Office 추가 기능] 창의 상단 검색란에 **people graph**를 입력하고 [Enter]를 누릅니다.

03 검색된 앱 중에서 [People Graph] 앱을 선택하고 [추가]를 클릭합니다.

TIP 앱을 처음 설치할 때 사용 약관 및 개인정보처리방침 창이 표시되면 [계속]을 클릭합니다.

04 People Graph 앱이 추가되면 화면과 같은 People Graph 차트가 화면에 표시됩니다.

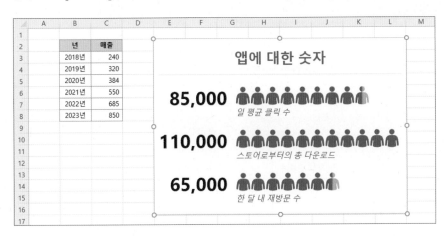

TIP People Graph 앱은 [삽입] 탭 – [추가 기능] 그룹 – [내 추가 기능 🖼️]에서도 확인할 수 있습니다.

People Graph를 이용한 차트 구성

People Graph 앱은 엑셀 차트와는 달리 먼저 차트를 생성하고 데이터 범위를 선택합니다. 다음 과정을 참고해 차트를 완성합니다.

01 People Graph 차트를 선택하고 창 우측 상단의 [데이터▦]를 클릭합니다.

02 [데이터] 작업 창이 표시됩니다. [제목]을 **연간 매출**로 변경하고 [데이터 선택]을 클릭합니다.

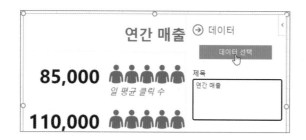

TIP [제목]은 [차트 제목]을 의미합니다.

03 데이터 선택 화면이 표시되면 [B3:C8] 범위를 드래그해 선택하고 [만들기]를 클릭합니다.

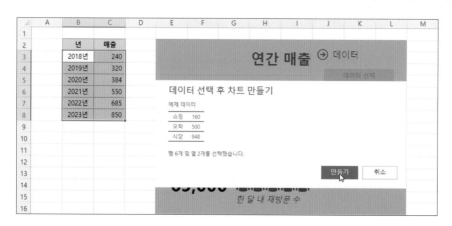

04 People Graph 앱의 숫자와 아이콘 개수가 선택된 범위에 맞게 조정됩니다.

TIP 데이터가 모두 표시되지 않으면 창 하단에 '앱을 확장하여 더 많은 데이터를 표시하세요'라는 메시지 줄이 표시됩니다.

05 People Graph 창의 크기 조정 핸들○을 드래그해 적정한 크기로 조정합니다.

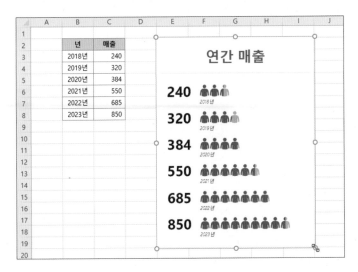

06 People Graph 차트를 꾸미기 위해 차트를 선택하고 우측 상단의 [설정⚙]을 클릭합니다.

07 표시된 [설정] 작업 창의 [유형]에서 여러 스타일 중 하나를 선택합니다.

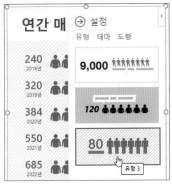

08 [설정] 창의 [도형]을 선택하면 People Graph의 표시 도형을 변경할 수 있습니다. 데이터에 맞는 도형을 하나 선택합니다.

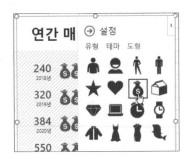

09 People Graph 앱으로 완성된 차트는 다음과 같습니다.

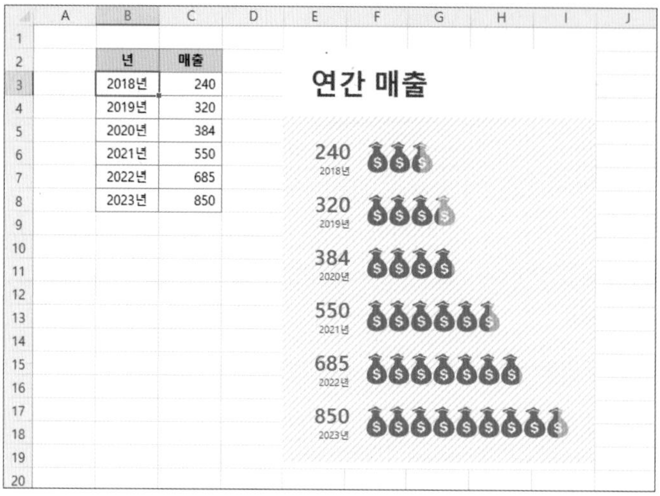

긴 막대그래프를 잘라
표현하는 방법

예제 파일 PART 08 \ CHAPTER 32 \ 물결 차트.xlsx

물결 차트란?

세로 막대형 차트를 사용하다 보면 다음과 같이 특정 항목 값이 너무 커서 나머지 막대그래프가 제대로 표시되지 않는 경우가 있습니다.

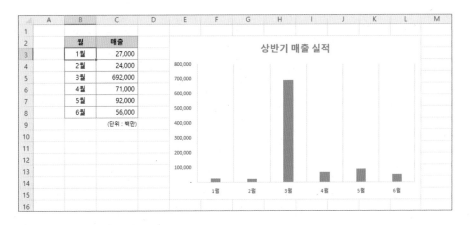

이때 큰 막대그래프만 잘라 표시할 수 있다면 막대그래프간의 비교를 수월하게 진행할 수 있습니다. 이렇게 특정 막대그래프를 잘라 표시하는 차트를 물결 차트라고 부릅니다. 엑셀에서는 물결 차트 종류를 따로 제공하진 않지만 세로 막대형 차트의 옵션을 변경해 물결 차트를 표현할 수 있습니다.

차트 구성 방법

01 예제의 세로 막대형 차트를 물결 차트로 변경합니다.

02 Y축 눈금의 표시 설정을 변경합니다. Y축을 더블클릭해서 [축 서식] 작업 창을 엽니다.

03 [축 옵션]의 [로그 눈금 간격]에 체크합니다.

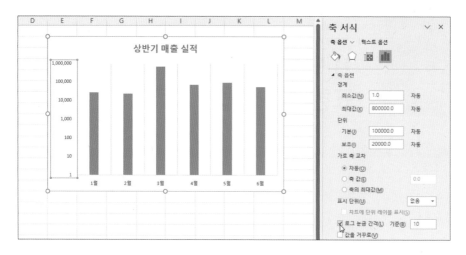

> **TIP** 로그 눈금은 10의 제곱값으로 눈금을 표시하며, 음수 값을 갖는 경우에는 사용할 수 없습니다.

04 Y축 눈금에서 모든 막대그래프가 통과한 마지막 눈금선 단위를 Y축 최솟값으로 설정합니다.

05 [축 서식] 작업 창의 [축 옵션]의 [최솟값]에 **10000**을 입력하고 [Enter]를 눌러 적용합니다.

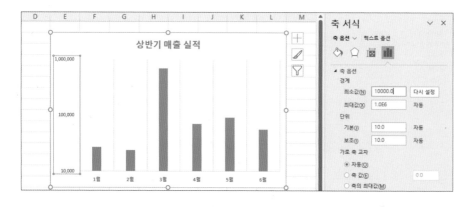

> **TIP** 막대그래프가 보기 좋게 나열됩니다.

06 로그 눈금을 사용하는 경우 Y축 레이블은 의미가 없으므로 표시하지 않습니다.

07 [축 서식] 작업 창의 [레이블] 하위의 [레이블 위치] 옵션을 [없음]으로 변경합니다.

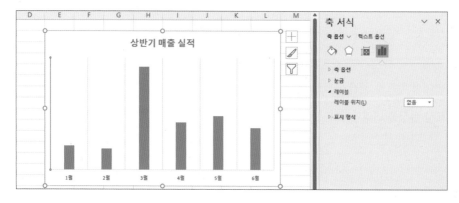

08 막대그래프의 크기를 숫자로 표시하기 위해 데이터 레이블을 표시합니다.

09 차트의 [차트 요소⊞]를 클릭한 후 [데이터 레이블]에 체크합니다.

10 3월 항목의 막대그래프를 잘라 표시한 것처럼 시각 효과를 적용합니다.

11 [삽입] 탭-[일러스트레이션] 그룹-[도형 🔘]을 클릭한 후 [별 및 현수막] 그룹의 [이중 물결 🔲] 도형을 선택합니다.

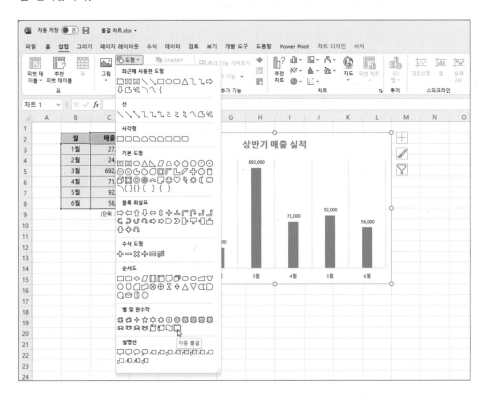

12 선택한 도형을 3월 막대그래프의 적정한 위치에 삽입합니다.

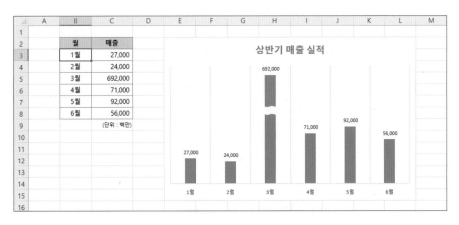

TIP 이중 물결 도형의 테두리는 없으므로 배경색은 차트 그림 영역의 배경과 동일하게 적용합니다.

32/15 세로 막대형 차트에 평균선을 표시하는 방법

예제 파일 PART 08 \ CHAPTER 32 \ 평균선.xlsx

평균선이란?

세로 막대 차트를 보다 잘 이해하기 위해 그림과 같이 전체 평균을 차트에 표시하고 싶은 경우가 있습니다.

세로 막대형 차트에 평균선을 추가하는 옵션은 제공되지 않으므로 평균선을 차트에 추가하려면 별도의 계열을 추가한 후 꺾은선형과 혼합형으로 차트를 구성하는 방법을 사용해야 합니다.

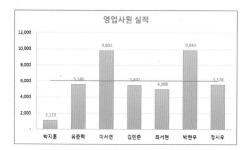

차트 구성 방법

01 예제의 차트에 각 영업사원 실적 평균선을 추가합니다.

02 새 계열을 추가하기 위해 D열에 평균값을 계산합니다.

03 [D3] 셀에 다음 수식을 입력하고 [D3] 셀의 채우기 핸들➕을 더블클릭해 수식을 복사합니다.

```
=AVERAGE($C$3:$C$9)
```

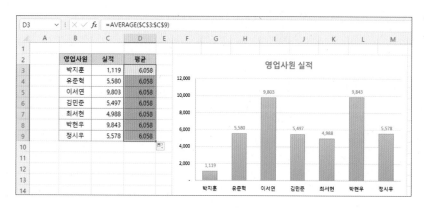

TIP 새로운 열을 차트에 추가하면 차트는 계열로 인식합니다.

04 D열 데이터 범위를 차트에 추가합니다.

05 차트를 선택하고 [C9] 셀 우측 하단의 크기 조정 핸들📱을 [D9] 셀까지 드래그합니다.

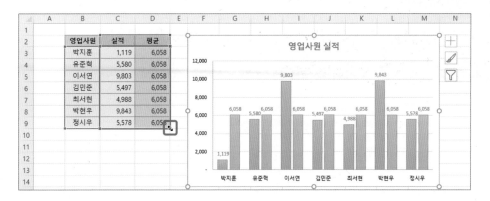

06 새로 추가된 [평균] 계열을 꺾은선 그래프로 변경합니다.

07 차트에서 [평균] 계열을 선택하고 [삽입] 탭-[차트] 그룹-[꺾은선형📈]을 클릭한 후 [2차원 꺾은선형] 그룹의 [꺾은선형] 차트를 선택합니다.

08 [평균] 계열의 데이터 레이블을 선택하고 마우스 오른쪽 버튼을 클릭한 후 [삭제]를 선택합니다.

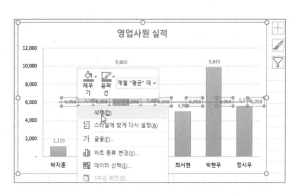

TIP 표에 추가한 D열이 보기가 싫다면 열 숨기기를 하고, 이 책의 Section 32-26에 소개된 숨긴 열을 차트에 표시하는 방법을 사용합니다.

누적 세로 막대형 차트에 총합을 표시하는 방법

예제 파일 PART 08 \ CHAPTER 32 \ 누적 막대.xlsx

누적 세로 막대형 차트와 총합

누적 세로 막대형 차트는 매우 유용하지만 아래 차트 같이 각 항목별 총합을 데이터 레이블에 표시해주는 옵션이 없다는 제한 사항이 있습니다.

이때 누적 세로 막대형 차트에 총합을 표시하려면 총합 계열을 꺾은선형 차트로 추가한 후 선 그래프는 투명하게 설정하고 데이터 레이블을 표시하면 됩니다.

차트 구성 방법

01 예제의 누적형 막대 차트에 차트의 항목(연도)별 막대그래프의 총합이 나타나도록 작업합니다.

02 표의 F열에 계산된 합계 열을 차트의 계열로 추가합니다.

03 차트를 선택하고 [E8] 셀 우측 하단의 크기 조정 핸들■을 [F8] 셀까지 드래그합니다.

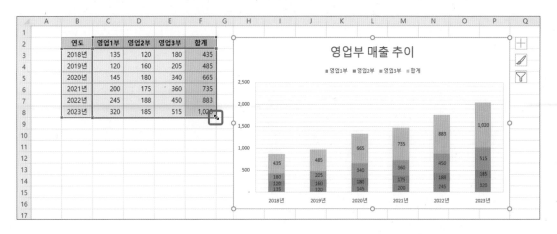

TIP 표에 합계 값을 갖는 F열은 반드시 먼저 계산되어 있어야 합니다.

04 추가한 [합계] 계열이 공간을 적게 차지하도록 꺾은선 그래프로 변경합니다.

05 [합계] 계열이 선택된 상태에서 [삽입] 탭-[차트] 그룹-[꺾은선형]을 클릭하고 [2차원 꺾은선형] 그룹의 [꺾은선형] 차트를 선택합니다.

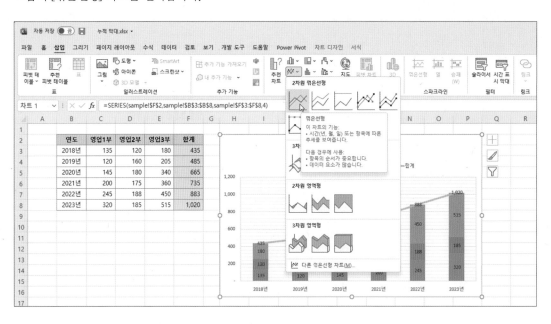

06 꺾은선형 차트의 데이터 레이블 위치를 상단으로 변경합니다.

07 차트의 [차트 요소⊞]를 클릭한 후 [데이터 레이블]-[위쪽]을 선택합니다.

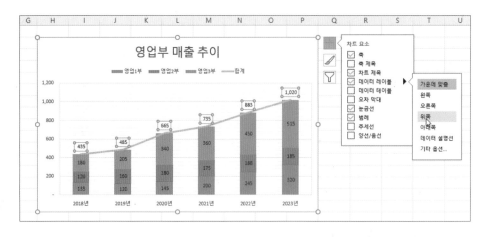

08 마지막으로 꺾은선 그래프의 선 색을 표시하지 않습니다.

09 꺾은선 그래프를 선택하고 [서식] 탭-[도형 스타일] 그룹-[도형 윤곽선☑]을 클릭하고 [윤곽선 없음]을 선택합니다.

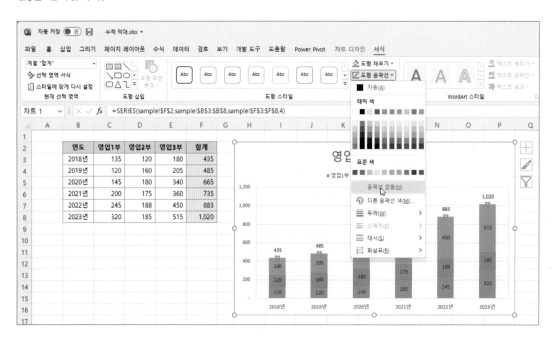

32/17 폭포(Waterfall) 차트 만들기

예제 파일 PART 08 \ CHAPTER 32 \ 폭포 차트.xlsx

폭포(Waterfall) 차트?

엑셀 2016 버전에는 차트 몇 종류가 새롭게 추가되었습니다. 그중 가장 대중적으로 사용할 수 있는 차트가 폭포 차트입니다.

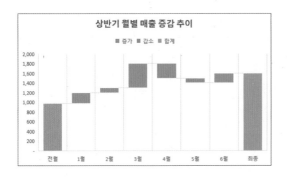

폭포 차트는 기본적으로 세로 막대형 차트를 베이스로 하고 있습니다. 세로 막대형 차트와 다른 점은 숫자를 그래프로 표시하는 방법이 다릅니다. 첫 번째와 마지막 막대는 그대로 표시하지만 중간의 막대그래프는 숫자의 크기가 아니라 이전 막대그래프보다 얼마나 증가(또는 감소)했는지 표현해줍니다. 그렇기 때문 전체 기간 동안의 변화를 빠르게 확인하고 싶을 때 유용한 차트입니다.

폭포 차트가 엑셀 2016 버전에 추가된 것은 사실이나 이전에도 누적 세로 막대형 차트를 이용해 표현할 수는 있었습니다. 이번에는 두 가지 방법을 모두 알아보겠습니다.

엑셀 2016 이후 버전에서 폭포 차트 구성 방법

01 예제의 [sample] 시트 내 표를 폭포 차트로 표시합니다.

02 1월부터 6월까지의 실적 변화를 폭포 차트로 표시하려면 예제처럼 전년 12월 실적과 최종월인 6월의 실적이 추가되어 있어야 합니다.

> **TIP** 1월, 6월을 기준월로 삼고 2월부터 5월까지의 변화만 표시하려면 3행과 10행은 추가하지 않아도 됩니다.

03 폭포 차트는 기준 실적과 중간 기간의 증감이 같은 열에 구성되어 있어야 합니다.

04 다음 각 셀에 수식을 입력하고 [D4] 셀의 채우기 핸들을 [D9] 셀까지 드래그해 수식을 복사합니다.

- **[D3] 셀 : =C3**
- **[D10] 셀 : =C10**
- **[D4] 셀 : =C4-C3**

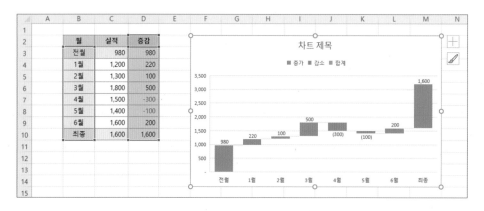

05 [B2:B10] 범위를 선택하고 Ctrl 을 누른 상태에서 [D2:D10] 범위를 선택합니다.

06 [삽입] 탭-[차트] 그룹-[폭포 차트 삽입 📈]를 클릭한 후 [폭포] 차트를 선택합니다.

07 폭포 차트의 첫 번째와 마지막 막대그래프를 기준 막대로 설정합니다.

08 막대그래프를 클릭해 선택하고 다시 전월 항목 막대를 클릭하면 개별 항목만 선택할 수 있습니다.

09 바로 마우스 오른쪽 버튼을 클릭한 후 [합계로 설정] 메뉴를 선택합니다.

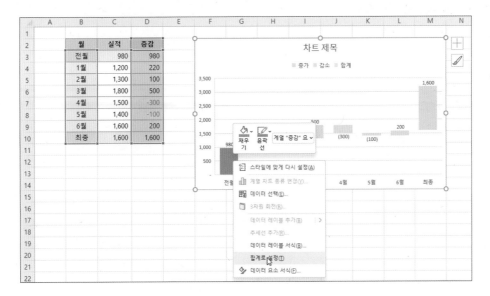

10 최종 항목의 막대도 **07-08** 과정을 참고해 [합계로 설정] 메뉴를 선택합니다.

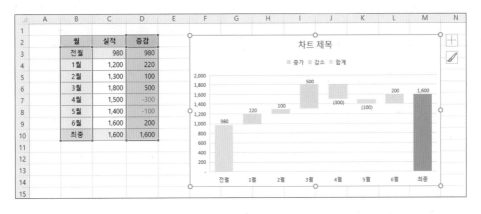

TIP 1월부터 6월까지의 실적 변화(증감)가 막대그래프로 구분됩니다.

엑셀 2013 이하 버전에서 폭포 차트 구성 방법

엑셀 2013 이하 버전에서는 폭포 차트를 사용할 수 없으므로 누적 막대그래프를 사용해 표시해야 합니다. 그러려면 예제의 [2013] 시트에 다음과 같은 표를 생성해야 합니다.

월	실적	합계	받침	증가	감소
전월	980				
1월	1,200				
2월	1,300				
3월	1,800				
4월	1,500				
5월	1,400				
6월	1,600				
최종	1,600				

sample | 2013 | +

앞 표의 D열부터 G열까지는 다음과 같은 계산식을 이용해 입력합니다. 단, ❸-❺ 수식은 수식 입력 후 9
행까지는 수식을 모두 복사해놓습니다.

❶ [D3] 셀 : =C3

❷ [D10] 셀 : =C10

❸ [F4] 셀 : =IF(C4>C3, C4-C3, 0)

❹ [G4] 셀 : =IF(C4<C3, C3-C4, 0)

❺ [E4] 셀 : =C3-G4

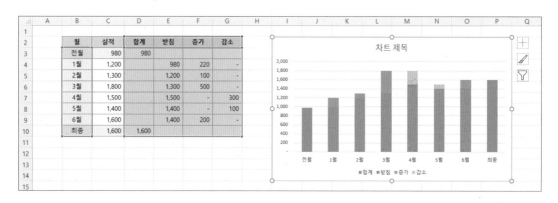

[B2:B10], [D2:G10] 범위를 같이 선택하고 누적 세로 막대형 차트를 생성하면 다음과 같은 차트를 얻을
수 있습니다.

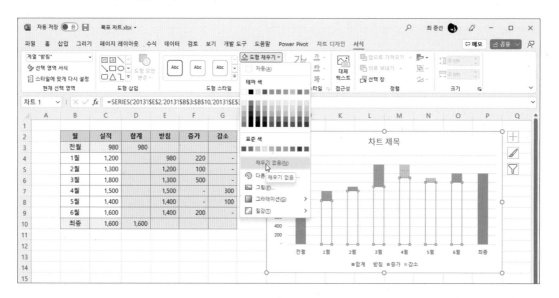

'받침' 계열을 선택하고 [서식] 탭-[도형 서식] 그룹-[채우기]-[채우기 없음]을 선택해 투명하게 설정하
면 폭포 차트를 얻을 수 있습니다.

32 / 18

꺾은선 그래프 하단에 색상을 채우는 방법

예제 파일 PART 08 \ CHAPTER 32 \ 그라데이션.xlsx

그라데이션 효과가 적용된 꺾은선형 차트

꺾은선형 차트를 사용할 때 계열이 하나인 경우는 차트가 심심하게 느껴질 수 있습니다. 그렇기 때문에 선 그래프 하단에 색상을 추가할 수 있다면 시각적으로 보기 좋고 꺾은선형 차트가 채워진 느낌을 주도록 할 수 있습니다.

다만, 꺾은선형 차트에는 선 그래프 하단에 색상을 추가하는 옵션이 없으므로 꺾은선형 차트와 영역형 차트를 혼합한 차트를 구성하여 사용합니다.

차트 구성 방법

01 예제의 꺾은선형 차트의 선 그래프 하단에 원하는 색상을 채우는 작업을 진행합니다.

02 혼합형 차트를 구성하기 위해 [판매량] 데이터를 한 번 더 차트에 추가합니다.

03 [C2:C14] 범위를 선택하고 복사(Ctrl + C)한 후 차트를 선택하고 붙여넣기(Ctrl + V)합니다.

TIP 꺾은선 그래프의 색상이 변경되는 것이 아니고 동일한 계열이 하나 더 추가된 것으로 확인해 보려면 차트의 범례를 추가하면 됩니다([차트 요소]-[범례]에 체크).

04 새로 추가된 계열을 영역형 차트로 변경합니다.

05 주황색 선 그래프를 선택한 후 [삽입] 탭-[차트] 그룹-[꺾은선형 또는 영역형 차트 추가]를 클릭한 후 [2차원 영역형]-[영역형] 차트를 선택합니다.

06 영역형 그래프를 선택하고 [서식] 탭-[도형 스타일] 그룹-[도형 채우기]를 클릭한 후 꺾은선 그래프와 동일한 색상을 선택합니다.

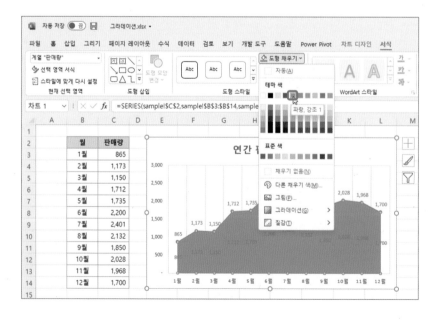

TIP [도형 채우기]-[그라데이션] 하위 메뉴에서 색상에 그라데이션 효과를 적용할 수 있습니다.

07 영역형 차트를 더블클릭한 후 [채우기] 옵션 중 [투명도]를 **80%**로 조정합니다.

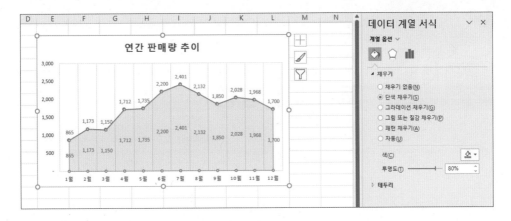

TIP 영역형 차트의 데이터 레이블은 선택 후 Delete 를 눌러 삭제합니다.

꺾은선형 차트에 최고/최저점을 표시하는 방법

예제 파일 PART 08 \ CHAPTER 32 \ 최고,최저.xlsx

최고점, 최저점?

꺾은선 차트는 추세를 확인할 수 있지만 강조하고 싶은 부분을 따로 표시하기는 어렵습니다. 그렇기 때문에 다른 차트 프로그램에서 꺾은선형 그래프에 최고/최저점을 표시하는 옵션이 추가된 경우가 많습니다. 엑셀에서는 해당 옵션이 제공되지 않지만 다음 꺾은선형 차트처럼 최고/최저점을 표시할 수 있는 방법은 있습니다.

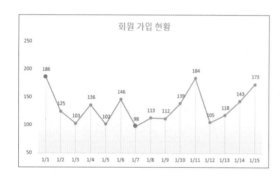

다만 옵션이 직접 제공되진 않으므로 원본 표에 최고/최저점을 미리 계산해놓고 차트에 새 계열로 추가하는 방법을 사용해야 합니다.

차트 구성 방법

꺾은 선형 차트에 최고/최저점을 표시하려면 다음 순서대로 작업합니다.

01 예제의 꺾은 선 차트에 최고/최저점을 표시합니다.

02 표에서 최고/최저점 값만 갖는 열을 새로 추가합니다.

03 [D3]셀에 다음 수식을 입력하고 [D3] 셀의 채우기 핸들 ⊞ 을 더블클릭해 수식을 복사합니다.

```
=IF(OR(C3=MAX($C$3:$C$17), C3=MIN($C$3:$C$17)), C3, NA())
```

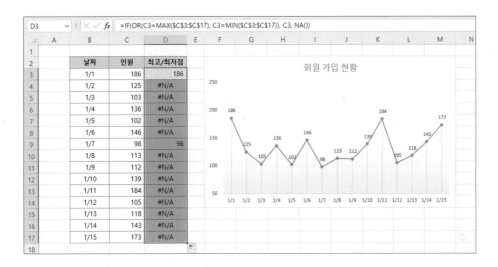

🔍 더 알아보기   **수식 이해하기**

이 수식은 C열의 값에서 최대/최솟값만 그대로 반환하고 나머지는 모두 #N/A 에러를 반환하도록 구성되어 있습니다. 일단 #N/A 에러는 해당 에러를 반환하는 NA 함수를 사용했습니다. #N/A 에러가 반환되도록 수식을 구성한 이유는 꺾은선형 차트를 생성할 때 원본 범위에 #N/A 에러가 존재하면 해당 부분의 선 그래프를 따로 표시하지 않고 숫자와 다음 숫자 사이를 이어서 표시해주는 특징을 활용하기 위한 것입니다.

이렇게 열을 새로 추가하는 부분은 차트에 옵션이 추가되는 것보다는 불편합니다. 하지만 필요하다면 수식을 수정해 원하는 부분을 강조할 수 있다는 점에서는 활용 가치가 있습니다. 예를 들어 최고/최저가 아니라 상위 세 개 표식만 강조하고 싶다면 이번 수식을 다음과 같이 수정할 수 있습니다.

```
=IF(C3>=LARGE($C$3:$C$17, 3), C3, NA())
```

하위 세 개 표식은 LARGE 함수를 SMALL 함수로 변경하고 비교 연산자를 >= 대신 <=로 수정하면 됩니다.

```
=IF(C3<=SMALL($C$3:$C$17, 3), C3, NA())
```

이런 방법으로 다양한 응용이 가능하니 필요한 것을 수식으로 표현해보세요!

04 차트를 선택하고 [C17] 셀의 크기 조정 핸들■을 [D17] 셀까지 드래그해 D열을 차트에 추가합니다.

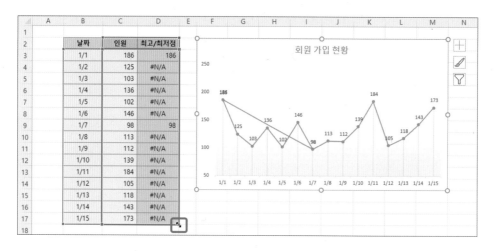

05 추가된 최고/최저점 계열의 표식만 남겨 놓고 선 그래프는 숨깁니다.

06 주황색 계열을 더블클릭해 [데이터 계열 서식] 작업 창을 표시합니다.

07 [계열 옵션]의 [채우기 및 선]을 선택하고 [선] 그룹의 [선 없음] 옵션을 클릭합니다.

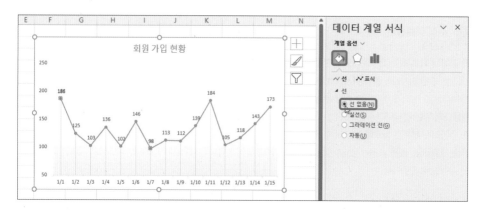

08 계속해서 [표식]을 선택해 표식의 크기와 색상을 변경합니다.

09 [표식 옵션] 그룹 내 [기본 제공] 옵션을 클릭하고 표식을 기존 계열과 동일하게 설정한 후 [크기]를 **7**
로 변경합니다.

10 [채우기] 그룹 내 [색]을 빨간색으로 변경합니다.

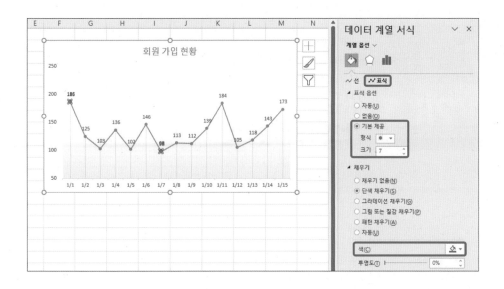

11 [인원] 계열과 [최고/최저점] 계열의 데이터 레이블이 겹치므로 [최고/최저점] 계열의 데이터 레이블은 삭제합니다.

12 [최고/최저점] 계열의 데이터 레이블을 선택하고 마우스 오른쪽 버튼을 클릭한 후 [삭제]를 선택합니다.

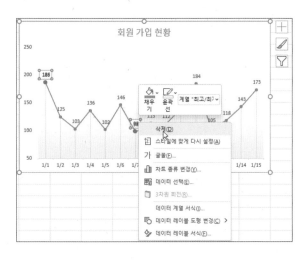

32 / 20

꺾은선 차트의 특정 시점을 강조하는 방법

예제 파일 PART 08 \ CHAPTER 32 \ 기간 표시.xlsx

오차 막대를 이용한 구간 표시

꺾은선형 차트는 긴 기간의 흐름을 표시하는 경우가 많기 때문에 중간에 발생한 일을 차트에 별도로 표시하기가 어렵습니다. 그러므로 강조하고 싶은 시점을 차트에 표시하고 그에 맞는 정보를 표시해줄 수 있다면 꺾은선형 차트로 전달할 수 있는 정보의 양을 늘릴 수 있습니다.

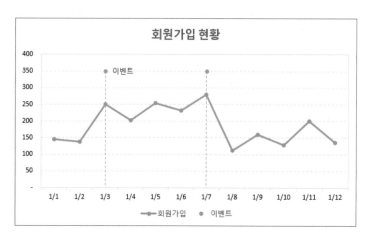

다만 차트에는 위와 같은 특정 구간을 구분해 표시해주는 옵션이 따로 제공되지 않으므로 별도의 계열을 추가해 작업합니다. 참고로 위 차트의 세로 방향 하강선은 [오차 막대]를 이용한 것입니다.

차트 구성 방법

01 예제의 차트에서 이벤트 기간을 강조해 표시합니다.

02 상단 표의 이벤트 시작일과 종료일을 하단의 표에 표시해보겠습니다.

03 [D6] 셀에 다음 수식을 입력한 후 [D6] 셀의 채우기 핸들➕을 더블클릭해 수식을 복사합니다.

```
=IF(COUNTIF($C$3:$D$3, B6)=1, CEILING(MAX($C$6:$C$17), 50)+50, NA())
```

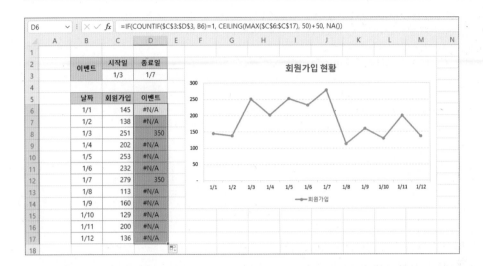

🔍 **더 알아보기**　　**수식 이해하기**

이번 수식은 IF 함수의 첫 번째 인수부터 이해해야 합니다. 첫 번째 인수의 **COUNTIF($C$3:$D$3, B6)=1**은 '[B6] 셀의 날짜가 [C3:D3] 범위에 존재하면'이란 의미로 이해하면 됩니다. 즉, 이벤트 일정의 시작일과 종료일에 해당하면 두 번째 인수를 반환하고, 그렇지 않으면 NA 함수를 사용해 #N/A 에러를 반환하라는 의미입니다.

시작일과 종료일에 해당하면 **CEILING(MAX(C6:C17), 50)+50**의 값을 반환하라고 되어 있는데, 이 계산은 추가할 계열이 기존 선 그래프보다 위쪽에 표시될 수 있도록 표식이 나타나야 할 위치를 계산한 것입니다. 계산 순서는 MAX 함수로 기존 [회원가입] 계열의 가장 큰 값을 얻은 후 눈금선 간격인 50의 배수로 올림된 값을 반환하고 그 위치에서 눈금선 한 칸 위의 숫자를 반환하도록 50를 더한 것입니다.

표에서 최댓값은 [C12] 셀의 279이므로 CEILING 함수의 반환 값은 300이 됩니다. 300에서 50이 더해졌으므로 350이 반환됩니다. 이런 계산 작업은 차트의 원본 범위의 계산 결과가 계속해서 바뀌는 상황에서는 자동으로 추가할 위치가 계산되므로 편리합니다. 하지만 원본 범위의 계산 결과가 확정된 값이라면 복잡한 계산 없이 그냥 **350** 정도의 값을 직접 입력해도 상관없습니다. 그럴 경우 수식은 다음과 같이 바뀔 수 있습니다.

```
=IF(COUNTIF($C$3:$D$3, B6)=1, 350, NA())
```

04 계산된 D열을 차트 계열로 추가합니다.

05 차트를 선택하고 [C17] 셀의 범위 조정 핸들■을 [D17] 셀까지 드래그합니다.

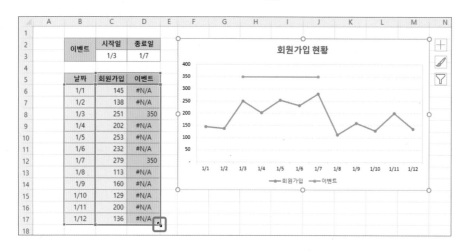

06 추가된 이벤트 계열의 표식만 남기고 선 그래프를 숨깁니다.

07 주황색 선 그래프를 선택하고 [서식] 탭-[도형 스타일] 그룹-[도형 윤곽선📝]의 아래 화살표⌄를 클릭한 후 [윤곽선 없음]을 선택합니다.

08 이제 표식 아래로 하강선을 추가합니다.

09 차트에서 [이벤트] 계열을 선택하고 [차트 요소⊞]를 클릭합니다.

10 [오차 막대]의 ▶를 클릭하고 하위 옵션에서 [기타 옵션]을 선택합니다.

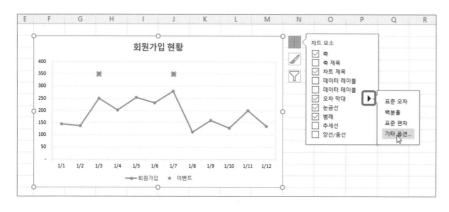

TIP 차트 요소 중에서 세로 방향의 선을 표시할 수 있는 것은 오차 막대가 유일합니다.

11 [오차 막대 서식] 작업 창이 표시되면 다음과 같이 설정합니다.

· **[음의 값] : 선택**
· **[끝 모양 없음] : 선택**
· **[백분율] : 선택 후 100% 입력**

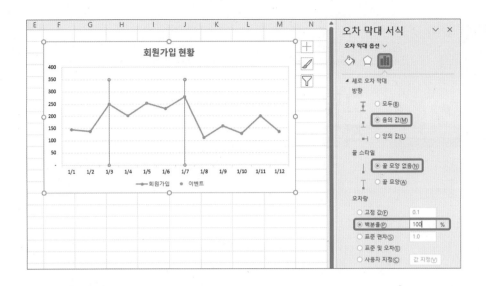

- **음의 값** : 오차 막대는 표식 위치에서 상하로 표시되는데, 오차 막대를 표식의 아래쪽으로만 표시하기 위해 음의 값 옵션을 선택합니다.
- **끝 모양 없음** : 오차 막대는 선의 끝에서 가로선을 표시하는데, 이 가로선 스타일을 사용하지 않도록 이 옵션을 선택합니다.
- **100%** : 오차 막대를 X축 위치까지 표시하려면 350이 필요합니다. 이 값을 가장 손쉽게 얻는 방법이 백분율 옵션을 100%로 설정하는 것입니다. 이 값은 표식의 값에서 100%를 의미하므로 350과 동일한 의미를 갖습니다. 이 값 대신 [고정 값] 옵션을 선택하고 350을 입력해도 동일한 결과를 얻을 수 있습니다.

12 그러면 대략 원하는 모양이 됩니다. 다음과 같은 몇 가지 설정을 추가합니다.

- **[이벤트] 계열** : 왼쪽 표식만 두 번 클릭해 선택한 후 [차트 요소]를 클릭하고 [데이터 레이블]−[기타 옵션]을 선택한 후 [데이터 레이블 서식] 작업 창에서 [레이블 내용]−[계열 이름]에 체크합니다. [값] 확인란은 체크를 해제한 후 [레이블 위치]−[오른쪽]을 클릭합니다.
- **오차 막대** : 오차 막대 선을 클릭하고 [차트 도구]−[서식] 탭−[도형 스타일] 그룹−[도형 윤곽선🖉]을 클릭하고 원하는 색상을 지정합니다. [대시] 하위 메뉴에서 [파선]을 선택합니다.

그림 영역에 교차 서식을 적용하는 방법

예제 파일 PART 08 \ CHAPTER 32 \ 교차 서식.xlsx

그림 영역의 교차 서식이란?

차트의 그림 영역은 배경색이나 눈금선 외에 별도의 서식을 지정할 수 없지만 다음과 같은 서식을 설정하면 깔끔한 차트를 구성하는 데 도움이 될 수 있습니다.

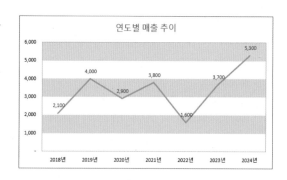

하지만 그림 영역에는 위와 같은 설정을 지원하지 않으므로 위와 같은 차트를 표현하려면 가로 막대 차트와 꺾은선형 차트의 혼합형 차트를 구성해야 합니다.

차트 구성 방법

01 예제의 차트에서 그림 영역의 눈금 사이를 교차하는 서식을 지정해보겠습니다.

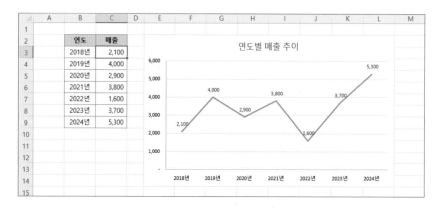

02 배경 서식을 담당할 계열을 추가합니다.

03 차트를 선택하고 [차트 디자인] 탭-[데이터] 그룹-[데이터 선택 ]을 클릭합니다.

04 [데이터 원본 선택] 대화상자가 표시되면 [범례 항목(계열)] 하위의 [추가]를 클릭합니다.

05 [계열 편집] 대화상자가 표시되면 다음과 같이 입력하고 [확인]을 클릭합니다.

· **[계열 이름]** : 서식
· **[계열 값]** : ={0,1,0,1,0,1}

🔍 **더 알아보기**   **계열 추가 방법 이해하기**

가로 막대 차트는 다른 차트와는 달리 가로 축이 Y축이 되고, 세로 축이 X축이 됩니다. 그렇기 때문에 원본 표에 새로운 열을 추가해 계열을 등록하기는 어렵습니다. 이럴 때 [데이터 원본 선택] 대화상자를 이용하면 직접 원하는 개수의 값을 갖는 계열을 직접 등록하는 것이 가능합니다.

[계열 값]에 입력된 ={0,1,0,1,0,1}은 배열 상수로 {}은 데이터 집합을 의미하며 쉼표(,)는 열을 구분하는 구분 기호입니다. 즉, {0,1,0,1,0,1}은 1x6 행렬로 입력된 데이터 집합을 의미하고 시트에 값을 입력한다면 [A1:F1] 범위에 순서대로 0, 1, 0, 1, …로 입력됐다고 생각하면 됩니다. 0은 막대그래프를 표시하지 않기 위한 부분이고 1은 막대그래프를 표시하기 위한 부분인데, 이 값은 100이든, 1000이든 아무 값이나 상관없이 동일한 값만 입력하면 됩니다. 참고로 값을 여섯 개만 입력한 이유는 가로 막대 차트가 사용될 현재 차트의 Y축 눈금선이 여섯 개이기 때문입니다.

이렇게 입력된 값을 막대그래프로 표시하면 막대그래프가 차트 영역에 교차해서 나타나므로 이것을 그림 영역의 배경처럼 사용합니다.

---

06 [데이터 원본 선택] 대화상자도 [확인]을 클릭해 닫습니다.

07 [서식] 계열을 선택하고 [삽입] 탭-[차트] 그룹-[세로 또는 가로 막대형 차트 삽입 🔳]을 클릭한 후 [2차원 가로 막대형]의 [100% 기준 누적 가로 막대] 차트를 선택합니다.

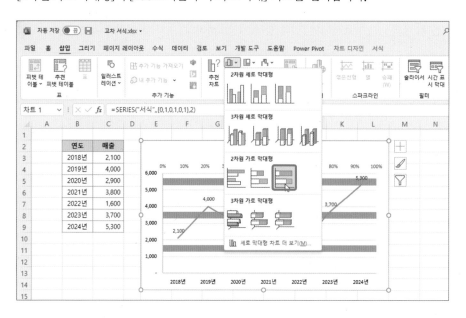

08 [서식] 계열(막대그래프)을 더블클릭해 [데이터 계열 서식] 작업 창을 엽니다.

09 [간격 너비] 옵션 값을 **0%**로 변경해 막대그래프가 눈금선에 꽉 차게 표시합니다.

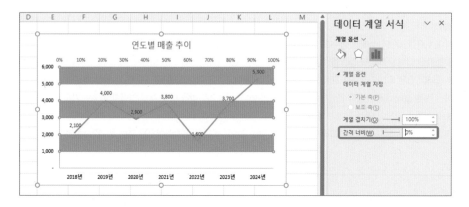

> **TIP** [간격 너비]는 막대그래프 간의 간격을 의미하는데 이 값을 **0%**로 조정하면 막대그래프가 붙어 표시됩니다. 다만 이번과 같이 0이 중간에 하나씩 입력된 경우 눈금선을 기준으로 한 칸씩 교차하면서 색상이 적용된 것과 같은 효과를 얻습니다.

10 '차트 제목' 바로 밑의 가로 막대 차트의 Y축을 선택하고 [Delete]를 눌러 축 레이블을 삭제합니다.

11 가로 막대그래프를 선택하고 [서식] 탭-[도형 스타일] 그룹-[도형 채우기 🔳]를 클릭한 후 원하는 색을 선택합니다.

32/22

원형 차트에서 여러 개의 계열을 사용하는 방법

예제 파일 PART 08 \ CHAPTER 32 \ 도넛형 차트.xlsx

원형 차트의 특징

원형 차트는 전체 대비 비율을 표시할 수 있는 차트로 원형 차트가 막대형 차트나 꺾은선형 차트와 다른 점은 다음과 같습니다.

첫째, 데이터 계열은 하나만 사용할 수 있습니다.

TIP 하나의 계열만 표시할 수 있다는 것은 원본 표의 열을 하나만 표시할 수 있다는 의미입니다.

둘째, 범례에 계열 이름이 아니라 항목 이름이 표시됩니다.

TIP 다른 차트는 그래프 색상이 계열 별로 구분되지만 원형 차트는 계열을 하나 밖에 사용하지 못하므로 그래프 색상을 항목을 구분하는데 사용합니다.

셋째, 데이터 레이블에 [백분율] 옵션을 제공해 전체 대비 비율을 표시할 수 있습니다.

TIP 엑셀 차트 중 유일하게 백분율을 지원해주는 차트가 원형과 도넛형 입니다. 그 외 차트는 데이터 레이블에 [백분율] 옵션이 제공되지 않으므로 백분율을 표시하고 싶은 경우는 미리 백분율을 계산해 놓고 엑셀 2013 버전부터 추가된 [셀 값] 옵션을 사용해 계산된 범위를 참조해야 합니다. [셀 값] 옵션 적용 방법은 937페이지를 참고합니다.

차트 구성 방법

01　예제의 원형 차트는 왼쪽 표를 대상으로 생성한 것이지만 차트에 표시되는 값은 C열의 [전년] 데이터 뿐입니다.

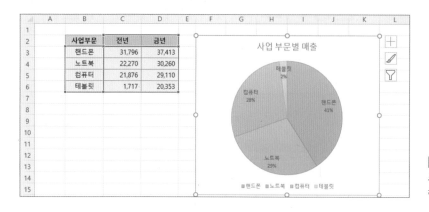

> **TIP** 여러 계열을 원형 차트에 표시하려면 도넛형 차트를 사용해야 합니다.

02　차트를 선택하고 [삽입] 탭–[차트] 그룹–[원형 또는 도넛형 차트 삽입 ⊙]을 클릭한 후 [도넛형] 그룹의 차트를 선택합니다.

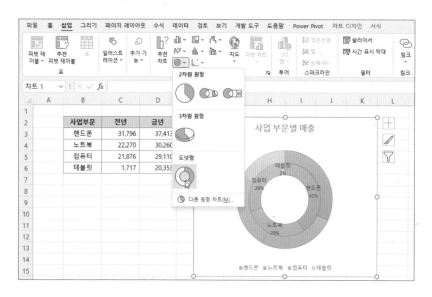

🔍 **더 알아보기**　　**도넛형 차트와 범례**

원형이나 도넛형 차트는 모두 범례에 계열 이름 대신 항목 이름을 표시합니다. 원형 차트는 하나의 계열만 표시하므로 큰 문제는 아니지만, 도넛형 차트는 계열을 구분해야 하므로 그림만 봐서 계열을 구분하기가 어렵습니다. 도넛형 차트는 표의 왼쪽부터 오른쪽 열 순서로 도넛의 안쪽에 계열이 표시됩니다. 그러므로 이 차트에서도 바깥쪽이 [금년] 계열이고, 안쪽이 [전년] 계열입니다. 이를 보다 분명하게 나타내려면 도형을 삽입해 계열명을 표시해주는 것이 좋습니다.

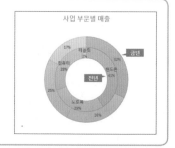

트리맵, 선버스트 차트 만들기

예제 파일 PART 08 \ CHAPTER 32 \ 트리맵,선버스트 차트.xlsx

트리맵과 선버스트 차트

원형 차트는 항목을 전체 대비 비율로 표시하므로 전체 구성을 한눈에 파악하기 편리합니다. 다만, 원형 차트를 제대로 활용하려면 항목이 적고 상위 분류가 존재하지 않아야 합니다. 또한 차트에 표현할 숫자를 내림차순으로 정렬해야 시계 방향으로 깔끔하게 표시된다는 점도 조금 불편합니다. 이러한 원형 차트의 단점을 보완해주는 차트로 트리맵과 선버스트 차트를 꼽을 수 있습니다. 이 두 차트는 엑셀 2016 버전부터 지원됩니다.

차트 구성 방법

01 예제의 원형 차트를 트리맵이나 선버스트 차트로 표시합니다.

	분류	제품	판매량
	복사기	컬러레이저복사기 XI-2000	9
		컬러레이저복사기 XI-3200	9
		컬러레이저복사기 XI-4400	14
		흑백레이저복사기 TLE-5000	11
		흑백레이저복사기 TLE-8100C	12
		흑백레이저복사기 TLE-9000	15
	복합기	레이저복합기 L200	30
		레이저복합기 L350	26
		레이저복합기 L500	15
		레이저복합기 L650	6
		레이저복합기 L800	4
		레이저복합기 L950	9
		무한레이저복합기 L500C	23
		무한레이저복합기 L800C	15
		무한잉크젯복합기 AP-3300W	11
		무한잉크젯복합기 AP-5500W	16
		잉크젯복합기 AP-3200	6
		잉크젯복합기 AP-3300	19
		잉크젯복합기 AP-4900	28

TIP 예제는 두 분류의 제품별 판매량을 집계한 표인데, 원형 차트로 구현하면 너무 복잡해서 이해하기 어렵습니다.

02 차트가 선택된 상태에서 [삽입] 탭-[차트] 그룹-[계층 구조 차트 삽입📊]을 클릭합니다.

TIP 차트를 변경하지 않고 새로 생성하려면 [B2:D21] 범위를 선택하고 하위 작업을 진행합니다.

03 하위 차트 종류에서 [트리맵] 차트를 선택합니다.

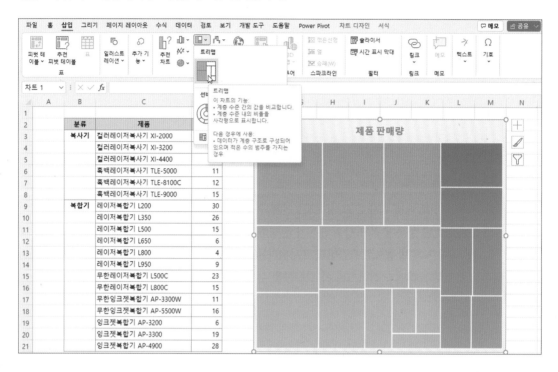

04 트리맵 차트는 숫자의 크기를 사각형 도형의 크기로 바꿔 표시해줍니다.

05 각 도형의 이름을 확인하기 위해 범례와 데이터 레이블을 표시합니다.

06 차트를 선택하고 [차트 요소⊞]를 클릭한 후 [데이터 레이블]과 [범례] 옵션에 체크합니다.

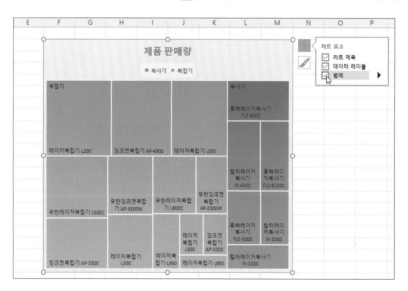

TIP **트리맵 차트의 특징**

트리맵 차트는 상위 분류가 있는 항목을 차트에 표시할 때 유리합니다. 특히 표를 정렬하지 않아도 자동으로 숫자가 큰 항목을 상단에 우선 표시해줍니다. 계열은 서로 다른 색상을 사용하므로 [복사기]와 [복합기]의 실적이 어느 정도 차이를 갖는지 잘 이해할 수 있도록 해줍니다.

07 **02-03** 과정을 참고해 [선버스트 차트]로 변경하면 아래 그림과 같은 차트를 얻을 수 있습니다.

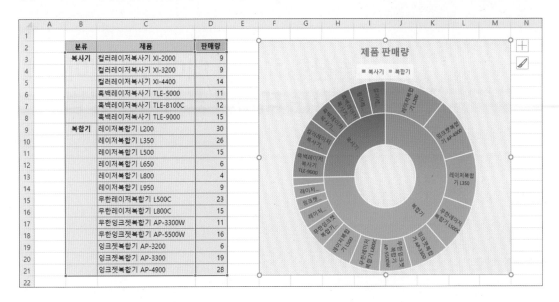

분류	제품	판매량
복사기	컬러레이저복사기 XI-2000	9
	컬러레이저복사기 XI-3200	9
	컬러레이저복사기 XI-4400	14
	흑백레이저복사기 TLE-5000	11
	흑백레이저복사기 TLE-8100C	12
	흑백레이저복사기 TLE-9000	15
복합기	레이저복합기 L200	30
	레이저복합기 L350	26
	레이저복합기 L500	15
	레이저복합기 L650	6
	레이저복합기 L800	4
	레이저복합기 L950	9
	무한레이저복합기 L500C	23
	무한레이저복합기 L800C	15
	무한잉크젯복합기 AP-3300W	11
	무한잉크젯복합기 AP-5500W	16
	잉크젯복합기 AP-3200	6
	잉크젯복합기 AP-3300	19
	잉크젯복합기 AP-4900	28

분산형 차트의 데이터를 레이블에 원하는 데이터 표시하는 방법

예제 파일 PART 08 \ CHAPTER 32 \ 분산형 차트.xlsx

분산형 차트

분산형 차트와 거품형 차트는 숫자만 가지고 차트를 만들기 때문에 다음과 같은 두 가지 문제가 존재합니다.

첫째, 계열 이름이 계열1, 계열2와 같이 표시됩니다.

둘째, 데이터 레이블에 X, Y축의 숫자만 표시할 수 있으며 항목, 계열명을 표시할 수 없습니다.

첫 번째 문제는 SERIES 함수의 인수를 수정하는 방법으로 해결할 수 있고, 두 번째 문제는 엑셀 2013 버전부터 지원되는 [셀 값] 옵션을 사용하여 해결합니다.

차트 구성 방법

01 예제의 분산형 차트의 계열 이름을 수정하고 데이터 레이블에 고객명을 표시합니다.

02 먼저 분산형 차트의 계열 이름을 수정합니다.

03 차트의 표식을 선택하면 수식 입력줄에 SERIES 함수를 사용한 수식을 확인할 수 있습니다.

04 SERIES 함수의 첫 번째 인수 부분을 선택하고 [D2] 셀을 클릭한 후 Enter 를 눌러 입력합니다.

	A	B	C	D	E	F	G	H	I	J	K	L	M	N

차트 1 │ =SERIES(sample!$D$2,sample!$C$3:$C$8,sample!$D$3:$D$8,1)

고객	주문시간	주문량
한성트레이딩 ㈜	8:15	30
반디상사 ㈜	9:20	18
일성 ㈜	9:34	25
동경무역 ㈜	10:05	8
신화백화점 ㈜	10:46	8
동행상사 ㈜	11:35	20

오전 주문 현황

●주문량

LINK SERIES 함수에 대한 자세한 설명은 이 책의 881페이지를 참고합니다.

05 데이터 레이블을 추가하기 위해 [차트 요소⊞]를 클릭한 후 [데이터 레이블]–[기타 옵션]을 선택합니다.

06 [데이터 레이블 서식] 작업 창의 [셀 값]에 체크합니다.

07 [데이터 레이블 범위] 대화상자가 표시되면 [B3:B8] 범위를 드래그해 선택한 후 [확인]을 클릭합니다.

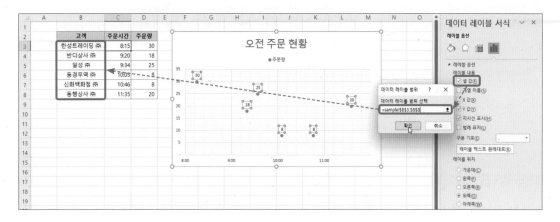

08 [Y 값] 옵션을 체크 해제합니다.

09 [데이터 레이블 서식] 작업 창의 [레이블 위치] 옵션 중에서 [위쪽]을 선택합니다.

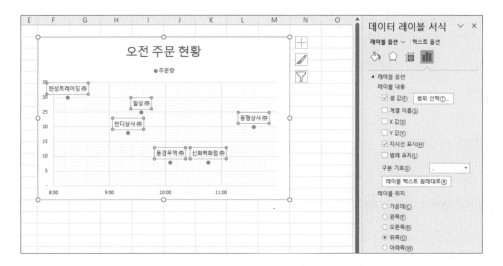

숙긴 데이터를
차트에 표시하는 방법

예제 파일 PART 08 \ CHAPTER 32 \ 숨긴 데이터.xlsx

자동 필터와 숨기기, 그리고 차트

차트는 기본적으로 화면에 표시된 데이터만 그래프로 표시할 수 있습니다. 따라서 [자동 필터]나 [숨기기] 기능을 이용하면 화면에 표시되지 않는 데이터는 차트에서 표시되지 않습니다.

만약 화면에 표시되지 않은 데이터도 차트에 나타나길 원한다면 차트 옵션을 변경해야 합니다.

참고로 하위 버전에서는 [자동 필터]나 [숨기기] 명령을 이용해 차트에 표시될 데이터를 제한하는 방법을 많이 사용했지만 엑셀 2013 이후 버전에서는 표 데이터를 직접 숨기는 것보다 차트 도구 중 [차트 필터] 기능을 이용하는 것이 훨씬 편리합니다.

[차트 필터]를 이용하는 방법은 이 책의 867페이지를 참고합니다.

차트 구성 방법

01 예제의 원본 표는 [6:8] 행이 숨겨져 있어 차트에도 숨겨진 4월부터 6월 데이터는 표시되지 않습니다.

02 차트 옵션을 변경해 숨겨진 데이터를 차트에만 표시합니다.

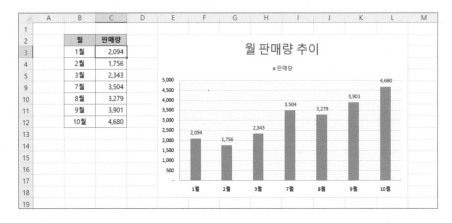

03 차트를 선택하고 [차트 디자인] 탭-[데이터] 그룹-[데이터 선택 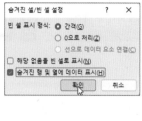]을 클릭합니다.

04 [데이터 원본 선택] 대화상자가 표시되면 [숨겨진 셀/빈 셀]을 클릭합니다.

05 [숨겨진 셀/빈 셀 설정] 대화상자의 [숨겨진 행 및 열에 데이터 표시]에 체크합니다.

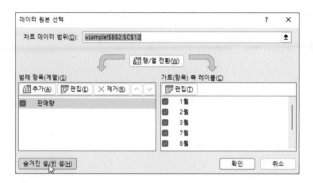

06 [숨겨진 셀/빈 셀 설정]과 [데이터 원본 선택] 대화상자의 [확인]을 클릭해 닫습니다.

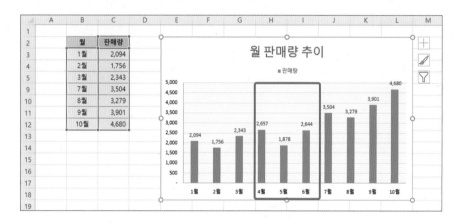

차트와 원본 표의 연결을 끊는 방법

예제 파일 PART 08 \ CHAPTER 32 \ 연결 끊기.xlsx

차트와 원본 표

차트는 원본 표 범위를 참조하고 있기 때문에 원본 표의 숫자가 변경되면 차트의 그래프도 변경됩니다. 하지만 여러 이유로 생성된 차트가 더 이상 원본 표의 영향을 받지 않도록 하려면 원본 표와의 연결을 끊으면 됩니다. 연결을 끊는 가장 쉬운 방법은 차트의 데이터 계열에서 사용하는 SERIES 함수의 참조 범위를 배열 상수로 변경하는 것입니다.

차트 구성 방법

01 예제의 차트가 원본 표의 값을 수정해도 변경되지 않도록 설정합니다.

02 차트의 막대그래프를 클릭하면 수식 입력줄에서 다음 수식을 확인할 수 있습니다.

```
=SERIES(sample!$C$2, sample!$B$3:$B$7, sample!$C$3:$C$7, 1)
```

03 SERIES 함수의 세 번째 인수 범위를 선택합니다.

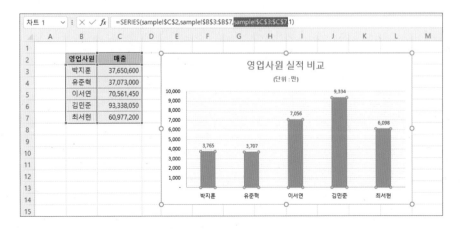

04 선택했으면 F9 를 눌러 참조 범위를 배열 상수로 변환합니다.

05 바로 Enter 를 눌러 수식을 적용합니다.

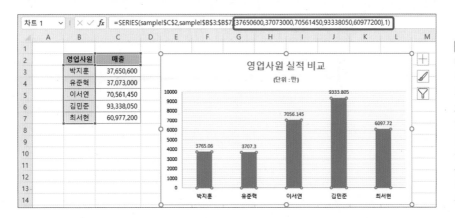

TIP 이 방법을 사용할 때 주의할 점은 수식의 길이(문자 개수)가 엑셀의 제한 사항인 8,192자를 넘을 수 없다는 점입니다. 물론 대부분의 경우 문제가 없겠지만 원본 표 범위가 크고 큰 숫자가 많은 경우에는 이 작업에서 에러가 발생할 수 있습니다.

06 [C3] 셀의 값을 37,650,600에서 **57,650,600**으로 변경합니다.

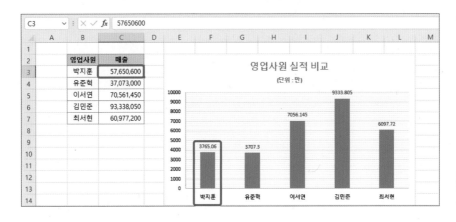

TIP 값을 수정해도 차트는 변경되지 않습니다.

07 다시 표와 차트가 연동되도록 하려면 SERIES 함수의 세 번째 인수를 참조 범위로 변경합니다.

08 막대그래프를 다시 선택하고 수식 입력줄의 SERIES 함수의 세 번째 인수 범위를 선택합니다.

09 [C3:C7] 범위를 선택하고 Enter 를 눌러 입력합니다.

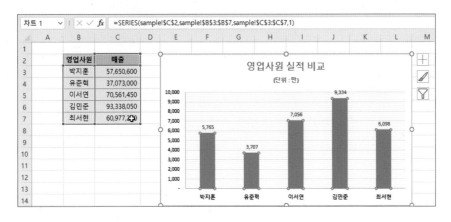

TIP SERIES 함수의 세 번째 인수를 참조 범위로 바꾸면 차트와 표가 연동됩니다.

32/27

차트를 이미지 파일로 저장하는 방법

예제 파일 PART 08 \ CHAPTER 32 \ 차트 이미지.xlsx

원하는 차트만 이미지로 저장하는 방법

파일 내 차트가 많을 때 원하는 차트만 그림 파일로 저장하려면 VBA 명령어를 사용하면 됩니다. 아래 과정을 참고합니다.

01 예제의 차트 중 원형 차트를 이미지로 저장합니다.

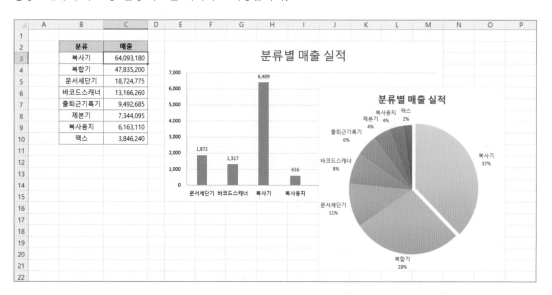

02 원형 차트를 선택하고 [Alt]+[F11]를 눌러 VB 편집기 창을 호출합니다.

TIP 단축키 대신 시트 탭에서 마우스 오른쪽 버튼을 클릭하고 [코드 보기] 메뉴를 선택해도 됩니다.

03 VB 편집기 창의 [직접 실행] 창에 다음 명령을 입력하고 Enter 를 누릅니다.

```
ActiveChart.Export ThisWorkbook.Path & "\차트.jpg"
```

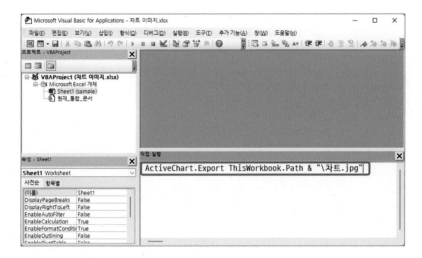

TIP [직접 실행] 창이 화면에 표시되지 않으면 Ctrl + G 를 누르거나 [보기]-[직접 실행 창] 메뉴를 클릭합니다.

04 윈도우 탐색기에서 예제 폴더로 이동하면 **차트.jpg** 이미지 파일을 확인할 수 있습니다.

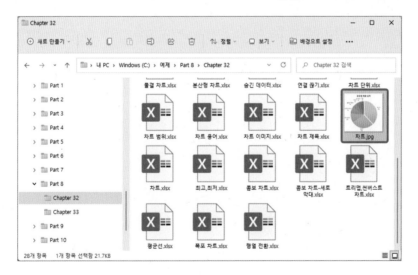

모든 차트를 이미지로 저장하는 방법

파일 내 차트가 많고 모든 차트를 그림으로 저장하려면 파일을 웹 페이지 형식으로 저장합니다. 그러면 파일 내 모든 그래픽 개체를 별도의 이미지 파일로 생성해줍니다.

01 예제 파일을 HTML 형식으로 파일을 저장합니다.

02 F12를 눌러 [다른 이름으로 저장] 대화상자를 호출합니다.

03 [다른 이름으로 저장] 대화상자가 표시되면 [파일 형식]을 [웹 페이지]로 변경하고 [저장]을 클릭합니다.

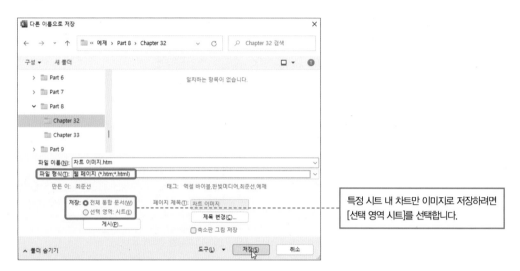

특정 시트 내 차트만 이미지로 저장하려면 [선택 영역 시트]를 선택합니다.

04 경고 메시지가 표시되면 [예]를 클릭해 파일을 저장합니다.

TIP 엑셀과 다른 형식으로 저장하기 때문에 표시되는 메시지입니다. 원본 파일에는 문제를 발생시키지 않으므로 [예]를 클릭하고 계속 진행합니다.

05 파일을 저장한 폴더의 하위에 [차트 이미지.files] 폴더가 생깁니다.

06 윈도우 탐색기로 해당 폴더를 확인하면 다음과 같은 차트 이미지 파일을 확인할 수 있습니다.

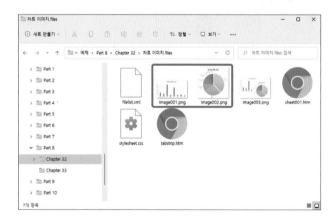

스파크라인

스파크라인은 셀에 삽입하는 차트로 기존 차트의 단점인 공간을 크게 차지하는 부분을 보완하기 위해 제공됩니다. 다만 특정 상황에서만 사용할 수 있고 차트와 다르게 알아야 할 내용이 있습니다. 이런 부분을 잘 참고해 차트와 함께 사용한다면 정보를 시각화하는 데 많은 도움을 얻을 수 있습니다.

33 / 01

스파크라인을 생성하는 방법

예제 파일 PART 08 \ CHAPTER 33 \ 스파크라인.xlsx

스파크라인과 차트

차트는 시각적으로 많은 정보를 전달할 수 있는 훌륭한 도구이지만 공간을 너무 많이 차지한다는 단점이 있습니다. 엑셀 2010 버전부터는 '스파크라인'이라고 부르는 셀 차트를 사용할 수 있습니다. 스파크라인은 셀에 삽입하는 차트이므로 일반 차트에 비해 공간을 적게 차지합니다. 그러므로 간단하게 데이터의 추이나 비교 등의 결과를 표에 삽입하고 싶을 때 사용하면 좋습니다.

차트 구성 방법

01 예제의 [C6:C10] 범위에 분기별 실적을 비교하는 스파크라인을 추가합니다.

	사원	스파크라인	1사분기	2사분기	3사분기	4사분기
		영업사원 분기별 실적				
6	박지훈		1,064	1,296	1,517	2,038
7	유준혁		1,792	2,295	2,177	1,249
8	이서연		689	1,271	770	797
9	김민준		1,094	1,239	2,478	964
10	최서현		715	976	965	380

02 [C6] 셀이 선택된 상태에서 [삽입] 탭-[스파크라인] 그룹-[열 ▦]을 클릭합니다.

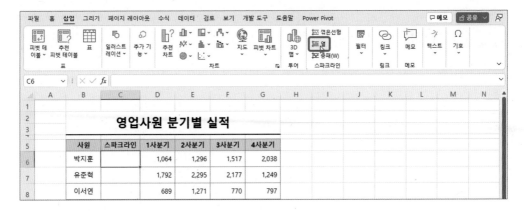

TIP 스파크라인의 종류

명령 아이콘으로 확인할 수 있듯이 [꺾은선형]은 꺾은선형 차트를 의미하며, [열]과 [승패]는 세로 막대형 차트입니다. 분기와 같이 적은 개수의
값을 비교할 때는 [열]을, 월과 같이 많은 개수의 값 추이를 표시할 때는 [꺾은선형]을 선택합니다.

03 [스파크라인 만들기] 대화상자에서 [데이터 범위]를 선택하고 [D6:G6] 범위를 선택한 후 [확인]을
클릭해 스파크라인을 생성합니다.

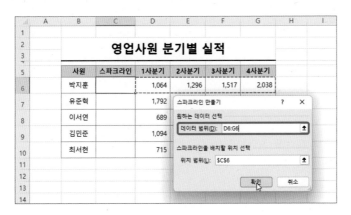

04 [C6] 셀에 스파크라인 차트가 나타납니다. [C6] 셀의 채우기 핸들🔲을 [C10] 셀까지 드래그합니다.

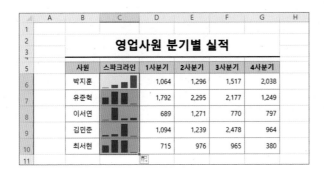

TIP 02-04 과정은 [C6:C10] 범위를 선택하고 [열]을 클릭한 후 [데이터 범위]로 [D6:G10] 범위를 선택해도 동일한 결과를 얻을 수 있습니
다.

05 [C6:C10] 범위에 생성된 스파크라인은 오른쪽 표의 숫자와 비교하면 잘못 생성된 것처럼 보입니다.

06 세로 막대형 차트처럼 0부터 스파크라인이 표시되도록 옵션을 변경합니다.

07 [스파크라인] 탭-[그룹] 그룹-[축▦]을 클릭한 후 [세로 축 최솟값 옵션]-[사용자 지정 값]을 클릭합니다.

TIP 엑셀 2019 버전을 포함한 이전 버전에서는 [스파크라인] 탭이 [스파크라인 도구]-[디자인] 탭으로 표시됩니다.

08 [스파크라인 세로 축 설정] 대화상자가 표시되면 기본값(0.0)을 변경하지 않고 [확인]을 클릭합니다.

09 동일한 방법으로 [세로 축 최댓값 옵션]도 **2500**으로 변경합니다.

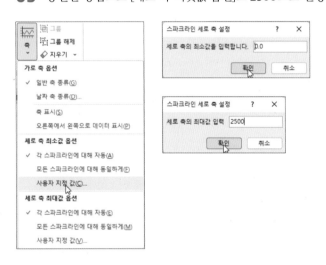

TIP 이렇게 세로 축의 최소/최대를 변경하면 세로 막대형 차트의 Y축을 0부터 2500까지로 고정한 것과 동일합니다.

10 [C6:C10] 범위 내 막대그래프 크기가 값의 크기에 맞게 변경됩니다.

33 / 02 스파크라인의 최고/최저점 설정하는 방법

예제 파일 PART 08 \ CHAPTER 33 \ 스파크라인-최고최저.xlsx

스파크라인의 최고, 최저점

스파크라인은 [꺾은선형] 또는 [열]을 사용할 때 최고/최저점을 표시할 수 있습니다. 참고로 [꺾은선형] 스파크라인의 경우 꺾은선형 차트처럼 각 항목의 위치에 표식을 추가할 수 있습니다. 다만 표식을 사용하면 최고/최저점을 추가해도 따로 구분이 되지 않으므로 표식과 최고/최저점을 모두 사용하려면 최고/최저점의 색상을 반드시 변경해야 합니다.

차트 구성 방법

01 예제의 [C6:C10] 범위에 삽입된 [꺾은선형] 스파크라인에 최고, 최저점을 표시합니다.

02 [C6:C10] 범위를 선택하고 [스파크라인] 탭-[표시] 그룹-[표식]에 체크합니다.

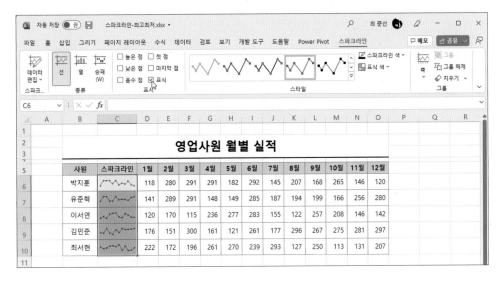

TIP [C6:C10] 범위의 스파크라인은 [꺾은선형]을 추가한 후 최소/최대를 0, 400으로 각각 변경해놓은 것입니다.

03 표식의 색상을 변경하기 위해 [스파크라인] 탭-[스타일] 그룹-[표식 색🖼] 명령을 클릭하고 [표식]의 색상표에서 선 그래프와 동일한 파란색을 선택합니다.

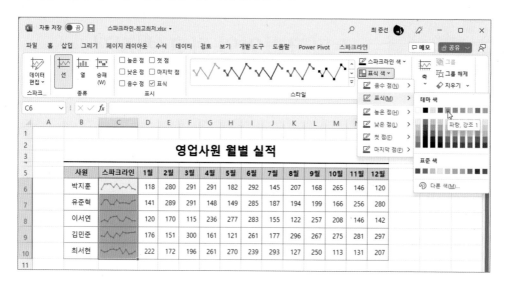

04 [스파크라인] 탭-[표시] 그룹-[높은 점]과 [낮은 점]에 모두 체크합니다.

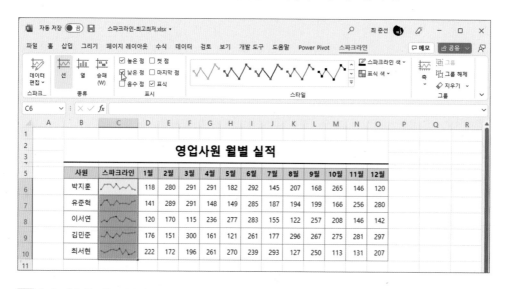

TIP [높은 점], [낮은 점] 표식의 색상을 원하는 것으로 변경하려면 **03** 과정을 참고해 [표식 색] 명령 하위의 [높은 점], [낮은 점]의 색상을 직접 수정합니다.

스파크라인에서 음수를 보다 잘 표현하는 방법

예제 파일 PART 08 \ CHAPTER 33 \ 스파크라인-음수.xlsx

음수와 축

스파크라인에서도 음수는 아래 방향으로 표시됩니다. 다만, X축이 따로 표시되지 않으므로 음수가 포함된 경우에는 X축을 표시하고 음수 막대에는 다른 색상을 적용해야 스파크라인을 구분하기가 쉽습니다.

차트 구성 방법

01 예제의 스파크라인의 음수 막대가 더 잘 구분되도록 스파크라인의 설정을 변경합니다.

품명	스파크라인	1사분기	2사분기	3사분기	4사분기
컬러레이저복사기 XI-2000		386	766	2,857	571
컬러레이저복사기 XI-3200		358	1,227	2,938	-52
컬러레이저복사기 XI-4400		-801	2,483	2,796	2,263
흑백레이저복사기 TLE-5000		1,017	2,726	479	2,133
흑백레이저복사기 TLE-8100C		-123	-845	1,558	2,717

제품별 손익

TIP [C6:C10] 범위의 스파크라인은 [열]을 추가한 다음 최소/최대를 −1000, 4000으로 각각 변경해놓은 것입니다.

02 축을 표시하기 위해 [C6:C10] 범위를 선택하고 [스파크라인] 탭−[그룹] 그룹−[축📊]을 클릭합니다.

03 하위 메뉴에서 [가로 축 옵션] 그룹 내 [축 표시] 메뉴를 선택합니다.

04 바로 음수 막대의 색상을 변경하기 위해 [스파크라인] 탭-[표시] 그룹-[음수 점]에 체크합니다.

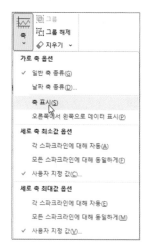

05 화면과 같은 스파크라인을 얻을 수 있습니다.

	품명	스파크라인	1사분기	2사분기	3사분기	4사분기
	제품별 손익					
	컬러레이저복사기 XI-2000		386	766	2,857	571
	컬러레이저복사기 XI-3200		358	1,227	2,938	-52
	컬러레이저복사기 XI-4400		-801	2,483	2,796	2,263
	흑백레이저복사기 TLE-5000		1,017	2,726	479	2,133
	흑백레이저복사기 TLE-8100C		-123	-845	1,558	2,717

33/04 승패 스파크라인을 사용하는 방법

예제 파일 PART 08 \ CHAPTER 33 \ 스파크라인-승패.xlsx

승패 스파크라인

스파크라인에는 [열], [꺾은선형]과는 다른 [승패]가 제공됩니다. [열]과 [꺾은선형]은 숫자의 높고 낮음을 그래프를 표시해주고, [승패]는 숫자의 크기보다는 양수와 음수로만 구분해 [열] 스파크라인처럼 세로 막대형 차트를 표시해 줍니다.

이런 [승패] 스파크라인의 특성을 사용하면 목표 달성 유무나 당선 유무 등을 구분해 표시할 수 있습니다.

예를 들어 목표를 달성했는지 여부를 [승패] 스파크라인을 이용해 표시한다면 스파크라인을 적용하기 전에 실적에서 목표를 뺀 차이를 먼저 계산해야 합니다. 계산 결과가 양수면 실적이 목표보다 높다는 것을 의미하므로 목표를 초과 달성했다고 생각할 수 있고, 결과가 음수면 실적이 목표보나 낮다는 것을 의미하므로 목표를 달성하지 못했다고 생각할 수 있습니다. 이렇게 [승패] 스파크라인을 이용해 달성 여부를 구분해 표시할 수 있습니다.

차트 구성 방법

01 예제의 [C7:C11] 범위에 승패 스파크라인을 이용해 분기별 목표 달성 여부를 표시합니다.

사원	스파크라인	1사분기		2사분기		3사분기		4사분기			1사분기	2사분기	3사분기	4사분기
		실적	목표	실적	목표	실적	목표	실적	목표					
박지훈		1,064	1,400	1,296	1,100	1,517	1,600	2,038	1,500					
유준혁		1,792	2,400	2,295	1,800	2,177	2,800	1,249	900					
이서연		689	700	1,271	1,400	770	800	797	1,100					
김민준		1,094	900	1,239	1,200	2,478	3,300	964	700					
최서현		715	700	976	800	965	1,400	380	500					

영업사원 분기별 실적 / 실적과 목표 차이

02 승패 스파크라인을 사용하려면 실적 달성 여부를 양수와 음수로 반환하는 표가 필요합니다.

03 다음 각 셀에 수식을 입력하고, [M7:P7] 범위를 선택한 후 채우기 핸들┲을 11행까지 드래그해 수식을 복사합니다.

· [M7] 셀 : =D7-E7   · [N7] 셀 : =F7-G7   · [O7] 셀 : =H7-I7   · [P7] 셀 : =J7-K7

04 [C7] 셀을 선택하고 [삽입] 탭-[스파크라인] 그룹-[승패⎍]를 클릭합니다.

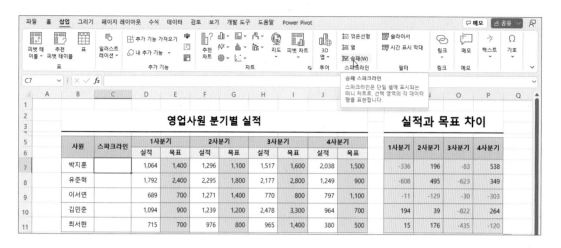

05 [스파크라인 만들기] 대화상자가 표시되면 [데이터 범위]를 선택하고 [M7:P7] 범위를 선택한 후 [확인]을 클릭합니다.

사원	스파크라인	1사분기		2사분기		3사분기		4사분기			1사분기	2사분기	3사분기	4사분기
		실적	목표	실적	목표	실적	목표	실적	목표					
박지훈						1,517	1,600	2,038	1,500		-336	196	-83	538
유준혁						2,177	2,800	1,249	900		-608	495	-623	349
이서연						770	800	797	1,100		-11	-129	-30	-303
김민준						2,478	3,300	964	700		194	39	-822	264
최서현						965	1,400	380	500		15	176	-435	-120

스파크라인 만들기 ? ×
원하는 데이터 선택
데이터 범위(D): M7:P7
스파크라인을 배치할 위치 선택
위치 범위(L): $C$7
확인 취소

06 [C7] 셀의 채우기 핸들을 [C11] 셀까지 드래그하면 승패 스파크라인 차트가 모두 표시됩니다.

사원	스파크라인	1사분기		2사분기		3사분기		4사분기			1사분기	2사분기	3사분기	4사분기
		실적	목표	실적	목표	실적	목표	실적	목표					
박지훈		1,064	1,400	1,296	1,100	1,517	1,600	2,038	1,500		-336	196	-83	538
유준혁		1,792	2,400	2,295	1,800	2,177	2,800	1,249	900		-608	495	-623	349
이서연		689	700	1,271	1,400	770	800	797	1,100		-11	-129	-30	-303
김민준		1,094	900	1,239	1,200	2,478	3,300	964	700		194	39	-822	264
최서현		715	700	976	800	965	1,400	380	500		15	176	-435	-120

TIP 승패 스파크라인 이해하기

스파크라인의 파란색 막대그래프는 목표를 달성했다는 의미이며, 빨간색 막대그래프는 목표를 달성하지 못했다는 의미입니다. 예를 들어 [C7] 셀의 스파크라인에서 첫 번째와 세 번째 막대는 음수, 두 번째와 네 번째 막대는 양수입니다. 이는 1, 3사분기 실적은 목표 달성에 실패했으며, 2, 4사분기 실적은 목표를 달성했다는 사실을 알려줍니다.

33/05 스파크라인을 삭제하는 방법

예제 파일 PART 08 \ CHAPTER 33 \ 스파크라인-삭제.xlsx

스파크라인과 그룹

스파크라인을 생성할 때 채우기 핸들을 이용해 복사하면 여러 스파크라인이 하나의 그룹으로 관리됩니다. 사용 중인 스파크라인이 그룹으로 묶여 있는지 개별적으로 관리되는지 확인하려면 스파크라인이 삽입된 범위 내 셀을 하나 선택해보면 됩니다. 왼쪽 그림은 스파크라인이 그룹으로 설정되어 있어 셀을 하나만 선택해도 전체 스파크라인 범위가 선택됩니다. 오른쪽 그림은 스파크라인이 개별적으로 설정되어 있어 셀을 하나만 선택하면 해당 스파크라인만 선택됩니다.

사원	스파크라인	1월	2월	3월	4월
박지훈		410	104	550	430
유준혁		887	291	614	686
이서연		244	206	239	246
김민준		232	646	216	518
최서현		377	150	188	451

사원	스파크라인	1월	2월	3월	4월
박지훈		410	104	550	430
유준혁		887	291	614	686
이서연		244	206	239	246
김민준		232	646	216	518
최서현		377	150	188	451

스파크라인의 삭제

스파크라인은 셀 배경으로 추가되어 셀을 선택하고 Delete 를 눌러도 지워지지 않습니다. 스파크라인을 지우려면 스파크라인의 지우기 명령을 이용합니다. 스파크라인은 하나씩 지울 수도 있고, 그룹으로 설정된 스파크라인을 한 번에 지울 수도 있습니다. 추가된 스파크라인을 삭제하려면 스파크라인이 삽입된 셀(또는 범위)을 선택하고 [스파크라인] 탭-[그룹] 그룹-[지우기 ✦]의 아래 화살표 ▾를 클릭한 후 다음 메뉴 중 하나를 선택해 삭제합니다.

- **[선택한 스파크라인 지우기] : 선택한 셀의 스파크라인만 삭제**
- **[선택한 스파크라인 그룹 지우기] : 선택한 셀이 포함된 그룹 내 모든 스파크라인 삭제**

인쇄

페이지 설정

엑셀을 사용할 때 최대 단점이라고 할 수 있는 것은 바로 시트가 A4 용지와
1:1로 매칭이 되지 않고, 연결된 프린터에 따라 1페이지가 다르게 인식될 수
있다는 점입니다. 이런 부분을 보완하기 위해 엑셀에서는 인쇄 관련 설정을
할 수 있는 다양한 옵션이 제공됩니다. 인쇄 옵션을 잘 이용하면 더욱 깔끔한
인쇄 결과를 얻을 수 있습니다.

시트 내 원하는 영역만 인쇄하는 방법

예제 파일 PART 09 \ CHAPTER 34 \ 인쇄 영역.xlsx

인쇄 영역과 선택 영역

워크시트를 인쇄하면 기본적으로 워크시트에서 사용된 전체 범위가 용지로 출력됩니다. 하지만 일부 범위만 인쇄하고 싶다면 해당 범위를 선택하고 인쇄할 때 [선택 범위만 인쇄] 명령을 사용하거나 해당 범위를 [인쇄 영역]으로 설정해놓고 인쇄합니다. 두 기능은 장단점이 분명해 사용자 필요에 맞게 선택 사용합니다.

인쇄 영역	선택 영역 인쇄
[페이지 레이아웃]에서 설정	[파일] 탭-[인쇄]에서 설정
반복적으로 특정 특범 인쇄가 필요한 경우	이번 한 번만 특정 범위 인쇄가 필요한 경우

선택 영역 인쇄

특별한 상황에 시트 전체가 아니라 원하는 범위만 인쇄하고자 할 때 사용합니다. 다음 과정을 참고합니다.

01 예제의 표에서 원하는 범위만 인쇄합니다.

02 상위 5위까지의 데이터만 인쇄하기 위해 [A1:F10] 범위를 드래그해 선택합니다.

	A	B	C	D	E	F	G
1							
2			고객별 매출 순위				
3							
4							
5		순위	고객	판매수량	매출		
6		1	스타백화점 ㈜	455	76,661,190		
7		2	뉴럴네트워크 ㈜	450	71,311,975		
8		3	신화백화점 ㈜	531	62,159,495		
9		4	노을백화점 ㈜	354	56,948,030		
10		5	스마일백화점 ㈜	297	46,253,950		
11		6	동오무역 ㈜	263	40,968,140		
12		7	상아통상 ㈜	313	39,609,305		
13		8	삼양트레이드 ㈜	190	37,732,660		
14		9	의리상사 ㈜	259	35,337,865		

03 [파일] 탭-[인쇄]를 클릭합니다.

04 설정 하단의 [활성 시트 인쇄]를 클릭하고 하단 메뉴에서 [선택 영역 인쇄]를 선택합니다.

05 오른쪽 인쇄 미리 보기 화면에 선택된 상위 다섯 개 고객 데이터만 표시됩니다.

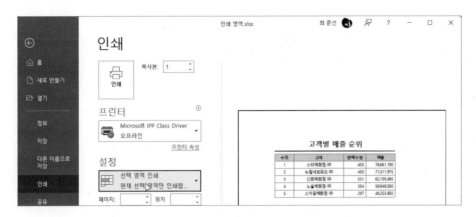

인쇄 영역 인쇄

반복적으로 시트 전체가 아니라 특정 범위만 인쇄해야 할 때 사용합니다. 다음 과정을 참고합니다.

01 인쇄 영역을 설정할 [A1:F10] 범위를 선택합니다.

TIP 다른 범위를 선택해도 됩니다.

02 [페이지 레이아웃] 탭-[페이지 설정] 그룹-[인쇄 영역]을 클릭합니다.

03 하위 메뉴에서 [인쇄 영역 설정]을 클릭합니다.

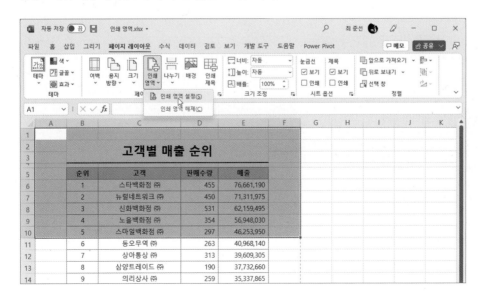

04 인쇄 영역이 설정되면 설정된 범위가 [Print_Area]라는 이름으로 정의됩니다.

05 [수식] 탭-[정의된 이름] 그룹-[이름 관리자]를 클릭하면 [Print_Area]라는 이름을 확인할 수 있습니다.

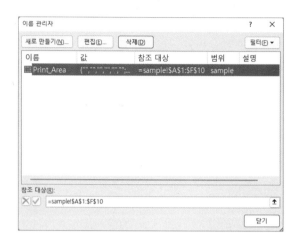

06 [닫기]를 클릭하고 [파일] 탭-[인쇄]를 클릭합니다.

07 [설정] 하단의 [활성 시트 인쇄]를 클릭합니다.

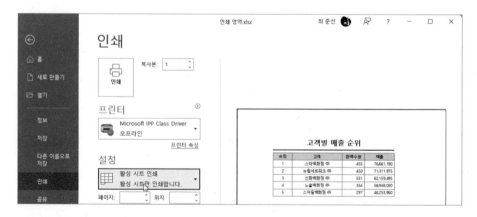

TIP 인쇄 미리 보기 화면의 결과가 인쇄 영역으로 설정된 범위만 표시됩니다.

🔍 **더 알아보기**   **인쇄 영역의 취소**

인쇄 영역을 취소하려면 [페이지 레이아웃] 탭-[페이지 설정] 그룹-[인쇄 영역]을 클릭하고 [인쇄 영역 해제]를 선택하거나 [이름 관리자] 대화상자에서 정의된 이름인 [Print_Area]를 삭제합니다.

34/02 시트의 페이지를 사용자가 직접 구분하는 방법

예제 파일 PART 09 \ CHAPTER 34 \ 페이지 조정.xlsx

페이지 범위 조정

엑셀은 시트를 인쇄할 때 연결된 프린터 설정에 맞춰 시트 내 페이지를 계산하게 됩니다. 이때 모든 페이지는 동일한 크기로 설정됩니다. 사용자가 원하는 위치에서 페이지를 구분하려면 수동으로 페이지 영역을 구분해야 합니다. 이때 [페이지 레이아웃] 탭에 제공되는 [나누기] 명령을 사용합니다.

다만 이 기능을 이용하려면 페이지를 나누려는 위치를 개별적으로 선택하고 명령을 실행해야 하는 불편함이 존재합니다. 그렇기 때문에 페이지를 원하는 위치에서 구분하고 싶을 때는 [시트 보기] 모드를 [페이지 나누기 미리 보기]로 변경하고 페이지 구분선을 드래그해 조정하는 방법을 사용하는 것이 좋습니다.

페이지 나누기

워크시트 내 페이지를 수동으로 구분하려면 다음 과정을 참고합니다.

01 예제에서 [B2:E14] 범위를 1페이지에, [F2:J14] 범위를 2페이지에 인쇄하도록 설정합니다.

A	B	C	D	E	F	G	H	I	J	K
1										
2	1	1	1	1	2	2	2	2	2	
3	1	1	1	1	2	2	2	2	2	
4	1	1	1	1	2	2	2	2	2	
5	1	1	1	1	2	2	2	2	2	
6	1	1	1	1	2	2	2	2	2	
7	1	1	1	1	2	2	2	2	2	
8	1	1	1	1	2	2	2	2	2	
9	1	1	1	1	2	2	2	2	2	
10	1	1	1	1	2	2	2	2	2	
11	1	1	1	1	2	2	2	2	2	
12	1	1	1	1	2	2	2	2	2	
13	1	1	1	1	2	2	2	2	2	
14	1	1	1	1	2	2	2	2	2	
15										

02 [보기] 탭—[통합 문서 보기] 그룹—[페이지 나누기 미리 보기 ▦]를 클릭합니다.

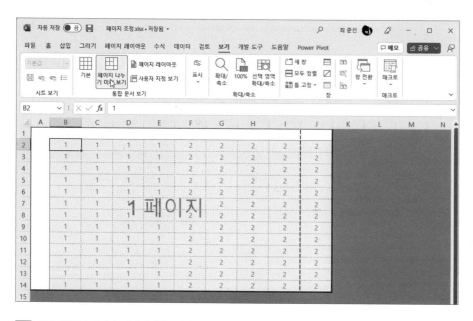

TIP 페이지 번호가 워터마크처럼 화면에 표시됩니다.

TIP 화면상의 페이지 구분은 사용자의 PC에 연결된 프린터에 따라 다르게 나타날 수 있습니다.

03 [I:J] 열 사이에 표시되는 파란색 굵은 점선은 '페이지 구분선'입니다.

04 페이지 구분선을 왼쪽으로 드래그해 [E:F] 열 사이로 옮겨놓습니다.

TIP 마우스 포인터를 해당 페이지 구분선(점선) 위치로 가져다 놓으면 양방향 화살표(↔) 모양이 됩니다. 이때 왼쪽으로 드래그합니다.

05 A열과 1행은 인쇄 작업에 필요 없는 영역이므로 A열과 1행을 인쇄 영역에서 제외합니다.

06 1행 상단 테두리 위치의 파란색 실선을 드래그해 [1:2] 행 사이로 옮겨놓습니다.

07 A열 좌측 테두리 위치의 파란색 실선을 드래그해 [A:B] 열 사이로 옮겨놓습니다.

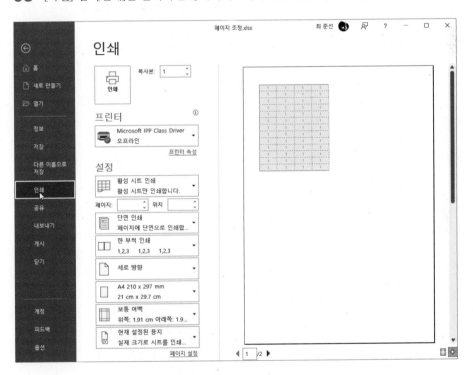

08 [파일] 탭-[인쇄]를 클릭하면 정확하게 1페이지 부분만 미리 보기 화면에 표시됩니다.

페이지 나누기 초기화

페이지를 조정한 후 다시 초기 상태로 복원하려면 다음 과정을 참고합니다.

01 [페이지 레이아웃] 탭-[페이지 설정] 그룹-[나누기圈]를 클릭합니다.

02 하위 메뉴에서 [페이지 나누기 모두 원래대로]를 클릭합니다.

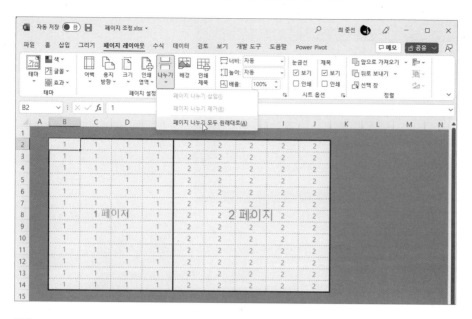

> **TIP** 이 명령은 페이지 계산을 다시 수행합니다.

03 [페이지 레이아웃] 탭-[페이지 설정] 그룹-[인쇄 영역 📑]을 클릭합니다.

04 하위 메뉴에서 [인쇄 영역 해제]를 선택합니다.

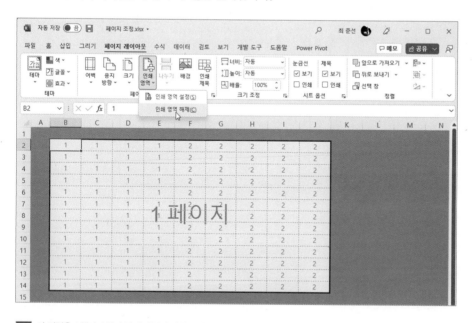

> **TIP** 이 명령은 1행과 A열과 같이 제외된 범위를 다시 인쇄 영역에 포함합니다.

34/03 페이지 구분선을 숨기는 방법

예제 파일 PART 09 \ CHAPTER 34 \ 페이지 구분선.xlsx

페이지 구분선 표시

페이지 구분선은 워크시트 내 페이지를 구분해주는 선으로 [파일] 탭-[인쇄]를 클릭하고 시트로 돌아오거나, [시트 보기] 모드를 [페이지 레이아웃]이나 [페이지 나누기 미리 보기]로 변경했다가 다시 [일반]으로 변경한 경우에 표시됩니다. 예제를 열고 [파일] 탭-[인쇄]를 클릭했다가 다시 워크시트 화면을 확인하면 [G:H] 열 사이에 점선으로 페이지 구분선이 표시됩니다.

	A	B	C	D	E	F	G	H	I	J	K
1											
2					직원 명부						
3											
5		사번	이름	직위	주민등록번호	성별	나이	생년월일	입사일	근속기간	
6		1	박지훈	부장	820219-1234567	남	41	1982-02-19	2009-05-14	13년 7개월	
7		2	유준혁	차장	850304-1234567	남	38	1985-03-04	2013-10-17	9년 2개월	
8		3	이서연	과장	891208-2134567	여	34	1989-12-08	2018-05-01	4년 7개월	
9		4	김민준	대리	920830-1234567	남	31	1992-08-30	2022-04-01	0년 8개월	
10		5	최서현	주임	980919-2134567	여	25	1998-09-19	2021-05-03	1년 7개월	
11		6	박현우	주임	940702-1234567	남	29	1994-07-02	2020-10-16	2년 2개월	
12		7	정시우	사원	990529-1234567	남	24	1999-05-29	2022-01-02	0년 11개월	
13		8	이은서	사원	010108-4134567	여	22	2001-01-08	2022-03-05	0년 9개월	
14		9	오서윤	사원	000127-4134567	여	23	2000-01-27	2021-11-15	1년 1개월	
15											
16											

TIP 페이지 구분선은 워크시트에서 한 페이지 영역을 나타냅니다. 가로 페이지 구분선과 세로 페이지 구분선이 있습니다.

페이지 구분선은 엑셀 작업에 별다른 영향을 주지 않지만 구분선이 눈에 거슬린다면 워크시트가 페이지 구분선을 더 이상 표시하지 않도록 엑셀 옵션을 변경할 수 있습니다.

실무 활용 예제

01 [파일] 탭-[옵션]을 클릭해 [Excel 옵션] 대화상자를 호출합니다.

02 [고급]을 선택하고 [이 워크시트의 표시 옵션] 그룹에서 [페이지 나누기 표시] 옵션의 체크를 해제한 후 [확인]을 클릭합니다.

03 화면과 같이 페이지 구분선이 나타나지 않습니다.

사번	이름	직위	주민등록번호	성별	나이	생년월일	입사일	근속기간
1	박지훈	부장	820219-1234567	남	41	1982-02-19	2009-05-14	13년 7개월
2	유준혁	차장	850304-1234567	남	38	1985-03-04	2013-10-17	9년 2개월
3	이서연	과장	891208-2134567	여	34	1989-12-08	2018-05-01	4년 7개월
4	김민준	대리	920830-1234567	남	31	1992-08-30	2022-04-01	0년 8개월
5	최서현	주임	980919-2134567	여	25	1998-09-19	2021-05-03	1년 7개월
6	박현우	주임	940702-1234567	남	29	1994-07-02	2020-10-16	2년 2개월
7	정시우	사원	990529-1234567	남	24	1999-05-29	2022-01-02	0년 11개월
8	이은서	사원	010108-4134567	여	22	2001-01-08	2022-03-05	0년 9개월
9	오서윤	사원	000127-4134567	여	23	2000-01-27	2021-11-15	1년 1개월

직원 명부

🔍 **더 알아보기**

Excel 옵션을 변경하는 방법은 간단하지만 이후에도 이 워크시트에는 페이지 구분선이 표시되지 않습니다. 따라서 페이지를 구분해 확인하고 싶다면 [파일] 탭–[보기]–[페이지 나누기 미리 보기]를 클릭해 사용하는 것이 좋습니다.

34/04 A4 용지에 맞춰 인쇄하는 방법

예제 파일 PART 09 \ CHAPTER 34 \ 한 페이지.xlsx

엑셀에서 가장 불편한 점

엑셀의 워크시트를 인쇄할 때 연결된 프린터의 설정에 따라 페이지를 계산합니다. 따라서 내 PC에서는 한 장에 인쇄되어 나오던 것도 다른 PC 또는 프린터를 변경한 경우에는 두 장으로 인쇄될 수 있습니다. 이것은 엑셀의 구조적 문제로 어떻게 할 수 있는 것은 아니지만 엑셀에는 [축소] 인쇄 기능이 제공되므로 필요하다면 해당 옵션을 사용해 한 페이지에 맞춰 인쇄할 수 있습니다.

한 페이지에 맞춰 축소 인쇄

01 예제의 표를 A4 용지 한 장에 맞춰 인쇄합니다.

번호	회사명	담당자	연락처	사업자등록번호	지역
	고객 전화번호부				
1	태성 ㈜	박민	010-8555-2222	003-35-06128	서울특별시
2	고려텍 ㈜	김민주	010-4555-4822	004-57-03033	서울특별시
3	하나무역 ㈜	이달래	010-9555-5735	006-36-07516	서울특별시
4	선우테크 ㈜	황옥	010-5335-5011	001-45-03254	인천광역시
5	㈜ 스마트	장나리	010-6728-8653	005-83-08318	인천광역시
21	풍우산업 ㈜	유우주	010-4316-1093	006-99-01121	안양시
22	가양무역 ㈜	박여름	010-8175-6113	005-38-05915	서울특별시
23	원일 ㈜	최승리	010-4418-8113	006-55-03030	서울특별시
24	유미무역 ㈜	남건우	010-7455-1267	006-77-03775	부산광역시
25	글로벌상사 ㈜	왕우진	010-8615-7077	003-41-05682	부천시

02 인쇄 미리 보기 화면을 통해 인쇄 결과를 미리 확인합니다.

03 [파일] 탭-[인쇄]를 클릭합니다.

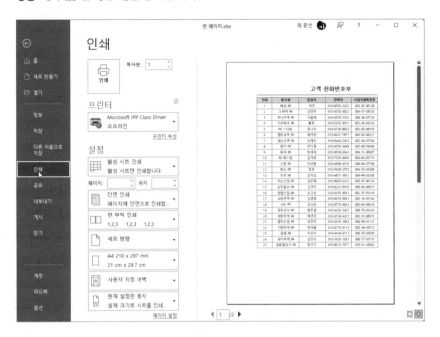

TIP 인쇄 미리 보기 화면에서 한 페이지에 모두 출력되지 않는 것을 확인할 수 있습니다.

04 [설정]에서 [현재 설정된 용지]를 클릭한 후 [한 페이지에 모든 열 맞추기] 옵션을 선택합니다.

TIP [한 페이지에 모든 열 맞추기]는 가로 너비만 한 페이지에 맞춰 조정해주는 옵션입니다. 프린터에 따라 가로 너비가 한 페이지를 초과할 수 있는 문서를 인쇄할 때 사용하면 좋습니다. 만약 세로 길이도 한 페이지에 맞춰야 한다면 바로 위 옵션인 [한 페이지에 시트 맞추기]를 선택합니다. 선택된 옵션에 따라 인쇄할 때 축소 비율은 자동 결정됩니다.

모든 버전에서 한 페이지 설정 방법

엑셀 2007 버전에서는 리본 [파일] 탭-[인쇄]를 클릭할 때 인쇄 미리 보기 화면이 표시되지 않으므로 위와 같은 방법은 사용할 수 없습니다. 아래 소개하는 방법은 엑셀 2007 이상 모든 버전에서 사용 가능한 방법입니다. [페이지 레이아웃] 탭-[크기 조정] 그룹 내 [너비]와 [높이] 그리고 [배율] 옵션을 변경하는 방법입니다.

[한 페이지에 모든 열 맞추기] 옵션은 [너비] 옵션과 동일하게 설정하려면 [자동]에서 [1페이지]로 변경합니다.

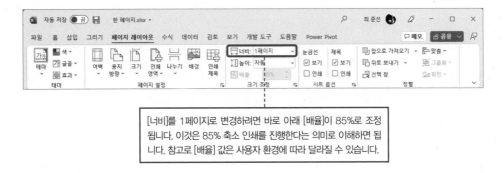

[너비]를 1페이지로 변경하려면 바로 아래 [배율]이 85%로 조정됩니다. 이것은 85% 축소 인쇄를 진행한다는 의미로 이해하면 됩니다. 참고로 [배율] 값은 사용자 환경에 따라 달라질 수 있습니다.

만약 [한 페이지에 시트 맞추기] 옵션을 사용하려면 [너비]와 [높이] 옵션을 [자동]에서 [1페이지]로 모두 변경합니다.

34 / 05
특정 행(또는 열)을 페이지마다 반복해서 인쇄하는 방법

예제 파일 PART 09 \ CHAPTER 34 \ 제목 행.xlsx

세로(또는 가로)로 긴 표를 인쇄할 때 문제

긴 표를 인쇄하면 두 번째 페이지부터는 데이터만 출력되므로 제목을 확인할 수 없어 데이터를 이해하기 어렵습니다. 이런 부분은 페이지마다 확인해야 할 행(또는 열)을 반복 인쇄되도록 설정하면 됩니다.

예제 파일을 열고 [파일] 탭-[인쇄]를 클릭합니다. 인쇄 미리 보기 화면 하단의 다음 페이지 ▶를 클릭해 2 페이지를 미리 보기 화면에 표시합니다. 2페이지는 표 상단 부분이 존재하지 않으므로 페이지가 길어진다면 표 상단 부분을 반복해 표시해주는 것이 좋습니다.

반복할 행, 열 설정

인쇄할 페이지마다 특정 행(또는 열)이 반복적으로 표시되길 원한다면 다음과 같이 작업합니다.

01 표 상단의 제목과 머리글 행 부분인 [1:5] 행을 페이지 상단에 반복적으로 표시되도록 설정합니다.

02 [페이지 레이아웃] 탭-[페이지 설정] 그룹-[인쇄 제목圖]을 클릭합니다.

🔍 **더 알아보기** | **[인쇄] 백스테이지 뷰의 [페이지 설정]**

[파일] 탭-[인쇄]를 클릭했을 때, 백스테이지 뷰의 [설정] 맨 아래쪽에는 [페이지 설정] 하이퍼링크가 있습니다. 해당 하이퍼링크를 클릭하면 [페이지 설정] 대화상자를 열 수 있는데, 이렇게 해서 열린 [페이지 설정] 대화상자에서는 [반복할 행]이나 [반복할 열]을 설정할 수 없습니다. 그러므로 **02** 과정처럼 [페이지 레이아웃] 탭을 이용해 [페이지 설정] 대화상자를 호출해야 합니다.

03 [페이지 설정] 대화상자가 표시되면 [시트] 탭을 선택합니다.

04 [반복할 행]을 선택하고 워크시트의 1행부터 5행을 드래그해 선택합니다.

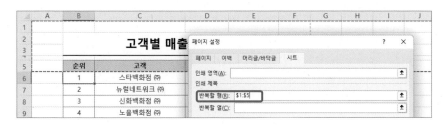

TIP [2:3] 행의 제목은 제외하고 표 머리글만 반복하려면 5행을 선택합니다.

05 [확인]을 클릭해 [페이지 설정] 대화상자를 닫습니다.

06 인쇄 결과를 확인하기 위해 리본 [파일] 탭-[인쇄]를 클릭합니다.

07 미리 보기 화면 하단의 다음 페이지▶를 클릭해 2페이지를 확인합니다.

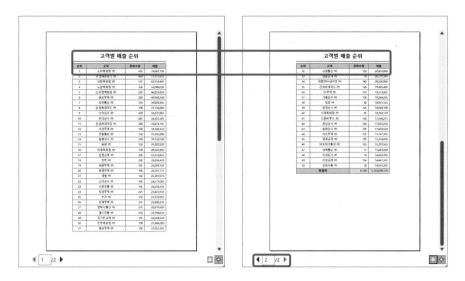

표 테두리 선이 인쇄되지 않을 때 해결 방법

예제 파일 PART 09 \ CHAPTER 34 \ 표 테두리.xlsx

문제 확인

인쇄할 때 다음과 같이 표 테두리가 인쇄되지 않는 경우가 있습니다. [페이지 설정]의 [간단하게 인쇄] 옵션이 설정된 경우에 이런 문제가 발생하므로, 해당 옵션을 해제하면 문제를 해결할 수 있습니다. 표 테두리가 인쇄되지 않는 경우는 예제 파일을 열고 [파일] 탭-[인쇄]를 클릭하면 인쇄 미리 보기 화면에서 확인할 수 있습니다.

해결 방법

문제를 해결하려면 [페이지 레이아웃] 탭-[페이지 설정] 그룹-[인쇄 제목🖽]을 클릭합니다. [페이지 설정] 대화상자의 [시트] 탭에서 [간단하게 인쇄] 옵션을 체크 해제하고 [확인]을 클릭합니다. 다시 [파일] 탭-[인쇄] 명령을 클릭해 인쇄 미리 보기 화면을 확인하면 표 테두리가 나타납니다.

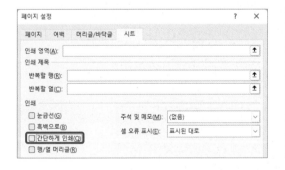

인쇄할 때 에러를 숨기는 방법

예제 파일 PART 09 \ CHAPTER 34 \ 에러 제외.xlsx

에러가 발생한 표 인쇄

#N/A, #DIV/0!와 같은 에러가 발생한 표를 인쇄하면 인쇄한 페이지에도 해당 에러가 그대로 출력됩니다. 물론 에러가 발생한 셀을 IF 함수나 IFERROR 함수, 또는 조건부 서식 등을 활용해 숨기는 방법을 사용할 수 있지만 인쇄할 때만 페이지에 출력되지 않도록 하는 방법도 있습니다. 예제를 열고 [파일] 탭-[인쇄]를 클릭해 인쇄 미리 보기 화면을 확인하면 수식 에러가 그대로 미리 보기 화면에 표시됩니다.

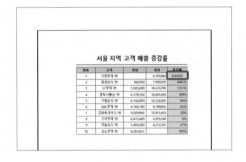

해결 방법

에러가 발생한 표의 에러를 인쇄할 때 표시하고 싶지 않다면 [페이지 설정]을 변경합니다. [페이지 레이아웃] 탭-[페이지 설정] 그룹-[인쇄 제목] 명령을 클릭합니다. [페이지 설정] 대화상자의 [셀 오류 표시] 옵션을 [표시된 대로]에서 [〈공백〉]으로 변경하고 [파일] 탭-[인쇄]를 클릭해 미리 보기 화면을 확인합니다. 더 이상 에러가 표시되지 않습니다.

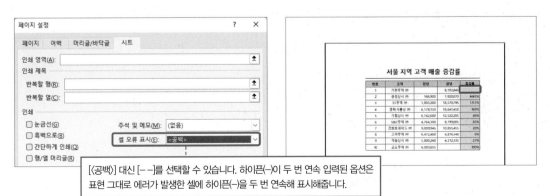

> [〈공백〉] 대신 [– –]를 선택할 수 있습니다. 하이픈(–)이 두 번 연속 입력된 옵션은 표현 그대로 에러가 발생한 셀에 하이픈(–)을 두 번 연속해 표시해줍니다.

[페이지 설정] 대화상자 설정 가이드

예제 파일 없음

[페이지 설정] 대화상자

[페이지 레이아웃] 탭-[페이지 설정] 그룹- [인쇄 제목 ⃣
]을 클릭하면 [페이지 설정] 대화상자의 [시트] 탭이 바로
화면에 표시됩니다. [페이지 설정] 대화상자에는 인쇄 작
업과 관련해 시트의 데이터를 어떻게 표시할 지 여부에 해
당하는 다양한 옵션이 제공됩니다. 앞에서 설명한 것 이외
의 알아 두면 좋을 내용을 아래 정리합니다.

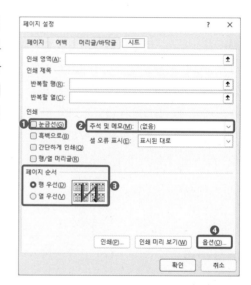

❶ **눈금선** : 인쇄할 때 워크시트의 눈금선을 화면에 표시할지 여부를 결정합니다. 워크시트의 눈금선은 셀 테두리와는 무관하며, 워크시트
내 사용된 범위의 눈금선을 표시합니다. 간단하게 빈 워크시트에서 셀에 몇 개의 값만 입력해놓고 이 옵션을 체크한 후 인쇄 미리 보기
화면을 확인해보세요!

❷ **메모** : 메모를 인쇄할 때 함께 출력할지 여부를 결정하는 옵션입니다. 워크시트의 끝이나 메모가 삽입된 위치에 맞춰 인쇄해줍니다. 메모
를 많이 사용한다면 이 옵션을 체크하고 인쇄 미리 보기 화면을 확인합니다.

❸ **페이지 순서** : 워크시트에 여러 페이지를 인쇄해야 할 경우 페이지의 순서로 기본값은 [행 우선]입니다. 따라서 세로 방향(아래쪽)을 먼저
인쇄하고 가로 방향(오른쪽)의 페이지를 인쇄합니다. 만약 가로 방향이 먼저 인쇄되어야 한다면 [열 우선]으로 옵션을 변경합니다.

❹ **옵션** : 연결된 프린터의 다양한 설정을 선택하거나 변경할 수 있습니다. 프린터에 따라 제공하는 기능에는 차이가 있지만 예를 들면 양면
인쇄나 역순 인쇄, 좌우 대칭과 같은 옵션을 확인하고 선택할 수 있습니다.

페이지 중앙에 맞춰 인쇄하는 방법

예제 파일 PART 09 \ CHAPTER 34 \ 페이지 가운데.xlsx

페이지 여백 설정

인쇄를 하면 데이터를 페이지 좌측 상단부터 출력해주므로 대부분의 표는 페이지 좌측에 좀 더 치우친 결과를 얻게 됩니다. 예제를 열고 [파일] 탭-[인쇄]를 클릭하면 인쇄 미리 보기 화면이 왼쪽 그림과 같이 표시됩니다.

[페이지 레이아웃] 탭-[페이지 설정] 그룹-[여백▦]에서 상하좌우 여백을 여러 가지로 조정할 수 있습니다. 다만 이런 방법은 정확하게 페이지 중앙에 표를 위치시키기에는 불편한 부분이 많습니다. 자동으로 페이지 중앙에 표를 인쇄해주는 옵션은 [페이지 설정]에서 제공되므로 해당 옵션을 이용하는 것이 가장 편리합니다.

실무 활용 예제

01 예제 파일에서 리본 [파일] 탭-[인쇄]를 클릭합니다.

02 백스테이지 뷰 화면 하단에 [페이지 설정] 하이퍼링크를 클릭합니다.

> **TIP** [페이지 레이아웃] 탭-[페이지 설정] 그룹의 대화상자 표시 아이콘🖬을 클릭해도 됩니다.

03 [페이지 설정] 대화상자가 표시되면 [여백] 탭을 클릭합니다.

04 [페이지 가운데 맞춤] 옵션 중 [가로] 옵션에 체크하고 [확인]을 클릭합니다.

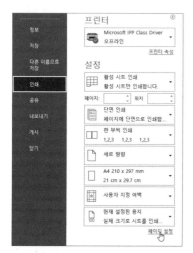 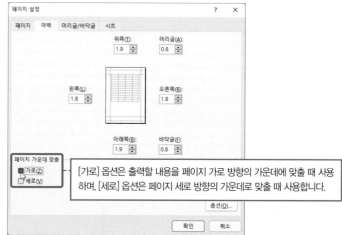

> [가로] 옵션은 출력할 내용을 페이지 가로 방향의 가운데에 맞출 때 사용하며, [세로] 옵션은 페이지 세로 방향의 가운데로 맞출 때 사용합니다.

05 인쇄 미리 보기 화면에서 출력할 표가 페이지 가운데에 맞춰집니다.

34/10

첫 페이지 머리글(또는 바닥글)을 다르게 설정하는 방법

예제 파일 PART 09 \ CHAPTER 34 \ 첫 페이지.xlsx

머리글/바닥글

인쇄할 때 페이지 상단 또는 하단에 간략한 정보를 표시할 수 있는 영역입니다. 인쇄할 때만 표시되고 워크시트에서는 표시되지 않습니다. 머리글/바닥글은 각각 왼쪽, 가운데, 오른쪽 이렇게 세 개 구역을 갖고 있으며 페이지 번호, 파일명, 시트명 등을 표시할 수 있습니다.

머리글/바닥글 설정과 관련해 다양한 옵션이 제공되고, 첫 페이지를 나머지 페이지와 다르게 설정하는 옵션도 제공됩니다.

실무 활용 예제

01 예제의 시트를 인쇄할 때 페이지 하단에 페이지 번호를 표시합니다. 단, 첫 번째 페이지에는 페이지 번호를 표시하지 않습니다.

02 [페이지 레이아웃] 탭-[페이지 설정] 그룹에서 [페이지 설정 ▫]을 클릭합니다.

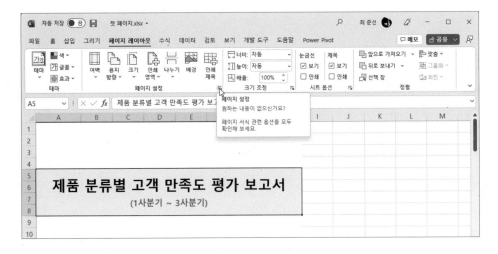

03 [페이지 설정] 대화상자가 표시되면 [머리글/바닥글] 탭을 선택합니다.

04 [첫 페이지를 다르게 지정] 옵션에 체크한 후 상단의 [바닥글 편집]을 클릭합니다.

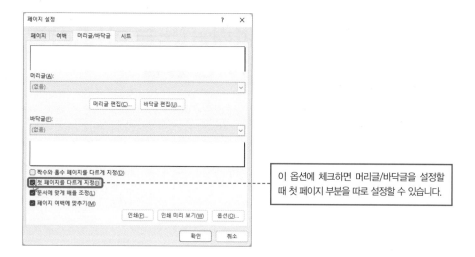

이 옵션에 체크하면 머리글/바닥글을 설정할 때 첫 페이지 부분을 따로 설정할 수 있습니다.

06 [바닥글] 대화상자가 표시되면 [바닥글]과 [첫 페이지 바닥글] 탭이 두 개 제공됩니다.

07 [바닥글] 탭에서 [가운데 구역]을 선택한 후 [페이지 번호🗒]를 클릭합니다.

08 슬래시(/)를 입력하고 다시 [전체 페이지 수🗒]를 클릭합니다.

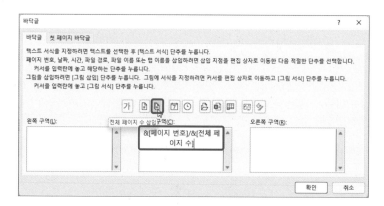

🔍 **더 알아보기** **머리글/바닥글에 추가할 수 있는 옵션**

[바닥글] 대화상자를 보면 다양한 정보를 표시할 수 있는 옵션이 제공되고, 이 옵션은 [머리글]에도 동일하게 제공됩니다. 각 옵션에 대한 설명은 아래를 참고합니다.

옵션	설명
텍스트 서식 🗛	머리글/바닥글의 텍스트 서식을 지정합니다.
페이지 번호 🗒	현재 페이지 번호를 표시합니다.
전체 페이지 수 🗒	전체 페이지 수를 표시합니다.

옵션	설명
현재 날짜 📅	오늘 날짜를 표시합니다.
현재 시간 🕐	현재 시간을 표시합니다.
파일 경로 📂	현재 파일의 전체 경로를 표시합니다.
파일 이름 📄	현재 파일명을 표시합니다.
시트 이름 📑	시트명을 표시합니다.
그림 🖼	그림을 추가해 표시합니다.
그림 서식 🖌	추가된 그림에 서식을 지정합니다.

09 [확인]을 클릭해 [바닥글] 대화상자를 닫습니다.

10 [페이지 설정] 대화상자에서 [인쇄 미리 보기]를 클릭해 인쇄 미리 보기 화면을 확인합니다.

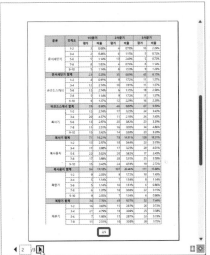

TIP 첫 번째 페이지 하단에는 페이지 정보가 표시되지 않지만 다음 페이지 ▶를 클릭하면 페이지 하단 가운데 구역에 페이지 번호가 표시됩니다.

홀수, 짝수 페이지에 머리글/
바닥글을 다르게 설정하는 방법

예제 파일 PART 09 \ CHAPTER 34 \ 홀,짝수 페이지.xlsx

머리글/바닥글의 홀수, 짝수 페이지 구분

여러 출력물에서 홀수와 짝수 페이지에 서로 다른 머리글/바닥글이 적용된 경우를 확인할 수 있습니다. 대표적인 예가 도서에 표시되는 페이지 번호로 홀수 페이지는 왼쪽, 짝수 페이지는 오른쪽에 번갈아 표시됩니다. 엑셀에서도 [페이지 설정] 대화상자의 [짝수와 홀수 페이지를 다르게 지정] 옵션으로 왼쪽과 오른쪽 페이지를 구분해 머리글/바닥글을 표시할 수 있습니다.

실무 활용 예제

01 예제를 인쇄할 때 홀수 페이지는 머리글 왼쪽에, 짝수 페이지는 머리글 오른쪽에 페이지 번호가 표시되도록 설정합니다.

02 [페이지 레이아웃] 모드에서는 머리글/바닥글 설정을 워크시트에서 직접 수정할 수 있습니다.

03 [보기] 탭-[통합 문서 보기] 그룹-[페이지 레이아웃🖾]을 클릭합니다.

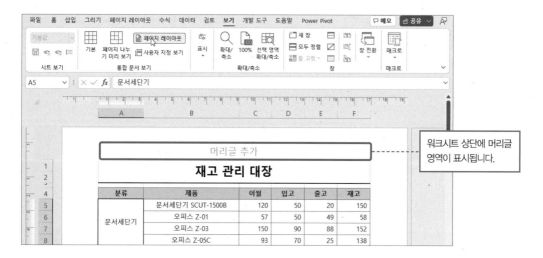

워크시트 상단에 머리글 영역이 표시됩니다.

04 머리글 구역 중 왼쪽 머리글 구역을 선택합니다.

05 [머리글/바닥글] 탭-[옵션] 그룹-[짝수와 홀수 페이지를 다르게 지정]에 체크합니다.

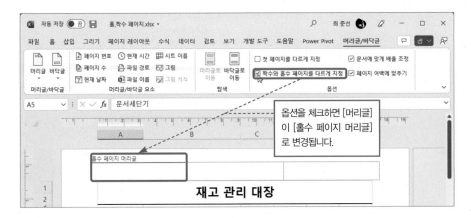

TIP 엑셀 2019 버전을 포함한 이전 버전에서는 [머리글/바닥글] 탭이 [머리글/바닥글 도구]-[디자인] 탭입니다.

06 [머리글/바닥글] 탭-[머리글/바닥글 요소] 그룹-[페이지 번호📄]를 클릭합니다.

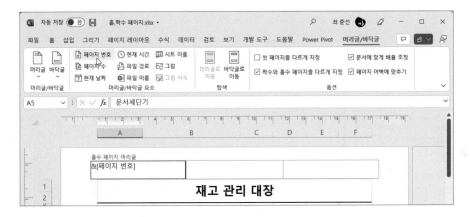

07 마우스를 스크롤해서 다음 페이지 위치로 가면 [짝수 페이지 머리글]을 편집할 수 있습니다.

08 머리글 구역 중 오른쪽 머리글 구역을 선택합니다.

09 [머리글/바닥글] 탭-[머리글/바닥글 요소] 그룹-[페이지 번호 📄]를 클릭합니다.

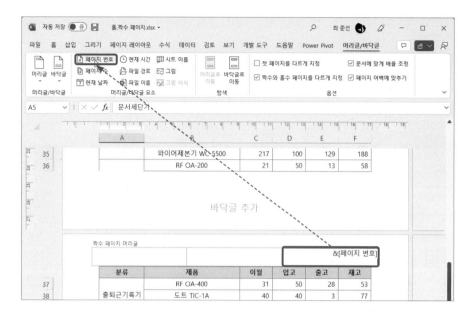

10 [파일] 탭-[인쇄]를 클릭해 인쇄 미리 보기 화면을 확인합니다.

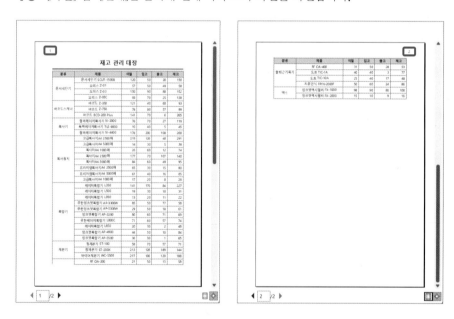

TIP 첫 페이지는 왼쪽에, 두 번째 페이지는 오른쪽에 페이지 번호가 표시됩니다.

페이지 번호가 1이 아닌 다른 번호로 시작하도록 설정하는 방법

예제 파일 PART 09 \ CHAPTER 34 \ 페이지 시작 번호.xlsx

페이지 시작 번호 지정

엑셀에서 인쇄를 하면 페이지 번호는 항상 1부터 시작하는데, 특정 페이지 번호부터 시작할 수도 있습니다. 이 옵션은 숨겨져 있어 잘 모르는 경우가 많습니다. [페이지 설정] 대화상자의 [페이지] 탭에는 [시작 페이지 번호] 옵션이 제공되어 원하는 페이지 번호를 입력하면 해당 페이지 번호부터 페이지 번호를 설정해 인쇄해줍니다.

실무 활용 예제

01 예제를 열고 [보기] 탭-[통합 문서 보기] 그룹-[페이지 레이아웃▣]을 클릭합니다.

02 머리글 가운데 영역에 [페이지 번호]가 삽입되어 있으며 페이지 번호는 1이 표시됩니다.

03 페이지 번호가 5부터 시작되도록 설정을 변경합니다.

04 [페이지 레이아웃] 탭-[페이지 설정] 그룹의 [페이지 설정▣]을 클릭합니다.

05 [페이지 설정] 대화상자의 [페이지] 탭에서 [시작 페이지 번호]를 5로 변경한 후 [확인]을 클릭합니다.

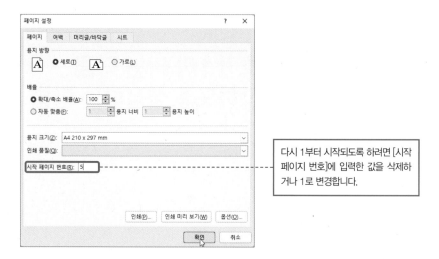

다시 1부터 시작되도록 하려면 [시작 페이지 번호]에 입력한 값을 삭제하거나 1로 변경합니다.

06 [페이지 설정] 대화상자가 닫히면 페이지 번호가 5로 바뀐 것을 확인할 수 있습니다.

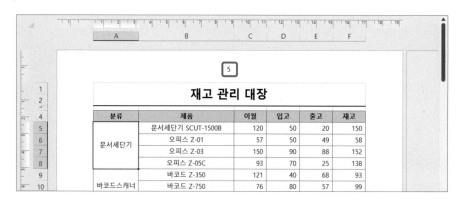

여러 시트의 페이지 번호가
연속되게 설정하는 방법

예제 파일 PART 09 \ CHAPTER 34 \ 페이지 번호–연속.xlsx

시트 그룹 설정

파일을 인쇄할 때 워크시트의 머리글이나 바닥글에 페이지 번호가 표시되도록 설정했다면 모든 워크시트의 페이지 번호는 항상 1로 시작합니다. 수동으로 페이지 번호를 변경하는 방법은 **Section 34-12**(983 페이지)에서 설명했지만 이 작업을 이용해 여러 시트의 페이지 번호가 연속되도록 설정하려면 조금 불편합니다. 엑셀에서는 여러 시트의 페이지 번호가 연속되도록 하려면 시트를 [그룹]으로 선택하고 인쇄합니다.

실무 활용 예제

01 예제의 [전년]과 [금년] 두 개의 시트를 인쇄할 때 페이지 번호가 연속되도록 설정합니다.

TIP 두 시트는 모두 머리글 가운데 구역에 페이지 번호가 표시되며 모두 페이지 번호가 1입니다.

02 [전년] 시트 탭을 선택하고 ⌈Shift⌉를 누른 상태에서 [금년] 시트 탭을 선택합니다.

TIP 워크시트 그룹 설정

이번 예제와 같이 여러 시트를 선택하면 선택된 시트가 그룹으로 묶이게 되고 그룹을 해제할 때까지 모든 편집 작업은 그룹으로 묶인 시트에 동일하게 적용됩니다. 그룹을 해제하려면 시트 탭에서 마우스 오른쪽 버튼을 클릭하고 [시트 그룹 해제]를 클릭합니다.

03 인쇄할 때 페이지 번호가 연속해서 나오는지 확인합니다.

04 [파일] 탭-[인쇄]를 클릭합니다.

05 인쇄 미리 보기 화면에서 다음 페이지▶를 클릭합니다.

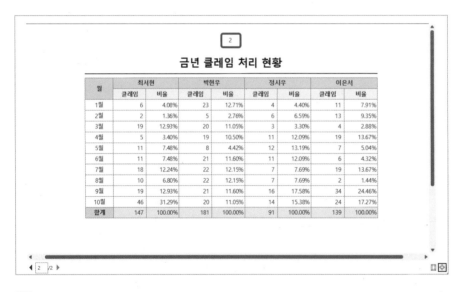

TIP 그룹으로 묶인 시트는 인쇄될 때 페이지 번호가 자동으로 이어집니다.

34/14 페이지 상단에 회사 로고를 삽입하는 방법

예제 파일 PART 09 \ CHAPTER 34 \ 로고.xlsx

머리글과 그림

인쇄 시 머리글 또는 바닥글 위치에 회사 로고를 삽입해야 하는 경우가 많습니다. [머리글/바닥글] 탭-[머리글/바닥글] 그룹의 [그림] 명령을 이용해 회사 로고를 원하는 위치에 삽입할 수 있습니다. 다만, 그림의 경우 적당한 사이즈와 위치로 표시되는 것이 중요하므로 회사 로고 삽입 후 원하는 크기로 조절하는 방법을 함께 이해해둡니다.

실무 활용 예제

01 예제의 표를 인쇄할 때 페이지 우측 상단에 회사 로고가 표시되도록 설정합니다.

02 로고 파일을 넣을 머리글 오른쪽 구역을 선택합니다.

03 [머리글/바닥글] 탭-[머리글/바닥글 요소] 그룹-[그림]을 클릭합니다.

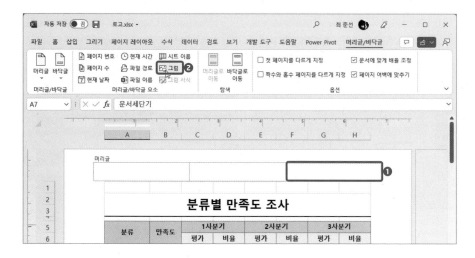

TIP 페이지 레이아웃 모드는 [파일] 탭-[보기] 그룹-[페이지 레이아웃]을 클릭합니다.

04 [그림 삽입] 창이 열리면 [파일에서]의 [찾아보기]를 클릭합니다.

05 [그림 삽입] 대화상자가 표시되면 예제 폴더의 **로고.jpg** 파일을 선택하고 [삽입]을 클릭합니다.

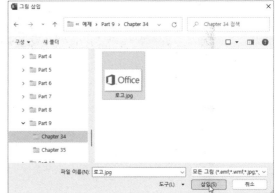

06 [A7] 병합 셀을 클릭해 머리글 편집 모드를 해제하면 삽입된 로고를 확인할 수 있습니다.

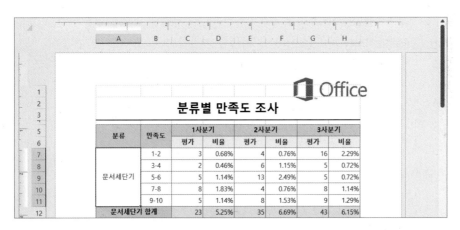

TIP 로고.jpg 파일이 제대로 표시되지만 크기가 조금 큽니다.

07 머리글 오른쪽 구역을 다시 클릭해 선택합니다.

08 [머리글/바닥글] 탭–[머리글/바닥글 요소] 그룹–[그림 서식 📷]을 클릭합니다.

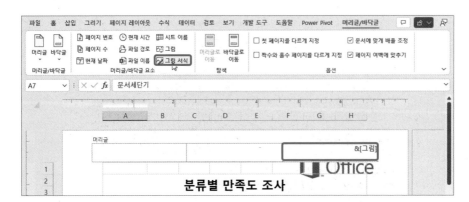

09 [그림 서식] 대화상자의 [크기] 탭에서 [배율]–[높이] 옵션 값을 **50%**로 조정한 후 [확인]을 클릭합니다.

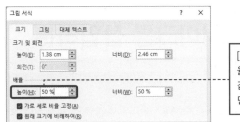

> [배율] 옵션의 [높이] 값을 조정하면 [가로 세로 비율 고정] 확인란에 체크가 되어 있으므로 [너비] 값이 함께 조정됩니다. 가로×세로 비율은 유지하면서 50% 크기로 축소하겠다는 의미입니다.

10 [A7] 병합 셀을 클릭해 페이지 우측 상단의 로고 이미지를 확인합니다.

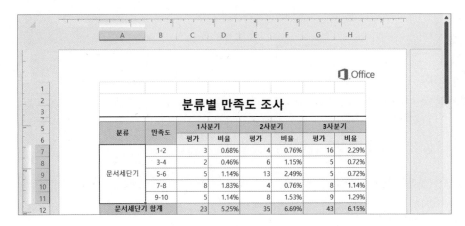

페이지에 워터마크를 삽입하는 방법

예제 파일 PART 09 \ CHAPTER 34 \ 워터마크.xlsx

워터마크란?

워터마크(Watermark)는 저작권이나 불법 복제를 막기 위해 사용되는 기술을 의미하며, 문서의 경우는 배경에 흐릿하게 해당 문서의 성격을 규정하는 내용을 출력하는 경우가 많습니다. 엑셀에서 이런 워터마크를 표시하려면 머리글/바닥글에 [그림], [배경] 등을 삽입해 적용할 수 있습니다. 두 기능은 각각 장단점이 분명하므로 아래 내용을 참고해 필요한 것을 선택하고 적용합니다.

머리글/바닥글	배경
워크시트 화면에서는 표시되지 않다가 인쇄할 때만 나타납니다. [페이지 레이아웃] 모드일 때는 워크시트 화면에서도 확인할 수 있습니다.	워크시트 화면에 표시되며, 인쇄되지 않습니다.

다만, 워터마크의 효용상 인쇄할 때 표시되어야 하는 경우가 많으므로 책에서는 머리글/바닥글을 이용하는 방법에 대해 설명합니다.

실무 활용 예제

01 예제를 인쇄할 때 문서의 배경에 보안 문서임을 표시합니다.

02 [머리글 추가] 영역의 왼쪽 구역을 선택합니다.

03 [머리글/바닥글] 탭-[머리글/바닥글 요소] 그룹-[그림 🖾]을 클릭합니다.

04 [그림 삽입] 창의 [Bing 이미지 검색]에서 **secret** 키워드를 입력하고 Enter 를 누릅니다.

05 검색된 이미지에서 배경으로 사용할 이미지를 선택하고 [삽입]을 클릭합니다.

TIP 파일 내 이미지를 배경으로 사용하려면 왼쪽 화면에서 [파일에서]의 [찾아보기]를 선택합니다.

06 [A7] 병합 셀을 선택하면 삽입된 그림을 확인할 수 있습니다.

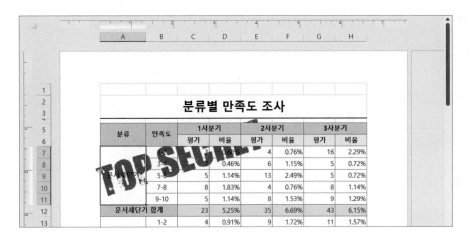

07 그림 서식의 크기와 위치를 조정하기 위해 머리글 왼쪽 구역을 다시 클릭합니다.

08 [머리글/바닥글] 탭–[머리글/바닥글 요소] 그룹–[그림 서식 ☑]을 클릭합니다.

09 [그림 서식] 대화상자의 [크기] 탭에서 [높이]를 **160%**로 조정합니다.

10 [그림] 탭을 선택하고 [색] 옵션을 [희미하게]로 변경한 후 [확인]을 클릭합니다.

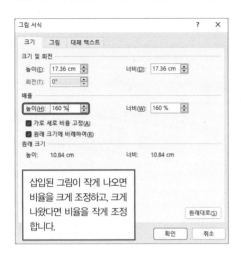

삽입된 그림이 작게 나오면 비율을 크게 조정하고, 크게 나왔다면 비율을 작게 조정합니다.

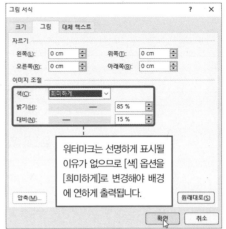

워터마크는 선명하게 표시될 이유가 없으므로 [색] 옵션을 [희미하게]로 변경해야 배경에 연하게 출력됩니다.

11 [A2] 병합 셀을 선택하면 조정된 그림을 확인할 수 있습니다.

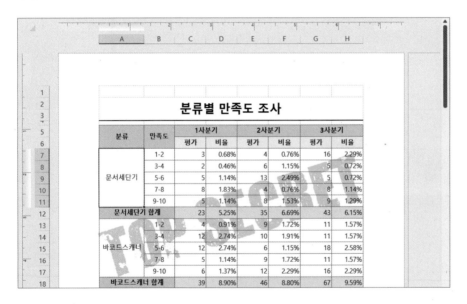

TIP 그림을 삽입해도 셀 배경이 적용된 셀에서는 그림이 표시되지 않습니다.

인쇄

엑셀의 인쇄 관련 기능은 워드나 파워포인트에 비해서는 부족한 부분이 있는 것도 사실입니다. 어떤 기능이 지원되고, 어떤 기능이 지원되지 않는지 이번 CHAPTER에서 확인하고 이를 해결할 수 있는 방법에 대해서도 알아보겠습니다.

여러 매수를 동시에 인쇄하는 방법

예제 파일 PART 09 \ CHAPTER 35 \ 인쇄 매수.xlsx

인쇄 매수와 한 부

인쇄할 때 한 장씩 출력하는 것이 아니라 한 번에 여러 장을 출력하는 것이 가능합니다. 동일한 페이지를 몇 장 인쇄할 것인지 설정할 있는 옵션이 있습니다. 이를 인쇄 매수라고 하며 영어로는 'Copies' 즉, 복사본이라고 합니다.

엑셀은 여러 매수로 인쇄할 때 처음부터 끝까지 인쇄한 후(한 부) 다시 첫 페이지부터 인쇄됩니다. 필요하다면 한 장을 여러 장 출력하는 방법으로 옵션을 변경할 수 있습니다. [인쇄] 백스테이지 뷰 화면에서는 여러 인쇄 관련 옵션이 제공되므로 옵션을 설정하면서 어떻게 인쇄되는지 확인해보는 것이 좋습니다.

실무 활용 예제

01 예제의 표를 인쇄하면 1페이지가 3매 인쇄되는 작업을 진행합니다.

02 [파일] 탭-[인쇄]를 클릭합니다.

03 백스테이지 뷰의 [복사본] 옵션의 값을 **3**으로 변경합니다.

04 [한 부씩 인쇄]의 아래 화살표 를 클릭하고 원하는 옵션을 선택한 후 [인쇄]를 클릭합니다.

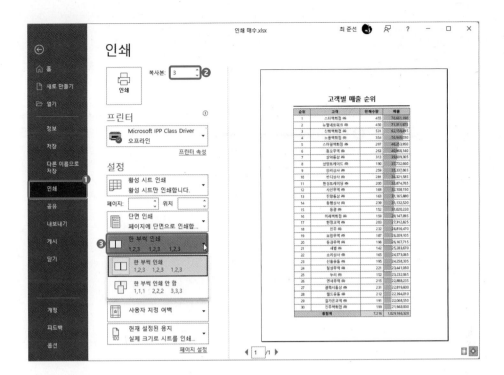

이 옵션은 다음과 같은 두 가지 옵션 중에서 하나를 사용할 수 있습니다.

- 한 부씩 인쇄

  1–10페이지가 인쇄되는 시트의 경우 처음부터 끝까지 인쇄한 후 다음 복사본을 인쇄합니다.

- 한 부씩 인쇄 안 함

  1–10페이지가 인쇄되는 시트의 경우 1페이지를 복사본 수만큼 인쇄한 후 2페이지, 3페이지, … 순으로 인쇄합니다.

원하는 페이지만 골라 인쇄하는 방법

예제 파일 PART 09 \ CHAPTER 35 \페이지 선택.xlsx, 페이지 선택 (코드).txt

연속된 페이지 선택 인쇄

시트를 인쇄할 때 원하는 페이지만 골라 인쇄할 수 있습니다. 다만 연속된 페이지만 가능하며 동시에 여러 위치의 페이지를 골라 인쇄할 순 없습니다. 다음 과정을 참고합니다.

01 예제의 표에서 원하는 페이지를 골라 인쇄하는 작업을 진행합니다.

02 먼저 인쇄할 페이지를 확인하려면 보기 모드를 변경합니다.

03 [보기] 탭-[통합 문서 보기🗐] 그룹-[페이지 나누기 미리 보기]를 클릭합니다.

거래번호	고객	제품	단가	수량	할인율	판매
		일(日) 판매 대장				
10248	S&C무역 ㈜	컬러레이저복사기 XI-3200	1,176,000	3	15%	2,998,800
10248	S&C무역 ㈜	바코드 Z-350	48,300	3	0%	144,900
10248	S&C무역 ㈜	잉크젯팩시밀리 FX-1050	47,400	3	0%	142,200
10249	드림씨푸드 ㈜	프리미엄복사지A4 2500매	17,800	9	0%	160,200
10249	드림씨푸드 ㈜	바코드 BCD-100 Plus	86,500	7	0%	605,500
10250	자이언트무역 ㈜	고급복사지A4 500매	3,500	2	0%	7,000
10250	자이언트무역 ㈜	바코드 Z-350	46,300	7	0%	324,100
10250	자이언트무역 ㈜	바코드 BCD-100 Plus	104,500	8	0%	836,000
10251	진왕통상 ㈜	잉크젯복합기 AP-3300	79,800	1	0%	79,800
10251	진왕통상 ㈜	잉크젯복합기 AP-3200	89,300	8	0%	714,400
10251	진왕통상 ㈜	고급복사지A4 500매	4,100	7	0%	28,700
10252	삼양트레이드 ㈜	잉크젯복합기 AP-3200	79,500	2	0%	159,000
10252	삼양트레이드 ㈜	레이저복합기 L200	165,300	3	0%	495,900
10252	삼양트레이드 ㈜	고급복사지A4 500매	3,600	8	0%	28,800
10253	자이언트무역 ㈜	링제본기 ST-100	127,800	4	0%	511,200
10253	자이언트무역 ㈜	RF OA-300	46,800	6	0%	280,800
10253	자이언트무역 ㈜	오피스 Z-01	39,900	2	0%	79,800
10254	동남무역 ㈜	흑백레이저복사기 TLE-5000	597,900	3	5%	1,704,015

> **TIP** 워터마크로 표시된 페이지 번호를 참고해 인쇄할 페이지를 결정합니다.

04 인쇄할 페이지를 확인했다면 [파일] 탭-[인쇄]를 클릭합니다.

05 4~5페이지만 인쇄하도록 설정합니다. [페이지] 옵션 값은 **4**로, [위치] 옵션 값은 **5**로 변경합니다.

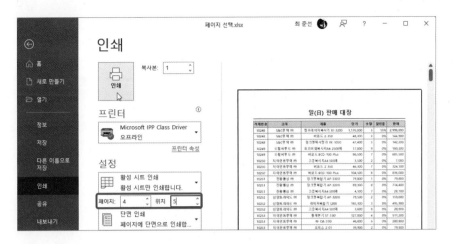

TIP [페이지]는 시작 페이지를, [위치]는 마지막 페이지를 의미합니다.

매크로로 원하는 페이지를 선택 인쇄

엑셀의 인쇄 기능은 워드처럼 여러 위치의 페이지를 지정해 인쇄할 수 있는 방법을 제공해주지 않기 때문에 워드와 같은 인쇄 작업을 원한다면 다음과 같은 매크로를 활용합니다.

01 매크로를 이용해 인쇄하려면 다음 매크로를 원하는 파일에 저장해두고 사용합니다.

파일 : 페이지 선택 (코드).txt

```
Sub 페이지선택인쇄()                    ─────────── ❶

    Dim 전체페이지 As Integer
    Dim 선택페이지() As String
    Dim 시작페이지 As Integer, 종료페이지 As Integer
    Dim 입력페이지 As String
    Dim 메시지 As String
    Dim i As Integer

    메시지 = 연속된 페이지는 ""-"" 구분 자로, " & vbCr        ─────── ❷
    메시지 = 메시지 & "떨어진 페이지는 "","" 구분자로 구분해 입력하세요!" & vbCr & vbCr
    메시지 = 메시지 & "예를 들면 1,2,3,5 페이지를 인쇄하려면 " & vbCr
    메시지 = 메시지 & "1-3,5와 같이 입력합니다."

    입력페이지 = Application.InputBox(메시지, "선택 페이지 인쇄")
    전체페이지 = ActiveSheet.PageSetup.Pages.Count

    If 전체페이지 > 0 Then

        선택페이지() = Split(입력페이지, ",")
```

```
            For i = 0 To UBound(선택페이지)

                If InStr(1, 선택페이지(i), "-") > 0 Then

                    시작페이지 = CInt(Left(선택페이지(i), InStr(1, 선택페이지(i), "-") - 1))
                    종료페이지 = CInt(Mid(선택페이지(i), InStr(1, 선택페이지(i), "-") + 1))

                    ActiveSheet.PrintOut From:=시작페이지, To:=종료페이지

                Else

                    If 전체페이지 >= CInt(선택페이지(i)) Then

                        ActiveSheet.PrintOut From:=선택페이지(i), To:=선택페이지(i)

                    End If

                End If

            Next i
        End If

    End Sub
```

❶ 매크로 이름을 의미하며, 매크로 이름은 '페이지선택인쇄'입니다.
❷ 매크로를 실행할 때 메시지 대화상자에 표시할 내용입니다. 큰따옴표(") 안의 내용을 변경해 사용합니다.

LINK 매크로를 파일에 넣고 활용하는 방법은 이 책의 1049페이지를 참고합니다.

02 저장된 매크로를 실행하면 다음과 같은 대화상자가 표시됩니다. 화면을 참고해 원하는 페이지를 입력하고 [확인]을 클릭합니다.

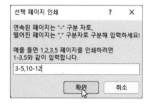

TIP 페이지 번호는 쉼표(,)로 구분해 입력하며, 연속된 페이지는 하이픈(-)으로 연결해 입력할 수 있습니다. 위 화면은 '3-5, 10-12'와 같이 입력되었으므로 3페이지부터 5페이지까지 인쇄한 다음 10페이지부터 12페이지까지 인쇄합니다.

35/03 홀수 또는 짝수 페이지만 인쇄하는 방법

예제 파일 PART 09 \ CHAPTER 35 \ 홀수,짝수 (코드).txt

홀수, 짝수 인쇄

엑셀은 워드에 비해 다양한 계산/분석 기능에 장점이 있는 반면, 인쇄 기능에 있어서는 워드보다 아쉬운 부분이 많습니다. 워드에 있는 홀수 페이지 인쇄, 짝수 페이지 인쇄와 같은 작업을 엑셀에서 처리하려면 매크로 기능을 이용해야 합니다.

실무 활용 예제

01 홀수, 짝수 페이지 인쇄 기능이 필요한 파일에서 다음 매크로를 사용합니다.

파일 : 홀수,짝수 (코드).txt

```
Sub 홀수짝수인쇄()                        ①

    Dim 전체페이지  As Integer
    Dim 시작페이지 As Integer
    Dim i As Integer
    Dim 메시지 As String

    메시지 = "홀/짝수 인쇄 작업을 진행합니다." & vbCr & vbCr          ②
    메시지 = 메시지 & "짝수 페이지를 인쇄하려면 〈예〉버튼을," & vbCr
    메시지 = 메시지 & "홀수 페이지를 인쇄하려면 〈아니오〉 버튼을 눌러 주세요!"

    전체페이지 = ExecuteExcel4Macro("Get.Document(50)")

    If 전체페이지 > 0 Then

        Select Case MsgBox(메시지, vbYesNoCancel + vbInformation, "홀/짝수 인쇄")

            Case vbYes: 시작페이지 = 2          ③
            Case vbNo: 시작페이지 = 1
```

```
            Case vbCancel: Exit Sub

        End Select

        For i = 시작페이지 To 전체페이지 Step 2

            ActiveSheet.PrintOut From:=i, To:=i


            Next

        End If

End Sub
```

❶ 매크로 이름이 '홀수짝수인쇄'입니다.

❷ 메시지 대화상자 제목 표시줄에 나타나는 제목이 큰따옴표(") 안에 입력되어 있으므로 원하는 문구로 변경해 사용합니다.

❸ 코드 중에서 vbYes를 vbNo로 변경하면 [예]를 클릭했을 때 홀수 페이지를, [아니오]를 클릭했을 때 짝수 페이지를 인쇄하도록 할 수 있습니다. 이 코드를 수정하면 ❷의 메시지 대화상자 문구를 함께 수정해주어야 합니다.

LINK 매크로를 파일에 넣고 활용하는 방법은 이 책의 1049페이지를 참고합니다.

이 매크로를 실행하면 다음과 같은 대화상자가 나타나며, 대화상자에 표시되는 메시지를 읽고 원하는 버튼을 클릭하면 홀수 또는 짝수 페이지만 인쇄됩니다.

TIP [취소]를 클릭하면 인쇄 작업이 취소됩니다.

폴더 내 파일을 모두 인쇄하는 방법

예제 파일 PART 09 \ CHAPTER 35 \ 폴더 인쇄 (코드).txt

폴더 내 파일을 선택 인쇄

폴더 전체를 인쇄하지 않고 폴더 내 특정 파일을 선택해 인쇄하려면 [열기] 대화상자를 이용합니다. 다음 과정을 참고합니다.

01 [파일] 탭-[열기]를 클릭합니다.

02 [찾아보기]를 클릭하면 [열기] 대화상자가 표시됩니다.

03 인쇄할 파일을 Ctrl 을 누른 상태에서 모두 선택합니다.

04 마우스 오른쪽 버튼을 클릭하고 [인쇄] 메뉴를 선택합니다.

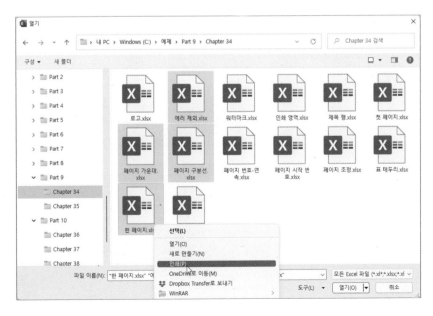

TIP 엑셀이 실행되지 않은 상태라면 윈도우 탐색기에서 이와 같이 파일을 선택하고 [인쇄]를 클릭합니다.

폴더 내 파일을 모두 인쇄

폴더 내 모든 파일을 인쇄하려면 다음과 같은 매크로를 이용하는 것이 편리합니다.

파일 : 폴더 인쇄 (코드).txt

```
Sub 폴더내모든파일인쇄()

    Dim WB As Workbook
    Dim 경로 As Variant
    Dim 파일 As String

    On Error Resume Next

        With Application.FileDialog(msoFileDialogFolderPicker)
            .Show
            경로 = .SelectedItems(1)
        End With

        If Err.Number <> 0 Or 경로 = False Then Exit Sub

    On Error GoTo 0

    파일 = Dir(경로 & "\*.xls*")                            ❶

    Application.ScreenUpdating = False                      ❷

        Do While 파일 <> ""

            Set WB = Workbooks.Open(Filename:=경로 & "\" & 파일)

            With WB
                .PrintOut
                .Close SaveChanges:=False
            End With

            파일 = Dir

        Loop

    Application.ScreenUpdating = True                       ❷

End Sub
```

❶ 폴더 내 인쇄할 파일을 설정하는 부분으로 *.xls*라고 되어 있으면 xls, xlsx, xlsm, xlsb 등의 파일이 모두 열립니다. 이를 특정 확장자 (예를 들어 xlsx)로만 제한하려면 다음과 같이 수정합니다.

```
파일 = Dir(경로 & "\*.xlsx")
```

❷ 이 코드는 파일을 열고 닫는 과정을 화면에 표시하지 않습니다. 만일 눈으로 파일을 열고 닫는 과정을 보고 싶다면 ❷에 해당하는 이 두 줄의 코드를 삭제합니다.

LINK 매크로를 파일에 넣고 활용하는 방법은 이 책의 1049페이지를 참고합니다.

이 매크로를 실행하면 다음과 같이 [찾아보기] 대화상자가 열립니다. 대화상자에서 인쇄할 파일이 들어 있는 폴더를 선택하고 [확인]을 클릭합니다. 해당 폴더에 들어 있는 모든 파일이 열리면서 파일이 하나씩 인쇄됩니다. 이때 파일이 열리는 과정은 눈에 보이지 않으며 인쇄된 결과만 프린터로 출력됩니다.

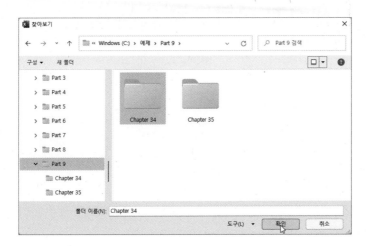

35 / 05 특정 파일(또는 시트)을 인쇄하지 못하도록 막는 방법

예제 파일 PART 09 \ CHAPTER 35 \ 인쇄 방지.xlsx

인쇄 영역을 설정하는 방법

시트에서 데이터가 있는 범위말고 빈 셀만 있는 범위를 선택하고 인쇄 영역을 설정하면 인쇄할 때 빈 종이만 출력되도록 만들 수 있습니다. 아래 과정을 참고합니다.

01 예제 파일을 열고 빈 셀을 두 개 선택합니다(예제에서는 [I4:I5] 범위를 선택).

02 [페이지 레이아웃] 탭–[페이지 설정] 그룹–[인쇄 영역 📷]–[인쇄 영역 설정]을 선택합니다.

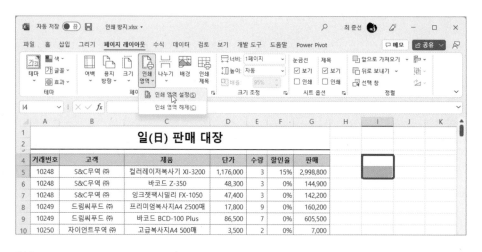

TIP [인쇄 영역]을 설정할 때 셀을 하나만 선택하면 경고 메시지 창이 표시되므로 **01** 과정을 참고해 빈 셀을 두 개정도 선택합니다.

03 인쇄 결과를 확인하기 위해 [파일] 탭–[인쇄]를 클릭합니다.

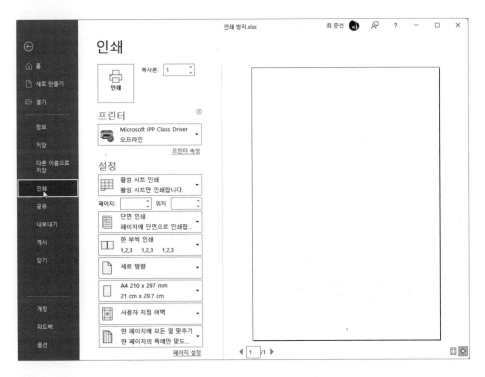

TIP 인쇄 미리 보기 화면이 비워져 있는 것처럼 표시되는 것은 **01** 과정에서 [I4:I5] 범위를 선택하고 인쇄 영역을 설정했기 때문입니다. 다시 인쇄하고 싶다면 [페이지 레이아웃] 탭-[페이지 설정] 그룹-[인쇄 영역 🖃]-[인쇄 영역 해제]를 선택합니다.

매크로를 이용해 자동으로 인쇄되지 않도록 설정

인쇄 영역을 이용하는 방법은 사용자가 늘 인쇄 영역을 설정했다가 취소해야 하기 때문에 불편합니다. 좀 더 편한 작업을 원한다면 매크로 기능을 이용할 수 있습니다. 다음 과정을 참고합니다.

01 인쇄하지 않으려는 시트를 선택합니다.

02 시트 탭에서 마우스 오른쪽 버튼을 클릭한 후 [코드 보기]를 선택합니다.

8	10249	드림	검복사지A4 2500매	17,800	9	0%	160,200
9	10249	드림	BCD-100 Plus	86,500	7	0%	605,500
10	10250	자이	복사지A4 500매	3,500	2	0%	7,000
11	10250	자이	코드 Z-350	46,300	7	0%	324,100
12	10250	자이	BCD-100 Plus	104,500	8	0%	836,000
13	10251	진	복합기 AP-3300	79,800	1	0%	79,800
14	10251	진	복합기 AP-3200	89,300	8	0%	714,400
15	10251	진	복사지A4 500매	4,100	7	0%	28,700
16	10252	삼양	복합기 AP-3200	79,500	2	0%	159,000
17	10252	삼양	저복합기 L200	165,300	3	0%	495,900
18	10252	삼양	복사지A4 500매	3,600	8	0%	28,800

삽입(I)...
삭제(D)
이름 바꾸기(R)
이동/복사(M)...
코드 보기(V)
시트 보호(P)...
탭 색(T)
숨기기(H)
숨기기 취소(U)...
모든 시트 선택(S)

03 VB 편집기 창이 열리면 왼쪽에서 [현재_통합_문서]를 더블클릭합니다.

04 오른쪽 코드 창 상단의 콤보 상자에서 [Workbook]과 [BeforePrint]를 순서대로 선택합니다.

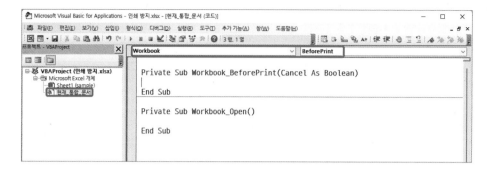

05 Private Sub Workbook_Open( ) … End Sub 부분은 삭제합니다.

06 아래 코드를 참고해 다음과 같이 코드를 완성하고 VB 편집기 창을 닫습니다.

```
Private Sub Workbook_BeforePrint(Cancel As Boolean)

    Cancel = True          ———————— ❶

End Sub
```

❶ [인쇄] 명령을 취소합니다. 이 코드는 전체 파일에 모두 적용되므로 특정 시트만 인쇄되지 않도록 하려면 코드를 다음과 같이 수정합니다.

```
If ActiveSheet.Name = "sample" Then
Cancel = True
End If
```

위 코드는 sample 시트만 인쇄되지 않도록 합니다. 몇몇 시트를 인쇄하지 않으려면 코드를 다음과 같이 구성합니다.

```
Select Case ActiveSheet.Name
    Case "Sheet1", "Sheet2", "Sheet3"
        Cancel = True
    Case Else
End If
```

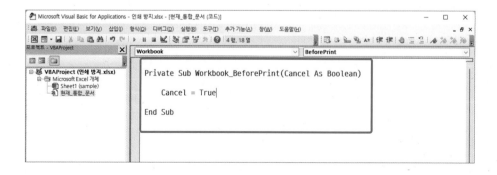

07 리본 [파일] 탭-[인쇄]를 선택한 후 [인쇄]를 클릭해도 인쇄되지 않습니다.

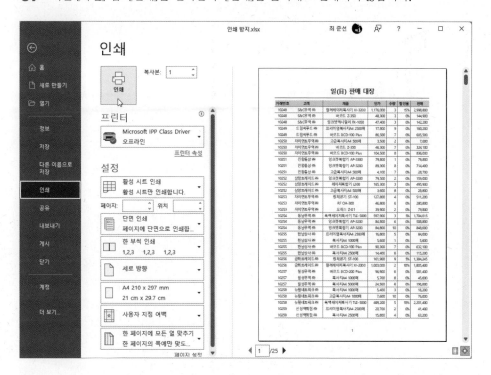

TIP 인쇄 미리 보기 화면이 표시되지 않는다면 [인쇄 영역]을 해제하지 않은 것입니다. 963페이지의 팁을 참고해 인쇄 영역을 먼저 해제해주세요!

매크로

매크로

엑셀이 좋은 프로그램인 것은 확실하지만, 사람인 이상 항상 2% 부족한 부분을 느끼게 됩니다. 이런 부족한 부분을 채울 수 있도록 제공되는 기능이 바로 매크로입니다. 단순 반복적인 업무를 자동화하거나 엑셀에서 지원하지 않는 작업을 자동화하려면 매크로를 이용할 수 있어야 합니다. 다만 매크로는 VBA를 공부해야 제대로 활용할 수 있습니다. 이번 CHAPTER를 통해 매크로가 도움이 된다고 생각한다면 《엑셀 매크로&VBA 바이블》을 추가로 학습해보세요!

리본 메뉴에 [개발 도구] 탭을 추가하는 방법

예제 파일 없음

[개발 도구] 탭 이해

[개발 도구] 탭에는 다양한 매크로 개발 관련 명령이 제공됩니다.

[개발 도구] 탭은 네 개의 그룹으로 구성되며 각 그룹의 역할은 다음과 같습니다.

[코드] 그룹

매크로 보안을 확인하거나 설정할 수 있는 명령과 매크로 기록, 실행, 코드 보기와 관련한 명령이 제공됩니다.

[추가 기능] 그룹

엑셀에 추가로 사용할 수 있는 내부(마이크로소프트) 또는 외부 개발사의 기능을 확인하고 필요한 것을 설치해 사용할 수 있습니다. 이런 기능을 [추가 기능]이라고 합니다. 엑셀 2016 버전부터 [추가 기능] 그룹에서 세 가지 종류의 추가 기능이 제공됩니다.

이름	설명	대표 기능
추가 기능	엑셀 2013 버전부터 지원된 추가 기능으로 오피스 스토어에 등록된 다양한 개발사의 추가 기능을 다운로드해 사용할 수 있습니다.	People Graph
Excel 추가 기능	VBA로 만들어진 추가 기능으로 기본 제공되는 분석 도구, 해찾기 이외에도 다양한 추가 기능을 인터넷에서 다운로드해 사용할 수 있습니다.	분석 도구, 해찾기
COM 추가 기능	별도의 개체를 갖는 추가 기능으로 마이크로소프트 다운로드 센터를 통해 다운로드하거나 오피스 제품에 따라 기본 제공됩니다. 여기에서 제공되던 기능 중 [파워 쿼리]는 엑셀 2016 버전부터 내장되어 [데이터] 탭에서 사용할 수 있습니다.	파워 피벗, 파워 뷰

[컨트롤] 그룹

워크시트에 추가할 수 있는 다양한 컨트롤과 컨트롤 속성을 설정할 수 있는 명령을 제공합니다.

이름	설명	사용 위치
양식 컨트롤	엑셀에 기본 내장된 컨트롤로 컨트롤 값을 셀에 연결할 수 있어 자동화 양식을 만들 때 유용하게 사용할 수 있습니다.	워크시트
Active-X 컨트롤	오피스 공용 컨트롤로 양식 컨트롤보다 더 세밀한 제어를 할 수 있지만, 대화상자를 개발할 때 사용하는 사용자 정의 폼에서 주로 사용하므로 매크로 기능을 공부하는 사람 외에는 자주 사용하지 않습니다.	사용자 정의 폼

[XML] 그룹

XML 관련 명령을 제공합니다.

[개발 도구] 탭 추가 방법

01 엑셀을 실행하고 [파일] 탭-[옵션]을 클릭합니다.

02 [Excel 옵션] 대화상자가 나타나면 [리본 사용자 지정] 범주를 선택합니다.

03 [리본 메뉴 사용자 지정] 목록에서 [개발 도구]에 체크하고 [확인]을 클릭합니다.

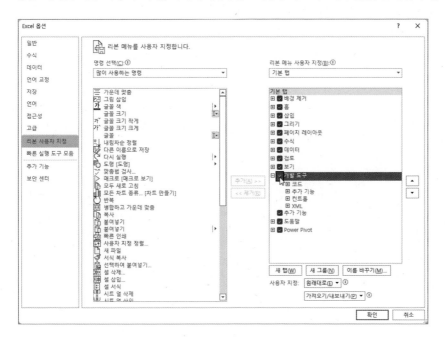

36 / 02 매크로 사용 통합 문서 (xlsm)로 저장하기

예제 파일 없음

매크로 사용 통합 문서로 저장

엑셀 2003 버전까지는 기본 엑셀 파일 형식은 단 하나로 xls 확장자를 가졌습니다. 하지만 엑셀 2007 버전부터는 파일 관리 방식이 바뀌어 매크로를 사용할 수 없는 파일(xlsx)과 매크로를 사용할 수 있는 파일(xlsm) 이렇게 두 가지 파일 형식으로 분리되었습니다. 그러므로 엑셀 2007 이후 버전에서 매크로를 사용하려면 파일을 반드시 매크로 사용 통합 문서(xlsm) 파일 형식으로 저장해야 합니다. 다음 과정을 참고합니다.

01 매크로를 사용할 파일에서 [F12]를 눌러 [다른 이름으로 저장] 대화상자를 호출합니다.

02 [파일 형식]에서 [Excel 매크로 사용 통합 문서]를 선택하고 [저장]을 클릭합니다.

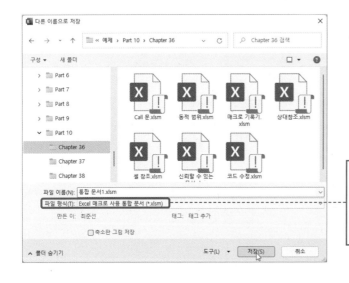

기본 파일(xlsx)과 매크로 포함 파일(xlsm)을 구분해 사용하고 싶지 않다면 바이너리 파일(xlsb)로 저장해도 됩니다.
바이너리 파일은 엑셀 2003 이전 버전에서 저장하던 xls와 동일한 파일 형식입니다.

매크로 엑셀 문서로 저장될 경우 탐색기에서 파일 확장자의 모양이 다음과 같이 구분됩니다.

Excel 통합 문서	Excel 매크로 사용 통합 문서
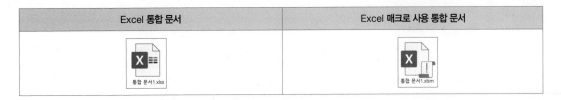	

매크로가 포함된 파일을 저장할 때 표시되는 메시지 창

매크로 사용 통합 문서로 저장되지 않은 파일에서 매크로를 사용하고 파일을 저장할 때는 다음과 같은 메시지가 표시됩니다. 매크로를 파일에 저장하려면 [아니오]를 클릭한 후 [다른 이름으로 저장] 대화상자에서 [매크로 사용 통합 문서]로 저장해야 합니다.

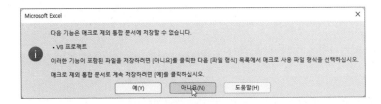

36 / 03 신뢰할 수 있는 문서와 보안 경고 메시지 줄

예제 파일 PART 10 \ CHAPTER 36 \ 신뢰할 수 있는 문서.xlsm

보안 경고 메시지 줄

매크로가 포함된 파일을 열면 수식 입력줄 상단에 보안 경고 메시지 줄이 표시됩니다. 매크로를 사용하려면 반드시 [콘텐츠 사용]을 클릭해 매크로 사용을 허가해야 합니다.

TIP 엑셀 2007 버전이라면 [옵션] 버튼이 표시되며, 해당 버튼을 클릭하고 대화상자에서 [이 콘텐츠 사용] 옵션을 선택해야 합니다.

이렇게 매크로 사용이 허가된 파일은 [신뢰할 수 있는 문서]로 분류되어 다음에 파일을 열 때 보안 경고 메시지 줄이 표시되지 않습니다. 예제를 닫고 다시 열면 보안 경고 메시지 줄이 표시되지 않습니다.

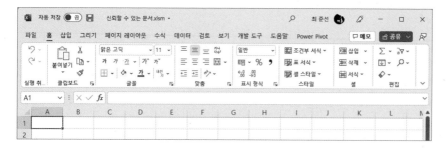

TIP 엑셀 2007 버전은 파일을 열 때마다 보안 경고 메시지 줄이 표시됩니다. 그러므로 **Section 36-04**에서 설명하는 [신뢰할 수 있는 위치] 옵션을 사용하는 것을 권합니다.

TIP [신뢰할 수 있는 문서]는 파일의 경로와 파일명이 '신뢰할 수 있는 문서'로 저장되는 방법입니다. 파일을 다른 폴더로 복사했거나 폴더 명을 변경한 경우 또는 파일명을 수정한 경우에는 다시 [보안 경고] 메시지 줄이 표시됩니다.

신뢰할 수 있는 문서 해제

파일이 신뢰할 수 있는 문서로 분류되면 해제하기 전까지는 보안 경고 메시지 줄을 표시하지 않습니다. 신뢰할 수 있는 문서는 하나씩 선택적으로 해제하는 방법은 제공되지 않고, 한 번에 모든 문서를 해제하는 방법만 제공됩니다. 신뢰할 수 있는 문서를 해제하려면 다음 과정을 참고합니다.

01 [개발 도구] 탭-[매크로] 그룹-[매크로 보안▲]을 클릭합니다.

02 [보안 센터] 대화상자가 표시되면 [신뢰할 수 있는 문서] 범주를 선택하고 [지우기]를 클릭합니다.

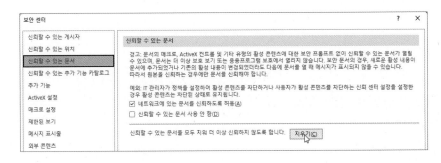

특정 폴더는 보안을 확인하지 않도록 설정하는 방법

예제 파일 없음

신뢰할 수 있는 문서와 신뢰할 수 있는 위치

신뢰할 수 있는 문서 기능은 편리하지만 적어도 한 번은 사용자가 [콘텐츠 사용] 버튼을 눌러 매크로 사용을 허가해주어야 합니다. 이런 점이 불편하다면 폴더 단위에서 보안 경고 메시지 줄이 표시되지 않도록 해주는 '신뢰할 수 있는 위치' 기능을 사용할 수 있습니다. 신뢰할 수 있는 위치로 등록하면 해당 폴더(하위 폴더 포함) 내 파일을 열 때는 보안 경고 메시지 줄이 표시되지 않아 편리합니다.

신뢰할 수 있는 위치 등록

01 빈 통합 문서 파일을 하나 엽니다.

02 [개발 도구] 탭-[코드] 그룹-[매크로 보안 ⚠]을 클릭합니다.

03 [보안 센터] 대화상자에서 [신뢰할 수 있는 위치]를 선택하고 [새 위치 추가]를 클릭합니다.

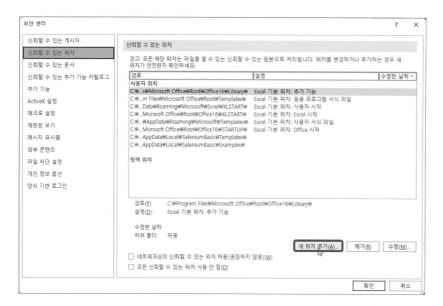

TIP 신뢰할 수 있는 위치

[신뢰할 수 있는 위치]에는 이미 등록된 여러 개의 폴더가 존재합니다. 이 폴더는 엑셀이 설치될 때 등록된 폴더로 이 폴더 위치를 변경하거나 삭제하면 엑셀 프로그램이 오작동하거나 불편한 보안 경고 메시지 줄이 계속해서 표시될 수 있습니다. 그러므로 자신의 폴더를 등록하는 것 외의 다른 동작은 하지 않는 것이 좋습니다.

04 [신뢰할 수 있는 Microsoft Office 위치] 대화상자가 표시되면 [찾아보기]를 클릭합니다.

05 작업 폴더의 최상위 폴더를 선택하고 [확인]을 클릭합니다.

06 [이 위치의 하위 폴더도 신뢰할 수 있음]에 체크하고 [확인]을 클릭합니다.

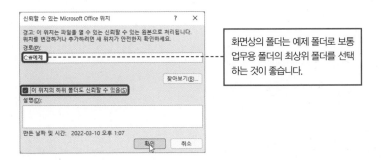

화면상의 폴더는 예제 폴더로 보통 업무용 폴더의 최상위 폴더를 선택 하는 것이 좋습니다.

TIP [이 위치의 하위 폴더도 신뢰할 수 있음] 옵션은 선택한 폴더 내 존재하는 모든 하위 폴더도 신뢰할 수 있는 위치로 처리하라는 옵션입니다.

07 [보안 센터] 대화상자의 [신뢰할 수 있는 위치] 목록에 앞서 선택한 폴더가 등록됩니다.

08 [확인]을 클릭해 [보안 센터] 대화상자를 닫습니다.

09 등록한 폴더 내 매크로 사용 통합 문서 파일을 열면 보안 경고 메시지 줄이 표시되지 않습니다.

36 / 05 매크로 기록해 사용하는 방법

예제 파일 PART 10 \ CHAPTER 36 \ 매크로 기록기.xlsm

매크로 기록기

엑셀에는 사용자의 동작을 VBA 언어로 기록해서 매크로를 생성해주는 '매크로 기록기'가 제공됩니다. 매크로 기록기는 녹음기와 유사하게 사용자의 동작을 기록하고, 다시 재생하는 방법을 사용하기 때문에 반복적인 업무를 자동화할 때 편리하게 사용할 수 있습니다. 매크로 기록기를 이용하는 과정은 다음과 같습니다.

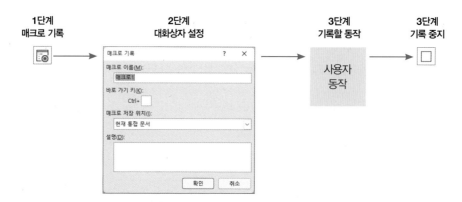

실무 활용 예제

01 예제의 표에서 자동 필터로 직위가 사원인 데이터만 추출하는 과정을 매크로로 기록합니다.

02 [A1] 셀을 선택하고 [개발 도구] 탭-[코드] 그룹-[매크로 기록📷]을 클릭합니다.

TIP 매크로를 기록할 때는 원하는 데이터가 입력된 셀(또는 범위)를 선택하는 동작부터 기록해야 합니다. 자동 필터를 적용하려면 [B5:J14] 범위 전체 또는 내부의 셀을 하나 선택해야 합니다. 그러므로 [B5:J14] 범위 이외의 셀을 하나 선택하고 매크로 기록을 시작하는 것입니다.

03 [매크로 기록] 대화상자의 [매크로 이름]에 **사원필터**를 입력하고 [확인]을 클릭합니다.

TIP 매크로 이름 명명 규칙

매크로 이름은 '이름 명명 규칙'과 유사합니다. 띄어쓰기를 사용할 수 없고 특수 문자 사용에 제약이 있습니다. 따라서 매크로의 동작을 잘 설명하는 이름을 짧게 입력해 사용하는 것이 좋습니다.

04 이제부터 마우스나 키보드를 이용해 입력하는 모든 동작이 매크로로 기록됩니다.

TIP 매크로 기록을 할 때는 잘못된 동작이 기록되면 VBA에 대한 이해 없이는 수정이 어려우므로 되도록 천천히 정확한 순서로 작업을 진행합니다.

05 [B5] 셀을 선택하고 [데이터] 탭-[정렬 및 필터] 그룹-[필터 ▽]를 클릭합니다.

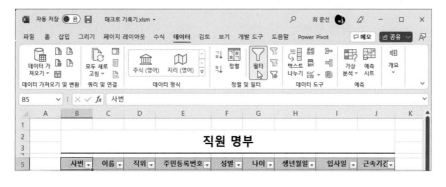

TIP 매크로 기록할 때 단축키를 사용하는 것보다는 리본 메뉴를 사용하는 것이 실수를 줄일 수 있습니다.

06 자동 필터가 적용되면 사원 데이터만 추출합니다.

07 [D5] 셀의 필터 단추 ▾ 를 클릭합니다. [(모두 선택)] 항목을 체크 해제한 후 [사원] 항목만 체크하고 [확인]을 클릭합니다.

08 [개발 도구] 탭-[코드] 그룹-[기록 중지 ▢]를 클릭해 매크로 기록을 중단합니다.

TIP 이번에 기록된 매크로는 [B5]셀 위치의 표에 자동 필터를 적용하고 [직위]가 '남'인 데이터를 화면에 표시합니다.

매크로 실행 및 관리

매크로가 기록됐다면 필요할 때 언제든 다시 실행해 동일한 결과를 얻을 수 있습니다.

01 정확한 테스트를 위해 필터를 해제합니다.

02 [데이터] 탭-[정렬 및 필터] 그룹-[필터 ▽]를 클릭합니다.

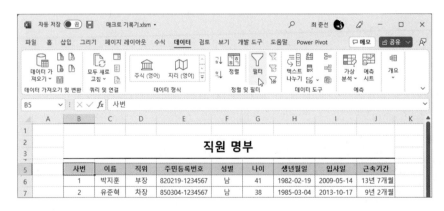

TIP 자동 필터를 해제하면 전체 데이터가 화면에 표시됩니다.

03 매크로 실행을 위해 [개발 도구] 탭-[코드] 그룹-[매크로 ]를 클릭합니다.

TIP Alt + F8 단축키를 클릭해도 됩니다.

04 [매크로] 대화상자가 표시되면 [사원필터] 매크로를 선택하고 [실행]을 클릭합니다.

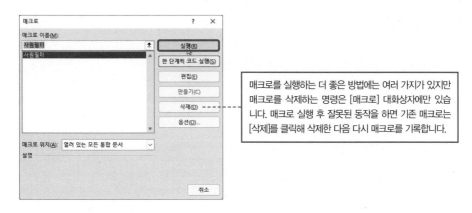

매크로를 실행하는 더 좋은 방법에는 여러 가지가 있지만 매크로를 삭제하는 명령은 [매크로] 대화상자에만 있습니다. 매크로 실행 후 잘못된 동작을 하면 기존 매크로는 [삭제]를 클릭해 삭제한 다음 다시 매크로를 기록합니다.

05 매크로가 실행되면서 '사원' 데이터만 화면에 표시됩니다.

사번	이름	직위	주민등록번호	성별	나이	생년월일	입사일	근속기간
7	정시우	사원	990529-1234567	남	24	1999-05-29	2022-01-02	0년 11개월
8	이은서	사원	010108-4134567	여	22	2001-01-08	2022-03-05	0년 9개월
9	오서윤	사원	000127-4134567	여	23	2000-01-27	2021-11-15	1년 1개월

06 표에 새로운 데이터를 추가한 후 매크로 실행해 추가된 데이터가 화면에 표시되는지 확인합니다.

07 [데이터] 탭-[정렬 및 필터] 그룹-[필터 ▽]를 클릭해 자동 필터를 해제합니다.

08 [B15:D15] 범위에 데이터를 입력합니다. '직위'는 **사원**으로 입력합니다.

	A	B	C	D	E	F	G	H	I	J	K
1											
2						**직원 명부**					
3											
5		사번	이름	직위	주민등록번호	성별	나이	생년월일	입사일	근속기간	
6		1	박지훈	부장	820219-1234567	남	41	1982-02-19	2009-05-14	13년 7개월	
7		2	유준혁	차장	850304-1234567	남	38	1985-03-04	2013-10-17	9년 2개월	
8		3	이서연	과장	891208-2134567	여	34	1989-12-08	2018-05-01	4년 7개월	
9		4	김민준	대리	920830-1234567	남	31	1992-08-30	2022-04-01	0년 8개월	
10		5	최서현	주임	980919-2134567	여	25	1998-09-19	2021-05-03	1년 7개월	
11		6	박현우	주임	940702-1234567	남	29	1994-07-02	2020-10-16	2년 2개월	
12		7	정시우	사원	990529-1234567	남	24	1999-05-29	2022-01-02	0년 11개월	
13		8	이은서	사원	010108-4134567	여	22	2001-01-08	2022-03-05	0년 9개월	
14		9	오서윤	사원	000127-4134567	여	23	2000-01-27	2021-11-15	1년 1개월	
15		10	최준선	사원							
16											

09 **03-04** 과정을 참고해 [사원필터] 매크로를 실행해 결과를 확인합니다.

	A	B	C	D	E	F	G	H	I	J	K
1											
2						**직원 명부**					
3											
5		사번 ▾	이름 ▾	직위 ⊤	주민등록번호 ▾	성별 ▾	나이 ▾	생년월일 ▾	입사일 ▾	근속기간 ▾	
12		7	정시우	사원	990529-1234567	남	24	1999-05-29	2022-01-02	0년 11개월	
13		8	이은서	사원	010108-4134567	여	22	2001-01-08	2022-03-05	0년 9개월	
14		9	오서윤	사원	000127-4134567	여	23	2000-01-27	2021-11-15	1년 1개월	
15		10	최준선	사원							
16											
17											

TIP 15행에 추가된 데이터가 화면에 표시됩니다. 이것은 매크로에서 자동 필터를 이용하기 때문에 얻어진 결과로 자동 필터를 [B5] 셀 위치에서 적용했으므로 [B5] 셀에서 연속된 범위의 데이터는 자동 필터의 대상 범위가 됩니다. 하지만 모든 기능이 이렇게 동작하는 것은 아니기 때문에 추가된 범위를 참조하도록 매크로를 수정하는 방법은 이 책의 1032페이지에서 설명합니다.

10 매크로 실행 전에 [직위] 열에 다른 필터 조건이 설정된 경우에는 매크로가 어떻게 동작하는지 확인합니다.

11 [데이터] 탭-[정렬 및 필터] 그룹-[지우기 ⊠]를 클릭해 필터 조건만 해제합니다.

12 [D5] 셀의 필터 단추를 클릭하고 '대리' 항목만 필터합니다.

	A	B	C	D	E	F	G	H	I	J	K
1											
2						**직원 명부**					
3											
5		사번 ▾	이름 ▾	직위 ⊤	주민등록번호 ▾	성별 ▾	나이 ▾	생년월일 ▾	입사일 ▾	근속기간 ▾	
9		4	김민준	대리	920830-1234567	남	31	1992-08-30	2022-04-01	0년 8개월	
16											
17											

13 **03-04** 과정을 참고해 [사원필터] 매크로를 실행하고 결과를 확인합니다.

TIP **09** 과정과 동일한 결과가 반환되어야 합니다.

기록기로 기록된 매크로는 자동 필터 적용 후 '사원' 데이터만 화면에 표시하는 것이므로, [직위] 열에 다른 필터 조건이 있어도 이를 해제하고 '사원' 데이터만 화면에 표시합니다.

14 매크로 실행 전에 다른 열에 필터 조건이 설정된 경우에는 매크로가 어떻게 동작하는지 확인합니다.

15 [데이터] 탭-[정렬 및 필터] 그룹-[지우기🗑]를 클릭해 필터 조건만 해제합니다.

16 [F5] 셀의 필터 단추▾를 클릭해 '남' 데이터만 화면에 표시합니다.

사번	이름	직위	주민등록번호	성별	나이	생년월일	입사일	근속기간
						직원 명부		
1	박지훈	부장	820219-1234567	남	41	1982-02-19	2009-05-14	13년 7개월
2	유준혁	차장	850304-1234567	남	38	1985-03-04	2013-10-17	9년 2개월
4	김민준	대리	920830-1234567	남	31	1992-08-30	2022-04-01	0년 8개월
6	박현우	주임	940702-1234567	남	29	1994-07-02	2020-10-16	2년 2개월
7	정시우	사원	990529-1234567	남	24	1999-05-29	2022-01-02	0년 11개월

17 **03-04** 과정을 참고해 [사원필터] 매크로를 실행하고 결과를 확인합니다.

TIP **09** 과정과 동일한 결과가 반환되어야 합니다.

이번 매크로는 다른 열의 필터 조건이 있다고 해도 모두 해제하고 D열에만 필터를 겁니다. 만약 다른 열에 걸린 필터는 유지하고 직위 열의 조건을 추가하는 방법으로 동작하도록 하려면 이 책의 1035페이지를 참고합니다.

버튼을 클릭해
매크로를 실행하는 방법

예제 파일 없음

양식 컨트롤에 매크로 연결

가장 추천하는 방법은 [단추] 컨트롤로 매크로를 연결해서 사용하는 것입니다. 다음 과정을 참고합니다.

01 매크로가 포함된 파일을 엽니다.

TIP 다른 파일이 없다면 **Section 36-05** 과정을 진행한 후 파일을 저장하고 아래 과정을 따라합니다.

02 [개발 도구] 탭-[컨트롤] 그룹-[삽입 📇]을 클릭합니다.

03 [양식 컨트롤] 그룹의 첫 번째 [단추 ▢]를 클릭합니다.

04 단추 컨트롤을 삽입할 범위를 드래그합니다. 예제에서는 [B2:C3] 범위를 선택했습니다.

TIP Alt 를 누른 상태로 이 작업을 하면 드래그한 범위의 테두리에 맞춰 컨트롤을 생성할 수 있습니다.

05 단추 컨트롤이 추가되면 바로 [매크로 지정] 대화상자가 표시됩니다.

06 단추 컨트롤에 연결할 매크로를 선택하고 [확인]을 클릭합니다.

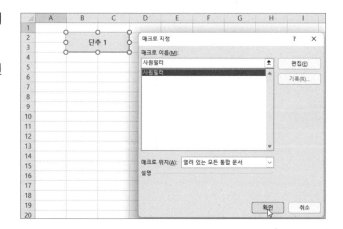

07 단추 컨트롤 내부를 클릭하고 텍스트 레이블을 **매크로 실행**으로 변경합니다.

08 [A1] 셀을 클릭하면 단추 컨트롤의 크기 조정 핸들이 사라집니다.

09 단추에 마우스 포인터를 가져가면 포인터가 손 모양으로 바뀝니다. 클릭하면 매크로가 실행됩니다.

도형에 매크로 연결

[양식] 컨트롤 중 단추 컨트롤을 자주 사용하는 것은 맞지만 양식 설정에 제약이 많아 도형 개체에 매크로를 연결해 사용하는 경우도 많습니다. 다음 과정을 참고합니다.

01 [삽입] 탭-[일러스트레이션] 그룹-[도형 ▣]을 클릭합니다.

02 원하는 도형을 하나 선택합니다.

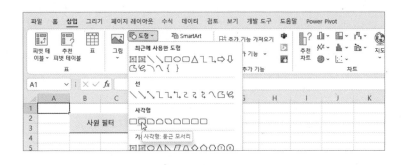

TIP 아무 도형이나 상관없지만 보통 [사각형] 그룹 내에 있는 도형을 가장 많이 사용합니다.

03 도형을 원하는 위치에 삽입한 후 [서식] 탭에서 원하는 서식을 지정합니다.

04 매크로를 연결할 때는 도형에서 마우스 오른쪽 버튼을 클릭하고 [매크로 지정]을 선택합니다.

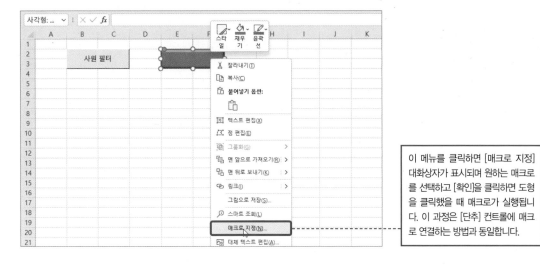

이 메뉴를 클릭하면 [매크로 지정] 대화상자가 표시되며 원하는 매크로를 선택하고 [확인]을 클릭하면 도형을 클릭했을 때 매크로가 실행됩니다. 이 과정은 [단추] 컨트롤에 매크로 연결하는 방법과 동일합니다.

기록된 매크로를 수정하는 방법

예제 파일 PART 10 \ CHAPTER 36 \ 코드 수정.xlsm

기록된 매크로를 왜 수정해야 할까?

매크로 기록기는 사용자의 동작을 기록해주는데, 사용자는 주로 마우스를 사용해 업무를 처리하므로 기록된 코드에는 불필요한 동작이 많이 추가됩니다. 그러므로 매크로로 기록된 코드에서 비효율적인 부분을 제거 또는 수정할 수 있다면 매크로 실행 단계를 줄이고 더 가독성이 높은 코드를 얻을 수 있습니다. 물론 이 부분에서 매크로 개발에 사용되는 VBA에 대한 이해가 선행된다면 더 좋은 결과를 만들 수 있지만 몇 가지 기본적인 패턴만 이해해도 기록된 매크로를 더 효과적으로 변경할 수 있습니다.

VBA 코드를 얻기 위한 매크로 기록

01 예제의 표에서 [B3:C3] 범위 내 숫자의 합을 [E3] 셀에 계속해서 누적하는 매크로를 기록합니다.

	A	B	C	D	E	F	G	H
1								
2		값1	값2		누계			
3		100	200					
4								
5								

TIP [E2] 셀의 단추 컨트롤에는 매크로가 연결되어 있지 않고 이후 기록된 매크로를 연결할 예정입니다.

02 [개발 도구] 탭-[코드] 그룹-[매크로 기록 📷]을 클릭합니다.

03 [매크로 기록] 대화상자에서 아무것도 변경하지 않습니다. [확인]을 클릭합니다.

04 다음 순서로 매크로를 기록한 후 [기록 중지 ▢]를 클릭합니다.

> ❶ [G3] 셀을 클릭합니다.
> ❷ [G3] 셀에 **=B3+C3** 수식을 입력하고 Enter 를 누릅니다.

❸ [G3] 셀을 클릭하고 복사(Ctrl + C)합니다.

❹ [E3] 셀을 클릭합니다.

❺ [홈] 탭-[클립보드] 그룹-[붙여넣기]-[선택하여 붙여넣기]를 클릭합니다.

❻ [값], [더하기] 옵션을 선택하고 [확인]을 클릭합니다.

❼ Esc 를 눌러 복사 모드를 해제합니다.

❽ [G3] 셀을 클릭하고 Delete 를 누릅니다.

❾ [B3:C3] 셀을 클릭하고 Delete 를 누릅니다.

❿ [B3] 셀을 클릭합니다.

🔍 더 알아보기   **매크로 작업 방법 설명**

[E3] 셀에 [B3:C3] 범위의 합계를 계속 더해야 한다면 먼저 [B3:C3] 범위의 값이 더해져 있어야 합니다. 그러므로 [G3] 셀에서 [B3:C3] 범위의 값을 더하는 동작을 한 후, 이 값을 [E3] 셀에 값만 더하는 작업을 진행합니다. 그 후 [G3] 셀과 [B3:C3] 범위는 지우는 동작을 합니다. [B3:C3] 범위는 굳이 지우지 않아도 되지만 동일한 값이 계속 더해지는 문제를 막기 위해 지우는 것이니 참고합니다.

05 기록된 매크로를 [E2] 셀 위치의 [누계] 단추에 연결합니다.

06 [누계] 버튼에서 마우스 오른쪽 버튼을 클릭한 후 [매크로 지정]을 선택합니다.

07 [매크로 지정] 대화상자에서 기록된 [매크로1]을 선택하고 [확인]을 클릭합니다.

08 매크로 테스트를 위해 [B3:C3] 범위에 **100, -100**을 입력하고 [누계] 단추를 클릭합니다.

09 [E3] 셀의 값이 300으로 변하지 않고 [B3:C3] 범위의 값이 삭제되면 제대로 기록된 것입니다.

기록된 매크로 코드 확인

매크로는 VBA 언어로 기록되기 때문에 해당 코드를 확인할 수 있습니다. 다음 과정을 참고합니다.

01 [개발 도구] 탭-[코드] 그룹-[Visual Bisic 🖼]를 클릭합니다.

TIP Alt + F11 를 눌러도 됩니다.

02 VB 편집기 창이 열리면 좌측 상단의 [모듈] 폴더를 확장해서 [Module1]을 더블클릭합니다.

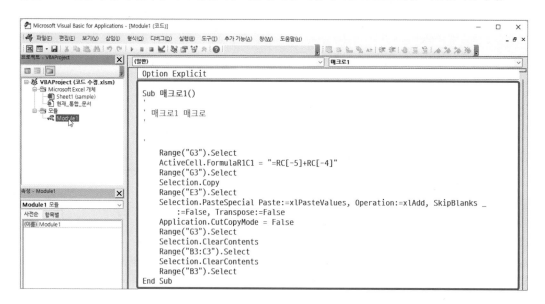

03 기록된 한 줄의 코드는 사용자가 진행한 하나의 동작을 의미합니다.

```
Sub 매크로1()
'
' 매크로1 매크로
'

'
    Range("G3").Select
    ActiveCell.FormulaR1C1 = "=RC[-5]+RC[-4]"
    Range("G3").Select
    Selection.Copy
    Range("E3").Select
    Selection.PasteSpecial Paste:=xlPasteValues, Operation:=xlAdd, SkipBlanks _
        :=False, Transpose:=False
    Application.CutCopyMode = False
    Range("G3").Select
    Selection.ClearContents
    Range("B3:C3").Select
    Selection.ClearContents
    Range("B3").Select
End Sub
```

매크로 코드 수정 방법

매크로 기록기로 기록된 코드는 다음과 같은 몇 가지 패턴이 존재합니다. 이 패턴을 수정하면 더 효율적으로 매크로가 동작되도록 할 수 있습니다.

첫 번째, 코드의 마지막 부분이 Select로 끝나고 다음 줄에 Selection으로 시작하는 부분을 찾습니다. 예를 들면 다음과 같습니다.

```
Range("G3").Select
Selection.Copy
```

Select는 마우스를 클릭해 셀을 선택하는 동작을 의미하며, Selection은 선택된 대상을 의미하므로 두 줄은 한 줄로 다음과 같이 연결해 사용할 수 있습니다.

```
Range("G3").Copy
```

TIP 코드가 짧아지면 두 번 실행할 동작이 한 번에 진행되는 것이므로 작업 효율을 높일 수 있습니다.

이 규칙을 기록된 매크로에 적용하면 다음의 네 곳에서 수정된 코드를 얻을 수 있습니다.

```
Sub 매크로1()
'
' 매크로1 매크로
'

'
    Range("G3").Select
    ActiveCell.FormulaR1C1 = "=RC[-5]+RC[-4]"
    Range("G3").Copy
    Range("E3").PasteSpecial Paste:=xlPasteValues, Operation:=xlAdd, SkipBlanks _
        :=False, Transpose:=False
    Application.CutCopyMode = False
    Range("G3").ClearContents
    Range("B3:C3").ClearContents
    Range("B3").Select
End Sub
```

두 번째, 코드의 마지막이 Select로 끝나고 다음 줄에 ActiveCell로 시작하는 줄을 찾습니다.

```
Range("G3").Select
ActiveCell.FormulaR1C1 = "=RC[-5]+RC[-4]"
```

Select는 마우스로 대상을 선택하는 동작이고, ActiveCell은 전체 범위에서 값을 입력 받을 수 있는 셀을 의미하므로 둘은 같은 동작입니다. Select와 ActiveCell을 지우고 위 줄과 아래 줄을 연결합니다.

```
Range("G3").FormulaR1C1 = "=RC[-5]+RC[-4]"
```

세 번째, FormulaR1C1 명령을 사용하는 줄을 찾습니다.

```
Range("G3").FormulaR1C1 = "=RC[-5]+RC[-4]"
```

FormulaR1C1은 예전 Lotus 1-2-3와 호환성을 위해 제공되는 명령으로 현재는 매크로 기록기에서만 사용됩니다. 그러므로 현재 사용되는 명령으로 수정하는 것을 권합니다. 수정할 때는 오른쪽 등호(=) 이후 전달되는 큰따옴표 안의 값이 등호(=)로 시작되는 수식이면 Formula로 변경하고, 등호로 시작하지 않으면 Value로 변경합니다. 그러므로 이번 코드는 Formula로 변경합니다.

```
Range("G3").Formula = "=RC[-5]+RC[-4]"
```

네 번째, 수식 안의 RC[-5], R[1]C[2]와 같은 부분을 찾습니다.

```
Range("G3").Formula = "=RC[-5]+RC[-4]"
```

RC 오른쪽에 대괄호로 숫자가 나오는 부분은 셀 주소로 R은 Row(행)을 의미하며, C는 Column(열)을 의미합니다. R의 양수는 아래쪽, 음수는 위쪽으로 n번째 떨어진 셀, C의 양수는 오른쪽, 음수는 왼쪽으로 n번째 떨어진 셀을 의미합니다.

그러므로 RC[-5]은 R[0]C[-5]이므로 수식이 입력되는 [G3] 셀에서 왼쪽으로 5칸 이동한 셀, 즉 [B3] 셀을 의미합니다. RC[-4]는 [G3] 셀에서 왼쪽으로 4칸 이동한 셀, 즉 [C3] 셀을 의미합니다. 코드를 좀 더 잘 이해하기 위해서는 =B3+C3과 같이 수정하는 것이 좋습니다.

```
Range("G3").Formula = "=B3+C3"
```

설명된 두 번째부터 네 번째 부분을 모두 적용하면 다음과 같은 코드가 됩니다.

```
Sub 매크로1()
'
' 매크로1 매크로
'

'
    Range("G3").Formula = "=B3+C3"
    Range("G3").Copy
    Range("E3").PasteSpecial Paste:=xlPasteValues, Operation:=xlAdd, SkipBlanks _
        :=False, Transpose:=False
    Application.CutCopyMode = False
    Range("G3").ClearContents
    Range("B3:C3").ClearContents
    Range("B3").Select
End Sub
```

코드를 모두 수정했다면 VB 편집기 창을 닫고 [B3] 셀에 **100**을 입력한 후 [누계]를 클릭합니다.

	A	B	C	D	E	F
1						
2		값1	값2		누계	
3		100			300	
4						

다음과 같은 결과를 얻으면 제대로 코드가 수정된 것입니다.

	A	B	C	D	E	F
1						
2		값1	값2		누계	
3					400	
4						

매크로의 참조 범위를
동적으로 변경하는 방법

예제 파일 PART 01 \ CHAPTER 02 \ 견적서.xlsx

매크로 기록기로 기록된 범위와 동적 참조

매크로 기록기로 기록된 코드를 보면 다음과 같이 셀 주소가 절대 참조 방식으로 기록됩니다.

```
Range("$B$5:$J$14")
```

매크로는 수식을 복사하지 않기 때문에 절대 참조 방식이 필요하지 않아 다음과 같이 수정이 가능합니다.

```
Range("B5:J14")
```

또한 데이터가 계속해서 추가된다면 [J15], [J16], [J17], …과 같이 주소가 자동으로 확장되어야 합니다. 하지만 매크로는 자동으로 범위를 추가하지는 않기 때문에 데이터가 추가될 수 있다면 범위를 동적으로 참조하는 방법을 이해할 필요가 있습니다.

범위를 동적으로 참조하는 방법은 두 가지가 있습니다. 위 사례와 같이 표 범위가 계속해서 증가하는 경우입니다. 이런 경우라면 Ctrl + A 를 누르는 방법과 같이 연속된 범위가 참조되도록 하면 됩니다. 이 경우 코드는 다음과 같이 변경할 수 있습니다.

```
Range("B5").CurrentRegion
```

특정 열 범위를 하나 선택한 상황에서 아래로 계속해서 데이터가 추가되는 경우도 있습니다. 예를 들어 [B5] 셀부터 B열에 데이터가 입력된 마지막 셀까지 자동으로 범위를 지정해야 한다면 Ctrl +방향키를 눌러 범위를 참조하는 것처럼 실행되도록 코드를 다음과 같이 변경하면 됩니다.

```
Range("B5", Cells(Rows.Count, "B").End(xlUp))
```

위에서 설명한 두 개의 구문은 VBA에 대한 이해가 필요한 것은 맞지만 상황에 맞게 코드를 수정하면 큰 문제없이 사용할 수 있습니다.

실무 활용 예제

01 예제 파일에 기록된 매크로 코드를 확인하고 범위를 동적으로 참조하도록 코드를 수정합니다.

02 [사원 필터] 버튼을 클릭해 매크로 동작을 확인합니다.

	A	B	C	D	E	F	G	H	I	J	K
1											
2						직원 명부			사원 필터		
3											
5		사번	이름	직위	주민등록번호	성별	나이	생년월일	입사일	근속기간	
12		7	정시우	사원	990529-1234567	남	24	1999-05-29	2022-01-02	0년 11개월	
13		8	이은서	사원	010108-4134567	여	22	2001-01-08	2022-03-05	0년 9개월	
14		9	오서윤	사원	000127-4134567	여	23	2000-01-27	2021-11-15	1년 1개월	
15											
16											

TIP [사원 필터]에 연결된 매크로는 **Section 36-05**에서 기록한 매크로로 사원 데이터만 추출합니다.

03 기록된 코드를 확인하기 위해 Alt + F11 을 눌러 VB 편집기 창을 엽니다.

04 프로젝트 탐색기 창의 [모듈] 폴더를 확장하고 [Module1]을 더블클릭하면 다음 코드를 확인할 수 있습니다.

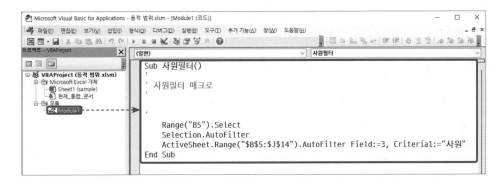

05 매크로 전체 코드는 다음과 같습니다.

```
Sub 사원필터()

    Range("B5").Select
    Selection.AutoFilter
    ActiveSheet.Range("$B$5:$J$14").AutoFilter Field:=3, Criteria1:="사원"
End Sub
```

TIP 기록된 코드의 다섯 번째 줄까지 표시되는 작은따옴표(')로 시작되는 부분은 코드 실행과 무관한 설명을 작성할 수 있는 부분으로 주석이라고 합니다. 매크로 동작과 무관하므로 모두 삭제했습니다.

06 Section 36-07에서 설명한 내용을 참고해 코드를 수정하면 첫 번째 줄과 두 번째 줄을 하나로 연결할 수 있습니다.

```
Sub 사원필터()

    Range("B5").AutoFilter
    ActiveSheet.Range("$B$5:$J$14").AutoFilter Field:=3, Criteria1:="사원"
End Sub
```

매크로에서 범위를 참조하는 코드는 다음과 같습니다.

```
Range("$B$5:$J$14")
```

위 코드에서 절대 참조 기호는 삭제하고, 첫 번째 셀 주소만 남깁니다.

```
Range("B5")
```

엑셀 시트에서 표의 첫 번째 셀을 선택하고 [Ctrl]+[A]를 누르면 전체 표 범위가 잡힙니다. [Ctrl]+[A]를 누르는 동작이 바로 CurrentRegion 명령입니다. 코드를 다음과 같이 수정합니다.

```
Range("B5").CurrentRegion
```

수정한 코드는 다음과 같습니다.

```
Sub 사원필터()

    Range("B5").AutoFilter
    ActiveSheet.Range("B5").CurrentRegion.AutoFilter Field:=3, Criteria1:="사원"
End Sub
```

08 VB 편집기 창을 닫고 [사원 필터] 단추를 클릭해 매크로 실행에 문제가 없는지 확인합니다.

자동 필터와 매크로

자동 필터를 사용하는 코드를 기록하면 AutoFilter라는 명령어가 표시되는 부분이 두 군데가 됩니다. 만약 첫 번째 줄의 코드를 삭제하면 어떻게 될까요?

```
Sub 사원필터()
    Range("B5").AutoFilter
    ActiveSheet.Range("B5").CurrentRegion.AutoFilter Field:=3, Criteria1:="사원"
End Sub
```

AutoFilter 명령이 두 번 반복되는 것은 매크로 기록기를 이용할 때 [필터] 명령을 클릭해 자동 필터를 설정하는 부분과 조건을 설정하는 부분이 나눠져 있기 때문입니다. 이런 부분은 Select, Selection과 같이 매크로 기록을 하면 나눠 표시되는데 조건을 설정하는 두 번째 줄만 사용해도 문제가 되지 않습니다. 코드를 다음과 같이 수정합니다.

```
Sub 사원필터()
    ActiveSheet.Range("B5").CurrentRegion.AutoFilter Field:=3, Criteria1:="사원"
End Sub
```

이렇게 코드를 수정하면 매크로 동작에서 달라지는 부분이 생기게 됩니다. 표에서 필터를 모두 해제하고 F 열의 성별을 '남'으로 설정한 후 [사원 필터] 단추를 클릭합니다. 성별이 '남'이고 '직위'가 '사원'인 데이터만 화면에 표시됩니다.

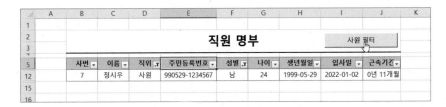

만약 기존과 같이 다른 열의 필터 조건을 무시하고 매크로에서 설정한 데이터만 표시되도록 하려면 앞서 수정한 코드를 다시 입력해줍니다.

예제 파일 PART 10 \ CHAPTER 36 \ 셀 참조.xlsm

매크로 기록과 셀 참조

매크로를 기록하면 사용자가 입력한 값이 그대로 매크로 코드에 기록됩니다. 예를 들면 다음과 같은 코드는 [A1] 셀에 **사원**을 입력합니다.

```
Range("A1").Value = "사원"
```

입력된 값을 다른 셀에서 참조하도록 변경할 수 있다면 기록된 매크로를 보다 효율적으로 사용할 수 있습니다. 예를 들어 위 코드에서 '사원'을 [C1] 셀에서 입력된 데이터로 참조하려면 코드를 다음과 같이 수정하면 됩니다.

```
Range("A1").Value = Range("C1")
```

이렇게 코드를 수정해 셀을 참조하도록 할 때 Range 개체의 괄호 안에 큰따옴표(")로 원하는 주소를 입력해 사용합니다.

Range 개체를 이용해 원하는 셀(또는 범위)를 참조할 수 있습니다. 만약 연속된 범위를 참조하고 싶다면 다음과 같이 코드를 구성합니다.

```
Range("A1:A10")
```

떨어진 범위를 참조할 때는 다음과 같은 코드를 사용합니다.

```
Range("A1, A10")
```

실무 활용 예제

01 예제의 [K3] 셀에서 선택한 직위를 기준으로 필터가 동작되도록 매크로를 수정합니다.

	사번	이름	직위	주민등록번호	성별	나이	생년월일	입사일	근속기간
				직원 명부				필터	직위
									과장
	1	박지훈	부장	820219-1234567	남	41	1982-02-19	2009-05-14	13년 7개월
	2	유준혁	차장	850304-1234567	남	38	1985-03-04	2013-10-17	9년 2개월
	3	이서연	과장	891208-2134567	여	34	1989-12-08	2018-05-01	4년 7개월
	4	김민준	대리	920830-1234567	남	31	1992-08-30	2022-04-01	0년 8개월
	5	최서현	주임	980919-2134567	여	25	1998-09-19	2021-05-03	1년 7개월
	6	박현우	주임	940702-1234567	남	29	1994-07-02	2020-10-16	2년 2개월
	7	정시우	사원	990529-1234567	남	24	1999-05-29	2022-01-02	0년 11개월
	8	이은서	사원	010108-4134567	여	22	2001-01-08	2022-03-05	0년 9개월
	9	오서윤	사원	000127-4134567	여	23	2000-01-27	2021-11-15	1년 1개월

02 Alt + F11 를 눌러 VB 편집기 창을 엽니다.

03 [모듈] 폴더를 확장하고 [Module1]을 더블클릭해 [코드] 창을 엽니다.

04 매크로 코드 전문은 다음과 같습니다. '사원' 부분을 [K3] 셀을 참조하도록 수정합니다.

```
Sub 사원필터()

    ActiveSheet.Range("B5").CurrentRegion.AutoFilter Field:=3, Criteria1:="사원"
End Sub
```

05 셀 주소를 **Range("셀 주소")**처럼 다음과 같이 변경합니다.

```
Sub 사원필터()

    ActiveSheet.Range("B5").CurrentRegion.AutoFilter Field:=3, Criteria1:=Range("K3")
End Sub
```

🔍 더 알아보기   입력된 값의 일부만 참조하려면?

이번 예제와 같이 "사원"을 셀 참조로 변경하는 방법은 수정이 쉽지만, 입력된 값의 일부만 셀 참조로 변경해야 하는 경우도 많습니다. 예를 들어 아래와 같은 문자열에서 Chapter 37을 [A1] 셀의 값으로 대체해야 한다고 가정합니다.

```
"C:\예제\Part 10\Chapter 37\셀 참조.xlsm"
```

그러면 Chapter 37 부분을 Range("A1")로 변경하고 좌우 문자열을 & 연산자로 연결합니다.

```
"C:\예제\Part 10\" & Range("A1") & "\셀 참조.xlsm"
```

이렇게 수정할 때 조심할 점은 & 연산자의 좌우를 반드시 한 칸씩 띄어써야 한다는 점입니다. 수식에서는 & 연산자 좌우를 붙여 써도 상관없지만 VBA에서는 에러가 발생합니다.

06 VB 편집기 창을 닫고 매크로가 제대로 동작하는지 확인합니다.

07 [K3] 셀에 '과장'이 선택된 상태에서 [필터] 단추를 클릭하면 '과장' 데이터만 표시됩니다.

	사번	이름	직위	주민등록번호	성별	나이	생년월일	입사일	근속기간
	3	이서연	과장	891208-2134567	여	34	1989-12-08	2018-05-01	4년 7개월

직원 명부   필터   직위 / 과장

08 [K3] 셀의 값을 '주임'으로 변경하고 [필터] 단추를 클릭합니다.

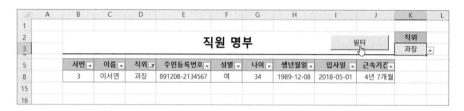

직원 명부   필터   직위 / 주임

	사번	이름	직위	주민등록번호	성별	나이	생년월일	입사일	근속기간
	5	최서현	주임	980919-2134567	여	25	1998-09-19	2021-05-03	1년 7개월
	6	박현우	주임	940702-1234567	남	29	1994-07-02	2020-10-16	2년 2개월

기록된 여러 매크로를 하나로 만드는 방법

예제 파일 PART 10 \ CHAPTER 36 \ Call 문.xlsm

매크로 기록은 짧게 여러 번 나눠 기록합니다

매크로를 기록할 때 너무 긴 작업을 기록하다 보면 한 번에 원하는 결과를 얻지 못할 때도 많고, 중간에 실수가 발생하면 여러 번 기록을 다시 해야 하므로 불편합니다. 매번 매크로를 다시 처음부터 기록하는 것은 비효율적이므로 처리해야 할 업무를 몇 단계로 나눠 여러 개의 매크로를 기록한 후 매크로를 원하는 순서대로 호출해 실행하면 원하는 매크로를 더 쉽게 얻을 수 있습니다. 물론 이런 방법은 기록된 매크로 중 일부만 수정할 수도 있으므로 효과적입니다.

실무 활용 예제

01 예제의 왼쪽에서 성적 상위 세 명의 데이터를 오른쪽 표에 복사하는 매크로를 개발합니다.

	A	B	C	D	E	F	G	H	I	J	K	L
1												
2		사번	이름	직위	성적		정렬		순위	이름	성적	
3		1	박지훈	부장	95				1			
4		2	유준혁	과장	85		복사		2			
5		3	이서연	과장	65				3			
6		4	김민준	대리	80							
7		5	최서현	사원	98		원래대로					
8		6	박현우	대리	90							
9		7	정시우	사원	55							
10		8	이은서	사원	70							
11		9	오서윤	사원	60							
12												

TIP [정렬]에 연결된 매크로는 왼쪽 표 E열의 성적순(내림차순)으로 표를 정렬합니다.

TIP [복사]에 연결된 매크로는 왼쪽 표의 상위 세 명 이름과 성적을 복사해 [J3] 셀에 붙여 넣습니다.

TIP [원래대로]에 연결된 매크로는 왼쪽 표를 사번순(오름차순)으로 정렬합니다.

02 [정렬]과 [복사] 그리고 [원래대로] 버튼을 순서대로 클릭하면서 매크로 동작을 확인합니다.

	A	B	C	D	E	F	G	H	I	J	K	L
1												
2		사번	이름	직위	성적		정렬		순위	이름	성적	
3		1	박지훈	부장	95				1	최서현	98	
4		2	유준혁	과장	85		복사		2	박지훈	95	
5		3	이서연	과장	65				3	박현우	90	
6		4	김민준	대리	80		원래대로					
7		5	최서현	사원	98							
8		6	박현우	대리	90							
9		7	정시우	사원	55							
10		8	이은서	사원	70							
11		9	오서윤	사원	60							
12												

TIP 왼쪽 표의 상위 세 명 데이터가 오른쪽 표에 복사되면 매크로가 제대로 동작한 것입니다.

03 기록된 매크로 코드를 보기 위해 Alt + F11 를 누르면 VB 편집기 창이 엽니다.

04 [모듈] 폴더 아래에 [Module1]을 더블클릭해 기록된 매크로를 확인합니다.

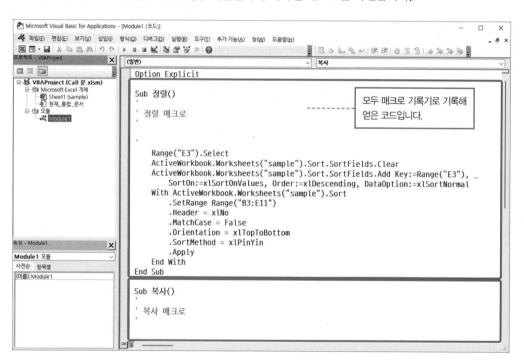

TIP 코드 창에서 Sub 명령 뒤에 매크로 이름이 나오고, End Sub 명령이 있는 줄까지 하나의 매크로입니다.

TIP 코드 창을 스크롤 해보면 [정렬], [복사] 이외에 [정렬원복] 매크로가 있는데 [정렬원복] 매크로가 [원래대로] 버튼에 연결된 매크로입니다.

05 단추를 조작한 순서대로 매크로를 호출하는 새로운 매크로를 코드 창에 직접 생성합니다.

❶ [상위3명] 매크로를 새로 생성합니다.

❷ [정렬] 매크로를 실행합니다. 참고로 Call 문은 생략해도 되는데, 가급적 입력해두는 것이 코드를 이해하기 쉽게 해줍니다.

❸ [복사] 매크로를 실행합니다.

❹ [정렬원복] 매크로를 실행합니다.

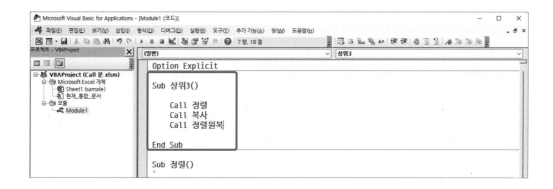

06 VB 편집기 창을 닫고 [G4:G7] 범위 내 단추 두 개를 각각 마우스 오른쪽 버튼을 클릭하고 [잘라내기]를 이용해 삭제합니다.

07 [G2:G3] 범위 내 버튼을 마우스 오른쪽 버튼을 클릭해 선택하고 레이블 이름을 [상위 3]으로 수정합니다. 다시 마우스 오른쪽 버튼을 클릭해 [매크로 지정] 메뉴를 클릭해 [상위3] 매크로와 연결합니다.

08 [J3:K5] 범위의 값을 삭제하고 [상위3] 단추를 클릭하면 한 번에 원하는 결과를 얻을 수 있습니다.

	A	B	C	D	E	F	G	H	I	J	K	L
1												
2		사번	이름	직위	성적		상위3		순위	이름	성적	
3		1	박지훈	부장	95				1	최서현	98	
4		2	유준혁	과장	85				2	박지훈	95	
5		3	이서연	과장	65				3	박현우	90	
6		4	김민준	대리	80							
7		5	최서현	사원	98							
8		6	박현우	대리	90							
9		7	정시우	사원	55							
10		8	이은서	사원	70							
11		9	오서윤	사원	60							
12												

LINK 단추 컨트롤을 삽입하고 매크로를 연결하는 방법은 이 책의 1024페이지를 참고합니다.

단축키로 매크로를 실행하는 방법

예제 파일 없음

매크로를 기록할 때 단축키 지정하는 방법

기록할 매크로를 버튼 연결 없이 바로 단축키를 눌러 실행하고 싶다면 [매크로 기록] 대화상자에서 [바로 가기 키]를 설정합니다. 화면과 같이 [매크로 기록] 대화상자에서 [바로 가기 키]에 원하는 영문자를 입력하고 [확인]을 클릭하면 기록된 매크로를 단축키로 실행할 수 있습니다.

TIP [바로 가기 키]에 영문자를 입력하면 Ctrl + 영문자 단축키가 할당됩니다. 이때 영문자를 소문자가 아니라 대문자로 입력하면 Ctrl + Shift + 영문자 단축키가 됩니다. 참고로 매크로에 할당된 단축키와 엑셀 내장 단축키가 겹치면 매크로가 우선해서 실행되므로 단축키를 설정할 때 주의가 필요합니다.

개발된 매크로에 단축키 설정하거나 변경하는 방법

기록된 매크로의 단축키를 설정하거나 변경하려면 [매크로] 대화상자를 이용합니다. 다음 과정을 참고합니다.

01 [개발 도구] 탭-[코드] 그룹-[매크로🔡]를 클릭하거나 Alt + F8 을 누릅니다.

02 [매크로] 대화상자에서 단축키를 설정하거나 변경할 매크로를 선택하고 [옵션]을 클릭합니다.

03 [매크로 옵션] 대화상자가 나타나면 단축키를 지정하고 [확인]을 클릭합니다.

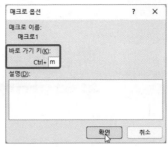

TIP **Ctrl 과 연결되지 않은 영문 단축키**

엑셀에서 제공되는 단축키가 다양하므로 Ctrl 과 다른 영문자를 결합한 단축키를 만들 때 어떤 영문자가 내장 단축키와 충돌되지 않는지 알아둘 필요가 있습니다. Ctrl + J , Ctrl + M , Ctrl + Q 는 현재 엑셀 2021 버전까지 단축키가 할당되지 않은 영문자이니 참고합니다.

엑셀 단축키를 무력화하는 방법

예제 파일 없음

매크로에 설정된 단축키와 내장 단축키

매크로에 할당된 단축키와 엑셀의 내장 단축키가 동일하면 엑셀은 내장 단축키보다 매크로를 우선해 실행합니다. 이를 이용하면 엑셀의 내장 단축키를 무력화하는 것이 가능합니다. 방법은 간단합니다. 매크로 기록기를 이용할 때 [매크로 기록] 대화상자에서 무력화시킬 단축키 조합을 구성한 후 정작 매크로는 아무 동작도 하지 않고 매크로 기록을 중단합니다. 이렇게 하면 아무 동작도 하지 않는 매크로가 하나 생성됩니다. 단축키가 연결되어 있으므로 해당 파일에서 단축키를 누르면 해당 매크로가 실행됩니다. 매크로는 실행되지만 아무런 동작을 하지 않으므로 사용자는 단축키가 동작되지 않는다고 생각할 수 밖에 없습니다.

참고로 매크로 기록기는 Ctrl 과 영문자 조합의 단축키만 만들 수 있습니다. Alt 나 다른 여러 키 조합에 해당하는 단축키를 무력화시키려면 방법은 있지만 매크로 개발에 필요한 VBA 언어에 대한 학습이 필요합니다.

실무 활용 예제

01 빈 엑셀 파일에서 복사할 때 사용하는 Ctrl + C 단축키가 동작하지 않도록 설정해보겠습니다.

02 [개발 도구] 탭-[코드] 그룹-[매크로 기록🖻]을 클릭합니다.

03 [매크로 기록] 대화상자가 표시되면 [바로 가기 키]에 영문자 **c**를 입력하고 [확인]을 클릭합니다.

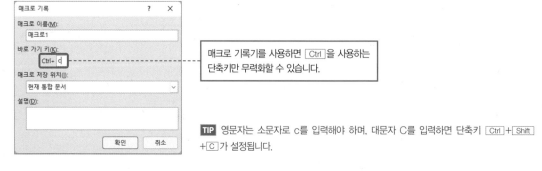

매크로 기록기를 사용하면 Ctrl 을 사용하는 단축키만 무력화할 수 있습니다.

TIP 영문자는 소문자로 c를 입력해야 하며, 대문자 C를 입력하면 단축키 Ctrl + Shift + C 가 설정됩니다.

04 대화상자가 닫히면 아무 동작도 하지 말고 바로 매크로 기록을 중단합니다.

05 [개발 도구] 탭-[코드] 그룹-[기록 중지▣]를 클릭합니다.

06 이제 셀(또는 범위)을 선택하고 Ctrl + C 를 누르면 복사가 되지 않습니다.

TIP 복사할 수 있는 상태가 되면 복사할 수 있는 셀(또는 범위) 테두리가 점선으로 깜빡이게 됩니다.

36/13 개인용 매크로 통합 문서를 사용하는 방법

매크로 공유

매크로는 매크로가 저장(기록)된 파일에서만 사용할 수 있습니다. 만약 매크로를 다른 파일에서도 사용하고 싶다면 현재 파일에 매크로를 기록하는 것이 아니라 [개인용 매크로 통합 문서]에 기록해야 합니다. [개인용 매크로 통합 문서]는 [매크로 기록] 대화상자의 [매크로 저장 위치]에서 선택할 수 있으며, 이 경우 매크로는 현재 파일에는 저장되지 않고 [개인용 매크로 통합 문서] 파일에 저장됩니다. [개인용 매크로 통합 문서] 파일은 엑셀을 실행하면 백그라운드에서 자동으로 열리기 때문에 해당 파일에 저장된 매크로는 모든 파일에서 사용이 가능합니다.

개인용 매크로 통합 문서에 매크로 기록

01 [개발 도구] 탭-[코드] 그룹-[매크로 기록🔲]을 클릭합니다.

02 [매크로 기록] 대화상자에서 [매크로 저장 위치]를 [개인용 매크로 통합 문서]로 변경합니다.

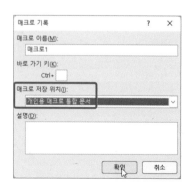

03 매크로 이름을 입력하고 [확인]을 클릭합니다.

04 이제 매크로로 기록할 동작을 순서대로 진행합니다.

05 [개발 도구] 탭-[코드] 그룹-[기록 중지▢]를 클릭해 매크로 기록을 중단합니다.

매크로 파일 저장

개인용 매크로 통합 문서를 사용하는 경우 현재 파일에는 매크로가 포함되지 않으므로 매크로 사용 통합 문서(xlsm)로 저장할 필요가 없습니다. 일반 엑셀 통합 문서(xlsx)로 저장합니다. 다만, 파일을 저장하고 엑셀을 종료할 때는 다음과 같이 개인용 매크로 통합 문서를 저장하겠느냐는 메시지가 표시되는데, [저장]을 클릭해 개인용 매크로 통합 문서를 저장해야 개인용 매크로 통합 문서 파일이 생성됩니다.

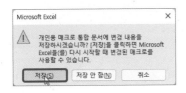

개인용 매크로 통합 문서 내 매크로 실행

개인용 매크로 통합 문서 내 매크로를 실행하는 방법은 이전과 동일합니다. 확인을 위해 엑셀을 모두 종료하고 엑셀 파일을 실행한 후 Alt + F8 단축키를 누릅니다. 다음과 같이 PERSONAL.XLSB로 시작하는 매크로를 확인할 수 있습니다.

참고로 양식 컨트롤의 단추 컨트롤이나 도형에 매크로를 연결할 때도 **PERSONAL.XLSB** 파일의 매크로를 연결할 수 있습니다.

PERSONAL.XLSB 파일이 바로 개인용 매크로 통합 문서로, 이 파일에 저장된 매크로는 어느 엑셀 파일에서나 매크로를 실행할 수 있습니다.

개인용 매크로 통합 문서 삭제

개인용 매크로 통합 문서에 기록된 매크로를 더 이상 사용하지 않는다면 파일을 삭제하는 것이 좋습니다. 다음 과정을 참고합니다.

01 [개발 도구] 탭-[코드] 그룹-[Visual Basic🔣](또는 Alt + F11)을 클릭합니다.

02 VB 편집기 창이 나타나면 [직접 실행] 창에 다음 명령을 입력하고 Enter 를 누릅니다.

```
? Application.StartupPath
```

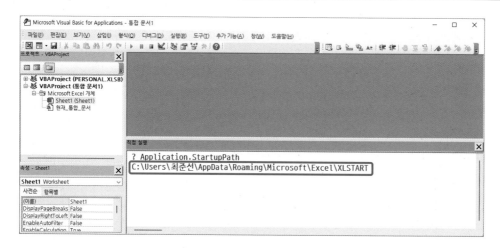

TIP 직접 실행 창이 표시되지 않으면 Ctrl + G 를 누릅니다.

03 반환된 전체 경로를 드래그해 선택한 후 Ctrl + C 를 눌러 복사합니다.

04 엑셀을 종료합니다.

05 윈도우 탐색기의 경로 창에서 Ctrl + V 를 눌러 **03**에서 복사한 전체 경로를 입력하고 Enter 를 누릅니다.

06 **PERSONAL.XLSB** 파일이 목록에 표시되면 파일을 선택하고 Delete 를 눌러 파일을 삭제합니다.

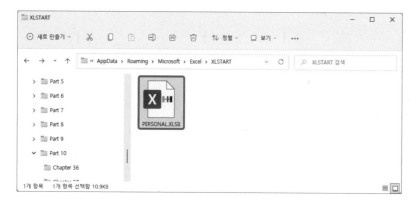

TIP 파일이 삭제되지 않으면 파일이 아직 열려 있는 것입니다. **04**의 설명처럼 엑셀 프로그램을 모두 종료하지 않은 것이므로 엑셀을 종료하고 다시 삭제 작업을 진행합니다.

인터넷에 공개된 매크로를
내 파일에 등록하고 사용하는 방법

예제 파일 없음

VB 편집기 창의 이해

매크로를 기록하면 VB 편집기 창의 모듈에 해당 코드가 저장됩니다. VBA를 개발하거나 매크로 기록기로 기록된 코드를 수정할 때 사용해야 하는 VB 편집기 창은 다음과 같이 구성되어 있습니다.

VB 편집기 창은 다음과 같은 네 개 창이 결합된 형태로 구성되어 있습니다.

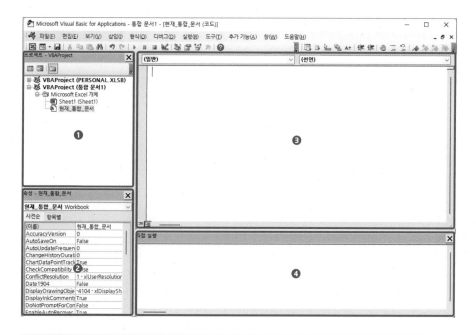

❶ **[프로젝트 탐색기] 창** : 현재 파일에서 사용 중인 시트 및 모듈, 유저 폼 등의 개체를 트리 구조로 표시합니다.

❷ **[속성] 창** : [프로젝트 탐색기] 창에서 선택한 개체의 속성 값을 표시합니다.

❸ **[코드] 창** : [프로젝트 탐색기] 창에서 선택한 개체의 코드를 입력할 수 있는 있는 코드 창이 표시되는 영역입니다. 매크로를 사용하지 않는 파일의 VB 편집기에서는 처음에 이 코드 창이 표시되지 않습니다.

❹ **[직접 실행] 창** : VBA 명령을 실행하고 결과를 바로 확인하는 용도로 사용합니다. 이 창이 표시되지 않으면 [보기]-[직접 실행 창] 메뉴를 클릭하거나 Ctrl + G 를 누릅니다.

매크로 코드 저장

인터넷상에 공개된 매크로를 업무용 파일에서 사용하려면 먼저 매크로를 사용할 파일에 복사한 후 사용해야 합니다. 다음 과정을 참고합니다.

01 매크로를 사용하려는 파일에서 `Alt` + `F11` 을 눌러 VB 편집기 창을 엽니다.

02 [삽입]-[모듈] 메뉴를 클릭하면 [프로젝트 탐색기] 창에 [Module1] 개체가 추가됩니다.

TIP 개인용 매크로 통합 문서에 매크로 코드를 저장하려면 [프로젝트 탐색기] 창에서 VBAProject(PERSONAL.XLSB) 파일을 선택하고 확장(+) 단추를 클릭한 다음 [삽입]-[모듈] 메뉴를 클릭합니다.

03 [Module1] 개체의 [코드] 창에 매크로를 입력하거나 복사해 붙여 넣습니다.

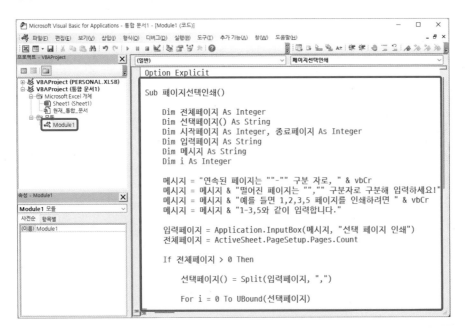

TIP 내 파일에 모듈을 삽입하고 매크로 코드를 저장하면 내 파일에서만 해당 매크로를 사용할 수 있고, 개인용 매크로 통합 문서(PERSONAL. XLSB)에 모듈을 삽입하고 매크로 코드를 저장하면 모든 파일에서 해당 매크로를 사용할 수 있습니다.

04 VB 편집기 창을 닫고 이 책의 **Section 36-06** 내용을 참고해 매크로를 실행합니다.

05 파일을 **Section 36-02**를 참고해 'Excel 매크로 사용 통합 문서' 파일로 저장하고 사용합니다.

매크로 삭제

등록된 매크로를 더 이상 사용하지 않는다면 파일에서 해당 매크로를 삭제할 수 있습니다.

전체 매크로 일괄 삭제

이 방법은 아주 간단합니다. F12를 누르고 [파일 형식]에서 [Excel 통합 문서] 형식을 선택해 저장하면 파일에 포함된 모든 매크로를 삭제할 수 있습니다.

특정 매크로 삭제

두 가지 방법이 있습니다.

첫 번째 방법은 [매크로] 대화상자를 이용하는 것입니다. Alt + F8 을 누르고 삭제할 매크로를 선택한 후 [삭제]를 클릭합니다.

두 번째 방법은 VB 편집기 창을 이용하는 것입니다. Alt + F11 을 누르고 프로젝트 탐색기 창에서 [모듈] 폴더를 확장한 후 [Module1] 개체를 더블클릭합니다. 삭제할 매크로 코드(Sub… End Sub) 부분을 선택하고 Delete 를 눌러 삭제합니다.

36 / 15

리본 메뉴에 매크로를 등록하고 사용하는 방법

예제 파일 없음

리본 메뉴와 개인용 매크로 통합 문서

리본 메뉴에 등록할 매크로는 모든 파일에서 실행 가능한 매크로여야 합니다. 매크로는 개별 파일에 저장되면 매크로 실행을 위해서는 해당 파일을 열어서 작업해야 하므로 불편합니다. 그러므로 리본 메뉴에 등록할 매크로는 개인용 매크로 통합 문서에 모듈을 추가하고 복사하는 작업을 먼저 진행할 필요가 있습니다.

실무 활용 예제

CHAPTER35에서 설명했던 매크로를 [개인용 매크로 통합 문서]에 저장했다고 가정하고, [페이지 레이아웃] 탭의 오른쪽 끝에 해당 매크로를 등록하는 작업에 대해 설명합니다. 다음 과정을 참고합니다.

01 [파일] 탭-[옵션]을 클릭합니다.

02 [Excel 옵션] 대화상자가 표시되면 [리본 사용자 지정]을 선택합니다.

03 [명령 선택]에서 [매크로]를 선택하고 오른쪽 리본 메뉴 탭 중 [페이지 레이아웃]의 확장 ⊞을 클릭합니다.

04 마지막 [정렬] 그룹을 선택하고 하단의 [새 그룹]을 클릭합니다.

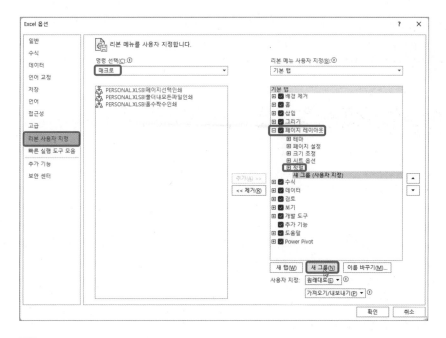

TIP [정렬] 그룹 밑에 [새 그룹 (사용자 지정)]이 추가됩니다.

🔍 **더 알아보기**   **리본 메뉴의 구성 이해**

리본 메뉴 상단의 탭으로 명령을 구분하며 각 탭에는 몇 개의 그룹으로 명령을 묶어 제공합니다. 그러므로 리본 메뉴에 매크로를
등록하려면 새 탭을 만들어 작업할 것인지 아니면 기존 탭에 새로운 그룹을 생성해 매크로를 등록할 것인지 결정해야 합니다.
만약 새로운 탭을 구성하려면 위 화면의 [새 그룹] 왼쪽에 [새 탭]을 클릭해 새로운 탭을 생성합니다. 탭도 순서가 있으므로 [개발
도구] 탭 우측에 새로운 탭을 추가하려면 먼저 상단에서 [개발 도구] 탭을 선택하고 [새 탭]을 클릭해야 합니다. 그리고 [새 그룹]
명령을 이용해 그룹을 생성하고 매크로를 등록해야 합니다.
이 과정에서 새로 추가된 탭과 그룹의 이름은 모두 **05-06**과정에서 사용하는 [이름 바꾸기]를 이용해 변경할 수 있습니다.

---

05   추가된 [새 그룹 (사용자 지정)] 그룹을 선택하고 [이름 바꾸기]를 클릭합니다.

06   [표시 이름]을 [인쇄]로 변경하고 [확인]을 클릭합니다.

07 리본 메뉴에 등록할 매크로를 하나씩 선택하고 [추가]를 클릭합니다.

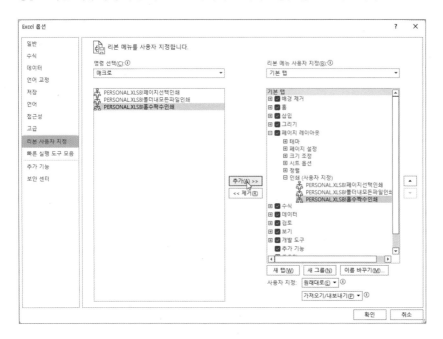

08 추가된 매크로를 하나씩 선택하고 [이름 바꾸기]를 클릭해 적당한 아이콘과 이름으로 변경합니다.

매크로 이름	변경된 이름
페이지선택인쇄	인쇄 페이지 선택
폴더내모든파일인쇄	폴더 인쇄
홀수짝수인쇄	홀수, 짝수 인쇄

09 [확인]을 클릭해 Excel 옵션 대화상자를 닫습니다.

10 [페이지 레이아웃] 탭을 클릭하면 다음과 같이 새로 추가된 명령을 확인할 수 있습니다.

매크로 활용 팁

매크로를 제대로 활용하기 위해서는 다양한 지식이 필요합니다. 실무에서 매크로를 사용하는 사용자들이 자주 묻는 질문이 있습니다. 이런 문제들을 무엇이고, 어떻게 해결할 수 있는지 이번 CHAPTER를 통해 정리해두었습니다. 이번 CHAPTER가 도움이 되었다면《엑셀 매크로&VBA 업무 공략집》을 참고해 추가로 학습하는 것도 좋습니다.

01 셀에 수식을 입력하는 매크로 개발

예제 파일 PART 10 \ CHAPTER 37 \ Formula 속성.xlsm

매크로 생성

매크로 기록기를 사용하지 않고 매크로를 생성하려면 다음 과정을 참고합니다.

01 [개발 도구] 탭-[코드] 그룹-[Visual Basic 🔲]을 클릭합니다.

02 VB 편집기 창에서 [삽입]-[모듈]을 클릭해 새 모듈을 하나 삽입합니다.

03 오른쪽 [코드] 창에 다음과 같은 명령을 입력합니다.

```
Sub 매크로이름()

    ' 이 곳에 원하는 명령을 추가합니다.

End Sub
```

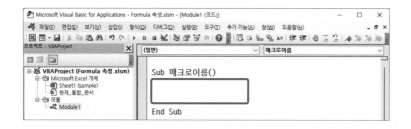

Sub와 End Sub 사이에 원하는 동작을 추가합니다.

Formula 속성 이용해 수식 입력

셀에 수식을 입력하려면 Range 개체의 Formula 속성을 사용합니다. 예제의 표에서 [H3] 셀에 수식을 입력해 왼쪽 표의 금년도 매출을 참조하고 싶다고 가정합니다.

	A	B	C	D	E	F	G	H	I
1									
2		분류	전년	금년	합계		분류	금년	
3		문서세단기	6,000	14,000			복합기		
4		바코드스캐너	4,000	6,000					
5		복사기	20,000	40,000					
6		복사용지	2,000	3,000					
7		복합기	11,000	41,000					
8		제본기	5,000	7,000					
9		출퇴근기록기	4,000	7,000					
10		팩스	1,000	4,000					
11									

코드를 다음 형식으로 입력합니다.

```
수식을 입력할 셀.Formula = "=수식"
```

위와 같은 방법을 사용해 매크로를 하나 생성하면 다음과 같습니다.

```
Sub 분류별매출()

    Range("H3").Formula = "=VLookup(G3, B3:D10, 3, False)"

End Sub
```

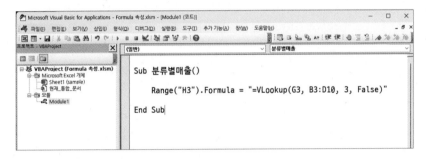

[코드] 창에서 F5 를 누르면 매크로가 실행되며, VB 편집기 창을 닫고 [H3] 셀을 클릭하면 수식이 제대로 입력된 것을 확인할 수 있습니다.

H3			fx	=VLOOKUP(G3, B3:D10, 3, FALSE)				
	A	B	C	D	E	F	G	H	I
1									
2		분류	전년	금년	합계		분류	금년	
3		문서세단기	6,000	14,000			복합기	41,000	
4		바코드스캐너	4,000	6,000					
5		복사기	20,000	40,000					
6		복사용지	2,000	3,000					
7		복합기	11,000	41,000					
8		제본기	5,000	7,000					
9		출퇴근기록기	4,000	7,000					
10		팩스	1,000	4,000					
11									

TIP 버튼이나 도형에 매크로 연결하는 방법은 이 책의 1025페이지를 참고합니다.

수식 복사

매크로를 이용해 수식을 입력할 경우 원하는 위치까지 수식을 복사하는 방법도 알아야 합니다. 예제의 E열에 C열과 D열의 합계를 넣는 매크로를 만들어야 한다면 먼저 [E3] 셀에 합계를 계산하는 다음 매크로를 생성할 수 있습니다.

```
Sub 매출합계()

    Range("E3").Formula = "=Sum(C3:D3)"

End Sub
```

이렇게 작성된 매크로를 복사하도록 하려면 다음 코드를 추가합니다.

```
Sub 매출합계()

    Range("E3").Formula = "=Sum(C3:D3)"
    Range("E3").AutoFill Range("E3:E10")                    ❶

End Sub
```

❶ [E3] 셀의 수식을 [E3:E10] 범위까지 복사하란 의미입니다.

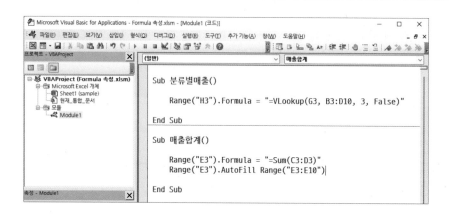

이렇게 완성된 매크로를 실행하면 E열에 수식이 모두 입력된 결과를 얻을 수 있습니다.

	A	B	C	D	E	F	G	H	I
1									
2		분류	전년	금년	합계		분류	금년	
3		문서세단기	6,000	14,000	20,000		복합기	41,000	
4		바코드스캐너	4,000	6,000	10,000				
5		복사기	20,000	40,000	60,000				
6		복사용지	2,000	3,000	5,000				
7		복합기	11,000	41,000	52,000				
8		제본기	5,000	7,000	12,000				
9		출퇴근기록기	4,000	7,000	11,000				
10		팩스	1,000	4,000	5,000				
11									

수식을 좀 더 쉽게 입력하려면 다음과 같이 [E3:E10] 범위에서 첫 번째 셀에 넣었던 수식을 입력하는 방식을 사용해도 됩니다. 이렇게 하면 [E3:E10] 범위를 선택하고 오른쪽 수식을 Ctrl + Enter 로 입력하는 것과 동일한 결과를 얻을 수 있습니다.

```
Sub 매출합계()

    Range("E3:E10").Formula = "=Sum(C3:D3)"

End Sub
```

TIP 코드를 이와 같이 수정하고 매크로를 실행해보세요!

37 / 02 수식 결과를 저장하는 매크로 개발

예제 파일 PART 10 \ CHAPTER 37 \WorksheetFunction 개체.xlsm

WorksheetFunction 개체에서 사용 가능한 엑셀 함수

매크로에서 수식을 입력하는 방법 대신 엑셀 함수를 사용하려면 WorksheetFunction 개체를 활용하면 됩니다. 이렇게 하면 수식을 입력하지 않고 계산된 결과만 셀에 반환할 수 있습니다. 단, 엑셀의 모든 함수가 지원되는 것이 아니므로 사용하려는 함수가 지원되는지 먼저 확인해야 합니다.

VB 편집기 창의 [코드] 창이나 [직접 실행] 창에서 다음과 같이 입력하면 화면과 같이 목록에 사용할 수 있는 엑셀 함수 목록이 표시됩니다.

```
WorksheetFunction.
```

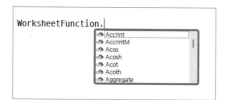

한 개의 셀에 수식 결과를 저장하는 매크로

WorksheetFunction 개체를 활용해 엑셀 함수를 사용하는 매크로를 생성하려면 다음 과정을 참고합니다.

01 예제 파일의 E열과 H열에 각각 Sum 함수와 Vlookup 함수를 사용한 수식 결과를 입력합니다.

	A	B	C	D	E	F	G	H
1								
2		분류	전년	금년	합계		분류	금년
3		문서세단기	6,000	14,000			복합기	
4		바코드스캐너	4,000	6,000				
5		복사기	20,000	40,000				
6		복사용지	2,000	3,000				
7		복합기	11,000	41,000				
8		제본기	5,000	7,000				
9		출퇴근기록기	4,000	7,000				
10		팩스	1,000	4,000				

02 Alt + F11 을 눌러 VB 편집기 창을 호출합니다.

03 [삽입]–[모듈] 메뉴를 클릭해 [Module1] 개체를 하나 삽입합니다.

04 먼저 [H3] 셀에 분류별 매출을 참조해 반환합니다.

05 다음 매크로를 Module1 개체의 [코드] 창에 입력합니다.

```
Sub 분류별금년매출()

    Range("H3").Value = WorksheetFunction.VLookup(Range("G3"), Range("B3:D10"), 3, False)

End Sub
```

[H3]셀에 **=VLOOKUP(G3, B3:D10, 3, FALSE)**의 수식 결과를 입력하는 매크로로 수식 입력하는 코드와 비교하면 몇 가지 다른 부분이 있습니다. 수식을 입력하는 코드는 다음과 같습니다.

```
Range("H3").Formula = "=VLookup(G3, B3:D10, 3, False)"
```

등호 오른쪽만 비교하면 먼저 코드에서는 WorksheetFunction 개체의 VLookup 함수를 사용해 함수의 결과가 셀에 값으로 저장되도록 구성되었습니다. 그렇기 때문에 셀을 참조하는 부분이 모두 Range 개체를 사용해 괄호 안에 큰따옴표로 셀 주소를 묶어 참조합니다. 이렇게 하면 매크로 실행할 때 수식이 계산되며 계산된 결과가 셀에 저장됩니다.

그에 반해 수식을 사용하는 코드는 큰따옴표 안에 등호(=)로 시작하는 수식 문자열을 셀에 입력합니다. 그러면 해당 문자열이 셀에 저장된 후 계산식으로 인식되어 엑셀에 의해 계산된 결과가 셀에 표시됩니다.

06 완성된 매크로를 실행하면 [H3] 셀에 다음 결과를 얻을 수 있습니다.

	A	B	C	D	E	F	G	H	I
								H3 fx 41000	
1									
2		분류	전년	금년	합계		분류	금년	
3		문서세단기	6,000	14,000			복합기	41,000	
4		바코드스캐너	4,000	6,000					
5		복사기	20,000	40,000					
6		복사용지	2,000	3,000					
7		복합기	11,000	41,000					
8		제본기	5,000	7,000					
9		출퇴근기록기	4,000	7,000					
10		팩스	1,000	4,000					
11									

둘 이상의 셀에 수식 결과 저장하는 매크로

이번에는 [E3:E10] 범위에 왼쪽 두 개 셀의 합계를 구하는 결과만 저장하는 매크로를 개발합니다. 위 과정을 참고한다면 [E3] 셀에 합계를 구하는 매크로는 다음과 같이 생각할 수 있습니다.

```
Sub 매출합계()

    Range("E3").Value = WorksheetFunction.Sum(Range("C3:D3"))

End Sub
```

위 매크로를 모듈의 코드 창에 입력하고 실행하면 다음과 같은 결과를 얻게 됩니다.

	A	B	C	D	E	F	G	H	I
1									
2		분류	전년	금년	합계		분류	금년	
3		문서세단기	6,000	14,000	20,000		복합기	41,000	
4		바코드스캐너	4,000	6,000					
5		복사기	20,000	40,000					
6		복사용지	2,000	3,000					
7		복합기	11,000	41,000					
8		제본기	5,000	7,000					
9		출퇴근기록기	4,000	7,000					
10		팩스	1,000	4,000					
11									

위 매크로는 정상 동작하지만 수식이 아닌 결과만 셀에 입력하므로 수식을 복사하는 방법을 사용할 수 없습니다. 그렇기 때문에 첫 번째 셀만이 아니라 모든 셀에 수식이 계산되도록 하려면 VBA의 문법 중 동일한 작업을 여러 번 반복 실행하는 순환문 구조를 이해해야 합니다.

다만 그런 문법을 제대로 소개하고 충분히 연습하기에는 이 책의 목적과 맞지 않으므로 간단하게 응용해 사용할 수 있는 코드를 알아보겠습니다.

다음과 같은 코드를 Module1 개체의 [코드] 창에 추가합니다.

```
Sub 매출합계()

    Dim i As Integer

    For i = 0 To 7                    ──────────① ❶

        Range("E3").Offset(i).Value = WorksheetFunction.Sum(Range("C3:D3").Offset(i))

    Next

End Sub
```

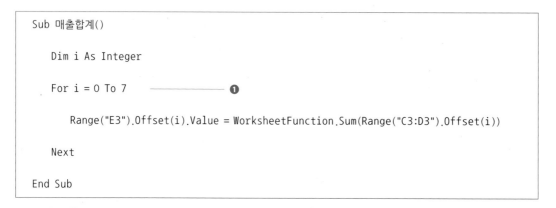

❶ For… Next 순환문은 VBA에서 특정 명령을 반복해서 실행할 때 사용할 수 있는 순환문으로 i = 0 To 7 부분은 i 라는 변수가 0부터 7까지 1씩 증가하는 방법으로 Range("E3")… 코드를 반복해서 실행하라는 의미입니다.

아래 코드에는 기존 코드의 참조 위치에 모두 Offset(i)가 추가되었습니다. 아래 코드와 비교해서 확인해보세요!

```
Range("E3").Value = WorksheetFunction.Sum(Range("C3:D3"))
```

Offset(i)에서 i는 i변수의 값을 의미하므로 0부터 7까지 1씩 변화한다고 생각하면 맞습니다. Offset(i)는 행 방향(=아래쪽)으로 i칸 이동하란 의미입니다.

즉, For… Next 순환문 내에서 아래 코드는 다음과 같이 변환됩니다.

```
Range("E3").Value = WorksheetFunction.Sum(Range("C3:D3")    ———— i가 0일 때
Range("E4").Value = WorksheetFunction.Sum(Range("C4:D4")    ———— i가 1일 때
Range("E5").Value = WorksheetFunction.Sum(Range("C5:D5")    ———— i가 2일 때
…
Range("E10").Value = WorksheetFunction.Sum(Range("C10:D10")  ———— i가 7일 때
```

아직 어렵겠지만 매크로 개발에 필요한 VBA에 대해 제대로 학습하려면 《엑셀 매크로&VBA 바이블》 책을 참고합니다.

매크로를 입력하고 실행해 E열에 올바른 결과가 반환되는지 확인합니다.

	A	B	C	D	E	F	G	H	I
1									
2		분류	전년	금년	합계		분류	금년	
3		문서세단기	6,000	14,000	20,000		복합기	41,000	
4		바코드스캐너	4,000	6,000	10,000				
5		복사기	20,000	40,000	60,000				
6		복사용지	2,000	3,000	5,000				
7		복합기	11,000	41,000	52,000				
8		제본기	5,000	7,000	12,000				
9		출퇴근기록기	4,000	7,000	11,000				
10		팩스	1,000	4,000	5,000				
11									

이번 매크로를 이전의 수식 입력하는 방법으로 처리하려면 다음과 같은 매크로를 사용할 수 있습니다.

```
Sub 매출합계()

    Range("E3:E10").Formula = "=Sum(C3:D3)"           ———— ❶
    Range("E3:E10").Value = Range("E3:E10").Value     ———— ❷

End Sub
```

❶ [E3:E10] 범위를 선택하고 오른쪽 수식을 Ctrl + Enter 로 입력합니다.
❷ [E3:E10] 범위에 값만 덮어쓰기해 수식을 값으로 변환합니다.

VBA 함수

매크로에서는 워크시트 함수 외에 자체 함수를 가지고 있습니다. VBA 함수를 사용하려면 어떤 함수가 제공되는지 확인해야 합니다. [코드] 창이나 [직접 실행] 창에서 다음과 같이 입력해 확인합니다.

```
VBA.
```

엑셀의 함수 명과 유사한 함수가 많이 제공되며 사용 방법도 동일하므로 자주 사용하는 함수 중에서 VBA 함수가 제공되는지 확인해보세요!

참고로 VBA 함수를 사용할 경우에는 워크시트 함수와는 달리 앞에 VBA를 붙이지 않아도 됩니다. 즉, 워크시트 함수를 사용할 경우에는 WorksheetFunction 개체를 앞에 붙여야 합니다. 하지만 VBA함수는 앞에 VBA를 입력하지 않고 바로 함수명만 입력해 사용하면 됩니다.

MsgBox와 InputBox 함수를 사용하는 방법

예제 파일 PART 10 \ CHAPTER 37 \Msgbox, InputBox 함수.xlsm

메시지 창과 입력 상자 함수

매크로를 사용하다 보면 간단한 메시지를 사용자에게 전달하거나 사용자의 값을 입력받아 사용하고 싶은 경우가 종종 있습니다. VBA는 이런 작업에 처리할 수 있는 Msgbox 함수와 Inputbox 함수를 제공합니다. 구문과 간단한 사용 방법에 대해서는 다음을 참고합니다.

MSGBOX (❶ Prompt, ❷ Buttons ❸ Title)

메시지 창을 표시할 때 사용되며, 다음과 같은 주요 인수를 사용합니다.

❶ Prompt	메시지 창 본문에 표시될 내용으로 반드시 작성해야 합니다.	
❷ Buttons	메시지 창의 [확인], [취소], [예], [아니오] 등의 표시할 버튼을 선택하는 옵션	
	선택 값	**설명**
	vbOKOnly	[확인]만 표시, 기본값
	vbOKCancel	[확인], [취소] 버튼 표시
	vbYesNo	[예], [아니오] 버튼 표시
	vbYesNoCancel	[예], [아니오], [취소] 버튼 표시
❸ Title	메시지 창의 제목입니다.	

TIP 위의 인수는 Msgbox 함수의 모든 인수는 아니고 자주 사용하는 것만 정리했습니다.

사용 예

VB 편집기 창의 직접 실행 창에 다음 코드를 입력합니다.

```
Msgbox "엑셀 VBA의 세계에 오신 것을 환영합니다.", vbOKCancel, "엑셀 바이블"
```

위 내용 중에서는 ❶ [Prompt] 인수만 작성하면 [확인]만 표시되며 제목 표시줄에는 기본 제목이 표시됩니다.

```
Msgbox "엑셀 VBA의 세계에 오신 것을 환영합니다."
```

Microsoft Excel ✕

엑셀 VBA의 세계에 오신 것을 환영합니다.

확인

INPUTBOX (❶ Prompt, ❷ Title)

InputBox 함수는 입력 창을 표시한 후 사용자의 입력값을 반환해주는 함수입니다.

❶ Prompt	입력 창 본문에 표시될 내용으로 필수 입력해야 합니다.
❸ Title	입력 창 제목입니다.

TIP InputBox 함수 인수 중 자주 사용하는 것만 정리했습니다.

사용 예

VB 편집기 창의 [직접 실행] 창에 다음 코드를 입력합니다.

```
InputBox "좋아하는 숫자를 입력하세요!", "엑셀 바이블"
```

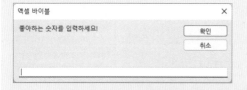

InputBox 함수가 Msgbox 함수와 다른 점은 사용자의 입력 값을 입력받을 수 있다는 점입니다. 그러므로 InputBox 함수를 사용할 경우에는 입력된 값을 반환하는 위치가 지정되어야 합니다. 예를 들면 다음과 같습니다.

```
Range("A1").Value = InputBox("좋아하는 숫자를 입력하세요!", "엑셀 바이블")
```

위와 같은 코드를 사용하면 입력 값이 [A1] 셀에 입력됩니다.

VBA 함수와 워크시트 함수의 차이

MsgBox 함수는 워크시트에 사용하는 IF, SUM 등의 함수와 달리 괄호를 열고 닫지 않을 수 있는데 VBA 함수는 InputBox 함수와 같이 반환 값이 존재하는 경우에만 괄호를 열고 닫습니다. 하지만 MsgBox 함수도 괄호를 열고 닫아야 하는 경우가 있습니다. 예를 들어 [예], [아니오] 버튼을 표시하고 사용자가 해당 버튼을 클릭했는지 확인해야 하는 경우인데, 다음과 같은 코드를 참고합니다.

```
Sub MsgBox함수()

    If MsgBox("<예>, <아니오> 중 하나를 선택해 보세요?", vbYesNo, "엑셀 바이블") = vbYes Then

        MsgBox "<예> 버튼을 누르셨네요", Title:="엑셀 바이블"

    Else

        MsgBox "<아니오> 버튼을 누르셨네요", Title:="엑셀 바이블"

    End If

End Sub
```

위 매크로를 테스트하려면 예제 파일을 열고 [MsgBox 함수] 버튼을 클릭합니다. 아래 화면 중 오른쪽 화면과 같은 메시지 창이 표시되며 [예], [아니오] 버튼을 클릭하면 사용자가 클릭한 버튼이 무엇인지 알려줍니다.

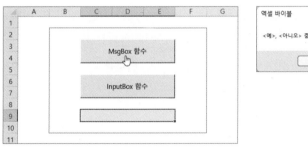

TIP 예제 파일을 열 때 [보안 경고] 메시지 줄이 표시되면 [콘텐츠 사용]을 클릭합니다.

참고로 아래에 있는 [InputBox 함수] 단추를 클릭하면 입력 창이 표시되며 입력한 값이 [C9] 셀에 저장됩니다.

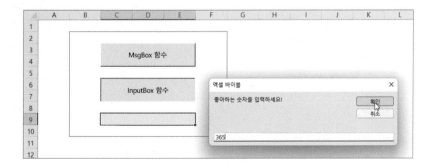

37/04 매크로 실행 과정을 숨기는 방법

예제 파일 PART 10 \ CHAPTER 37 \실행 과정 숨기기.xlsm, 실행 과정 숨기기 (매크로).txt

매크로 실행할 때 화면 깜빡임

매크로를 실행하면 매크로가 실행되는 과정이 그대로 화면에 표시됩니다. 매크로를 개발하는 단계에서는
이런 과정을 살펴볼 필요가 있지만, 매크로 개발이 끝난 상태에서는 실행 과정이 표시되는 것이 오히려 속
도를 떨어뜨리고, 화면의 빠른 전환으로 사용자가 화면을 쳐다보는 것이 불편할 수 있습니다.

설명을 이해하기 위해 예제를 열고 [실행 과정 표시] 단추와 [실행 과정 숨기기] 단추를 각각 클릭해보세요!

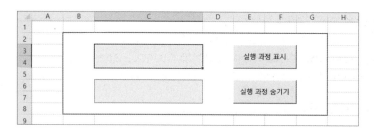

> **TIP** 예제 파일을 열 때 [보안 경고] 메시지 줄이 표시되면 [콘텐츠 사용]을 클릭합니다.

두 단추에 연결된 매크로는 모두 [C3] 셀과 [C6] 병합 셀의 값을 1부터 30,000까지 증가시킵니다. [실행
과정 표시] 단추를 클릭할 경우에는 중간중간 변경되는 값이 표시되겠지만 [실행 과정 숨기기] 단추를 클릭
할 경우에는 마지막에 30,000만 표시됩니다.

화면에 변경 부분이 표시되지 않도록 매크로 개선

직접 개발한 매크로든지, 웹에서 구한 매크로든지 실행 과정이 표시되지 않게 하려면 매크로 코드에 다음
코드를 추가해넣으면 됩니다.

```
Sub 매크로()

Application.ScreenUpdating = False

        ' 여기에 기존 코드가 위치한 곳입니다.
    Application.ScreenUpdating = True

End Sub
```

예제에 포함된 매크로를 확인해보겠습니다. [Alt]+[F11]을 누르고 [Module1] 개체의 [코드] 창을 확인합니다.

```
Sub 실행과정표시()  ──────────────── ❶

    ' 변수 선언 부분입니다.
    Dim i As Integer

    ' 순환하면서 C3] 셀의 값을 1에서 3만까지 1씩 증가시킵니다.
    For i = 1 To 30000
        Range("C3").Value = i
    Next

End Sub

Sub 실행과정숨기기()  ──────────────── ❷

    Dim i As Integer

    Application.ScreenUpdating = False  ──────────── ❸

        For i = 1 To 30000
            Range("C6").Value = i
        Next

    Application.ScreenUpdating = True  ──────────── ❹

End Sub
```

❶ [실행 과정 표시] 단추에 연결된 매크로입니다.

❷ [실행 과정 숨기기] 단추에 연결된 매크로입니다. 기본적인 동작은 ❶ 매크로와 동일합니다.

❸ 이 코드 아래 부분은 실행 과정을 화면에 표시하지 않습니다. 보통 변수 선언된 바로 아래 부분에 입력하는데, Dim i As Integer 위 줄에 입력해도 상관없습니다.

❹ 화면을 갱신해 결과 화면만 표시합니다.

매크로 실행 속도를
높이는 방법

예제 파일 없음

매크로가 더 빠르게 동작되도록 하려면?

매크로를 실행하면 아무런 방해 없이 매크로만 실행되는 것 같이 보이지만 셀 값을 변경하면 해당 셀을 참조하는 수식도 재계산되고, 화면도 갱신해야 하며, 이벤트도 감지해야 하는 등 부가적으로 처리해야 할 일이 많습니다. 이는 매크로 속도를 떨어뜨리는 요인이 됩니다. 매크로의 실행 속도를 높이려면, 매크로 실행할 때 영향을 받는 엑셀의 동작을 잠시 중단시켰다가 실행이 완료될 때 다시 복원하는 방법을 사용할 수 있습니다.

매크로 실행 속도를 증진시키는 코드 추가 방법

사용자의 매크로에 다음 별색 코드 부분을 추가합니다.

```
Sub 매크로()

With Application
    .ScreenUpdating = False ——————————— ❶
    .EnableEvents = False ——————————— ❷
    .Calculation = xlCalculationManual ——————————— ❸
End With

      ' 원래 코드 부분

With Application
    .Calculation = xlCalculationAutomatic ——————————— ❹
    .EnableEvents = True ——————————— ❺
    .ScreenUpdating = True ——————————— ❻
End With

End Sub
```

❶ 화면이 갱신되도록 설정된 옵션을 해제합니다. 이 코드가 실행되면 매크로 실행 과정이 화면에 표시되지 않습니다.

❷ 엑셀의 이벤트 감지 옵션을 해제합니다. 엑셀은 사용자의 동작을 모니터링하는 부분이 있는데, 이런 부분을 이벤트라고 합니다. 이벤트를 감지하는 동작은 매크로가 실행될 경우에도 동일하게 동작되므로 이 옵션을 해제해 매크로 실행 속도를 향상시킬 수 있습니다.

❸ 엑셀의 수식 계산 옵션을 수동(xlCalculationManual)으로 변경합니다. 이렇게 하면 매크로가 실행되면서 셀 값을 고쳐도 해당 셀을 참조하는 수식이 재계산되지 않습니다. 매크로에서 셀 값을 여러 번 고치는 경우 이 작업만으로도 실행 속도의 차이를 경험할 수 있습니다.

❹ 엑셀의 수식 계산 옵션을 자동으로 변경합니다. 이때 파일의 전체 수식이 다시 계산되므로 매크로 실행 후 고쳐진 데이터 값에 맞게 계산 결과를 얻을 수 있습니다.

❺ 엑셀의 이벤트 감지 옵션을 다시 설정합니다.

❻ 화면이 다시 갱신되도록 설정합니다. 이때 매크로와 수식 재계산된 결과가 화면에 표시됩니다.

이와 같은 코드를 추가하면 매크로 실행 전 속도에 영향을 끼치는 엑셀 옵션을 해제했다가 다시 원래대로 복원해주므로 매크로의 처리 속도를 빠르게 할 수 있습니다. 다만, 매크로 실행 중 에러가 발생해 매크로 실행이 중단된 경우에는 엑셀 옵션이 변경된 상태에서 매크로가 종료되므로 엑셀 프로그램 동작에 문제가 발생할 수 있습니다. 매크로가 중간에 중단된 경우에는 이 책의 1072페이지를 참고해 엑셀의 옵션을 다시 초기화하는 매크로를 실행하는 것이 좋습니다. 또는 매크로 코드를 다음과 같이 구성합니다.

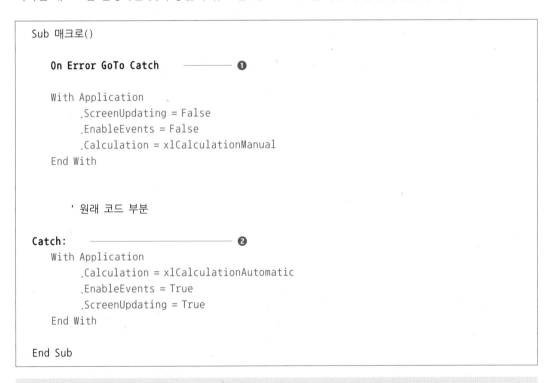

```
Sub 매크로()

    On Error GoTo Catch ────────── ❶

    With Application
        .ScreenUpdating = False
        .EnableEvents = False
        .Calculation = xlCalculationManual
    End With


        ' 원래 코드 부분

Catch: ────────── ❷
    With Application
        .Calculation = xlCalculationAutomatic
        .EnableEvents = True
        .ScreenUpdating = True
    End With

End Sub
```

❶ 매크로 실행 중 에러가 발생했을 때의 동작을 지시해둔 것으로, 에러 발생 시 중단하지 말고 아래 ❷로 이동하라는 의미입니다.

❷ ❶에서 지시한 이동 위치를 의미합니다. 이름은 꼭 Catch라고 하지 않고 사용자가 원하는 대로 설정할 수 있습니다. 다만 주의할 점은 ❶, ❷의 Catch와 같이 이름이 동일해야 하며, ❷는 반드시 이름 뒤에 콜론(:)이 입력되어야 한다는 것입니다.

이렇게 매크로를 구성하면 에러가 발생할 경우 Catch 아래의 코드를 실행하고 매크로가 종료되므로 옵션은 항상 기본 설정을 유지할 수 있습니다.

37/06 엑셀 초기 설정으로 복원해주는 매크로

예제 파일 PART 10 \ CHAPTER 37 \ 초기설정.xlsm, 초기 설정 (코드).txt

매크로를 사용해 업무를 진행하다 보면 정상 동작하던 엑셀이 제대로 동작하지 않는 이상 현상을 보일 수 있습니다. 이것은 매크로 실행 중에 여러 옵션이 설정되거나 해제될 수 있고, 매크로 실행 중 에러가 발생하면 변경된 옵션이 그대로 유지된 상태에서 매크로가 종료될 수 있습니다. 이런 경우 사용자도 모르게 엑셀 설정이 변경된 것으로 다시 기본 설정으로 복원하면 이상 현상을 해결할 수 있습니다.

그러므로 매크로 사용 후 엑셀의 동작이 이전과 다르다면, 예제로 제공된 코드를 모듈 개체의 코드 창에 복사한 후 실행하거나 예제로 제공된 파일을 열고 아래 버튼을 클릭해 엑셀 기본 옵션으로 복원되도록 하면 됩니다.

	A	B	C	D	E
1					
2		엑셀 기본 설정 복원			
3					
4					
5					

TIP 예제 파일을 열 때, [보안 경고] 메시지 줄이 표시되면 [콘텐츠 사용]을 클릭합니다.

실행되는 매크로 코드에 대한 설명은 아래를 참고합니다.

```
Sub 설정복원()

    With Application
        .Calculation = xlCalculationAutomatic        ❶
        .Cursor = xlDefault                          ❷
        .DisplayAlerts = True                        ❸
        .DisplayFormulaBar = True                    ❹
        .DisplayScrollBars = True                    ❺
        .DisplayStatusBar = True                     ❻
        .EnableEvents = True                         ❼
        .FixedDecimal = False                        ❽
        .ReferenceStyle = xlA1                       ❾
        .StatusBar = False                           ❿
    End With

End Sub
```

❶ 수식 계산 모드를 '자동'으로 변경합니다.

❷ 마우스 포인터를 '기본'으로 변경합니다.

❸ '파일을 삭제하겠습니까?'와 같은 경고 메시지 창을 정상적으로 표시합니다.

❹ 수식 입력줄을 표시합니다.

❺ 가로, 세로 스크롤 바를 표시합니다.

❻ 상태 표시줄을 표시합니다.

❼ 이벤트 감지를 시작합니다.

❽ '소수점 자동 삽입' 기능을 비활성화합니다.

❾ 열 머리글을 1, 2, 3, …과 같은 표시에서 A, B, C, …와 같이 정상 표시합니다.

❿ 상태 표시줄을 기본 형식으로 표시합니다.

매크로 파일을 다른 사람에게 배포할 때 필요한 작업

예제 파일 없음

매크로 파일을 배포하기전 해야 할 일

매크로가 포함된 파일을 다른 사람에게 배포해야 할 때는 어떤 작업을 해야 할까요? 사람마다 생각은 다를 수 있지만 두 가지 정도는 생각해 볼 필요가 있습니다.

첫째, 매크로 코드가 저장된 모듈을 백업해 둘 필요가 있습니다.

다른 사람이 파일 내 코드를 수정하거나 하면 매크로가 오동작을 보이거나 동작되지 않을 수 있습니다. 어떤 부분을 수정했는지 알려면 기존 코드가 온전히 백업되어 있어야 합니다.

둘째, 매크로 코드를 암호로 보호할 필요가 있습니다.

사용자가 매크로 코드를 수정하지 못하도록 한다면 첫 번째 부분의 걱정도 덜 수 있습니다. 그러므로 배포할 사용자가 매크로 개발에 필요한 VBA에 대한 이해가 없다면 매크로 코드를 암호로 보호하는 것이 좋습니다.

단, 매크로 코드를 보호할 경우에도 이를 해제할 수 있는 프로그램도 존재하고 현실적으로 불가능한 것만은 아니어서 첫 번째 조언처럼 매크로 코드가 저장된 모듈을 백업해 두는 것을 강력히 추천합니다.

매크로 백업 방법

기존 매크로를 백업해두려면 다음 과정을 참고합니다.

01 Alt + F11 을 눌러 VB 편집기 창을 호출합니다.

02 [프로젝트 탐색기] 창에 매크로가 저장된 [Module1]을 선택합니다.

03 마우스 오른쪽 버튼을 클릭하고 [파일 내보내기] 메뉴를 클릭하거나 Ctrl + E 를 누릅니다.

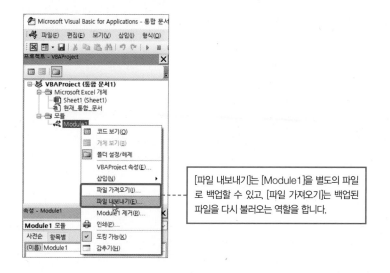

[파일 내보내기]는 [Module1]을 별도의 파일로 백업할 수 있고, [파일 가져오기]는 백업된 파일을 다시 불러오는 역할을 합니다.

04 예제 폴더를 선택하고 [저장]을 클릭합니다.

05 윈도우 탐색기로 예제 폴더를 확인하면 백업된 **Module1.bas** 파일을 확인할 수 있습니다.

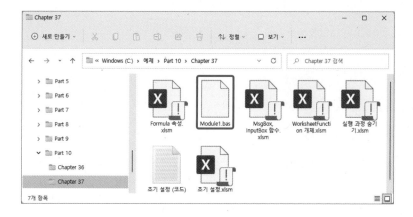

매크로 보호 방법

파일의 매크로 코드를 보호하려면 다음 과정을 참고합니다.

01 매크로를 보호하려고 하는 파일을 열고 [Alt] + [F11]을 누릅니다.

02 VB 편집기 창에서 [도구]-[VBAProject 속성] 메뉴를 클릭합니다.

03 [프로젝트 속성] 대화상자의 [보호] 탭에 있는 [읽기 전용으로 프로젝트 잠금]에 체크합니다.

04 [프로젝트 속성 보기 암호]에 암호를 입력하고 [확인]을 클릭합니다.

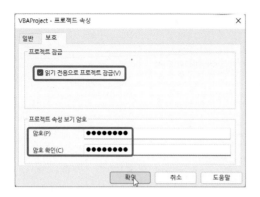

05 VB 편집기 창을 닫고 엑셀 파일도 저장한 후 닫습니다.

06 다시 파일을 열고 ⌑Alt⌑+⌑F11⌑을 눌러 VB 편집기 창을 엽니다.

07 [프로젝트 탐색기] 창에 이전과는 달리 모듈이나 폼 개체가 표시되지 않습니다.

08 [VBAProject] 개체를 확장하면 다음과 같이 암호를 묻는 창이 표시됩니다.

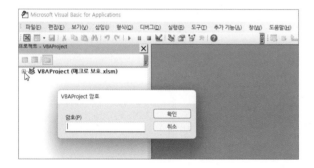

CHAPTER
38

이벤트

매크로는 도형이나 버튼을 통해 사용자가 수동으로 실행해야 합니다. 하지만 특정 상황에서 매크로가 자동으로 동작되도록 하려면 이벤트를 활용할 수 있어야 합니다. 사실 업무 자동화에 이벤트가 반드시 필요하다고 얘기하기는 어렵지만, 매크로만으로 업무 자동화에 만족하지 못한다면 이벤트에 대해 학습할 필요가 있습니다. 설명만으로는 이해가 되지 않을 수 있으니 이번 CHAPTER를 통해 이벤트가 무엇인지 직접 확인해보세요!

셀 선택 위치를 강조하는 방법

예제 파일 PART 10 \ CHAPTER 38 \ 선택 위치 표시.xlsm

셀 선택 위치를 배경색 이용해 강조

엑셀을 사용할 때 선택 위치가 좀 더 분명하게 표시되길 원하는 경우가 있습니다. 아쉽게도 엑셀은 이런 기능이 지원되지 않기 때문에 필요하다면 매크로를 이용할 필요가 있습니다. 다만 매크로를 이용하는 방법은 프로그램 차원에서 지원되는 부분과는 차이가 있기 때문에 몇 가지 불편한 점이 존재하는 것은 사실입니다.

이런 기능을 개발하려면 매크로 기능 중 사용자 동작을 감지하는 이벤트를 이용해 처리할 수 있습니다. 다음 화면은 이벤트를 이용해 사용자 선택 위치를 강조해 표시한 화면입니다.

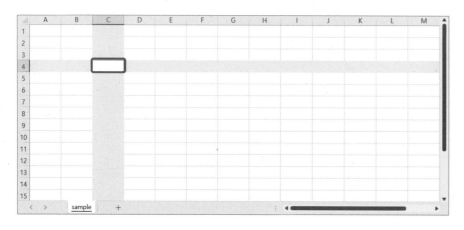

TIP 이번에 소개해 드리는 방법은 코드가 입력된 시트에만 적용됩니다.

위와 같은 작업을 특정 시트를 대상으로 처리하고 싶다면 아래 과정을 참고합니다.

01 예제 파일(또는 해당 효과를 적용할 파일)을 엽니다.

02 해당 효과를 적용할 시트 탭에서 마우스 오른쪽 버튼을 클릭한 후 [코드 보기] 메뉴를 클릭합니다.

03 VB 편집기 창의 코드 창에 아래 코드 파일의 내용을 복사한 후 붙여 넣습니다.

파일 : 선택 위치 표시-배경색 (코드).txt

```vba
Private Sub Worksheet_SelectionChange(ByVal Target As Range)  ──────────── ❶

    Dim 색상 As Long

    색상 = RGB(242, 242, 242)  ───────── ❷
    Cells.Interior.ColorIndex = xlNone

    With ActiveCell

        .EntireRow.Interior.Color = 색상
        .EntireColumn.Interior.Color = 색상

        .Interior.ColorIndex = 0

    End With

End Sub
```

❶ Worksheet_SelectionChange 이벤트는 사용자가 셀(또는 범위)을 선택할 때를 감지해 자동으로 코드를 실행합니다.

❷ 강조 색을 다른 색으로 변경하고 싶다면 RGB 색상을 이용해 R(빨강), G(녹색), B(파랑) 색상 값을 순서대로 RGB 함수에 전달해 사용합니다. [홈] 탭-[글꼴] 그룹-[채우기 색] 명령의 아래 화살표를 클릭한 후 [다른 색]을 선택하면 [색] 대화상자가 표시됩니다. [사용자 지정]을 선택하면 R, G, B 값을 쉽게 확인할 수 있습니다.

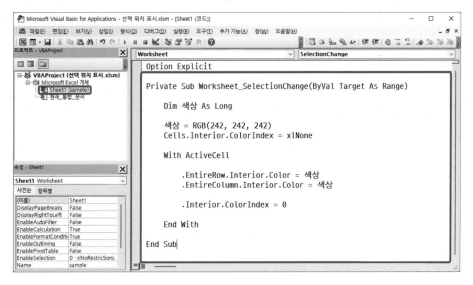

04 VB 편집기 창을 닫고 아무 셀이나 선택하면 선택 위치가 강조되어 표시됩니다.

> **TIP** 주의 사항
>
> 이 방법은 항상 배경색을 지우고 다시 적용하는 방법을 사용하므로 워크시트의 다른 영역에 배경색이 적용된 부분이 없어야 합니다. 테스트를 위해 워크시트의 아무 셀(또는 범위)에나 배경색을 적용한 후 다른 셀을 선택해보면 적용된 배경색이 지워집니다. 그러므로 이 방법은 배경색을 사용하지 않는 워크시트나 엑셀 표와 같은 표가 있는 워크시트에서만 사용할 필요가 있습니다.

셀 선택 위치 조건부 서식으로 강조

배경색을 지정하는 방법의 단점을 해결하려면 조건부 서식을 이용하는 다음과 같은 코드를 사용할 수 있습니다. 아래 코드를 파일에 적용하는 방법은 이전과 동일하며, 주의할 점은 이전의 코드는 반드시 지우고 다시 입력해야 한다는 점입니다.

파일 : 선택 위치 표시-조건부서식 (코드).txt

```
Private Sub Worksheet_SelectionChange(ByVal Target As Range)

    Cells.FormatConditions.Delete

    Call 조건부서식(ActiveCell.EntireColumn)
    Call 조건부서식(ActiveCell.EntireRow)

    ActiveCell.FormatConditions.Delete

End Sub

Sub 조건부서식(ref As Range)

    With ref

        .FormatConditions.Add Type:=xlExpression, Formula1:="=TRUE"

        With .FormatConditions(.FormatConditions.Count).Interior
            .PatternColorIndex = xlAutomatic
            .ThemeColor = xlThemeColorDark1
            .TintAndShade = -0.05

        End With

    End With

End Sub
```

> **TIP** 주의 사항
>
> 이 방법은 조건부 서식을 이용하므로 셀에 적용된 배경색이 지워지거나 하지 않습니다. 셀 배경색을 적용한 후 사용해보세요! 하지만 이 방법 역시 기존의 조건부 서식을 지우고 다시 적용하는 방법을 사용하므로 사용자가 별도의 조건부 서식을 적용해 사용하는 경우에는 사용할 수 없습니다.

마우스 오른쪽 버튼을 클릭할 때
단축 메뉴를 표시하지 않는 방법

예제 파일 PART 10 \ CHAPTER 38 \ 단축 메뉴.xlsm

단축 메뉴 비활성화

엑셀을 포함한 대부분의 응용 프로그램은 마우스 오른쪽 버튼을 클릭했을 때 해당 위치에서 사용 가능한 명령을 포함하는 단축 메뉴를 제공합니다. 하지만 특정 시트(또는 범위)에서 마우스 오른쪽 버튼을 클릭했을 때 단축 메뉴가 표시되지 않도록 하고 싶다면 이벤트를 이용해 해결할 수 있습니다. 다음 과정을 참고합니다.

01 예제의 [sample] 시트 탭에서 마우스 오른쪽 버튼을 클릭하고 [코드 보기] 메뉴를 선택합니다.

02 VB 편집기 창이 열리면 오른쪽 [코드] 창에 다음 코드를 입력합니다.

```
Private Sub Worksheet_BeforeRightClick(ByVal Target As Range, Cancel As Boolean)    ❶

    Cancel = True    ————————    ❷

End Sub
```

❶ Worksheet_BeforeRightClick 이벤트는 사용자가 마우스 오른쪽 버튼을 클릭한 걸 감지할 때 자동으로 실행됩니다.

❷ Cancel 인수는 BeforeRightClick 이벤트의 인수로 마우스 오른쪽 버튼을 클릭하는 동작을 취소할지 여부를 결정합니다. 이 인수에 True 값을 전달하면 동작이 취소되어 단축 메뉴가 표시되지 않습니다.

TIP Worksheet_BeforeRightClick 이벤트 코드를 쉽게 만들려면 상단의 콤보 상자 중 왼쪽 콤보 상자(개체 목록)에서 [Worksheet]를 선택한 후 오른쪽 콤보 상자(프로시저 목록)에서 [BeforeRightClick] 이벤트를 선택합니다. 참고로 이렇게 삽입하면 Worksheet_SelectionChange 이벤트도 함께 작성되는데, 해당 코드 부분은 필요하지 않으므로 삭제합니다.

CHAPTER 38 | 이벤트 / **1081**

03 VB 편집기 창을 닫고 어떤 셀에서 마우스 오른쪽 버튼을 클릭해도 단축 메뉴가 표시되지 않습니다.

특정 범위 내에서만 단축 메뉴 비활성화

워크시트 전체가 아니라 특정 범위 내에서만 마우스 오른쪽 버튼을 비활성화할 수 있습니다. 다음 과정을
참고합니다.

01 예제의 다음 표 범위 내에서만 마우스 오른쪽 버튼이 동작하지 않도록 합니다.

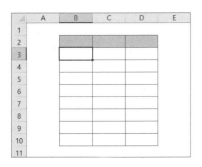

02 VB 편집기 창으로 이동한 후 [sample] 시트의 [코드] 창 내 코드를 다음과 같이 수정합니다.

```
Private Sub Worksheet_BeforeRightClick(ByVal Target As Range, Cancel As Boolean)

    If Not Intersect(Range("B2:D10"), Target) Is Nothing Then ───────── ❶

        Cancel = True

    End If

End Sub
```

❶ Range("B2:D10") 부분이 바로 마우스 오른쪽 버튼을 클릭했을 때 단축 메뉴가 표시되지 않아야 하는 범위입니다. "B2:D10" 범위를
원하는 범위로 수정할 수 있습니다.

03 VB 편집기 창을 닫고 동작을 테스트합니다.

04 다른 셀에서는 단축 메뉴가 표시되지만 [B2:D10] 범위에서는 단축 메뉴가 표시되지 않습니다.

사진 대지를 만드는 방법

예제 파일 PART 10 \ CHAPTER 38 \ 사진대지.xlsm, 사진대지 (코드).txt

특정 위치에 그림 넣기

워크시트에 사진을 추가해 넣으려면 [삽입] 탭-[일러스트레이션] 그룹-[그림] 명령을 이용해 삽입한 후 사진의 크기를 다시 조정해야 합니다. 또한 삽입된 그림은 파일에 보관하지 않고 링크 정보만 보관하기 때문에 파일을 다른 사람에게 전송하면 사진이 표시되지 않습니다. 이 문제를 해결하려면 매크로를 이용하는 것이 최선입니다.

사진 대지 만들기

병합된 셀을 더블클릭했을 때 해당 크기에 맞춰 그림 파일을 자동으로 넣을 수 있는 사진 대지 양식을 만들겠습니다. 다음 과정을 참고합니다.

01 예제에는 매크로가 포함되어 있습니다. 보안 경고 메시지 줄이 표시되면 [콘텐츠 사용]을 클릭합니다.

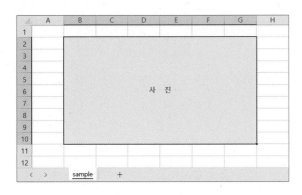

02 [B2] 병합 셀을 더블클릭하면 [그림 선택] 대화상자가 표시됩니다.

03 원하는 그림 파일을 선택하고 [열기]를 클릭합니다.

04 자동으로 병합된 셀 안에 그림이 삽입됩니다.

05 셀을 더블클릭했을 때 실행될 이벤트 코드를 확인합니다.

06 시트 탭에서 마우스 오른쪽 버튼을 클릭한 후 [코드 보기]를 클릭해 다음 코드를 확인합니다.

파일 : 사진대지 (코드).txt

```
Private Sub Worksheet_BeforeDoubleClick(ByVal Target As Range, Cancel As Boolean)  ❶

  Dim 선택파일 As Variant
  Dim 파일형식 As String
  Dim 사진 As Object

  On Error Resume Next

    If Target.MergeCells Then                                                ❷

      파일형식 = "그림 파일(*.jpg;*.png), *.jpg;*.png"                        ❸
      선택파일 = Application.GetOpenFilename(파일형식, Title:="그림 선택")

      If 선택파일 = False Then
        MsgBox "그림을 선택하지 않았습니다.", Title:="엑셀 바이블"
      Else

        Set 사진 = ActiveSheet.Pictures.Insert(선택파일)

        사진.Copy
        ActiveSheet.PasteSpecial Link:=False                               ❹
        사진.Delete

        With Selection.ShapeRange
          .LockAspectRatio = msoFalse                                       ❺
          .Top = Target.Top + 5                                             ❻
          .Left = Target.Left + 5
          .Height = Target.Height - 10
          .Width = Target.Width - 10
        End With
```

```
            End If

        End If

End Sub
```

❶ Worksheet_BeforeDoubleClick 이벤트는 사용자가 셀을 더블클릭하는 동작을 감지해 자동 실행합니다.

❷ 더블클릭한 셀이 병합된 셀일 때에만 그림을 삽입하는 동작을 진행합니다. 만약 병합되지 않은 셀에서도 그림을 가져와 삽입하는 작업을 해야 한다면 ❷ 코드를 삭제합니다.

❸ 가져올 그림 파일 형식을 지정합니다. 예를 들어 이 형식에 GIF 형식을 추가하려면 코드를 다음과 같이 수정할 수 있습니다.

```
파일 형식 = "그림 파일(*.jpg;*.png;*.gif), *.jpg;*.png;*.gif"
```

❹ 그림이 파일에 저장되도록 합니다.

❺ 그림의 가로×세로 비율을 유지하면서 크기를 조정하도록 합니다. 가로×세로 비율이 유지되도록 하려면 이 부분을 다음과 같이 수정합니다.

```
.LockAspectRatio = msoTrue
```

❻ 이 줄을 포함한 하위 네 줄이 그림의 위치와 크기를 조정합니다. +5와 −10 부분만 삭제하면 병합 셀에 딱 맞게 그림이 삽입됩니다.

TIP 다른 시트에서도 동작시키는 방법

BeforeDoubleClick 이벤트는 코드가 삽입된 시트에서만 동작하므로 다른 시트에서도 사용하려면 해당 시트의 [코드] 창에도 이 코드를 복사해서 붙여 넣어줍니다.

현재 시트와 동일한 빈 양식을 새 시트에 자동으로 생성해주는 방법

예제 파일 PART 10 \ CHAPTER 38 \ 시트 복사.xlsm, 시트 복사 (코드).txt

시트 복사의 문제

많은 사용자들이 동일한 양식을 계속 사용하려고 할 때 시트를 복사해 작업합니다. 시트 복사는 간단하지만 셀 스타일과 이름을 중복으로 복사하기 때문에 셀 서식이 너무 많거나 동일한 이름이 반복해서 파일에 생성되는 단점이 있습니다. 이런 문제 때문에 동일한 양식을 계속 사용하려면 빈 시트를 하나 생성하고 기존 서식을 [복사]-[붙여넣기] 하는 방법으로 작업하는 것이 좋습니다.

다만 이런 방법은 [시트 복사]를 하는 방법에 비해 불편하므로 매크로 기능을 이용해 처리하는 것이 좋습니다.

실무 활용 예제

01 예제 파일에 새 시트를 추가하면 현재 양식을 그대로 복사해주는 이벤트를 개발합니다.

A	B	C	D	E	F	G	H	I	J	K	L	M	N	O	P	Q	R

견 적 서

총 계 (공급가액 + 세액)	일금 삼백육십구만원 정

번호	품명	수량	단가	공급가액	세액
1	컬러레이저복사기 XI-3200	2	1,176,000	2,352,000	235,200
2	바코드 Z-350	1	48,300	48,300	4,830
3	잉크젯팩시밀리 FX-1050	3	47,400	142,200	14,220
4	프리미엄복사지A4 2500매	10	17,800	178,000	17,800
5	링제본기 ST-100	5	127,800	639,000	63,900
	계			3,359,500	335,950

* 이 견적서는 받은 날짜로부터 일주일간 유효합니다.

sample +

02 Alt + F11을 눌러 VB 편집기 창을 호출합니다.

03 왼쪽 [프로젝트 탐색기] 창에서 [현재_통합_문서]를 더블클릭한 후 다음 코드를 입력합니다.

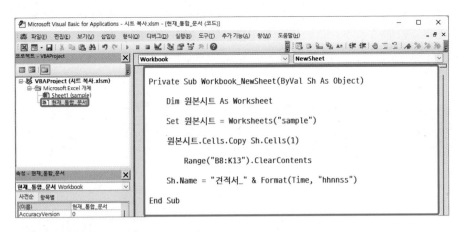

파일 : 시트 복사 (코드).txt

```
Private Sub Workbook_NewSheet(ByVal Sh As Object)  ─────── ❶

    Dim 원본시트 As Worksheet

    Set 원본시트 = Worksheets("sample")  ─────────── ❷

    원본시트.Cells.Copy Sh.Cells(1)

        Range("B8:K13").ClearContents  ─────────── ❸

    Sh.Name = "견적서_" & Format(Time, "hhnnss")  ─────── ❹

End Sub
```

❶ Workbook_NewSheet 이벤트는 파일에 새 시트를 추가하는 동작을 감지해 자동 실행합니다.

❷ sample 이름을 갖는 시트를 원본 시트로 설정합니다.

❸ [B8:K13] 범위 내 값을 지워 새로운 값을 입력할 수 있도록 합니다.

❹ 새로 생성된 시트의 이름은 '견적서_시분초'와 같이 설정합니다. 다른 이름을 원하면 해당 이름으로 변경합니다. 참고로 동일한 이름을 갖는 시트가 존재하면 이 코드에서 에러가 발생할 수 있습니다.

04 시트 탭에서 [새 시트 +]를 클릭해 새 시트를 추가합니다.

TIP 견적서 양식이 제대로 복사됐으며, [B8:K13] 범위 내 데이터는 지워졌습니다.

38 / 05 일별 시트를 관리할 때
이전 시트의 값을 참조하는 방법

예제 파일 PART 10 \ CHAPTER 38 \ 이전 시트 값.xlsm

이전 시트의 값 자동 참조

많은 분들이 엑셀을 사용할 때 시트를 일별로 만들어 관리하는 경우가 많습니다. 이 경우 이전 시트의 값을
현재 시트로 참조해야 하는 작업도 빈번하게 발생합니다. 다만 이런 작업은 매번 시트를 생성한 후 이전 시
트를 참조해야 하므로 불편할 수 있습니다.

이전 시트의 셀(또는 범위)를 자동으로 참조해주는 엑셀 기능은 제공되지 않으므로 매크로 기능을 이용해
처리할 수 있다면 편리하게 데이터 관리를 할 수 있습니다.

실무 활용 예제

01 예제 [2일] 시트부터 전일 시트의 재고 값을 [C2] 셀에 참조합니다.

02 [1일] 시트의 [C3] 셀을 보면 전일재고 [C2] 셀에서 아래 판매량을 빼 현재고를 계산합니다.

03 [2일] 시트부터는 [C2] 셀의 전일재고가 모두 비워져 있습니다.

	1일 시트	
	전일재고	100
	현재고	92
시간	출고	
9:49 AM	2	
10:17 AM	5	
12:19 PM	1	

C3 셀 수식: =C2-SUM(C6:C8)

	2일 시트	
	전일재고	
	현재고	-11
시간	출고	
9:07 AM	3	
10:13 AM	3	
2:55 PM	5	

04 시트를 선택하면 '전일재고'를 참조하도록 파일 이벤트를 활용합니다.

05 Alt + F11 을 눌러 VB 편집기 창을 엽니다.

06 [프로젝트 탐색기] 창에서 [현재_통합_문서]를 더블클릭하고 [코드] 창에 다음 코드를 입력합니다.

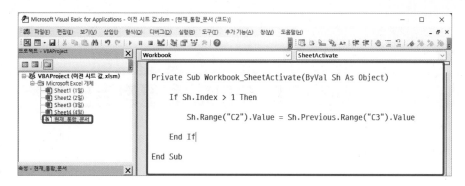

```
Private Sub Workbook_SheetActivate(ByVal Sh As Object) ————————— ❶

    If Sh.Index > 1 Then ———————————————————————————————— ❷

        Sh.Range("C2").Value = Sh.Previous.Range("C3").Value ——— ❸

    End If

End Sub
```

❶ Workbook_SheetActivate 이벤트는 다른 시트가 화면에 표시될 때를 감지해 자동 실행합니다.

❷ 시트 탭의 두 번째 시트부터 동작하도록 합니다.

❸ 현재 시트의 [C2] 셀에 왼쪽 시트(Previous)의 [C3] 셀의 값을 입력합니다. 만약 오른쪽 시트에서 값을 읽어와야 한다면 Previous를 Next로 수정하면 되고, ❷ 코드도 다음과 같이 수정합니다.

```
If Sh.Index < Sheets.Count Then
```

07 VB 편집기 창을 닫고 [1일] 시트부터 순서대로 [4일] 시트까지 이동합니다.

TIP [2일] 시트부터 전일 재고가 자동으로 [C2] 셀에 입력됩니다.

38/06 파일의 사용 기간을 설정해 스스로 삭제되도록 설정하는 방법

예제 파일 PART 10 \ CHAPTER 38 \ 파일 삭제.xlsm, 파일 삭제 (코드).txt

파일 사용 기간 설정

쉐어웨어 같은 프로그램은 일정 기간까지 프로그램을 사용하다가 이후부터는 정식으로 등록해야 사용할 수 있습니다. 엑셀은 자체적으로 파일에 사용 기간을 설정할 수는 없지만, 이벤트를 이용하면 특정 기간이 지난 후 파일이 스스로 삭제되도록 할 수 있습니다. 다만, 이 경우 삭제된 파일은 휴지통에도 들어가지 않으므로 잘못 처리하면 파일을 손실할 수 있으니 주의합니다.

사용 방법

01 사용 기간을 제한할 파일을 열거나 또는 예제를 엽니다.

02 Alt + F11 을 누르거나 [개발 도구] 탭–[코드] 그룹–[Visual Basic]을 클릭합니다.

03 VB 편집기의 [프로젝트 탐색기] 창에서 [현재_통합_문서] 개체를 더블클릭합니다.

04 오른쪽 [코드] 창에 제공된 코드를 붙여 넣습니다.

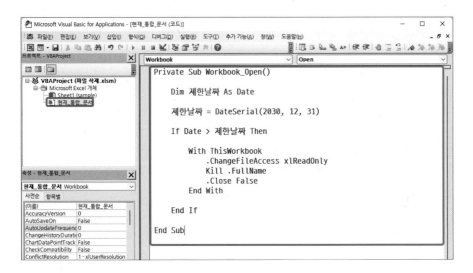

```
Private Sub Workbook_Open()  ────────────────  ❶

    Dim 제한날짜 As Date

    제한날짜 = DateSerial(2030, 12, 31)  ──────  ❷

    If Date > 제한날짜 Then  ─────────────  ❸

        With ThisWorkbook
            .ChangeFileAccess xlReadOnly  '
            Kill .FullName  '
            .Close False
        End With

    End If

End Sub
```

❶ Workbook_Open 이벤트는 사용자가 파일을 여는 동작을 감지해 자동으로 실행됩니다.

❷ 파일 사용할 수 있는 최종 날짜와 시간을 '제한날짜' 변수에 저장합니다. 예제 실행 결과를 확인하려면 코드의 DateSerial(2030,12,31) 부분을 어제 날짜로 수정한 후 파일을 다시 열어보면 됩니다. 이렇게 하면 파일이 자동으로 삭제됩니다.

❸ DATE 함수는 VBA 함수로 워크시트 함수인 TODAY와 동일하게 오늘 날짜를 반환합니다. 이 값하고 '제한날짜' 변수에 저장된 날짜를 비교해 사용 기간을 넘겼는지 확인합니다.

❹ 이 부분의 코드가 파일을 삭제하는 부분입니다. 만약 이 부분만 삭제하면 파일이 자동으로 닫힙니다.

05 파일을 저장하고 닫은 후 지정된 날짜 이후에 파일을 열어보면 파일이 자동으로 삭제됩니다.

INDEX

엑셀 바이블 시리즈로
나도 엑셀 잘하면 소원이 없겠네!

엑셀 바이블 시리즈는 수많은 독자가 검증한 실무 예제와
엑셀 실력 향상에 꼭 필요한 내용이 알차게 수록되어 있습니다. 사랑받는 한빛미디어의
엑셀 바이블 시리즈와 함께 마음껏 실력을 쌓아보세요.

실무자에게
꼭 필요한 엑셀
함수&수식
백과사전으로
마스터하라!

데이터 분석에
최적화된 엑셀 함수와
기능으로
업무를 효율적으로
개선하라!

엑셀 함수&수식 바이블

최준선 지음 | 928쪽 | 38,000원

❶ 업무에 자주 쓰는 200여 개의 함수식을 실무에 최적화된
   예제로 배운다.

❷ 엑셀의 강력한 함수, 수식 기능을 다양한 상황에 응용하여
   업무를 더 효율적으로 개선하는 자동화 방법을 익힌다.

실무에서 가장 자주 쓰는 200여 개의 엑셀 함수와 수식을 선
별해 업무에 바로 적용할 수 있는 실무 예제로 구성했다. 실무
실습으로 사용 방법을 설명하는 것은 물론, 수식의 구성 원리와
배열 수식까지 꼼꼼하게 정리하여 효율적으로 업무를 개선할
수 있도록 도와준다.

엑셀 데이터 분석 바이블

최준선 지음 | 712쪽 | 38,000원

❶ 엑셀 데이터 분석에 필수적인 함수와 기능을 업무 최적화
   예제로 학습한다.

❷ 다양한 사례에서 선별한 수준 높은 예제로 데이터 요약, 시
   각화, 대시보드 보고서 작성 등 업무 능력을 더욱 향상한다.

데이터를 가공하고 분석하는 업무에 최적화된 엑셀 함수와 기
능을 다양한 데이터 분석 사례에 적용하고 데이터 정규화, 분
석, 시각화, 미래 예측 등 여러 분야에 활용할 수 있도록 구성했
다. 기본적인 데이터 분석 이론부터 피벗 테이블, 파워 쿼리/피
벗 등 고급 기능도 더욱 심도 있게 학습할 수 있다.